W0310685

Kohlhammer

Thomas Fleischer, Norbert Grewe,
Bernd Jötten, Klaus Seifried,
Bernhard Sieland (Hrsg.)

Handbuch Schulpsychologie

Psychologie für die Schule

Verlag W. Kohlhammer

Für Manfred Sader
Psychologe, akademischer Lehrer und Wegweiser

1. Auflage 2007

Umschlag: Gestaltungskonzept Peter Horlacher
Gesamtherstellung:
W. Kohlhammer Druckerei GmbH + Co. KG Stuttgart
Printed in Germany

ISBN 978-3-17-018643-9

Inhalt

Verzeichnis der Autorinnen und Autoren

Bründel, Heidrun, Dr., Diplom-Psychologin und Psychotherapeutin, Bildungs- und Schulberatung des Kreises Gütersloh, 33332 Gütersloh, Herzebrocker Str. 140, Heidrun.Bruendel@gt-net.de

Domsch, Holger, Diplom-Psychologe, Wissenschaftlicher Mitarbeiter, Philipps-Universität Marburg, 35032 Marburg, Gutenbergstr. 18, domsch@baf.uni-marburg.de

Dunkel, Lothar, Diplom-Psychologe, Leiter der Schulpsychologischen Beratungsstelle Münster, 48143 Münster, Klosterstr. 33, dunkel@stadt-muenster.de

Enders, Christine, Diplom-Psychologin, Schulpsychologin a.D., 91054 Erlangen, Ebrardstr. 54, tine.enders@arcor.de

Englbrecht, Arthur, Diplom-Psychologe, Lehrer, Staatlicher Schulpsychologe, Schulpsychologischer Dienst b. Staatlichen Schulamt Straubing, 94315 Straubing, Schulgasse 11, a.englbrecht-spdienst@t-online.de

Fleischer, Thomas, Dr., Diplom-Psychologe, Psychologischer Psychotherapeut, Schulpsychologe a.D., 49078 Osnabrück, Uhlandstr. 12, dr.thomas.fleischer@ise-web.net

Fredererichs, Jan, Rechtsanwalt, 53175 Bonn, An der Arndtruhe 15, jfrederichs@hotmail.com

Götting, Gesine, Diplom-Psychologin, Schulpsychologin, Landesschulbehörde Niedersachsen, 30169 Hannover, Am Waterlooplatz 11, gesine_goetting@web.de

Grewe, Norbert, Professor, Dr., Universität Hildesheim, 31141 Hildesheim, Marienburger Platz 22, grewe@rz.uni-hildesheim.de

Helmke, Tuyet, Dr., Wissenschaftliche Mitarbeiterin, Universität Koblenz-Landau, 76829 Landau, Fortstr. 7, tuyet@uni-landau.de

Helmke, Andreas, Professor, Dr., Universität Koblenz-Landau, 76829 Landau, Fortstr. 7, helmke@uni-landau.de

Heyse, Helmut, Diplom-Psychologe, Psychologiedirektor a.D., 54329 Konz, Albert-Schweitzer-Str. 7, h.heyse@ipcon.de

Jeck, Stephan, Dr., Diplom-Psychologe, Schulpsychologe, 60320 Frankfurt a.M., Raimundstr. 143, sjeck@web.de

Jötten, Bernd, Dr., Diplom-Psychologe, Schulpsychologe, Psychologischer Psychotherapeut, 29223 Celle, Kirschenweg 3, Dr.Joetten@t-online.de

Kowalczyk, Walter, Dr., Diplom-Psychologe, Schulpsychologe, Landesschulbehörde Nds., 31785 Hameln , Wilhelmstr. 5 (Im KKH), Dr.Walter.Kowalczyk@web.de

Krowatschek, Dieter, Diplom-Psychologe, Schulpsychologe, Schulpsychologische Beratung, 35041 Marburg, Wehrdaer Str. 86, krowatschek@t-online.de

Kubesch, Barbara, Diplom-Psychologin, Schulpsychologin, Psychologische Psychotherapeutin, Landesschulbehörde Nds., 30169 Hannover, Am Waterlooplatz 11, barbara.kubesch@lschb-h.niedersachsen.de

Lütje-Klose, Birgit, Dr., Diplom-Sonderpädagogin, Förderschullehrerin, Universität Hannover, 30173 Hannover, Bismarckstraße 2, birgit.luetje-klose@ifs.phil.uni-hannover.de

Meidinger, Hermann, Lehrer, Diplom-Psychologe, Psychologischer Psychotherapeut, Staatliche Schulberatungsstelle Augsburg, 86504 Merching, Kolpingstr. 51, meidinger.hermann@t-online.de

Melbeck-Thiemann, Katharina, Dr., Diplom-Psychologin, Lehrerin, Psychologische Psychotherapeutin, Schulpsychologin, REBUS Nord-Ost, 22145 Hamburg, Wildschwanbrook 9, k.melbeck@gmx.de

Meyer, Hans, Diplom-Psychologe, Psychologischer Psychotherapeut, Schulpsychologie Hildesheim, 31135 Hildesheim, Daimlerring 37, Landesschulbehörde Nds., schulpsychologiehildesheim@web.de

Möley, Sabine, Dr., Diplom-Psychologin, Landesverwaltungsamt Halle, 06766 Wolfen, Thalheimerstr.4, sabine.moeley@t-online.de

Porps, Gerhard, Dr., Diplom-Psychologe, Schulpsychologe, Landesschulbehörde Nds., Friedrichstr. 26, 31582 Nienburg, gerhard.porps@LSCHB-H.niedersachsen.de

Quitmann, Helmut, Dr., Diplom-Psychologe, Lehrer, 20253 Hamburg, Moltkestraße 16, drquitmann@aol.com

Rahm, Tobias, Diplom-Psychologe, Doktorand, Institut für Psychologie der Universität Lüneburg, 21335 Lüneburg, Scharnhorststr. 1, rahm@uni-lueneburg.de

Richter, Sigrun, Professorin, Dr., Universität Regensburg, 93053 Regensburg, Universitätsstr. 31, sigrun.richter@paedagogik.uni-regensburg.de

Richter, Bernd, Diplom-Psychologe, Schulpsychologe, 27305 Süstedt, Bökenbraken 20, Bernd.Richter@paedboutique.de

Rohrmann, Tim, Diplom-Psychologe, Bildungsreferent, Institut für Pädagogik und Psychologie, 38321 Denkte, Kirchstraße 1a, rohrmann@wechselspiel-online.de

Schrader, Friedrich-Wilhelm, Dr., akademischer Direktor, Universität Koblenz-Landau, 76829 Landau, Fortstr. 7, schrader@uni-landau.de

Schreiber, Elke, Dr., wissenschaftliche Referentin, Deutsches Jugendinstitut e. V. München/Halle im Forschungsschwerpunkt „Übergänge in Arbeit“, 06110 Halle, Franckeplatz 1, eschreiber@dji.de

Seifried, Klaus, Lehrer, Diplom-Psychologe, Psychologischer Psychotherapeut, Leiter des Schulpsychologischen Beratungszentrums Tempelhof-Schöneberg, 10827 Berlin, Ebersstraße 9a, Schulpsychologie_Thf-Schbg@t-online.de

Sieland, Bernhard, Professor, Dr., Diplom-Psychologe, Institut für Psychologie der Universität Lüneburg, 21335 Lüneburg, Scharnhorststr. 2, sieland@uni-lueneburg.de

Storath, Roland, Dr., Diplom-Psychologe, Lehrer, Leiter der Staatlichen Schulberatungsstelle Mittelfranken, 90489 Nürnberg, Sulzbacher Straße 45

Temme, Klaus, Diplom-Psychologe, 31249 Hohenhameln, Zur Chausee 15, oederland@t-online.de

Thomas, Lutz, Dr., Diplom-Psychologe, Schulpsychologe, Landesschulbehörde Nds., 49084 Osnabrück, Windthorststr. 79-83, Lutz.Thomas@gss-osnabrueck.de

Uhle, Ria, Diplom-Psychologin, Psychologische Psychotherapeutin, Schulpsychologisches Beratungszentrum Pankow, 10437 Berlin, Kopenhagener Str. 50, uhleria@gmx.de

1 Einleitung

Wozu braucht eine Schule Schulpsychologen?

Diese Frage stellen sich Finanz- und Bildungspolitiker und kürzen nicht nur Lehrer-, sondern auch die ohnehin wenigen Stellen für Schulpsychologen in Deutschland. Wie kurzsichtig diese Bildungspolitik ist, zeigt ein Blick über die Grenzen Deutschlands. In europäischen Nachbarländern, in Russland oder den USA steht ein Schulpsychologe für 1 000–2 000 Schüler zur Verfügung. In Deutschland sind dies im Durchschnitt 1:15 000, in Großstädten 1:6 000. Deutschland ist – schulpsychologisch gesehen – europäisches Schlusslicht.

Man muss schon in andere europäische Länder fahren, um zu sehen, welch umfassende Bedeutung Schulpsychologie für Unterricht und Erziehung in der Schule haben kann:

- Schulpsychologinnen und Schulpsychologen führen Förderdiagnostik für lernschwache und hochbegabte Schüler durch, entwickeln Förderpläne, begleiten die Schüler in ihrer Entwicklung und bieten Lernentwicklungsberatung an – nicht nur bei „Problemfällen“,
- Eltern werden in Kooperation mit anderen Helfern bei ihrer Erziehungsarbeit begleitet und beraten,
- Lehrerinnen und Lehrer werden in ihrer Unterrichts- und Erziehungsarbeit beraten, unterstützt und entlastet, z. B. durch Supervision und Coaching,
- Schulleitungen werden beraten, Fortbildungen organisiert und Projekte zur Schulentwicklung durchgeführt und begleitet.

Ist all dies absurdes Wunschdenken? Nein, dies ist professionelle Schulpsychologie, die man in Skandinavien, England, Frankreich, den USA und auch in Russland findet. Schulpsychologie hat sich in diesen Ländern als wesentliches Element von Schule etabliert.

Das traditionelle Arbeitsfeld der Schulpsychologie ist die schülerzentrierte Einzelfallberatung. Hierzu zählen Leistungs- und Intelligenzdiagnostik, Verhaltensbeobachtung, Beratung von Lehrern und Eltern, Schulhilfekonferenzen mit dem Jugendamt und anderen außerschulischen Helfern. Lerntherapeutische Angebote und Kurzzeittherapien gehören ebenso in dieses Arbeitsfeld. Auch die Erstellung von Gutachten für Jugendhilfemaßnahmen ist hier von Bedeutung.

Die Beratung des Systems Schule in den Bereichen Personalentwicklung, Unterrichtsentwicklung und Organisationsentwicklung entstand erst in den letzten

20 Jahren als Arbeitsschwerpunkt von Schulpsychologen und gewinnt zunehmend an Bedeutung.

Schulpsychologie ist eine angewandte Psychologie, die ihr Wissen, ihre Konzepte und ihre Kompetenzen aus unterschiedlichen psychologischen Einzeldisziplinen gewinnt. Folgende Teilbereiche der Psychologie sind hier als Bezugswissenschaften hervorzuheben:

- Entwicklungspsychologie
- Motivationspsychologie
- Persönlichkeitspsychologie
- Lernpsychologie
- Sozialpsychologie
- Pädagogische Psychologie
- Arbeits-, Betriebs- und Organisationspsychologie
- Gesundheitspsychologie
- Klinische Psychologie

Die Hauptarbeitsfelder der Schulpsychologie sind:

- die soziale und emotionale Entwicklung der Schülerinnen und Schüler sowie ihr Verhalten gegenüber Mitschülern und Lehrern,
- die Lernfähigkeit, Motivation und Begabung ,
- die Lehr- und Erziehungskompetenz der Lehrkräfte,
- die Erziehungskompetenz der Eltern,
- das Klassen- und Schulklima,
- die Leitungskompetenz in der Schule,
- die Schulstrukturen
- die Schule als eigenverantwortlich lernendes System.

Wichtige Prinzipien der schulpsychologischen Arbeit sind Freiwilligkeit, Schweigepflicht und Kostenfreiheit für die Ratsuchenden. Schulpsychologische Beratung kann nur erfolgreich sein, wenn die Beratung erwünscht ist und eine Änderungsmotivation besteht. Schulpsychologinnen und Schulpsychologen in Deutschland arbeiten in vielen unterschiedlichen Funktionen, da die Aufgabenbereiche in den einzelnen Bundesländern verschieden sind. Sie arbeiten in der Diagnostik und Beratung, in der Fortbildung und der Konzeptentwicklung, sie coachen, supervidieren und therapieren in den Schulen, sie begleiten Schulversuche wissenschaftlich und sie sind an Universitäten forschend und lehrend tätig.

Die Aufgabe der Schulpsychologinnen und Schulpsychologen in Bezug auf Lehrkräfte und Eltern vor allem, aber auch in Bezug auf Schüler und Schülerinnen ist vergleichbar mit den Aufgaben eines Physikers für einen Bauingenieur. Ohne die Kompetenzen der Schulpsychologie können die pädagogisch Verantwortlichen ihre Aufgaben in vielen Situationen nicht angemessen und qualifiziert erfüllen. Schulpsychologinnen und Schulpsychologen unterrichten die Schülerinnen und Schüler nicht selbst, sie vermitteln in der Regel in einem mediativen Verhältnis Wissen und Fertigkeiten, die für Unterricht und Erziehung notwendig und hilfreich sind.

Die Schulpsychologie hängt in ihrer Existenz und Wirksamkeit entscheidend davon ab, ob der Staat schulpsychologische Kompetenz für die Schule will, und ob qualitätsbewusste Lehrkräfte sowie Erziehungsberechtigte die Schulpsychologie aktiv aufsuchend nutzen wollen und können. Beide Voraussetzungen müssen als Gelingensbedingungen für die Realisierung schulpsychologischer Kompetenz in der Schule verstanden werden.

Gegen Ende der 60er Jahre förderte der damalige Bildungsnotstand die systematische Einführung der Schulpsychologie in das Schulwesen. Finanzprobleme der öffentlichen Hand führen aktuell zu einem bedenklichen Stellenabbau. Wenn der PISA-Schock weiter konstruktiv verarbeitet werden soll, dann wird auch in Deutschland die Schulpsychologie an die deutlich besseren internationalen Standards angepasst werden müssen. Der Wettbewerb in der globalen Wissensgesellschaft wird diese Konsequenz erzwingen.

In der heutigen „eigenverantwortlichen Schule" mit einer am Leistungsergebnis orientierten Evaluation (Vergleichsarbeiten etc.) ändern sich die Unterrichtskonzepte und damit in Zusammenhang stehend die Aushandlungs- und Kooperationsprozesse zwischen Lehrkräften auf der einen sowie Schulleitungen, Schülern und Eltern auf der anderen Seite. Dazu kommt, dass die Lehrerarbeit mit neuen Qualitätsansprüchen konfrontiert wird (Qualitätsleitfäden, Inspektion), deren Erfüllung die Zusammenarbeit mit Kollegen und Eltern intensiviert. Die Entwicklung geht dabei eher weg von einer „weichen" Schulkultur hin zu einem teambasierten Entscheidungs- und Kooperationsverbund in einer als Qualitätsorganisation erneuerten Schule. In dieser Phase tiefgreifender Umsteuerung bedarf es massiver schulpsychologischer Unterstützung.

Ein wichtiges Grundprinzip schulpsychologischer Arbeit ist ihr Angebotscharakter. Darüber hinaus muss aber immer deutlicher akzeptiert werden, dass Schulen, die in ihrer Eigenverantwortung hohen Qualitätsansprüchen genügen müssen, diese nur dann einlösen können, wenn sie systematisch, notwendig und verbindlich mit der Schulpsychologie kooperieren. Hier ist besonders an Entscheidungssituationen wie z. B. Einschulungen, Umschulungen, Fördermaßnahmen im Rahmen der Jugendhilfe oder auch relevante Maßnahmen in Disziplinarfragen zu denken. Auch bei Schulentwicklungsproblemen und Optimierungsanstrengungen, die sich z. B. nach einer Inspektion herausstellen, muss in Zielvereinbarungen bedacht und berücksichtigt werden, dass Unterrichts-, Personal- und Organisationsentwicklungen schulpsychologische Kompetenzen notwendig machen, damit alle verfügbaren Ressourcen genutzt werden. Dieses sollte nun nicht mehr in der beliebigen Entscheidung einzelner Schulen und einzelner Personen verbleiben. Schulen und Schulpsychologie sollten also in Zukunft noch klarer für sich und voneinander wissen, bei welchen Anlässen und wie sie dann kooperieren müssen.

Mit dem vorliegenden Handbuch der Schulpsychologie werden die wissenschaftlichen Grundlagen und die Praxis der Schulpsychologie in ihren wichtigsten Handlungsfeldern erfasst und an Wissenschaftler, Praktiker, Berufsanfänger und Studierende weitergegeben.

Die Herausgeber dieses Handbuches sind erfahrene Schulpsychologen und Hochschullehrer mit dem Schwerpunkt Psychologie für die Schule. Die Herausgeber verfügen zusätzlich über Erfahrungen als Vertreter psychologischer Berufs- und Fachverbände. Die Einzelautoren aus Wissenschaft und Praxis sind ausgewiesene Fachleute für ihr Themenfeld.

Vor dem Hintergrund der Geschichte der Schulpsychologie in Deutschland und dem Auftrag der Schule werden die Aufgaben und Methoden der Schulpsychologie sowie der Rechtsrahmen für die Praxis im Überblick vorgestellt.

Die Darstellung der Schulpsychologie gliedert sich in die folgenden drei Hauptarbeitsfelder:

- Lernen und Lehren
- Verhalten und Erziehen
- Entwickeln, Leiten und Beraten.

Abschließend wird die reale und ideale Berufssituation sowie das Qualitätsmanagement in der Schulpsychologie dargestellt.

Die Leserinnen und Leser werden mit der Bandbreite moderner schulpsychologischer Arbeit vertraut gemacht, die von der Fortbildung zu pädagogisch-psychologischen Fragestellungen über die Beratung von Schule und Lehrkräften bis hin zur personbezogenen Beratungsarbeit mit Lehrkräften, Erziehungsberechtigten, Schülerinnen und Schülern und zur Organisationsentwicklung reicht. Dabei besteht auch der Anspruch, auf Bereiche aufmerksam zu machen, die erst in der Zukunft schulpsychologische Praxis sein werden.

Die Herausgeber danken den Autoren und dem Verlag.

Im Herbst 2006

Thomas Fleischer, Norbert Grewe, Bernd Jötten, Klaus Seifried, Bernhard Sieland

2 Geschichte der Schulpsychologie in Deutschland

Sabine Möley

Luthers Aufruf 1524 „an die Ratsherren aller Städte deutschen Landes, dass sie christliche Schulen aufrichten und haben sollen" war der Aufruf zur Bildung des Volkes. Jeder solle die Bibel lesen können. Der Reformator erhoffte gute Sitten und mehr Menschlichkeit (Beyer, Rhein & Wartenberg, 1997, S. 92). Unsitten und Unmenschlichkeit überkamen auch die gebildete Menschheit.

Doch der lesende Mensch erweiterte sein Wissen weit übermenschlich, bis zum heutigen Tag.

Heute beeinflusst internationaler Wissenswettbewerb den Wohlstand und die Lebensqualität.

In erfolgreichen Unternehmen betreibt man Wissensmanagement. Wissen, Können, Teamfähigkeit und soziale Kompetenzen entscheiden über den wirtschaftlichen Erfolg.

Die Elite der heutigen Generation wird auf ein Leben vorbereitet, in dem Lernen allgegenwärtig wird.

Fast 500 Jahren nach Luther werden noch immer Kulturtechniken wie Lesen, Schreiben, Rechnen gelehrt, aber verstärkt steht Kompetenzentwicklung auf dem Lehrplan. Es gilt Lern- und Arbeitstechniken und Methoden zu lernen, um ein Leben lang die eigenen Kompetenzen erweitern zu können (Beschluss der Kultusministerkonferenz vom 15.10.2004/Vereinbarung über Bildungsstandards).

An Schulpsychologie konnte Luther noch nicht denken. Als moderne wissenschaftliche Disziplin gibt es Psychologie erst seit rund 120 Jahren. Mit dem Aufbau des ersten psychologischen Laboratoriums durch Wilhelm Wundt 1879 in Leipzig begann die Entstehung der wissenschaftlichen Psychologie (Meischner, 1982).

Später führte die Intelligenzforschung zur Forderung, Psychologen in Schulen zu beschäftigen.

William Stern war es, der 1911 auf dem ersten Kongress für Jugendbildung und Jugendkunde in Dresden die Einstellung von Schulpsychologen empfahl. 1922 schließlich wurde in Mannheim der erste deutsche Schulpsychologe angestellt.

Es war kein Zufall, dass die erste Stelle in Mannheim entstand, denn schon 1919 nahm Peters an der Handelshochschule Mannheim pädagogisch-psychologische Untersuchungen an Schulkindern vor. Mit Tests und Beobachtungen beurteilte er Persönlichkeit und Leistungsfähigkeit von Schülern. Doch bald wandte er sich an Schulamt und Stadtverwaltung mit der Bitte um Unterstützung durch eine Fachkraft, die sowohl die Schularbeit aus eigener Tätigkeit kenne als auch nötige psychologische Schulung habe (Lämmermann, 1929).

Die Entstehung der Schulpsychologie in Deutschland ist mit dem Institutsdirektor Peters, dem Mannheimer Stadtschulrat Sickinger und dem Mannheimer Oberbürgermeister Kutzer verbunden.

Am 01.11.1922 begann der Dienst des ersten Schulpsychologen Deutschlands. Hans Lämmermann nahm mit großem Engagement seine Arbeit auf. Vom Institut für Psychologie und Pädagogik wurde er unterstützt und supervidiert. Mit dem Stadtschulrat arbeitete er eng zusammen.

„Übersetzt man die Tätigkeitsmerkmale in die aktuelle schulpsychologische Fachsprache, so war Hans Lämmermann Schullaufbahnberater, Einzelfallberater, Berufsberater, Systemberater und Aktionsforscher in einer Person." (Keller, 1997, S.13)

Er arbeitete intensiv mit Lehrern, bildete sie in Psychodiagnostik aus und leitete psychologische Arbeitsgruppen.

Schullaufbahnempfehlungen gründeten sich auf testdiagnostische Daten, schülerbiographische Erhebungen, Noten und standardisierte Lehrerbeobachtungen.

Klassenlehrer führten während der gesamten Schullaufbahn von Lämmermann entwickelte Schülerbögen.

Der erste Schulpsychologe leistete für seine Zeit Beachtliches. Er verbesserte das Mannheimer Schulsystem und „förderte die persönliche Weiterentwicklung der untersuchten und beratenen Schüler" (Keller, 1997, S.14).

Das Mannheimer Schulsystem wurde Vorbild für ähnliche Reformen in Volksschulen anderer Städte.

In der Zeit des Faschismus verschwand Schulpsychologie in Deutschland wieder. Harte Erziehung und körperliche Ertüchtigung bedurfte keiner Schulpsychologie. Außerdem erinnerte Schulpsychologie an den Juden Freud (Keller, 1997). Militärpsychologie war hingegen gefragt.

Lämmermann wurde Hilfsschullehrer.

Lämmermann selbst beteiligte sich an der testdiagnostischen Identifikation Schwachsinniger. Seine erhobenen Daten wurden von Erbgesundheitsgerichten zur Sterilisationsentscheidung verwendet. Damit fällt ein dunkler Schatten auf seine wissenschaftlich erfolgreiche schulpsychologische Arbeit.

Mit völlig anderem Hintergrund als 1922 in Mannheim entstanden in Hamburg 1931 die institutionellen Anfänge schulpsychologischer Arbeit. Sie gründete sich auf das 1919 erlassene Gesetz der „Fortbildungsschulpflicht". Die Berufsschulpflicht bereitete große Schwierigkeiten. Eine „Schülerkontrolle" beschäftigte sich mit Schulpflicht, Schulbeurlaubung, Verwarnung, Bestrafung, Schülerrückführung und mit Strafandrohungen. 1938 wurde die einstige Schülerkontrolle in „Abteilung Schulpolizei" umgewandelt und hatte mit Schulpsychologie nichts mehr zu tun.

Erst 1948 ist dieser Name wieder in „Schülerkontrolle" und später in „Schülerhilfe" verwandelt worden.

Dr. Hans Kirchhoff war es, der das neue Bild von Schulpsychologie nach 1945 prägte. Er bemühte sich, „soziale und psychische Hintergründe für die verschiedenen pädagogischen Konflikte aufzuhellen und die helfenden Maßnahmen danach auszurichten. Eines der ersten und bis heute bedeutsam gebliebenen Ergebnisse war das Erkennen der Lese- und Rechtschreibschwäche als eine der vielen Ursachen für Schulschwierigkeiten" (Bärsch, 1997, S. 20).

Angeregt von den englischen und amerikanischen Besatzungsmächten wurden 1945 „child guidance clinics" aufgebaut. Gut ausgerüstet und mit psychotherapeutischem Anspruch passten sie jedoch nicht in die damalige Schulpolitik.

Ab 1950 entstanden in Westdeutschland schulpsychologische Dienststellen. Unter anderen sind hier zu nennen: In Hamburg die „Schülerhilfe", in Heidelberg die „Schulpsychologische Beratungsstelle", in Fürth eine „Schul- und Erziehungsberatungsstelle", in Stuttgart das Institut für Jugendkunde, in München die „Erziehungs- und Jugendberatung", in Westberlin 1957 der „Schulpsychologische Dienst" und 1958 in Köln der „Kommunale schulpsychologische Dienst"(vgl. Bärsch, 1997).

Diese eher auf Einzelfallhilfe ausgerichteten Beratungsdienste hatten ein anderes Konzept als die im Land Hessen mit den auf Landes- bzw. auf Regierungsbezirksebene eingestellten Schulpsychologen.

Man unterschied zwischen Hamburger und Hessischem Modell.

„Ist die Hamburger Konzeption mehr individual-psychologisch und sozialpädagogisch ausgerichtet, so ist es die Hessische mehr nach schulpädagogischen Gesichtspunkten, wobei in beiden Fällen die andere Seite nie ganz ausgeschlossen wurde." (Bärsch, 1997, S. 18)

Die OECD-Konferenz 1961 in Stockholm gab Anstöße zur Kritik am bestehenden Schulwesen. „In den Jahren 1965 bis 1972 wurden in allen Ländern der Bundesrepublik Initiativen zur Reform des Bildungswesens ergriffen und Reformvorhaben eingeleitet. In allen Landkreisen und Städten wurden Bildungs- und Studienberatungsstellen eingerichtet und ein umfassendes Konzept der Beratung im Bildungswesen entwickelt." (Aurin, 1997, S. 30)

Der Deutsche Städtetag (1969), das Bundesministerium für Bildung und Wissenschaft (1970), der Bundesrat (1970) und die Kultusministerkonferenz (1973) forderten einen flächendeckenden Ausbau der Beratungssysteme. „Bis 1980 sollte das Verhältnis Psychologe zu Schüler 1:5 000 und Beratungslehrer zu Schüler 1:1 000" betragen (Aurin, 1997, S. 31). In Schulen mit 2 000 Schülern sollte ein zusätzlicher Psychologe eingestellt werden.

Von 1965 bis 1975 vervierfachte sich die Zahl der Schulpsychologen in der Bundesrepublik Deutschland auf 454.

Mit dem Rückgang der Schülerzahlen und geringerer Finanzkraft des Bundes und der Länder Anfang der 80er Jahre veränderte sich die Bildungspolitik. Sie verlor an Bedeutung und erschöpfte sich in Schulstrukturdebatten.

Trotzdem behielt Bildungsberatung ihren Stellenwert. Allerdings wurden Schullaufbahn- und Bildungsberatung zunehmend mehr von Beratungslehrern übernommen. Deren Zahl vervierfachte sich bis 1993 auf 7 647. Wenngleich auch in einigen Bundesländern die Schulpsychologen Vorgesetzte, Begleiter und Ausbilder der Beratungslehrer sind, verlagerte sich das Tätigkeitsprofil der bundesdeutschen Schulpsychologie stärker in Richtung Einzelfallhilfe. Systemberatung in Form von Lehrerfortbildung, Schulleiterberatung etc. kamen zu kurz.

Seit 1988 ist die Diskussion zum *Paradigmenwechsel in der Schulpsychologie* entfacht. Helmut Heyse leitete sie mit einem programmatischen Referat auf der Delegiertenkonferenz des Berufsverbandes deutscher Psychologen ein. Zu seiner Leitidee wird nachfolgend mehr ausgeführt. Sie begleitet Schulpsychologie heute noch in Ost- und Westdeutschland.

Die Schulpsychologie in der ehemaligen DDR hat ihre eigene Geschichte. Dort spielte sie nach 1945 zunächst keine Rolle.

In der DDR gab es einheitliche Lehrpläne, Stoffverteilungspläne und im ganzen Land dieselben Lehrbücher. Neben politischen Bildungsinhalten war die Schule in der DDR sehr stark naturwissenschaftlich ausgerichtet. Das Erlernen der Schriftsprache erfolgte ausschließlich analytisch-synthetisch. In der Unterstufe enthielt die Stundentafel sogar 13 Wochenstunden für Deutsch und Heimatkunde.

Lern- und Verhaltensprobleme von Schülern gab es auch in den Schulen der DDR, trotz Versorgung mit Kindergartenplätzen, Freizeitangeboten für Kinder und Jugendliche und verhältnismäßig guter Ausstattung der Schulen und Wertschätzung der Lehrer.

Erst Ende 1973 wurden Psychologen im Bildungswesen tätig.

Den Begriff SCHUL-Psychologie gab es in der DDR nicht. Laut Gesetz gab es Psychologen im „Pädagogischen Kreiskabinett“ (PKK).

Beim Einsatz der „PKK-Psychologen“ galt der Grundsatz, wie 50 Jahre früher in Mannheim, Schulpraktiker mit psychologischer Ausbildung wirksam werden zu lassen.

An der Universität Leipzig entstand ein Ausbildungsgang, in dem Lehrer postgradual qualifiziert wurden. Es waren Pädagogen aus dem Grund-, Sekundar- und Sonderschulbereich, die dieses Studium aufnahmen und mit der Graduierung *„Diplom-Pädagoge“* und dem Vermerk *Pädagogische Psychologie* abschlossen (vgl. Verfügungen und Mitteilungen, 1979).

Das Hauptaufgabenfeld der Psychologen entsprach dem Profil der „Pädagogischen Kreiskabinette“: Fort- und Weiterbildung der Lehrer eines Landkreises. Erweiterung der pädagogisch-psychologischen Kompetenzen für Unterrichtsgestaltung und Erziehung hieß der Auftrag. Daneben hatten Psychologen den Auftrag, „Fragen und Probleme, die Lehrer, Erzieher, Kindergärtnerinnen und Leiter von Volksbildungseinrichtungen bewegen“ zu bearbeiten (GBl. I, 56, S. 547).

Insgesamt ließ die Aufgabenbeschreibung anfangs große Freiheitsgrade zu und weckte bei den engagierten „PKK-Psychologen“ *Goldgräberstimmung*. Sie konnten sich ihr Tätigkeitsfeld ihren Kompetenzen und Fähigkeiten entsprechend, natürlich in dem Rahmen, den Schulpolitik vorgab, selbst zuschneiden.

1979 begann Psychologie in Schulen stärker reglementiert zu werden. Fortbildungsthemen und -inhalte waren konkret vorgeschrieben. Man musste sich stringent daran halten, denn im Zuhörerkreis war ein Kontrolleur zu erwarten, der die Einhaltung der Richtlinien bewertete. Damit waren Freiheitsgrade und Kreativität der Psychologen extrem eingeschränkt. Sogenannte „bürgerliche Theorien“ wurden Lehrern bewusst vorenthalten. Kommunikativ geschickte PKK-Psychologen vermittelten dennoch, was ihnen wichtig erschien. Mutige litten unter der Administration. Die Ängstlichen passten sich an. In einigen Fällen spitzte sich die Anpassung zu. Diese Mitarbeiter sind heute nicht mehr im Bildungssystem tätig. 1980 fand in Leipzig der internationale Kongress für Psychologie statt. Friedhard Klix, ein profunder Kognitionspsychologe aus Ostberlin wurde Präsident der Gesellschaft.

Der Weltkongress sorgte in der ehemaligen DDR für mehr Akzeptanz und Offenheit gegenüber Psychologie im Allgemeinen und Schulpsychologie im Besonderen.

Das hatte zur Folge, dass sich die Anzahl der Psychologen im Schulsystem vervielfachte. In jedem Kreis wurde eine Stelle geschaffen.

Psychologische Kompetenz bereicherte das Bildungswesen. Etliche Psychologen waren an der Schaffung von Förderklassen (LRS) beteiligt.

Andere „erlaubten" es sich, Gesprächsführungstrainings für Lehrer anzubieten. Es entstand Neues, Modernes und Progressives, gemessen an den damaligen Zwängen und Reglements.

Wenn ältere Kollegen auf ihre Arbeit in der ehemaligen DDR zurückblicken, erleben sie sich subjektiv als vom System zwar teilweise als bedrohlich angesehene, aber in ihrer Kompetenz geachtete Fachkräfte. Verglichen mit der Arbeit heute heben sie ihre damalige Wirkung in den Kindergärten hervor. Frühförderung und Früherkennung standen auf dem Plan.

Lehrertraining rückte in den 80er Jahren weiter in den Fokus ihrer Aufgabenbeschreibung. Die Leipziger Forschungsgruppe um Wolfgang Kessel orientierte sich am Modell des Georgiers Usnadse und entwickelte Lehrer-Verhaltenstrainings mit dem Ziel der Einstellungsänderung von der zentralen Lehrerrolle zur Schülerzentriertheit. Psychologen realisierten diese Trainings.

So geschulte Lehrer hatten keine Probleme, offenen Unterricht, Freiarbeit, selbstorganisiertes Lernen und ähnliche Varianten verstärkter Schüleraktivität, insbesondere nach der Wende im vereinten Deutschland umzusetzen.

Auf ost- und westdeutsche Schulpsychologen wirkten nach der deutschen Einheit dieselben gruppendynamischen Prozesse wie in Politik, Verwaltung und Wirtschaft.

Nach freundlichen Begegnungen hinterfragten sich beide Seiten. Selbstunsicher orientiert sich der Osten auch schulpsychologisch am Westen.

Mit der Bundeskonferenz für Schulpsychologie 1994 in Rostock begannen doch recht bald erste Schritte der Annäherung. Der *„Paradigmenwechsel"*, der in ostdeutscher Schulpsychologie mit Kessel zaghaft begann, konnte natürlich nicht unreflektiert auf das veränderte System übertragen werden. Dieser Ansatz blieb in den Kinderschuhen stecken.

Wie schon erwähnt, gab es in Westdeutschland zwei Modelle der Schulpsychologie, das Hamburger als eher einzelfallorientiert und das Hessische, das Systemberatung schon mit bedachte. Beides existierte nie losgelöst voneinander.

In der Berufsgruppe der Schulpsychologen selbst diskutierte man über Für und Wider beider Modelle.

Hinzu kam die Außenwahrnehmung der Schulpsychologie. Wer sich ausschließlich als „Anwalt des Kindes" definierte, wurde für die Lehrerschaft ein immer weniger interessanter Gesprächspartner.

Das berufspolitische Grundsatzpapier der Sektion Schulpsychologie im BDP, das die Bedeutung der schulpsychologischen Kompetenz zur Unterstützung der Schule als soziales System akzentuiert, wurde bereits 1972 diskutiert.

Mit dem Ende der 80er Jahre boten auch in Westdeutschland Einzelfälle immer häufiger Ein- und Anlass, moderne Bildungs- und Erziehungskonzepte durch Fortbildung an die Lehrerschaft heranzutragen.

Schule braucht natürlich in stärkerem Maß Psychologie um sich selbst weiterzuentwickeln. Das beginnt mit der Sinnkrise mancher Lehrer, die auszubrennen drohen, setzt sich fort in der Schülerinteraktion, Wissensvermittlung, Kompetenzentwicklung der Schüler, Befähigung zum Wissenstransfer und reicht bis zur Zusammenarbeit mit Eltern.

Es ist Helmut Heyse zu verdanken, dass schulpsychologische Fachkompetenz und ihre Relevanz für Schule als System immer wieder kommuniziert wurde.

Heute findet Schulpsychologie als Systemberatung fast in allen Bundesländern ihren Raum.

Als Beispiel sei die Entwicklung des schulpsychologischen Dienstes der Stadt Köln genannt.

Aus dem 1958 ausschließlich zur Einzelfallberatung für Volks-, Heim- und Hilfsschulen der Stadt Köln gegründeten schulpsychologischen Dienst mit vier doppelt qualifizierten (sowohl Lehrer als auch Psychologe) Schulpsychologen, ist heute die größte kommunale schulpsychologische Beratungsstelle Deutschlands geworden, die systemische Beratung und Beratung im System realisiert.

Die 30 Schulpsychologen und ihre zwölf Verwaltungsfachleute und Sekretärinnen sowie nebenberuflich Beschäftigte und Honorarkräfte bearbeiten im Jahr rund viereinhalbtausend Beratungsfälle und arbeiten darüber hinaus mit Lehrern, Lehrerkollegien und Schulaufsicht zusammen (vgl. Hanckel, 1997, S. 47).

Letzteres kommt natürlich mittelbar auch der originären Zielgruppe, den Schülern, zugute. Arbeit mit Schule ist „fortlaufende Betreuung ganzer Klassen, Supervision von Lehrern und sozialpädagogischen Fachkräften, Fortbildung und Mitwirkung bei der Ausbildung, Systemberatung bei strukturellen Problemen oder veränderten Schülerpopulationen, Konfliktberatung, Mitarbeit bei der Entwicklung von pädagogischen Konzepten in der Schule, bei der Planung und Durchführung von Förderprogrammen“ (Mittag, 1991, S. 48).

In Nordrhein-Westfahlen bieten andere große Städte in ähnlicher Form kommunale schulpsychologische Dienste an. Daneben arbeiten Schulpsychologen auch als Landesbedienstete in Schulbehörden mit schulfachlichen Führungskräften zusammen.

Aufgrund der landeshoheitlichen Verantwortung für Bildung in der Bundesrepublik Deutschland stellt sich heute Schulpsychologie in den Ländern mit unterschiedlichen Aufgabenstrukturen und in verschiedenen behördlichen Einbindungen dar.

Nach 50 Jahren haben sich Hamburger und Hessisches Modell der Schulpsychologie in ihrem Ansatz erhalten aber sehr differenziert entwickelt.

In Hamburg gibt es heute 16 regionale Beratungs- und Unterstützungsstellen (REBUS), in denen Schulpsychologen mit Lehrern und Sozialpädagogen individuelle Schulprobleme einzelner Schüler lösen helfen. Sie diagnostizieren, beraten und kooperieren mit anderen außerschulischen Beratungsdiensten. Die Beratungsstelle bietet in besonderen Fällen unterrichtsersetzende und unterrichtsergänzende Maßnahmen an. Alles zielt auf integrative und präventive Unterstützung von Schülern, Eltern und Lehrern.

In Hessen investiert der schulpsychologische Dienst der Schulbehörde natürlich auch großen Arbeitsaufwand für die Einzelfallberatung. Schullaufbahnberatung wird durch Schulpsychologen unterstützt. Auch Unterricht wird pädagogisch-psychologisch begleitet. Hauptaufgabe der Schulpsychologen ist die systembezogene Beratung von Lehrern, Schulleitung und Schulaufsicht. Sie sind in der Fortbildung stark verankert, auch im neu gegründeten Institut Qualitätssicherung.

In der „Geburtsstadt" der Schulpsychologie, Mannheim, gibt es heute wieder eine schulpsychologische Beratungsstelle mit einem Schulpsychologen, dessen Arbeitsschwerpunkt Einzelfallhilfe ist. In den weiteren 23 schulpsychologischen Beratungsstellen des Landes Baden-Württemberg ist ebenfalls die Einzelfallhilfe Hauptaufgabe. Unterstützung der Lehrer, der Schulaufsicht, von Schulversuchen und Fortbildung gehören ebenfalls zu den Aufgaben.

Neu ist in Baden-Württemberg, dass Schulpsychologen als psychologische Schulberater Schulentwicklung explizit unterstützen und begleiten.

Im Freistaat Bayern sind Schulpsychologen heute auf zwei Ebenen verankert. In neun staatlichen Beratungsstellen betreuen sie Beratungslehrer. Sie führen Fortbildungen für Lehrer und Schulleiter durch und arbeiten präventiv in Schulen mit.

An der Universität Bamberg werden Lehrer mit der Spezialisierung „Schulpsychologie" ausgebildet, die dann mit Abminderungsstunden neben ihrem Lehramt als Schulpsychologen ihrer Schulen tätig sind. Sie leisten im Wesentlichen Einzelfallarbeit, sind Vertraute für Schüler und Eltern. Auf 500 Stellen dieser Art hat das Kultusministerium Bayern erhöht.

Neuerdings agieren Schulpsychologen in Bayern auch als Schulentwicklungsberater.

In allen Bundesländern arbeitet Schulpsychologie heute unterstützend und beratend mit Schülern, Eltern, Lehrern, Schulleitern und gegebenenfalls mit Schulaufsicht sowie kooperierend mit anderen Beratungssystemen zusammen.

Von Land zu Land unterscheiden sich behördliche Einbindung und die Relation Schulpsychologe zu Schülerzahl.

Abgesehen von den drei Stadtstaaten sind die Schulpsychologen in acht Bundesländern ausschließlich Landesbedienstete und damit gleichgestellte Mitarbeiter in Schulbehörden. Die Länder Baden-Württemberg, Bayern, Nordrhein-Westfahlen und Schleswig-Holstein leisten sich kommunal- und landesbedienstete Schulpsychologen. Saarländische Schulpsychologen sind ausschließlich in kommunaler Trägerschaft.

Einen besonderen Platz in der deutschen Schulpsychologie nimmt Berlin ein.

In Westberlin wurde in Anlehnung an die UNESCO-Empfehlung von 1961 eine personelle Ausstattung von wenigstens einem Schulpsychologen zu 5 000 Schülern angestrebt und seit den 70er Jahern näherungsweise realisiert. Die Doppelqualifikation Diplom-Psychologe und Lehrer mit beiden Staatsexamina zeigte sich als gute Voraussetzung für unterrichtsorientierte und erziehungspsychologische Beratung. Zum schulpsychologischen Dienst in Berlin gehörten bis 2003 auch Diplompsychologen mit Therapieauftrag.

Neben hauptamtlichen Schulpsychologen arbeiten auch schulpsychologische Beratungslehrer mit einer pädagogisch-psychologischen Zusatzqualifikation in den Schulen. In jedem der zwölf Berliner Bezirke gibt es ein schulpsychologisches Beratungszentrum.

Die Berliner Schulpsychologie ist neben der schülerzentrierten Einzelfallarbeit auch auf die Beratung des Systems Schule ausgerichtet. 2001 wurde ein Team von Schulpsychologen für Gewaltprävention und Krisenintervention aufgebaut.

Andere Kultusministerien (Baden-Württemberg, Bayern, Sachsen, Sachsen-Anhalt und Thüringen) qualifizieren ihre Schulpsychologen zu Supervisoren/ Coachs.

Viele der besonders professionellen Lehrer wenden sich heute bereits dann, wenn sie Probleme erahnen, an Prozessbegleiter.

Schulpsychologen als Coachs betrachten Lehrer als Führungskräfte ihrer Klasse und beraten sie individuell bei der Bewältigung von Problemen.

Coaching von Schulleitung oder Schulaufsicht in ihrer Führungsfunktion hat Einfluss auf die Entwicklung der Schule als System. Gut konzipierte schulpsychologische Tätigkeit kann mit Supervision und Coaching mittelbar Gutes für Schule und Schüler leisten. In gutem Schulklima arbeiten Lehrkräfte freud- und effektvoll. Dort brennen sie seltener aus, ja arbeiten sogar über das Maß hinaus.

Alle in der Schule Wirkende leben in, mit und durch das System Schule. Deshalb sind personenorientierter und systemorientierter Ansatz schulpsychologischer Arbeit zwei Seiten *einer* Medaille. Sie bedingen einander und ergänzen sich. Es ist naiv und unwissenschaftlich sie als zueinander alternativ zu sehen.

Dem Dauerschulverweigerer, dem ausgebrannten Lehrer, dem verhärtet aggressiven Schüler oder frustrierten Eltern ist besser durch Prävention bzw. vorbeugender Begleitung zu begegnen.

Nach dem überraschend erfolgsschwachen Abschneiden deutscher Schülerinnen und Schüler im internationalen Vergleich der erreichten Basiskompetenzen Fünfzehnjähriger ist eine Qualitätsdebatte des Lehren und Lernens entfacht. In allen Bundesländern geben sich Schulen Programme. Konzeptionelles Arbeiten erhält einen größeren Stellenwert. Externe Evaluation und Inspektion unterstützt Schule bei ihrer Qualitätsoptimierung. In diesen schulbehördlichen Unterstützungssystemen findet Schulpsychologie eine Bestätigung ihrer jahrelangen systemorientierten Bemühungen. Schulpsychologie kann dort auch einen symbiotischen Platz finden.

Das Angebot der Schulpsychologie ist umfassend und vielfältig. Je nach Bedarf wird Kompetenz herausgesucht. Schulpsychologische Fachkräfte diagnostizieren, supervidieren, coachen, bilden fort in Kommunikation, Interaktion, Kooperation, Lerntechniken, Mediation, Hochbegabtenförderung, modernen Förderprogrammen zur Defizitreduktion Heranwachsender etc. Bei strukturierterer Schwerpunktsetzung könnten die Kompetenzen und die bedenklich knappen Kapazitäten der deutschen Schulpsychologie Schulen noch zielgerichteter unterstützen. Es bliebe jedoch eine Mängelverwaltung, denn aktuell ist die Schulpsychologie in vielen Bundesländern mit Aufgaben überfrachtet und dadurch in der gefährlichen Quantitäts-Qualitäts-Falle gefangen.

Psychologisches Fachwissen einzuholen rechnet sich auf jeden Fall und zahlt sich schon kurzfristig aber vor allem mittelfristig aus. Das bestätigt auch die von der GEW 2004 in Auftrag gegebene Studie zur „Selektivität und Durchlässigkeit im deutschen Schulsystem". „Vorbeugen ist billiger als Nachbessern" schreibt Norbert Hirschmann (2004). Er weist nach, dass man allein in Bayern 30 Millionen € einsparen könnte, wenn durch schulpsychologische Betreuung und Beratung die Quote der Sitzenbleiber und Schulabbrecher deutlich verringert wäre. Dafür müssten allerdings Ressourcen bereitgestellt werden.

Nach dem PISA-Resultat hat der BDP 2003 ein berufspolitisches Programm über Psychologie in Schulen entwickelt und veröffentlicht. Ideen, wie Wandel der Schulverwaltung zur Schulgestaltung, mehr Selbstverantwortung von Schulen, Orientierung an Leistungsstandards werden in allen Bundesländern bearbeitet. Aber die ungünstige Relation von Schulpsychologe zu Schüler von im Durchschnitt 1:15 000 in Deutschland verschlechtert sich eher.

In kleinen Ländern, wie Dänemark und Israel arbeiten deutlich mehr Schulpsychologen. Im vergleichbaren Großbritannien gibt es doppelt so viele Schulpsychologen wie in Deutschland, wo circa 1 200 tätig sind. In Frankreich arbeiten 3 000 Schulpsychologen.

Im PISA-Testsiegerland Finnland ist die Relation Schulpsychologe zu Schüler 1: 2 500. Multiprofessionelle Arbeitsgruppen suchen gemeinsam mit Lehrern und Eltern nach innerschulischen Hilfen. Sie checken Ressourcen von Schülern und Schule ab. Wünsche der Kinder finden dabei aber auch Berücksichtigung. Danach werden individuelle Förderpläne von Lehrern und anderen Fachleuten erarbeitet.

So schaffen es 70 % einer Altersklasse psychisch gesund und erfolgreich das Abitur zu bestehen. Finnland leistet es sich nicht, ein Kind zurück zu lassen. Nur so kann man den Erfordernissen der Zukunft, einer globalisierten Welt, entgegen treten.

Aus der PISA-Studie ist herausgearbeitet, dass sich Kinder mit Elaborations- und Kontrollstrategien zutrauen, schwierige Aufgaben zu bewältigen, Ausdauer und Anstrengung investieren und damit Lerninhalte besser verstehen und durchdringen.

Lernmethoden, Motivation und Selbstvertrauen stehen in direkter Beziehung zu schulischen Leistungen. Für Lehrtätigkeit wird daraus geschlussfolgert, dass neben Lerninhalten heute vor allem ein Repertoire effektiver Lernstrategien vermittelt werden sollte.

Hier schließt sich der Kreis: fast 500 Jahre nach Luthers Bildungsaufruf heißt es heute, das Lernen zu lernen. Das riesige Wissens- und Könnensrepertoire der Menschheit muss der spätere Experte sich anzueignen und anzuwenden wissen.

Lehrer von gestern und heute gehören dazu. Sie sind auch Lehrer von morgen. Der glückliche Lehrer erkennt das Kreative und Freudvolle an seinem Beruf in der Anregung zu selbstgesteuertem Lernen seiner Schüler. Die Erfahrung sagt, dass diese Lehrer psychologische Kompetenz förmlich „einsaugen". Schulpsychologen verfügen über ein großes Angebotsrepertoire für moderne Unterrichtsformen. Sie beschäftigen sich mit hirngerechtem Lernen, sie sind vielfältige, kompetente und unterstützende Experten. Sie können aber mit dem aktuellen Personalbestand in Deutschland den Anforderungen der Schule, der Eltern und der Schüler nicht gerecht werden und ihre potentiellen Möglichkeiten nicht angemessen einbringen.

Gute Strukturierung trägt sicherlich auch zur weiteren Effektivierung der Schulpsychologie bei und unterstützt die Schulen in Deutschland bei ihrem Beitrag zur Lösung globaler Probleme. Politisch kann es sich das Land nicht leisten, auf einem schwach durchschnittlichen Wissens- und Kompetenzniveau zu verharren.

Als eine der aktuellen Entwicklungen ist das Notfallangebot der Schulpsychologie zu erwähnen. Für extrem belastende Ereignisse in Schulen ist Schulpsychologie mit Methoden der Krisenintervention und Notfallpsychologie ausgerüstet. Leider kommt Schulpsychologie hier immer häufiger zum Einsatz und wird als Hilfe erlebt. Bayerische Schulpsychologen waren z. B. in Erfurt wichtig und sehr wirkungsvoll tätig, da sie bereits ein funktionierendes Netzwerk in ihrem Bundesland aufgebaut hatten.

In die Zukunft geschaut, ist zu hoffen, dass sich Schule auch in Deutschland mit und durch Schulpsychologie erfolgreich entwickelt.

3 Aufgabe und Auftrag von Schule

Thomas Fleischer und Bernd Jötten

Die staatliche und die kommunale Schulpsychologie handeln im Rechtsrahmen der Schule und unterstützen die Schule bei der Erfüllung ihrer Aufgaben.

Das Bildungssystem, d. h. die Gesamtheit der Schulsysteme und Schulen eines Staates, stellt die hoch institutionalisierten und organisierten Bildungs- und Erziehungsbemühungen der erwachsenen Generationen dar. Die einzelne Schule ist eine Einrichtung, in der Erziehung sowie Lehren und Lernen in planmäßiger Weise hauptsächlich in Form von Unterricht für eine größere Anzahl von Schülern gleichzeitig erfolgt. Der Unterricht ist institutionalisiert und langzeitlich angelegt, d. h. prinzipiell und theoretisch relativ unabhängig vom Wechsel der Lernenden und Lehrenden.

Das Bildungssystem ist als gewachsene und gewollte Struktur vom historischen Entwicklungsstand einer Gesellschaft abhängig und stets eng mit dieser und den in ihr wirkenden Kräften verbunden. In Abbildung 3.1 sind die verschiedenen in unserer Gesellschaft wirkenden Institutionen in ihrem Einfluss auf Bildungssystem und Einzelschule schematisch dargestellt. In Wirklichkeit sind die Einflüsse und Abhängigkeiten viel komplexer als sich mit einer solchen Graphik deutlich machen lässt.

Die Schule ist darüber hinaus der Vermittlungsraum zwischen der Primärgruppe Familie und dem Großraum Bildungsgesellschaft. Als Einzelschule ist sie in das Ordnungssystem des Schulwesens und der staatlichen Verwaltungsorganisation integriert. Die Beteiligten und Betroffenen des sozialen Handelns in der Einzelschule sind in erster Linie die Lehrer, Schüler und Eltern. Deren Bindungen an Gruppen und an organisierte Vereinigungen stellen einen weiteren Anteil der Ordnungsumwelt dar, die das Schulleben in besonderer Weise beeinflusst.

Die rechtliche Grundordnung unseres Verfassungsstaates ist Grundlage für die Verfassung des Bildungswesens. Unter Bildungsverfassung ist der allgemeine Zusammenhang von Rechtsnormen zu verstehen, aufgrund derer die Institution „Schule“ in der Gesellschaft organisiert und verwirklicht wird. Im demokratischen Rechts- und Sozialstaat ist das Recht Grundlage, Handlungsform und Resultat der Politik. Die konkrete Organisation von Bildung ist dabei Ergebnis der Bildungspolitik in einem sich fortschreibenden Rechtsrahmen.

Die Bundesrepublik besitzt eine freiheitlich-demokratische Grundordnung. Das Demokratieverständnis steht in einer Tradition, die bis zu der französischen Menschenrechtsdeklaration von 1789, der amerikanischen Unabhängigkeitserklärung von 1776 und der englischen Bill of Rights von 1689 zurückgeht.

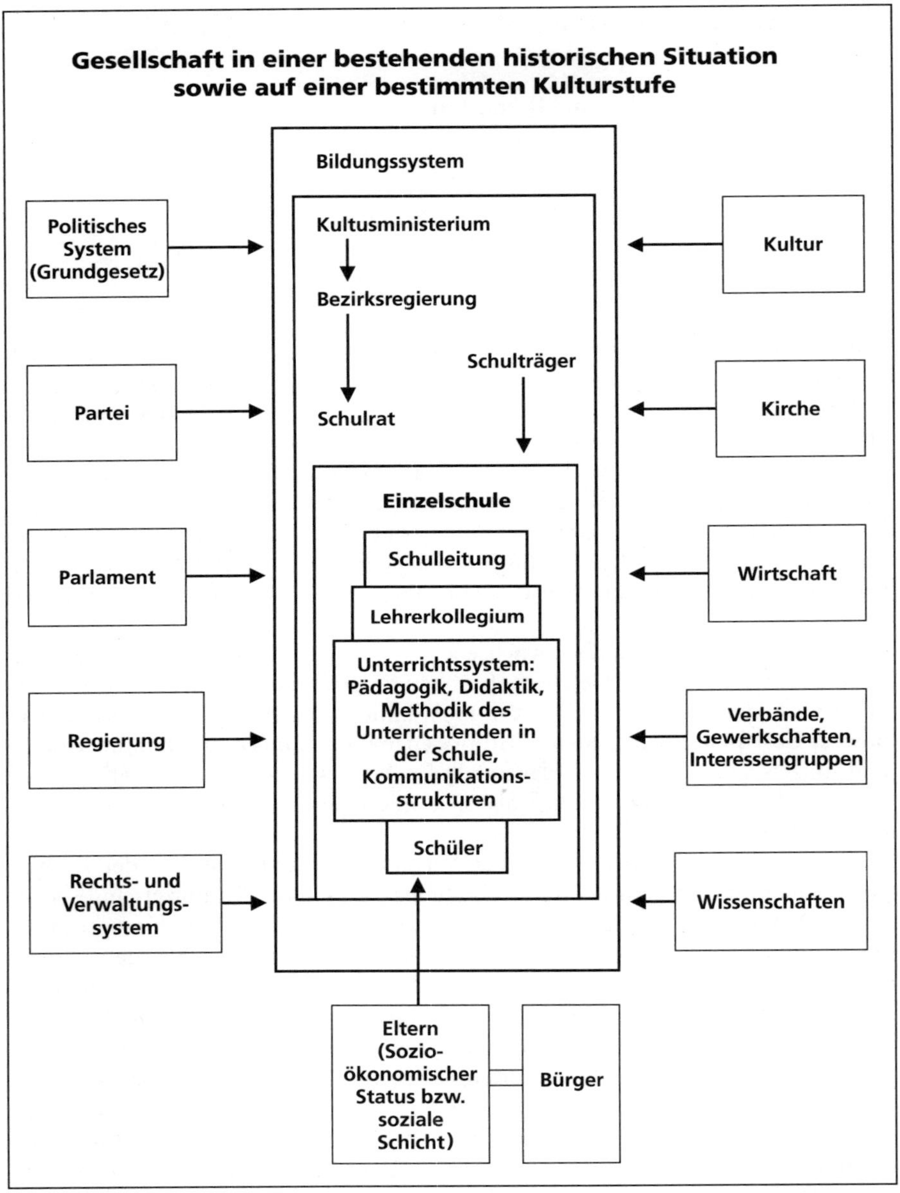

Abb. 3.1: Die auf Bildungssystem und Einzelschule einwirkenden Institutionen, jeweils zentral, regional und lokal

Nach Zusammenbruch des Faschismus in Deutschland im Jahre 1945 wurde im Zusammenhang mit der Errichtung der Bundesrepublik das heutige Grundgesetz erarbeitet und am 23. Mai 1949 in Kraft gesetzt. In Art. 30 und Art. 70 wurde die Kulturautonomie der Länder wieder errichtet. Das heutige Bildungsrecht hat seine Grundlage somit im Verfassungsrecht des Bundes (Grundgesetz), den Landesverfassungen und den Schulgesetzen. Es folgen Rechtsverordnungen und Verwaltungsvorschriften (Erlasse, Richtlinien, Verfügungen).

In den Verfassungsbestimmungen des Grundgesetzes ist der Kernbereich politischer Wert- und Gestaltungsprinzipien festgelegt. Diese Prinzipien sind auch für das Schulrecht verbindlich. Zwar sind die direkten Aussagen des Grundgesetzes zur Schule in Art. 7 knapp formuliert (staatliche Schulaufsicht, Sicherung des Religionsunterrichts an den öffentlichen Schulen, institutionelle Garantie der Privatschule), doch prägen die Prinzipien des Rechtsstaates, des Sozialstaates und der Demokratie sowie die grundrechtlichen Aussagen über Menschenwürde und Freiheit der Person, über das Recht auf freie Persönlichkeitsentfaltung, auf körperliche Unversehrtheit, auf Gleichbehandlung, Glaubens-, Gewissens- und Meinungsfreiheit, Informations- und Lehrfreiheit, auf freie Wahl der Ausbildungsstätte (um nur die in diesem Zusammenhang wichtigsten zu nennen) die Ziele, Formen und Inhalte der Schulerziehung. Zugleich sind sie bestimmend für die Rechtsstellung des Schülers und des Lehrers in der Schule sowie der einzelnen Schule im Schulwesen. Nimmt man das grundgesetzliche Elternrecht des Art. 6 hinzu, das der Generalklausel des Art. 7, Abs. 1 GG gewisse Schranken setzt und berücksichtigt man überdies die allgemeine Rechtsweggarantie des Art. 19 GG, so lässt sich aus den Prinzipien und Normen das Grundgesetzes das Gerüst eines Schulverfassungsrechts erkennen.

Über lange Jahre herrschte im deutschen Schulwesen der Konsens, dass in der Schule jene Prozesse gestärkt werden, die es ermöglichen, die gesellschaftlichen Strukturen zu erhalten. Dabei werden folgende Funktionen unterschieden (Fend, 1980):

1. Qualifikationsfunktion
   Das Schulsystem erfüllt die Funktion, die Heranwachsenden mit jenen Qualifikationen auszustatten, die für den Arbeitsprozess notwendig sind. Der Ausbildungsstand der Bevölkerung stellt eine wichtige Voraussetzung für die wirtschaftliche und technologische Entwicklung des Landes dar. Internationale Vergleiche ließen in den vergangenen Jahren Deutschland bezüglich des Ausbildungsstandes von Schülerinnen und Schülern in einem schlechten Licht erscheinen (PISA, TIMMS). Die Konsequenzen daraus sind die aktuellen Bemühungen um Bildungsstandards und um die Qualität des Unterrichts.

2. Selektions- und Allokationsfunktion
   Das Schulsystem wird hier als großes „Rüttelsieb“ verstanden, das von Generation zu Generation zu einer Neuverteilung der Lebenschancen führt, indem es den Zugang zu hohen und niedrigen beruflichen Positionen und damit zu Prestige, Macht und Einkommen reguliert. Diese Auffassung sollte dafür sorgen, dass die Bedeutung der Merkmale der sozialen Herkunft und der Geburt für die spätere soziale Stellung weniger wichtig werden. Statt dessen sollten die erwerbbaren Merkmale der persönlichen Leistungsfähigkeit und der Tüchtigkeit in den Vordergrund rücken. Diese Auffassung wurde jedoch in vielen empi-

rischen Untersuchungen widerlegt, die besagen, dass ein deutlicher Zusammenhang zwischen sozialer Herkunft, Bildungsbeteiligung und Schulerfolg besteht (zuletzt PISA 2005).

3. Legitimationsfunktion
Das Schulsystem übernimmt eine wichtige Funktion für die Stabilisierung der Gesellschaft, indem es jene Wertstrukturen und Einstellungen vermittelt, die für die Unterstützung und Aufrechterhaltung bestimmter gesellschaftlicher Verhältnisse erforderlich sind. Das politisch-administrative System vermittelt über das sozio-kulturelle System „Massenloyalität". Darunter ist die Anerkennung der gegenwärtigen sozialen und politischen Verhältnisse gemeint, indem die zugrunde liegenden normativen Strukturen und Deutungsschemata von sozialer Wirklichkeit akzeptiert werden. Dabei muss zum einen die ungleiche Verteilung knapper Güter legitimiert werden, zum anderen ist die Anerkennung politischer Instanzen zu sichern. Im Laufe seiner Schulzeit lernt der Schüler das Regelsystem der Zuordnung zu unterschiedlichen Leistungspositionen und damit Schulabschlüssen sowie deren Verfahren (Tests, Prüfungen) zu akzeptieren. Täglich erfährt er, dass Zugänge zu höheren Schulabschlüssen auf höhere Leistung zurückgeführt werden. Mit dieser Erzeugung von Ungleichheit wird das entsprechende Interpretationsmuster gleich mitgeliefert: Der Erfolg wird auf die jeweilige Anstrengung und Begabung des Schülers zurückgeführt usw. Diese durch weitgehenden Konsens gestützte funktionalistische Auffassung hat im Schulwesen, in der Elternschaft und in der Öffentlichkeit vor allem der ehemaligen Bundesrepublik zu der tief verwurzelten Überzeugung beigetragen, dass eine Schule erst dann eine gute Schule sei, wenn sie wirkungsvoll dem Selektionsanspruch genügt und rechtzeitig die „Spreu vom Weizen" trennt. Dies steht jedoch in einem spannungsvollen Verhältnis zu einigen grundlegenden Verfassungsprinzipien (GG Art. 2, Abs. 1 Entfaltungsrecht, GG Art. 3, Abs. 3 Gleichberechtigung).

Die nächste Konkretisierungsstufe der Aufgaben von Schule in Form von Bildungs- und Erziehungszielen findet sich in den Länderverfassungen (Reeb, 1981). Die Aussagen dazu sind häufig sehr vage formuliert. Trotzdem kann ihr Regelungsgehalt nicht in Frage gestellt werden.

In einigen Schulgesetzen werden die Verfassungsaussagen in leicht abgewandelter Form wiedergegeben. Aber unabhängig davon, ob in den Verfassungen einzelner Bundesländer Vorgaben für Bildungsziele enthalten sind oder fehlen, die künftigen politisch-gesellschaftlichen Vorstellungen und die Bildungsziele sind in den Schulgesetzen genauer beschrieben. Diese gehen zurück auf die KMK-Erklärung vom 25.5.1973 „Zur Stellung des Schülers in der Schule", in der sich weitgehend die Schulauftragsformulierungen der Schulgesetze bis 1973 widerspiegeln.

Reeb (1981) gibt in einer Synopse einen Überblick über die in den Verfassungen und Schulgesetzen angesprochenen Bildungs- und Erziehungsziele. Einen roten Faden bilden dabei die Auffassungen einer Bildung zur Befähigung für bzw. Vorbereitung auf die Berufswelt, die sich in der Formulierung „Kenntnisse, Fähigkeiten und Fertigkeiten vermitteln" ausdrückt. Die Gesetze äußern sich auch positiv zur Ausbildung der Urteilsfähigkeit, zur Wahrnehmung staatsbürgerlicher Rechte und Pflichten sowie zur Persönlichkeitsentfaltung. Als aktuelles Beispiel sei hier stellvertretend für die Schulgesetze anderer Bundesländer der zentrale Paragraph aus dem Niedersächsischen Schulgesetz zitiert (Fassung vom 3. März 1998).

So heißt es in § 2 des Niedersächsischen Schulgesetzes (NSchG) zum „Bildungsauftrag der Schule“:

1. „Die Schule soll im Anschluss an die vorschulische Erziehung die Persönlichkeit der Schülerinnen und Schüler auf der Grundlage des Christentums, des europäischen Humanismus und der Ideen der liberalen, demokratischen und sozialen Freiheitsbewegungen weiterentwickeln. Erziehung und Unterricht müssen dem Grundgesetz für die Bundesrepublik Deutschland und der Niedersächsischen Verfassung entsprechen; die Schule hat die Wertvorstellungen zu vermitteln, die diesen Verfassungen zugrunde liegen.
Die Schülerinnen und Schüler sollen fähig werden,

- die Grundrechte für sich und jeden anderen wirksam werden zu lassen, die sich daraus ergebende staatsbürgerliche Verantwortung zu verstehen und zur demokratischen Gestaltung der Gesellschaft beizutragen,
- nach ethischen Grundsätzen zu handeln sowie religiöse und kulturelle Werte zu erkennen und zu achten,
- ihre Beziehungen zu anderen Menschen nach den Grundsätzen der Gerechtigkeit, der Solidarität und der Toleranz sowie der Gleichberechtigung der Geschlechter zu gestalten,
- den Gedanken der Völkerverständigung, insbesondere die Idee einer gemeinsamen Zukunft der europäischen Völker, zu erfassen und zu unterstützen und mit Menschen anderer Nationen und Kulturkreise zusammen zu leben,
- ökonomische und ökologische Zusammenhänge zu erfassen,
- für die Erhaltung der Umwelt Verantwortung zu tragen und gesundheitsbewusst zu leben,
- Konflikte vernunftgemäß zu lösen, aber auch Konflikte zu ertragen,
- sich umfassend zu informieren und die Informationen kritisch zu nutzen,
- ihre Wahrnehmungs- und Empfindungsmöglichkeiten sowie ihre Ausdrucksmöglichkeiten unter Einschluss der bedeutsamen jeweiligen regionalen Ausformung des Niederdeutschen oder des Friesischen zu entfalten,
- sich im Berufsleben zu behaupten und das soziale Leben verantwortlich mitzugestalten.

Die Schule hat den Schülerinnen und Schülern die dafür erforderlichen Kenntnisse und Fertigkeiten zu vermitteln. Dabei sind die Bereitschaft und Fähigkeit zu fördern, für sich allein wie auch gemeinsam mit anderen zu lernen und Leistungen zu erzielen. Die Schülerinnen und Schüler sollen zunehmend selbständiger werden und lernen, ihre Fähigkeiten auch nach Beendigung der Schulzeit weiterzuentwickeln.

2. Die Schule soll Lehrkräften sowie Schülerinnen und Schülern den Erfahrungsraum und die Gestaltungsfreiheit bieten, die zur Erfüllung des Bildungsauftrags erforderlich sind.“

Der entscheidende Programmsatz in pädagogischer Hinsicht findet sich nach einer Aufzählung der Kriterien, der Grundlagen und Ziele einer Weiterentwicklung der Persönlichkeit des Schülers im letzten Satz des ersten Absatzes. Danach sollen die Schüler zunehmend selbständiger werden und lernen, Fähigkeiten auch über die Schulzeit hinaus zu entwickeln. Emanzipation und die Befähigung zu lebenslangem Lernen stehen demnach am Ende eines erfolgreichen Schulbesuchs, aufbauend auf dem Bildungsstand in dem die Schule die Schülerinnen und Schüler aus der vorschulischen Erziehung in Kindergarten und Elternhaus jeweils übernimmt. Der ganzheitliche Auftrag von Schule ist als rechtsverbindliche Ziel- und Wertvorstellung des Gesetzgebers zu verstehen. Der § 2 NSchG ist somit der „rote Faden", der durch alles Schulgeschehen hindurchgehen muss, wenn er gesetzeskonform sein soll. Unterricht und Erziehung in der öffentlichen Schule müssen dem Grundgesetz der Bundesrepublik Deutschland und den jeweiligen Verfassungen der einzelnen Bundesländer entsprechen, um verfassungskonform zu sein.

Die Ergebnisse der PISA-Studie haben in Deutschland dazu geführt, dass die Diskussion über die Aufgaben der Schule und ihre Gelingensbedingungen erneut und sehr intensiv aufgenommen worden ist. Dadurch sind auch veränderte Akzentsetzungen und Weiterungen bezüglich der schulischen Aufgaben in den Fokus gerückt worden. „Die Schule hat Aufgaben der Reproduktion, der Integration und der Innovation. Sie muss nicht allein die Reproduktion der Gesellschaft sichern, vielmehr muss sie auch die kognitiven und motivationalen Voraussetzungen für ihre nachhaltige Entwicklung schaffen. Sie muss Aufgaben der Integration übernehmen, um zu den sozialen und moralischen Bedingungen für ihren Zusammenhalt beizutragen. Sie muss die Innovation der Gesellschaft befördern, indem sie für die Bildungsvoraussetzungen zu deren Weiterentwicklung Sorge trägt." (vgl. Heinrich-Böll-Stiftung, 2004, 136).

In diesem Kontext hat die öffentliche Schulpsychologie in der Trägerschaft des Landes oder der Kommunen ihren spezifischen Auftrag zu erfüllen. Für die Schulpsychologie als angewandter Human- und Sozialwissenschaft steht daher die zentrale Aufgabe der Schule im Vordergrund, nämlich die individuelle Förderung der Person der Schülerin und des Schülers. Hinzu kommt die Unterstützung der Lehrkräfte und die Gestaltung günstiger Verhältnisse für die schulische Arbeit.

4 Aufgaben, Arbeitsfelder und Methoden der Schulpsychologie

Bernd Jötten und Thomas Fleischer

Die öffentliche Schulpsychologie in der Trägerschaft der Bundesländer und der Kommunen erfüllt ihren Auftrag im Kontext der bildungspolitischen und rechtlichen Vorgaben für die Schule. Als angewandte Human- und Sozialwissenschaft richtet sie ihre Aktivitäten an der zentralen Aufgabe von Schule aus, Schülerinnen und Schüler in ihrer individuellen Entwicklung durch Bildung und Erziehung zu fördern. Sie unterstützt alle an der Schule Beteiligten bei ihrer Arbeit und setzt sich für die Verbesserung günstiger schulischer Rahmenbedingungen ein.

Voraussetzungen für die Durchführung und das Gelingen der individuellen Forderung und Förderung und der dazu notwendigen schulpsychologischen Unterstützung sind neben der Unterrichtsentwicklung in einer möglichst wenig trennenden und viel Sicherheit gebenden Schulstruktur vor allem das Schulprogramm, die systematische interne Evaluation und die externe Inspektion als Bestandteile der Organisationsentwicklung sowie die Personalentwicklung durch interne Beratung und kontinuierliche Fortbildung der Lehrkräfte.

Schulpsychologisches Wissen und schulpsychologische Kompetenz kann erst dann nachhaltig wirksam werden, wenn insbesondere Lehrkräfte und Schulleitungen sowie die Erziehungsberechtigten dieses als wirksame Unterstützung wahrnehmen und wenn sie im Stande sind, diese Kompetenzen aufzunehmen, zu integrieren und für die eigene Entwicklung aktiv zu nutzen.

Der Berufsverband Deutscher Psychologinnen und Psychologen hat 2003 sein berufspolitisches Programm über Psychologie in Schulen – federführend von seiner Sektion Schulpsychologie formuliert – mit folgender Grundannahme eingeleitet:

„Die Psychologie geht in ihrer Arbeit für die Schule und für die Gesellschaft von folgenden anthropologischen Grundannahmen aus: Jeder Mensch will und kann als Person mit seiner Menschenwürde und mit seinen Menschenrechten sein Leben selbstbewusst und selbstbestimmt gestalten; Menschen wollen in Gemeinschaft und Gruppen fruchtbar und erfolgreich miteinander zusammen arbeiten, und sie können es, wenn sie wechselseitig ihre Grundrechte auf selbstbewusste und selbstbestimmte Lebensgestaltung berücksichtigen, auch im Sinne der Kinderrechtskonvention der Vereinten Nationen." (Berufsverband Deutscher Psychologen, 2003). Die personzentrierte Position in der Psychologie wird damit für die Schulpsychologie als hochrelevant in den Vordergrund gerückt.

Diese Position orientiert sich an folgenden Werten:

- der Akzeptanz individueller Autonomie bei gleichzeitiger Anerkennung und Realisierung sozialer Interdependenz
- der Selbstverwirklichung des Individuums,
- der Ziel- und Sinnorientierung allen menschlichen Strebens,
- der Anerkennung der Ganzheitlichkeit des Menschen (körperlich, geistig und seelisch).

Es wird damit ein zentrales menschliches Motiv unterstellt: die sog. Aktualisierungstendenz. Darunter wird die allgemeine Tendenz des Organismus verstanden, alle seine Fähigkeiten zur Aufrechterhaltung, Förderung und Weiterentwicklung einzusetzen. Dieses Motiv wird auch als Entwicklungsprinzip verstanden (Höger, 1993, nach Sachse, 1999, S. 21; Fleischer, 2004).

Schulpsychologische Beratung und Veränderung bedeutet also, mit der inneren Welt des Individuums und/oder der Organisation Schule in Kontakt zu kommen und positive Veränderungen mit den Leitzielen der Gesundheitsförderung und der Eigenverantwortung zu bewirken (s. Abb. 4.1).

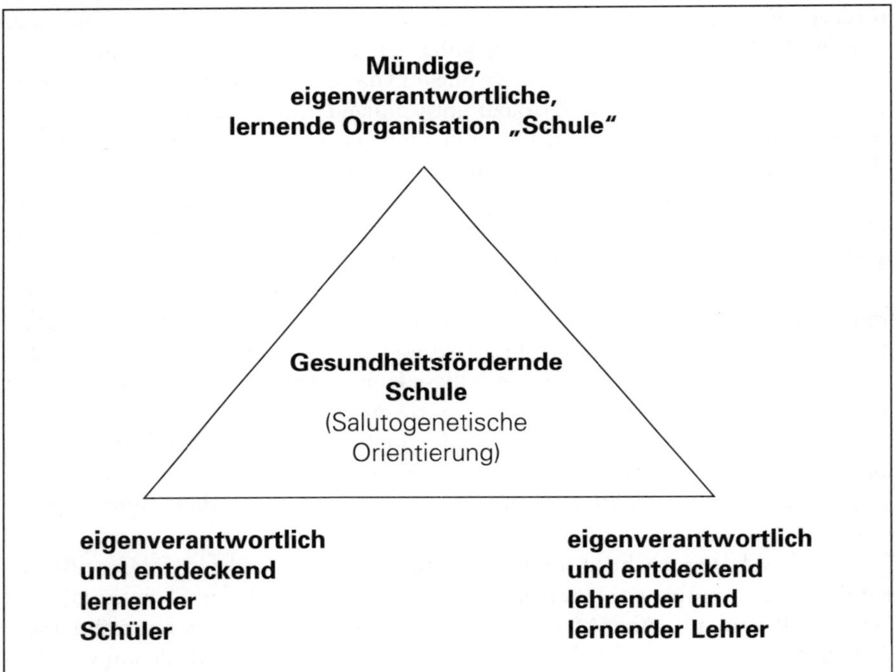

Abb. 4.1: Gesundheitsfördernde Schule

Die Schulpsychologie als interdisziplinäre und angewandte Wissenschaft bringt dazu insbesondere Erkenntnisse aus der pädagogischen Psychologie, der klinischen Psychologie sowie der Betriebs- und Organisationspsychologie, vor allem aber die Erfahrungen aus der praktischen Arbeit (Feldkompetenz) zur weiteren Entwicklung und zur Verbesserung der Schulwesens ein.

Im Zuge der sich verändernden Verfassungen der Schulsysteme in Richtung größerer Eigenverantwortlichkeit der einzelnen Schule verändert sich auch die Beziehung der einzelnen Schule zum Unterstützungssystem Schulpsychologie und umgekehrt. Beide Seiten werden sich durch diesen Prozess schärfer profilieren, konturieren und in ihrer Wirksamkeit als lernende Organisationen evaluieren müssen (vgl. dazu auch ein Leitbild der Schulpsychologie, Kap. 10).

Aufgaben der Schulpsychologie

Im Rahmen der eigenverantwortlichen und sich verantwortenden Schule mit einem umfassenden Auftrag der Bildung, der Erziehung und der Gesundheitsförderung hat die Schulpsychologie folgende Aufgaben zu bewältigen:

- Schulpsychologische Krisenintervention, Beratung, Intervention und Verhaltensmodifikation (auch therapeutisch) sowie Fallmanagement
- Notfallpsychologische Maßnahmen
- Schulsystemorientierte schulpsychologische Beratung, Fortbildung und Unterstützung bei der Qualitäts-, Unterrichts-, Organisations- und Personalentwicklung
- Schulpsychologische Unterstützung bei Entscheidungen der Schulbehörde
- Organisations-, Personal- und Qualitätsentwicklung des Systems Schulpsychologie/Beratungslehrkräfte/Schulsozialarbeit
- Wissenschaftliche Tätigkeit und Veröffentlichungen.

Die Aufgabenerfüllung der Schulpsychologie richtet sich dabei vorrangig auf folgende Zielgruppen:

- Einzelne Personen
- Gruppen
- Einzelne Schulen und Schulbehörden
- Beratungslehrkräfte und Klassenleiter bzw. -leiterinnen
- Schulleitungen und Steuergruppen der eigenverantwortlichen Schule
- Mitarbeiter und -innen der schulbehördlichen Einrichtungen.

Die Vorgehensweise der Schulpsychologie berücksichtigt, dass die Arbeit bezogen auf konkrete Personen und auf Systeme keine Alternativen sondern zwei Seiten derselben Medaille ist. Beide Bereiche bedingen sich gegenseitig hinsichtlich der Erkenntnisse und der Methoden der Prävention und Intervention.

Damit überwindet die hier vertretene Position den Paradigmenwechsel hin zum Primat der sogenannten Systemberatung vom Ende der 70er Jahre zugunsten einer differenzierteren interaktionalen und systemischen Position. Die Annahme, dass die schulpsychologische Arbeit noch mehr als bisher vorrangig auf die Unterstützung des Systems Schule auszurichten sei und dadurch die Bedeutung der sogenannten Einzelfallberatung abzunehmen habe, ist fachlich unbegründet.

Die Bewältigung dieser Aufgaben erfordert eine Qualifikation zum Schulpsychologen bzw. zur Schulpsychologin einschließlich der psychotherapeutischen Approbation, um fachpsychologisch umfassend handlungsfähig zu sein.

Im staatlichen Schulwesen gibt es keine andere Berufsgruppe als die Schulpsychologie, die die oben genannten Aufgaben fachlich und rechtlich legitimiert bewältigen kann und darf.

Aus diesen Aufgaben leiten sich die folgenden Arbeitsfelder der praktizierenden Schulpsychologie ab:

Arbeitsfelder der Schulpsychologie

1. Förderung des Lehrens und des Lernens
   - Entwicklung des eigenverantwortlichen und entdeckenden Lehrens und Lernens allgemein
   - Verbesserung des Lehrens und des Lernens im Besonderen bei:
     - Lese- und Rechtschreibschwäche
     - Rechenschwäche
     - Lernschwäche
     - Leistungsversagen
     - Leistungsverweigerung
     - Lern- und Arbeitsstörung
     - Besonderer Begabung und Hochbegabung
2. Verhaltenserweiterung bei
   - Unterrichtsstörungen
   - Aggressivem Verhalten und Gewalt
   - Außenseiterproblemen
   - Ängstlichkeit und sozialer Unsicherheit
   - Aufmerksamkeits- und Konzentrationsproblemen
   - Schulverweigerung
   - Schul- und Prüfungsangst
3. Wissens- und Kompetenzvermittlung:
   - Mitwirkung bei der Ausbildung von Lehrkräften
   - Schulleitungsqualifizierung
   - Schulleitungsbegleitfortbildung
   - Weiterbildung von Beratungslehrkräften
   - Fortbildung, fachliche Betreuung und Personalentwicklung von Beratungslehrkräften
   - Fortbildung von Klassenlehrkräften
   - Schulinterne, regionale und zentrale Fortbildung der Lehrkräfte
4. Entwicklungsbegleitung
   - Schulentwicklung
   - Unterrichtsentwicklung
   - Personalentwicklung

Diese Arbeitsfelder werden im Wesentlichen mit den folgenden Arbeitsweisen bearbeitet:

Arbeitsweisen und Methoden

1. Schulpsychologische Diagnostik
   - Intelligenz-, Leistungs- und Verhaltensdiagnostik
   - Verhaltensbeobachtung und Hospitation im Unterricht
   - Analyse des sozialen Umfelds
   - Systemdiagnostik
2. Schulpsychologische Beratungs- und Therapiegespräche am „runden Tisch“ mit den Beteiligten
3. Schulpsychologische Beratungs- und Therapiegespräche mit einzelnen Personen
4. Training und Therapie für den Leistungs- und Verhaltensbereich
5. Mediation
6. Moderation von Arbeitsprozessen und von Schulentwicklung
7. Supervision, Fallbesprechung und Coaching
8. Lehre, Forschung und Information

Schulpsychologische Arbeit basiert auf der Einhaltung folgender Grundsätze:
- Freiwilligkeit der Inanspruchnahme
- Freier Zugang aller Ratsuchenden und Klienten
- Schulnähe und Niedrigschwelligkeit
- Schutz des Privatgeheimnisses (§ 203 StGB)
- Funktionsgerechter Grad der Unabhängigkeit der Schulpsychologie
- Respektierung der pädagogischen und erzieherischen Verantwortung von Lehrkräften und Erziehungsberechtigten durch die Schulpsychologie (kein stellvertretendes Handeln)
- Allparteilichkeit der Schulpsychologie

Die Beachtung dieser Grundsätze ist eine wesentliche Bedingung für den Erfolg schulpsychologischer Arbeit.

Personelle Ressourcen

Die Schulpsychologen und Schulpsychologinnen in den Ländern der Bundesrepublik Deutschland arbeiten zurzeit in unterschiedlichen organisatorischen Kontexten und Settings:

- im staatlichen Schulwesen
- im privaten Schulwesen
- in kommunalen Diensten
- in Erziehungsberatungsstellen
- in anderen öffentlichen oder privaten Einrichtungen der Jugend- und Gesundheitspflege
- freiberuflich
- niedergelassen als psychologische Psychotherapeuten mit schulpsychologischem Schwerpunkt
- an Hochschulen und anderen Einrichtungen der Aus-, Fort- und Weiterbildung.

Der Schwerpunkt liegt derzeitig ganz eindeutig im öffentlichen Bereich.

Gemessen an dem Bedarf schulpsychologischer Kompetenz ist Deutschland in allen Bundesländern krass unterversorgt und unterfinanziert. Im Bundesmittel liegt die Relation Schulpsychologe zu Schüler bei mehr als 1: 15 000 mit negativer Tendenz und großen Schwankungen zwischen den Bundesländern.

Zur schulpsychologischen Unterstützung der Schülerinnen und Schüler, der Eltern, Lehrkräfte, Schulleitungen und Schulbehörden sowie zur Bewältigung der psychologischen Anforderungen an Schule, benötigt Deutschland eine angemessene und ausreichende Kapazität schulpsychologischer Versorgung, die den Standards vergleichbarer OECD-Staaten entspricht. In Zahlen bedeutet das etwa eine Relation von mindestens einem Schulpsychologen bzw. einer Schulpsychologin für 2 500 Schüler und Schülerinnen (vgl. Kap. 10).

Es besteht also ein großer und zunehmender Bedarf an schulpsychologischer Kompetenz, der im Rahmen der augenblicklichen vor allem öffentlichen Versorgung in Deutschland nicht abgedeckt wird. Menschen nehmen dadurch Schaden, der vermeidbar und zu vermeiden ist.

Eine Kompensation durch die freiberufliche Schulpsychologie ist zurzeit kaum möglich, da es bei weitem nicht hinreichend viele privat niedergelassene qualifizierte Schulpsychologen und Schulpsychologinnen gibt. Die Zusammenarbeit im Rahmen des public-private-Konzepts im Schulwesen und insbesondere in der Schulpsychologie ist gänzlich unentwickelt und in ihren Möglichkeiten gar nicht abschätzbar.

Die Schulpsychologie in Deutschland befindet sich aus den genannten Gründen in einer bedenklichen Quantitäts-Qualitäts-Falle. Damit ist die Gefahr verbunden, dass die Aufgaben nur suboptimal erfüllt werden und dass das Personal der ständigen beruflichen Selbstausbeutung ausgesetzt ist. Beides ist mittelfristig gefährlich sowohl für die Klienten, die Klientinnen, die Kolleginnen und Kollegen sowie für den ganzen Berufsstand.

5 Rechtsfragen zur Schulpsychologie

Jan Frederichs

Eine der Grundvoraussetzungen psychologischer Angebote ist die Vertraulichkeit. Es geht häufig um Informationen, die für den Klienten subjektiv schambesetzt sind oder die mit erheblichen Folgen verbunden sind, wenn sie Dritten bekannt werden. Die Erwartung der Allgemeinheit und der einzelnen Klienten in die Berater wird durch Schweige- und Verschwiegenheitspflichten geschützt, wobei für bestimmte Berufe, insbesondere für die Psychologen, ein Verstoß gegen die Schweigepflicht sogar unter Strafe gestellt wird.

Andererseits steht der Schulpsychologe nicht selten unter der Anforderung, Vorgesetzten, Kollegen, Schulaufsicht, Schulleitung, Lehrern, Eltern, dem Jugendamt oder anderen Dritten Auskunft zu erteilen, meist verbunden mit der Argumentation, diese Zusammenarbeit diene dem Klienten. Hinzu kommt in letzter Zeit zunehmend die Anforderung, aus Qualitätssicherungs- und Controllinggründen Dateneinsicht zu gewähren. Da solche Eingriffe in die Vertraulichkeit teilweise auch von der Rechtsordnung „erlaubt" sind, kann solchen Anforderungen nicht pauschal die Schweigepflicht entgegengehalten werden.

Gleichwohl ist es richtig, wenn ein Schulpsychologe grundsätzlich davon ausgeht, dass über alle vom Klienten mitgeteilten Geheimnisse Stillschweigen gegenüber jedem (!) Dritten gewahrt werden muss und von diesem Grundsatz ausgehend prüft, ob eine der nicht wenigen Ausnahmen greift, die nachfolgend skizziert werden.

Zu beachten ist dabei, dass für Schulpsychologen die Strafvorschrift des § 203 Strafgesetzbuch zwar vielfach, aber nicht ausschließlich maßgeblich ist. So kann es sich durchaus ergeben, dass die Offenbarung eines Geheimnisses zwar nicht gegen die Strafvorschrift verstößt, aber gegen andere für den Schulpsychologen geltende Regeln, wie z. B. (arbeits)vertragliche oder dienstrechtliche Verschwiegenheitspflichten, datenschutzrechtliche Bestimmungen und ggf. ethische oder berufsordnungsrechtliche Verpflichtungen und natürlich Regeln aus Schulgesetzen und Verordnungen.

Beispielsweise entscheidet in Hinblick auf eine Schweigepflichtsentbindung der Jugendliche ggf. allein, so dass die Strafbarkeit entfällt. Jedoch wäre die Datenweitergabe allein auf Basis der Schweigepflichtsentbindung des Jugendlichen in Thüringen ein Verstoß gegen § 5 der Verwaltungsvorschrift zu § 53 des Thüringer Schulgesetzes, weil nach dieser Vorschrift für alle Minderjährigen die Erziehungsberechtigten über die Schweigepflichtsentbindung entscheiden, so dass der Schulpsychologe sowohl die Schweigepflichtsentbindung vom Jugendlichen, als auch von den Eltern benötigt.

Aus dem Entfallen der strafrechtlichen Schweigepflicht folgt also nicht automatisch, dass die Daten auf Anforderung zu offenbaren sind.

Innerbehördliche Schweigepflicht

Schulpsychologen werden von der Strafvorschrift des § 203 StGB gleich zweifach erfasst. Einmal gem. Abs. 1 als Berufspsychologen, zum anderen gem. Abs. 2 als Amtsträger. Dabei gilt für Amtsträger eine gelockerte Rechtslage, denn die Schweigepflicht gilt nach Absatz 2 nicht innerhalb der Behörde. Diese Lockerung gilt für Schulpsychologen jedoch trotz der Tatsache, Amtsträger zu sein, nicht, weil die Schweigepflicht als Berufspsychologe aus § Abs. 1 vorrangig ist. D. h. die Schweigepflicht gilt prinzipiell auch gegenüber Dritten innerhalb der Behörde.

Geheimnis

Geschützt sind nur Geheimnisse im Sinne der Vorschrift. Das sind nur solche Informationen, die nur einem begrenztem Personenkreis bekannt sind, an denen der Klient einen Geheimhaltungswillen hat und bei denen ein objektives Geheimhaltungsinteresse besteht. Wenn z. B. ein Klient einen Brief „an die Beratungsstelle" schickt, so besteht offensichtlich kein Geheimhaltungsinteresse hinsichtlich des Informationsaustauschs innerhalb dieser Beratungsstelle.

Eigentlich sind nur Tatsachen und keine Wertungen erfasst. Da aber fast immer einer Wertung des Klienten mehrere Tatsachen innewohnen, hat diese Unterscheidung in aller Regel kaum Relevanz.

Ein objektives Geheimhaltungsinteresse ist nicht nur bei Belanglosigkeiten zu verneinen (Bsp.: Der Klient findet das Wetter scheußlich) sondern auch dann, wenn die Erhebung der Daten dem Klienten erkennbar zu dem Zweck erfolgt, sie an einen bestimmten Dritten weiterzugeben. Wenn z. B. ein Gutachten für eine Behörde geschrieben wird, dann gibt es kein objektives Geheimhaltungsinteresse des Klienten daran, gegenüber dieser Behörde Vertraulichkeit zu wahren. Die Weitergabe des Gutachtens ist daher mangels objektiven Geheimhaltungsinteresses kein Bruch der strafbewehrten Schweigepflicht.

„Als Berufpsychologe anvertraut oder sonst bekannt geworden"

Erfasst sind nicht nur Geheimnisse, die der Schulpsychologe unmittelbar im Beratungsgespräch erfahren bzw. wahrgenommen hat, sondern alle Erkenntnisse, die in der typischerweise auf Vertrauen angelegten Sonderbeziehung gewonnen werden. Dies wird sogar soweit verstanden, dass alle im Zusammenhang mit der beruflichen Tätigkeit als Schulpsychologe wahrgenommenen Erkenntnisse von der Strafvorschrift erfasst werden. Wenn der Schulpsychologe z. B. einen Streit des vor der Tür auf das Beratungsgespräch wartenden Jugendlichen mit seiner Mutter mithört, so erfährt er damit Geheimnisse als Berufspsychologe. Erfasst sind natürlich auch Supervisionen oder Beratungen von Lehrern usw.

Dagegen erfährt man Geheimnisse nicht „als Berufspsychologe“, wenn man sie als Privatperson, Kollege, Familienangehöriger, Ausbilder usw. erfährt. Gewinnt man z. B. bei einem runden Tisch zur Jugendhilfeplanung Informationen über seinen Klienten, so erfährt man dies „als Berufspsychologe“, bemerkt der Schulpsychologe in dieser Runde nebenbei aufgrund seiner fachlichen Kompetenz, dass der Jugendamtsmitarbeiter an einer psychischen Erkrankung leidet, dann erfährt man dies „als Beteiligter“ und nicht „als Berufspsychologe“, weil diesbezüglich keine auf Vertrauen angelegte Sonderbeziehung besteht. Wenn wiederum der Jugendamtsmitarbeiter nach der Runde den Schulpsychologen kurz beiseite nimmt und ihn wegen seiner psychischen Probleme nach einem guten Psychotherapeuten fragt, nimmt er den Schulpsychologen „als Berufspsychologen“ in Anspruch.

Hospitiert der Schulpsychologe in einer Schulstunde, fungiert er nicht nur den Schülern gegenüber, sondern auch dem Lehrer gegenüber als Berufspsychologe. D. h. auch wenn das Lehrerverhalten eigentlich nicht Ziel bzw. Gegenstand der Hospitation ist, so wäre es gleichwohl eine Schweigepflichtsverletzung, den Schüler oder seine Eltern über die eigene fachliche Einschätzung des Lehrerverhaltens zu informieren.

Beleidigt, bedroht oder verletzt gar der Klient den Schulpsychologen, nimmt er keine auf Vertrauen angelegte Sonderbeziehung in Anspruch. Die Anzeige durch den Schulpsychologen ist daher keine Schweigepflichtsverletzung, selbst wenn erst mit der Anzeige indirekt das Geheimnis offenbart wird, dass der Klient den schulpsychologischen Dienst in Anspruch genommen hat.

„Berufspsychologen“ im Sinne der Strafvorschrift sind jedenfalls alle Diplom-Psychologen. Ob die bayerische Ausbildung zum Schulpsychologen als Hauptfachstudium der Psychologie zu bewerten ist, ist umstritten. Man wird aber wohl annehmen müssen, dass die bayerische Ausbildung mit einem staatlich anerkannten wissenschaftlichen Abschluss endet. Obwohl grundsätzlich das Strafrecht im Zweifel eng auszulegen ist, dürften daher bayerische Schulpsychologen, wenn sie entsprechend ihrer Ausbildung eingesetzt werden, ebenfalls der strafbewehrten Schweigepflicht unterfallen, da ihnen dasselbe Vertrauen entgegengebracht wird, wie den Diplom-Psychologen.

Dagegen sind sonstige Mitarbeiter des schulpsychologischen Dienstes nicht der Strafvorschrift unterworfen, selbst wenn auch sie wie in Thüringen zur „besonderen Verschwiegenheit“ verpflichtet sind; allerdings kann zur Auslegung dieses Begriffs weitgehend auf die Ausführungen zu § 203 Strafgesetzbuch Bezug genommen werden.

Offenbarung

Eine Offenbarung ist jede Hinausgabe von Geheimnissen aus dem Kreis der Wissenden. Bei minderjährigen Klienten, die selbst noch nicht einwilligungsfähig sind (s. u.) ist die Information an die Eltern im Lichte des Artikels 6, Abs. 2 GG keine Offenbarung.

Eine Offenbarung kann auch in einer unterlassenen Verhinderung liegen, was allerdings voraussetzt, dass der Schulpsychologe überhaupt die rechtliche Möglichkeit hat, die Offenbarung an Dritte zu verhindern (Bundesverwaltungsgericht NJW 1989, 2961, 2962). Wenn z. B. ein Schulpsychologe seine Arbeitsstätte dauerhaft verlässt, kann er „seine" Akten nicht mitnehmen, weil sie im Eigentum der Beratungsstelle stehen. Das Belassen in der Dienststelle bzw. die anschließende Kenntniserlangung durch Dritte ist dann keine Offenbarung durch Unterlassen.

Unbefugt und Befugnisnormen

Die Offenbarung von Daten ist nicht unbefugt, wenn nach der Rechtsordnung eine Offenbarungsbefugnis oder Offenbarungspflicht besteht. Offenbarungsverpflichtet und damit befugt ist der Schulpsychologe immer bei bestimmten geplanten Straftaten im Sinne des § 138 Strafgesetzbuch: Dort genannte geplante Straftaten müssen angezeigt werden. Weiterhin ergibt sich die Befugnis aus der Zeugnispflicht vor Gericht, es sei denn, es besteht ein Zeugnisverweigerungsrecht (dazu unten).

Auch Schulgesetze können Befugnisregelungen aufweisen. So regelt § 21, Abs. 5 des Rheinland-Pfälzischen Schulgesetzes, dass „soweit es für die Erfüllung der Aufgaben, die den Schulen, den Schulbehörden und den Schulpsychologinnen und Schulpsychologen durch Rechtsvorschrift zugewiesen sind, erforderlich und mit den schutzwürdigen Belangen der Betroffenen vereinbar ist, die bei der Beratung erhobenen personenbezogenen Daten übermittelt werden dürfen".

Es kann jedoch viele weitere Befugnisnormen geben. Nach Auffassung des Bundesverwaltungsgerichts kann sich aus jeder Rechtsvorschrift die Befugnis zur Offenbarung ergeben (NJW 1989, 2961, 2962). Befugnisnormen brauchen also nicht so explizit geregelt zu sein, wie in dem zitierten Schulgesetz. Es kommt nach der Rechtsprechung nicht einmal darauf an, ob der Gesetz- oder Verordnungsgeber mit einer Rechtsvorschrift die Einschränkung der Schweigepflicht vor Augen hatte, solange es nur um über die bloße Amtshilfe hinausgehende Auskünfte bzw. Mitteilungen geht. Jede Vorschrift, die Auskünfte bzw. Mitteilungen vorsieht, kann also die Schweigepflicht als Befugnisnorm aushebeln.

Solche Befugnisnormen müssen aber verfassungsrechtlich wiederum im Lichte des eingeschränkten Rechts auf informationelle Selbstbestimmung gesehen werden und die beiden Rechtsgüter abgewogen werden, d. h. das Recht auf informationelle Selbstbestimmung des Klienten und das Rechtsgut, zu dessen Zweck die Befugnisnorm geschaffen wurde, stehen sich gegenüber. Z. B. erachtet das Bundesverwaltungsgericht die Funktionsfähigkeit des Rechnungshofs als einen überragend wichtigen Belang des Allgemeinwohls, so dass eine landesrechtliche Vorschrift, die dem Rechnungshof erlaubt, die Vorlage von Akten zu verlangen, als eine Befugnisnorm zu werten ist, die auch dann nicht zum Schutze des Rechts auf informationelle Selbstbestimmung verfassungskonform eingeschränkt werden muss, wenn es sich um Psychiatrie-Akten handelt.

Meines Erachtens muss aber stets im Einzelfall entschieden werden. Angenommen, man erweitert den vom Bundesverwaltungsgericht entschiedenen Fall um die fiktive Variante, dass der Leiter des Rechnungshofs vor seiner Behörde geheimhalten will, dass er in seinem Urlaub in der Psychiatrie stationär behandelt wurde, dann ist sein persönliches Recht auf informationelle Selbstbestimmung höher zu bewerten und die Befugnisnorm des Rechnungshofs muss in Bezug auf seine Akte insoweit zurückweichen.

Außerdem ist stets zusätzlich das verfassungsrechtliche Gebot der Verhältnismäßigkeit zu beachten. Kann der Zweck der Befugnisnorm z. B. auch bei anonymisierten Daten erfüllt werden, muss dies so erfolgen.

Gleiches gilt z. B. auch in Hinblick auf Beteiligungs- bzw. Zusammenarbeitsvorschriften aus dem SGB VIII. Grundsätzlich dürfen in diesen Vorschriften, insbesondere § 36 und § 37 SGB VIII zur Hilfeplanerstellung Befugnisnormen verstanden werden, wobei dies für die Zusammenarbeit im Sinne des § 37 Abs. 1 Satz 1 SGB VIII sicherlich in höherem Maße gilt, als für die Beteiligung im Sinne des § 36 Abs.2 Satz 3 SGB VIII. Aber auch diese Befugnisnormen müssen wiederum verfassungskonform ausgelegt werden. Dies bedeutet z. B. für einen Schulpsychologen, der an der Hilfeplanerstellung beteiligt werden muss, dass er Geheimnisse im Rahmen der gebotenen Mitwirkung offenbaren darf, jedoch nur insoweit, als er davon ausgehen darf, dass die anderen Beteiligten diese Informationen für die Hilfeplanerstellung benötigen und dieser Belang das Geheimhaltungsinteresse des Klienten überwiegt. Kann er hingegen das aus seiner Sicht erforderliche Ziel bei der Hilfeplanung auch ohne Offenbarung der Geheimnisse erreichen, hat er diesen Weg zu gehen. Da die Grenzziehung im Einzelfall häufig nicht einfach ist, muss den beteiligten Psychologen ein gewisser Beurteilungsspielraum zugebilligt werden.

Prinzipiell können auch Vorschriften über Aufsichts- und Kontrollbefugnisse Befugnisnormen sein. Ob aber stets das diesen Vorschriften zugrundeliegende Rechtsgut das Recht auf informationelle Selbstbestimmung zu überwiegen vermag, darf durchaus bezweifelt werden. Ebenfalls ist selbst bei Bejahung einer Befugnisnorm der Frage, ob der mit der Befugnisnorm verfolgte Zweck auch auf andere Weise erfüllt werden kann, namentlich durch Anonymisierung, besondere Aufmerksamkeit zu widmen.

Die (konkludente) Schweigepflichtsentbindung

Die Strafbarkeit einer Offenbarung von Geheimnissen entfällt bei Vorliegen einer Schweigepflichtsentbindung, also bei einer Einwilligung des Geschützten. Im Alltag wird in erheblichem Maße mit der sog. konkludenten Schweigepflichtsentbindung, also der Erklärung durch schlüssiges Verhalten argumentiert. D. h. der Klient erklärt mit seinem Verhalten indirekt, dass er mit der Offenbarung des Geheimnisses einverstanden ist. Der Bundesfinanzhof hatte 2004 in einem Fall zu entscheiden, in dem sich ein Rechtsanwalt, der der Finanzbehörde bzgl. eines steuerlich abgesetzten Geschäftsessens unter Berufung auf die Schweigepflicht nicht mitteilen wollte, mit welchem Mandanten das Geschäftsessen stattfand (BFH vom 26.2.2004, Az. IV R 50/01). Der Bundesfinanzhof entschied, dass sich der Rechtsanwalt nicht auf die Schweigepflicht berufen könne. Das Gericht führte zur Begründung aus, dass ein Mandant, der sich von seinem Dienstleister zum

Geschäftsessen einladen lasse, sozial adäquat damit rechnen müsse, dass der Dienstleister die Kosten des Essens steuerlich absetzen werde und infolgedessen auch damit rechnen müsse, dass die Finanzbehörde zur Überprüfung der Absetzbarkeit den Namen des Mandanten wissen will. Es läge insoweit eine konkludente Einwilligung vor.

Dieses Urteil hat zwar für die Schulpsychologen keine unmittelbare Bedeutung, zeigt aber, dass das Vorliegen einer konkludenten Einwilligung auch damit begründet werden kann, dass der Klient sozial adäquat damit rechnen muss, dass seine Geheimnisse Dritten offenbart werden.

Das ist insbesondere in Hinblick auf Hilfspersonal anzunehmen, also denjenigen Dritten, ohne die für den Klienten erkennbar der Schulpsychologe seine Arbeit als Psychologe nicht ausführen kann. Standardbeispiel ist die Sprechstundenhilfe, bei Schulpsychologen könnte das die Beratungslehrkraft sein. Es darf angenommen werden, dass der Klient weiß, dass solche Dritte die Geheimnisse erfahren werden. Um dem Schutz der Klienten gleichwohl Rechnung zu tragen, ist gem. § 203 Abs. 3 StGB auch das Hilfspersonal strafrechtlich zum Schweigen verpflichtet.

Gerade weil nur das Hilfspersonal in § 203 Abs. 3 StGB genannt ist, ist abzulehnen, dass eine konkludente Einwilligung auch stets für Dritte angenommen werden darf, die nur in einem weiteren, nicht inhaltlichen Zusammenhang mit der Tätigkeit des Schulpsychologen stehen, wie z. B. für Verwaltungsmitarbeiter, Controller usw. Nur in Ausnahmefällen mag dies eventuell begründet werden können, z. B. wenn das gesamte Gutachten nur auf der zerstörten Festplatte gesichert wurde und nur ein EDV-Techniker die Daten retten kann; hier kann es vertretbar sein, sozial adäquat von einer konkludenten Einwilligung des Klienten für die eventuelle Kenntnisnahme der Daten durch den EDV-Techniker auszugehen. Aber auch in diesem Beispiel kommt es wieder auf den Einzelfall an: Kennt der EDV-Techniker den Klienten privat, kann von einer konkludenten Einwilligung nicht ausgegangen werden.

Eine konkludente Einwilligung wird ferner vielfach bei Teamleistungen angenommen. Wenn für den Klienten erkennbar ist, dass der Psychologe „nur" als Teil eines Teams auftritt und die Dienste des Psychologen in diesem Bewusstsein annimmt, dann muss er sozial adäquat damit rechnen, dass seine Angelegenheit vom Team behandelt wird, d. h. eine entsprechende konkludente Einwilligung in die Offenbarung der Geheimnisse an die Teamkollegen darf vom Psychologen unterstellt werden.

Bisweilen ist aber schwierig, welche Dritten aus Sicht des Klienten zum Team gehören. Hier muss man sich anhand von Indizien im Einzelfall der Antwort annähern, ob für den Klienten erkennbar ist, dass der Psychologe Teil einer funktionellen Einheit ist. Nicht erforderlich ist für die Erkennbarkeit in diesem Sinne die Erkennbarkeit einzelner Personen des Teams, deren Namen und Funktionen oder deren Anzahl. Andererseits dürften erhebliche Zweifel bestehen, wenn das Team in verschiedenen Bereichen der Behörde oder gar in verschiedenen Orten situiert ist. Meines Erachtens muss davon ausgegangen werden, dass ein Team aus Sicht des Klienten nur aus den Personen bestehen kann, die örtlich in dieser von ihm aufgesuchten Beratungsstelle arbeiten, so dass ein Klient nicht damit rechnen muss, dass z. B. bis in das Ministerium einer Landeshauptstadt hinein seine Geheimnisse offenbart werden, sei es aus qualitativen Gesichtspunkten auch noch so sinnvoll. Es sollte daher möglichst vermieden werden, fehlende Befugnisnormen über eine konkludente Einwilligung ausgleichen zu wollen.

Auch der Fachvorgesetzte kann unter dieser Prämisse Teil des Teams sein, nämlich wenn er vor Ort inhaltlich in das Team eingebunden ist. Die Fachaufsicht kann also über die berechtigte Unterstellung einer konkludenten Einwilligung gedeckt sein.

Kollegen in verschiedenen Institutionen bilden grundsätzlich kein Team im Sinne einer konkludenten Einwilligung: Wollen ein Schulpsychologen und ein Psychologe in einer Erziehungsberatungsstelle Informationen über einen gemeinsamen Klienten austauschen, kann nur infolge besonderer Umstände von einer konkludenten Einwilligung ausgegangen werden; empfehlenswert ist wie stets die Beibringung einer ausdrücklichen Schweigepflichtsentbindung des Klienten, es sei denn, man kann sich auf eine Befugnisnorm berufen.

Die unzulässige Unterstellung einer konkludenten Schweigepflichtsentbindung

Während die „befugte" Offenbarung von Geheimnissen, also die Offenbarung, die sich auf Befugnisnormen stützt, nicht zur Disposition des Klienten steht, von diesem also nicht verhindert werden kann, ist für die konkludente Schweigepflicht kein Raum mehr, wenn sich der Klient konkret anders äußert oder verhält. Verlangt also der Klient direkt Stillschweigen („das bleibt jetzt aber unter uns") oder wird erkennbar, dass er dies wünscht, dann kann von einer konkludenten Einwilligung gegenüber dem Team oder dem Hilfspersonal nicht mehr ausgegangen werden. In einem solchen Fall handelt es sich auch nicht um eine widerrufene Schweigepflichtsentbindung, sondern die Entbindung hat nie bestanden.

Wenn sich also eine Offenbarung von Geheimnissen z. B. auf eine Zusammenarbeitsnorm stützt, die als Befugnisnorm zu werten ist, dann ist das Recht des Klienten auf informationelle Selbstbestimmung insoweit eingeschränkt. Soll sich die Offenbarung dagegen auf eine konkludente Einwilligung stützen, kann der Klient von seinem Selbstbestimmungsrecht Gebrauch machen und diese Unterstellung durch anderslautende Erklärungen oder Verhalten verhindern.

Diese Sichtweise mag in Hinblick darauf, dass in der Rechtsprechung gelegentlich über das Kriterium der Sozialadäquanz eine konkludente Einwilligung hergeleitet wird, in Frage gestellt werden. Es sollte aber angesichts des etwas vagen Kriteriums der Sozialadäquanz zumindest bei einem konkret anderen Willen des Betroffenen diesem der Vorrang gegeben werden.

Weiterhin ist kein Raum für konkludente Einwilligungen, wenn wie z. B. in § 5 der Verwaltungsvorschrift zu § 53 des Thüringer Schulgesetzes eine ausdrückliche Zustimmung für die Weitergabe von Informationen verlangt wird.

Aufklärung und vorgegebene Schweigepflichtsentbindung

Nach den bisherigen Ausführungen kommt man nicht selten zum Ergebnis, dass die Rechtslage gelegentlich nicht sinnvoll oder gar unpraktikabel ist. Insbesondere Vorgesetzten schwebt häufig ein anderes Procedere vor. Auch andere Dritte wie Eltern und Lehrer bringen gelegentlich wenig Verständnis für die Schweigepflicht auf, aber auch Schulpsychologen selbst dürften den Wunsch empfinden, zumindest in besonderen Situationen an Dritte offenbaren zu können.

In der freien Wirtschaft kann ein Psychologe solche Überlegungen einfach umsetzen, in dem er seine Dienstleistung schlicht von der Unterzeichnung einer von ihm für sinnvoll erachteten und entsprechend vorgegebenen Schweigepflichtsentbindung abhängig macht (solange dies nicht sittenwidrig ist oder gegen eine Berufsordnung verstößt bzw. unethisch ist). Da der Klient nicht gezwungen ist, die Dienstleistung des selbständig tätigen Psychologen anzunehmen, ist sein Recht auf informationelle Selbstbestimmung dadurch nicht eingeschränkt.

In der Schulpsychologie dürfte jedoch wenig Raum für ein solches Vorgehen bestehen, da der schulpsychologische Dienst eine öffentliche Aufgabe ist, die in den meisten Landesschulgesetzen bzw. deren Ausführungsvorschriften definiert ist, ohne Raum für behördliche Einschränkungen zu gewähren. Wenn eine Datenweitergabe für sinnvoll erachtet wird, muss sie sich aus Befugnisnormen herleiten lassen und sollte nicht über vorformulierte Schweigepflichtsentbindungen erst geschaffen werden. Dies gilt umso mehr, wenn die schulpsychologische Dienstleistung vom Klienten nicht ganz freiwillig erfolgt.

Nicht zu verwechseln ist jedoch die Aufklärung über Befugnisnormen. Wird der Klient schriftlich über den Inhalt einer Befugnisnorm aufgeklärt und soll er die Kenntnisnahme mit seiner Unterschrift bestätigen, ist dies keine Schweigepflichtsentbindung.

Ebensowenig liegt eine unzulässige vorgegebene Schweigepflichtsentbindung vor, wenn der Schulpsychologe den Klienten davon überzeugt, dass eine Schweigepflichtsentbindung sinnvoll ist. Es liegt dann kein Fall einer vorgegebenen Schweigepflichtsentbindung vor, sondern der Klient erteilt diese freiwillig bzw. die schulpsychologische Dienstleistung wird von der Schweigepflichtsentbindung nicht abhängig gemacht.

Die widerrufene Schweigepflichtsentbindung

Prinzipiell kann eine Schweigepflichtsentbindung jederzeit widerrufen werden, es bedarf nicht des Erfordernisses von Irrtümern oder Ähnlichem. Sie kann auch teilweise widerrufen werden. So wie es grundsätzlich mutmaßliche Einwilligungen gibt, wenn der tatsächliche Wille nicht ermittelt werden kann, so kann es auch einen mutmaßlichen Widerruf der Schweigepflichtsentbindung geben. Der Widerruf kann auch konkludent erfolgen.

Die Widerruflichkeit der Schweigepflichtsentbindung bewahrt den Klienten jedoch nicht vor möglichen negativen Folgen, von schulischen über jugendamtlichen Maßnahmen bis hin zu ggf. Schadenersatz. Der Klient sollte also ggf. darüber aufgeklärt werden, welche Folgen sein Widerruf für ihn haben kann.

Berechtigung zur Schweigepflichtsentbindung

Über sein informationelles Selbstbestimmungsrecht in Form einer Schweigepflichtsentbindung entscheiden kann der Klient, wenn die natürliche Einsichts- und Urteilsfähigkeit zur Abschätzung über Bedeutung und Tragweite der Entscheidung vorliegt.

Dafür gibt es keine konkrete Altersvorgabe. Eine unverbindliche Faustformel nennt das Alter von 14 Jahren. Fehlt diese Fähigkeit dem Kind bzw. Jugendlichen, so ist in Hinblick auf Artikel 6 GG trotz der grundsätzlichen Eigenschaft der Höchstpersönlichkeit einer Schweigepflichtsentbindung anzunehmen, dass die Sorgeberechtigten (denen gegenüber ebenfalls wegen Artikel 6 GG in diesem Fall keine Schweigepflicht besteht) über die Schweigepflichtsentbindung entscheiden.

Entscheidet dagegen das Kind oder der Jugendliche selbst, besteht die Schweigepflicht grundsätzlich auch gegenüber den Eltern. Im Einzelfall muss allerdings das aus Artikel 6 GG herleitbare Informationsrecht der Sorgeberechtigten mit dem Selbstbestimmungsrecht des Minderjährigen abgewogen werden, wobei das Selbstbestimmungsrecht des minderjährigen Klienten mit zunehmendem Alter an Gewicht gewinnt.

Tragen Eltern gemeinsam das Sorgerecht, bedarf es von beiden der Schweigepflichtsentbindung. Allerdings kann hier § 1357 BGB greifen, wonach das Handeln eines Elternteils genügt, wenn sich dieses Handeln als Teil der „angemessenen Deckung des Lebensbedarfs“ darstellt und sich aus den Umständen nichts anderes ergibt.

Schwieriger ist zu ermitteln, wer von der Schweigepflicht entbinden muss, wenn mehrere Personen betroffen sind. Grundsätzlich ist die Schweigepflichtsentbindung des Geheimnisträgers erforderlich. Nicht immer ist der Mitteilende auch der Geheimnisträger. Wenn z. B. der Lehrer ein Geheimnis über den Klienten mitteilt, so ist der Klient der Geheimnisträger und er entscheidet über die Schweigepflichtsentbindung. Andererseits gibt es keinen mittelbaren Geheimnisschutz: Wenn der Klient ein Geheimnis über den Lehrer mitteilt, dann bedarf es nur der Einwilligung des Klienten und nicht der des Lehrers. Dies rechtfertigt sich daraus, dass sich der Schutzzweck nur auf die Sonderbeziehung zwischen Schweigeverpflichteten und seinem Klient bezieht, d. h. gegenüber dem Lehrer hat der Schulpsychologe keine andere Stellung als jeder Dritte, bei denen der Lehrer die Weitergabe der Information grundsätzlich auch nicht verhindern kann.

Eine mehrfache Schweigepflichtsentbindung bedarf es allerdings, wenn mehrere in der Sonderbeziehung Geheimnisse mitteilen. Wenn z. B. Mutter und Tochter in einem Beratungsgespräch dem Schulpsychologen gemeinsam eine Straftat des Vaters/Ehemannes betreffend anvertrauen, dann bedarf es einer zweifachen Schweigepflichtsentbindung – aber nicht der des Vaters.

Rechtfertigender Notstand

Die Schweigepflicht darf der Schulpsychologe brechen, wenn dies zum Schutz eines höherrangigen Rechtsguts erforderlich ist. Die Abwägung ist im Einzelfall nicht einfach aber denkbar ist der Schweigepflichtsbruch insbesondere, wenn

Gewaltdelikte verhindert werden können. Dabei hat der Schulpsychologe prinzipiell das mildeste Mittel zu wählen. Kann die Straftat z. B. durch die Information der Eltern verhindert werden, dann sind diese statt der Polizei zu informieren.

Das Schutzgut bezogen auf vergangene Straftaten ist nicht das verletzte Rechtsgut, sondern das Rechtsgut des Allgemeininteresses an der Strafverfolgung, das wesentlich geringwertiger sein kann, als das verletzte Rechtsgut. Wenn z. B. eine Jugendliche über einen vergangenen sexuellen Missbrauch berichtet, ist der Bruch der Schweigepflicht nicht ohne weiteres möglich; besteht dagegen aktuelle Wiederholungsgefahr ist ein rechtfertigender Notstand durchaus denkbar. Es bedarf stets der sorgfältigen Abwägung unter Berücksichtigung aller Umstände des Einzelfalls.

Hält sich der Schulpsychologe trotz der Kenntnis einer bevorstehenden Straftat an seine Schweigepflicht, macht er sich nicht der Beihilfe durch Unterlassen strafbar. Die Kenntnis allein begründet keine Garantenstellung für das Opfer. Ebenso wenig ist in Bezug auf vergangene Straftaten der Vorwurf einer Strafvereitelung zu befürchten. Zu beachten hat der Schulpsychologe dagegen die Vermeidung von sog. Unglücksfällen bzw. einer sog. gemeinen Gefahr, da er sich sonst wegen unterlassener Hilfeleistung (§ 323c StGB) strafbar macht, und natürlich die gem. § 138 Strafgesetzbuch mitzuteilenden Straftaten.

Zeugnisverweigerungsrecht

Da Schulpsychologen in aller Regel in einem Beamtenverhältnis oder einem Arbeitsverhältnis des öffentlichen Dienstes stehen, bedürfen ihre Aussagen als Zeugen der Genehmigung des Dienstvorgesetzten. Die Verweigerung der Genehmigung ist jedoch nur sehr eingeschränkt möglich. Die Genehmigung bedeutet nicht, dass die nachfolgend aufgeführten beruflichen Zeugnisverweigerungsrechte entfallen. Ob sie vorliegen, bedarf der gesonderten Prüfung.

In Straf- und Finanzprozessen besteht ein Zeugnisverweigerungsrecht nur für approbierte Psychologen und dies auch nur dann, wenn sie Geheimnisse „als Psychotherapeuten“ erfahren haben. Es muss damit gerechnet werden, dass die Staatsanwaltschaft, die Steuerbehörden oder die Gerichte annehmen, dass es sich bei schulpsychologischen Leistungen nicht um Psychotherapie handelt und deshalb schlussfolgern, dass die Geheimnisse auch nicht „als Psychotherapeut“ erfahren wurden. Das gilt insbesondere dort, wo landesschulgesetzliche Regelungen Psychotherapie durch Schulpsychologen ausschließen. Wenn ein Zeugnisverweigerungsrecht zu verneinen ist, dann muss der Schulpsychologe auf Ladung zum Gericht erscheinen und die Wahrheit sagen. Auf einen entgegenstehenden Willen des Klienten kommt es nicht an. Der Schulpsychologe handelt insoweit „befugt“.

In Zivil-, Verwaltungs-, Sozialgerichten und Gerichten der freien Gerichtsbarkeit haben dagegen alle Psychologen als solche in dem Maße ein Zeugnisverweigerungsrecht, wie die Schweigepflicht zu bejahen ist. Dies folgt aus der zentralen Vorschrift des § 383 Nr. 6 Zivilprozessordnung, die auf § 203 Strafgesetzbuch Bezug nimmt. Durch die Schweigepflicht wird das Zeugnisverweigerungsrecht zur Zeugnisverweigerungspflicht.

Umgekehrt entfallen berufliche Zeugnisverweigerungsrechte bei einer Schweigepflichtsentbindung.

Aber auch die prozessualen Vorschriften über die Zeugenpflicht sind Befugnisnormen, die ggf. verfassungskonform ausgelegt werden müssen. So kann es im Einzelfall dazu kommen, dass das Recht auf informationelle Selbstbestimmung bzw. das Interesse des Klienten an Geheimhaltung das Allgemeininteresse an Rechtsverfolgung überwiegt. Das LG Freiburg hatte z. B. entschieden, dass eine Psychologin im Strafprozess nicht die Identität des Vergewaltigers der Klientin offenbaren muss, weil die Offenbarung nicht dessen Überführung diente, sondern der Sachverhaltsermittlung einer vergleichsweise unbedeutenden Straftat, die nichts mit der Vergewaltigung zu tun hatte. Das Gericht hielt also in diesem Einzelfall das informationelle Selbstbestimmungsrecht der Klientin für überwiegend.

Schließlich wird von schweigeverpflichteten Berufsangehörigen nicht selten übersehen, dass man bei Gericht auf wenig Verständnis stößt, wenn man sich pauschal auf seine Schweigepflicht beruft und meint, die Behauptung allein sei ausreichend. Es bedarf vielmehr der Begründung des Zeugnisverweigerungsrechts. Zwar hat der Schulpsychologe einen gewissen Beurteilungsspielraum, der sich danach bestimmt, dass die Begründung nicht zur Offenbarung führen darf. Aber das Gericht kann verlangen, dass er die Gründe in dem Maße nachvollziehbar darlegt, dass das Gericht seiner Aufgabe nachkommen kann, nämlich selbst zu überprüfen, ob ein Zeugnisverweigerungsrecht vorliegt bzw. ob der Schulpsychologe seinen Beurteilungsspielraum überschritten hat. Kommt das Gericht zu einem anderen Ergebnis als der Psychologe, kann es die Zeugenaussage notfalls erzwingen. Selbstverständlich macht sich der Schulpsychologe dann nicht mit der Zeugenaussage strafbar, selbst wenn in der nächsten Instanz das Zeugnisverweigerungsrecht dann doch bejaht werden sollte.

Schulpsychologischer Dienst als Teil der Schulverwaltung

Der Schulpsychologische Dienst unterliegt dem staatlichen Organisationsrecht. Unter dem allgemeinen Kostendruck der öffentlichen Haushalte spüren Schulpsychologen die Einbindung in die Schulverwaltung insbesondere durch neue organisatorische Eingliederungen und dem Bestreben nach Qualitäts- und Kostenkontrolle. Das Selbstverständnis der Psychologen bzw. die von ihnen als selbstverständlich erachtete Notwendigkeit eines geschützten Raums für schulpsychologische Dienste wird dabei gelegentlich übergangen. Es bedarf daher der sachlichen Überzeugung, dass der schulpsychologische Dienst nur dann optimal funktionieren kann, wenn ihm ein gewisses Maß an Vertraulichkeit im Umgang mit den Klienten zugebilligt wird.

Nicht immer kann dabei mit der Schweigepflicht argumentiert werden. So darf zwar die vom Schulpsychologen gewählte Rufnummer aus Gründen der Schweigepflicht nicht von der Behörde gespeichert werden, hingegen kann man sich schwerlich auf die Schweigepflicht berufen, wenn organisatorisch der Klient nur über eine zentrale Vermittlungsstelle Kontakt mit dem psychologischen Dienst aufnehmen kann. In solchen Angelegenheiten bedarf es sachlicher Argumentation.

Fachaufsicht und angewiesene Offenbarung

Die Fachaufsicht ist Teil des staatlichen Organisationsrechts und zeichnet sich durch die Weisungsbefugnis und im Unterschied zur Dienstaufsicht durch das Recht aus, in der Sache nach Zweckmäßigkeitsgesichtspunkten Aufsicht auszuüben.

Die Grenze der Fachaufsicht liegt jedoch dort, wo eine Weisung eine strafbare Handlung zur Folge hätte. Wenn also die Weisungsbefolgung gegen die Schweigepflicht verstieße, ist die Weisung unzulässig. Wie oben bereits angedeutet, verlagert sich die Frage einer rechtmäßigen Weisung im Sinne der Fachaufsicht damit in die Problematik, ob die Weisungsbefolgung eine „befugte" Offenbarung darstellt oder ob eine konkludente oder gar ausdrückliche Schweigepflichtsentbindung vorliegt. Da nicht der Vorgesetzte, sondern der Schulpsychologe der Schweigepflicht unterliegt, ist für ihn zunächst die eigene Auffassung und nicht die des Vorgesetzten maßgeblich. Um die Meinungsverschiedenheit nicht vor Gericht auszutragen, sei in Analogie zu den Ausführungen zur Begründung des Zeugnisverweigerungsrechts dem Schulpsychologen angeraten darzulegen, warum er sich auch gegenüber dem Fachvorgesetzten schweigeverpflichtet sieht.

Dokumentationspflicht

Für Schulpsychologen bestehen in aller Regel keine Dokumentationspflichten, die über die allgemeinen Dokumentationspflichten im öffentlichen Dienst hinausgehen. Wie stets empfiehlt sich eine vertiefte Dokumentation, wenn Konfliktpotential besteht. Das gilt insbesondere im Falle von Suizidalität. Um gegebenenfalls nachteilige Folgen in Hinblick auf das Beweisrecht in einem Haftungsprozess zu vermeiden, sollte ausführlich dokumentiert werden, warum welche Maßnahmen ergriffen worden sind.

Ferner verlangen datenschutzrechtliche Regelungen nicht selten, dass die Datenweitergabe und deren Begründung dokumentiert werden.

Datenschutz

Der schulpsychologische Dienst unterliegt landesrechtlichen Datenschutzbestimmungen. Dies sind nicht nur die Landesdatenschutzgesetze, sondern ggf. auch Datenschutzbestimmungen in Schul(verwaltungs)gesetzen, zugehörigen Verordnungen, Erlassen, Verwaltungsvorschriften oder Landesbeamtengesetzen usw.

Datenschutzbestimmungen und die strafbewehrte Schweigepflicht aus § 203 Strafgesetzbuch überlagern sich. Deshalb muss auch im Falle einer Offenbarung, die nicht gegen § 203 Strafgesetzbuch verstößt, immer noch geprüft werden, ob datenschutzrechtliche oder schulrechtliche Bestimmungen entgegenstehen.

Widersprechen sich verschiedene Bestimmungen, sind diese nach den Grundsätzen, dass höherrangiges Recht vorgeht und dass die speziellere Regelung der allgemeineren Regelung vorgeht und nach den allgemeinen Auslegungsregeln zu prüfen.

Die landesdatenschutzrechtlichen Bestimmungen dürfen zu der Aussage zusammengefasst und verallgemeinert werden, dass wenn eine freiwillige Schweigepflichtsentbindung vorliegt, dieser Umstand sowohl die Strafbarkeit, als auch datenschutzrechtliche Verstöße ausschließt, selbst wenn eine entsprechende Befugnis in den Schulgesetzen und Verordnungen nicht ausdrücklich definiert ist (solange nicht gegen sonstige Verpflichtungen verstoßen wird).

Allerdings bedarf es ggf. aufgrund landesdatenschutzrechtlicher Bestimmungen für die Wirksamkeit einer solchen Schweigepflichtsentbindung des Nachweises einer schriftlichen Aufklärung darüber, welche Daten zu welchem Zweck an wen übermittelt werden sollen.

Akteneinsicht

Landesrechtlich wird in Schul- und oder Datenschutzvorschriften vielfach vorgeschrieben, dass die Betroffenen ein Recht auf Akteneinsicht haben. Dies entspricht einem modernen Verständnis des Rechts auf informationelle Selbstbestimmung, wonach Gründe gegen die Einsichtnahme durch den Klienten nur noch selten beachtlich sind. Die Argumentation der älteren Rechtsprechung zu Psychiatrieakten, wonach wegen eigener Persönlichkeitsrechte des Behandlers, die im Sinne von Übertragung und Gegenübertragung in der Akte Ausdruck finden, die Einsichtnahme durch den Patienten eingeschränkt sind, sind kaum noch haltbar.

Sollte ausnahmsweise zu befürchten sein, dass die Einsichtnahme durch den Klienten zu erheblichen Schäden, z. B. einem Trauma führen könnte, sollte darauf hingewirkt werden, dass der Klient die Akte nur unter fachlicher Begleitung zur Kenntnis nimmt – jedoch kann dies dem Akteneinsichtsrecht grundsätzlich nicht entgegengehalten werden.

Befangenheit

Müssen Schulpsychologen psychologische Gutachten erstellen, kann es passieren, dass sie bereits zuvor mit dem zu begutachtenden Schüler schulpsychologisch zu tun hatten. Gerade bei Gutachten dürfen die Beteiligten Unparteilichkeit erwarten. Abgesehen von den Fällen, in denen verwandtschaftliche oder freundschaftliche Beziehungen bestehen, stellt sich die Frage, ob schon jeder frühere schulpsychologische Kontakt zur Besorgnis der Befangenheit im Sinne der Verwaltungsverfahrensgesetze führt. Dies ist zu verneinen. Es muss im Einzelfall erörtert werden, ob die frühere Tätigkeit ausnahmsweise z. B. zu einer die Unparteilichkeit beeinträchtigenden persönlichen Beziehung geführt hat, z. B. weil man sich für den Schüler bereits besonders eingesetzt hat oder es mit ihm zu Streitigkeiten kam. Über den früheren schulpsychologischen Kontakt hinausgehend müssen also erst besondere Umstände hinzutreten, die die Unparteilichkeit in Frage stellen, um von der Besorgnis der Befangenheit auszugehen.

6 Aufgabenbereiche der Schulpsychologie: Lehren und Lernen

6.1 Unterrichtsqualität: Brennpunkte und Perspektiven der Forschung[1]

Andreas Helmke, Tuyet Helmke und Friedrich-Wilhelm Schrader

Einführung

Wenn man – wie der Erstautor dieses Textes – ein Buch mit dem Titel „Unterrichtsqualität – erfassen, bewerten, verbessern" und diverse andere Publikationen zum Thema „Unterrichtsqualität" geschrieben hat und nun ein Buchkapitel mit einem auf den ersten Blick ähnlichen Titel schreibt, dann ist Gefahr im Verzuge: die Gefahr der Mehrfachvermarktung und der mangelnden Innovation, weil ja doch vermeintlich alles weitgehend schon gesagt und geschrieben ist. Wir betonen deshalb gleich zu Beginn, worum es in diesem Kapitel geht und worum nicht: Es ist *keine* Kurzfassung eines Lehrbuches, *kein* Kompendium – und es handelt sich auch *nicht* um einen klassischen Übersichtsartikel. Vielmehr möchten wir einige Brennpunkte der Diskussion zur Unterrichtsforschung skizzieren – aus bildungspolitischer, aus methodologischer und aus theoretischer Sicht. Gestützt auf eine knappe Übersicht des Forschungsstandes möchten wir Desiderata für aussichtsreiche Schwerpunkte der Unterrichtsforschung im Schnittfeld von fachdidaktischer, kompetenzdiagnostischer und Lehr-Lern-Forschung ableiten.

Die aktuelle Lage

Inzwischen ist es ein Gemeinplatz, bleibt aber als Startpunkt für eine Vielzahl von Entwicklungen in Bildungspolitik und Bildungsforschung trotzdem festzuhalten: Die großen internationalen vergleichenden Leistungsstudien TIMSS (Baumert et al., 1997) sowie PISA 2000 (Baumert et al., 2001) und PISA 2003 (Prenzel et al., 2004) haben gezeigt, dass die Schülerleistungen in Deutschland eklatant unter den Erwartungen liegen. Dies hat zu bemerkenswerten, für deutsche Verhältnisse geradezu revolutionären Veränderungen geführt. Damit ist vor allem die „empirische Wende" der Bildungspolitik gemeint und als deren Folgen weitreichende Beschlüsse und Konzepte der KMK: Von der Definition vordringlicher Handlungsfelder bis hin zur Etablierung von obligatorischen Bildungsstandards für Schüler.

1 Estmals veröffentlicht in: Andreas Helmke, „Unterrichtsqualität: Brennpunkte und Perspektiven der Forschung" (S. 51–72). In: K.-H. Arnold (Hrsg.): „Unterrichtsqualität und Fachdidaktik", Bad Heilbrunn 2006. Mit freundlicher Genehmigung des Verlag Julius Klinkhardt.

Daneben sind die großen Projekte der Vergleichs- und Orientierungsarbeiten und der Lernstandserhebungen sowie das BLK-Projekt SINUS incl. Folgeprojekte zu nennen, die die bildungspolitische und bildungsforscherische Landschaft der letzten Jahre geprägt haben und es in diesem Jahrzehnt weiterhin tun. Inzwischen kann man sagen, dass über nichts so große Einigkeit besteht wie darüber, dass eine empirische, auf den tatsächlichen Ertrag von Schule und Unterricht abhebende Sichtweise unabdingbar ist.

Notwendigkeit der Unterrichtsforschung

Denkt man diesen Gedanken weiter, dann stellt man allerdings ein gewaltiges Defizit fest: Zwar sind die großen Vorhaben zur Erfassung der Leistungsfähigkeit und zur Kompetenzmessung von Schülern und Schülerinnen inzwischen – hier hat insbesondere PISA enorm hohe Standards gesetzt – auf einem hohen konzeptuellen und methodischen Niveau, verbunden mit Stichworten wie „Rasch-Skalierung" (proficiency scaling), Kompetenzmodellen, Matrix-Design, Aufgabenrotation und vielem mehr. Im Gegensatz zu der Perfektionierung der Erhebung des Ist-Standes ist allerdings die zweite ebenso wichtige Funktion der Evaluation bisher stark unterbelichtet: die Verbesserungskomponente („improvement"). Gesetzt den Fall, es werden in bestimmten Kompetenzbereichen gravierende Defizite festgestellt: Was tun? Mangels empirisch fundierten Wissens über das Zusammenspiel unterrichtlicher, kontextueller und individueller Bedingungen der Kompetenzentwicklung muss über Konsequenzen für die Verbesserung von Schule und Unterricht spekuliert werden. Dieses Missverhältnis wird zunehmend erkannt, und es hat Konsequenzen: Die weiterhin nötigen Lernstandserhebungen müssen durch Projekte der empirischen Unterrichtsforschung ergänzt werden, die Prozessaspekte (wie Merkmale der Unterrichtsqualität, der Lehrer-Schüler-Interaktion, der Unterrichtszeit) mit dem Unterrichtsertrag in Verbindung bringen, sei es in Form längsschnittlicher Analysen oder durch (quasi-)experimentelle Untersuchungen, wie sie beispielsweise im Rahmen des DFG-Schwerpunktprogrammes „Bildungsqualität der Schule" begonnen wurden. Trotz dieses sehr fruchtbaren Forschungsprogrammes besteht – ganz besonders im Bereich der experimentellen Pädagogik – im deutschen Sprachraum ein erheblicher Mangel, worauf kürzlich insbesondere Wellenreuther (2005) hingewiesen hat.

Im Folgenden möchten wir thesenhaft einige konzeptuelle und methodische Fragen aufwerfen, an denen man in der empirischen Unterrichtsforschung nicht vorbei kommt, zu denen es jedoch keineswegs „fertige" Antworten gibt. Der Veranschaulichung dient das folgende Rahmenmodell (Helmke, 2004). Es thematisiert die komplexe Wirkungsweise des Unterrichts, seiner Voraussetzungen, Komponenten und Konsequenzen und dient als Folie für die Erörterung ausgewählter Fragen der Unterrichtsforschung. Ihm liegt die Denkfigur von Angebot und Nutzung zugrunde (Fend, 1998): Unterricht ist lediglich ein Angebot mit dem Ziel, aktiv zu lernen. Ob, wie gut und wie nachhaltig dieses Angebot schülerseits genutzt wird, hängt von einer Vielzahl unterrichtlicher, kontextueller und individueller Merkmale ab.

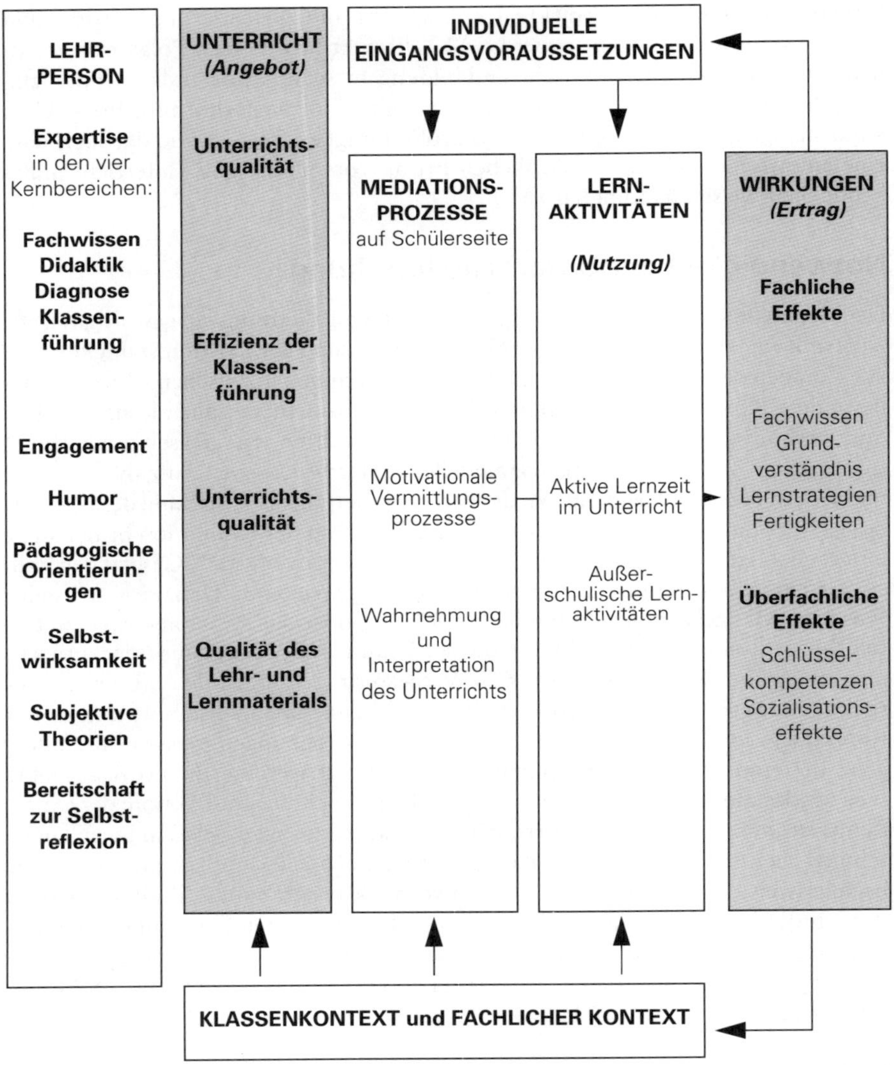

Abb. 6.1: Wirkungsweise des Unterrichts – ein Rahmenmodell (nach Helmke, 2004)

Vielfalt unterrichtlicher Wirkungen

Schule und Unterricht haben bekanntlich vielfältige Ergebnisse und Wirkungen: fachliche, überfachliche und nichtfachliche – siehe den Kasten „Wirkungen" auf der rechten Seite von **Abbildung 6.1**. Zur Klassifizierbarkeit, Relevanz und Messbarkeit erwünschter Wirkungen des Unterrichts gibt es eine umfangreiche Forschung, die hier auch nicht annähernd beschrieben werden kann. An dieser Stelle geht es nur um die Konsequenzen für die Unterrichtsqualität: Unterschiedliche Lernziele – z. B. Aufbau von Wissen vs. Automatisierung von Skills, Lernkompetenz vs. Sozialkompetenz – erfordern notwendigerweise unterschiedliche Lehr-Lern-Szenarien. Schon deshalb kann es nicht „den“ guten Unterricht im Sinne einer bestimmten Methode oder eines bestimmten Stils geben. Weinert hat dies in folgender Weise (siehe **Tab. 6.1**) zusammengefasst:

Tab. 6.1: Verschiedene Lernziele erfordern unterschiedliche Lehr- und Lernmethoden (nach Weinert 1998)

Lernziele	**Lernformen**	**Lehrmethoden**	**Lehrerqualifikationen**
Intelligentes Wissen	Systematischer, kumulativer Wissenserwerb	Lehrergesteuerte direkte Instruktion	Disziplinäre Sachkompetenz Klassenführungs-, diagnostische und didaktische Kompetenz
Handlungs-kompetenzen	Praxisnahes, erfahrungs-gesättigtes, situiertes Lernen	Projektarbeit	Transdisziplinäre Sachkompetenz Didaktische Kompetenz
Meta-kompetenzen	Reflexiv verarbeiteter Wissenserwerb über eigenes Lernen und Handeln. Automatisierte Routinen der Überwachung, Kontrolle und Korrektur eigenen Handelns	Angeleitetes selbstständiges Lernen	Diagnostische Kompetenz Didaktische Kompetenz

Für die Unterrichtsforschung ergibt sich aus diesem Sachverhalt die Aufforderung, Studien der unterrichtlichen Wirkungen möglichst nicht auf ein einziges Kriterium (wie das der Schulleistung oder der Schulleistungsentwicklung) zu beschränken. Reizvoll sind aus dieser Perspektive gerade Ergebnisse zur Frage nach dem Unterricht, dem es gelingt, in mehreren wichtigen Bereichen gleichermaßen erfolgreich zu sein. Damit ist das Paradigma der „Optimalklassen“ angesprochen, wobei in der Forschung bisher vor allem die folgenden Merkmale kombiniert wurden:

- Qualifizierung (Leistungssteigerung) und Egalisierung (Chancenausgleich) innerhalb von Klassen (Treiber, 1980; Helmke, 1988; Schwippert, 2001)
- Leistungsentwicklung und Motivationsentwicklung (Helmke & Schrader, 1990; Schrader, Helmke & Dotzler, 1997; Kunter, 2004)

In diesem Zusammenhang ist darauf hinzuweisen, dass sich die Bildungsstandards der KMK keinesfalls auf rein kognitive Kompetenzen im Sinne fachlichen Wissens und Verstehens beschränken, sondern in mehrfacher Weise auch kommunikative Kompetenzen (z. B. im Deutsch- und im Fremdsprachenunterricht) sowie Lernkompetenzen umfassen (zu letzterem vgl. Maag-Merki & Grob, 2005).

Schlüsselmerkmale der Unterrichtsqualität

Welche sind die wichtigsten, die entscheidenden Merkmale der Qualität des Unterrichts? Wegen der Vielfalt von Zielen, aber wegen sehr unterschiedlicher Lernvoraussetzungen auf Seiten der Schüler kann es – wie bereits angedeutet – nicht darum gehen, nach einer optimalen Methode zu suchen. Dies wäre sinnlos; nur ein der Klassenzusammensetzung und dem Lern- und Leistungstand entsprechender Methodenmix kann erfolgreich sein. Unabhängig davon lassen sich jedoch sehr wohl Prinzipien des guten Unterrichts definieren.

In **Abbildung 6.1** wurden im zweiten Kasten von links aus gutem Grund vier Bereiche unterschieden: die Unterrichtsqualität im eigentlichen Sinne, die Effizienz der Klassenführung (eine notwendige aber natürlich nicht hinreichende Voraussetzung, um aktive Lernzeit zu gewährleisten), die Unterrichtsquantität und die Qualität des Unterrichtsmaterials. Wir möchten im Folgenden nur auf die Unterrichtsqualität im engeren Sinne eingehen.

Hier gibt es inzwischen eine Reihe von Übersichten und Klassifikationen, die sich zwar hinsichtlich der Terminologie und Ausführlichkeit durchaus voneinander unterscheiden, die jedoch auch unterstreichen, dass es erhebliche Überlappungszonen gibt.

Sehen wir uns einmal die zehn Merkmale guten Unterrichts an, die Meyer (2004) aus schulpädagogischer Sicht zusammengestellt hat:

1. *Klare Strukturierung des Unterrichts* (Prozess-, Ziel- und Inhaltsklarheit; Rollenklarheit, Absprache von Regeln, Ritualen und Freiräumen)
2. *Hoher Anteil echter Lernzeit* (durch gutes Zeitmanagement, Pünktlichkeit; Auslagerung von Organisatorischem; Rhythmisierung des Tagesablaufs)
3. *Lernförderliches Klima* (durch gegenseitigen Respekt, verlässlich eingehaltene Regeln, Verantwortungsübernahme, Gerechtigkeit und Fürsorge)
4. *Inhaltliche Klarheit* (durch Verständlichkeit der Aufgabenstellung, Monitoring des Lernverlaufs, Plausibilität des thematischen Gangs, Klarheit und Verbindlichkeit der Ergebnissicherung)
5. *Sinnstiftendes Kommunizieren* (durch Planungsbeteiligung, Gesprächskultur, Schülerkonferenzen, Lerntagebücher und Schülerfeedback)
6. *Methodenvielfalt* (Reichtum an Inszenierungstechniken; Vielfalt der Handlungsmuster; Variabilität der Verlaufsformen und Ausbalancierung der methodischen Großformen)
7. *Individuelles Fördern* (durch Freiräume, Geduld und Zeit; durch innere Differenzierung und Integration; durch individuelle Lernstandsanalysen und abgestimmte Förderpläne; besondere Förderung von Schülern aus Risikogruppen)
8. *Intelligentes Üben* (durch Bewusstmachen von Lernstrategien, passgenaue Übungsaufträge, gezielte Hilfestellungen und „übefreundliche“ Rahmenbedingungen)
9. *Transparente Leistungserwartungen* (durch ein an den Richtlinien oder Bildungsstandards orientiertes, dem Leistungsvermögen der Schülerinnen und Schüler entsprechendes Lernangebot und zügige, förderorientierte Rückmeldungen zum Lernfortschritt)

10. *Vorbereitete Umgebung* (durch gute Ordnung, funktionale Einrichtung und brauchbares Lernwerkzeug)

Vergleichen wir diese Liste einmal mit einer Zusammenstellung von Gütekriterien, die sich aus Ergebnissen der empirischen Unterrichtsforschung ableiten lassen (nach Helmke, 2004):

1. Effiziente Klassenführung und Zeitnutzung
2. Lernförderliches Unterrichtsklima
3. Vielfältige Motivierung
4. Strukturiertheit, Klarheit, Verständlichkeit
5. Wirkungsorientierung (Kompetenz- und Lernzielorientierung)
6. Schülerorientierung und -zentrierung
7. Förderung aktiven, selbstständigen Lernens
8. Angemessene Variation von Methoden und Sozialformen
9. Konsolidierung, Übung, Transfer
10. Nutzung vielfachen Feedbacks.

Eine kürzere Zusammenstellung relevanter Kriterien stammt von Baumert und findet sich auf der Website des DFG-Projekts (www.mpib-berlin.mpg.de/coactiv/index.htm):

1. eine störungspräventive Unterrichtsführung (Classroom Management)
2. klar strukturierte Aufgabenstellungen und Erklärungen
3. ein angemessenes Tempo
4. eine gelungene Anpassung an individuelle Lernvoraussetzungen
5. die Gestaltung einer positiven sozialen Atmosphäre

Obwohl zwischen den Sichtweisen der Schulpädagogen (von denen Hilbert Meyer sicher einer der prominentesten Vertreter ist) und der empirisch forschenden pädagogischen Psychologen gelegentlich Welten liegen, ist dies bei der Betrachtung der Unterrichtsqualität keineswegs der Fall. Trotz unterschiedlicher Semantik ist klar erkennbar, dass es aus beiden Perspektiven einen Kernbereich der Unterrichtsqualität gibt.

Standards der Lehrerbildung

In diesem Zusammenhang erscheint es uns besonders interessant, auf die von der KMK im Dezember 2004 beschlossenen Standards für die Lehrerbildung hinzuweisen (siehe www.kmk.org/doc/beschl/standards_lehrerbildung.pdf). Wir haben es oft erlebt, dass diese folgenreichen Beschlüsse weitgehend unbekannt sind. Die KMK beschreibt Schlüsselkompetenzen auf der Grundlage der Anforderungen beruflichen Handelns im Rahmen der Lehrertätigkeit in vier Bereichen: Unterrichten, Erziehen, Beurteilen und Innovieren. Dabei wird zwischen Anforderungen einerseits in theoretischen und andererseits in praktischen Ausbildungsabschnitten unterschieden. Wir zitieren im Folgenden die Standards im Kompetenzbereich „Unterrichten", die unter der Prämisse „Lehrerinnen und Lehrer sind Fachleute für das Lehren und Lernen" laufen (vgl. **Tab. 6.2**):

Tab. 6.2: Standards für die Lehrerbildung

Kompetenz 1: Lehrerinnen und Lehrer planen Unterricht fach- und sachgerecht und führen ihn sachlich und fachlich korrekt durch.	
Standards für die theoretischen Ausbildungsabschnitte	**Standards für die praktischen Ausbildungsabschnitte**
Die Absolventinnen und Absolventen... – kennen die einschlägigen Bildungstheorien, verstehen bildungs- und erziehungstheoretische Ziele sowie die daraus abzuleitenden Standards und reflektieren diese kritisch. – kennen allgemeine und fachbezogene Didaktiken und wissen, was bei der Planung von Unterrichtseinheiten beachtet werden muss. – kennen unterschiedliche Unterrichtsmethoden und Aufgabenformen und wissen, wie man sie anforderungs- und situationsgerecht einsetzt. – kennen Konzepte der Medienpädagogik und -psychologie und Möglichkeiten und Grenzen eines anforderungs- und situationsgerechten Einsatzes von Medien im Unterricht. – kennen Verfahren für die Beurteilung von Lehrleistung und Unterrichtsqualität.	Die Absolventinnen und Absolventen... – verknüpfen fachwissenschaftliche und fachdidaktische Argumente und planen und gestalten Unterricht. – wählen Inhalte und Methoden, Arbeits- und Kommunikationsformen aus. – integrieren moderne Informations- und Kommunikationstechnologien didaktisch sinnvoll und reflektieren den eigenen Medieneinsatz. – überprüfen die Qualität des eigenen Lehrens.
Kompetenz 2: Lehrerinnen und Lehrer unterstützen durch die Gestaltung von Lernsituationen das Lernen von Schülerinnen und Schülern. Sie motivieren Schülerinnen und Schüler und befähigen sie, Zusammenhänge herzustellen und Gelerntes zu nutzen.	
Die Absolventinnen und Absolventen... – kennen Lerntheorien und Formen des Lernens. – wissen, wie man Lernende aktiv in den Unterricht einbezieht und Verstehen und Transfer unterstützt. – kennen Theorien der Lern- und Leistungsmotivation und Möglichkeiten wie sie im Unterricht angewendet werden.	Die Absolventinnen und Absolventen... – regen unterschiedliche Formen des Lernens an und unterstützen sie. – gestalten Lehr-Lernprozesse unter Berücksichtigung der Erkenntnisse über den Erwerb von Wissen und Fähigkeiten. – wecken und stärken bei Schülerinnen und Schülern Lern- und Leistungsbereitschaft. – führen und begleiten Lerngruppen.

Kompetenz 3: Lehrerinnen und Lehrer fördern die Fähigkeiten von Schülerinnen und Schülern zum selbstbestimmten Lernen und Arbeiten.	
Die Absolventinnen und Absolventen… – kennen Lern- und Selbstmotivationsstrategien, die sich positiv auf Lernerfolg und Arbeitsergebnisse auswirken. – kennen Methoden der Förderung selbstbestimmten, eigenverantwortlichen und kooperativen Lernens und Arbeitens. – wissen, wie sie weiterführendes Interesse und Grundlagen des lebenslangen Lernens im Unterricht entwickeln.	Die Absolventinnen und Absolventen… – vermitteln und fördern Lern- und Arbeitsstrategien. – vermitteln den Schülerinnen und Schülern Methoden des selbstbestimmten, eigenverantwortlichen und kooperativen Lernens und Arbeitens.

Im Kompetenzbereich „*Innovieren*" heißt es unter der Prämisse „Lehrerinnen und Lehrer entwickeln ihre Kompetenzen ständig weiter".

Kompetenz 9: Lehrerinnen und Lehrer sind sich der besonderen Anforderungen des Lehrerberufs bewusst. Sie verstehen ihren Beruf als ein öffentliches Amt mit besonderer Verantwortung und Verpflichtung.	
Standards für die theoretischen Ausbildungsabschnitte	**Standards für die praktischen Ausbildungsabschnitte**
Die Absolventinnen und Absolventen… – kennen die Grundlagen und Strukturen des Bildungssystems und von Schule als Organisation. – kennen die rechtlichen Rahmenbedingungen ihrer Tätigkeit (z. B. Grundgesetz, Schulgesetze). – reflektieren ihre persönlichen berufsbezogenen Wertvorstellungen und Einstellungen. – kennen wesentliche Ergebnisse der Belastungs- und Stressforschung.	Die Absolventinnen und Absolventen… – lernen, mit Belastungen umzugehen, – setzen Arbeitszeit und Arbeitsmittel zweckdienlich und ökonomisch ein, – praktizieren kollegiale Beratung als Hilfe zur Unterrichtsentwicklung und Arbeitsentlastung.

Kompetenz 10: Lehrerinnen und Lehrer verstehen ihren Beruf als ständige Lernaufgabe.	
Die Absolventinnen und Absolventen… – kennen Methoden der Selbst- und Fremdevaluation, – rezipieren und bewerten Ergebnisse der Bildungsforschung, – kennen organisatorische Bedingungen und Kooperationsstrukturen an Schulen.	Die Absolventinnen und Absolventen… – reflektieren die eigenen beruflichen Erfahrungen und Kompetenzen und deren Entwicklung und können hieraus Konsequenzen ziehen, – nutzen Ergebnisse der Bildungsforschung für die eigene Tätigkeit, – dokumentieren für sich und andere die eigene Arbeit und ihre Ergebnisse, – geben Rückmeldungen und nutzen die Rückmeldungen anderer dazu, ihre pädagogische Arbeit zu optimieren, – nehmen Mitwirkungsmöglichkeiten wahr, – kennen und nutzen Unterstützungsmöglichkeiten für Lehrkräfte, – nutzen formelle und informelle, individuelle und kooperative Weiterbildungsangebote.

Kompetenz 11: Lehrerinnen und Lehrer beteiligen sich an der Planung und Umsetzung schulischer Projekte und Vorhaben.	
Die Absolventinnen und Absolventen… – kennen und reflektieren den spezifischen Bildungsauftrag einzelner Schularten, Schulformen und Bildungsgänge, – kennen Ziele und Methoden der Schulentwicklung, – kennen die Bedingungen für erfolgreiche Kooperation.	Die Absolventinnen und Absolventen… – wenden Ergebnisse der Unterrichts- und Bildungsforschung auf die Schulentwicklung an, – nutzen Verfahren und Instrumente der internen Evaluation von Unterricht und Schule, – planen schulische Projekte und Vorhaben kooperativ und setzen sie um, – unterstützen eine Gruppe darin, gute Arbeitsergebnisse zu erreichen.

Wir können es hier aus Platzgründen nicht tun, aber es wäre einmal interessant, die Standards des Lehrerhandelns (Standards sind nichts anderes als erwartete Kompetenzen) aus der KMK in Form einer Synopse den oben skizzierten Merkmalslisten der Unterrichtsqualität gegenüberzustellen. Was auffällt, ist:

- Es herrscht eine starke Orientierung auf Wirkungen vor, sowohl im Leistungsbereich als auch im Hinblick auf überfachliche Kompetenzen wie Lernstrategien und Kooperation.
- Einige Punkte sind buchstäblich deckungsgleich, so z. B. die Überprüfung der Qualität des eigenen Lehrens und die Nutzung von Unterrichtsfeedback, das Angebot einer Vielfalt von Lernformen, die Motivierung.

- Bestimmte Aspekte der Unterrichtsqualität kommen nicht explizit vor, z. B. Punkte wie Klarheit/Strukturiertheit/Verständlichkeit, Passung, effiziente Klassenführung – sondern verstecken sich hinter der Generalklausel „gestalten Lehr-Lernprozesse unter Berücksichtigung der Erkenntnisse über den Erwerb von Wissen und Fähigkeiten".
- Wie realistisch es dagegen ist, von Lehrpersonen die Fähigkeit zu erwarten, Ergebnisse der Schul- und Unterrichtsforschung konstruktiv anzuwenden und die Ergebnisse der Bildungsforschung für die eigene Tätigkeit zu nutzen – darüber kann man streiten. Dieser Standard drückt jedenfalls eine Hoffnung aus, ist aber eher als Fernziel anzusehen.

Variablenzentrierte Ansätze: Modellierung von Zusammenhängen

Bisher war von Einzelmerkmalen der Unterrichtsqualität oder von einzelnen Lehrerkompetenzen die Rede. Wie nützlich, wie fruchtbar sind solche Kataloge und Listen für die empirische Unterrichtsforschung? Auf der einen Seite repräsentieren sie den Ertrag der Forschung in der Vergangenheit, indem sie wichtige und immer wieder gefundene Ergebnisse in Form von Schlüsselvariablen berichten, so beispielsweise die einflussreiche Publikationsreihe „Educational Practices" der International Academy of Education & International Bureau of Education, insbesondere die Beiträge von Brophy (2000) und Grouws und Cebulla (2000). Schwierig wird es dann, wenn es um die Modellierung der Unterrichtswirksamkeit auf der Basis empirischer Daten geht, wobei wir nicht quasi-experimentelle Methoden meinen (Wellenreuther, 2005), sondern die Analyse von Zusammenhangsmustern im Längsschnitt, wie sie für die großen Leistungsstudien (TIMSS, PISA, DESI, IGLU) charakteristisch ist. Hier gibt es inzwischen methodische Standards, die allgemein anerkannt werden.

- Dazu gehört *erstens* die Modellierung mit Hilfe von SEM-Methoden (structural equation modeling), wie beispielsweise LISREL oder dergleichen. Verfahren also, die ausdrücklich zwischen der Güte eines Messmodells und der eines Pfadmodells unterscheiden.
- *Zweitens* muss – immer dann, wenn Schülerangaben zugrunde gelegt werden – dem Sachverhalt Rechnung getragen werden, dass hier mehrere Ebenen im Spiel sind, nämlich mindestens die Individualebene und die Klassenebene. Komplexere Fragestellungen verlangen die Berücksichtigung weiterer Analyseebenen, z. B. der Schule oder der Schulart.
- *Drittens* wird vielfach ein mehrperspektivischer (z. B. Unterricht aus der Sicht sowohl von Schülern als auch von Lehrern und Dritten) und mehrere Methoden umfassender Zugang gefordert (z. B. die Kombination von Fragebogen-, Rating- und Beobachtungsdaten), siehe Helmke (2003). Schwierig wird die Lage dann, wenn verschiedene Methoden und Perspektiven in Teilbereichen zu durchaus unterschiedlichen Ergebnissen gelangen. Dass man damit rechnen muss und wie sich einige der so gefundenen Dissonanzen interpretieren lassen, hat die Arbeit von Clausen (2002) sehr anschaulich und gründlich dargelegt.

Trotz aller bekannten Restriktionen von Schülerperzeptionen des Unterrichts schließen wir uns Baumert et al. (2004, S. 320) an, wenn sie hinsichtlich der Beurteilung von Unterrichtsprozessen auf der Basis einschlägiger Literatur (Gruehn, 2000; Clausen, 2002) resümieren: „Als bester Schätzer für Unterrichtsprozesse gilt die in der jeweiligen Lerngruppe (der Klasse) geteilte Wahrnehmung von Tatbeständen im Unterricht.“ Leider zeigen sich jedoch in der Empirie nur allzu häufig sehr große klasseninterne Streuungen bei der Beurteilung des gleichen Merkmals durch alle Schüler, also kein Konsens in der Beurteilung, sondern Dissens. Dies führt nicht nur bei der Datenanalyse zu großen Schwierigkeiten, sondern ist auch theoretisch mitunter nur schwer erklärbar.

- *Viertens* schließlich – es klingt banal, ist es aber keineswegs – müssen die vorab genannten Konstrukte der Unterrichtsqualität auf der Basis theoretischer Annahmen zur Wirksamkeit in ein statistisch testbares Modell übergeführt werden, wenn man nicht auf dem Niveau bivariater Korrelationen stehen bleiben will. Angenommen, man hätte die oben skizzierten zehn Unterrichtsmerkmale von Meyer durch entsprechende Skalen (die jeweils eine latente Variable darstellen) reliabel erfasst und würde sie anschließend in eine SEM-Analyse als unabhängige Variablen einbringen, mit der Testleistung (in der Regel um Kontextmerkmale und/oder den Pretest bereinigt) als abhängiger Variable, dann wäre das mit Schwierigkeiten verbunden. Inwiefern? Weil die Erfahrung zeigt, dass die oben genannten Merkmale mehr oder weniger stark zusammenhängen, was viele Gründe haben kann, denen wir hier nicht nachgehen können und wollen. Das daraus resultierende statistische Problem ist das der so genannten *„Multikollinearität“*, und es führt regelmäßig dazu, dass die entsprechende Statistiksoftware entweder gar nicht funktioniert oder zu sachlich unsinnigen Ergebnissen führt (etwa in der Weise, dass sich nur *eines* der Qualitätsmerkmale signifikant auf Leistung auswirkt und alle anderen Qualitätsmerkmale irrelevant zu sein scheinen).

Wie lässt sich dieses notorische Problem der Unterrichtsforschung lösen? Nach unserer Einschätzung gibt es keine Methode, das Problem wirklich zu lösen, sondern lediglich einige Möglichkeiten, es zu entschärfen.

- Die Beschränkung der Analyse auf ein oder zwei ausgewählte Merkmale der Unterrichtsqualität (obwohl andere ebenfalls nachweislich mit Leistungszuwachs korrelieren) wäre eine einfache, aber inhaltlich unbefriedigende Methode. Man will ja nicht den Einfluss z. B. nur der Klassenführung und des Übens auf den Lernzuwachs analysieren, sondern den Einfluss des Unterrichts insgesamt.
- Anspruchsvoller wäre ein schrittweises Vorgehen, das zunächst den Einfluss einzelner Unterrichtsmerkmale (z. B. nur kognitive Aktivierung), anschließend das gemeinsame Wirken (z. B. kognitive Aktivierung *und* Klassenführung) und schließlich zusätzlich den Klassenkontext in die Analyse einbezieht. Diese Strategie haben Klieme und Rakoczy (2003) in ihrer Analyse der PISA 2000-Daten verfolgt. Dabei sind sie mehrebenenanalytisch vorgegangen und haben sukzessiv mehrere Modelle eingeführt. Es zeigte sich: Sobald die beiden für sich genommen erklärungsstärksten Unterrichtsvariablen *simultan* in die Analyse

einbezogen wurden, waren sie auf der Schulebene nicht mehr signifikant, bedingt durch ihre hohe Kovariation. Als Konsequenz analysierten die Autoren die Wirksamkeit der beiden Unterrichtsvariablen auf Individual- und Schulebene separat.

- Ein ergänzender Zugang kann die Kommunalitätenanalyse (auf der Ebene der Klasse) sein, wenn es um die Frage geht: Wie viel Prozent der Leistungsunterschiede (bzw. Unterschiede im Zuwachs) gehen auf das Konto a) des Klassenkontextes und b) zusätzlich, also darüber hinaus, auf die Qualität des Unterrichts? Unterrichtsqualität wird dann als „Bündel" von Variablen gesehen und innerhalb dieses Bündels oder Blocks wird nicht weiter differenziert. Den Kern der Kommunalitätenanalyse bilden die „Spezifitäten" (welchen Erklärungsbeitrag liefert Variablengruppe A über Variablengruppe B hinaus und vica versa) und die Kommunalität (wieviel Prozent der Kriteriumsvarianz lässt sich nicht eindeutig einer der beiden Variablengruppen zuordnen?).
- Mit Hilfe geeigneter Methoden könnte man die Vielfalt der Unterrichtsqualitätsmerkmale faktoranalysieren und die resultierenden Faktoren einer weiteren Faktorenanalyse unterziehen, um so Faktoren „zweiter Ordnung" zu erhalten. Im einfacheren Falle würde es sich um eine exploratorische Faktorenanalyse handeln. Stünde dagegen eine Theorie zur Verfügung, die klar von einer geringen Anzahl voneinander unabhängiger Qualitätsvariablen ausgeht, dann wäre die konfirmatorische Faktorenanalyse das Verfahren der Wahl. Dies wäre das anspruchsvollste Verfahren. Sehringer und Scheltwort (2004) haben beispielsweise eine sehr anspruchsvolle Theorie entwickelt, die genau diesen Anspruch erhebt, voneinander unabhängige und zugleich erschöpfende Dimensionen der Unterrichtsqualität zu haben. Sie geht von vier Komponenten aus und behauptet ihre Unabhängigkeit: Kompetenz, Klarheit, Vertrauen und Lebendigkeit. Es bleibt abzuwarten, ob sich diese Theorie mithilfe geeigneter Daten und statistischer Methoden – eben der konfirmatorischen Faktorenanalyse – bewährt.

Personzentrierte Ansätze: Best Practice- und Expertenstudien

Die bisher skizzierten Ansätze basieren im Kern darauf, *Zusammenhänge* zwischen Variablen zu modellieren, eine anerkannte Methode, die in der empirischen Unterrichtsforschung eine lange Tradition hat. Im Gegensatz dazu stehen personenzentrierte Ansätze. Sie gehen nicht von Variablen aus, sondern von bestimmten Personengruppen. Eine Möglichkeit besteht etwa darin, im ersten Schritt nachweislich erfolgreiche Personen (Lehrkräfte beispielsweise, die einen – gemessen an den Eingangsvoraussetzungen – erwartungswidrig hohen Leistungszuwachs erzielen konnten) zu identifizieren. Im zweiten Schritt werden Merkmale des Unterrichts und des Kontextes (falls man diese nicht vorher auspartialisiert hat) unter die Lupe genommen. In der Psychologie spricht man hier gelegentlich von „Experten"-Studien, in der Pädagogik von „Best Practice"-Studien. Wir finden diesen Ansatz, der in letzter Zeit einen Aufschwung erlebte – vgl. z. B. Moser und Tresch (2003) – sehr aussichtsreich. Es geht z. B. um die folgenden Fragen:

- Wie lässt sich der Unterricht von Lehrkräften charakterisieren, denen es gelingt, ihre Klasse zu weitaus besseren Leistungsresultaten zu führen, als man in Anbetracht des Kontextes (Einzugsgebiet der Schule, Klassenzusammensetzung im Hinblick auf Sozialschicht und Sprachherkunft etc.) erwarten würde?
- Bei einer Ausweitung auf mehrere Zielkriterien des Unterrichts (z. B. das Ausmaß der Standarderreichung in mehr als einem Fach oder die Koppelung von Leistungszielen mit nicht-kognitiven Zielen) nähert sich ein solches Design dem Untersuchungsparadigma der „Optimalklasse".
- Besonders aussichtsreich – gerade in Anbetracht der Ergebnisse aus PISA 2000 und 2003 – sind in diesem Zusammenhang Studien, die nicht nur nach dem Niveau der Kompetenz einer Klasse, sondern auch nach der klasseninternen Streuung fragen: Welche Kompetenzen weisen Lehrkräfte auf (und wie ist ihr Unterricht gestaltet), die ein hohes Maß an Qualifizierung schaffen, ohne dass dies auf Kosten der zu Beginn leistungsschwächeren Schüler geht, also ohne Inkaufnahme eines Schereneffektes?
- Ein aktuelles Problem, bei dem dieser Ansatz hilfreich sein könnte, ist der Umgang von Lehrkräften mit Kindern mit nicht-deutscher Muttersprache, da man bislang so gut wie nichts über die zweitsprachendidaktischen Kompetenzen dieser Lehrkräfte weiß: Welche Modi der Berücksichtigung der Sprach- und Kulturherkunft z. B. türkisch- oder russischsprachiger Schülerinnen und Schüler sind für deren motivationale und kognitive Entwicklung von Bedeutung – und helfen damit, die eklatante Kluft zwischen Schülern mit und ohne Migrationshintergrund zu verringern?

Vor allem als Material für die Lehreraus- und fortbildung können Ergebnisse von Best Practice-Studien sehr geeignet sein, insbesondere dann, wenn sie mit anschaulichem videobasiertem Material des Unterrichts kombiniert werden. Hierzu, d. h. zu den Chancen der Unterrichtsvideografie für die Lehrerausbildung, haben wir an anderer Stelle einen zusammenfassenden Bericht gegeben (Helmke & Helmke, 2004).

Best Practice-Studien sind nicht mit dem Dilemma der Multikollinearität belastet, sondern können in anschaulicher Weise Profile erfolgreicher Lehrpersonen anschaulich machen. Allerdings sind aus unserer Sicht dabei drei Punkte zu berücksichtigen:

- Die Bildung von Extremgruppen (z. B. erfolgreicher vs. erfolgloser Lehrkräfte) ist nur legitim, wenn zuvor die allgemeinen Zusammenhangsmuster für die gesamte Stichprobe ermittelt wurden. Andernfalls kann es zu Artefakten kommen, bedingt durch die Art der Gruppenbildung: Die Gegenüberstellung der extremen 10 %-Gruppen ergibt natürlich ein anderes Bild als das der unteren vs. oberen Quintile, Quartile oder Terzile.
- Bei einem zweiten Typ von Studien, bei denen man „Erfolg" nur auf der Basis von Leistungsdaten ermittelt, um anschließend genauere Aufschlüsse über den Unterricht dieser Lehrkräfte zu gewinnen, ist ein Extremgruppendesign unrealistisch, denn man müsste um die Beteiligung von Lehrkräften werben, die nachweislich unter die Kategorie „Worst Practice" fallen.

- Will man die Unterrichtsprofile erfolgreicher Lehrkräfte interpretieren, muss es neben der Best-Practice-Gruppe Daten einer unausgelesenen, repräsentativen Gruppe von Lehrern geben, die als Vergleichsmaßstab, als Anker dienen. Im günstigsten Falle handelt es sich um Daten aus ein und dem gleichen Projekt, so dass z. B. Schülerangaben zum Unterricht bei der Gesamtstichprobe mit den entsprechenden Schülerangaben bei den Best Practice-Lehrern verglichen werden können. Ersatzweise kann man als Benchmark jedoch auch auf Daten anderer Studien rekurrieren, sofern diesen eine repräsentative Stichprobe zugrunde liegt, z. B. auf unterrichtsbezogene Daten von MARKUS, IGLU oder PISA.

Pädagogisch-psychologische Unterrichtsforschung vs. Allgemeine Didaktik und Fachdidaktik

Die Kluft zwischen der traditionellen, pädagogisch-psychologischen empirischen Unterrichtsforschung einerseits und der – nicht nur in Deutschland – stark normativ und hermeneutisch geprägten, nicht empirisch fundierten Allgemeinen Didaktik bzw. den Fachdidaktiken ist riesengroß, insbesondere im Bereich des Sprachunterrichts, inzwischen deutlich geringer im Bereich von Mathematik und Naturwissenschaften. Einer der Gründe für diese Diskrepanz ist die Struktur und Rekrutierungstradition der Fachdidaktik-Hochschullehrerschaft. Wir zitieren eine Passage aus dem erfolgreichen Antrag auf Einrichtung einer Graduiertenschule „Unterrichtsprozesse" an der Universität Koblenz-Landau (siehe www.uni-koblenz-landau.de/graduiertenschule/ graduiertenschule-excerpt.pdf):

> *„Defizite tun sich in der Fachdidaktik nicht nur hinsichtlich ihrer Fundierung in empirischer Forschung auf [zum aktuellen Stand der Fachdidaktiken in Deutschland siehe die Übersichtskapitel im neuen Handbuch Lehrerbildung, (Blömeke, 2004)]. Defizite bestehen auch hinsichtlich der Rekrutierung von Vertretern der Fachdidaktiken, die theoretische und empirische Fundierung ihres Faches mit adäquater Praxisorientierung kombinieren können. Während sich das fachdidaktische Personal früher, vor allem an Pädagogischen Hochschulen, überwiegend aus ehemaligen Lehrern und Lehrerinnen mit viel praktischer Erfahrung, aber mit oft dürftigem wissenschaftlichen Hintergrund zusammensetzte, erfüllt das Gros der professoralen Fachdidaktiker/-innen heute zwar die üblichen universitären Standards (Promotion, Habilitation), aber nur ein ständig geringer werdender, mittlerweile beinahe verschwindender Anteil der Professor/-innen für die Didaktik eines Faches war jemals als Lehrer bzw. Lehrerin an einer Schule tätig. Das bedeutet: Den meisten universitären Fachdidaktikern/-innen fehlt Empirie im Sinne des Erfahrungswissens um die Randbedingungen derjenigen Praxis, die Gegenstand ihrer universitären Lehre und Forschung ist.*
>
> *Die Ausbildung von Lehrenden für die Schulen unterscheidet sich hier eklatant von der Ausbildung in anderen praxisorientierten akademischen Berufen. Beispielsweise wird so gut wie niemand auf eine ingenieurwissenschaftliche Professur berufen, der nicht neben universitärer Forschungs- und Lehrerfahrung*

einige Jahre betriebliche Praxis vorweisen kann. Ebenso kann niemand Medizinprofessor/-in in einem klinischen Fach werden, ohne über klinische Praxis zu verfügen.
Zu den besonderen Bedingungen fachdidaktischer Forschungstradition gehört – mit Ausnahme der Didaktik der Mathematik und der Naturwissenschaften, die seit TIMSS und im Zuge der erfolgreichen Aktivitäten insbesondere des IPN große Schritte nach vorn gemacht haben – ihre bislang geringe Internationalität. Dabei handelt es sich, so widersprüchlich das auch klingen mag, um ein internationales Phänomen. Dessen Hintergrund ist die weitgehende Ausrichtung der Fachdidaktik an den jeweiligen nationalen Schulsystemen. Es sind vor allem die neuen internationalen Vergleichsstudien, die hier zur bisher fehlenden Internationalisierung der Forschung zwingen. Aber auch bei den meisten dieser Studien lag der Schwerpunkt überwiegend auf dem ‚Output', dem nachweislichen Ertrag von Schule und Unterricht. Die Qualität der Prozesse des eigentlichen ‚Kerngeschäftes' der Schule war – mit Ausnahme von TIMSS und DESI – eher nur am Rande Gegenstand der international vergleichenden Forschung."

Die Kooperation zwischen Fachdidaktik und Unterrichtsforschung hatte bereits bei TIMSS erhebliche Folgen für die Konzeptualisierung der Merkmale guten Unterrichts. Es kamen Merkmale ins Spiel (wie „intelligentes Üben", „Aufgabenkultur"), die speziell für den Mathematikunterricht von Belang sind und vorher kaum beachtet worden waren. Was Achtenhagen (1990) seit langem gefordert hat, nämlich die angemessene Berücksichtigung der fachlichen Inhalte und deren Konsequenzen für die Bestimmung der Unterrichtsqualität, ist inzwischen Allgemeingut. Baumert et al. (2004, S. 316) drücken es so aus, und wir stimmen vollkommen zu, wenn sie unter Verweis auf Stodolsky (1988) und Leinhardt (2002) fordern: „Um mit der Beschreibung von Unterrichtsmerkmalen näher an diese (Unterrichts)Prozesse heranzukommen, ist es notwendig, von einem expliziten Modell verständnisvollen Lernens auszugehen und dieses domänenspezifisch, das heißt in der Regel auf ein Unterrichtsfach bezogen, zu formulieren." Neuland ist in dieser Hinsicht noch der Fremdsprachenunterricht. Hier werden die ab 2007 in publizierter Form verfügbaren Ergebnisse von DESI (Helmke et al., 2003) zeigen, wie nützlich die Kombination von allgemeinen und fachdidaktischen Prinzipien für die Beschreibung des Unterrichts und seiner Wirkungen ist.

Der Aspekt der Lehrerkompetenz in der neueren Unterrichtsforschung

Die frühe Forschung zu den Bedingungen des Schulerfolges setzte ausschließlich auf Merkmale der Persönlichkeit und des „Charakters" der Lehrer. Diese Forschung stellte sich letztlich als unergiebig heraus – siehe den Überblick bei Helmke (2006) – und wurde im deutschen Sprachraum weitgehend eingestellt. Inzwischen gibt es – seit den Anfängen der Forschung zur Lehrerexpertise – wieder einen starken Trend in Richtung Lehrpersonmerkmale, gefördert vor allem durch die Ergebnisse und offen gebliebenen Fragen der großen internationalen Leistungsvergleichsstudien wie TIMSS, PISA, IGLU und VERA. Konzeptuell muss man Merkmale der Expertise und Persönlichkeit von Lehrkräften, wie sie in **Abbildung 6.1** im entsprechenden Kasten auftauchen, von Merkmalen des Unterrichts trennen:

Viele der dort genannten Merkmale (z. B. ein exzellentes deklaratives Wissen über Unterrichtsqualität oder über Diagnostik) können sich, müssen sich aber nicht – oder nicht direkt – auf die Prozesse des Lehrens im Klassenzimmer auswirken.

Wir möchten an dieser Stelle auf einige neuere Konzepte und Projekte der Forschung hinweisen, bei denen die Diagnose der Kompetenz von Lehrpersonen eine Schlüsselrolle einnimmt:

- *Die Studie Teacher Education and Development Study (TEDS)*. Diese Studie der IEA (siehe www.iea.nl/iea/hq/index.php?id=108&type=1) geht der Frage nach, ob und inwieweit Lehrerausbildungspolitik, -programme und -praxis zur Fähigkeit beitragen, Mathematik und Naturwissenschaften im Grundschul- und im Sekundarbereich I zu unterrichten. Folgende Länder haben ein Interesse an einer Teilnahme bekundet: Australien; Bulgarien; Chile; Deutschland; Taiwan; Zypern; Tschechische Republik; Dänemark; Finnland; Frankreich; Griechenland; Island; Italien; Lettland; Mazedonien (FYROM); Mexiko; Marokko; Philippinen; Slowakische Republik; Thailand; Ukraine. Das für Deutschland geplante Teilprojekt TEDS-M (unter der Leitung von Blömeke) ist an ein DFG-Projekt gekoppelt (Blömeke, Kaiser & Lehmann) und legt einen Schwerpunkt auf die professionelle Handlungskompetenz angehender Mathematiklehrkräfte.
- *DFG-Schwerpunktprogramm Kompetenzdiagnostik im Bildungsbereich*. Zurzeit ist, als Nachfolge des sehr erfolgreichen Schwerpunktes „Bildungsqualität von Schule“, ein DFG-Schwerpunktprogramm „Kompetenzdiagnostik im Bildungsbereich“ im Entstehen begriffen, dessen Konzept (entwickelt von Klieme & Leutner) ausdrücklich auch auf diagnostische und didaktische Kompetenzen von Lehrkräften abhebt (siehe www.dipf.de/download/Kompetenzdiagostik_15Juli2005.pdf). Sollte dieses Schwerpunktprogramm etabliert werden, ist mit innovativen Projekten und Erkenntnissen zur Kompetenz von Lehrpersonen zu rechnen.
- *Forschungsschwerpunkt „Empirische Unterrichtsforschung“ an der Universität Koblenz- Landau*. Gefördert durch das Hochschulsonderprogramm „Wissen schafft Zukunft“ der Landesregierung von Rheinland-Pfalz ist an der Universität Koblenz-Landau ein Projektverbund entstanden, in dem Best Practice-Studien des Grundschulunterrichts eine überragende Rolle spielen. Der Forschungsverbund ist eng gekoppelt mit einer „Graduiertenschule der Exzellenz“ zum Schwerpunktthema „Unterrichtsprozesse“ (www.uni-koblenz-landau.de/graduiertenschule/).
- *DFG-Projekt „Professionswissen von Lehrkräften, kognitiv aktivierender Mathematikunterricht und die Entwicklung mathematischer Kompetenz“* (COAKTIV). Im Kontext von PISA 2003 entwickelten Baumert, Blum und Neubrand in einem angedockten DFG-Projekt innovative, computerbasierte

Methoden, Aspekte des professionellen Wissens und Könnens von Mathematiklehrkräften zu erfassen. Diese Ansätze erscheinen uns sehr aussichtsreich und konstruktiv zu sein, so dass man auf die Ergebnisse des Projektes gespannt sein darf. Schließlich sind insbesondere die in den letzten Jahren entstandenen Graduiertenschulen, wo Psychologen, Pädagogen und Fachdidaktiker gemeinsam lehren und forschen, aus unserer Sicht ein hervorragendes Instrument, um Grundlagen für künftige empiriebasierte Lehre und Forschung zu entwickeln. Zu nennen sind hier beispielweise die Graduiertenkollegs

- Fachdidaktische Lehr- und Lernforschung – Didaktische Rekonstruktion (Oldenburg): www.uni-oldenburg.de/presse/uni-info/2002/1/forlehr.htm#3
- Bildungsgangforschung (Hamburg): www2.erzwiss.uni-hamburg.de/lehrprog.htm
- Naturwissenschaftlicher Unterricht (Essen): www.nwu-essen.de/
- Passungsverhältnisse schulischen Lernens: Verstehen und Optimieren (Göttingen): www.psych.uni-goettingen.de/abt/4/gk/index.htm
- und unser eigenes Graduiertenkolleg „Unterrichtsprozesse" (Koblenz-Landau): www.uni-koblenz-landau.de/graduiertenschule/

Ausblick

Die großen Leistungsstudien wie PISA, IGLU und DESI, die flächendeckenden Lernstandserhebungen (wie VERA) haben die Notwendigkeit deutlich gemacht, dass man mehr fundiertes Wissen über Unterrichtsprozesse benötigt, wenn man die Ergebnisse all dieser umfassenden Evaluationen wirklich nutzen und nicht bei einer bloßen – folgenlosen – Diagnose des Ist-Standes stehen bleiben will. Die empirische Unterrichtsforschung hat diese Unzufriedenheit mit dem Übergewicht der Evaluation zu Lasten der Innovation produktiv genutzt, was sich in einer Reihe viel versprechender Forschungsaktivitäten ausdrückt. Wenn diese Forschungsaktivitäten erfolgreich sein sollen, dann muss Ernst mit der Forderung nach inter- oder transdisziplinärem Vorgehen gemacht werden: Nötig sind gemeinsame Anstrengungen von empirischer Unterrichtsforschung und Fachdidaktik, ergänzt um die Expertise der Allgemeinen Didaktik und je nach Inhalt um Nachbardisziplinen wie die Soziologie oder die Linguistik.

6.2 Lernkompetenz, Lerntechniken und Lernen lernen

Walter Kowalczyk

„Die häufigsten Probleme, von denen sich Studierende belastet fühlen, beziehen sich auf das Lernen und Arbeiten im Studium – das belegen Statistiken, die die Probleme der Klienten von Psychologischen Beratungsstellen an den Hochschulen erfassen, ebenso wie auch die Ergebnisse von an großen, für die gesamte

Studentenschaft repräsentativen Stichproben durchgeführten Befragungen. ... Das Thema Lern- und Arbeitsstörungen von Studierenden wurde bereits Ende der sechziger Jahre diskutiert und war Anstoß zu hochschuldidaktischen Reformversuchen. Aber es hat sich seitdem nichts Wesentliches geändert – weder in der Lehre noch im Erscheinungsbild oder in der Häufigkeit von Arbeitsstörungen."
(Knigge-Illner & Kruse, 1994, S. 24)

Einleitung

Schulisches Lernen steht vom ersten Schuljahr an unter der Vorherrschaft der Kenntnisvermittlung. Schülerinnen und Schüler müssen „irgendwie" von selbst herausbekommen, wie sie erfolgreich lernen, wie sie ihre Kraft und Zeit im Umgang mit dem Lernstoff wirkungsvoll nutzen. Worum es für sie gleichzeitig angesichts der anschwellenden Informationsflut geht, hat der ehemalige Präsident der Max-Planck-Gesellschaft, Hubert Markl, in die folgenden Worte gefasst: „Das Wichtigste dabei ist Ausblenden, Weglassen, Unbeachtetlassen, was wertlos ist, im Treibsand der Informationen die Goldkörner der Bedeutung herausfinden, weil sie schwer wiegen im Dahinfließen des Lebens."

Obwohl der Deutsche Bildungsrat bereits 1970 die Vermittlung von Lerntechniken als eine wichtige Aufgabe der Schule hervorgehoben hat, führt dieser Bereich oft nur ein Schattendasein im Unterricht.

Welche Lern- und Arbeitstechniken sollen gelernt werden?

Die Wissensfülle lässt sich nicht mehr durch Auswendiglernen bewältigen. Beim Lernen geht es also u. a. darum,
- Informationen zu strukturieren,
- das Wesentliche vom Unwesentlichen zu trennen und
- Zusammenhänge herzustellen.

In mündlichen und schriftlichen Prüfungssituationen müssen die Schülerinnen und Schüler den Lernstoff dann wiedergeben – ein erfolgreicher Umgang mit Stress ist gefragt.

Lernmethoden sind die Methoden, mittels derer Schüler ihre eigenen Lernprozesse gestalten, sich neues Wissen und Können aneignen und später wieder einsetzen.

Im Einzelnen geht es darum

- wie eine gute Mitarbeit im Unterricht das Nacharbeiten verringert,
- wie man eine Mitschrift anfertigt,
- wie man die Hausaufgaben effektiv angeht,
- wie man gut durch die Klassenarbeit kommt,
- wie man eine sinnvolle Berichtigung anlegt,
- wie man Texte vom Papier am besten in den Kopf bekommt,
- wie Saisonarbeiter den Kopf nicht zu lange in den Sand stecken,
- wie man mit Lernschwierigkeiten fertig wird.

Wie werden Lern- und Arbeitstechniken vermittelt?

Seit vielen Jahren entwickelt Heinz Klippert Methoden-Übungsbausteine für den Unterricht. Er hat darauf hingewiesen, dass es verschiedene Möglichkeiten gibt, ein Methoden-Training in Schulen durchzuführen. Er skizziert fünf Varianten:

- Gelegentliche Übungen im Fachunterricht
- Gezielte Übungsprogramme der Deutschlehrer und/oder Klassenlehrer
- Systematisches Basistraining in den Anfangsklassen
- Projekttage/Projektwoche mit Schwerpunkt „Methoden lernen“
- Arbeitsgemeinschaften mit methodischem Schwerpunkt.

Klippert will die Schule nicht neu erfinden, sondern einfach verbessern. Noch zu häufig belehrt der Lehrer und die Schüler tun so, als hörten sie zu – wenn überhaupt. Klippert strebt deshalb das eigenverantwortliche Lernen an, das im Wesentlichen Folgendes besagt: Wenn die Schulen dazu da sind, dass die Kinder etwas lernen, dann muss man ihnen zuallererst beibringen, wie man lernt. Und den Lehrern muss man beibringen, wie man das Lernen lehrt.

Grundsätze für die Einführung neuer Lernmethoden

Beharrlichkeit und kleine Schritte

Die Aktionen zur Vermittlung von Lern- und Arbeitstechniken dürfen nicht auf Einzelmaßnahmen beschränkt bleiben; es geht darum, beharrlich zu üben – nur so können nach und nach Unklarheiten erkannt und Fehler wieder ausgebügelt werden. Zu empfehlen ist auch die Zusammenarbeit mit anderen Lehrern. Von gemeinsamer Fehlersuche und vielfältigen Verbesserungsvorschlägen profitieren alle, und die Beschränkung auf das Wesentliche – nicht zu viel auf einmal! – erhöht die Chance des Gelingens.

Schulleitung und Fachkollegen gewinnen

Der Schulleiter hat natürlich ein Recht zu erfahren, was an seiner Schule geschieht. Ihn zu informieren ist also eine selbstverständliche Pflicht, ihn für die Sache zu interessieren ist vielleicht ein erster Erfolg bei der Suche nach Verbündeten.

Kolleginnen und Kollegen gewinnt man über die Fachkonferenz. Dort sollte ein erster Bericht die nötigen Informationen bieten. Dies eröffnet auch die Möglichkeit einer späteren Zusammenarbeit. Und damit wird außerdem deutlich, dass es nicht um die Profilierung eines Einzelnen mit Hilfe einer spektakulären Veränderungsinszenierung geht. Von Einzelnen gestartete, nur für sich stehende Aktionen zermahlt der Alltag in kurzer Zeit.

Verständliche Bücher und Texte

Auch die beste Lernstrategie hilft nur wenig gegen schwer verständliche Bücher bzw. Texte. Ein Blick in etliche Bücher verschiedener Fächer legt die Vermutung nahe: Die Sachverhalte selbst sind für viele Schüler durchaus nicht „zu hoch". Die Art der Vermittlung jedoch – die Begrifflichkeit und die Art der Erklärungen – ist geeignet die Schüler „krank" zu machen – und die Eltern auch. Schulz v. Thun und Götz bemängeln, dass „die Kunst, verständlich zu erklären" auch unter Pädagogen nicht sehr weit verbreitet sei. Und noch schärfer hat es Frederic Vester bereits vor vielen Jahren formuliert: „Was sind das für Pädagogen, die so auf jede Seite gewaltige, überflüssige Stoffmengen packen und damit die Lernfähigkeit töten, die sich beim Ringen um die exakteste akademische Formulierung verkrampfen und sich keinen Deut darum kümmern, was beim Lesen im Schüler vorgehen wird?" (1976, S. 181/82).

Wie dies im Blick auf die Unterrichtspraxis zu verstehen ist, lässt sich aus einer Schülerbefragung entnehmen. Nur jeder fünfte gab an, schwierige Unterrichtsstoffe vom Lehrer verständlich erklärt zu bekommen; drei von vier der Befragten hielten aber eben diese Fähigkeit – anschaulich sprechen und gut erklären können – für besonders wichtig. Die befragten Schülerinnen und Schüler gaben an, dass sie nur wenig verstanden hätten. Wenn der Lehrer Fragen zum Text stellt, würden sie die entsprechende Stelle suchen und vorlesen. Zu Hause versuchten sie die Sätze auswendig zu lernen.

Wissenschaftler der Hamburger Universität haben unter der Leitung von Friedemann Schulz von Thun für die Fächer Deutsch und Mathematik Trainingsmaterial erarbeitet, das Schritt um Schritt in Richtung „Verständlichkeit" führt.

Zur Veranschaulichung dient die Umarbeitung eines mathematischen Textes, zunächst unter den Aspekten „Einfachheit" und „Gliederung". Die hier gewonnenen Einsichten lassen sich auf den Lehrervortrag anwenden.

Text A: Kommensurable Strecken
Vergleicht man zwei Strecken a und b hinsichtlich ihrer Größe, so kann es vorkommen, dass a in b genau r-mal enthalten ist, wobei r eine ganze Zahl darstellt. In diesem Fall können wir das Maß der Strecke b durch das von a ausdrücken, indem wir sagen, dass die Länge von b das r-fache der Länge von a ist. Oder es kann sich zeigen, dass man, wenn auch kein ganzes Vielfaches von a genau gleich b ist, doch a in, sagen wir, n gleiche Strecken von der Länge a/n teilen kann, so dass ein ganzes Vielfaches m der Strecke a/n gleich b wird:

(1) $b = m{:}n \times a$

Wenn eine Gleichung der Form (1) besteht, sagen wir, dass die beiden Strecken a und b kommensurabel sind, da sie als gemeinsames Maß die Strecke a/n haben, die n-mal in a und m-mal in b aufgeht.

Text B: Kommensurable Strecken
Man sagt: Zwei Strecken sind kommensurabel, wenn sie ein gemeinsames Maß haben. Was bedeutet das: „Ein gemeinsames Maß haben?"

- Angenommen, eine Strecke ist 3 cm, die andere 9 cm lang. Die beiden Strecken sind kommensurabel: Sie haben als gemeinsames Maß 3 cm. Es passt in die eine Strecke genau 1-mal, in die andere genau 3-mal.

– Angenommen, eine Strecke ist 6 cm, die andere 10 cm. Auch diese Strecken sind kommensurabel. Das gemeinsame Maß ist 2 cm: Es steckt 3-mal in der ersten und 5-mal in der zweiten Strecke. Selbst für zwei Strecken von z. B. 1,67 cm und 4,31 cm Länge lässt sich leicht ein gemeinsames Maß finden: 0,01 cm. Es steckt 167-mal in der ersten und 431-mal in der zweiten Strecke.

Was sagen uns diese Beispiele? Zwei Strecken sind kommensurabel, wenn die eine Strecke (oder ein Bruchteil von ihr) in der anderen enthalten ist, ohne dass ein Rest bleibt.

Die Autoren nennen noch zwei weitere Punkte, die bei einer Überarbeitung beachtet werden sollten: „Kürze" („Prägnanz") und „zusätzliche Reize".

Mit diesen vier „Verständlichmachern" lässt sich nun auch der Lehrervortrag verbessern:

- Einfachheit erhält man durch kurze Sätze und vertraute Wörter sowie anschauliche Formulierungen.
- Eine Gliederung wird durch Hinweise zum Aufbau des gesamten Beitrages und zu den einzelnen Stationen hergestellt.
- Kürze ergibt sich aus der Beschränkung auf das Wesentliche, durch den Verzicht auf unkontrolliertes Plaudern.
- Und zusätzliche Reize liegen vor, wenn besondere Stilmittel eingesetzt werden, die den Vortrag farbig und lebendig machen, z. B. Fragen, direkte Rede, Beispiele aus dem Alltagsleben.

Die neue Rolle des Schülers

Selbstwirksamkeit: der Glaube an die eigenen Fähigkeiten

Der amerikanische Psychologe Albert Bandura hat das Konzept der „Selbstwirksamkeit" (self-efficacy) entwickelt. Damit bezeichnet er ein Bündel von Überzeugungen, die wir über uns selbst – vor allem über unsere Fähigkeiten – entwickeln und pflegen. Selbstwirksamkeit ist das Vertrauen in die eigene Leistungsfähigkeit und die Überzeugung, einer Aufgabe gewachsen zu sein. Diese „gute Meinung über sich selbst" hat sich immer wieder als entscheidender Faktor in Leistungssituationen herausgestellt – selbst tatsächlich vorhandene Fähigkeiten sind nicht so wichtig wie der Glaube, sie zu besitzen. Immer wieder zeigte sich in der Realität wie in Experimenten, dass Selbstvertrauen auch mittelmäßig Begabte zu Spitzenleistungen befähigt, während hoch talentierte, gut ausgebildete und geschulte Menschen häufig versagen, weil sie an sich zweifeln. Der Schulpsychologe Frank Pajares meint: „Wie Menschen sich in einer bestimmten Situation verhalten werden, lässt sich meist besser vorhersagen auf der Basis dessen, was sie sich zutrauen, als durch das, was sie tatsächlich können."

Albert Bandura nennt einen wichtigen Grund: „Menschen, die über ein starkes Gefühl der Selbstwirksamkeit verfügen, widmen ihre Aufmerksamkeit und ihre Energie den Anforderungen der Situation und lassen sich durch Hindernisse eher zu noch größeren Anstrengungen anspornen. Wer sich selbst für sehr kompetent hält, denkt, fühlt und handelt anders als Menschen, die sich als ineffektiv wahrnehmen. Selbstwirksame erzeugen ihre eigene Zukunft, sie sagen sie nicht nur voraus. Umgekehrt stehen sich wenig Selbstwirksame oft selbst im Wege. Trotz großer vorhandener Fähigkeiten sind sie sehr anfällig für Selbstzweifel und Unzufriedenheit. Weil sie oft hohe Ansprüche an die eigene Leistung verinnerlicht haben, resignieren sie schnell, und auch die Anerkennung anderer bedeutet ihnen wenig."

Selbstwirksamkeit, die so wichtige psychische Fähigkeit, an sich selbst zu glauben, kann sich besonders dann entwickeln, wenn wir folgende günstige Bedingungen antreffen:

- Als Kind, als Schüler und Student, aber auch im Erwachsenenleben müssen wir Gelegenheit zu Erfolgserlebnissen erhalten. Wir müssen lernen, eigene Leistungserfahrungen emotional und kognitiv als „erfolgreich" zu interpretieren (authentic mastery experience). Dabei hilft es natürlich, wenn wir Lob, Vertrauen oder Anerkennung von anderen erfahren. Das muss keineswegs im Übermaß erfolgen – übertriebenes Lob macht Kinder eher misstrauisch. Manchmal reicht ein Satz einer wichtigen Bezugsperson, um uns ein Leben lang positiv zu beinflussen. Umgekehrt können negative Botschaften („Das schaffst du nie!") verheerende Langzeitwirkungen haben und das Selbsvertrauen unterminieren.
- Das „stellvertretende Lernen": Erfolgreiches Agieren lässt sich am besten erlernen, wenn man geeignete Vorbilder oder Modelle beobachten kann. Selbstwirksamkeit beeinflusst unser Verhalten in vierfacher Weise: Sie lenkt die Auswahl unserer Ziele – wir nehmen uns solche Aufgaben vor, deren Meisterung wir uns zutrauen, und wir vermeiden Felder, in denen wir nicht reüssieren können. Zweitens bestimmt die Selbstwirksamkeit das Ausmaß der Energie und Ausdauer, die wir in ein Ziel investieren. Wenn wir an uns glauben, sind wir ausdauernder und energischer, selbst wenn es einmal zu Rückschlägen kommt.
- Drittens formt Selbstwirksamkeit unseren Denkstil: Wer sich für kompetent hält, sieht die Kausalitäten für Erfolg und Misserfolg anders als ein Selbstzweifler. Selbstwirksame schreiben ihre Erfolge dem eigenen Können zu, Misserfolge dagegen den äußeren (ungünstigen) Umständen. Und schließlich bringen sich Selbstwirksame in eine Aufwärtsspirale des Erfolges: Jedes Erfolgserlebnis verstärkt den Glauben an die eigene Kompetenz und spornt zu neuen Anstrengungen an. Bandura spricht hier von „reziprokem Determinismus" – das Selbstbild beeinflusst unser Verhalten, und die Erfahrungen, die wir dann machen, wirken auf unser Selbstbild zurück.

Das überlieferte Beschulungsmuster des „(Be)Lehrens" und des „Vermittelns" hat dazu geführt, dass Schüler gelernt haben, der Dinge zu harren, die da kommen. Sie haben gelernt, die eigene Verantwortung für das Lernen an der Garderobe abzugeben.

Der internationale Pisa-Verantwortliche fordert deshalb: „Schüler müssen in die Lage versetzt werden, ihre eigenen Ziele zu bestimmen, ihr Lernen selbst zu organisieren, Lernfortschritte zu bewerten und ihre Lernstrategien sich verändernden Bedürfnissen anzupassen" (Schleicher, 2002).

In Niedersachsen wurde im März 2004 der neue Grundsatzerlass für die Grundschule „Die Arbeit in der Grundschule" veröffentlicht. Als neue Aufgabe für die

Lehrkräfte wird die Dokumentation der individuellen Lernentwicklung der Schülerinnen und Schüler formuliert. Dort sollen auch Selbsteinschätzungen der Schüler einfließen. Im Abschnitt „Leistungsbewertung“ wird als neue Aufgabe der Grundschule „das Schaffen von Vertrauen in die eigene Leistungsfähigkeit“ (= Selbstwirksamkeit) thematisiert. Erkenntnisse der pädagogischen Psychologie zeigen, welche Wege die Schule beschreiten muss, damit Schüler nachhaltige Leistungsergebnisse erzielen. Auf diesen Weg haben sich bereits viele Länder gemacht. Nachfolgend werden drei grundlegende Prinzipien beschrieben und durch Beispiele aus dem Ausland illustriert.

Selbstwirksamkeit konkret: Selbstorganisation und Selbstreflexion fördern

Selbstorganisation hilft Schülern, ihr Lernverhalten zu steuern, indem sie es bewusst wahrnehmen, sich Ziele setzen und ihr Verhalten daran messen (es selbst bewerten). Selbstorganisation fördert damit Selbstwirksamkeit, nämlich die Gewissheit, neue oder schwierige Anforderungssituationen aufgrund eigener Kompetenzen bewältigen zu können.

BEISPIEL IRLAND:
Pupils – Planning and Monitoring their Own Learning

The involvement of pupils in the development, implementation and review of their own learning programmes is an important principle underlying effective ... teaching. Pupils can become more independent as learners if they perceive themselves to be stakeholders in the learning process. Pupils ... should, as appropriate:

- become familiar with the medium and short-term learning targets that have been set for them, and they should be given the opportunity to contribute to the setting of such targets;
- contribute to the selection of texts and other learning materials that are relevant to the attainment of their learning targets;
- develop "ownership" of the skills and strategies that are taught during ... teaching and learn to apply these learning strategies and skills to improve their own learning;
- contribute to the evaluation of their progress by participating in appropriate assessment activities, including self-assessment.

Die Eckpunkte: Der Lern- und Arbeitsplan (Layout) und das Planungs- und Entwicklungsgespräch

Der Lern- und Arbeitsplan (Layout)

Als Werkzeug, sich selbst zu organisieren, sieht der Schweizer Pädagoge Andreas Müller das „Layout“. Ein Layout ist ein Lern- und Arbeitsplan, der formuliert, was in der kommenden Woche inhaltlich auf dem Plan steht, wie es zu geschehen hat und – aus späterer Sicht – wie es geschehen ist. Es geht sowohl um Aspekte der Planung als auch um das Nachdenken über die eigene Arbeit.

Das Layout stellt jene Fragen, die sich die Lernenden mit der Zeit selber stellen sollten. Die Leitfragen heißen deshalb: „Was will ich in dieser Woche erreichen?", „Was muss bis Ende der Woche passiert sein, damit ich sagen kann, Ziel erreicht?" Die angestrebten Ziele müssen im Erfolgsfalle in irgendeiner Form erkennbar sein. Darauf zielen die Folgefragen. „Woran erkennst du, dass es geschehen ist?" Und: „Woran erkennt (z. B. dein Lehrer oder ein Mitschüler ...), dass es geschehen ist?" Diese Art der Fragestellung lenkt den Blick und zwingt dazu, sich ein konkretes Bild dessen zu machen, was passiert ist. Am unspektakulären Beispiel des Kürzens von Brüchen könnten Bilder entstehen wie: „Ich suche nach dem Zufallsprinzip zehn Aufgaben aus verschiedenen Büchern und kann sie mühelos lösen." Oder: „Ich kann eine Gebrauchsanweisung für das Kürzen von Brüchen gestalten, die es drei verschiedenen Mitschülern möglich macht, entsprechende Aufgaben zu lösen." Oder: „Ich kann meinem Vater anhand eines Beispiels erklären, was der Unterschied ist zwischen dem Kürzen und dem Erweitern von Brüchen."

Im Rahmen eines Forschungsprojektes wurde die Bedeutung des Layouts im Rahmen von selbstwirksamem Lernen untersucht (Fuchs, im Druck). Demnach ist das Layout eine wichtige Quelle zur Förderung von Selbstwirksamkeitsüberzeugungen. Je besser man sich und seine Art zu denken und zu handeln kennt, desto besser ist das eigene Verhalten zu kontrollieren und zielführend zu steuern. Die entsprechende Bestärkung folgt dann, wenn der Lernende sich am Abend anerkennend auf die Schulter klopfen kann: Ich hab's geschafft! Er kann natürlich auch feststellen, dass das gesetzte Ziel nicht erreicht worden ist. Und er kann sich fragen, woran das wohl liegen könnte.

Zum pfleglichen Umgang mit sich selbst gehört es auch, jeden Tag – vorzugsweise zum Abschluss – einen reflexiven Farbtupfer zu setzen. Der Erfolg des Tages ist ein Element, das dazu einlädt, einen Moment innezuhalten und sich rückblickend den einen oder anderen Gedanken zum Tagesverlauf zu machen. Der Grad der Zufriedenheit mit sich und dem Arbeitstag äußert sich in der Position eines Kreuzes zwischen Heuly und Smiley.

Das ist nicht nur ein bedeutsamer emotionaler Faktor, das ist auch von erheblicher lernstrategischer Bedeutung. Denn: Erfolg führt zu Erfolg, jenem beglückenden Gefühl, etwas bewirkt zu haben. Und Selbstwirksamkeit ist jene Erfahrung, die Flügel verleiht. Daraus bildet sich eine hohe Leistungsmotivation. Mit anderen Worten: Wenn Lernende regelmäßig Erfolge formulieren, die sie auf ihre eigenen Aktivitäten und Fähigkeiten zurückführen, wird sich das positiv auf ihr Selbstbild und auf ihr Lern- und Leistungsverhalten auswirken. Es sind die eigenen Aktivitäten, die als Erfolgsfaktoren gesucht sind. Also nicht: Ich hatte eine gute Note in Französisch. Sondern: Obschon ich Angst hatte, habe ich heute mit Frau Dupont in Genf telefoniert und ich habe alles verstanden, was sie gesagt hat. He! Ich habe meine Angst überwunden! Und es hat funktioniert!

Die schriftliche Form des Layouts zwingt den Schüler, sich mit seiner Arbeit auseinander zu setzen. Was schwarz auf weiß zu Papier gebracht worden ist, weist eine höhere Verbindlichkeit auf.

Und noch etwas: Das Layout wird von den Lernenden aufbewahrt. Damit erfüllt es die Funktion eines Protokolls. Die Schülerinnen und Schüler dokumentieren den Prozess ihrer schulischen und persönlichen Entwicklung. Der Weg zum Erfolg wird nachvollziehbar. Und der Rückblick ermöglicht es auch unter einer längerfristigen Perspektive, das eigene Lernen zu verstehen und der Logik des Gelingens auf die Spur zu kommen.

BEISPIEL FINNLAND:
In der preschool werden die Kinder u. a. dazu angeleitet, sich wöchentlich ihre „Arbeit" bewusst zu machen. Am Freitag füllen sie einen Bogen aus, in den sie ihre Aktivitäten eintragen. Außerdem notieren sie, was ihnen mehr und was ihnen weniger Spaß bereitet hat (Smiley-Symbole). Dieses Blatt nehmen die Kinder mit nach Hause, damit sie auch ihren Eltern über ihre Woche berichten können.

BEISPIEL ENGLAND:
Das Home/School Diary der englischen Schüler enthält eine Seite, auf der übergreifende Ziele eingetragen und kontrolliert werden. Daneben gibt es im Hausaufgabenplaner eine weitere Rubrik: „Targets for the week".

Das Planungs- und Entwicklungsgespräch

Nur an ganz wenigen Stellen der Schulzeit erfolgt bei uns eine Schullaufbahnberatung. Es geht auch anders und besser. In Amerika wird unter dem Begriff „Career development" (oder: career education) ein Prozess verstanden, der sich über die gesamte Schulzeit erstreckt. In regelmäßigen Abständen wird die Schullaufbahn eines Schülers unter verschiedenen Fragestellungen thematisiert. Es geht dabei um

- die Förderung des Nachdenkens über die eigene Arbeit,
- die Information über Stärken und Schwächen,
- Möglichkeiten der Hilfe und Unterstützung und
- eine kontinuierliche Schullaufbahnberatung, die auch ermöglicht, Weichen immer wieder neu zu stellen.

So wird erreicht, dass der Weg zum Erfolg ein permanentes Thema bleibt und Entscheidungen nicht unvermittelt-rabiat getroffen werden müssen; dies würde die Schüler, deren Eltern und die Lehrkräfte gleichermaßen treffen. In gewisser Weise sind diese Gespräche vergleichbar mit den kontinuierlichen Unterredungen, die Schulleiter mit ihren Lehrkräften führen.

Vergleichbare Planungs- und Entwicklungsgespräche zwischen Lehrern und Schulleitungen waren in Schweden ein erster Schritt zu einer kooperativen Arbeitskultur. Als viel wichtiger erweisen sich inzwischen solche Gespräche zwischen Lehrern und Schülern. Planungs- und Entwicklungsgespräche zwischen Lehrkräften und Schülern
- sind grundsätzlich geprägt durch Gegenseitigkeit: Alle Beteiligten am Gespräch tragen dazu bei, lernen davon und ziehen Konsequenzen daraus,

- werden regelmäßig (halbjährlich, häufig vierteljährlich) durchgeführt und dauern jeweils zirka eine halbe Stunde,
- erfolgen nach vereinbarten Regeln beziehungsweise in bestimmten Phasen/Schritten,
- werden von allen beteiligten Gesprächspartnern vorbereitet,
- bieten ihnen Gelegenheit, über Erfahrungen, Wünsche und Ziele zu sprechen und zu erläutern, wie sie den Unterricht, die Arbeit des Lehrers beziehungsweise des Schülers sowie die Klasse und die Schule erleben und einschätzen,
- sind problemlösend und konstruktiv ausgerichtet, um die Entwicklung des Schülers beziehungsweise der Lehrkraft und der Schule zu fördern,
- helfen bei der Planung, Begleitung und Reflexion weiterer Arbeits- und Entwicklungsschritte.

Wesentlich für das Gelingen von Planungs- und Entwicklungsgesprächen ist deren Vorbereitung, denn es geht ja nicht um eine spontane Unterhaltung oder einen bloßen Meinungsaustausch, sondern um ein professionelles Gespräch mit klarer Zielsetzung und mit Konsequenzen für alle Gesprächspartner. Deshalb bereiten sich Schüler wie Lehrkräfte sorgfältig vor, oft mit Hilfe von Vorbereitungsbögen, die sie vorher ausfüllen.

Manche Lehrkräfte teilen Schülern und Eltern einige Tage vorher mit, worüber sie sprechen wollen. Zur Vorbereitung der Lehrkräfte gehört auch, dass sie sich über den Entwicklungs- und Leistungsstand der Schüler und der Klasse ein klares Bild machen, damit sie in der Lage sind, den Schülern auch klare Rückmeldungen über deren Leistungen und Fähigkeiten zu geben. Oft bitten Lehrer vor Planungs- und Entwicklungsgesprächen die Klasse um eine gesammelte Rückmeldung zu bestimmten Themen, zum Beispiel Arbeitsklima oder Unterrichtsmethoden. Dies vermittelt einen Gesamteindruck und ermöglicht den Schülern und dem Lehrer, ihre individuellen Eindrücke und Sichtweisen mit der Gesamtsicht zu vergleichen. Meistens weisen Planungs- und Entwicklungsgespräche drei deutlich voneinander unterscheidbare Phasen auf:

Sie beginnen mit einem Rückblick auf das letzte Halbjahr. Zuerst berichtet normalerweise der Schüler über seine Erfahrungen, Arbeitsergebnisse und Erwartungen und äußert sich über die Arbeit des Lehrers, der Klasse und der Schule. Dann äußert sich der Lehrer zu diesen Aspekten.

In der zweiten Phase werden die zentralen Aspekte des Gesprächs herausgearbeitet. Lehrer und Schüler bemühen sich hier um die gemeinsame Analyse und Klärung, wie die Arbeit und die Leistungen gesehen werden. Es wird darauf fokussiert, welche der Erfahrungen, Wünsche und gegebenenfalls auch Probleme für die weitere Arbeit von zentraler Bedeutung sind:

Was von dem, was gesagt wurde, ist für die nächste Zeit besonders wichtig? Woran müssen wir (gemeinsam) arbeiten? Wo liegen besondere Probleme?

Schließlich gilt der letzte Teil des Gespräches der Problemlösung: Was kann/soll im nächsten Arbeitsabschnitt vom Lehrer und vom Schüler geleistet werden, wo liegen besondere Möglichkeiten und Aufgaben? Den Abschluss des Gespräches bilden oft Vereinbarungen oder Absprachen für die Arbeit des nächsten halben Jahres. Diese Vereinbarungen gelten für Lehrer wie Schüler gleichermaßen. Beim nächsten Planungs- und Entwicklungsgespräch in einem halben Jahr prüfen Lehrer wie Schüler, ob die Vereinbarungen eingehalten werden konnten. Dabei werden auch Aspekte früherer Gespräche wieder aufgegriffen. So wird in Planungs- und Entwicklungsgesprächen die Entwicklung über einen längeren Zeitraum verfolgt und immer wieder sichtbar gemacht. Durch gemeinsame Planung und Problemlösung kann sich ein Vertrauensverhältnis zwischen Lehrer und Schülern entwickeln, vor allem, weil der Schüler erfährt, dass der Lehrer sich wirklich um ihn kümmert.

Vorbereitungsbogen für Schüler

Liebe Schülerin, lieber Schüler,

trage bitte auf diesem Bogen ein, wie du dich selbst in der Schule siehst, wie du den Unterricht und die Arbeit des Lehrers erlebst, wie du die Klasse findest und wie du über unsere Schule denkst. In einem Gespräch können wir dann später die Punkte durchgehen und gemeinsam besprechen, welche Konsequenzen wir aus deinen Angaben ziehen sollten.

1. Mit meinem Lehrer möchte ich besprechen (kreuze bitte an),
   - ☐ wie ich mich in der Schule fühle, was ich gut/schlecht finde
   - ☐ was ich von der Schule und von mir erwarte
   - ☐ wo ich im Unterricht oder in der Schule Hilfe brauche
   - ☐ wie ich mit meinen Mitschülern auskomme
   - ☐ wie ich mit den Lehrern auskomme
   - ☐ wie ich selbst Verantwortung für meine Arbeit übernehme
   - ☐ wie ich besser lernen kann (was mir leicht und was mir schwer fällt)
   - ☐ wie ich meine Arbeit in der Schule organisiere
   - ☐ wie ich meine Hausaufgaben mache
   - ☐ wie meine Leistungen im Fach … oder bei dem Lehrer … aussehen
   - ☐ wo ich leistungsmäßig stehe
   - ☐ woran ich im nächsten Halbjahr intensiver arbeiten will
   - ☐ worauf ich mich im nächsten Schuljahr freue

   …
2. Das möchte ich dabei meinem Lehrer *unbedingt* sagen:

   ____
3. Das will ich von meinem Lehrer wissen:

   ____
4. Meine Vorschläge für das nächste Halbjahr:

   ____
5. Das möchte ich mit meinem Lehrer vereinbaren:

   ____

Zwischen Lern- und Arbeitsplan (Layout) und Planungs- und Entwicklungsgespräch

Das Kompetenzraster

Seine Arbeit organisieren und planen und über diese Arbeit nachdenken, dies ist ein erster Schritt. Wenn es um die Frage geht: „Wo stehe ich mit meinen individuellen Leistungen im Vergleich zu den schulischen Anforderungen?", ist ein Bezugsrahmen notwendig. Einen solchen Bezugsrahmen hat der bereits zu Beginn erwähnte Schweizer Pädagoge Andreas Müller auf der Grundlage des „Rasters zur Selbstbeurteilung" des Europäischen Sprachenportfolios entwickelt. In diesem Raster sind in der Vertikalen jene Kriterien aufgeführt, die ein Fachgebiet inhaltlich bestimmen (was?) und in der Horizontalen werden zu jedem dieser Kriterien vier bis sechs Niveaustufen definiert (wie gut?). Die Einträge machen es den Schülern möglich, sich zu orientieren und ihre Arbeiten mit den formulierten Kompetenzen in Beziehung zu bringen.

Jede Arbeit erhält eine Nummer und diese Nummer wird auf einem farbig markierten Klebepunkt in das fachspezifische Kompetenzraster eingetragen. Die Schüler veranschaulichen so ihre eigene Entwicklung. Sie sehen, dass und wie sie diese Entwicklung beeinflussen und gestalten können. Damit entsteht über einen längeren Zeitraum ein individuelles Kompetenzprofil, das Grundlage für das Planungs- und Entwicklungsgespräch sein kann.

Die Aussagekraft dieses Rasters ist im Vergleich mit der abstrakten Note ungleich größer. Die Ich-Formulierungen in den Feldern des Kompetenzrasters machen deutlich: Zu diesen Leistungen war der Schüler fähig oder willens und an diesen Stellen besteht Handlungsbedarf.

Tab. 6.3: Als Beispiel ein Kompetenzraster zum Fach Englisch

		A1	A2	B1	B2
Verstehen	Hören	Ich kann vertraute Wörter und ganze Sätze verstehen, die sich auf mich selbst, meine Familie oder konkrete Dinge um mich herum beziehen, vorausgesetzt, es wird langsam und deutlich gesprochen.	Ich kann einzelne Sätze und die gebräuchlichsten Wörter verstehen, wenn es um für mich wichtige Dinge geht (z. B. sehr einfache Informationen zur Person und zur Familie, Einkaufen, Arbeit, nähere Umgebung). Ich verstehe das Wesentliche von kurzen, klaren und einfachen Mitteilungen und Durchsagen.	Ich kann die Hauptpunkte verstehen, wenn klare Standardsprache verwendet wird und wenn es um vertraute Dinge aus Arbeit, Schule, Freizeit usw. geht. Ich kann vielen Radio- und Fernsehsendungen über aktuelle Ereignisse oder Themen aus meinem Berufs- oder Interessengebiet die Hauptinformation entnehmen, wenn relativ langsam und deutlich gesprochen wird.	Ich kann längere Redebeiträge und Vorträge verstehen und komplexer Argumentation folgen, wenn mir das Thema einigermaßen vertraut ist. Ich kann im Fernsehen die meisten Berichte, Meldungen und aktuellen Reportagen verstehen. Ich kann die meisten Spielfilme verstehen, sofern Standardsprache gesprochen wird.
	Lesen	Ich kann einzelne vertraute Namen, Wörter und ganz einfache Sätze verstehen, z. B. auf Schildern, Plakaten oder in Katalogen.	Ich kann ganz kurze, einfache Texte lesen. Ich kann in einfachen Alltagstexten (z. B. Anzeigen, Prospekten, Speisekarten oder Fahrplänen) konkrete, vorhersehbare Informationen auffinden und ich kann kurze, einfache persönliche Briefe verstehen.	Ich kann Texte verstehen, in denen vor allem sehr gebräuchliche Alltags- oder Berufssprache vorkommt. Ich kann private Briefe verstehen, in denen von Ereignissen, Gefühlen und Wünschen berichtet wird.	Ich kann Artikel und Berichte über Probleme der Gegenwart lesen und verstehen, in denen die Schreibenden eine bestimmte Haltung oder einen bestimmten Standpunkt vertreten. Ich kann zeitgenössische literarische Prosatexte verstehen.

SPRECHEN	An Gesprächen teilnehmen	Ich kann mich auf einfache Art verständigen, wenn mein Gesprächspartner bereit ist, etwas langsamer zu wiederholen, und mir dabei hilft zu formulieren, was ich zu sagen versuche. Ich kann einfache Fragen stellen und beantworten, sofern es sich um unmittelbar notwendige Dinge und um sehr vertraute Tatsachen handelt.	Ich kann mich in einfachen, routinemäßigen Situationen verständigen, in denen es um einen einfachen, direkten Austausch von Informationen und um vertraute Themen und Tätigkeiten geht. Ich kann ein sehr kurzes Kontaktgespräch führen, verstehe aber noch nicht genug, um das Gespräch in Gang zu halten.	Ich kann die meisten Situationen bewältigen, denen man auf Reisen im Sprachgebiet begegnet. Ich kann ohne Vorbereitung an Gesprächen über Themen teilnehmen, die mir vertraut sind, die mich persönlich interessieren oder die sich auf Themen des Alltags, der Familie, Hobbys, Arbeit, Reisen und aktuelle Ereignisse beziehen.	Ich kann mich so spontan und fließend verständigen, dass ein normales Gespräch mit einem Muttersprachler recht gut möglich ist. Ich kann mich in vertrauten Situationen aktiv an einer Diskussion beteiligen und meine Ansichten begründen und verteidigen.
	Zusammenhängendes Sprechen	Ich kann einfache Wendungen und Sätze gebrauchen, um Leute, die ich kenne, zu beschreiben und um zu beschreiben, wo ich wohne.	Ich kann mit einer Reihe von Sätzen und mit einfachen Mitteln z. B. meine Familie, andere Leute, meine Wohnsituation und meine Ausbildung beschreiben.	Ich kann in einfachen zusammenhängenden Sätzen sprechen und meine Erfahrungen und Ereignisse oder meine Hoffnungen und Ziele beschreiben.	Ich kann zu vielen Themen aus meinen Interessengebieten eine klare und detaillierte Darstellung geben. Ich kann einen Standpunkt zu einer aktuellen Frage begründen

Zuerst kommt der Mensch – dann die Schule

Bei allem engagierten Bemühen im Bereich der Lernförderung sollte allerdings eine grundlegende Voraussetzung immer bewusst bleiben: Vor allen Lerntechniken kommt zunächst einmal der Mensch. Also lautet die Aufgabe, zuerst eine gute Arbeitsatmosphäre zu schaffen und auf dieser Basis dann Lerntechniken für den Umgang mit dem Wissensstoff einzuüben.

Schülern helfen – Schule weiterentwickeln

Die angestrebte Vermittlung zwischen Theorie und Praxis erhält das gegenwärtige, oft kritisierte System Schule am Leben und stützt es sogar. Lern- und Arbeitstechniken setzen zunächst beim Schüler an. Die Verbesserung des Schulklimas, der gute Unterricht, der gute Lehrervortrag: All das sind wichtige Faktoren, die Schülerinnen und Schülern wieder Freude am Unterricht geben – und die Berufszufriedenheit der Lehrkräfte erhöhen. Darüber hinaus geht es aber auch um die Weiterentwicklung des schulischen Lernens im Grundsätzlichen, damit die Kinder und Jugendlichen wieder motiviert mitarbeiten. Also ist es nötig, zwei Spuren gleichzeitig zu verfolgen. Zum einen stehen individuelle Stütz- und Fördermaßnahmen auf dem Programm; zum anderen darf die Bereitschaft nicht nachlassen, engagiert auf eine gute Schule hinzuarbeiten, die von Schülern wie von Lehrkräften als ihr Lern- und Lebensraum wahrgenommen wird.

Schlussbemerkung

Nicht selten klagen Lehrkräfte, dass immer neue Aufgaben auf sie zukämen, die sie zeitlich kaum noch bewältigen könnten. Hier eine kleine Geschichte zum Nachdenken.

Ein Spaziergänger trifft im Wald auf einen Arbeiter, der hastig, eifrig und schwitzend damit beschäftigt ist, einen bereits gefällten Baumstamm zu zersägen. Der Spaziergänger tritt näher heran, um zu sehen, warum der Holzfäller sich so abmüht, und sagt dann: „Entschuldigen Sie, aber mir ist da etwas aufgefallen – Ihre Säge ist ja total stumpf! Wäre es nicht besser, diese erst einmal zu schärfen, bevor Sie weitermachen?“

Darauf der Waldarbeiter stöhnend: „Dafür habe ich keine Zeit – ich muss sägen!“

6.3 Lern- und Leistungsdiagnostik

Lutz Thomas

Aktueller Stand der Diskussion

Schulische Leistungsbeurteilung und pädagogische Diagnostik stehen schon lange in der Diskussion. Der Buchtitel „Die Fragwürdigkeit der Zensurengebung“ von K.-H. Ingenkamp (1971) ist zu einem stehenden Begriff geworden. Damals sah man in der objektiven Leistungsmessung mit Hilfe von standardisierten Testverfahren (Gründung der Reihe „Deutsche Schultests“) eine Möglichkeit, das fehleranfällige Lehrerurteil zu ersetzen. Die zutreffende Eignungsprognose und Auslese für die weiterführenden Schulen erschienen besonders dringlich. Als Grundlagen betrachtete man die von der Testtheorie geprägte psychologische Diagnostik und das medizinische Erklärungsmodell.

Seit Anfang der 80er Jahre stößt diese Orientierung an einer eher klinischen Diagnostik und an den psychometrischen Standards auf Kritik. Die Bevorzugung „harter Daten“ mit Ausblendung ihres Kontextes im Interesse von Objektivität und Messgenauigkeit erscheint pädagogisch fragwürdig. Auch die Voraussetzung stabiler Merkmale werde den Entwicklungssprüngen und qualitativen Fortschritten im Lernprozess – wie z. B. beim ersten gelingenden Zehnerübergang oder dem Ableiten-Können von Wörtern aus dem Wortstamm – nicht gerecht. Vor allem aber liefere die traditionelle Diagnostik nur wenig förderrelevante Information, etwa zur Analyse von Fehlern und zur Planung notwendiger Lernschritte. Zudem reichten Diagnoseergebnisse ohne weiterführende Strukturierungshilfen in der Beratung nicht aus und könnten sogar zu Irritation und Unsicherheit bei den Betroffenen führen (Weinert & Helmke, 1987, S. 27).

Der Paradigmenwechsel zum Modell der Förderdiagnostik mit systemisch angelegter Kind-Umfeld-Analyse ist schon vielfach beschrieben worden. Auch hat sich eine Ressourcen- und Kompetenz-Orientierung in der neueren Diagnostik durchgesetzt. Die „Gütekriterien" einer Messung bilden nicht mehr den wichtigsten Qualitätsmaßstab, vielmehr steht nun die Nützlichkeit der Beurteilungen und diagnostischen Aussagen für die Planung eines differenzierten Lernangebots und für die Lernberatung im Mittelpunkt (Schrader, 1997). Auch möchte man die Trennung zwischen der Unterrichtseinheit und der anschließenden Leistungsüberprüfung zugunsten einer engen Verzahnung von Lernvorgang und Bewertungsprozessen aufheben. Die unterschiedlichen Schülerleistungen sollen direkt im Unterricht gesammelt, dokumentiert, reflektiert und diagnostisch genutzt werden (Winter, 2004).

Die „Armseligkeit schulischer Leistungsüberprüfung" (Sacher, 2001, S. 138) lässt sich am ehesten überwinden durch eine Vielfalt an methodischen Zugängen und durch Verfahren zur Diagnose der Lernausgangslage, zur Lernstandserhebung und Fehleranalyse für die Förderplanung, sowie zur Dokumentation der Lernwege und erreichten Kompetenzstufen in einem Kompetenzraster oder Portfolio. Mit derartigen Verfahren können Unterricht und Förderung fortlaufend optimiert und die Schülerinnen und Schüler stärker am Beurteilungsprozess beteiligt werden.

Begriff und Aufgaben der Diagnostik in der Schule

Traditionell wird Diagnostik als methodische Erforschung der Merkmale einer Person oder eines Gegenstands verstanden. Sie umfasst die qualitative und quantitative Zustandsbeschreibung, die Analyse von Ursachen des Zustandsbilds und die Erstellung einer Prognose bzw. die Empfehlung von Maßnahmen zur Veränderung. Als wichtigste Kennzeichen gelten die präzisierte, möglichst theoriegeleitete Problemstellung sowie die systematische und kontrollierte Datenerhebung mit geeigneten Mess- bzw. Beurteilungsmethoden einschließlich einer an Kriterien orientierten Datenreduktion (Kleber, 1992).

Das „Durchschauen" bzw. „Erkunden" von Problemursachen in der menschlichen Persönlichkeit hat ihre Wurzel in der traditionellen psychologischen Diagnostik. Bei dieser indirekten Diagnostik nach dem „Zeichenansatz" werden bestimmte Verhaltensweisen in einer Untersuchungssituation – wie z. B. motorische Unruhe – als Hinweis auf „dahinterstehende" Merkmale – etwa starke Erregung oder Angst – angesehen. In analoger Weise führt man im „medizinischen

Modell" die vorliegenden Symptome auf bestimmte Krankheitsbilder oder Störungen zurück.

In der modernen klinischen Psychologie und Verhaltensmodifikation werden aber zunehmend direkte Formen der Diagnostik eingesetzt. Der Verhaltensanalyse liegt ein „Stichprobenansatz" zugrunde. Dabei geht es um die Beschreibung von Art und Ausprägung einzelner Verhaltensweisen als Ausschnitte aus dem gesamten Problemverhalten. Hinzu kommen die Analyse der kontrollierenden Bedingungen und Wechselwirkungen mit anderen Faktoren sowie die Einbeziehung der Zielvorstellungen des Klienten und der Erwartungen in seinem sozialen Umfeld. Diese erweiterte diagnostische Sicht steht in engem Verbund mit dem interaktionistischen und dem ökologisch-systemischen Erklärungsmodell des menschlichen Verhaltens. Darin ist die traditionelle Trennung zwischen Diagnose und Therapie bzw. Prognose zugunsten eines fortlaufenden „diagnostisch-therapeutischen Prozesses" (Schulte, 1974) aufgehoben.

Eine ähnliche Entwicklung findet sich in der pädagogischen Diagnostik, indem die enge Individuum-Zentrierung auf den Schüler zunehmend von einer Orientierung auf das gesamte Lern-Umfeld und die Ressourcen abgelöst wird. Wenn es vorrangig um die Optimierung der Lernprozesse gehen soll, müssen die gesellschaftlich vorgegebenen Aufgabenfelder der schulischen Beurteilung und Diagnostik um die unterrichtssteuernden und beratenden Funktionen erweitert werden.

Demnach können als wichtigste Aufgaben der pädagogischen Diagnostik gelten (Ingenkamp, 1985; Schrader, 1997):

- Entscheidungshilfen für Unterrichtsplanung und Förderung (Bewertung von Lernergebnissen, Stärken und Schwächen in fachlichen Leistungsbereichen, Vorkenntnismängel sowie systematische Fehler im Aufbau der Lernstrukturen, vorübergehende oder anhaltende Lern- und Leistungsstörungen)
- Rückmeldung für Lehrkräfte zur Wirksamkeit des eigenen Unterrichts und zum Erreichen von vorgegebenen Vergleichsstandards
- Kriterien für Schullaufbahnentscheidungen (Übergänge, Umschulungen) und für die Vergabe von Berechtigungen (Versetzung, Abschluss)
- Diagnose grundlegender Lernvoraussetzungen und Fähigkeiten (partielle oder allgemeine Lernschwächen, Teilleistungsdefizite und -ausfälle, aber auch Spezial- und Hochbegabungen)
- Beratung von Schülerinnen und Schülern sowie Eltern durch Hinweise zum Kenntnis-, Lern- und Leistungsstand sowie Empfehlungen zur Entscheidung über Bildungslaufbahnen
- Empfehlung von häuslichen Unterstützungs- und Fördermaßnahmen sowie von begleitender Beratung/Therapie.

Modelle der Diagnostik

Alltägliches Diagnostizieren in der Schule

Leistungsbeurteilung und Lerndiagnostik verlangen professionelle Urteilsfähigkeit und Diagnosekompetenz von der Lehrkraft. Nicht selten trifft man in der Schule aber auf pauschale und undifferenzierte Aussagen, wie z. B.:

- „K. ist unaufmerksam und überfordert."
- „T. fehlen die Grundlagen für den Schreiblehrgang."
- „M. weist erhebliche Schwächen in der Bruchrechnung auf."

Lehrkräfte müssen im Schulalltag ständig Bewertungen vornehmen. Häufig konfrontiert mit Entscheidungssituationen und Zeitdruck sind sie den Umgang mit ungenauen Informationen gewohnt. Dieses schnelle „alltägliche Diagnostizieren" ist wegen des komplexen Unterrichtsgeschehens kaum zu vermeiden und stellt meist kein großes Problem dar, weil nachträgliche Korrekturen möglich sind.

Es besteht auch kein Anlass, den Alltags-Diagnosen einer Lehrkraft grundsätzlich zu misstrauen. Schon in der Auswahl normaler Lernaufgaben sind Fördererwartungen aufgrund von vorausgehenden Beobachtungen und Strukturvorstellungen des Lernprozesses enthalten; in ihnen „steckt" also bereits eine bestimmte Diagnose. Bei erfahrenen Lehrkräften ergibt sich aus dem routinierten Wahrnehmen des Lernprozesses eine „Annäherung" der Unterrichts- und Förderpraxis an die Lernvoraussetzungen und Leistungspotentiale der Schülerinnen und Schüler.

Schwierigkeiten entstehen erst bei hohem Informations- und Entscheidungsbedarf, z. B. bei ständig ausbleibendem Lernerfolg oder stark wechselnden Leistungen. Vor allem wenn für Versetzungen, Übergänge und Abschlüsse ausdrücklich die Beurteiler-Rolle der Lehrkraft gefragt ist, wird eine systematische und kontrollierte Datenerhebung unausweichlich.

Traditionelle und neuere diagnostische Ansätze

Im Grundverständnis der schulischen Diagnostik hat in den vergangenen Jahrzehnten ein Paradigmenwechsel stattgefunden, der sich wie folgt darstellen lässt:

Tab. 6.4: Gegenüberstellung grundlegender Diagnosemodelle

Traditionelle Diagnostik	Neuere Diagnostik
Ergebnisorientiert (quantitative Kennwerte)	Prozessorientiert (quantitative und qualitative Aussagen)
Genauigkeit der Vorhersage, z. B. für Selektionsentscheidungen	Nützlichkeit zur Planung von Unterrichts- und Fördermaßnahmen

Soziale Bezugsnorm (Ergebnis der einzelnen Schülerinnen und Schüler wird rein quantitativ mit der betreffenden Klasse bzw. der jeweiligen Altersgruppe insgesamt verglichen)	Sachliche bzw. kriterienorientierte Bezugsnorm (Ergebnis des Schülers ermöglicht qualitative Aussagen über den Grad der Lernzielerreichung) oder individuelle Bezugsnorm (Ergebnis wird mit eigenen früheren Leistungen verglichen)
Analyse typischer Leistungen bzw. statischer Eigenschaften der Person	Analyse der Breite und Situationsabhängigkeit des Verhaltens
Fokus auf individuellen Merkmalen	Fokus auf sozialen Interaktionen zwischen Individuum und Umfeld

Dieser Paradigmenwechsel wird manchmal auf die Alternative zwischen Status- und Förderdiagnostik verkürzt. Status- und Förderdiagnostik beruhen auf unterschiedlichen Entscheidungs-Ebenen, die sich nicht grundsätzlich ausschließen (Langfeldt & Tent, 1999). Bei der Status-Diagnostik stehen Laufbahnentscheidungen im Zentrum. Hier sind langfristige Prognosen und Empfehlungen erwünscht, was eine genaue Kontrolle der sog. Klassifikationsfehler – „Fehler 1. und 2. Art" (Kleber, 1992) – erforderlich macht. Mit den neueren Diagnostikmodellen wird über die Schulformfrage hinaus nach der besten Förderung oder Anregung für jede einzelne Schülerin und jeden einzelnen Schüler gesucht. Es stehen eher kurzfristige und revidierbare Maßnahmen-Entscheidungen an.

Kennzeichnend für die neueren Ansätze ist eine erweiterte diagnostische Perspektive:

- Erfassen von Kompetenzen und Stärken sowie bereits bewältigten Problemen statt „klinische Diagnosen" mit Defiziten und Störungsbildern
- mehrperspektivische Betrachtung des Lernprozesses, um voreilige und einseitige Urteile aufgrund „blinder Flecken" zu verhindern
- systemische und umfeldbezogene Blickrichtung, um schädigende Entwicklungs- und Sozialisationsbedingungen (Familie, Freizeitbereich, Schule) eingrenzen und „Schutzfaktoren" bzw. Ressourcen aktivieren zu können
- Abbau einer „Experten-Diagnostik" mit starkem Diagnoseaufwand auf Kosten der Förderangebote
- Entwicklung von prozessorientierten Verfahren, die nicht nur punktuelle Leistungen, sondern auch Lernstrategien und begleitende Gefühle erfassen
- Konzentration auf lehrerspezifische Diagnose-Zugänge: Beobachtung der Schülerinnen und Schüler im pädagogischen Feld, Gespräche zur Metakognition über Lernvorgänge, Sichten von Arbeitsproben und Unterlagen usf.

Lern- und Förder-Diagnostik/Kind-Umfeld-Analyse

Diese Form der Diagnostik entstand bei der Weiterentwicklung des sonderpädagogischen Überprüfungsverfahrens und der integrativen Beschulung von Schülerinnen und Schülern mit festgestelltem Förderbedarf (Eberwein & Knaur, 1998; Kornmann, Meister & Schlee, 1983). Diagnose und „Behandlung" sind eng miteinander verknüpft und werden fortlaufend optimiert. Zur Entwicklung der Fördervorschläge wird eine umfassende Informationsgrundlage angestrebt.

Die förderdiagnostische Analyse setzt bei der Lernausgangslage in den verschiedenen Entwicklungsbereichen an (z. B. Bettinger & Ledl, 2003). Dabei geht es um die Prüfung elementarer Fähigkeiten, wie z. B. im Bereich von Wahrnehmung, Aufmerksamkeit und Motivation oder bei vorsprachlichen und pränumerischen Fähigkeiten. Dann werden die Lernstände und weiterführenden Lernschritte sowie mögliche Fördervarianten zu einem Förderplan zusammengefasst (Kretschmann & Arnold, 1999; Ewers-Reddemann, Höhmann & Röntgen, 2005). In der folgenden Abbildung sind die Möglichkeiten der Förderdiagnostik und -planung dargestellt:

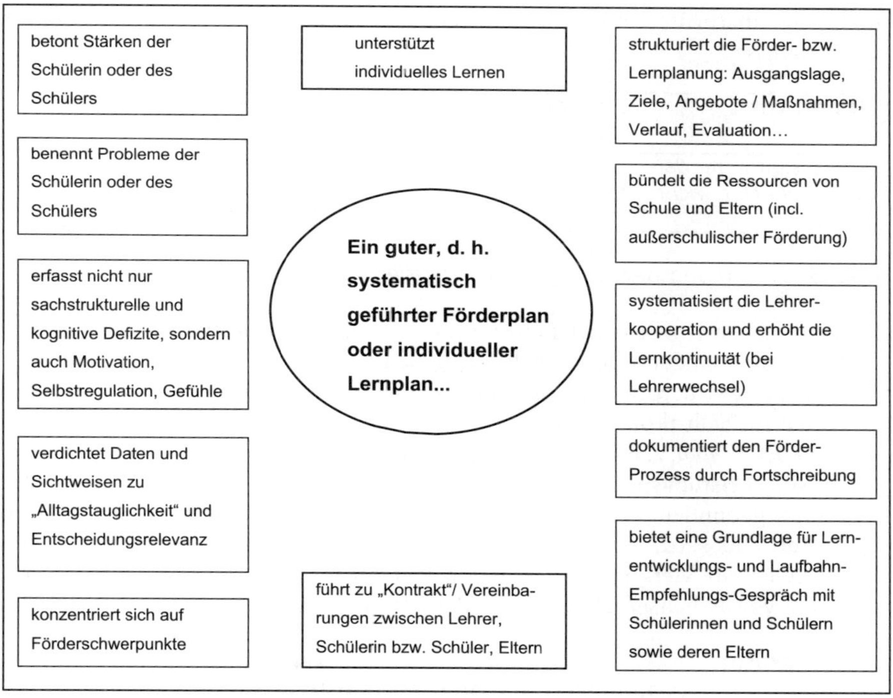

Abb. 6.2: Wichtige Funktionen des Förder- bzw. Lernplans

Charakteristisch für diesen Ansatz ist ein neues Verständnis von Fehlern als notwendiges Zwischenstadium im Lernprozess, das Einblick in die kognitive Verarbeitung und Problemlösung der Schülerinnen und Schüler gibt. Wenn Fehler rechtzeitig entdeckt und als „eigene Logik" erkannt werden, besteht weniger Gefahr, dass sie sich zu einer „negativen Lernstruktur" und Leistungsstörung ausweiten und verfestigen.

Verknüpfung der Leistungsbeurteilung mit neuen Unterrichtsformen

Die Praxis der Leistungsbeurteilung in den Schulen ist seit Beginn der 70er Jahre nahezu gleich geblieben, obwohl ein Wandel zum pädagogisch begründeten Leistungsbegriff seit langem gefordert wird (Klafki, 1974). An der Ausrichtung auf fachlich-inhaltliches Wissen und kognitive Begriffsbildung haben neue Erkenntnisse über die Komplexität des Lernens und der individuell verschiedenen Lernwege wenig geändert. So entwickeln sich die alte Ziffernzensierung und die mit der „neuen Lernkultur“ verbundenen Unterrichtsformen auseinander.

Nach Winter (2004) sieht die bisher übliche Leistungsbeurteilung eine Trennung zwischen Unterricht und Prüfsituation vor; das Lernpensum wird vom Lehrer am Ende der Unterrichtseinheit durch Fragen oder spezielle Aufgabenstellungen überprüft. An Dokumenten entstehen lediglich die Zensurenlisten und die Zeugnisse.

Unterricht	**Leistungsprüfung und -bewertung**		**Leistungsdokumentation**
Lehrerzentrierter darstellender Unterricht	Klassenarbeit	Note	*Ziffernzeugnis*

Zeitachse →

Abb. 6.3: Leistungsbewertung im traditionellen Unterricht (Winter, 2004)

In einem neuen Konzept der Leistungsbewertung sind Unterricht und Überprüfung eng miteinander verknüpft. Im Vergleich zum traditionellen Modell werden einige Teile der Überprüfung *vorverlagert*, indem z. B. die Schülerinnen und Schüler Hilfen zur Selbstkontrolle ihres Lernvorgangs erhalten. Andere Aspekte treten stärker *nach hinten,* z. B. der Einblick der Eltern in die dokumentierten Ergebnisse. Damit sind Leistungsprüfung und -beurteilung nicht länger an einen bestimmten Zeitpunkt gebunden. Akte der Bewertung und Reflexion finden in allen Phasen des Unterrichts statt, sie können sich sowohl auf die Produkte der Schülerinnen und Schüler, auf Merkmale des individuellen Lernprozesses als auch auf die Präsentation von Arbeitsergebnissen vor der Klasse beziehen.

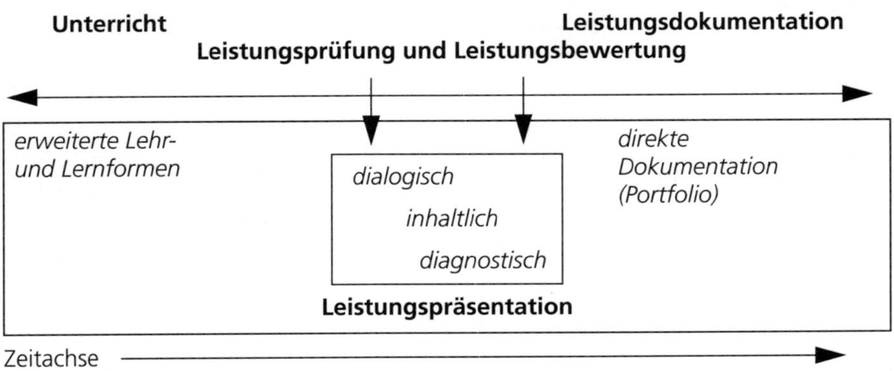

Abb. 6.4: Verändertes Konzept der Leistungsbewertung (Winter, 2004)

Qualitätsmaßstäbe der Diagnostik

Urteilsbildung und Inferenzproblem

Die Wahrnehmung anderer Personen wird von unseren Bildern, Alltagstheorien und kognitiven Schemata beeinflusst, was allgemein durchaus dienlich ist, um menschliches Verhalten zu verstehen und einzuordnen. Insofern gehen in die Eindrucksbildung also nicht nur die Merkmale der anderen Person und der Situation, sondern auch die eigenen Kategorisierungen, Rollenerwartungen und Attribuierungen als Urteiler ein. Dadurch kann es zu einer frühen Selektion und Verfälschung von Informationen über andere Menschen und ihre Umwelt kommen.

Bedenkt man, wie schnell sich im Alltag der erste Eindruck von einem anderen Menschen bildet, so überrascht es nicht, dass auch Schülerinnen und Schüler manchmal voreilig und ungenau durch Lehrkräfte beurteilt werden. Wenn man den Prozess der Urteilsbildung objektivieren und absichern möchte, so muss man berücksichtigen, dass sich dieser aus den drei Teilschritten *Beobachten, Beschreiben und Beurteilen im engeren Sinn* zusammensetzt.

Die *Beschreibung* nimmt dabei eine Zwischenstellung zwischen der mehr oder weniger systematischen Sammlung von Beobachtungsdaten und der eigentlichen Urteilsbildung ein. Ihr wird heute besondere Aufmerksamkeit gewidmet. Mit geeigneten Formen der Lernstandserhebung und Dokumentation der Lernentwicklung findet eine Ablösung von der Detail-Sicht des Beobachters statt; gleichzeitig lassen sich die typischen Fehler globaler Urteile vermeiden oder in Grenzen halten.

Die Frage, wie man zu konkreten Beschreibungsmerkmalen oder Indikatoren des Lernprozesses gelangt, verweist auf das *Inferenzproblem*. Von niedriger Inferenz spricht man, wenn Verhaltensweisen in einer Situation unmittelbar kodiert werden, von hoher Inferenz, wenn gleich ein allgemeines Urteil abgegeben wird. Die Bestimmung von konkreten Indikatoren für eine Kompetenz oder ein Verhaltensmerkmal ist vergleichbar mit der Operationalisierung von Lehrzielen (Schwarzer & Schwarzer, 1977; Bohl & Schleske, 2005; vgl. **Abb. 6.5**).

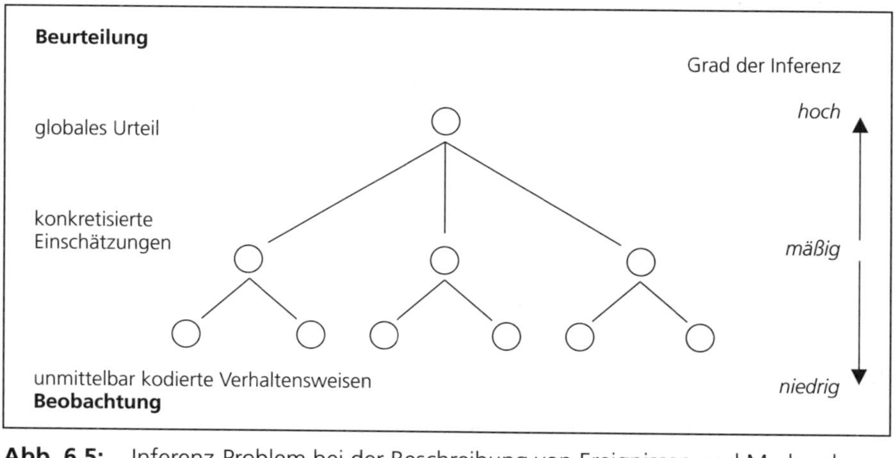

Abb. 6.5: Inferenz-Problem bei der Beschreibung von Ereignissen und Merkmalen

Pädagogisch wünschenswert erscheint die Kodierung auf einem mittleren Niveau. Mäßig inferente Aussagen sind nicht so eng und spezifisch wie die meisten Beobachtungs- und Testergebnisse, aber auch nicht so abstrahiert und verallgemeinert wie globale Beurteilungen.

Typische Urteilsfehler

Bei Beurteilungsvorgängen, die nicht durch Indikatoren gestützt sind, schleichen sich leicht problematische Wahrnehmungstendenzen und damit verbundene Urteilsfehler ein, wie z. B.:

- Wichtiges wird vereinfacht oder gar nicht wahrgenommen (wegen Ermüdung, Ablenkung, Überforderung, ungünstiger Beobachtungssituation)
- Wichtiges wird verzerrt wahrgenommen oder falsch zugeordnet und beurteilt (Tendenz zur Mitte-Fehler, Milde-/Strenge-Fehler, logischer Fehler, Halo-Effekt)
- Wichtiges wird durch „Übertragung" oder Vergleich mit der eigenen Person verfälscht (Kontrast-/Ähnlichkeitsfehler)
- Wichtiges wird wahrgenommen und richtig beurteilt, aber die Beobachtung beeinflusst selbst die weiteren Ereignisse (Erwartungs-/Pygmalion-Effekt; Primacy-Effekt)

Für eine Beschreibung der einzelnen Urteilsfehler sei auf Kleber (1992) verwiesen.

Klassische Gütekriterien von Tests bzw. von Messungen allgemein

Die bekannten Gütekriterien – Objektivität, Reliabilität und Validität – dienen zur Sicherung von Mindeststandards für die Qualität von standardisierten Testverfahren (Langfeldt, 1974). Unvollständige Angaben sowie niedrige Kennwerte wecken Zweifel an der Qualität eines Tests. Derartige Qualitätsmaßstäbe lassen sich auch auf Beobachtungs- und Beurteilungsmethoden anwenden. So beruht der größte Teil der Kritik an der Zensurengebung auf ihren zu niedrigen Gütekriterien-Werten (Fingerhut & Langfeldt, 1974; Winter, 2004).

Kritik an den klassischen Gütekriterien

Die Gütekriterien sind bezüglich ihrer Voraussetzungen und pädagogischen Auswirkungen häufig kritisiert worden. Die curriculare Validität von Schulleistungstests lässt sich tatsächlich nicht leicht einlösen, da die Aufgabenstellungen nicht immer mit den Stoffplänen und Lehrzielen in den untersuchten Schulen und Klassen übereinstimmen oder inzwischen veraltet sind. Auch muss stillschweigend vorausgesetzt werden, dass die Lehrerkompetenz und die anderen Bedingungen im für die Leistungsprüfung maßgeblichen Unterricht gleichwertig waren.

Ein schwerwiegendes Problem stellt die geringe „ökologische Validität" oder fehlende „Fairness" eines Tests dar (Kleber, 1992; Arnold, 2005), wenn kulturelle Unterschiede oder die Zugehörigkeit von Schülerinnen und Schülern zu einer bestimmten Bevölkerungsgruppe – z. B. als Migrantenkinder – bei der Auswertung nicht gesondert berücksichtigt werden.

Problematisch erscheint auch die Logik der Vorhersagevalidität. Wenn ein hoher Korrelationskoeffizient nur dann erreichbar ist, wenn die Leistungsstarken auch später noch guten Schulerfolg haben und die schwachen Schülerinnen und Schüler zunehmend versagen, dann trägt dieses Gütekriterium zur Stabilisierung der schulischen Auslese bei (Langfeldt, 1974). Tatsächlich verweisen die dramatisch hohen Korrelationen zwischen den Vorkenntnissen und frühen Lernständen der Schüler und ihren Leistungsergebnissen zu wesentlich späteren Zeitpunkten der Schullaufbahn – wie z. B. bei Mathematik- oder Rechtschreibleistungen (May, 2005, S. 105/120) – auf die starke Selektivität des deutschen Schulsystems insgesamt. Darauf haben die PISA-, TIMMS- und IGLU-Studien erneut hingewiesen.

Für lern- und förderdiagnostische Ziele werden die Testgütekriterien als einengend empfunden (Winter, 2004). Verfahren, die Lernprozesse begleiten und rekonstruieren helfen sollen, sind nicht so gut standardisierbar und objektivierbar wie die herkömmlichen Leistungstests. Probleme bereitet schon die Reliabilitätsbestimmung; eine Wiederholung oder Korrelation von Aufgabenserien ist bei einem fortlaufenden und multidimensional angelegten Lernprozess nur schwer vorzunehmen.

Es wird inzwischen vorgeschlagen, Validität nicht mehr rechnerisch zu ermitteln, sondern sie als effektiven Kommunikations- und Einigungsprozess zwischen allen an der Diagnose beteiligten Personen mit ihren verschiedenen Sichtweisen zu verstehen. Mit dem Begriff „kommunikative Validierung“ (Grunder & Bohl, 2001) strebt man transparente Beurteilungskriterien und effiziente Abstimmungsvorgänge in den Schulen an. Sie setzt professionelle Kooperationsformen zwischen den Lehrkräften eines Klassen- oder Jahrgangs-Teams, innerhalb der ganzen Einzelschule, aber auch zwischen verschiedenen Schulen einer Schulform in einer Region voraus und wird damit zum Bestandteil der eigenverantwortlichen Qualitätsentwicklung an Schulen.

Die *Nützlichkeit* diagnostischer Aussagen für Unterrichtssteuerung und Förderplanung bildet den wichtigsten Qualitätsmaßstab. Insofern stellt die Erprobung von hypothetisch für sinnvoll gehaltenen Förder- und Unterstützungsmaßnahmen und die Analyse ihrer Erfolge ein entscheidendes Prüf-Kriterium dar.

Verfahren und Methoden der Lern- und Leistungsdiagnostik

Es können nur einige ausgewählte Verfahren und Methoden vorgestellt werden, die mit den neueren Vorstellungen übereinstimmen und erweiterte diagnostische Möglichkeiten bieten. Besonders wichtig erscheinen Verfahren, die den Urteilsbildungsprozess unterstützen und absichern. Deshalb seien neuere Beschreibungs- und Bewertungsverfahren dargestellt, die sich auch für Selbsteinschätzungen der Schüler eignen. Die Entwicklungstendenzen in der Testdiagnostik werden anhand moderner Rechtschreibverfahren erkennbar.

Erhebung von Ausgangslage, Lernstand und Lernentwicklung

Im Modell der Förderdiagnostik bilden die Erhebung der Lernausgangslage und des Lernstands den Ausgangspunkt für das Aufstellen und Fortschreiben eines individuellen Lern- oder Förderplans. Die Bestimmung der Lernausgangslage lässt sich mit der Frage umschreiben: „Wo genau steht Schüler ... im fachlichen Lernprozess und bei den erforderlichen Vorläuferfähigkeiten?" Sie eröffnet den „Förderplankreislauf" (Ewers-Reddemann, Höhmann & Röntgen , 2005, S. 33) und zeigt, dass Förderpläne möglichst eng an den vorhandenen Fähigkeiten und Bedürfnissen der Schülerinnen und Schüler ansetzen müssen und nicht nur von den schulisch vorhandenen Ressourcen ausgehen dürfen, um ein erfolgsorientiertes Vorgehen zu ermöglichen. Der Begriff „Förderbedarf" macht sich aber nicht allein an der Schülerperson, seinem gegenwärtigen Lern- und Leistungsstand und seiner Sach- und Methodenkompetenz fest. Vielmehr sollen auch die weiteren Kompetenzen und vor allem die Entwicklungspotentiale der Schülerinnen und Schüler erkennbar werden, um auf zusätzlich notwendige Ressourcen für die Förderplanung aufmerksam zu machen.

Schülerinnen und Schüler haben Anspruch auf ermutigende Rückmeldungen zu ihren Lernergebnissen und -fortschritten. Neben den punktuellen Leistungsmessungen sollte auch die Lernentwicklung dokumentiert werden. Bei der Darstellung individueller Lernwege müssen die Faktoren deutlich werden, die die fachlichen Leistungen stützen, wie z. B. Aufmerksamkeit und Lerninteresse, Anstrengungsbereitschaft und Ausdauer, Lernstrategien und -techniken sowie Selbstkonzept und soziale Begleitumstände.

Allerdings fehlt es bislang an aussagekräftigen und leicht handhabbaren Beschreibungs- und Planungshilfen. Viele Anleitungen zur Erstellung eines Förderplans beschränken sich auf ein offenes Strukturschema, das von der Lehrkraft mit Beobachtungen zum Ist-Stand, Förderzielen und -schwerpunkten sowie durchgeführten Maßnahmen und deren Ergebnissen ausgefüllt werden muss, was einen erheblichen Zeitaufwand erfordert und ein strukturiertes Beschreibungsraster im „Kopf der Lehrkraft" voraussetzt.

Günstiger sind deshalb Beschreibungsinventare mit klarer sachlogischer Systematik und gut ausformulierten Lernstands-Indikatoren, auch wenn sehr viele Einzelaussagen zu bearbeiten sind – wie bei der folgenden Lernstandserhebung des „Arbeitskreis Förderpläne" Unna/Hamm (2004).

Mit niedrig inferenten Einschätzungen auf einer dreistufigen Rating-Skala *(trifft zu / trifft teilweise zu / trifft nicht zu)* entlastet man die Beobachter. Dennoch macht dieses Verfahren nicht nur das sicher vorhandenen Wissen und Können sichtbar, sondern weist auf die „Zone der nächsten Entwicklung" hin, also das im Entstehen befindliche neue Wissen und Können als Basis für Förderziele.

Die Beobachtungs-Zeitpunkte werden schulintern festgelegt; im Bogen ist pro Halbjahr eine Eintragung vorgesehen. Diese sind spaltenweise angeordnet, um einen Entwicklungsverlauf darstellen zu können (im Idealfall von Kl. 1–10; hier nur für Kl. 1–4).

1. Schriftspracherwerb Deutsch								
…steht dem Lesen- und Schreibenlernen positiv gegenüber								
…besitzt Erfahrungen zum Schriftgebrauch								
Phonem-Graphem-Korrespondenz								
…kann Buchstaben und Zahlen unterscheiden								
…hat Buchstabenvorkenntnisse								
…kann Buchstaben abschreiben								
…kann Buchstaben nach vorherigem Ansehen aus dem Gedächtnis schreiben								
…erkennt Buchstaben								
…Buchstabendiktat								
…kann Groß- und Kleinbuchstaben unterscheiden								
Phonologische Operationen								
…erkennt Anfangsphoneme von Wörtern								
…kann buchstabieren und lautieren								
…kann Silben und einfache Wörter synthetisieren								

(trifft nicht zu –, trifft teilweise zu O, trifft zu +)

Abb. 6.6: Auszug aus Lernstandserhebung des „Arbeitskreis Förderpläne" Unna/Hamm

Grundsätzlich sollte bei *Lernstandsbeschreibungen* auf Folgendes geachtet werden:

- verhaltens- und unterrichtsnahe Formulierungen, die sich für die Rückmeldung an Schüler und Eltern eignen
- beschreibende statt wertende oder interpretierende Aussagen (Verwendung von Verben statt Adjektiven und Substantiven)
- vorsichtige Nutzung von Adverbien zur Beschreibung des „Wie" eines Verhaltens („…beteiligt sich *aktiv* im Gespräch")
- Vermeidung von Abstraktionen („… *zeigte wertschätzenden Umgang mit anderen*") und von weitgehenden Schlüssen auf innere Prozesse („ … *stellt sich den unterrichtlichen Aufgaben im Vertrauen auf seine Fähigkeiten zunächst allein, bevor die Hilfe anderer beansprucht wird*")
- Zurückhaltung mit fehler- oder mängelorientierten Begriffen *(„unzureichender Wortschatz", „syntaktische Armut")*; statt dessen Kompetenz- bzw. Ressourcen-Orientierung einhalten
- Klarer Bezug der Verhaltens- oder Lernstands-Indikatoren zu übergeordneten Kompetenzen (Beispiel *Selbstständigkeit*: „… weiß, welche Aufgaben zu bear-

beiten sind, … nimmt sich selbst Aufgaben vor, … sucht nach verschiedenen Lösungswegen, … fertigt Hausaufgaben ohne Hilfe an")
- Lernstands-Indikatoren beruhen auf empirisch nachgewiesenen Vorläufer-Fähigkeiten (z. B. phonologische Bewusstheit) oder Strukturmodellen für den jeweiligen Lernbereich (z. B. Stufenmodell der Lese- und Schreibentwicklung nach Scherer-Neumann, 1989; Günther, 1986)

Selbstbeurteilung der Schülerinnen und Schüler

Die „neue Lernkultur" möchte Schülerinnen und Schüler an der Gestaltung und Evaluation des unterrichtlichen Lernens beteiligen, indem sie ihre Leistungen selbst einschätzen und über ihre Lernfortschritte Rückmeldungen geben. Wenn sie als „geborene Experten" für die Wahrnehmung von Unterricht (Herrmann & Höfer, 2003, S. 17) ernst genommen werden, sind sie faire Partner der Lehrkräfte für die Weiterentwicklung der Unterrichtsqualität. Sie ergänzen die Selbstbeobachtung der Lehrerinnen und Lehrer um eine „zweite Perspektive" auf den Unterricht und können wichtige Hinweise zur Veränderung geben.

Wenn Schülerinnen und Schüler an der Evaluation von Unterricht beteiligt werden, lernen sie auch etwas über sich selbst und ihre Lösungswege bei Lernaufgaben, ohne direkt darauf hingewiesen zu werden. Ihre Kompetenzen der Selbststeuerung und Metakognition im Lernprozess als Fähigkeiten, den eigenen Lernweg nach-, mit- und vordenkend zu begleiten (Flavell, 1984) werden erheblich gestärkt. Vor allem für komplexe Aufgaben scheinen das Erkennen der besonderen Anforderungen und das Wissen um mögliche Fehlerquellen, der gezielte Einsatz der eigenen Stärken sowie die Überwachung des Lernprozesses von erheblicher Bedeutung zu sein.

Verfahren der Selbstbeobachtung und wechselseitigen Einschätzung und Bewertung fördern die Individualisierung des Lernens und unterstützen das wichtige „Methodenlernen". Sie dürfen aber nicht nur feste Antwortalternativen enthalten, sondern sollen auch zur offenen Reflexion des Gelernten und zu Entscheidungen über den weiteren Lernweg anregen.

Kompetenzraster

Mit der Verwendung des Kompetenz-Begriffs richtet sich der Blick der Beurteilerin oder des Beurteilers automatisch

- weg von Defiziten und Rückständen und hin zum bereits gesicherten Wissen und Können sowie den Potentialen für die Weiterentwicklung
- weg von hochstrukturiertem „totem" Wissen und hin zu komplexen und kognitiv vernetzten Fähigkeiten zur Bewältigung anspruchsvoller Aufgaben und zur Lösung von Problemen.

In den neuen Bildungsstandards der Schulfächer sind die fachlichen und fächerübergreifenden Kompetenzen, über die die Schülerinnen und Schüler am Ende von Klasse 4 sowie höheren Klassenstufen verfügen sollen, genau umschrieben (Karpen & Ingwertsen, 2004). Die Operationalisierung von Kompetenzstufen auf empirischer Grundlage bereitet allerdings noch Schwierigkeiten. Es liegen aber exemplarische Aufgabenbeschreibungen vor, zudem wird an der Entwicklung von geeigneten Testverfahren gearbeitet (Köller, 2005).

Zur schnellen Selbst- oder Fremdeinschätzung eignen sich auch selbst entwickelte Kompetenzraster (auch „Qualitätsraster" oder „Rubrics" genannt) (Schrempf, 2003). Dabei handelt es sich um Schemata mit einer Liste von Teil-Kompetenzen, deren Ausprägung mit festen Entwicklungs- oder Niveaustufen beurteilt werden soll. Die sorgfältig ausformulierten Stufenbeschreibungen machen das Kompetenzraster zu einem aussagekräftigen und die Selbstorganisation des Lernens fördernden Bewertungsinstrument (Kowalczyk, 2004).

Kompetenzraster lassen sich vielfältig einsetzen: für fachliches wie Methoden-Lernen, für das Lern- und Arbeitsverhalten im Unterricht, für Ergebnis-Präsentationen bei Projekten oder sogar für die Unterrichtsgestaltung durch die Lehrkraft. Müller (2004) beschreibt die Nutzung eines umfangreichen Englisch-Kompetenzrasters als „Referenzieren": Wenn Schülerinnen und Schüler am Ende einer Aufgabenreihe wissen möchten, wie ihre Leistung qualitativ einzuschätzen ist, können sie ihren Leistungsstand direkt mit der Stufenbeschreibung für ein Kompetenzniveau vergleichen und sich so selbst bewerten. Das Profil ihrer Kompetenzen zeigt dann anschaulich, in welchen Bereichen sie ein hohes Niveau erreicht haben und wo noch nicht. Damit werden zugleich die Anforderungen für das Erreichen der nächsthöheren Stufe transparent gemacht.

Das folgende erste Beispiel zeigt einen Ausschnitt aus einem mehrteiligen Kompetenzraster für Ergebnis-Präsentationen (Merziger & Schnack, 2005, S. 21):

Tab. 6.5: Auszug aus einem Kompetenzraster für die Ergebnis-Präsentation

Vortrag bei der Präsentation

	Stufe 1	Stufe 2	Stufe 3	Stufe 4
Augenkontakt	der Vortrag wird abgelesen	gelegentlicher Augenkontakt zum Publikum	ständiger Augenkontakt zu manchen Leuten	ständiger Augenkontakt zum gesamten Publikum
Stimme	kaum zu hören	nur vom Publikum in den ersten Reihen zu hören	von fast allen Zuhörern zu hören	laut und deutlich von allen Zuhörern zu hören
Gesten	keine vorhanden	wenige Gesten vorhanden	benutzt gelegentlich Gesten, um den Inhalt deutlicher zu machen	benutzt häufig Gesten, um den Inhalt deutlicher zu machen

Mit dem Konzept der „Lernpässe" wurden Einschätzungsbögen entwickelt, in denen Grundschülerinnen und -schüler die anstehenden Lernaufgaben und Anforderungsstufen (*Zeilen des folgenden Schemas;* aus Prengel & Schröder, 2005, S. 11) leicht erkennen und sich darin selbst einstufen können. Man signalisiert ihnen gleichzeitig, dass auf jeder einzelnen Stufe (*Spalten des Schemas*) kompetentes Handeln stattfindet, und vermeidet so Defizitzuschreibungen.

Tab. 6.6: Auszug aus „Lernpässen" für den Anfangsunterricht der Grundschule

Soweit kann ich schon rechnen …

	manchmal	wenn ich die Gegenstände anfassen kann	wenn ich die Gegenstände sehen kann	wenn ich die Zahlen lese
Plus-Aufgaben bis 10				
Plus-Aufgaben über 10				
Minus-Aufgaben bis 10				
Minus-Aufgaben über 10				

Neuere Schulleistungstests für das Rechtschreiben

Schulleistungstests wurden im Rahmen der traditionellen Diagnostik bevorzugt, um schnelle und genaue Leistungskontrollen vorzunehmen, die nicht mit den Mängeln der Zensurengebung behaftet sind. Bezüglich eines Überblicks über die vorliegenden Verfahren sei verwiesen auf Zusammenfassungen bei Brickenkamp (1997) bzw. Handbuch Schultests (1990) oder auf die aktuellen Kataloge der Test-Vertriebsgesellschaften.

Heute verstärkt sich das Interesse an standardisierten Verfahren zur Leistungsprüfung erneut, wie die Entwicklung von Vergleichsarbeiten (VERA), die Vorbereitung von zentralen Abschlussprüfungen und die Durchführung länderübergreifender Vergleichsstudien (IGLU, PISA oder TIMMS) zeigen. Mit dem Übergang zur stärkeren Output-Steuerung von Schulen benötigt man regelmäßige Vergleiche und Bezugsmaßstäbe, die über Klassen- und Jahrgangsnormen einzelner Schulen oder Schulregionen hinausgehen. Damit erhalten die Lehrkräfte objektive und aussagekräftige Rückmeldungen über den Unterrichtserfolg in ihren Klassen.

Für die Förderung und Beratung der Schülerinnen und Schüler benötigt man aber auch Leistungstests, die neben Normvergleichen eine differenzierte Analyse von Defiziten, Fehlertypen und besonderen Lösungsstrategien bei den Lehrgängen ermöglichen, sowie Kurztests zur Erfassung von Vorläuferfähigkeiten und Ausgangslagen.

Die Verfahren der Hamburger Schreibprobe HSP (May, 1999, 2005) sowie der Dortmunder Schriftkompetenz-Ermittlung DoSE (Löffler & Meyer-Schepers; vgl. alternativ auch den „Lernserver") stellen Lückendiktate dar, die sich innerhalb einer Unterrichtsstunde durchführen lassen. Bildliche Darstellungen und ein Schreiben im eigenen Tempo (HSP) sollen den Diktatdruck in Grenzen halten. Während sich die DoSE-Tests auf die unteren Klassen konzentrieren, liegt für die

HSP eine fortlaufende Testreihe von Klasse 1 bis Klasse 9 vor. DoSE bietet die Computer-Auswertung ganzer Klassensätze bis hin zu individuellen Förderplänen an (gegen Entgelt); bei der HSP lassen sich die Protokollbögen der Testhefte anhand des Handbuchs einzeln auswerten.

Beide Verfahren erfüllen die Ansprüche der normbezogenen Testentwicklung ebenso wie die der Förderdiagnostik und Förderplanung. Dazu sind mehrere Auswertungsschritte nacheinander erforderlich:

- Ermittlung der Anzahl an Wortfehlern (DoSE) bzw. richtig geschriebenen Wörtern (HSP) im Vergleich zur Referenzpopulation
- Auswertung der Anzahl an Einzelfehlern pro Wort („Fehlerdichte" bei DoSE) bzw. der Graphemtreffer (HSP),
- qualitative Analyse der Einzelfehler (DoSE) bzw. der „Lupenstellen" (HSP)
- Zuordnung zu Kompetenzstufen (DoSE) bzw. Rechtschreibstrategien des Entwicklungsmodells (HSP)
- individueller Förderplan (DoSE) bzw. Strategieprofil (HSP).

Mit dieser aufwändigen Auswertung erhalten Lehrkräfte sehr genaue Anleitungen für die Förderung der Schülerinnen und Schüler; für die HSP gibt es ein eigenes Trainingsprogramm („Denkwege in die Rechtschreibung"; Balhorn & Büchner, 2005).

Für beide Verfahren stehen sehr große Vergleichspopulationen zur Verfügung; für DoSE konnten die Rechtschreibprotokolle der IGLU-E Untersuchung mit insgesamt 120 000 Einzelfehlern genutzt werden.

Als zentrale Voraussetzung für das Lese- und Rechtschreiblernen wird die phonologische Bewusstheit angesehen. Mit Hilfe des Diagnoseverfahrens ARS (Martschinke, Kammermeyer, King & Forster, 2005) oder des Bielefelder bzw. Münsteraner Screenings (Jansen, Mannhaupt, Marx & Skowronek, 1999: Mannhaupt, 2006) lassen sich die Kinder ausfindig machen, die eine spezielle Förderung vor oder zum Schulbeginn benötigen. Die Kurzform ARS enthält z. B. Aufgaben aus dem Bereich phonologischer Bewusstheit im weiteren Sinn („Silben klatschen" und „Reime finden") sowie der phonologischen Bewusstheit im engeren Sinn („Anlaute hören").

Bei den Differenzierungsproben 1 und 2 (Breuer & Weuffen, 1997) geht es um das Ausgangsniveau der Sprachwahrnehmung und der elementaren Diskriminationsleistungen. Die Differenzierungsprobe 1 kann zu Schulbeginn bei allen Schülerinnen und Schülern mit Lernschwierigkeiten und Sprachauffälligkeiten durchgeführt werden. Die Differenzierungsprobe 2 ist analog zur DP 1 aufgebaut, allerdings mit etwas schwierigeren Aufgaben; sie lässt sich etwas später oder zur Überprüfung der Wirksamkeit von Fördermaßnahmen einsetzen.

Zusammenfassung und Ausblick

Es sollte ein knapper Überblick über die Entwicklung und aktuelle Tendenzen in der schulischen Lern- und Leistungsdiagnostik gegeben werden. Den Ausgangspunkt bildeten die Grundlagen einer jeden Diagnostik wie Begriff und Aufgabenkatalog, Diagnosemodell, Urteilsfehler und Gütekriterien. Bei den Erhebungsverfahren und Methoden wurde besonderer Wert auf die Auswahl wichtiger Praxisfelder und prägnanter Beispiele gelegt.

Als Alternative zur traditionellen Zensierung und normbezogenen Testdiagnostik wird es zukünftig darauf ankommen, qualitativ anspruchsvolle Verfahren für die Beurteilung und Beschreibung von Lernprozessen einzusetzen. Auf diese Weise kann es allmählich gelingen, das Lehrerurteil vom Ruf der Fehleranfälligkeit zu befreien und stärker „in seine unverzichtbare Funktion für das Unterrichten" (Schrader, 1997, S. 689) einzusetzen – nicht zuletzt für die Individualisierung des Unterrichts.

6.4 Individuelle Lernförderung

Gesine Götting

Individualisierung des Lernens: Ein Richtungswechsel an deutschen Schulen

Die Kultusministerien der deutschen Bundesländer führen derzeit in unterschiedlicher Ausprägung und Verbindlichkeit Konzepte und Instrumente dessen ein, was man zusammenfassend als „Individuelle Lernbegleitung" beschreiben kann. Gemeint sind ganzheitliche Formen der Leistungsbewertung in Verbindung mit einer Lernberatung für Schülerinnen und Schüler. Das niedersächsische Kultusministerium etwa fordert für jede Schülerin und jeden Schüler eine „Dokumentation der individuellen Lernentwicklung", in die neben einer allgemeinen Leistungsstandserhebung auch zahlreiche Beobachtungen zum Lernhandeln und zur Persönlichkeit einfließen sollen. Diese Dokumentation soll dann die Grundlage darstellen für regelmäßige pädagogische Konferenzen. Hier haben die beteiligten Lehrkräfte Gelegenheit, sich über ihre Schüler jenseits schlichter Zensurenabsprache in professioneller Weise zu unterhalten, dabei mögliche Schwierigkeiten zu benennen und gegebenenfalls individuelle Förderpläne zu erstellen.

Auch wenn die Ideen einer individuellen Lernbegleitung in Begriffe eingekleidet werden, die der Sprache des modernen Managements entliehen zu sein scheinen (z. B. „Kompetenzraster", „Lernverträge", „Planungs- und Entwicklungsgespräche") stellen sie in theoretischer Hinsicht nichts völlig Neuartiges dar. Im Bereich der Sonderpädagogik sind detaillierte Beobachtungsroutinen und darauf aufbauende Förderpläne seit jeher unverzichtbare Maßnahmen, um der jeweiligen Schülerpersönlichkeit eine optimale, passgenau zugeschnittene Förderung anbieten zu können. Auch in zahlreichen Regelschulen gehören Instrumente der individuellen Lernbegleitung schon länger zum Repertoire. Eine Verstärkung hat dies zusätzlich durch Projekte zur Förderung besonders begabter und hoch begabter Schülerinnen und Schüler innerhalb der Regelschule erfahren: Auch diese „sprengen" die Grenzen „normaler" Bewertung. Um ihrer außergewöhnlichen Leistungsfähigkeit gerecht zu werden, bieten sich hier ebenfalls individualisierende Formen der

Bewertung an (z. B. Huser, 2004; Edgar & Walcroft, 2002). Die leistungsbezogene Heterogenität in Schulklassen schließlich, die erwartungsgemäß noch ansteigen wird, verdeutlicht die Notwendigkeit individualisierender Lehrmethoden auch im sogenannten „Normalbereich" – dessen scharfe Abgrenzung zum Bereich der „Sonderförderung" spätestens jetzt obsolet wird.

Auswirkungen auf die Leistungsbewertung

Individuelle Lernbegleitung erfordert bei konsequenter Durchführung offene Unterrichtsmethoden. In dieser Kombination wird sie von den in den PISA-Untersuchungen erfolgreichen Schulen praktiziert. Aus einer europäischen Perspektive vollzieht Deutschland die Wende zu individualisierenden Formen des Unterrichtens und Bewertens vergleichsweise spät. Aber es wäre kurzsichtig, diese Wandlungen einzig und allein dem „PISA-Schock" zuzuschreiben. Innerhalb der Pädagogischen Psychologie ist die wissenschaftlich begründete Forderung nach einer Abschwächung der sozialen Bezugsnormorientierung zugunsten von Bewertungen anhand eines definierten Kriteriums in Verknüpfung mit der individualisierten Leistungsmessung schon eine klassische (vgl. zusammenfassend Rheinberg, 2001). Schon lange war die einseitig verfolgte soziale Bezugsnormorientierung in Verruf geraten, weil sie nachweislich Schüler demotiviert und durch die Illusion einer scheinbaren Normalverteilung innerhalb einer Schulklasse Urteilsverzerrungen auf Lehrerseite Vorschub leistet. Beurteilungen, die den Leistungsstand eines Schülers mit seiner Leistung zu einem früheren Zeitpunkt vergleichen, erscheinen dagegen aus pädagogisch-psychologischer Perspektive wünschenswert. Sie setzen gezielt am tatsächlichen Leistungsstand des Schülers an und wirken motivationssteigernd. Gleichzeitig müssen schulische Leistungsbewertungen der gesellschaftlichen Forderung nach Gültigkeit und Verlässlichkeit von Schulabschlüssen nachkommen. Insofern stellen Maßnahmen wie die Einführung von Vergleichsarbeiten in einzelnen Schuljahrgängen sowie das Formulieren bundesweit verbindlicher Standards durch die KMK keinen Gegensatz dar zu der gleichzeitigen Forderung nach mehr offenen Unterrichtsformen und individueller Förderung. Sie bilden vielmehr deren notwendige Ergänzung.

Merkmale individueller Lernbegleitung

Konzepte und Instrumente für individuelle Lernbegleitung werden mittlerweile für alle Schulstufen und auch alle Schulformen angeboten. Die Bandbreite in Bezug auf Arbeitsaufwand, Komplexitätsgrad und Inferenz ist dementsprechend groß. Trotzdem lassen sich zentrale gemeinsame Merkmale benennen. Zusammen mit dafür typischen Beispielen werden diese im Folgenden erläutert.

Erfassen unterschiedlicher Kompetenzen

Die Instrumente erfassen neben fachlichen auch persönliche, soziale und Methodenkompetenzen (vgl. Czerwanski, 2002). Kompetenzen sind – anders als der weiter gefasste Bildungsbegriff – klar definierte Fähigkeiten, die sich leicht operationalisieren und somit beobachten und einstufen lassen. Die häufig als „schwammig“ oder unfair kritisierten „Kopfnoten“ werden so für Schüler wie für Lehrkräfte zu transparenten Anforderungen. Umfassende Checklisten und Materialien, die sowohl fachliche Kompetenzen als auch die Einstellung des Kindes zum Lerngegenstand und anderes dokumentieren, hat beispielsweise die Arbeitsgruppe um Kretschmann (Kretschmann, Dobrindt & Behring, 1998; Behring, Kretschmann & Dobrindt, 1999) entwickelt.

Beteiligung von Schülern und Eltern am Prozess

In der Regel fordern die Instrumente von den Schülerinnen und Schülern, nicht selten auch von deren Eltern, eine eigenständige Beteiligung am Dokumentations- und Bewertungsprozess. Diese Beteiligung kann „privat“ – etwa in Form eines Lerntagebuchs, das der Schüler nur zur eigenen Reflexion führt und niemandem zeigt – oder „öffentlich“ geschehen. Öffentliche Selbstbewertung gibt Lehrkräften vielfältige Möglichkeiten, mit Schülerinnen und Schülern eine Kultur des Gesprächs über Lernen und Lernziele zu entwickeln, oder auch kooperative Unterrichtsformen (Green & Green, 2005) zu vertiefen.

Das Nachdenken über persönliche Vorlieben und Stärken, über Erreichtes und anvisierte Lernziele fördert metakognitive Kompetenzen (vgl. Flavell, 1984). So werden gezielt Gelegenheiten für ein „Lernen zweiter Ordnung“ geschaffen. Gleichzeitig ergeben sich durch die Beteiligung Wirkungen auf der Beziehungsebene. Zwischen Schüler und Lehrkraft, aber auch zwischen Erziehungsberechtigten und der Lehrkraft kann sich auf diese Weise eine Kooperations- und Gesprächskultur entwickeln, die nicht anlassbezogen (und hier handelt es sich in der Regel eher um unangenehme Anlässe), sondern kontinuierlich gepflegt wird. Tun sich Probleme auf, können alle Beteiligten auf der Basis einer verlässlichen Beziehung Lösungsstrategien entwickeln. Ein sehr elaboriertes Instrument stellt hier das Kompetenzraster dar (Müller, 2004, 2005), welches den Schülerinnen und Schülern von Beginn einer Lerneinheit an die Lernziele sowie die Unterschritte auf dem Weg dorthin beschreibt. Lernende schätzen ihren jeweiligen Könnensstand selbst ein, um dann selbstständig den nächsten Lernschritt zu planen. Kompetenzraster gibt es übrigens auch für Lehrer (siehe Kap. 6.1).

Ressourcenorientierung

Die Instrumente fordern explizit, Stärken und Kraftquellen eines Schülers zu benennen und werden so den Erkenntnissen aus Untersuchungen zur Leistungsmotivation gerecht (z. B. Heckhausen & Heckhausen, 2005). Im Gegensatz zu einer reinen Defizitorientierung, wie sie Lehrkräften und Schule allgemein vorgeworfen wird, tritt die Ressourcenorientierung in den Vordergrund. Anstatt allein vorhandene Schwierigkeiten zu beschreiben, wird nach den Fähigkeiten gesucht, die ein Schüler bereits erworben hat und auf die er aufbauen kann. Dazu werden konkrete Hinweise gegeben, wie der nun anstehende Lernschritt erreicht werden könnte. Dies zusammengefasst ergibt sich ein Förderplan, der mit Schülern und

Eltern besprochen und vereinbart werden kann (z. B. Ewers-Reddemann, Höhmann & Röntgen, 2005; Kretschmann & Arnold, 1999).

Grundlage für förderliche Gespräche

Testergebnisse, Erfassungsbögen und andere Formen der Dokumentation sind auch als Mittel zu verstehen, die eine Grundlage für das Führen hilfreicher Beratungsgespräche liefern: Zwischen Lehrkraft und Schüler, zwischen Eltern und Lehrkraft, zwischen allen dreien und auch innerhalb des Kollegiums oder mit externen Fachkräften wie Schulpsychologen, Ärzten oder Mitarbeitern des Jugendamts. Auf die vorliegenden Daten, die idealerweise unter Beteiligung aller drei Parteien – Schüler, Lehrkraft, Erziehungsberechtigte – erstellt worden sind, kann sich ein sachliches, lösungsorientiertes Gespräch stützen und beziehen. Erprobte Konzepte für Lernentwicklungsgespräche aus den unterschiedlichen Schulformen nebst Protokollvordrucken und anderen Materialien finden sich z. B. im Internet-Portal des Landesinstituts für Schule von Nordrhein-Westfalen.

Schullaufbahnorientierung

Instrumente der individuellen Lernbegleitung können auch dazu beitragen, eine Kontinuität im Lernprozess über die Schullaufbahn hinweg zu schaffen. Der Schüler nimmt seine Stärken und Kraftquellen in die jeweils nächste Schule mit. So geben zum Beispiel Grundschulen den Schülerinnen und Schülern, die an die weiterführende Schule wechseln, ein „Schatzkästchen" mit. Darin befinden sich „Lernbilanzen", also Sammlungen all dessen, was das Kind während seiner Grundschulzeit an Kenntnissen und Fertigkeiten erworben hat, sowie „Arbeitsproben" besonders gelungener Bilder, Texte oder ähnliches. Andere entscheiden sich für die Arbeit mit dem Lernportfolio, die häufig Lernverträge, Zielvereinbarungen u. a. m. einschließt (z. B. Bostelmann, 2006; Brunner, Häcker, & Winter, 2006; Jötten & Blanck, 2006).

Ziele individueller Lernbegleitung

Individuelle Lernbegleitung lässt sich als eine Sammlung von Instrumenten verstehen, die übereinstimmende Merkmale in Bezug auf ihre Zielsetzung aufweisen. Das allen gemeinsame Grobziel – die Leistungen der Schüler zu fördern sowie ihre Persönlichkeit zu stärken – unterteilt sich in zwei Unterziele:

1. Individuelle Lernbegleitung führt zu einer ganzheitlichen und somit gerechteren Bewertung der Leistungen eines Schülers oder einer Schülerin. Dies wird auf dem Wege einer individualisierten Bewertung in Verbindung mit kriterialen Bezugsnormen erreicht. Dadurch, dass zusätzlich zu fachlichen Leistungen klar definierte Basiskompetenzen und auch Leistungen aus außerschulischen Bereichen aufgeführt werden, ergeben sich für die Lehrkraft Möglichkeiten der Wertschätzungen von Schülerleistungen, die weit über die Notenskala hinausreichen. Anknüpfungspunkte für professionelle Motivierung und passgenaue Förderung werden auf diese Weise sichtbar.

2. Individuelle Lernbegleitung führt zu veränderten Rollenbildern bei Schülerinnen und Schülern, Lehrkräften und Eltern. Dies geschieht, weil sich die Beziehungen zwischen den Beteiligten durch die Einführung der Instrumente notwendigerweise verändern. Die drei Parteien handeln ihre unterschiedlichen Verantwortlichkeiten neu aus.

Was ist ein Schüler? Der Schüler tritt nicht als „weißes Blatt" in Erscheinung. Bereits in der ersten Klasse verfügt er oder sie über umfangreiches Vorwissen, Erfahrungen und Fertigkeiten, die ihn von anderen unterscheiden. Der Schülerin wird zugetraut und zugemutet, ihr Lernen zu einem stetig wachsenden Anteil selbst zu verantworten. Jeder Schüler setzt Schwerpunkte, selegiert Information und steuert seine Konzentration nach eigener Entscheidung. Für die Schülerin werden Lernziele transparent gemacht und der Lernerfolg somit planbarer. In Lernentwicklungsgesprächen hat sie die Möglichkeit, sich selbst Ziele zu setzen und diese zu evaluieren. Dann entscheidet ein Schüler sich vielleicht, im nächsten Schulhalbjahr seinen Schwerpunkt vor allem auf das Fach Französisch zu legen und sich in anderen Fächern mit ausreichenden Bewertungen zu begnügen. Auf diese Weise lernt er, die Verantwortlichkeit für Lernen und Erfolg stärker bei sich zu finden. Zusammengenommen mit dem systematischen Aufbau metakognitiver Kompetenzen können Schüler auf diese Weise langfristig individuelle Überzeugungen von Selbstwirksamkeit aufbauen (vgl. Bandura, 1997; Zimmerman, 1995; Schwarzer, 1995). Schüler lernen, sich innerhalb ihrer Grenzen als wirksam zu erfahren und auf ihre Kompetenzen und Fertigkeiten zu vertrauen. Gerade angesichts einer gesellschaftlichen Realität, die selbst bei guten Schulleistungen nicht für einen verlässlichen Fortgang in Ausbildung und Erwerbstätigkeit garantieren kann, stellt das „Lernziel Selbstwirksamkeit" eine hilfreiche Meta-Qualifikation dar.

Was ist ein Lehrer? Das professionelle Rollenverständnis der Lehrkraft, das sich hauptsächlich aus den beiden Tätigkeiten des Wissensvermittelns („Unterrichter") und Bewertens zusammensetzt, wird hier um eine dritte Rolle, nämlich die eines „Begleiters" erweitert. Während die Lehrkraft als Bewerterin im Auftrag der Gesellschaft handelt, indem sie Schülerleistungen an gegebenen Standards misst und die Schüler an Schnittstellen den unterschiedlichen Bildungsgängen zuweist, verfolgt sie als unterstützende Begleiterin das Ziel, Schüler kontinuierlich zu ermutigen und an deren Fähigkeiten zu glauben. Der Auftrag einer ressourcenorientierten Pädagogik lautet, seinen Schutzbefohlenen immer mehr zuzutrauen, als diese sich selbst. Die motivational förderlichen Wirkungen einer solchen Haltung sind hinlänglich bekannt. Die auch in PISA 2003 angeprangerte, defizitorientierte Pädagogik dagegen versetzt weitaus häufiger den Schüler in die Bringschuld, die überaus skeptischen Lehrkräfte von seinen Fähigkeiten zu überzeugen.

Der Lehrer, bzw. die Lehrerin tritt sowohl in hierarchischer als auch in symmetrischer, partnerschaftlicher Weise zu den Schülerinnen und Schülern in Beziehung. Die Ausbalancierung und kontrollierte Trennung dieser beiden Rollen kennzeichnet den Grad von pädagogischer Professionalität. Der diesen Rollen inhärente Widerspruch kann in der Institution Schule nie aufgelöst werden. Stattdessen lässt er sich in kreativer Weise zugunsten der Leistungs- und Persönlichkeitsentwicklung von Schülern nutzen. Im „Lernatelier" beispielsweise, wie es das Schulzentrum „Am Heimgarten" in Ahrensburg zur Realisierung offener Unterrichtsmethoden eingerichtet hat, gibt es unterschiedlich definierte Orte im Raum, die eine Lehrkraft einnimmt, je nachdem, ob sie gerade bewertende oder beratende Tätigkeiten ausführt (www.heimgartenschule.de/lernateliers). Die Schüler wissen so, wann Fehler „erlaubt" sind und können sich in Arbeitsphasen, die nicht in die Bewertung einfließen, ohne Leistungsdruck auf das Lernen und Experimentieren einlassen. Aus systemisch-lösungsorientierter Perspektive lässt sich die Doppelrolle der Lehrkraft zur Etablierung eines hilfreichen „Zwangskontextes" nutzen (vgl. hierzu Conen, 1996): „Wie kann ich dich als Lehrer dabei unterstützen, dass du mit der Schule weniger Ärger, mit deinen Leistungen weniger Probleme hast?"

An den Instrumenten individueller Lernbegleitung und den sich daraus ableitenden Rollenvorstellungen lässt sich eine gemeinsame theoretische Fundierung erkennen. Das hier vertretene Menschenbild ist das eines neugierigen, selbstgesteuerten und entscheidungsfähigen Menschen – in diesem Fall Schüler, Eltern und Lehrkräfte. Damit fügt es sich sowohl in kognitive, als auch in sozialkonstruktionistische Theorien vom Menschen, die seine Selbststeuerung bei gleichzeitiger Offenheit für soziale Vereinbarungen postulieren. Insbesondere die Merkmale der Selbstbewertung sowie des dialogischen Vorgehens im Rahmen der Lernbegleitung verdeutlichen die ressourcenorientierte, kooperative Haltung, welche den konstruktivistischen Lerntheorien eigen ist.

Individuelle Lernbegleitung und Schulentwicklung

Zahlreiche Lehrkräfte nutzen in unterschiedlicher Ausprägung einzelne Instrumente individueller Lernbegleitung, weil sie angesichts zunehmender Heterogenität in den Schulklassen, ansteigender Belastung einzelner Schüler oder aus anderen Gründen darin eine wirksame Methode zu finden hoffen. Bei einer Implementierung individueller Lernbegleitung „von oben" stellen sich erfahrungsgemäß typische Hindernisse in den Weg. Die Individualisierung von Lernprozessen wird häufig als unzumutbare zusätzliche Arbeitsbelastung betrachtet, die nicht „auch noch" geleistet werden kann. Ein verkürztes Verständnis von individueller Lernbegleitung, das sich auf das Ausfüllen von „Checklisten" durch die Lehrkraft reduziert, ist nicht geeignet, erwünschte Veränderungen in der Lehrer-Schüler-Beziehung und im Leistungsverhalten aller Beteiligten zu bewirken. Hier geschieht „mehr desselben" – anstatt Schülerinnen und Schüler dabei zu unterstützen, ihre Ziele zu entwickeln, wo nötig ihr Handeln zu ändern und hilfreiche Entscheidungen zu treffen, werden vorhandene starre Beurteilungsschemata und „Diagnosen" (der Schüler „hat" dann wahlweise eine Dyskalkulie, Lese-Rechtschreibschwäche oder auch Hochbegabung) durch schriftliche Fixierung weiter verstärkt.

Um individuelle Lernbegleitung so zu verwirklichen, dass tatsächlich gewünschte Veränderungen eintreten, ist der Individualisierung auf Schülerseite eine Teamentwicklung des Lehrerkollegiums gegenüber zu stellen. Der größere Arbeitsaufwand und die Umstellungen, die individuelle Lernbegleitung vor allem zu Beginn mit sich bringen, scheinen bei begleitenden Maßnahmen innerhalb des Kollegiums wie Team-Teaching, pädagogische Besprechungen und gemeinsame Sichtung und Erstellung von nötigen Materialien weitaus weniger belastend zu wirken. Von sinkendem Krankenstand und subjektiv größer erlebter Berufszufriedenheit als Folge systematischer Teamentwicklung berichtet beispielsweise die ehemalige Leiterin der bei PISA überaus erfolgreichen Wiesbadener Helene-Lange-Schule (Riegel, 2004).

Individuelle Lernbegleitung greift nicht nur fundamental in die Lehrer-Schüler-Beziehung ein, sondern verändert langfristig die Kultur des Lernens an einer Schule. Die konsequent verfolgte Ressourcenorientierung führt zu einem Haltungswechsel gegenüber Lernen und Leistung. Die Untersuchungen von Boehnke (2004) belegen eindrucksvoll, dass das Schimpfwort „Streber" ein typisch deutsches ist – und dass die häufig angetroffene leistungsfeindliche Kultur an deutschen Schulen eine hausgemachte Folge defizitorientierten und die Unterschiedlichkeit von Schülerinnen und Schülern zu wenig berücksichtigenden Unterrichtens darstellt.

Individuelle Lernbegleitung lässt sich als umfassendes Förderkonzept (s. z. B. Winter, 2004), aber auch „von unten" schrittweise durch die probeweise Einführung einzelner Instrumente einführen. Das Instrumentarium lässt sich passgenau auf die Bedürfnisse und die Möglichkeiten einer Schule zuschneiden. Zentral für eine sinnvolle Implementierung sind – neben der Teamentwicklung im Kollegium – organisierte Rückmeldeschleifen, die die Ergebnisse aus Lernstandserhebungen mit curricularen Lernzielen in Beziehung setzen und auf dieser Grundlage notwendige Fördermaßnahmen aufzeigen. Diese müssen wiederum evaluiert werden.

Individuelle Lernbegleitung – ein Paradigmenwechsel?

Da individuelle Lernbegleitung notwendigerweise eine veränderte Haltung aller an Schule Beteiligten zur Folge hat, erscheint es in theoretischer Hinsicht durchaus gerechtfertigt, hier von einem Paradigmenwechsel zu sprechen. Das Bild von Schule wandelt sich komplett – bis hin zu den Zielen, welche formuliert werden. Neben der fachlichen und sozialen Qualifikation tritt der Aufbau von Selbststeuerung und Selbstwirksamkeit – und das gilt nicht nur für die Schülerseite. Auch für Lehrkräfte stellt professionelle Selbstwirksamkeit ein erwünschtes Ziel dar, welches auf dem Weg der kollegialen Unterstützung und Anerkennung zu erreichen ist. Selbstwirksamkeitsüberzeugungen bei Lehrkräften können als Burnout-Prophylaxe wirken (vgl. Schmitz & Schwarzer, 2002) und gelten daher als grundlegendes Persönlichkeitsmerkmal für beruflichen Erfolg.

Welche Rolle kommt den schulischen Unterstützungssystemen wie Schulpsychologie in diesem Zusammenhang zu? Abgesehen von professioneller Begleitung bei der Erstellung und Handhabung von Diagnoseinstrumenten ist psychologisches Know-How vor allem in den Phasen der Implementierung von individueller Lernbegleitung in Schulen und Kollegien gefragt. Während die Zahl gebrauchsfertig angebotener und aufs ansprechendste gestalteter Instrumente mittlerweile unüberschaubar geworden ist, bleibt die Aufgabe der Prozessbegleitung bestehen. Einzelne Lehrkräfte sowie ganze Kollegien zu einem Haltungswechsel anzuregen und zu ermutigen, stellt hier nach wie vor die größte Herausforderung dar, welche immer wieder neu angenommen werden muss.

Der Wissenschaftstheoretiker Thomas S. Kuhn, der den Begriff vom Paradigmenwechsel geprägt hat (Kuhn, 1993), vertrat die Auffassung, dass erst alle Vertreter einer überkommenen Theorie verstorben sein müssten, bevor sich eine wissenschaftliche Revolution etablieren und zur normalen Wissenschaft werden könne. Vor diesem erdrückenden Diktum erscheint es für eine weitreichende Verbreitung von individueller Lernbegleitung pragmatisch gesehen alles andere als hilfreich, das Unternehmen mit großartigen Begriffen wie dem vom Paradigmenwechsel zu dekorieren. Individuelle positive Erfahrungen mit einem kleinen, aber wirksamen Einsatz von Ideen und Instrumenten dürfte die individuelle Lernbegleitung mit größerer Nachhaltigkeit flächendeckend in die Schulen bringen.

6.5 Bildungswege und Schullaufbahnberatung

Barbara Kubesch

Bedeutung und Rahmenbedingungen der Bildungswegplanung

Anforderungen der Arbeitswelt

Im vergangenen Jahrhundert hat sich der Wirtschaftsstandort Deutschland weg von einer verarbeitenden Industriegesellschaft zu einer Wissensgesellschaft verändert. Es fällt auf, dass im Vergleich zu anderen westlichen Industrieländern trotz dieses Trends weniger als 40 % der Jugendlichen eines Jahrgangs die Hochschulreife erwerben, obwohl bekannt ist, dass immer mehr Arbeitsplätze eine hochwertige Schul- und Berufsausbildung voraussetzen und unter den hoch qualifizierten Arbeitskräften die Arbeitslosigkeit deutlich geringer ist als bei den schlecht ausgebildeten Arbeitskräften. Die Gesellschaft hat also ein großes Interesse an gut ausgebildeten Arbeitskräften.

Vielfalt der Bildungsgänge

Alle Bundesländer halten eine Vielzahl von allgemein bildenden und berufsbildenden Schulformen und Ausbildungsgängen vor.

Auch Eltern wissen, dass ein qualifizierter Schulabschluss und eine gute Allgemeinbildung die Chancen auf einen guten Arbeitsplatz erhöhen. Kinder, Jugendliche und ihre Eltern bedürfen der Unterstützung, um Informationen über die verschiedenen Bildungswege zu bekommen und den passenden Bildungsweg für die Kinder zu finden. Die Gesellschaft hat das Interesse, die Potentiale ihrer Jugend zu fördern, um über qualifizierte Arbeitskräfte zu verfügen. Eine optimale Passung zwischen persönlicher Eignung und Ausbildungs- und Arbeitsplatz erspart den Eltern und der Gesellschaft Kosten in materieller Hinsicht, aber besonders auch in menschlicher Hinsicht, denn gerade Schulpsychologinnen und Schulpsychologen werden oft von Kindern aufgesucht, die aufgrund von Unter- oder Überforderungen psychisch leiden und Hilfe brauchen. Schulpsychologie kann helfen, für Kinder eine bestmögliche Passung von vorhandenen Entwicklungspotentialen und schulischen Anforderungen zu finden und dezimiert dadurch die Kosten im Bildungswesen. In Deutschland ist – im Vergleich zu anderen europäischen Ländern – die Selektionsfunktion von Schule sehr bedeutsam. Es ist in einem stark gegliederten Schulsystem für Eltern schwieriger, allein den passenden Bildungsweg für ihr Kind herauszufinden, daher erfordert das gegliederte Schulsystem mehr Schullaufbahnberatung.

Staatliche Steuerung und Aufgaben der Einzelschule

Der Staat steuert die Schülerströme durch Erlasse, z. B. ist in Niedersachsen auch Kindern mit Teilleistungsstörungen der Zugang zu höherwertigen Schulabschlüssen zu ermöglichen (vgl. „LRS-Erlass" von 2005). Fehlentscheidungen nach der Grundschule können revidiert werden, indem der Staat eine erhöhte Durchlässigkeit verordnet hat zwischen den Schulformen; nicht nur abwärts zu einer weniger qualifizierenden Schulform sondern auch zu einer höher qualifizierenden Schulform. Die weiterführenden Schulen sind verpflichtet bei einem fest definierten Notendurchschnitt den Wechsel auf die höher qualifizierende Schulform im Zeugnis zu empfehlen. Allerdings mit der Problematik, dass die Rahmenrichtlinien für die verschiedenen Schulformen von unterschiedlichen Bildungszielen ausgehen, so dass ein Wechsel mit ansteigendem Jahrgang immer schwieriger wird.

Zu den Pflichten der Lehrkräfte gehört es, Eltern über die Möglichkeiten und Risiken hinsichtlich der zentralen Übergänge/Entscheidungspunkte im Laufe einer Schülerkarriere aufzuklären und gegebenenfalls auch gegen den Elternwillen Entscheidungen durchzusetzen: z. B. die Zurückstellung vom Schulbesuch (Schulfähigkeit), die Einleitung des Verfahrens auf Überprüfung eines sonderpädagogischen Förderbedarfs, die Empfehlung für eine weiterführende Schule. In den weiterführenden Schulen entscheidet die Klassenkonferenz über den Verbleib an einer bestimmten Schulform.

In Zweifelsfällen, in denen eine Entscheidung oder Empfehlung nicht eindeutig zu treffen ist, wird jede Lehrkraft zunächst zusätzlich zu den Gesprächen mit den Fachlehrerinnen und Fachlehrern von den schulinternen Beratungsangeboten Gebrauch machen (Schulleitung/ Beratungslehrkräfte/Schulsozialpädagogen/Sonderpädagogische Mobile Dienste/ Förderschullehrkräfte/Fachberaterinnen) und wenn eine psychologische Diagnostik erforderlich ist, wird sich die Klassenlehrkraft an die Schulpsychologischen Beratungsstellen wenden, um sich beraten zu lassen. Die Schulpsychologinnen und Schulpsychologen entscheiden dann aufgrund wissenschaftlicher Erkenntnisse, welche weiteren Informationen benötigt werden, um eine fundierte Schullaufbahnberatung durchführen zu können.

Anlässe und Aspekte der Schullaufbahnberatung und Bildungswegplanung

Grundsätzlich kann sich Bildungswegplanung und -beratung auf insgesamt fünf verschiedene Phasen beziehen:
1. die frühkindliche bzw. vorschulische Lernphase,
2. den Elementarbereich,
3. die allgemein bildenden weiterführenden Schulen,
4. die Berufsorientierung und
5. die Berufsausbildung.

Die beiden zuletzt genannten Phasen werden vorrangig durch die Beratungsangebote der Berufsinformationszentren der Bundesagentur für Arbeit abgedeckt. Da die Berufsorientierung in den Abschlussklassen der allgemein bildenden Schulen eine wichtige Aufgabe ist, wurden in Niedersachsen in den letzten Jahren Schulsozialarbeiter mit dem expliziten Auftrag der Berufsorientierung an Hauptschulen eingestellt.

Nicht erst seit Veröffentlichung der PISA-Ergebnisse wird gefordert, für sozialökonomisch unterprivilegierte Bevölkerungsschichten und besonders für Familien mit Migrationshintergrund eine umfassende Beratung und Förderung im frühkindlichen und vorschulischen Bereich durchzuführen, damit diese Kinder besser in unser staatliches Schulsystem integriert werden (vgl. BLK Pressemitteilung vom 11.10.2004).

Die Planung und Beratung des Bildungsweges ist auch abhängig von den spezifischen Angeboten vor Ort. Die Schulangebote besonders im ländlichen Raum sind wenig differenziert, damit einher geht ein anderes Empfehlungsverhalten der Lehrkräfte. Konkret heißt dies, in ländlichen Gebieten werden deutlich weniger Kinder für die Realschulen und Gymnasien empfohlen und es werden auch weniger Kinder an den höher qualifizierenden Schulen von den Eltern angemeldet, da mit der besseren Erreichbarkeit auch eine Entscheidung für die jeweilige Schulform verbunden ist und umgekehrt: Für das Gymnasium wurden 2001 in Niedersachsen je nach Region zwischen 17,4 bis 36,2 % der Sechstklässler empfohlen, die Eltern haben je nach Region zu 20,7 bzw. zu 48, 0 % das Gymnasium angewählt. Die Unterversorgung mit Schulangeboten für höhere Bildung auf dem Land wird also sowohl von den Übergangsempfehlungen der Lehrkräfte als auch von den Elternentscheidungen gestützt (Kiper, 2003).

Theoretische Modelle für die Zuordnung von Kindern in einem gegliederten Schulsystem

In Deutschland wird mit dem Ziel, „ein begabungsgerechtes“ Schulwesen zu schaffen, ein statischer Begabungsbegriff zur Legitimierung des drei- bzw. viergliedrigen Schulsystems herangezogen. Es werden den unterschiedlichen „Begabungstypen“ (praktisch-handwerkliche, praktisch-theoretische und wissenschaftliche Begabung) drei Schulformen zugeordnet. Wenn diese Begabungstheorie zuträfe, wäre die Zuordnung eines Kindes zu der jeweiligen Schulform einfach, da aber in der Realität diese Begabungstypen nicht vorfindbar sind und die aktuelle wissenschaftliche Diskussion von einer „Genotyp-Umwelt-Kovariation" ausgeht, also weder eine genetisch determinierte noch eine allein durch Umwelteinflüsse manifestierte Lernpotentialenfaltung annimmt, hilft die Begabungstheorie bei der Schullaufbahnberatung nicht weiter. Erst wenn eine genetische Disposition auf entsprechende Umweltfaktoren trifft, wächst die Wahrscheinlichkeit, dass sich die Potentiale eines Kindes entfalten (Kiper, 2003).

Die Verteilung der Schülerinnen und Schüler auf die verschiedenen Schulformen entspricht weder ihren kognitiven Fähigkeiten noch ihren Testleistungen. Kinder mit gut durchschnittlicher Intelligenz (IQ 110) haben eine gleich große Wahrscheinlichkeit ein Gymnasium, die Realschule oder die Hauptschule zu besuchen (Stern, 2005). Die PISA Studien zeigen, dass die Zuordnung eines Kindes nicht primär von seinen Leistungen abhängt, sondern von dem sozioökonomischen Status der Eltern (Kiper, 2003). Es gelingt den deutschen Schulen im internationalen Vergleich am wenigsten, nachteilige Folgen der sozialen Herkunft zu kompensieren.

Aus der Neurophysiologie ist gut belegt, dass Wissenserwerb einhergeht mit dem Vorhandensein eines Wissensnetzes, in das weitere Wissensbestände integriert werden können durch die aktive Erarbeitung neuer Inhalte. Lernen ist also ein aktiver Konstruktionsprozess, der umso erfolgreicher ist, wenn Gelegenheiten geschaffen werden (selbst aktiv) zu lernen und wenn die neuen Impulse auf vorhandenes Vorwissen stoßen (Kiper, 2003).

Dies wird als „*Matthäuseffekt*" bezeichnet: „Wer hat, dem wird gegeben". Kinder, die eine gute vorschulische Förderung erfahren haben, lernen in der Schule besser, weil sie über ein größeres Wissensnetz verfügen, in das sie neuen Lernstoff besser integrieren können als Kinder, deren Vorwissen geringer ist. Begabung ist eben neben anderen Persönlichkeitsfaktoren und den Umweltfaktoren nur eine Variable, die erfolgreiches Lernen erklärt (vgl. auch das Thesenpapier von Heller, 2004 und die Anmerkungen dazu von v. Saldern, 2004).

Schullaufbahnberatung als Auftrag der Schulpsychologie

Da in den deutschen Bundesländern der Schulpsychologie unterschiedliche Tätigkeitsfelder zugeordnet sind, soll hier exemplarisch auf die gesetzliche Regelung in Niedersachsen Bezug genommen werden.

Hier ist die „Schullaufbahnberatung" als ein *Aufgabenfeld in Bezug auf einzelne Schülerinnen und Schüler* definiert, allerdings nur dann „... wenn zur Beratung besondere psycho-diagnostische Untersuchungen notwendig sind..." oder „...wenn bei der Schullaufbahnberatung sich Probleme im Lern- und Sozialverhalten stellen und andere persönliche Schwierigkeiten des Ratsuchenden deutlich werden, die Beratung durch einen Psychologen angezeigt sein lassen...", ansonsten ist die Schullaufbahnberatung Aufgabe der Lehrkräfte. Da die Themen „Beratung" und „Beratungsgespräche führen" in der Ausbildung der Lehrkräfte nicht an allen Universitäten und Ausbildungsseminaren verankert sind, werden in Niedersachsen seit 2004 jährlich ca. 4 000 Grundschullehrkräfte von Schulpsychologinnen und Schulpsychologen trainiert in Gesprächsführung und Beratung, um die seit 2004 an den Grundschulen stattfindenden Schullaufbahnberatungsgespräche beim Übergang in die weiterführenden Schulen zu optimieren.

Schulpsychologie kann also nicht nur einen Beitrag leisten, wenn es um die Schullaufbahn eines einzelnen Kindes geht, sondern auch auf das *System Schule* einwirken und *Lehrkräfte unterstützen*, um u. a. die derzeit bekannten Praxisprobleme zu minimieren:

- Lehrkräfte können ziemlich sicher die besonders leistungsstarken und leistungsschwachen Schüler identifizieren, aber bei mehr als 40 % der Schülerinnen und Schüler im Durchschnittsbereich sind die *Diagnosen* und damit auch die *Prognosen* falsch. Nach der IGLU Studie werden 25 % der leistungsfähigsten Grundschulkinder nicht zum Gymnasium empfohlen und 25 % der leistungsschwächsten nicht zur Hauptschule (Vgl. Untersuchung von Bos, 2004; Vgl. auch die Ergebnisse der „LAU Studie", hier zitiert nach v. Saldern, 2004, S. 6–7). In Einzelfällen, in denen die Lehrkräfte Zweifel hegen hinsichtlich ihrer Einschätzung eines Kindes können sie sich an Schulpsychologen wenden, um zu klären, ob durch eine Differentialdiagnostik mehr Erkenntnisse über das Kind bereitgestellt werden sollten, um eine Entscheidung zu optimieren.
- Die diagnostischen Kompetenzen der Lehrkräfte lassen bestenfalls ein grobes Screening zu, aber keine differenzierten Diagnosen. Auch auf dem Gebiet der *pädagogisch psychologischen Diagnostik* können Schulpsychologen durch *Fortbildungsmaßnahmen* zu einer Kompetenzerweiterung der Lehrkräfte beitragen. Unter systemischen Gesichtspunkten ist dieser Ansatz sicher langfristig vernünftiger, als alle Zweifelsfälle – also fast 50 % der Kinder und Jugendlichen – von Schulpsychologen testen zu lassen, um eine bessere Passung zwischen Schülerpotentialen und Schullaufbahn herzustellen.
- Schullaufbahnberatung ist in Niedersachsen auch Teil des Curriculums der zweijährigen *Weiterbildung für Beratungslehrkräfte*, die von Schulpsychologen durchgeführt wird. Die schulinternen Beraterinnen und Berater können Kindern, Jugendlichen, Eltern und den Lehrkräften wertvolle Unterstützung geben, wenn es um Schullaufbahnentscheidungen geht.
- Aber auch eine fundierte Diagnostikausbildung verhindert nicht, dass die beurteilende und beratende Lehrkraft selbst Teil des Problems ist, denn das System Schule und die *Beziehungsgeflechte zwischen Lehrkräften und Schülern* müssen als „… bedeutsame Variable bei der Entstehung von Störungen im Lern- und Sozialisationsprozess berücksichtigt…" werden (Dorow, SVBl 2/85, S. 33). So gibt es nicht wenige hochbegabte Kinder, die von Lehrkräften nicht als besonders begabt erkannt und entsprechend gefördert werden, sondern gerade aufgrund ihrer anderen und v. a. schnelleren Art des Lernens in und an dem System Schule scheitern. Auch hier kann die Schulpsychologie durch Konfliktmanagement, Bearbeitung von Beziehungsstörungen und eventuell durch die Empfehlung eines Klassen- oder Schulwechsels helfen, Kinder in die Lernumgebung zu bringen, in denen sie ihre Potentiale optimal entfalten können.
- Außerdem ist es menschlich, Menschen nach bestimmten Kriterien und Wahrnehmungsmustern zu beurteilen. Wie die PISA Studien immer wieder bestäti-

gen, werden in Deutschland Kindern aus gehobenen sozioökonomischen Schichten deutlich bessere Fähigkeiten von Lehrkräften zugeschrieben, selbst wenn sie in objektiven Testverfahren nicht besser abschneiden als Kinder aus unterprivilegierten Schichten. Auch bei diesen, in der wissenschaftlichen Psychologie bekannten Wahrnehmungs- und Attribuierungsmustern, können Beratungsgespräche mit einzelnen Lehrkräften oder auch *Lehrerfortbildungskurse über Wahrnehmungs- und Attribuierungstheorien* und ihre Auswirkungen auf den Alltag zur Aufklärung und Verbesserung der Lehrer- Schüler-Interaktion beitragen.

- Bei der Schullaufbahnempfehlung wird ein Notendurchschnitt ermittelt; es ist in der Forschung bekannt, dass bei der *Notengebung ein starker Bezugsgruppeneffekt* auftritt (Helmke & Weinert, 1997). Vor dem Hintergrund der Erkenntnis, dass ein Kind für dieselbe Leistung je nach Leistungsniveau der Lerngruppe alle Noten zwischen „eins" und „fünf" erhalten kann, kann eine psychologische Testung und der Vergleich mit standardisierten Normen eine objektivere Annäherung an das tatsächliche Leistungsvermögen eines Kindes bewirken.
- In den Fällen, in denen Eltern Zweifel haben, ob die Lehrkräfte ein Kind richtig einschätzen, sollten Eltern die Möglichkeit haben, durch Fachleute die Leistungsfähigkeit ihres Kindes beurteilen zu lassen, mit dem Ziel den Lehrkräften die Stärken des Kindes, die sich den Lehrkräften bisher nicht erschlossen haben, und auch Fördermaßnahmen aufzuzeigen.

Diagnose der drei Faktoren, die die Schulleistungen beeinflussen

Kurt Heller unterscheidet drei wesentliche Faktoren der Schulleistung:
1. die Begabungsfaktoren,
2. die Persönlichkeitsfaktoren und
3. die Umweltfaktoren.

Für die Begabungs- und Persönlichkeitsfaktoren stehen in der Psychologie eine Vielzahl von Tests, Fragebögen und diagnostischen Instrumenten zur Verfügung. In den Fällen, in denen eine Schulpsychologin eine Indikation für die Erstellung eines psychodiagnostisches Gutachtens als gegeben annimmt, gibt es viele Möglichkeiten, die Entwicklungspotentiale eines Kindes zu diagnostizieren:

1. *Bezüglich der Begabungsfaktoren* gibt es eine Vielzahl unterschiedlicher Intelligenztests. Intelligenztests korrelieren von allen Prädiktoren am meisten mit dem erfolgreichen Besuch entsprechender Schulformen, aber sie klären nur einen Teil der Varianz auf, sind als alleinige Variable nicht hinreichend.

2. *Hinsichtlich der Persönlichkeitsfaktoren* gibt es Tests und Fragebögen zur Erfassung der unterschiedlichen Kompetenzbereiche und Persönlichkeitsfaktoren, die einen nachgewiesenen Einfluss auf die Schulleistung haben wie *Konzentrationsfähigkeit/ Ausdauer/ Selbstdisziplin/ Leistungsmotivation/ Schulangst/Prüfungs-*

angst/ Interesse/ Einstellung zum Lernen/ Anstrengungsbereitschaft/ Problemlösefähigkeit/ Metakognitive Kompetenzen.

Durch *Beobachtung* eines Kindes in der Einzelsituation bei der Schulpsychologie und/oder in der Schulklasse können Informationen über die Fähigkeit zum *selbständigen Arbeiten, zur sozialen Kompetenz und zur Verbalisierungsfähigkeit* in Gruppensituationen gewonnen werden.

In der jüngsten Zeit werden im Bereich der Neurodidaktik zahlreiche Untersuchungen angestellt, um das „Fünf-Faktoren-Modell" zu überprüfen. Dabei geht es um fünf verschiedene Persönlichkeitsmerkmale, die mit Lernprozessen in Verbindung gebracht werden. Nach den bisher vorliegenden Forschungsergebnissen ist davon auszugehen, dass Kinder, die eher *extravertiert* (beschrieben auf den Dimensionen: aktiv, optimistisch, durchsetzungsfähig) als *introvertiert* (also passiv, pessimistisch, zurückhaltend) sind, erfolgreicher lernen. Ebenfalls ist ein Zusammenhang nachweislich, wonach Kinder, die eher *neurotisch* (definiert auf den Skalen: labil, irritierbar, unsicher, ängstlich, wechselhaft) sind, schlechtere Leistungen erbringen als stabile, ruhige, zufriedene, selbstsichere, mutige Kinder. Derzeit werden die Hypothesen erforscht, ob eine hohe *Verträglichkeit* (definiert als: mitfühlend, freundlich, duldsam), *Gewissenhaftigkeit* und die *Offenheit für neue Erfahrungen* gute Indikatoren für gelingende Lernprozesse sind (Arndt, 2005).

Für die Erstellung von Fördermaßnahmen und eines Unterstützungssystems für einzelne Kinder und Jugendliche und auch für Lerngruppen scheint aber eine Wissensdiagnose wichtiger zu sein als die Persönlichkeitsdiagnostik. Die Forschung betont die größere Bedeutung des Vorwissens für erfolgreiche Lernprozesse gegenüber z. B. der Fähigkeit zum logisch-abstrakten Denken, gemessen als Ergebnis in einem Intelligenztest (Stern, 2005).

3. Bei den Umweltfaktoren spielt das *Elternverhalten* eine bedeutsame Rolle. Eltern, die einerseits hohe Leistungserwartungen an ihre Kinder stellen, ihnen aber auch die notwendige Unterstützung durch Vorbildfunktion beim Umgang mit Problemen oder der Verarbeitung von Misserfolgen einerseits und Anregungen und Hausaufgabenunterstützung andererseits geben, fördern bei ihren Kindern nicht nur eine positive Einstellung zur Leistung sondern auch andere Persönlichkeitsfaktoren, die für gute Schulleistungen wichtig sind. Zuviel Unterstützung kann allerdings auch zum Problem werden, wenn bei Kindern diese Überbehütung zu mangelnder Selbständigkeit, Versagensängsten oder dem Gefühl mangelnder Selbstwirksamkeit führt. In diesen Fällen können Schulpsychologen helfen, indem sie mit den *Eltern in der Beratung* deren Verhalten kritisch reflektieren.

Das *Lehrerverhalten* hat naturgemäß ebenfalls einen großen Einfluss auf die Lernprozesse der Kinder. Die Untersuchungen von Weinert et al. (1990) belegen, dass insbesondere die Methodenkompetenzen, das Sachwissen, die Klassenführung und auch die diagnostischen Kompetenzen der Lehrkräfte einen nachweislichen Einfluss auf die Schülerleistungen haben (s. Kap. 6.1).

In jedem Falle sollte wie bei allen Diagnosen und Prognosen das „Mehr-Augen-Prinzip" angewandt werden, geht es doch immerhin um existenziell bedeutsame Zuschreibungen und Prognosen. Daher arbeiten Schulpsychologinnen und Schulpsychologen immer eng mit den Lehrkräften einer Schule zusammen und führen nicht nur Gespräche mit den betroffenen Kindern und deren Eltern sondern beziehen die Beobachtungen und Erkenntnisse der Lehrkräfte bei der Informationsgewinnung mit ein und tauschen ihre Beobachtungen und Testergebnisse unter Berücksichtigung der Schweigepflicht mit den Lehrkräften aus.

Grenzen der Psychodiagnostik

Allerdings müssen auch die Grenzen der Psychodiagnostik aufgezeigt werden. Viele Testverfahren werden in der Untersuchungssituation unter Bedingungen durchgeführt, die in der Schule nicht gegeben sind. In der Einzelsituation kann meist eine relativ entspannte Atmosphäre hergestellt werden, dadurch kommen womöglich andere Ergebnisse zustande, als in einer Schulklasse, in der viel Unruhe herrscht, oder der Schüler mangels Freundschaften oder einer gestörten Lehrer-Schüler-Beziehung Feindseligkeit verspürt oder die Umgebung aufgrund vorangegangener Misserfolgserlebnisse als Angst auslösend erlebt wird. Entscheidende Umweltfaktoren können in der Beratungsstelle nicht simuliert werden, deshalb ist in Fällen deutlicher Diskrepanzen von Lehrerurteilen und Selbsteinschätzung der Kinder oder der Wahrnehmung der Eltern eine Beobachtung im Unterricht sehr nützlich.

Diagnostik hat die Aufgabe aus vielen Einzelinformationen einen Gesamteindruck der Persönlichkeit eines Menschen zu synthetisieren und eine Prognose zu erstellen. Da aber die Entwicklung eines Kindes von sehr vielen Faktoren beeinflusst wird, z. B. von der mehr oder weniger krisenhaft erfahrenen Pubertät, dem Einfluss der Peergroup, Beziehungen zu Lehrkräften, eigenen Krankheiten, Verlust naher Familienangehöriger und von der emotionalen und materiellen Sicherheit in der Familie, deren Auflösung immerhin fast jedes dritte Kind im Laufe seiner Schulzeit erlebt, ist die Prognose der weiteren Schullaufbahn bei Grundschulkindern mit einer nur mittleren Wahrscheinlichkeit behaftet.

Schullaufbahnberatung als Prävention, Intervention und Rehabilitation

Selbstverständlich erschöpft sich schulpsychologische Tätigkeit nicht in der Psychodiagnostik. Vor jedem Test steht eine ausführliche Anamnese zur Klärung des Problems, das Anlass der Beratung ist. Aus der Anamnese werden Hypothesen entwickelt, die gegebenenfalls zum Einsatz diagnostischer Verfahren führen. Schulpsychologische Arbeit ist besonders nützlich, wenn sie im Sinne einer *Prävention* zur Vermeidung schädigender Einflüsse des Systems Schule beiträgt. Die Schullaufbahnberatung als Hilfe zu einer angemessenen Beschulung kann für einzelne Kinder präventiv wirken, wenn eine Fehlentscheidung vermieden werden kann. Auch Fortbildungsangebote für Lehrkräfte dienen der Prävention. Schulpsychologie interveniert immer, wenn sie tätig wird. Auch Diagnostik ist in unserem Verständnis eine *Intervention*, z. B. wenn durch die Auseinandersetzung mit Diskrepanzen zwischen Schulleistung und Testleistung eine selektive Wahrnehmung der Lehrkräfte oder der Eltern korrigiert werden kann. Auch Schülerinnen und Schülern mit einem reduzierten Selbstvertrauen können Testergebnisse aufzeigen, dass sie leistungsfähiger sind, als sie sich bisher selbst einschätzten. (Manchmal liegt auch der Fall von Überschätzung vor, das spielt nach der Erfahrung der Autorin allerdings in der Beratungspraxis eine untergeordnete Rolle.) Im Sinne der *Rehabilitation* kann die Beratung auch zu einem Schulwechsel führen, um Unter- oder Überforderungssituationen zu beenden. Alle aus einer Diagnose abgeleiteten Maßnahmen können eine mittel- oder längerfristige Begleitung durch den Schulpsychologen erforderlich machen. Gerade wenn Kinder ihren Klassenverband verlassen müssen, um einer adäquaten Schulform oder Jahrgangsstufe zugewiesen zu werden, löst dies bei den Kindern meist Ängste aus, die ernst genommen werden müssen, damit eine solche Intervention erfolgreich ist. (Sedlack, 1999).

Zusammengefasst bedeutet Bildungswegplanung und Schullaufbahnberatung für die Schulpsychologischen Dienste wie bei anderen Problembereichen mit denen Schulpsychologie *befasst* ist, dass immer auf mehreren Systemebenen interveniert werden muss: es geht nie nur um einzelne Kinder oder Jugendliche, die Unterstützung bei Lern- und Verhaltensproblemen oder Entscheidungen brauchen, sondern es geht auch um die Veränderung des Gesamtsystems Schule durch Information und Fortbildung von Lehrkräften, Schulleitungen und der Schulaufsicht, wenn der „Einzelfall" eigentlich der Normalfall ist, an dem sich Unzulänglichkeiten und Verbesserungsbereiche des Schulsystems manifestieren. In Niedersachsen wird derzeit die Einführung der verbindlichen *Dokumentation der individuellen Lernentwicklung* vorbereitet. Die Schwierigkeiten verdeutlichen, dass die diagnostischen Kompetenzen der Lehrkräfte verbessert werden müssen. Wenn die kontinuierlichen Lernentwicklungsprozesse jedes Kindes *systematisch dokumentiert* werden, werden auch Lehrkräfte die Schullaufbahnberatung als Aufgabe professioneller gestalten können.

Wünschenswert ist die Einführung von kontinuierlichen und systematischen *Planungs- und Entwicklungsgesprächen* in Schulen für alle Kinder und Jugendliche. Ähnlich wie in Skandinavien, wo *„career education oder career development"* als der kontinuierliche Prozess mit dem Ziel einer erfolgreichen Schullaufbahn verstanden wird, würden auch in deutschen Schulen systematische Auswertungsgespräche über Fortschritte, aber auch Probleme und mögliche Hilfestellungen zu ihrer Überwindung auch bei schwierigen Schülern durch eine kontinuierliche Unterstützung zu mehr schulischen Erfolgen führen. In diesen Fällen könnten auch Schulpsychologinnen und Schulpsychologen in diese Beratung kontinuierlich einbezogen werden, wie dies auch in anderen Ländern, z. B. in Finnland regelmäßig erfolgt auf Helferkonferenzen (Kowalczyk, 2004). Schulpsychologie kann genau in diesem Themenfeld eine Fülle psychologischer Erkenntnisse in das Schulsystem einspeisen und durch Fortbildung, Trainings und Coaching Lehrkräfte befähigen, differenziertere Einschätzungen der Schülerinnen und Schüler zu erzielen, rechtzeitig Unterstützungsmaßnamen zu organisieren, effektivere Beratungsgespräche mit Eltern zu führen und damit Kinder in ihrer Persönlichkeits- und Wissensentwicklung optimal zu unterstützen.

6.6 Lernverhalten und Aufmerksamkeit

Dieter Krowatschek und Holger Domsch

Einleitung

Immer wieder berichten und klagen Lehrkräfte und Eltern von und über Kinder, die sich einfach nicht konzentrieren können. Sie träumen, lenken sich und andere ab oder sprengen den Unterricht, indem sie permanent dazwischenrufen, andere ärgern oder sogar aggressiv werden. Viele dieser Kinder erhalten die Diagnose ADS (*A*ufmerksamkeits-*D*efizit-*S*törung) oder ADHS (*A*ufmerksamkeits-*D*efizit-*H*yperaktivitäts-*S*törung).

In einer eigenen Erhebung an 125 ErzieherInnen und 235 Lehrkräften schätzten diese den prozentualen Anteil von Kindern mit einem Aufmerksamkeitsdefizit/Hyperaktivitätsyndrom auf 10 % und 7,8 %. Andere Untersuchungen gelangen zu noch höheren Schätzungen (Baumgaertel, Wolraich & Dietrich, 1995). Nach Angabe der Lehrkräfte dürften damit in jeder Klasse mindestens ein und durchschnittlich sogar zwei bis drei Kinder mit ausgeprägtem unaufmerksamen und impulsiven Verhalten anzutreffen sein. Sicherlich fallen nicht alle diese Kinder unter die klinische Gruppe der AD(H)S-Kinder. Epidemiologische Studien schätzen den Prozentsatz auf 3-5 % (Barkley, 1998). Dennoch verdeutlicht die hohe Schätzung die Relevanz des Themenbereichs sowie die Dringlichkeit der Information und Intervention in der Schule und zu Hause.

Aufmerksamkeitsstörung: Die Träumer und die Impulsiven

Kinder mit einer Konzentrationsstörung (ADS – Aufmerksamkeits-Defizit-Störung) fallen in der Schule zunächst häufig überhaupt nicht auf. Es sind eher die stillen Träumer, sie stören den Unterricht nicht und lassen sich von daher leichter unterrichten als verhaltensauffällige Schüler. Dennoch fordern sie die Kompetenz der Lehrkräfte immer wieder heraus, da sie

- sehr lange brauchen, bevor sie mit der Bearbeitung einer Aufgabe beginnen,
- besonders viel Motivation durch die Lehrkraft benötigen,
- häufig ein langsames Arbeitstempo aufweisen,
- zwischenzeitlich abgelenkt sind und dadurch oft nicht fertig werden,
- ihre Materialien nicht zusammenhalten können,
- einzelne Tätigkeiten unstrukturiert und unorganisiert ausführen,
- viele Flüchtigkeitsfehler machen.

Eltern berichten besonders oft, dass die Hausaufgaben sich über den Nachmittag hinziehen, die Kinder viel Unterstützung bei der Erledigung der Aufgaben einfordern und ständig angetrieben werden müssen, weiterzuarbeiten.

Impulsive und motorisch unruhige Kinder mit einer Aufmerksamkeits-Defizit-Hyperaktivitätsstörung verhalten sich ebenfalls unkonzentriert. Sie zeigen in der Regel einen eher impulsiven Arbeitsstil. Sie beachten Aufgabenstellungen nicht, bearbeiten Aufgaben ungenau und machen viele Flüchtigkeitsfehler. Im Unterricht stören sie häufig, weil sie unaufgefordert in die Klasse rufen, aufstehen, herumlaufen und nur schwer ruhig auf dem Stuhl sitzen können.

In beiden Gruppierungen sind Jungen häufiger vertreten als Mädchen. Bei ADS wird von einem Verhältnis von ca. 4:1 berichtet, bei ADHS beträgt es sogar 9:1 (Barkley, 1998).

Ein Teufelskreis unkonzentrierten Lernverhaltens

In Anlehnung an Betz und Breuningers (1998) Konzept „Teufelskreis Lernstörungen" soll ein Modell dargestellt werden, das die Konsequenzen eines aufmerksamkeitsschwachen Lernverhaltens als circulus vitiosus verdeutlicht.

Abbildung 6.7 zeigt die einzelnen Schritte. Wie alle Modelle kann lediglich ein stark vereinfachtes Abbild der Realität wiedergegeben werden. Dennoch lassen sich bereits an dieser Stelle unterschiedliche Ansätze für eine Intervention und zur Verbesserung des Lernverhaltens ableiten.

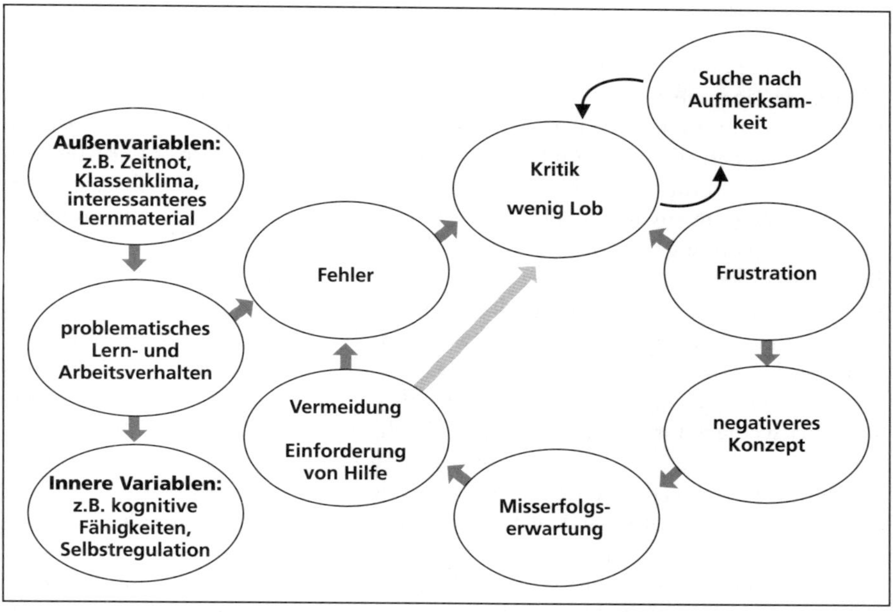

Abb. 6.7: Teufelskreis unkonzentrierten Lernverhaltens (modifiziert nach Krowatschek u.a., 2003)

Am Anfang einer sich langsam fortsetzenden Kette von Aktionen und Reaktionen steht das Arbeitsverhalten unaufmerksamer und impulsiver Kinder. Ihr Lernverhalten wird beeinflusst von internen Prozessen und Gegebenheiten (z. B. Lernstrategien, Fähigkeit Belohnung aufzuschieben, innere Getriebenheit) aber auch von externen (z. B. Zeitnot, Lernmaterial, Ablenkungsmöglichkeiten). Durch unkonzentriertes Arbeiten entstehen Fehler. Es folgt Kritik. Das Lob der Eltern und Lehrkräfte bleibt aus. Das wiederum führt zur Frustration des Kindes. Bei andauernder

Frustration bzw. Kritik und kumulierten schulischen Misserfolgen gleicht das Kind sein schulisches Selbstkonzept nach unten an. Aufgrund einer geringeren Selbstwirksamkeits- bzw. einer höheren Misserfolgserwartung wird der Schüler weniger Anstrengung bei der Bearbeitung einer Aufgabe zeigen. Andere Beschäftigungen und Träumereien treten in den Vordergrund und werden genutzt, um die zu erbringende Anstrengung zu vermeiden. Nicht selten fordert das Kind nun Hilfe von außen ein.

Wenn Peter nach Hause kommt, ist er meistens ganz erledigt von der Schule. Nach dem Abwaschen setzen er und seine Mutter sich in die Küche, um die Hausaufgaben zu beginnen. Die Mutter hat mittlerweile die Erfahrung gemacht, dass ein selbstständiges Bearbeiten der Hausaufgaben bei Peter nicht möglich ist. Er träumt dann vor sich hin, macht ständig etwas anderes und nur wenn sie dabei sitzt, geht es einigermaßen voran. Vor allem wenn er einen Fehler gemacht hat, schmeißt er den Stift hin und ist nur schwer zum Weitermachen zu bewegen. An manchen Tagen ist es schon soweit gekommen, dass erst Peter eine Aufgabe, dann seine Mutter, nun wieder Peter etc. eine Aufgabe machen.

Zeigt ein Schüler erst einmal unselbständiges Lernverhalten, befürchten viele Eltern, ihr Kind würde die Hausaufgaben nicht machen, wenn sie nicht dabeisitzen, helfen und ständig kontrollieren. Problembelastetes Lernverhalten führt jedoch vermehrt zu Fehlern und damit zu mehr Kritik durch die Eltern. Es entsteht ein sich selbst verstärkender Kreislauf. Verunsicherung bzw. geringe Selbstwirksamkeitsüberzeugung sowie Misserfolgserwartung bedingen dann z. B. eine unangenehme Anspannung, aus der nur Vermeidungsverhalten herauszuführen scheint. Bereits an diesem Punkt wirkt die Reduktion der Anspannung verstärkend (negative Verstärkung). Zusätzlich kommt es nun aufgrund der aktiven und passiven Vermeidungsstrategien tatsächlich zu den befürchteten negativen Konsequenzen.

In der Unterrichtssituation ist zusätzlich zu beobachten: Kinder erfahren, dass ihr Bedürfnis nach sozial-emotionalen Erfahrungen (Zuwendung und Aufmerksamkeit) weniger innerhalb, sondern vielmehr außerhalb des Leistungsbereichs (off-task) befriedigt werden kann. In der Schulklasse bekommt Peter Aufmerksamkeit, wenn er als Klassenclown den Unterricht stört oder nicht sofort sein Heft herausholt. Da dies von der Lehrkraft als unkonzentriert oder impulsiv wahrgenommen wird, erlangt er wiederum Kritik. Im Sinne von Betz und Breuninger (1998) kann sich daraus eine strukturelle Lernstörung ergeben. Damit sind Variablen der Lernstruktur auch außerhalb des eigentlichen Defizits (hier: der Unaufmerksamkeit) betroffen. Strukturelle Lernstörung bedeutet aber auch, dass eine Förderung unabdingbar ist.

Fördermöglichkeiten der Konzentration und Aufmerksamkeit

Mittlerweile gibt es eine Reihe von Methoden, Übungen und Trainings zur Förderung der Aufmerksamkeit und Konzentration. Diese reichen von reinen Materialsammlungen bis hin zu an Theorien abgeleiteten Therapie- und Trainingsprogrammen.

Materialsammlungen umschließen dabei sowohl Spiele zur Konzentrationsförderung als auch lose Zusammenstellungen von Arbeitsblättern. Thiesen (1990) beispielsweise stellt eine Reihe von Spielen zusammen, die der Sinneswahrnehmung, der Speicher- und Gedächtnisfähigkeit sowie der Motorik dienen sollen. Das Angebot an häuslichen Übungsprogrammen mit einzelnen Arbeitsblättern hat in den letzten Jahren stark zugenommen.

Ansätze zur Verbesserung der Hausaufgabensituation

Spricht man über das Problem unkonzentrierter Schüler ist immer auch die Hausaufgabensituation zu berücksichtigen. Häufig liegt die für die Hausaufgaben benötigte Zeit bei einem konzentrationsschwachen Kind weit über der seiner Klassenkameraden. Dementsprechend stellt die Hausaufgabenbearbeitung vor allem für Eltern von AD(H)S-Kindern eine äußerst stressige Situation im Tagesablauf dar (Döpfner & Lehmkuhl, 1995).

Ansätze zu Hause sollten zuerst allgemeine Umgebungsvariablen berücksichtigen. Hierunter fällt beispielsweise der Arbeitsplatz. Er sollte eigens für das Machen der Hausaufgaben vorgesehen sein: ein ruhiger Ort, wenig Ablenkungsmöglichkeiten, dafür aber ausreichend Licht und Sauerstoff. Der Tagesablauf sollte eine gewisse Struktur aufweisen, bei der die Hausaufgaben zu festen Zeiten eingeplant sind. Regelmäßige Pausen ermöglichen dem Kind, neue Energie zu tanken, um sich dann wieder konzentriert der Aufgabenbearbeitung zuzuwenden.

Neben diesen klassischen Tipps gibt es einige Trainingsprogramme, die Hausaufgabensituationen konkret berücksichtigen. Sie können Teil eines komplexeren Programms sein (Döpfner, Schürmann & Frölich, 1998; Krowatschek, Albrecht & Krowatschek, 2004a) oder als solches schwerpunktmäßig Kompetenzen der Eltern fördern. Dutschmann (1977) z. B. versucht in seinem verhaltenstherapeutisch orientiertem Konzentrationstrainingsprogramm in einer Art Selbststudium Eltern in der Hausaufgabensituation positiv zu beeinflussen. Dabei soll ein weitgehend selbstständiges Erledigen der Hausaufgaben durch die Kinder erreicht werden. Ein ähnliches Ziel verfolgen Bruder, Perels & Schmitz (2004) durch ihre Elterntrainings. In fünf Trainingseinheiten werden Selbstregulationsinhalte mit Methoden zur Unterstützung selbstverantwortlichen Lernens der Kinder kombiniert.

Ansätze in der Schule

DuPaul und Eckert (1997) untersuchten in einer Metaanalyse die Effektivität unterschiedlicher Schulinterventionen bei Kindern mit ADS und ADHS. Drei Bereiche wurden untersucht:

- akademische Interventionen (z. B. Unterrichtsstruktur, Arbeitsmaterialien, Aufgabenformulierung und ähnliches),
- Vergabe oder Entzug von Verstärkern (Kontingenzmanagement),

- kognitiv-behaviorale Interventionen, die die Entwicklung von Selbstregulationsfähigkeiten oder Problemlösestrategien zum Ziel haben.

Während unter den ersten beiden Interventionsbedingungen weniger störendes Verhalten gezeigt wurde, schnitten bezogen auf eine Verbesserung des Lernverhaltens und der Lernleistung alle drei Interventionen sehr gut ab. Es existiert daher mittlerweile eine Reihe an gut untersuchten Methoden, mit denen das Lernverhalten und die Aufmerksamkeit der Schüler verbessert werden kann.

Verschiedene Autoren (Biegert, 2001; Krowatschek, 2001) führen verschiedene allgemeine Empfehlungen für den Unterricht an, die sich förderlich auf das Lernverhalten und die Konzentrationsleistung auswirken sollen. Lehrkräfte nehmen diese Empfehlungen gut an, zumal in der Regel die gesamte Klasse mit einbezogen werden kann.

Auch im Klassenzimmer spielt dabei die Schaffung von Strukturen eine bedeutende Rolle. Dabei können Strukturen sich auf unterschiedliche Bereiche beziehen. Im Hinblick auf die räumliche Umwelt des Kindes fördert ein übersichtliches Klassenzimmer, in dem ein deutliches Ordnungssystem existiert, die Konzentrationsleistung. Der Klassenraum sollte zugleich angenehm aber dennoch übersichtlich gestaltet sein.

Ein Sitzplatz in der Nähe des Lehrers und entfernt von Tür und Fenster ermöglicht ein lenkendes Verhalten seitens der Lehrkraft und beugt Ablenkung vor.

Struktur im Unterrichtsaufbau bedeutet eine klare und durchschaubare Gliederung der Stunde. Förderlich sind Rituale wie z. B. ein Ruhezeichen zu Beginn der Stunde oder ein gewohnter Wechsel unterschiedlicher Unterrichtsphasen. Sie schaffen Transparenz und erleichtern dem unkonzentrierten Schüler, sich den Anforderungen anzupassen. Eine Rhythmisierung des Unterrichts mit Aktiv- und Entspannungsphasen bringt zudem Abwechslung in die Schulstunde und passt sich der Konzentrationsspanne der Schüler an. „Das Wachheitsniveau“ wird durch Abwechslung in den Unterrichtsmaterialien, durch Humor und unerwartete Fragen oder aufgeworfene Probleme eindeutig erhöht (Anderson, 1984).

Schließlich betrifft es selbst die Struktur der Aufgaben: Eine kurze aber prägnante Aufgabenstellung, die möglicherweise in einzelne Zwischenschritte zergliedert ist, wirkt sich positiv auf das Lernverhalten aus. Zudem gelingt eine Lenkung der selektiven Aufmerksamkeit durch das Hervorheben von wichtigen Aufgabenmerkmalen (Zentall, 1993) oder einzelne Aufgabenschritte der Stillarbeit können an der Tafel zusätzlich visualisiert werden. Zielinski (1996) führt zudem an, dass bereits eine aktive Überwachung der Einzelarbeit der Schüler aufmerksamkeitsfördernd sein kann. Einen guten Überblick über direkte Lehrmethoden bietet Biegert (2001).

Ergänzt werden diese allgemeinen Hinweise für den Unterricht durch gezielte Methoden, die sich auf unkonzentrierte Kinder anwenden lassen. Gezielte Maßnahmen im Unterricht verlangen jedoch immer auch eine vorangehende Diagnostik des Kindes. In Abhängigkeit von den Ursachen unaufmerksamen Lernverhaltens ergeben sich bestimmte (zielgerichtete) Interventionen.

In den letzten Jahren kamen vor allem aus der pädagogischen Verhaltensmodifikation Anregungen zum Umgang mit schwierigen und unkonzentrierten Kindern im Unterricht. Einige haben sich als besonders wirksam erwiesen.

Positive Verstärkung: Loben

Als eine der wirkungsvollsten Methoden, um ein adäquates Lernverhalten bei Schülern aufzubauen, dürfte die positive Verstärkung gelten. Sie kann in einfacher Art als soziales Lob (verbales Lob, Zunicken, positives Zeichen geben) oder in Form von Tokenprogrammen erfolgen. Effektiv ist das Lob, wenn es sofort nach dem erwünschten Verhalten und möglichst häufig gegeben wird. Der Schüler soll dabei vom Lehrer vor allem dann gelobt werden, wenn er die Aufgabe konzentriert bearbeitet, er also „on-task" ist. Martens und Hiralall (1997) ließen z. B. Lehrkräfte in unregelmäßigen Zeitintervallen ihren Blick durch den Klassenraum schweifen. Die Lehrer lobten dabei kurz jene Problemschüler, die aufpassten oder konzentriert arbeiteten. Bereits eine solche einfache Intervention erbrachte eine signifikante Verbesserung des Lernverhaltens der Schüler.

Ignorieren mit positivem Modell

Pfiffner und Barkley (1998) empfehlen eine Methode, die im Deutschen als „Ignorieren mit positiven Modell" (Krowatschek, Domsch, Hengst, Krowatschek, & Wingert, 2003) bezeichnet wird. Dabei wird unerwünschtes Lernverhalten ignoriert, gleichzeitig aber werden die Schüler gelobt, die ruhig arbeiten und das geforderte Verhalten zeigen. Lehrkräfte kennen sie häufig im Ansatz, wenden sie aber kaum an. Zu Beginn einer Unterrichtsstunde herrscht in der Regel in jeder Klasse Unruhe. Die Lehrkraft betritt den Raum, richtet ihre Aufmerksamkeit auf die Störer, schimpft und nörgelt. Beim Ignorieren mit positivem Modell könnte sie sagen: „Drei Tischgruppen hören mir schon gut zu." Die vierte Tischgruppe wird ihr Schwätzen unterbrechen und ebenfalls zuhören.

Einsatz von Token-Programmen

Token-Programme sind besonders für Kinder mit ADHD geeignet, da sie dem Bedürfnis der Kinder nach fortwährender und konsequenter Rückmeldung über ihr Verhalten entgegenkommen. Token-Programme nutzen dabei Sekundärverstärker (Punkte oder Token), die das Kind sammeln kann, um diese später gegen einen Preis einzutauschen.

Bewährt hat sich, Verstärkerpläne für einzelne Schüler oder für die gesamte Klasse einzusetzen (Pfiffner & Barkley, 1998). Viele Studien belegen die Effizienz von Verstärkerplänen sowohl im schulischen als auch im häuslichen Kontext (Ayllon, Layman & Kandel, 1975; McGoey, Eckert & DuPaul, 2002). Barber, Milich und Welsh (1996) zeigten sogar, dass bei sofortiger und dauerhafter Verstärkung die Leistungsunterschiede zwischen ADS und normalen Kindern aufgehoben werden können. Dies verdeutlicht, wie wichtig eine kontingente und kleinschrittige Rückmeldung in Form von Lob oder anderen Verstärkern in der Schule ist. Erst dadurch erlernt das Kind über positive Erfolgserlebnisse eine wünschenswerte Selbststeuerung, Selbstwirksamkeit und Leistungsmotivation aufzubauen.

Selbstmanagementstrategien

Ein primäres Ziel im Training ist die Entwicklung von Selbstregulationsstrategien beim Schüler, mit deren Hilfe er sein Verhalten selbst beobachten, anleiten, notfalls korrigieren und schließlich bekräftigen kann. Patterson (1982) ließ z. B. in einem ersten Schritt Grundschulkinder in Phasen von Stillarbeit ihr „off-task" Verhalten aufschreiben. Sogleich sollten sie dann an die Aufgabe zurückkehren. Diese Art der Selbstbeobachtung führte sowohl zu einer Verbesserung der Lernzeit als auch der Lernleistung. Besonders effektiv sind derartige Methoden, wenn das selbstkontrollierende Verhalten des Schülers z. B. durch Kopplung an einen Punkteplan durch den Lehrer belohnt wird (DuPauler & Stoner, 2003).

Selbstinstruktionstraining

Alle hier vorgestellten Trainingsprogramme lehnen sich zumindest in Teilen an das Selbstinstruktionstraining von Meichenbaum und Goodman (1971). Ihr kognitiv-verhaltenstherapeutisches Training hat zum Ziel, mit unaufmerksam und kognitiv impulsiven Kindern die Methode des inneren Sprechens zu trainieren. Durch eine schrittweise Heranführung sollen die Kinder durch die Verinnerlichung der Selbstgespräche in die Lage versetzt werden, ihr eigenes Handeln besser zu lenken und bei Aufgaben überlegter vorzugehen. Die Kinder werden angeregt, zunächst einen Plan zu entwerfen, sich dann selbst anzuleiten, und schließlich die eigene Leistung zu kontrollieren, um sich dann selbst zu bekräftigen. Kurz gefasst: Es wird ein reflexiveres Lernverhalten eintrainiert. Aufbauend auf diesen ersten Überlegungen sind einige andere Programme im deutschsprachigen Raum entstanden.

Ingeborg Wagner (1984) führte unterschiedliche Versionen von Aufmerksamkeitstrainings im Einzel-, Gruppen- und Klassenunterricht durch. Wagner orientierte sich dabei zum einen an dem Selbstinstruktionstraining von Meichenbaum und Goodman (1971), zum anderen an Strategien aus der Denkpsychologie (Ziel-, Material- und Konfliktanalyse) und an verhaltenstherapeutischen Ansätzen (Zwischenziele, Selbstbelohnung und Bewältigung von Frustration). Besonders interessant ist Wagners Vorgehen im Klassenunterricht, da es sich von den nachfolgenden Trainings abhebt. Für das Klassentraining wurden die Lehrkräfte trainiert, acht Lernstrategien direkt in ihren laufenden Unterricht einzubauen. Die Lehrer, als Modelle fungierend, sollten die einzelnen Arbeitsstrategien bei der Erklärung von Aufgaben vormachen. Interessanterweise nutzten die Lehrkräfte vor allem die Aufforderung, sich bei der Bearbeitung der Aufgabe mehr Zeit zu lassen. Wagner nimmt an, dass diese Strategie für die lernenden Lehrer viel einfacher und direkter umzusetzen war als die anderen Strategien. Nach Wagner (2002) ergab sich hieraus nicht nur eine aktivere Mitarbeit der Schüler, sondern zugleich auch ein entspannteres Verhältnis zwischen Lehrer und Schülern.

Ausgewählte Trainingsprogramme

Ein sehr umfassendes Trainingsprogramm stammt von Lauth und Schlottke. Es wurde erstmals 1994 auf dem Kongress der Schulpsychologen in Rostock – wie auch zufälligerweise das Training von Krowatschek – vorgestellt. Mit Hilfe eines Selbstinstruktionstrainings sollen die Kinder in ihrer Selbststeuerung und Planungsfähigkeit geschult werden.

Das *Training mit aufmerksamkeitsgestörten Kindern* von Lauth und Schlottke (2002) besteht im Wesentlichen aus zwei Teilen: dem Basistraining und dem Strategietraining. Zusätzlich soll eine Zusammenarbeit mit den Eltern und der Schule erfolgen. Nach einer eingehenden Diagnostik werden die Trainingsschwerpunkte festgelegt und in ca. 13 Trainingssitzungen eintrainiert. Neben einer Wissensvermittlung über Aufmerksamkeitsstörungen werden Basisfertigkeiten wie das genaue Hinsehen, Zuhören und die Wiedergabe von Wahrgenommenem trainiert. Durch verbale Selbstanweisung soll die Handlungsselbstregulation entwickelt werden. Im aufbauenden Strategietraining erfolgt das Eintrainieren von Verhaltensregulationsfähigkeiten durch Selbstinstruktion, das Erkennen der Ziele und das Verständnis von Elementen der Aufgabensituation. Auch der Erwerb von Strategien zur Bewältigung von Ablenkungen, Fehlern und Frustration wird in dieser Trainingseinheit erzielt. Das Training, das ursprünglich für den außerschulischen Bereich in Gruppenstärken von drei bis vier Kindern konzipiert wurde, lässt sich nach Ansicht der Autoren auch in den laufenden oder Förderunterricht integrieren (Lauth, 2004). Aufgrund der hohen Komplexität des Programms und den damit erhöhten Anforderungen an den Durchführenden verlangt die Einbindung in den Unterricht eine gute Instruktion durch den Schulpsychologen. Die Autoren fordern zudem eine regelmäßige Supervision des Trainers. Der Anspruch an ein entsprechend der eingehenden Diagnostik individuell angepasstes Vorgehen muss im schulischen Kontext sicherlich fallen gelassen werden. Es liegen mittlerweile einige evaluative Ergebnisse der Arbeitsgruppe vor, die einen Einsatz des Programms zumindest in der außerschulischen Praxis rechtfertigen (Lauth & Fellner, 1994).

Schöll (1997) publizierte ein Programm zur *Förderung von Aufmerksamkeit in der Grundschule*. Ihr für präventive Zwecke angelegtes Training basiert auf einem metakognitiven Ansatz. In einem ersten Schritt soll Wissen über Aufmerksamkeit bzw. Unaufmerksamkeit vermittelt werden. Darauf aufbauend werden Aufgabenvariablen (z. B. die Auswirkung flüchtigen Arbeitens), Situationsvariablen (z. B. die Auswirkung von Lärm) und Personenvariablen (z. B. Auswirkungen ablenkender Gedanken) eingeführt und unterschiedliche Strategievariablen für ein besseres Lernverhalten eintrainiert. Diese umfassen die Versicherung, dass die Arbeitsanweisung vor einer Aufgabe verstanden ist, die Überwachung der Aufmerksamkeit während der Aufgabenbearbeitung und die Fehlerkorrektur nach der Fertigstellung. Vor allem die Selbstkontrolltechniken aus der kognitiven Verhaltensmodifikation, die an Arbeitsblättern eintrainiert werden, finden Anwendung. In zehn Trainingseinheiten konnte die Leistungsgüte und die Aufmerksamkeitsspanne in Konzentrationstests erhöht werden.

Ettrich (1998) entwickelte ein *Konzentrationstrainingsprogramm für Kinder (KTP)*. Insgesamt liegen drei Fassungen für unterschiedliche Alterstufen (Vorschule bis zur 6. Klasse) vor. Das Training soll durch Ärzte, Psychologen, Sonderpädagogen, Beratungslehrer oder Eltern in Kleingruppen von drei bis fünf Kindern durchgeführt werden. Verwendung finden sowohl lerntheoretische Maßnahmen wie der Entzug von positiver Verstärkung und Tokensysteme als auch die Methode der Selbstinstruktion. Materialien zu einer begleitenden Eltern oder Lehrerarbeit liegen nicht vor. Das Training über 20 Übungsstunden ist im Vergleich mit den Trainings von Lauth et al. (2002) und Krowatschek et al. (2004a) als eher lang zu bezeichnen. Die Einschränkung in Gruppengrößen von drei bis fünf Kindern lässt zudem eine Anwendung in der Schule nicht erkennen.

Einschränkend zu den evaluativen Ergebnissen unterschiedlicher Konzentrationstrainings muss angeführt werden, dass ein Trainingstransfer häufig noch nicht nachgewiesen wurde. Es dürfte als unbefriedigend gelten, wenn ein Training viele Aufgaben enthält, die einem Intelligenz- oder Aufmerksamkeitstest nahe kommen und diese beiden Testverfahren dann zur Evaluation herangezogen werden. Eine Verbesserung der Konzentrationsfähigkeit bzw. ein Trainingstransfer lässt sich damit nicht begründen.

Das Marburger Konzentrationstraining

Das im schulischen Rahmen wohl am meisten eingesetzte Training stammt von Krowatschek und Krowatschek (1998; 2004a).

Grundgedanke des Konzentrationstrainings ist es, den Arbeitsstil eines Kindes zu verändern. Durch die Vermittlung von Denkstrategien kann das Kind lernen, seine Aufmerksamkeit besser zu steuern und zu strukturieren. Ein „reflexiver Arbeitsstil" soll eingeübt werden (Wagner, 1984).

Dabei ergeben sich folgende *Zielsetzungen*:

1. Erhöhung der Selbststeuerung, der Selbständigkeit und der Selbstakzeptanz des Kindes;
2. Verbesserung der Motivation durch erfolgreicheres Bearbeiten von Aufgaben und durch
   angemesseneres Umgehen mit Fehlern;
3. Veränderung der Eltern-Kind und Lehrer-Kind-Interaktion.

Das Training besteht aus zwei großen Bereichen: den Trainingsstunden für das Kind und der Elternarbeit.

Es sind sechs bis acht Trainingsstunden vorgesehen, wobei jeweils eine Trainingsstunde pro Woche stattfinden sollte. Je nach Anzahl der teilnehmenden Kinder dauert die Trainingsstunde zwischen 60 und 75 Minuten.

Der Ablauf der Trainingsstunden erfolgt stets nach dem gleichen Muster:

Zu Beginn einer jeden Trainingsstunde steht eine Entspannungsübung, wobei eine „Phantasiereise auf einem Zauberteppich" mit Instruktionen aus der Grundstufe des autogenen Trainings empfohlen wird. Die Entspannungsübung gibt den

Kindern die Möglichkeit, zur Ruhe zu kommen und erhöht die Aufnahmebereitschaft für die nachfolgenden Arbeitsphasen.

Jede Stunde hat in der Regel zwei bis vier Arbeitsphasen. Übungsblätter und Bildvorlagen für die Arbeitsphasen sind in der Trainingsmappe vorgegeben. Die Übungsblätter sind so gestaltet, dass Kinder sie gern bearbeiten. Die einzelnen Arbeitsphasen werden dann von sogenannten „Spielphasen“ abgelöst. Die Trainingsmaterialien sollen bei Kindern eine hohe Motivation auslösen – vor allem durch den Einsatz von Tokens.

Die Elternarbeit hat sich als besonders wichtig erwiesen. Während des Trainings führt man fünf Elternabende durch. Dabei geht es nicht darum, wichtige Erkenntnisse aus Pädagogik und Psychologie im Schnelldurchgang zu vermitteln. Es wurde die Erfahrung gemacht, dass es völlig ausreicht, wenn die Eltern sich pro Elternabend mit einer Sache, einem Gedanken oder einer Erkenntnis auseinander setzen. Bei fünf Elternabenden sind das fünf Problembereiche, über die Eltern nachdenken. Die Elternabende vermitteln zusätzlich die Erfahrung und den Trost, dass auch andere Eltern „Probleme“ mit ihren Kindern haben. Die Kritik der Schule – berechtigt oder nicht berechtigt – wird relativiert.

Die Mutter eines elfjährigen Jungen hat das einmal so beschrieben: „Wenn ich von einem Elterngespräch aus der Schule komme, habe ich den Eindruck, mein Kind ist ein Monster. Hier habe ich erfahren, dass ich ein Kind habe, ein Kind, das viel Positives hat.“

Auf den Elternabenden werden folgende Themenbereiche erörtert:
1. Einführung in Aufbau und Methode des Konzentrationstrainings,
2. Was ist Konzentration?
3. Besprechung des Hausaufgabenvideos (halbstündige Videoaufnahme der Hausaufgabensituation jeder Mutter mit ihrem Kind),
4. Hemmende und fördernde Faktoren von Konzentration,
5. Verstärker und Fördermaterialien.

Das Marburger Konzentrationstraining wurde in den letzten Jahren bei Tausenden von Kindern mit unterschiedlichen Trainern durchgeführt. Dabei zeigte sich, dass die Mehrzahl der Kinder im Intelligenztest einen signifikanten Zugewinn erzielt, den wir als eine Verbesserung im Bereich der Wahrnehmungsgenauigkeit und der Bearbeitungsgüte interpretieren.

Es wurde bisher in mehreren Arbeiten evaluiert. Nach Elternangaben erfolgt durch das Training eine Reduktion der emotional bedingten Verhaltensprobleme sowie eine Abnahme des instabilen Lernverhaltens der Kinder (Krowatschek, 1996) gemessen mit der Marburger Verhaltensliste (Ehlers, Ehlers & Markus, 1978). Zudem konnte in der Beobachtung der Hausaufgabensituation eine positivere Eltern-Kind-Interaktion festgestellt werden, bei der die Mütter ihre Kinder mehr lobten, weniger straften und insgesamt mehr angemessene Verhaltensweisen zeigten. Die Kinder wiederum verhielten sich freundlicher und liebevoller zu ihren Eltern (Dröge, 1995). Schließlich konnte an einer Gruppe von ADHS-Kindern eine Reduktion der Aufmerksamkeitsproblematik im Elternurteil festgestellt werden (Domsch, 2002).

Für die Kinder lassen sich folgende bedeutsame Veränderungen feststellen:
1. das instabile Leistungsverhalten hat sich erheblich verbessert;
2. das Selbstkonzept der Kinder hat sich verändert, sie trauen sich mehr zu;
3. das unangepasste Sozialverhalten hat sich ebenfalls positiv verändert.

Die Elternarbeit erbrachte folgende Ergebnisse:
1. Die Kinder geben an, dass sich das Verhalten der Mütter gegenüber dem Kind nach dem Training verändert hat. Liebevolle Zuwendung findet häufiger statt, bestrafendes Verhalten hat sich erheblich verringert.
2. Insgesamt verhalten sich die Mütter aus der Sicht der Kinder verständnisvoller.

Die Auswertung der Hausaufgabenvideos zeigt, dass in dem 2. Videofilm nach dem Training
1. die Mütter häufiger verstärken, mehr loben und liebevoller mit dem Kind umgehen;
2. die Mütter das Kind sachlicher beraten und effektiver steuern;
3. das Kind selbst häufiger bei den Hausaufgaben verbalisiert, es kann die Aufgabenstellung besser erläutern und arbeitet selbständiger.

Inzwischen liegt eine Trainingsmappe für Kindergarten und Vorklasse (Krowatschek, Albrecht & Krowatschek, 2004b) vor, die methodisch dem Marburger Konzentrationstraining ähnelt, aber von den Materialien her viel stärker die Bedürfnisse und das Können jüngerer oder entwicklungsverzögerter Kinder berücksichtigt. Es wird ein ganzheitlicher Ansatz im Sinne von Vorbereitung auf Schule verfolgt: Förderung aller Sinnesorgane (Guck doch mal, hör doch mal, zähl doch mal, fühl doch mal etc.). Die Anweisungen sind sehr ausführlich und verständlich formuliert, so dass Kindergärtnerinnen und Erzieherinnen als Trainerinnen in Frage kommen.

6.7 Besondere Begabungen

Helmut Quitmann

Einleitung

Begabtenförderung war nach dem zweiten Weltkrieg ca. 50 Jahre lang ein gesellschaftliches Tabu in Deutschland. Wohl bedingt durch die Erfahrungen aus dem Nationalsozialismus war die Gesellschaft – und in ihr die Eltern, Lehrer/innen und Wissenschaftler/innen – lange nicht in der Lage, schulische Randgruppen und die damit einhergehenden Notwendigkeiten differenziert zu betrachten (zu den wechselnden Konjunkturen und ideologischen Begründungen siehe auch Manke, 1999).

Diametral entgegengesetzt zum Menschenbild der Humanistischen Psychologie (Quitmann, 1996), das die Einzigartigkeit des Menschen – des behinderten ebenso wie des hochbegabten – verbunden wissen will mit seiner Identität als gleich berechtigtes und gleich verantwortliches Mitglied der Gesellschaft, dominierte nach dem Zweiten Weltkrieg ein Menschenbild, das Menschen, die vom Mittelmaß abwichen, eher aussonderte und diskriminierte. Fast 30 Jahre hat es gedauert, bis die Gesellschaft die Situation von Kindern mit Lern- und Verhaltensschwierigkeiten bzw. mit Behinderungen akzeptierte und den besonderen Förderbedarf dieser Kinder und Jugendlichen in integrativen Konzepten Rechnung trug. Weitere 20 Jahre gingen ins Land, um anzuerkennen, dass auch besonders begabte und hochbegabte Kinder und Jugendliche einen Anspruch auf besondere Förderung haben. (Einen umfassenden Überblick über die „Geschichte" der Begabtenförderung in Deutschland geben Feger/Prado in dem Buch „Hochbegabung – Die normalste Sache der Welt", 1998).

Die betroffenen Eltern, die sich in Elternverbänden zusammenschlossen – allen voran die Deutsche Gesellschaft für das hochbegabte Kind (DGhK, Informationen über www.dghk. de) – haben dem Verständnis von „Elite" zu einer differenzierten Sichtweise verholfen und verdeutlicht, dass „Begabtenförderung" nichts mit Abwertung bzw. Ausgrenzung von anderen zu tun hat, sondern dass – analog zu Schüler/innen mit Lernschwächen – auch Kinder und Jugendliche mit besonderen Begabungen zu den „Benachteiligten" zu rechnen sind, wenn man ihnen von vornherein einen besonderen Förderbedarf verweigert (s. dazu auch Urban, 1992; Rost, 2000).

In einer vielbeachteten Rede griff der Bundespräsident a. D. Roman Herzog 1996 diese Fragestellung auf und wies der Gesellschaft den Weg: „Man darf wieder Mut zur Erziehung fordern, ohne einer reaktionären Gesinnung geziehen zu werden. Man darf auch wieder daran erinnern, dass die differenzierten Begabungen auch in einem differenzierten Bildungsangebot ihre Entsprechung finden müssen. Gleichheit allein ist kein Erziehungsziel für Menschen, die sich bekanntlich durch ihre Individualität unterscheiden". Ein Jahr später – auf dem Berliner Bildungsforum – griff er das Thema erneut auf: „Ich wage mich heute als Bundespräsident auf vermintes Gelände ... Menschen haben unterschiedliche Begabungen. Wer das leugnet, vergisst einerseits die herausragenden Talente, die unser Bildungssystem oft genug behindert, und andererseits die weniger Begabten, denen unser Bildungssystem jeglichen Abschluss verweigert. Wir sollten wieder den Mut finden, gute Schüler gut und schlechte Schüler schlecht zu nennen. Das verpflichtet uns aber zugleich, uns beiden Gruppen besonders zu widmen und sie mit abgestimmten Förderprogrammen zu betreuen."

Was ist eine besondere Begabung?

Als besonders begabt bzw. hochbegabt gelten Kinder und Jugendliche, die – im Vergleich zu ihrer Altersgruppe – überdurchschnittliche bzw. weit überdurchschnittliche Fähigkeiten in einzelnen oder mehreren Bereichen (kognitiv, sozial-emotional, sportlich, künstlerisch, technisch usw.) besitzen. Zu beachten ist, dass Noten und Schulleistungen allein kein sicherer Indikator für eine besondere Begabung sind, weil hier die Gefahr besteht, jene Personen zu übersehen und damit auch nicht in die Förderung einzubeziehen, die „aufgrund ungünstiger motivationaler oder anderer nichtkognitiver Persönlichkeitsmerkmale und widriger Sozialisationsbedingungen daran gehindert werden, ihr Begabungspotential adäquat zu entwickeln“ (Heller, 1995). Entgegen der traditionellen Auffassung, dass Begabung sich quasi von allein durchsetzt und man sich daher um die Förderung besonders begabter Schüler/innen nicht gesondert kümmern muss, gibt es sehr wohl Kinder und Jugendliche, die zusätzliche Unterstützung brauchen, um ihr Begabungspotential in entsprechende Schulleistungen umzusetzen (insbesondere die sogenannten „Underachiever“). Sowohl das Münchner Begabungsmodell (Heller & Hany, 1986) als auch das im Hinblick auf die Begabungsentwicklung vorgestellte Modell von Mönks (1993, 2000, eine Weiterentwicklung des von Renzulli (1978, 1986) stammenden 3-Ringe-Modells) betonen daher die große Bedeutung nichtkognitiver Persönlichkeitsmerkmale wie z. B. Stressbewältigung, Leistungsmotivation, Arbeits- und Lernstrategien, (Prüfungs-)Angst, Kontrollüberzeugungen und sozialer Faktoren (Familie, Schule, Freunde).

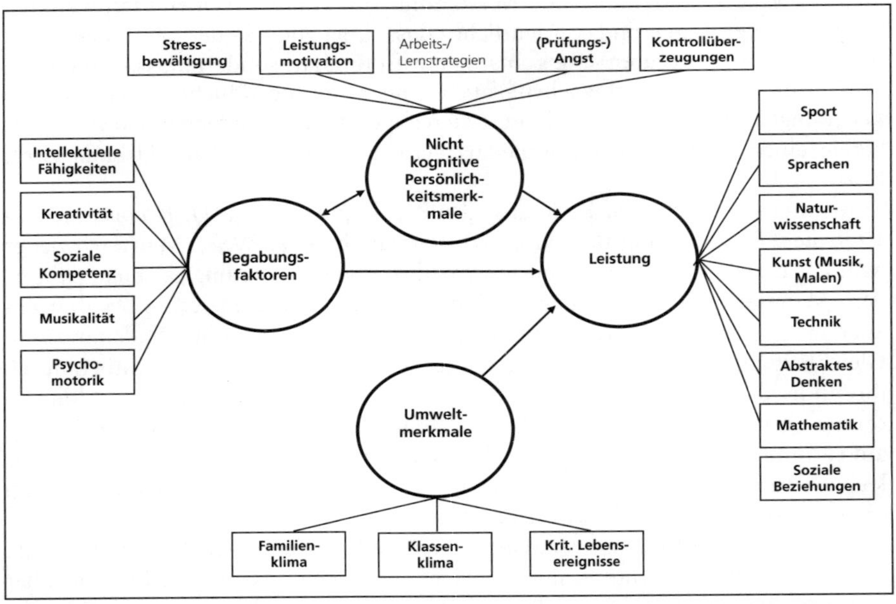

Abb. 6.8: Das Münchner Begabungsmodell (nach Heller & Hany, 1996; Heller, 1991, 1992; Perleth et al., 1993)

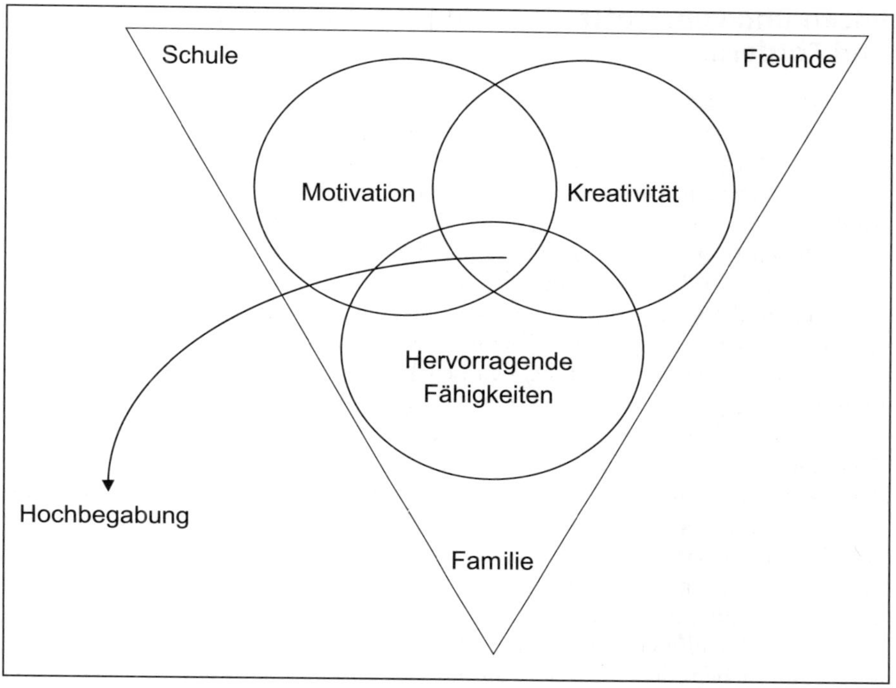

Abb. 6.9: Das Hochbegabungsmodell von Mönks (2000)

Dialogische Diagnostik und die Förderung von besonders begabten Kindern und Jugendlichen

Zwei Fragen stehen im Mittelpunkt der Begabtenförderung:

1. Wie erkennen Eltern und Lehrkräfte die besonderen Begabungen eines Kindes?
2. Welche Fördermaßnahmen sind geeignet, um besondere Begabungen zu entfalten?

Die bisherigen Erfahrungen zeigen, dass besonders begabte Schüler/innen zweierlei brauchen: spezielle, individualisierte Angebote auf der einen und gemeinsames Lernen mit anderen in der (Klassen)Gruppe auf der anderen Seite. Die damit verbundene gesellschaftliche und schulische Herausforderung – die in letzter Konsequenz übrigens alle Schüler/innen betrifft – besteht darin, die Einzigartigkeit des Individuums gezielt zu entwickeln und gleichzeitig dafür Sorge zu tragen, dass die Schüler/innen mit ihrer Einzigartigkeit ein Teil der Gemeinschaft bleiben oder werden. Es wird in den nächsten Jahren darum gehen, im Rahmen von „Schulentwicklung" ein integratives Konzept sowohl im Hinblick auf die Erkennung als auch auf die Förderung von besonderen Begabungen weiterzuentwickeln.

Eltern und Lehrkräfte: Experten für Diagnostik und Förderung

In der *Beratungsstelle besondere Begabungen (BbB,* staatliche Beratungsstelle der Bildungsbehörde Hamburg) wird davon ausgegangen, dass die Eltern und die Lehrkräfte Experten für beide Fragestellungen sind, da sie täglich mit den Kindern leben und arbeiten. Die Eltern kennen ihre Kinder von Geburt an, sie haben ihr Kind viele Jahre lang beobachtet, sie haben es in Tausenden von alltäglichen Situationen bewusst und unbewusst mit anderen Kindern verglichen; sie haben sich an der Besonderheit ihres Kindes erfreut und haben darunter gelitten, kurz: sie sind Experten für ihr Kind und wissen, wovon sie reden, wenn sie das Thema benennen, sich an die Schule oder an eine Beratungsstelle wenden und um Unterstützung bitten. Ähnlich verhält es sich bei den Lehrkräften; sie kennen das Kind als einen ihrer 25-30 Schülerinnen und Schülern, sie arbeiten mit dem Kind mindestens seit ein paar Monaten, wenn nicht sogar schon seit mehreren Jahren. Sie wissen um die besonderen Stärken und Schwächen ihrer Kinder nicht nur im kognitiven, sondern auch im sozialen, künstlerischen, handwerklichen oder sportlichen Bereich. Sie freuen sich über das außergewöhnliche Wissen, die große Neugier oder die auffällige Kreativität einzelner Kinder und sie leiden gleichzeitig darunter, dass diese Kinder sie mit Fragen „löchern", ihre Aufgaben schneller erledigen als andere und – oft auf Kosten anderer Kinder – zu viel Aufmerksamkeit einfordern, weil sie ihre Schulbücher und Materialien nicht in Ordnung halten, keine Hausaufgaben machen, den Unterricht stören und schlechte Leistungen zeigen, kurz: auch die Lehrkräfte sind Experten für ihre Schulkinder und wissen, wovon sie reden, wenn sie sich bei einem Kind oder Jugendlichen vor die Frage einer besonderen Begabung gestellt sehen.

Auch Experten neigen zur Rechthaberei

Genau hier beginnt häufig das Problem: Wir haben es in beiden Fällen mit Experten zu tun. Sowohl Eltern als auch Lehrkräfte wissen genau, was sie mit dem einzelnen Kind erlebt haben; die Meinungen, die sie sich gebildet haben, sind nicht aus dem „hohlen Bauch", sondern basieren auf täglichen Beobachtungen und Wahrnehmungen. Diese Beobachtungen und Wahrnehmungen gehen meist einher mit Ideen, Vorstellungen und Interessen zur Frage, was passieren muss, um das Kind optimal zu fördern. Es kommt häufig vor, dass Eltern und Lehrkräfte etwas Verschiedenes sehen bzw. unterschiedliche Vorstellungen darüber haben, ob ein Kind besonders begabt ist oder nicht bzw. welche Maßnamen ergriffen werden sollten. Die Existenz dieser „zwei Wahrheiten" zu ein und demselben Kind birgt aber die Gefahr, dass Elternhaus und Schule sich „in die Haare kriegen", sich als „Gegner" wahrnehmen, sich mit ihrer Meinung durchsetzen, Recht bekommen, „gewinnen" wollen und schließlich so mit sich selbst und der „Gegenseite" beschäftigt sind, dass sie darüber ganz vergessen, worum es eigentlich geht: nämlich um das Kind! Trotz der großen Kompetenz, die bei Eltern und Lehrkräften vorhanden ist, muss leider gesagt werden, dass die Kompetenz zum friedlichen und konstruktiven Dialog bei unterschiedlichen Meinungen und Wahrheiten deutlich unterentwickelt ist – und zwar auf beiden Seiten!

Externe Beratung und Unterstützung für Eltern und Lehrkräfte

Professionelle Beratungskapazität von Außen (externe Beratung) sollte sowohl bei der Diagnostik als auch bei Fragen der Förderung vor allem darauf zielen, die vorhandenen Kompetenzen auf Seiten der Eltern und der Lehrkräfte im Interesse des Kindes in einem dialogischen Kooperationsbündnis zusammenzuführen, möglichst konkrete Vereinbarungen zu treffen und deren Einhaltung zu überprüfen. Die Kinder und Jugendlichen sollten, wenn sie alt genug sind, als aktiv Handelnde in diese Kooperation einbezogen werden und selbst Verantwortung übernehmen.

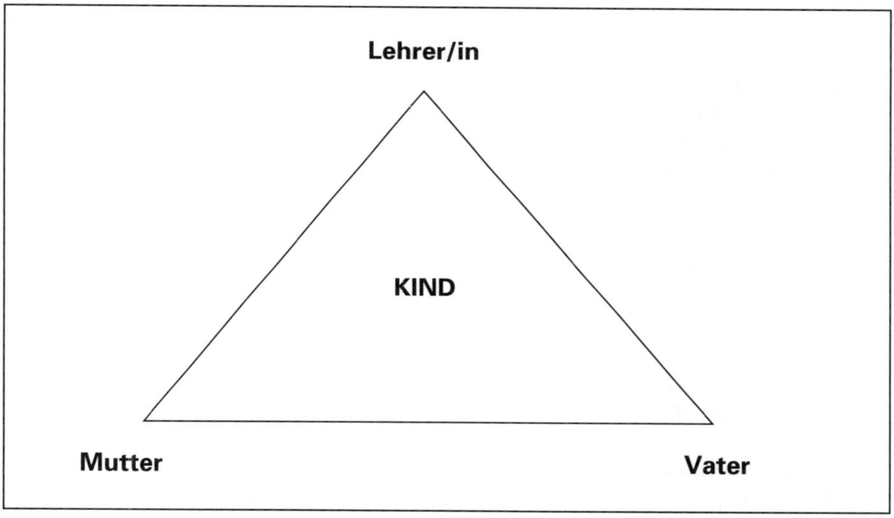

Abb. 6.10: Das Beziehungsdreieck

Obwohl es, wie die Graphik verdeutlichen soll, von Anfang an natürlich immer um das Kind geht, sollten Eltern und Lehrkräfte *gemeinsam* und – zunächst – *ohne fremde Hilfe Folgendes* versuchen:

- in einen offenen Dialog miteinander eintreten
- herausfinden, in welchen Sichtweisen sie übereinstimmen und wo ihre Meinungen auseinander gehen
- die Bereiche, wo nach wie vor unterschiedliche Meinungen bestehen, zunächst einmal nebeneinander stehen lassen und
- das gemeinsame Handeln auf den Bereich konzentrieren, wo Übereinstimmung besteht
- verbindliche Vereinbarungen treffen (Wer macht wann wo was?)
- eine „Laufzeit" und einen Termin zur Fortsetzung des Dialogs vereinbaren.

Im Idealfall gelingt es, einen Dialog und eine Kooperation in Gang zu setzen und ein gemeinsames Handlungskonzept zum Wohle des Kindes/Jugendlichen zu erarbeiten und umsetzen, ohne dass externe professionelle Helfer (Psycholog/innen, Sonderpädagog/innen, Ärzte und Beratungslehrkräfte, Beratungsstellen) hinzugezogen werden müssen. Der von der Deutschen Gesellschaft für das hochbegabte Kind (DGhK) in Auftrag gegebene „Leitfaden" kann einen solchen Prozess wesentlich unterstützen (erhältlich über die Landesverbände der DGhK, siehe hierzu www.dghk.de).

Gelingt dies nicht, ist dies keine Schande, externe Experten hinzuziehen und z. B. zu einem „Runden Tisch" zusammenzukommen. Ein „Runder Tisch", an dem *beide* Elternteile, der/die Klassenlehrer/in und ggf. das Kind/der Jugendliche teilnehmen sollten, hat den Vorteil, dass ein/e unabhängige/r Expert/in hinzutritt, der/die im Wesentlichen die Rolle eines Vermittlers und Moderators übernehmen kann. D. h. nicht nur die Mütter, sondern auch die Väter sollten teilnehmen (ca. 85 % der Kontaktaufnahmen mit der Hamburger *Beratungsstelle besondere Begabungen - BbB* - erfolgen durch die Mütter!!!).

Der „Runde Tisch" ist dann zu empfehlen,

a) wenn Elternhaus und Schule zwar einen Konsens darüber haben, dass es sich um ein besonders begabtes Kind handelt, sie sich aber nicht in der Lage sehen, allein ein Handlungskonzept zur Förderung des Kindes zu entwerfen oder
b) wenn Eltern und Lehrkräfte in einem *Dissens* gefangen sind, sich nicht einig sind, ob eine besondere Begabung vorliegt oder nicht, keine Möglichkeit sehen, allein weiterzukommen und eine *„Konfliktmoderation"* notwendig wird.

Testdiagnostik

Für die Erfassung der kognitiven Leistungsfähigkeit eignen sich Intelligenztests, die als wertvoller Baustein im Rahmen einer dialogischen Diagnostik hinzugezogen werden können. Weit verbreitet sind hier der AID II, der HAWIK III und für Vorschulkinder der KAB-C. Sprachfreie und kulturunabhängige Tests wie der CFT und die CPM sollten nur in Kombination mit einem der oben genannten Testverfahren einbezogen werden. Da Intelligenztests nur Aussagen über intellektuelle Stärken und Schwächen ermöglichen (und nicht über sozial-emotionale, sportliche, künstlerische und technische Begabungen), sollten die Ergebnisse einer Intelligenztestdiagnostik nur im jeweiligen Kontext eines diagnostischen Prozesses unter Einbeziehung von Eltern, Lehrkräften und ggf. weiterer Experten sowie des Kindes/Jugendlichen selbst interpretiert werden.

Der „Runde Tisch"

Am „Runden Tisch" unterstützt der/die externe Berater/in in der Rolle des/der Moderator/in die Installation einer Kooperation zwischen Elternhaus und Schule. Die Ziele eines „Runden Tisches" sind:

1. Erhebung des Ist-Zustandes
   a) Bestandsaufnahme

b) Dokumentation von Konsens und Dissens, einschließlich des gegenseitigen Respekts für unterschiedliche Auffassungen
2. Gemeinsame Entscheidung über (weitere) diagnostische Maßnahmen wie z. B.
   a) Durchführung eines Tests. Die Durchführung von Testdiagnostik im Konsens zwischen allen Beteiligten (Eltern, Klassenlehrerin, Berater) gewährleistet, dass die Testdiagnostik *dem Kind nützt* und nicht dazu dient herauszufinden, wer „Recht" hat; so kann verhindert werden, dass ein Testergebnis als Druckmittel *gegen* Eltern oder Schule eingesetzt wird.
   b) Durchführung eines Unterrichtsbesuchs. Analog zum Test sollte durch eine *gemeinsame* Entscheidung abgesichert werden, dass der Unterrichtsbesuch auch im Interesse der Lehrkräfte ist und nicht unmerklich zu einer unerwünschten Kontrollmaßnahme mutiert.
   c) Gespräch eines Beraters mit dem Kind in der Beratungsstelle.
3. Verbindliche Vereinbarung über Fördermaßnahmen
   a) zu Hause (z. B. verpflichten sich die Eltern, dafür zu sorgen, dass ihre Tochter die Hausaufgaben erledigt, obwohl sie diese langweilig findet oder sie leisten Unterstützung bei der Vorbereitung ihres Kindes auf einen Wettbewerb).
   b) in der Schule (z. B. verpflichtet sich der Klassenlehrer, mit dem Kind zu klären, an welchen Zusatzaufgaben in Mathematik oder Sachkunde es arbeiten möchte, wenn es mit den „Pflichtaufgaben" früher fertig ist als die anderen Kinder).
4. Vereinbarung über eine „Laufzeit" zur Erprobung der vereinbarten Maßnahmen.
5. Klärung, wer das Kind über das Gespräch und die getroffenen Vereinbarungen informiert (wenn das Kind nicht selbst teilgenommen hat).
6. Vereinbarung eines Termins zur gegenseitigen Rückmeldung über die Ergebnisse zwecks Klärung des weiteren Vorgehens.

Integration dreifach

Ein solches Vorgehen ist *integrativ* im dreifachen Sinne:

- integrativ im Hinblick auf den *Ort*, an dem das besonders begabte Kind zu seinem Recht kommt: das Kind nimmt ein allgemeines Schulangebot an der Schule seines Wohnortes wahr und wird dort zusätzlich gefördert
- integrativ im Hinblick auf die *Maßnahmen*: spezielle Maßnahmen der Begabtenförderung werden kombiniert mit Maßnahmen für alle Kinder (siehe unten)
- integrativ im Hinblick auf die zuständigen *Personen*: in enger Kooperation zwischen Elternhaus und Schule – evtl. begleitet von einem/r externen professionellen Fachberater/in – erfolgt eine Integration vorhandener Kompetenzen (je nach Alter auch bei Beteiligung des Kindes/Jugendlichen)

Die Erfahrungen, die mit einem solchen Vorgehen gemacht wurden sind ermutigend (z. B. in der *BbB; n*ach wie vor ist die *Beratungsstelle besondere Begabungen* die einzige Beratungsstelle dieser Art in Deutschland in *schulbehördlicher* Trägerschaft; Informationen unter www.li-hamburg.de zum Link „Beratung"). Die dort systematisch durchgeführten Nachbefragungen zeigen, dass Eltern und Lehrkräfte mit dem Konzept einer „Dialogischen Diagnostik und Beratung“ gut zurechtkommen. Sie fühlen sich gegenseitig in ihrer Kompetenz wahr- und ernst genommen, haben weniger Angst voreinander und übernehmen gern Verantwortung, weil sie die Erfahrung machen, dass die Verantwortung geteilt, überall nur mit Wasser gekocht und vielfältige Fördermöglichkeiten im Interesse der Kinder realisiert werden können. (Die im Folgenden aufgeführten Fördermöglichkeiten geben die Situation im Bundesland Hamburg wieder. Eine Übersicht findet sich unter www.li-hamburg.de zum Link „Beratung“ unter dem Stichwort „Förderprojekte“.)

Förderung von besonderen Begabungen

Bei den Fördermöglichkeiten wird unterschieden zwischen spezifischen Möglichkeiten der Begabtenförderung und Fördermöglichkeiten, die für alle Kinder angeboten werden und auch den Kindern mit besonderen Begabungen zugute kommen:

Fördermöglichkeiten für alle Kinder

Neben den spezifischen Angeboten für Schüler/innen mit besonderen Begabungen gibt es viele Angebote im Rahmen des allgemeinen Unterrichts, die allen Kindern (auch die besonders Begabten) in der Entfaltung ihrer individuellen Fähigkeiten unterstützen:

- Individualisierender Unterricht durch Binnendifferenzierung, Offenen Unterricht, Wochenplanarbeit, Lernwerkstatt zum Forschen und Experimentieren
- Freinetpädagogik, Montessori-Pädagogik, Gestaltpädagogik, Themenzentrierte Interaktion (TZI)
- Fächerübergreifender Unterricht, Projektunterricht
- Jahrgangsübergreifender Unterricht
- Außerschulische Lernorte (Literaturhaus, Theater, Ateliers, Zentrum für Schulbiologie und Umwelterziehung, Naturwissenschaftlich-technisches Zentrum, Ferienakademien, Kursangebote der Universitäten und Fachhochschulen)
- Freiwillige Arbeitsgemeinschaften und Neigungskurse
- Sportliche Angebote in Kooperation mit den Sportvereinen
- Schulen mit besonderen Schwerpunkten (Schulprogramm. Informationen zum Projekt „Schmetterlinge – Hamburger Verbund begabungsentfaltender Grundschulen“ findet sich unter www.schmetterlingsschulen.de).

Spezifische Fördermöglichkeiten

Hier wird unterschieden zwischen Maßnahmen der „Akzeleration“ und des „Enrichment“.

Akzeleration

- Die frühzeitige – oder auch rechtzeitige – Einschulung (im Zuge der zunehmenden Akzeptanz von Begabtenförderung ist hier eine Steigerung in solchen Bundesländern zu verzeichnen, deren Schulgesetz die „Stichtagsregelung" aufgehoben oder gelockert haben)
- das Überspringen einer Jahrgangsstufe
- Verkürzung der Gymnasialzeit von neun auf acht Jahre (unterschiedliche Modelle in den verschiedenen Bundesländern)
- Gastunterricht in höheren Klassen (erfordert gute innerschulische Koordination)

Enrichment

- Spezifische Zusatzangebote wie z. B. Schülerzirkel Mathematik, PROBEX – Chemie für Grundschüler, Kreatives Schreiben, Philosophieren mit Kindern in der Grundschule (www.philosophieren-mit-kindern-hamburg.de), besondere Kursangebote im fremdsprachlichen oder naturwissenschaftlich-technischen Bereich (z. B. MINT-Zirkel, siehe http://schule.tu-harburg.de/begabte/)
- Talentförderung im sportlichen Bereich
- Musische Talentförderung in „Förderklassen" und einer „Studienvorbereitenden Ausbildung" an der Jugendmusikschule
- Förderung von Auslandsaufenthalten
- Teilnahme an der vom Verein Bildung und Begabung jährlich durchgeführten Schülerakademie (Informationen bei Bildung und Begabung e.V. in Bonn, www.bildung-und-begabung.de)
- Anschlussförderung bei erfolgreicher Wettbewerbsteilnahme
- Facharbeit, Besondere Lernleistung, Kompetenzkurse (Möglichkeiten für Schüler/innen der Oberstufe)
- Juniorstudium

(Eine Übersicht über Hamburger Förderprojekte unter www.li-hamburg.de dann weiter über „Beratung, Beratungsstelle besondere Begabungen, Förderprojekte")

6.8 Sprachstandserhebungen im Vorschulalter

Birgit Lütje-Klose

Einleitung

Maßnahmen vorschulischer Sprachförderung wurden in den letzten Jahren in der Folge der ersten PISA-Studie (Baumert et al., 2001) in den meisten deutschen Bundesländern konzipiert und etabliert. Die Auswahl der Kinder, die an diesen Maßnahmen teilnehmen, wird in der Regel aufgrund einer Erhebung ihres Sprachstandes in der deutschen Sprache getroffen. Auch wenn es sich bei einem großen Teil der Zielgruppe um mehrsprachige Kinder mit Migrationshintergrund handelt, werden bei der Erhebung wie auch bei der Förderung nur vereinzelt die Herkunftssprachen berücksichtigt.

Im folgenden Überblicksartikel werden zunächst Begründungszusammenhänge für die Ein- und Durchführung vorschulischer Sprachförderung erläutert, daran anknüpfend werden die bisherigen Forschungsergebnisse zu diesem Themenkomplex zusammenfassend dargestellt. Es folgt eine überblicksartige Darstellung einiger aktuellen Verfahren zur Sprachstandserhebung und ihre Einschätzung. Strategien der Förderplanung und Anregungen zur Durchführung vorschulischer Sprachfördermaßnahmen werden im Folgeartikel (6.9) beschrieben.

Forschungsstand und Begründungszusammenhänge in Bezug auf die Durchführung vorschulischer Sprachförderung

Untersuchungsergebnisse zu Sprachförderbedarf und Schulversagen

Maßnahmen vorschulischer Sprachförderung wie z. B. das niedersächsische Konzept „Fit in Deutsch“ verfolgen das Ziel, die Chancen einer erfolgreichen Mitarbeit für Kinder mit unzureichenden Sprachkenntnissen, insbesondere für Kinder nichtdeutscher Herkunftssprache, in der Schule zu erhöhen (vgl. Niedersächsisches Kultusministerium, 2003). Das große öffentliche und politische Interesse am Thema vorschulische Sprachförderung begründet sich aus der Erkenntnis, dass viel zu viele Kinder und Jugendliche in Deutschland aufgrund ihrer unzureichenden Sprachkenntnisse und deren Folgen für das Nicht-Verstehen schulischer Lerninhalte in der Schule versagen. Offenbar gelingt es dem deutschen Bildungssystem derzeit nicht, diese Schülerinnen und Schüler adäquat zu fördern.

Das gilt insbesondere für die Gruppe der mehrsprachigen Kinder mit Migrationshintergrund, die in Deutschland einen Anteil von insgesamt ca. 10 % aller Schüler ausmachen (statistisches Bundesamt, 2003). Da sich dieser Anteil keineswegs gleichmäßig über ganz Deutschland verteilt, sondern sich insbesondere in Großstädten und dicht besiedelten Regionen konzentriert, kann man bei Kindern mit Migrationshintergrund vielfach nicht von einer Minderheit sprechen. Sie machen vielmehr eine große Gruppe von Schülern in Deutschland aus, in einzelnen Schulen stellen sie sogar die Mehrheit der Schülerschaft dar. Die Notwendigkeit, diese Kinder ebenso wie sozial randständige deutsche Kinder schon vorschulisch auf die „Sprache der Schule“ vorzubereiten und so ihre Bildungschancen zu erhöhen, wird seit der öffentlichen Rezeption der ersten PISA-Studie (Baumert et al., 2001) in Deutschland wieder besonders betont, nachdem das Thema ca. 20 Jahre lang ein Schattendasein fristete.

In den 70er Jahren gab es bereits eine intensive Auseinandersetzung mit Fördermöglichkeiten für mehrsprachige Kinder und einsprachig deutsche Kinder mit Sprachentwicklungsauffälligkeiten, und auch Instrumente zur Sprachstandserhebung, die teilweise als Vorläufer der jetzt verwendeten Verfahren anzusehen sind, wurden bereits damals entwickelt (vgl. Dirim & Roth, 2004). In den dazwischen liegenden Jahrzehnten verschwand das Thema dann weitgehend aus der öffentlichen Wahrnehmung, denn es wurde davon ausgegangen, dass die Sprachprobleme von Kindern mit deutscher Herkunftssprache durch verstärkte Vorsorgeuntersuchungen und sprachtherapeutische bzw. sprachbehindertenpädagogische Versorgung bewältigt würden. In Bezug auf Kinder mit nichtdeutscher Herkunftssprache ging man davon aus, dass sich ihre Sprachprobleme in der bis dahin erreichten dritten Einwanderungsgeneration von selbst erledigt hätten und die Familien sich an die deutsche Sprache und Kultur assimiliert hätten. Dass dem nicht so war, dass der Sprachenerhalt der Herkunftssprachen in Migrantenfamilien u. a. durch die Zugänglichkeit öffentlicher Medien aus den Herkunftsländern, die Bildung von starken intraethnischen Communities und den Nachzug von Ehepartnern aus dem Herkunftsland (nicht nur in Deutschland) ein dauerhaftes Phänomen darstellt, zeigen mittlerweile zahlreiche Untersuchungen (vgl. zusammenfassend Reich & Roth, 2002, S. 7-10).

Dieser Erhalt der Herkunftssprachen muss keineswegs eine beeinträchtigende Bedingung für den Zweitspracherwerb im Deutschen darstellen, denn „das Gehirn hat Platz für viele Sprachen" (List, 2001). Frühere Annahmen negativer Auswirkungen der Mehrsprachigkeit auf den Spracherwerb gelten als überholt, weil sie soziale Unterschiede zwischen den untersuchten einsprachigen und mehrsprachigen Kindern nicht berücksichtigten. Neuere Untersuchungen zeigen vielmehr leichte kognitive Vorteile bei Kindern, die mit zwei oder mehr Sprachen groß werden (Reich & Roth, 2002, S. 12).

Allerdings zeigt sich in verschiedenen Studien, dass eine große Anzahl von Kindern mit Migrationshintergrund, aber auch ein erheblicher Anteil der deutschen Kinder unter den bestehenden vorschulischen Förderbedingungen bei der Einschulung nicht den Sprachstand mitbringt, den die deutsche Schule von ihnen erwartet. In einer Reihe neuerer Untersuchungen werden ihnen Sprachprobleme in geradezu unglaublichem Ausmaß attestiert: so fand Grimm (2003) sprachliche Auffälligkeiten im phonologischen und/oder grammatischen Bereich bei 40,1 % aller mit dem Verfahren SETK untersuchten 1 395 Kinder in Bielefeld. Der Anteil lag für die einsprachig deutschen Kinder bei 29,5 %, für die mehrsprachigen Kindern sogar bei 72 %. Ähnliche Zahlen finden sich 2001 bei der Einführung des Verfahrens „Bärenstark" in Berlin (Pochert, 2001) und auch wieder 2004 bei der Erprobung des Nachfolgeinstruments „Deutsch plus" (Senatsverwaltung Berlin, 2005) sowie in der niedersächsischen Pilotphase zur Einführung der vorschulischen Sprachförderung (Koch, 2003).

Diese Zahlen stellen vermutlich Obergrenzen dar, weil die erwähnten Pilotphasen in sozialen Brennpunktregionen mit erwartungsgemäß hohem Förderbedarf durchgeführt wurden. Sie sind auch deshalb vorsichtig zu bewerten, weil die meisten Sprachstandsüberprüfungen ein eingeschränktes, formal orientiertes Verständnis von Sprache zugrunde legen und die Entwicklung in den Herkunftssprachen der Kinder fast durchgängig nicht berücksichtigen (s.u., vgl. auch Dirim & Roth, 2004). Dennoch ist festzustellen, dass sich die Misserfolgsgeschichte von Migrantenkindern mit als unzureichend wahrgenommenen Sprachständen in der Unterrichtssprache Deutsch wie auch von deutschen Kindern aus sozial randständigen Lebensbezügen nach einem schwierigen Schulstart oftmals über die gesamte Schullaufbahn mit viel zu geringer sprachlicher Unterstützung fortsetzt.

Dies führt in weit überproportionalem Umfang zu dauerhaftem Schulversagen dieser Kinder und Jugendlichen: Ein außerordentlich hoher (und kontinuierlich zunehmender) Anteil von Schülerinnen und Schülern nichtdeutscher Herkunftssprache versagt in der deutschen Schule, wird zu einer Förderschule mit dem Schwerpunkt Lernen überwiesen oder beendet die Schullaufbahn ohne einen Abschluss. Kinder mit Migrationshintergrund machen ein Zehntel aller Schüler, aber ein Viertel aller Sonderschüler aus (Statistisches Bundesamt, 2002). Der Relative Risiko-Index für diese Schülerinnen für die Überweisung zur Sonderschule, den Kornmann jährlich neu berechnet, lag im Jahr 2000 bundesweit bei 2,1, in Niedersachsen sogar bei 3,09 (vgl. Kornmann & Kornmann, 2003). Das Risiko eines Kindes nichtdeutscher Herkunft, auf eine Sonderschule für Lernhilfe überwiesen zu werden, liegt damit z. B. in Niedersachsen mehr als dreimal so hoch wie das Risiko eines Kindes deutscher Herkunft. Interessant ist dabei auch die Tatsache, dass es erhebliche Unterschiede zwischen den Überweisungszahlen zwischen den einzelnen Bundesländern gibt: Während der Risikoindex im Jahr 2000 in Bremen beispielsweise bei 1,53 lag, war das Risiko auf Überweisung zur Sonderschule in Baden-Württemberg 3,6 mal so hoch wie das deutscher Kinder (Kornmann & Kornmann, 2003, S. 287). Je nach Wohnort variiert also die Wahrscheinlichkeit einer Sonderschulüberweisung für diese Gruppe von Schülern um mehr als das Doppelte. Solch gravierende Unterschiede lassen vermuten, dass es nicht nur die individuellen Entwicklungsstände der Kinder sind, die zur Sonderschulüberweisung führen, sondern dass es innerhalb Deutschlands erhebliche Differenzen zwischen den angelegten Normen und auch den angebotenen Fördermöglichkeiten gibt. Es ist also nicht nur nach den individuellen, sondern auch nach den institutionellen Bedingungen zu fragen, unter denen Kinder in der Schule versagen. Gomolla und Radtke (2002) sprechen in diesem Zusammenhang von einer „institutionellen Diskriminierung“ des Schulsystems.

Das schlechte Abschneiden bei der PISA-Studie ist ein weiterer Indikator dafür und dokumentiert den Handlungsbedarf, der in Bezug auf die Förderung dieser Klientel im deutschen Schulsystem besteht (vgl. Baumert et al., 2001, S. 373f): 20 % der untersuchten Achtklässler mit Migrationshintergrund gehören zu den extrem schwachen Lesern auf Kompetenzstufe I, fast 50 % von ihnen überschreiten die elementaren Kompetenzstufen im Lesen nicht. Dabei sind die Sonderschüler noch gar nicht mitgerechnet, weil sie in die Studie nicht einbezogen waren. Es wird davon ausgegangen, dass sich die schwachen Lesekompetenzen auf die Schulleistungen in allen anderen Fächern negativ auswirken.

Gründe für das gehäufte Schulversagen

Sucht man nach Gründen für diese Häufung des Schulversagens, so fallen die bereits angesprochenen Sprachprobleme, die viele Schüler nicht-deutscher Herkunftssprache und sozial randständige deutsche Kinder bei der Aneignung schulischer Lerngegenstände behindern, zunächst vorrangig ins Auge (vgl. Begemann, 1996; Klein, 2001; Knapp, 1998). Die sprachliche Bildung ist als einer der grundlegenden Bildungsfaktoren insgesamt zu bewerten. Ihre unzureichende Berücksichtigung kann zur Entstehung von Sprach- und Lernstörungen führen und das gehäufte Schulversagen dieser Schülergruppe mit begründen. Für sozial randständige einsprachig deutsche Kinder hat Begemann die fehlende Passung zwischen den mitgebrachten Sprachkompetenzen der Kinder und den mittelschichtsorientierten Erwartungen des Schulsystems seit vielen Jahren immer wieder eindrucksvoll nachgewiesen (Begemann, 1970, 1996). Für Kinder mit Migrationshintergrund spielt die ausschließliche Orientierung an ihrem deutschen Sprachstand und die systematische Nicht-Berücksichtigung ihrer herkunftssprachlichen Kompetenzen und besonderen sprachlichen Fähigkeiten, die sich aus der Mehrsprachigkeit ergeben, eine zentrale Rolle. Gogolin (1994) hat diese Haltung des deutschen Schulsystems gegenüber der Mehrsprachigkeit eines erheblichen Anteils ihrer Schülerschaft als „monolingualen Habitus" bezeichnet, der zur o. a. institutionellen Diskriminierung führt. Für diese Haltung von Lehrkräften und Schulbehörden, die nicht selten das Schulversagen als „self fulfilling prophecy" nach sich ziehen, gibt es unzählige Beispiele (z. B. Merz-Atalik, 2001). Das bleibt nicht ohne Konsequenzen für die Entwicklung der Schüler. Dirim und Roth (2004, S. 2) stellen fest: „Der monolinguale Habitus des deutschen Bildungssystems verhindert auf diese Weise sowohl die Anerkennung wie auch die produktive Einbeziehung der Herkunftssprachen in ein umfassendes Konzept von Sprachförderung, obwohl inzwischen durchaus Belege für die positiven Effekte eines integrierten Verständnisses von Sprache, resp. Zweisprachigkeit vorliegen ... sowie auch entsprechende Praxiskonzepte im Kontext von Elementar- und Primarerziehung in Deutschland ausgearbeitet sind."

Mit den sprachlichen Aspekten eng verbunden sind die soziokulturellen Rahmenbedingungen, unter denen die Kinder aufwachsen. Die Aspekte soziale Lage und Individuallage der Schüler und ihrer Familien sind, wie Wocken (2000) in der vergleichenden Hamburger Studie LAUF (Lernausgangslage bei Förderschülern) nachweisen konnte, als zentrale Einflussfaktoren auf den Schulerfolg zu bewerten und haben größere Auswirkungen darauf als beispielsweise die Intelligenz oder Lese-Rechtschreib-Leistung. Schülerinnen und Schüler mit Migrationshintergrund sind eklatant häufiger von Armut, Arbeitslosigkeit und sozialer Randständigkeit betroffen als Schüler deutscher Herkunft und machen, wie Klein (2001) in einer vergleichenden Studie fand, nicht zuletzt deshalb einen stark wachsenden Anteil der Sonderschüler aus.

Betrachtet man die Ergebnisse der großen internationalen Schulvergleichsstudien PISA (Baumert et al., 2001) und IGLU (Bos et al., 2004), so wird deutlich, dass der Zusammenhang zwischen ethnischer und sozialer Herkunft einerseits und Schulversagen andererseits in Deutschland besonders stark ausgeprägt ist. Das deutsche Schulsystem mit seinen frühen Selektionsmechanismen stellt ein extrem ungünstiges Umfeld gerade für diese Klientel dar. Anders als andere Länder mit vergleichbar hohen Anteilen von Migrantenkindern und mit ähnlichen Lebensbedingungen (z. B. die Niederlande, England, Schweden) sind bei uns Rückstellungen vom Schulbesuch, Klassenwiederholungen bereits vom ersten Schuljahr an und frühe Überweisungen zur Sonderschule an der Tagesordnung. Auf diese Weise sind nach einer Schätzung von Tillmann (2004, S. 9) im Laufe ihres Schullebens fast 40 % aller Schüler einmal von einer negativen Auslese betroffen, mit allen Konsequenzen, die eine solche Entscheidung auf die Entwicklung eines positiven Selbstkonzepts und einer hohen Lernmotivation hat. Weiterhin macht das gegliederte Schulsystem es in den meisten deutschen Bundesländern bereits nach dem 4. Schuljahr für alle Schüler notwendig, weitreichende Entscheidungen für ihre schulische Zukunft zu treffen. Dies ist für solche Kinder, die mit geringen deutschen Sprachkenntnissen eingeschult wurden, ein sehr früher Zeitpunkt, zu dem noch nicht davon auszugehen ist, dass sie die deutsche Sprache auf einem Niveau erworben haben, das dem einsprachig deutscher Schüler entspricht. Der Erwerb einer Zweitsprache ist, wie unter anderem Forschungsergebnisse aus Kanada zeigen, ein mehrjähriger Prozess, selbst unter den günstigsten Bedingungen (Hakuta, 2000, S. 36).

Diese Faktoren sind zu bedenken, wenn vorschulische Sprachfördermaßnahmen jetzt in großem Umfang flächendeckend eingesetzt werden. Diese Förderung ist unbedingt notwendig und erreicht die Schülerinnen und Schüler an einer sehr wichtigen Stelle ihrer Biographie: an dem „ökologischen Übergang" (Bronfenbrenner) von der Familien- in die Schulwelt mit allen ihren Anforderungen. Es ist aber nicht davon auszugehen, dass sie ausreicht: sowohl im Kindergarten als auch in den weiteren Schuljahren sind verlässliche Maßnahmen zu installieren, die die Schüler in der Auseinandersetzung mit einer immer komplexer werdenden Schulsprache begleiten. Dabei sind solche Maßnahmen offenbar besonders wirkungsvoll, die die Schüler in ihrer Mehrsprachigkeit, unter Berücksichtigung aller ihrer Sprachen fördern (vgl. Zusammenschau der Forschungsergebnisse bei Reich et al., 2002, S. 42 f).

In der wissenschaftlichen wie in der politischen Diskussion besteht Einigkeit darüber, dass sprachfördernde Maßnahmen unbedingt erforderlich sind und so früh wie möglich einsetzen sollten, um die Bildungschancen von Kindern mit Einschränkungen in ihren deutschen Sprachkenntnissen zu erhöhen. Die Beherrschung der deutschen Sprache wird als Schlüsselqualifikation zur Partizipation am gesellschaftlichen Leben in Deutschland angesehen (z. B. Niedersächsisches Kultusministerium, 2004). Unterschiedliche Auffassungen gibt dagegen hinsichtlich der Fragen, welche Verfahren sich zur Feststellung des Sprachstandes eignen, wann, wie und von wem die Förderung durchgeführt werden sollte und über welche Zeiträume sie erforderlich ist.

Instrumente zur Sprachstandserhebung

Eine Reihe von deutschen Bundesländern hat in den letzten fünf Jahren diagnostische Verfahren entwickelt und erprobt, um den sprachlichen Förderbedarf von Kindern insbesondere in der Einschulungsphase einschätzen zu können und daran anknüpfend Fördermaßnahmen zu organisieren. Zu den ersten gehörte Berlin 1999 mit seinem Verfahren „Bärenstark" (vgl. Pochert, 2001), das auf einem Verfahren aus den 70er Jahren basierte und über mehrere Jahre in verschiedenen Stadtteilen erprobt wurde. Das Kultusministerium in Niedersachsen entwickelte das Screening-Verfahren „Fit in Deutsch“, das 2002/2003 erprobt wurde und seit 2003/2004 flächendeckend eingesetzt wird. Niedersachsen war damit das erste Bundesland, in dem die Sprachstandserhebung und Sprachförderung ein halbes Jahr vor Einschulung verpflichtend umgesetzt wurde (vgl. Heine, 2003). Berlin adaptierte das niedersächsische Verfahren 2004 unter dem Namen „Deutsch plus“ (Wendt, 2005) und löste damit das umstrittene Verfahren „Bärenstark“ ab. In Hessen wird das „Marburger Sprachscreening“ (Holler-Zittlau, 2003) eingesetzt, daran schließen sich sogenannte Vorlaufkurse ein halbes Jahr vor Einschulung an. In Bremen wird eine verkürzte Version des „SFD – Sprachstandserhebung und Förderdiagnostik für Ausländer- und Aussiedlerkinder“ (Lutz, Hobusch & Wiest, 2002) eingesetzt, auf dessen Grundlage den Grundschulen Förderressourcen für die Einschulungsphase zugewiesen werden. In Hamburg wurde das Verfahren „HAVAS 5 – Hamburger Verfahren zur Analyse des Sprachstandes Fünfjähriger“ (Reich & Roth, 2004) über mehrere Jahre erprobt und wird ab 2005/2006 flächendeckend im letzten Kindergartenjahr eingesetzt. Bayern setzt keinen Test, sondern ein materialgestütztes Beobachtungsverfahren „Sprachkenntnisse bei Schulanfängern erfassen“ ein, das vom Staatsinstitut für Schulpädagogik und Bildungsforschung (2002) entwickelt wurde. Die Bundesländer, die bislang keine eigenen Verfahren und Förderkonzepte entwickelt haben, orientieren sich an den genannten Ländern.

Während alle bisher aufgeführten Verfahren für die Einschulungsphase konzipiert sind, richtet sich das Beobachtungsverfahren „SISMIK - Sprachverhalten und Interesse an Sprache bei Migrantenkindern in Kindertageseinrichtungen“ vom Staatsinstitut für Frühpädagogik München auch an jüngere Kinder in Kindertageseinrichtungen. In der Erprobung befindet sich im KiTa- und Einschulungsbereich außerdem das niederländische Verfahren CITO, dass die rezeptiven Kenntnisse in beiden Sprachen durch ein Computerprogramm überprüft.

Im Weiteren werden einige ausgewählte Verfahren näher vorgestellt und hinsichtlich ihrer Ziele, ihrer Items, ihres Sprachbegriffs und ihrer Normen sowie hinsichtlich erster Einschätzungen und Erfahrungen damit untersucht.

„Fit in Deutsch“ (Niedersächsisches Kultusministerium 2002/2004)

Das Verfahren „Fit in Deutsch“ versteht sich als „Schwellentest“, durch den die Zuweisung zu einer Fördermaßnahme erfolgen kann, nicht als förderdiagnostisches Verfahren. In Zweifelsfällen erfolgt die Entscheidung für die Förderung, um eher zu viele als zu wenige Kinder vorschulisch zu unterstützen. Das Verfahren wird von Lehrkräften der aufnehmenden Grundschulen zehn Monate vor der Einschulung wahlweise in der Schule oder im Kindergarten durchgeführt. Im Jahr 2002/2003 wurde eine Pilotphase in 20 Grundschulen durchgeführt, die von den Universitäten Göttingen (Koch, 2003) und Hannover (Lütje-Klose, 2003) wissenschaftlich begleitet wurde.

Ziel des Verfahrens ist es, die Deutschkenntnisse der Kinder zu überprüfen, um sie daran anschließend in verpflichtenden Förderkursen sechs Monate vor Einschulung gezielt bei der Entwicklung der deutschen Schulsprache zu unterstützen (vgl. Behrens, Heine, Windolph & Wolter, 2002). Das Verfahren liegt auch in

Übersetzung in den neun am stärksten vertretenen Migrantensprachen (türkisch, russisch, kurdisch, arabisch, bosnisch/kroatisch/serbisch, italienisch und spanisch) vor, so dass es möglich wäre, auch den Sprachstand in den Herkunftssprachen parallel zum deutschen Sprachstand beziehungsweise zu Beginn der Förderphase zu erheben und daran anschließend auch eine mehrsprachige Förderung in den Blick zu nehmen. Da der Aufwand bereits für die deutsche Sprachstandserhebung aller einzuschulenden Kinder von den Schulen als sehr hoch wahrgenommen wird, wurde von dieser Möglichkeit allerdings zumindest in der Pilotphase nur sehr selten Gebrauch gemacht (vgl. Lütje-Klose, 2003). Dazu trug auch die Schwierigkeit bei, herkunftssprachliche Lehrkräfte für die Durchführung zu gewinnen. In den wenigen Fällen, in denen eine herkunftssprachliche Version eingesetzt wurde, ging es fast immer um die Fragestellung, ob es sich bei den Sprachproblemen eines Kindes um eine beide Sprachen betreffende Spracherwerbsstörung handelt und dementsprechend eine Überprüfung auf sonderpädagogischen Förderbedarf im Bereich Sprache anstand. Das herkunftssprachliche Verfahren wurde also primär für eine Selektionsentscheidung, nicht für eine förderdiagnostische Orientierung verwendet.

Das Verfahren „Fit in Deutsch“ besteht aus vier Teilen, in denen unterschiedliche Aspekte thematisiert werden. Nach jedem Teil ist ein Abbruch möglich, wenn die Entscheidung für oder gegen eine Zuweisung zur Fördermaßnahme bereits klar zu fällen ist (z. B. wenn das Kind überhaupt nicht über deutsche Sprachkenntnisse verfügt oder sich von Anfang an fließend auf Deutsch äußert). In Teil A werden im Rahmen eines Elterngesprächs und eines Gesprächs mit dem Kind Basisinformationen zur Sprachbiographie und zum Sprachstand des Kindes erhoben. Das Gespräch mit dem Kind soll einen ersten Eindruck vom Kommunikationsverhalten und aktiven Wortschatz des Kindes ermöglichen und dient zugleich der Kontaktaufnahme und Vorbereitung der Sprachstandserhebung. Im Teil B geht es um die Überprüfung des passiven Wortschatzes anhand von zwei Wimmelbildern, auf denen das Kind mindestens 20 Nomen und acht Verben richtig zeigen muss. Teil C überprüft das Aufgabenverständnis – insbesondere das Verständnis von Präpositionen – durch Agieren mit einem Teddybär im Raum. Mindestens fünf einfache und drei mehrteilige Handlungsanweisungen sollen korrekt umgesetzt werden. Im Teil D werden aktive Äußerungen des Kindes durch Bildvorlagen zu provozieren versucht. Das Kind kann dazu zwischen einer Bildergeschichte und lustigen Einzelbildern wählen.

Im Verfahren „Fit in Deutsch“ wird neben den sprachlichen Strukturebenen passiver und aktiver Wortschatz sowie aktive Äußerungen (Satzaufbau) und auch die Kommunikationsfähigkeit der Kinder in den Blick genommen. Insofern liegt ein weiter Sprachbegriff zugrunde, der allerdings nicht so stark ausgearbeitet und in den Hinweisen zur Auswertung berücksichtigt wird wie etwa bei HAVAS 5 (siehe 3.4). Dasselbe gilt für typisch mehrsprachige Übergangsphänomene und sprachliche Mischformen: der Auswertungsbogen ermöglicht zwar ihre Beschreibung in den begleitenden Beobachtungen, gibt aber keine Hilfestellungen für die Bewertung. Die angelegte Norm ist die der Kindersprache, wobei auf grammatische Korrektheit explizit verzichtet wird. Insgesamt ist zu berücksichtigen, dass das Verfahren nur als Zuweisungsinstrument zu vorschulischen Förderkursen gedacht ist, und nicht zur differenzierten Förderdiagnostik. Die niedersächsische Planung sieht eine ausführliche Förderdiagnostik zu Beginn der Förderung vor und bietet im Rahmen der „Didaktisch-methodischen Empfehlungen für die Sprachförderung“ (Niedersächsisches Kultusministerium, 2004) verschiedene Möglichkeiten dazu an.

Die Erfahrungen mit dem Verfahren zeigen, dass es insgesamt praktikabel ist, allerdings vom Zeitaufwand her deutlich höher liegt als mit 30 Minuten konzipiert (vgl. Koch, 2003; Lütje-Klose, 2003). Eine Berücksichtigung der Herkunftssprachen durch eine eigene Sprachüberprüfung ist theoretisch möglich, wird aber nicht gefordert. Die Kompetenzen in den beiden Sprachen werden auch bei Einsatz der herkunftssprachlichen Version nicht zueinander in Beziehung gesetzt, um z. B. herauszufinden, welches die dominante Sprache des Kindes ist und wie sich die Verbindung zwischen den Sprachen bei diesem Kind darstellt. Hierfür wäre insbesondere die Beobachtung von Sprachmischungen und deren Funktion in der kindlichen Sprache von Interesse (vgl. Dirim, 2001, S. 87). Daran anknüpfend wurde auch die Förderung zumindest in der Pilotphase fast durchgängig nicht auf eine Entwicklung der Mehrsprachigkeit hin angelegt, sondern ausschließlich auf eine Weiterentwicklung der deutschen Unterrichtssprache (vgl. Lütje-Klose, 2003).
Die gesamte Maßnahme steht damit – obwohl eine weitere Perspektive auf die Wertschätzung aller Sprachen der Kinder intendiert war – in Bezug auf die Umsetzung in der Tradition des „monolingualen Habitus“.

„Deutsch Plus“ (Senatsverwaltung Berlin 2004)

Deutsch Plus stellt eine adaptierte Version des niedersächsischen Verfahrens dar, das in einem Probelauf auf seine Praktikabilität getestet und mit dem normierten Sprachentwicklungstest KISTE (Beltz, 1994) auf seine Validität überprüft wurde. Demnach erfüllt das Verfahren die Testgütekriterien: die Validität ist in hohem Maße gegeben, die Überprüfung der Reliabilität ergab zufriedenstellende bis sehr gute Werte, und die Objektivität war in ausreichendem Maße gegeben (Wendt, 2005, S. 4). Aufgrund der vergleichenden Durchführung wurden zur Verbesserung der Auswertungsobjektivität und Praktikabilität folgende Veränderungsvorschläge gemacht: je eines der beiden Alternativelemente sollten gekürzt werden (eines der Wimmelbilder in Teil B und eine der Bildvorlagen in Teil D), und das einführende Gespräch mit den Eltern und dem Kind sollte stark gekürzt und stärker standardisiert werden, weil hier keine klaren Auswertungskriterien vorlägen und die Einschätzungen der durchführenden Personen sich stark unterschieden. Es wird insbesondere eine Kürzung der Fragen vorgeschlagen, die sich auf die mehrsprachige Biographie und Lebenssituation der Kinder richten, anstatt Auswertungskategorien für diesen Bereich vorzuschlagen. Vielmehr wird ausgesagt: „Deutsch-plus ist zu ndH-lastig. So manches Erfragte spielt für die Auswertung keine Rolle und steht in keinem nachweisbaren Zusammenhang mit anderen Teilen oder Ergebnissen des Erhebungsinstruments“ (Wendt, 2005, S. 50). Sollte diesen Vorschlägen Folge geleistet werden, so wird die monolinguale Orientierung des Verfahrens in Berlin noch stärker als in Niedersachsen zementiert. Dafür spricht auch, dass eine mögliche Verwendung der übersetzten Versionen des Verfahrens mit keinem Wort erwähnt wird.

„SFD" – Sprachstandserhebung und Förderdiagnostik für Ausländer- und Aussiedlerkinder (Lutz, Hobusch & Wiest, 2002)

Das Bremer Verfahren SFD unterscheidet sich von den anderen Verfahren u. a. dadurch, dass es nicht explizit für die vorschulische Förderphase, sondern für die ersten vier Grundschuljahre konzipiert ist. Es gibt je eine Version für jeden Schuljahrgang. Das Verfahren soll einen schnellen Überblick über das Sprachvermögen eines zweisprachigen Kindes ermöglichen und zugleich Hinweise für die weitere Förderung geben. Aufgrund der Ergebnisse in der Schuleingangsphase sollen die benötigten Deutsch-Förderstunden für die einzelnen Schulen ermittelt werden.

Die Durchführung erfolgt innerhalb von 30-40 Minuten, nach dem ersten Wortschatztest kann das Verfahren bei Nicht-Bestehen abgebrochen werden. Der passive Wortschatz kann außer in Deutsch in 15 weiteren Sprachen überprüft werden, dazu werden Wörter von einer Audio-CD abgespielt, zu denen das Kind die passenden Bilder zeigen soll. Die Auswahl des Wortmaterials wird nicht näher begründet, und die Bilder dazu sind nicht durchgängig eindeutig erkennbar. Es bleibt weiterhin unklar, wie die Ergebnisse in den beiden Sprachen aufeinander bezogen oder interpretiert werden sollen. Weitere Untertests betreffen die Farbenkenntnisse, das Hörverständnis in Bezug auf Sätze und auf eine nachzuerzählende Geschichte, die Pluralbildung und das Verständnis von Präpositionen, das mit dem Teddy-Test (analog zum niedersächsischen und Berliner Verfahren) überprüft wird. Anders als bei diesem wird im SFD auch die korrekte Produktion der Präpositionen einschließlich der dazugehörigen Nomen im korrekten Kasus gewertet – eine zweifelhafte Normvorgabe für Kinder im Einschulungsalter. Die Aufgaben zur Pluralbildung arbeiten mit einem bewusst falsch eingesetzten Nomen, um das Kind zur Produktion des richtigen Wortes im Plural zu motivieren – eine sehr künstliche und aus sprachganzheitlicher Perspektive zweifelhafte Strategie, denn es ist für die zu überprüfenden Kinder auf der pragmatischen Ebene eine sehr hohe Anforderung, fremde Erwachsene in der Testsituation zu korrigieren. Abschließend wird eine Bildergeschichte vorgelegt, zu der das Kind erzählen soll, um die aktiven Äußerungen zu überprüfen.

Die zugrunde gelegte Sprachnorm ist, wie an den im Test vorgestellten Beispielen deutlich wird, nicht eine kindersprachliche Entwicklungsnorm, sondern die grammatische Korrektheit der Erwachsenensprache. Die Zuordnung zu sogenannten „Sprachgruppen", die für den Umfang an Förderbedarf stehen, erfolgt rein defizitorientiert aufgrund der Zuordnung zu Prozenträngen, nicht aufgrund qualitativer Merkmale der untersuchten Kindersprache. Inwieweit diese Prozentränge etwas mit dem Verständnis der Unterrichtssprache zu tun haben, wird nicht deutlich. Die Normierung, auf die sich die Bildung dieser Prozentränge bezieht, wurde an einer viel zu geringen Stichprobe von 211 zweisprachigen und 14 monolingualen Kindern durchgeführt, das Verfahren ist damit nicht als standardisiertes

Instrument zu verstehen wie es dieses vorgibt. Die Zuordnung einer bestimmten Anzahl von Förderstunden, wie sie an den Beispielen vorgeführt wird, bleibt ohne Bezug zu den getroffenen inhaltlichen Aussagen und erscheint ohne Einbeziehung der Umfeldfaktoren (fördernde Bedingungen in der Klasse, in der Familie, in der Peer Group etc.) willkürlich.

„HAVAS 5" – Hamburger Verfahren zur Analyse des Sprachstands Fünfjähriger (Reich & Roth, 2004)

Der HAVAS 5 versteht sich nicht als Test, sondern als förderdiagnostisch orientiertes Analyseverfahren, das zugleich zur Zuordnung und Konzeption von Fördermaßnahmen geeignet ist. Ziel ist die Erfassung des Sprachentwicklungsstandes von Kindern in der deutschen Umgebungssprache ebenso wie in ihrer Herkunftssprache ca. ein Jahr vor Einschulung, um daran Fördermaßnahmen in der jeweiligen Institution, in der sich das Kind befindet (Kindergarten oder Vorschulklasse) anzuschließen. Das Instrument wurde in den Jahren 2002/2003 und 2003/2004 im Rahmen einer Pilotphase in Kindertagesstätten und Vorschulklassen erprobt, das Vorgehen und die Ergebnisse wurden von den Universitäten Hamburg und Koblenz-Landau sprachwissenschaftlich evaluiert.

Die 2004 erschienene Version, die ab dem kommenden Schuljahr 2004/2005 als flächendeckendes Verfahren in Hamburg eingesetzt werden soll, arbeitet mit einer sechsteiligen Bildergeschichte, anhand derer die sprachproduktiven Fähigkeiten der Kinder in der Umgebungssprache Deutsch und in ihren Herkunftssprachen erhoben werden. Die Kinder werden durch eine Impulsfrage und bestätigende Nachfragen dabei unterstützt, den Inhalt der Geschichte zu erzählen, außerdem werden zwei Nachfragen gestellt, die auf das kognitive und emotionale Gesamtverständnis der Bildergeschichte ausgerichtet sind. Darüber hinaus sind keine genaueren inhaltlichen Nachfragen oder Evozierungen vorgesehen, um dem Kind nicht zu viele sprachliche Modellierungen vorzugeben. Dadurch kann allerdings die Möglichkeit, mit dem Kind in einen Dialog zu treten und seine kommunikativen Fähigkeiten in Gesprächssituationen zu beurteilen, eingeschränkt werden. Zum Material gehören außerdem Auswertungsbögen und Auswertungshinweise für die Sprachen Deutsch, Türkisch, Russisch, Polnisch, Italienisch, Spanisch und Portugiesisch sowie ein Glossar, in dem die verwendeten sprachwissenschaftlichen Begriffe erklärt werden. Das Auswertungsmaterial ermöglicht eine differenzierte Analyse der kindlichen Sprachproduktionen in Bezug auf folgende Kategorien:

- Aufgabenbewältigung: Inwieweit wird die Geschichte vollständig, richtig und detailliert wiedergegeben?
- Bewältigung der Kommunikationssituation
- Verbaler Wortschatz
- Formen und Stellung des Verbs
- Verbindung von Sätzen

Der HAVAS strebt nicht eine umfassende Beschreibung des Sprachentwicklungsstandes in allen sprachstrukturellen und kommunikativen Bereichen an, sondern beschränkt sich auf einige ausgewählte, nach Forschungslage sehr aussagekräftige Bereiche (sog. Indikatoren, vgl. Reich, 2001, S. 78f). Die sprachstrukturelle Auswertung erfolgt in den Bereichen Syntax, Morphologie und Semantik in Bezug auf den Bereich der Verben, weil aktuelle Forschungsergebnisse zeigen, dass dieses Item besonders trennscharf ist und Rückschlüsse auch auf die Entwicklung der entsprechenden Bereiche in den anderen Wortarten zulässt. Anders als bei den anderen genannten Verfahren wird im HAVAS auf eine Überprüfung des passiven Wortschatzes sowie auf eine zusätzliche Feststellung des Aufgabenverständnisses im Bereich der Präpositionen verzichtet. Stattdessen werden die genannten Fähigkeiten zur aktiven Sprachverwendung für alle vom Kind gesprochenen Sprachen erhoben. Die Erhebungsmethode wie auch die Auswertungskriterien sind sprachwissenschaftlich begründet und in den Auswertungshinweisen differenziert erläutert. Dirim und Roth beschreiben die Kriterien folgendermaßen: „Die Auswertung orientiert sich nicht an den grammatischen Normen der beteiligten Sprachen, sondern an der gesprochenen Kindersprache und richtet sich auf die konkreten sprachlichen Performanzen der Kinder, um auf diese Weise das Entwicklungsstadium, Übergangsphänomene sowie das individuelle sprachliche Handeln der Kinder feststellen zu können." (Dirim & Roth, 2004, S. 7)

Die Auswertung des Verfahrens ist trotz der umfassenden schriftlichen Hinweise recht anspruchsvoll, deshalb wurden von Anfang an Fortbildungsmaßnahmen für die verantwortlichen Erzieherinnen durchgeführt. Dennoch ist eine flächendeckende Umsetzung hier – wie auch bei den anderen Verfahren – daran gebunden, dass ausreichend fortgebildetes und im Fall des HAVAS zusätzlich auch der Herkunftssprachen kundiges Personal zur Verfügung steht.

Zusammenfassende Einschätzung

Fit in Deutsch bzw. Deutsch plus und der HAVAS können, anders als der SFD, als gut erprobte und wissenschaftlich abgesicherte Instrumente gelten. Besonders der HAVAS bemüht sich um eine Überwindung des monolingualen Habitus durch eine explizite Berücksichtigung der Mehrsprachigkeit und der damit verbundenen Besonderheiten im Spracherwerb. HAVAS und SFD erheben den Anspruch, förderdiagnostische Verfahren zu sein, das heißt Fördermaßnahmen direkt aus den Erhebungsergebnissen ableiten zu können. Bei Fit in Deutsch bzw. Deutsch plus soll zu Beginn der Förderphase eine erneute, förderdiagnostisch orientierte Beobachtungsphase und Förderplanung erfolgen (vgl. Niedersächsisches Kultusministerium, 2004).

Tatsächlich geben weder HAVAS noch SFD umfassende Hilfestellung in Bezug auf die Interpretation der erhobenen Daten zum Zwecke der Förderplanung. Meines Erachtens kann, wenn ein individuell förderdiagnostischer und kein programmatischer Zugang zu Fördermaßnahmen angestrebt wird, auf eine explizite Förderplanung (z. B. nach Eggert, 1997) nicht verzichtet werden, denn die Förderplanung ergibt sich keineswegs von selbst aus den erhobenen Daten. Vielmehr ist es dafür erforderlich, die gesammelten diagnostischen Informationen zu bündeln, mit anderen beteiligten Personen zu besprechen und die Förderung gemäß übereinstimmend formulierter Schwerpunkte zu gestalten. Dabei sind neben dem festgestellten Sprachentwicklungsstand auch die anderen Entwicklungsdimensionen des Kindes (Kognition, Motorik, Wahrnehmung, Emotion, Soziale Kompetenzen) sowie die Ressourcen und Probleme in seinem familiären und schulischen bzw. Kindergarten-Umfeld zu berücksichtigen. Weiterhin ist nach den individuellen und kulturellen Bedeutungen der Fördersituation, der gewählten Themen und verwendeten Materialien zu fragen.

6.9 Sprachförderung im Vorschulalter

Birgit Lütje-Klose

Einleitung

Bei der Umsetzung der vorschulischen Sprachförderung ist davon auszugehen, dass die durchführenden Erzieherinnen oder Lehrkräfte es mit sehr heterogenen Gruppen und Kinder auf ganz unterschiedlichen Spracherwerbsniveaus zu tun haben (vgl. Koch, 2003; Wendt, 2005). Die Kinder bringen eine Vielzahl unterschiedlicher Herkunftssprachen mit, und in Bezug auf die Deutschkenntnisse reicht das Spektrum von Kindern, die überhaupt noch kein Wort deutsch sprechen, bis hin zu solchen, die sich im Alltag ihrer Kindergartengruppe recht gut verständigen können, aber noch grammatische Auffälligkeiten zeigen oder Sprachverständnisprobleme haben. Um dieser Heterogenität gerecht werden zu können, ist die individuelle Beobachtung der einzelnen Kinder, die Wahrnehmung ihrer besonderen Stärken und Probleme und die Einschätzung ihres aktuellen Spracherwerbsniveaus sehr wichtig. Die pädagogische Beobachtung und Förderplanung soll dazu beitragen, dass die durchführenden Lehrkräfte im Rahmen der Sprachförderung „passende" Angebote für die einzelnen Kinder ihrer Gruppen machen können.

Betrachtet man die häufig verwendeten Fördermaterialien, so ist besonders im Kindergartenbereich eine Zweiteilung in den Orientierungen festzustellen: Während viele Kindergärten aufgrund ihrer Traditionen und Konzeptionen eine ganzheitlich orientierte Sprachförderung favorisieren und entsprechende Materialien einsetzen (z. B. Schlösser, 2001), die sich auf der Grundlage individueller Förderplanung flexibel einsetzen lassen, vertritt eine zunehmende Gruppe programmatische Ansätze wie „Das Kindergartenprogramm" (Penner, 2003).

Das Vorgehen in den jeweiligen Konzeptionen hängt, wie auch bei den dargestellten diagnostischen Verfahren, von den theoretischen Grundorientierungen ab, insbesondere dem Verständnis von Sprache und Spracherwerb. Das im Detail auszuführen, würde an dieser Stelle zu weit führen. Es sei aber darauf hingewiesen, dass sich mit den jeweiligen Materialien– explizit oder implizit – auch bestimmte theoretische Orientierungen verbinden, die von den Anwendern nur selten zur Kenntnis genommen und reflektiert werden. So basiert Penners sehr erfolgreiches Programm auf der nativistischen Position und reflektiert die Spracherwerbssituation mehrsprachiger Kinder in keiner Weise, so dass ein monolingualer Habitus offensichtlich ist.

Es ist in diesem Rahmen nicht möglich, die vielfältigen Förderprogramme und -konzepte im Einzelnen darzustellen. Im Folgenden gehe ich daher auf einige ausgewählte Aspekte der Förderung ein.

Förderplanung

Ich vertrete eine förderdiagnostische Orientierung und gehe daher davon aus, dass die Förderplanung ein zentrales Bindeglied zwischen Diagnostik und Förderung darstellt (vgl. Eggert, 1997). Das wichtigste Prinzip der Förderplanung ist das Anknüpfen am bereits erreichten (Sprach-)Entwicklungsstand und nicht an Fehlern oder Defiziten. Die diagnostischen Beobachtungen werden also unter der Fragestellung interpretiert: „Was kann das Kind schon?“, „Was ist der nächste Schritt in seiner Entwicklung?“, und nicht: „Was macht das Kind falsch?“ (vgl. Reich 2001, S. 79).

Ein Förderplan ist, wie der Name schon sagt, ein Plan zur gezielten Förderung und Unterstützung eines Kindes. Die Förderplanung erfolgt auf der Grundlage der pädagogischen Beobachtungen und der daran anknüpfend formulierten Ziele für die einzelnen Kinder. Individuelle Entwicklungs- und Förderpläne werden international in großem Umfang eingesetzt und sind in vielen Ländern – auch einigen deutschen Bundesländern – gesetzlich vorgeschrieben, um die Förderung eines Kindes systematisch planen und in ihrem Verlauf über einen längeren Zeitraum (ggf. durch seine gesamte Schulzeit hindurch) begleiten und kontrollieren zu können. Es gibt verschiedene Modelle für die Förderplanung (ein Überblick findet sich bei Mutzeck, 2000).

Der Förderplan wird von der Lehrkraft bzw. Erzieherin in Kooperation mit dem Kind selbst, seinen Eltern und ggf. anderen beteiligten Lehrkräften (z. B. der muttersprachlichen Lehrerin oder Sprachbehindertenpädagogin) oder Therapeuten (z. B. Sprachtherapeutin) entwickelt. Es erfolgt zunächst eine Beschreibung der derzeitigen Situation und eine Bestimmung der Förderziele. Dabei ist es von großer Bedeutung, neben den langfristigen Grobzielen auch zeitnah vorzugehen und kurzfristig erreichbare, operationalisierbare Ziele zu benennen. Daran anknüpfend werden die beabsichtigten Maßnahmen aufgeführt. Schließlich wird ein Zeitrahmen verabredet, nach dessen Ablauf die Zielerreichung überprüft wird und die Maßnahmen ggf. verändert werden können (vgl. Sander, 2000, S. 20).

Wichtige Prinzipien bei der Förderplanung sind:

- die Ressourcen- und Kompetenzorientierung, also die Orientierung an den Stärken und Kompetenzen des Kindes, nicht in erster Linie an seinen Defiziten;
- die ganzheitliche Sichtweise des Kindes, also auch die Berücksichtigung seiner verschiedenen Entwicklungsdimensionen – nicht nur der Sprache, und schon gar nicht nur seiner zweiten Sprache;
- die ökosystemische Betrachtungsweise, also die Berücksichtigung der Lebenssituation sowie der Ressourcen und Probleme in allen relevanten Lebenswelten des Kindes (Familie, Kindergarten, Schule);

- die kooperative Zusammenarbeit mit den Eltern;
- die Prozessorientierung durch die Wiederholung der Beobachtungen und Überprüfung der Förderziele und -maßnahmen in regelmäßigen Abständen.

Betrachtet man zum Beispiel das Phänomen des Sprachwechsels, das bei vielen mehrsprachigen Kindern vorzufinden ist, so wäre aus dieser Perspektive zu fragen: Wie nutzt das Kind seine Sprachkompetenzen? Welche Ziele kann es durch den Sprachwechsel erreichen? Welchen Sinn hat der Sprachwechsel in seinen verschiedenen Lebenskontexten? Wie stehen seine Eltern dazu? Wie hat sich sein Sprachgebrauch im letzten halben Jahr verändert? usw.

Einen Vorschlag zur Förderplanung, der die genannten Aspekte berücksichtigt, stellt der im Rahmen der niedersächsischen Pilotphase entwickelte Individuelle Förderplan dar (Lütje-Klose, 2003, nach Eggert, 1997).

Prinzipien und Strategien der vorschulischen Sprachförderung

Im Rahmen der vorschulischen Sprachförderung geht es um die individuelle Unterstützung eines Kindes bei der Erweiterung seiner sprachlichen und kommunikativen Kompetenz, beim Gebrauch seiner sprachlich-kommunikativen Fähigkeiten und bei der Aneignung außersprachliche Sachverhalte (z. B. Unterrichtsinhalte) durch Sprache. Diese Förderung findet im Kontext des Kindergartens oder der Grundschule statt und nutzt nach Möglichkeit individuell und kulturell bedeutsame Situationen, die dort entstehen, sowie die dort entwickelten Strukturen. Eine Zusammenarbeit mit den Bezugspersonen des Kontexts (andere Kinder, Erzieherinnen, Eltern) ist von großer Bedeutung, um den Kindern Sicherheit zu geben und das entwicklungsfördernde Potential zu nutzen (vgl. Lütje-Klose, 1997, S. 25).

Eine vorschulische Sprachförderung knüpft an den Entwicklungsniveaus der zu fördernden Kinder an. Dementsprechend ist die Gestaltung sprachfördernder Situationen in bedeutungsvollen Handlungszusammenhängen eine wichtige Voraussetzung der Arbeit. Der Vorkurs der Rahmenrichtlinien für „Deutsch als Zweitsprache" (Niedersächsisches Kultusministerium, 2002) bietet eine Reihe von Situationsfeldern an, im Rahmen derer solche Situationen hergestellt werden können. Wichtige Prinzipien im Sinne des sprachganzheitlichen Ansatzes (Bindel, 2003) sind dabei folgende (vgl. Lütje-Klose, 1997):

Prinzipien der Gestaltung von Sprachfördersituationen

- Schaffung einer vertrauensvollen, entspannten Kommunikationssituation;
- Nutzung natürlicher, alltagsnaher Situationen;
- Eröffnen von Sprachlerngelegenheiten anstelle isolierter Übung einzelner sprachlicher Strukturen;
- Thematische Einbindung der Förderangebote;
- Prinzip der Redundanz, das die Möglichkeit bietet, in unterschiedlichen, aber ähnlichen Kontexten immer wieder über die dieselben Informationen zu sprechen und dasselbe Sprachmaterial anzuwenden;

- Nutzung von Formaten (strukturierten gemeinsamen Handlungssituationen im Sinne Bruners, 1987) als Strukturierungshilfe für sprachliche Handlungszusammenhänge (Begrüßung, Spiellieder, ritualisierte Spiel- und Übungsformen, Feiern von Festen, Verabschiedung …) sowie um sprachliche Strukturen einzuführen und den Aufbau aktiver Sprachverwendung der Kinder zu unterstützen;
- Gelegenheit zur Rollenübernahme in Spielsituationen;
- Anregung zur Reflexion über Sprache durch Thematisieren kommunikationsrelevanter Sachverhalte (z. B. Sprachvergleiche: das Wort Pasta auf deutsch, italienisch, griechisch);
- Unterstützung des eigenaktiven Entdeckens sprachlicher Regeln (z. B. der, die, das; Verbzweitstellung; Begründungen mit „weil" …);
- Gezielter Einsatz der eigenen verbalen und nonverbalen Kommunikation der Lehrkraft:
- ruhige, klare Sprache in nicht zu komplexer Form;
- Aufmerksamkeitssicherung durch Betonungen, Pausen und lebendige Sprechgestaltung;
- intensiver Einsatz von Mimik, Gestik, Raumverhalten;
- Verweis auf Bilder und konkrete Materialien zur Veranschaulichung des Gesagten;
- Sicherung des Situations- und Sprachverständnisses durch Rückfragen, Bitte um Wiederholung an die Kinder, Vor- und Nachmachen von bedeutungstragenden Handlungen etc.

Die Kinder sind in diesem Prozess als aktive, selbstgesteuerte Lerner zu verstehen, die durch die Angebote der Lehrkraft in ihrem Spracherwerbsprozess angeregt werden können.

Der Weg zur Aneignung des abstrakten Zeichensystems Sprache führt Kinder über Körpererfahrungen, soziale Rollenspiele und die Auseinandersetzung mit Symbolen (z. B. in Bilderbüchern) bis hin zur primär verbalen Kommunikation. Dementsprechend ist es auch für Fördersituationen entscheidend, diese Stationen nachzuvollziehen. Aus der Vielfalt an möglichen Handlungsformen im Rahmen der vorschulischen Sprachförderung sollen zwei Bereiche herausgehoben werden, die für Vorschulkinder entwicklungsgemäß sehr günstige Fördersituationen darstellen und denen im Schulalltag häufig nicht mehr der Stellenwert eingeräumt wird, der ihnen für Spracherwerbsprozesse zukommt: das Rollenspiel und das dialogische Bilderbuchlesen.

Das Rollenspiel als sprachfördernde Situation

Das Spiel in seinen verschiedenen Formen ist ein wichtiges Mittel der Symbolbildung und damit eine zentrale Voraussetzung für den Spracherwerb. Kinder im Vorschulalter haben diese Prozesse in ihren Grundzügen normalerweise vollzogen, allerdings entwickelt sich die Symbolfunktion auch in den ersten Schuljahren noch weiter. Dazu trägt vor allem die Auseinandersetzung mit der Schriftsprache bei. Das Spiel bietet eine Menge sprachfördernde Aspekte, denn im Spiel verarbeiten Kinder die Eindrücke ihrer Umwelt so lange, bis sie in ihre vorhandenen kognitiven Strukturen, in das eigene Verstehen eingeordnet werden können. Das Symbolspiel, das eine entwickelte Symbolfunktion voraussetzt und später seine Ausformung im Rollenspiel erhält, trägt zur Entwicklung grundlegender sprachlicher Fähigkeiten bei. Dazu gehören

- die Dezentrierung, d. h. die Fähigkeit, von den eigenen Interessen vorübergehend abzusehen, sich in den Partner hineinzuversetzen und seine Perspektive einzunehmen;
- die Dekontextualisierung, d. h. die Loslösung des Spiels vom konkreten Gegenstands- und Handlungsbezug in der realen Welt und
- die Sequentierung, d. h. die Planung einer zusammenhängenden Handlungsfolge, die durch ein Skript kognitiv repräsentiert wird (vgl. Bürki, 2000).

Ein Skript ist die kognitive Repräsentation einer komplexen Handlung (z. B. Einkaufen, beim Arzt, Geburtstagsfeier), die es mir ermöglicht, mir das Ereignis als Ganzes vorzustellen und zu merken, ohne dass ich jeden einzelnen Handlungsschritt jedes Mal neu konstruieren muss. Dazu gehört eine bestimmte Abfolge der Ereignisse, die Sequenz. Für Kinder im Einschulungsalter ist es außerordentlich wichtig, sichere und stabile Skripts aufzubauen, damit sie sich in der komplexen, neuen Welt Schule zurecht finden und ihre Regeln lernen können – eine wesentliche Bedingung für den zukünftigen Schulerfolg. Die „Sprache der Schule“ spielt dabei eine zentrale Rolle und stellt für Kinder nicht-deutscher Herkunft eine Herausforderung dar. Die vorschulische Sprachförderung bietet daher eine große Chance, diesen Kindern den Schuleintritt durch das „Einüben“ schulrelevanter Skripts und Regeln (sich melden, sich aufstellen usw.) wie auch der „Schulsprache“ zu erleichtern. Das Rollenspiel kann dabei gut eingesetzt werden, denn um ein Rollenspiel gemeinsam umsetzen zu können, ist die kognitive Handlungsplanung der Kinder und deren Versprachlichung gefragt: sie müssen eine kognitive Landkarte, ein Skript für den Handlungsverlauf entwickeln und sich darauf einigen. Die Verhandlungen über die Rollenverteilung, den Inhalt, den Aufbau und die Gestaltung des Spielverlaufs erfordern darüber hinaus metasprachliche Fähigkeiten: Die Kinder müssen über Sprache nachdenken, darüber, wer in welcher Rolle was zu sagen hat.

Rollenspiele können die klassischen Vater-Mutter-Kind-Spiele mit realen Spielpartnern oder Puppen etc. sein; es können Situationen wie „Beim Arzt“, „Beim Einkaufen“, „Geburtstagsparty“, „In der Schule“ usw. gespielt werden. Auch Spiele mit Hand-, Finger- oder Stabpuppen erfüllen diese Funktionen.

Das dialogische Bilderbuchlesen als sprachfördernde Situation

Die Arbeit mit Bilderbüchern wird vor allem in der angloamerikanischen Literatur als „Königsweg“ der Sprachförderung beschrieben. Bilderbücher bieten durch ihre Symbolisierung eine „2. Wirklichkeit“, eine Welt, die sich von der realen unterscheidet und in der Dinge möglich sind, die wir uns nur vorstellen. Für Kinder stellen sie in der Regel den ersten „literalen“ Erfahrungsraum dar: sie werden zusätzlich zu den Bildern auch mit Schrift konfrontiert und erfahren, dass Schrift eine Funktion hat. Handlungen wie das „Pseudo-Vorlesen“ im Rollenwechsel mit einer erwachsenen Personen sind wichtige literale Erfahrungen, die die Einsicht in den Gebrauchswert der Schrift ermöglichen. Da gerade viele Kinder mit Sprachschwierigkeiten aus bildungsfernen Milieus kommen und zu Hause nicht an diese Erfahrungen herangeführt werden, stellt die Arbeit mit Bilderbüchern für die vorschulische Sprachförderung ein wichtiges auch schulvorbereitendes Thema dar.

Bilderbücher beschäftigen sich oft mit Themen, die für Kinder außerordentlich bedeutsam sind und ihr Interesse finden: bei frühen Bilderbüchern sind dies häufig lebensweltliche Themen wie z. B. Geburtstag feiern, ins Bett gehen, einkaufen. Beispiele für solche auch auf niedrigeren Entwicklungsniveaus einsetzbaren, vor allem die Benennung und Beschreibung provozierenden Bücher sind die Mausi-Bücher von Lucy Cousins oder die Elmar-Bücher von David McKee.

Bilderbücher ermöglichen es den Kindern und der Lehrkraft, einen gemeinsamen (Erzähl-) Kontext aufzubauen und sich auf die Partner einzustellen. Dabei kann das gemeinsame Lesen oder Erzählen als Formatsituation strukturiert werden: Immer an einer bestimmten Stelle hält die Lehrkraft inne, die Kinder reagieren auf das Erzählte (z. B. mit einem Tierlaut oder dem entsprechenden Wort) und antizipieren den nächsten Handlungsschritt.

Viele Bilderbücher sind auch an sich bereits formatähnlich aufgebaut, z. B. „Die kleine Raupe Nimmersatt“, „Der kleine Käfer Immerfrech“ oder „Gute Reise, bunter Hahn“ von Eric Carle: Die sprachliche Form wiederholt sich in hohem Maße. Die Kinder haben damit die Gelegenheit, ihre Aufmerksamkeit auf jeweils den neuen Aspekt einer Seite (ein neues Obst, Tier usw.) zu richten und brauchen sich nur dieses neue sprachliche Element merken. Diese Bücher gehören zu einer zweiten Gruppe von Bilderbüchern, die nach der Beschreibung und Benennung auch das Aufzählen und den Skriptaufbau unterstützen. Durch mehrfaches Lesen, wie es die Kinder meist von sich aus einfordern, durch Nacherzählen und Nachspielen werden daran anknüpfend Spracherfahrungen möglich, die Kinder können das Gelernte anwenden und ausbauen.

Eine dritte Gruppe von Bilderbüchern, die wiederum sehr unterschiedlich komplex gestaltet sein können, sind die Bilderbuchgeschichten. Dazu gehören Bücher wie „Lauras Stern“ oder „Die drei Freunde“-Geschichten von Helme Heine. Auf höherem Niveau zählen dazu Geschichten wie „Zilly die Zauberin“ von Corky Paul, die Findus-Geschichten von Sven Nordqvist oder „Alexander und die Aufziehmaus“. Diese Bilderbuchgeschichten sprechen die Kinder besonders stark emotional an und berühren sie, denn es geht um Themen wie Freundschaft, Wut, Trauer, Allein sein. Die Geschichten provozieren eine Identifikation mit den handelnden Figuren und fördern damit den Perspektivwechsel. Es entstehen auf natürliche Weise Situationen, in denen Erklärungen notwendig sind. Eigene Ideen zur Weiterführung der Handlung oder das Hinterfragen des Gelesenen regen die kognitive wie auch die sprachliche Aktivität der Kinder an. Durch die oftmals reiche, bildhafte Sprache werden die Kinder zur Reflexion über Sprache herausgefordert. Viele der Bilderbücher liegen auch in zwei oder mehr Sprachen vor, so dass sie den Familien zur häuslichen Lektüre empfohlen werden können und Kindern den Sprachvergleich ermöglichen.

Im Gespräch über das Bilderbuch können die Lehrkräfte bestimmte sprachliche Strukturen gezielt präsentieren und modellieren, indem sie den Kindern behutsam ein korrektives Feedback geben, Fragestrategien verwenden oder syntaktische und semantische Erweiterungen anbieten. Wichtig ist es dabei, dass die Kinder sich mit dem, was sie inhaltlich zu sagen haben, ernst genommen und verstanden fühlen. Ein reines Bestehen auf normgerechter sprachlicher Form entmutigt unter Umständen und führt dazu, dass die Kinder sich nicht mehr äußern mögen. Da aber die Entwicklung und Umsetzung kommunikativer Absichten der Motor des Spracherwerbs ist, wäre das eine verhängnisvolle Entwicklung: die Erhaltung der Sprechfreude und die gemeinsame Orientierung am Inhaltlichen oder an der lustvollen Sprechgestaltung (z. B. eines Zauberspruchs) muss in der Förderung immer im Vordergrund stehen.

6.10 Lesen lernen, Schreiben lernen und Lese-Rechtschreibschwäche

Sigrun Richter

Lesen und Schreiben: Schriftspracherwerb

Im älteren Sprachgebrauch wurden Lesen und Schreiben weitgehend als relativ unabhängige Leistungen betrachtet, die unabhängig voneinander vermittelt werden konnten, weil es sich – in dieser Sicht – um zwei (Kultur-) Techniken handelt, bezogen auf das Medium Sprache. Das Fach hieß im administrativen Gebrauch (wie z. B. in Studienordnungen für das 1. Lehrpersonen-Staatsexamen) lange Zeit „Erstunterricht in Lesen und Schreiben". Im Unterricht blieb „Schreiben" erst einmal „Abschreiben" – bei den synthetischen Methoden von einzelnen Graphemen, bei der analytischen Methode von Ganzwörtern. „Lesen" war in den synthetischen Methoden das Übersetzen von Graphemen in Phonemen, die anschließend zum Ganzwort zusammengefügt wurden. In den Ganzheitsmethoden blieb Lesen erst einmal Pseudo-Lesen, das Wiedererkennen von ganzheitlich eingeprägten Wörtern, von Wort-„Bildern".

Der Begriff des Schriftspracherwerbs wurde erst 1976 in die – deutschsprachige – Diskussion eingebracht, zuerst von Weigl (1976), in der Folge vor allem von Brügelmann (1983). Gemeint ist im weiteren Sinne, dass „Literalität" bei den Kindern erreicht werden soll als Voraussetzung für die Teilhabe an unserer Schriftsprach-Gesellschaft (vgl. dazu Augst & Dehn, 1998; Schründer-Lenzen, 2004).

Modelle des Schriftsprach-Lernens: Forschungsüberblick

Bemühungen um eine gegenstandsspezifische Theorie des Lesens und Rechtschreibens waren erst in der Folge des Scheiterns der „Legasthenieforschung" zu sehen: Wenn es keine Krankheit „Legasthenie" gibt, die LRS verursacht, mussten die nicht wegzuleugnenden Probleme beim Schriftspracherwerb im spezifischen Lernprozess selbst gesucht werden. Schneider, Brügelmann und Kochan (1990,

S. 220 f.) beschreiben in einem Forschungsüberblick hauptsächlich zwei Trends, die in der Folge sichtbar geworden sind und die bis heute nicht falsifiziert wurden:

- Beschreibung der Schriftsprachkompetenz in Prozessmodellen
- Beschreibung des Schriftsprachlernens in Entwicklungsmodellen.

Beide Modellgruppen werden von den Ergebnissen und Theorien der kognitiven Psychologie gestützt.

Entwicklungsmodelle des Rechtschreiblernens

Entwicklungsmodelle beschreiben die schriftsprachliche Entwicklung des Kindes in ihrem zeitlichen Verlauf. Im Folgenden wird ein kurzer Überblick über die gängigen Modelle der schriftsprachlichen Entwicklung gegeben (vgl. ausführlicher: Richter, 1992, S. 37-52).

Schriftsprachliche Entwicklungsmodelle gehen davon aus, dass der Schriftspracherwerb – wie das Sprechenlernen – in Stufen verläuft. Diese Annahme wird durch Längsschnittuntersuchungen und durch Analyse von Fallstudien (meist von SpontanleserInnen und -schreiberInnen) gestützt. Zur letzten Gruppe sind die Arbeiten von Baghban (1987), Bissex (1980), Blumenstock (1986), Gaber und Eberwein (1986), Scheerer-Neumann et al. (1986) zu zählen, in jüngster Zeit vor allem die Studie von Brinkmann (1994), die die Schreibversuche ihrer Tochter Lisa in der Vorschulzeit vollständig dokumentiert und analysiert hat.

Den Entwicklungsmodellen ist gemeinsam, dass sie die Schriftsprachentwicklung als Denkentwicklung verstehen und – analog zu den Stufen der kognitiven Entwicklung von Piaget – aufeinander aufbauende, qualitativ unterscheidbare Stufen annehmen, auf denen jeweils unterschiedliche Strategien angewendet werden. Beim Übergang von einer Stufe zur qualitativ höheren kann es dabei zu einer „Phase der Überlappung" kommen (Spitta, 1986, S. 69), in der „bei schwierigeren Wörtern ... auf die alte, vertrautere Strategie zurückgegriffen" (ebenda) wird. Ebenso sind bei diesem Übergang „Übergeneralisierungen" zu beobachten, die vorübergehend sogar zu einem Ansteigen der Fehlerzahl führen können. Diese Fehler sind jedoch unter dem Entwicklungsaspekt als Weiterentwicklung zu werten. Wenn z. B. ein Kind seinen Vornamen „Jörn", den es bisher naiv-ganzheitlich richtig geschrieben hat, plötzlich „Jiörn" schreibt, zeigt dies den Entwicklungssprung zum lauttreuen Konstruieren an (vgl. Brügelmann, 1983, S. 162), wenn aus „Kino" „Kieno" wird, ist das Rechtschreibmuster „Abbildung des langen i durch ie" entdeckt – wenn auch im konkreten Fall nicht der Konvention entsprechend eingesetzt – worden. Die Weiterentwicklung im schriftsprachlichen Denken kommt zustande, weil das Kind als aktiver Lerner aus seinen Erfahrungen mit Beispielen der Schriftsprache selbst eine Ordnung konstruiert, wobei es sich langsam der konventionellen Regelhaftigkeit nähert (Ferreiro & Teberosky, 1982). Brinkmann (1991, S. 261) gebraucht den Begriff „Selbstorganisation", einen zentralen Terminus aus dem kognitionstheoretischen Vokabular.

Zu einem Entwicklungsstufenmodell kamen Mason und McCormick (1979) aufgrund empirischer Untersuchungen zur Entwicklung eines „Reading Readiness

Tests", mit dem die Eingangsvoraussetzungen für den Schriftspracherwerb gemessen werden sollten. Sie fanden, dass Kinder bei Beginn des Lese-Schreib-Lehrgangs über spezifische Vorkenntnisse verfügen, die sich in ihrem Niveau qualitativ unterscheiden lassen (vgl. auch Wells & Raban, 1978). Das Modell von Mason und McCormick (1979) umfasst drei aufeinander aufbauende Stufen:

1. kontext-spezifisches Erkennen von Schrift: Das Kind kann mindestens ein geschriebenes Wort lesen. Es beginnt, Geschriebenes in seiner Umgebung zu entdecken. Es lernt die Buchstaben und kann sie in geschriebenen Wörtern wiedererkennen.
2. Einsicht in die Buchstabe-Laut-Korrespondenz: Das Kind kann jetzt schon mehrere Wörter in Büchern lesen, kurze Wörter schreiben, und es versucht, kurze Wörter zu erlesen.
3. Fähigkeit zum Erlesen eines fremden Textes: Das Kind beginnt die komplexere Zuordnung von Buchstabenklang und Wortklang zu erkennen. Es ist zum Leser geworden.

Ungefähr zeitgleich mit Mason und McCormick haben auch Sinclair de Zwart (1982) und Downing (1979) Entwicklungsmodelle beschrieben. Downing hat in die Überlegungen den Begriff der „gedanklichen Klarheit" über die Schrift eingebracht. Danach müssen die Kinder folgende Einsichten gewinnen, um vom Leseunterricht profitieren zu können:

1. Entdeckung der Fugen, die gesprochene Sprache und Schrift gemeinsam haben
2. Fähigkeit, Sprechlaute in die bedeutungsunterscheidenden Einheiten zu gruppieren, die den Buchstaben(gruppen) entsprechen
3. Erwerb von Regeln, Verfahren und Begriffen zum Begreifen und Durchführen der Leseaufgabe.

In der Folge sind die Entwicklungsstufenmodelle breiter aufgefächert worden. So hat Frith (1985) ein dreiphasiges Modell entwickelt, das insgesamt sechs Stufen umfasst. Günther (1986) hat dieses Modell noch um zwei Phasen erweitert. Es haben aber auch Spezifizierungen in der Modellbildung stattgefunden, vor allem bei der gesonderten Analyse der orthographischen Muster, die Kinder auf dem Weg zur korrekten Orthographie verwenden (Henderson, 1985; Brügelmann, 1988; Spitta, 1986; Scheerer-Neumann et al., 1986; Dehn, 1988). Im Folgenden soll beispielhaft das Modell von Brügelmann (1994) dargestellt werden, das auch eine praktische Relevanz für die unterrichtsbegleitende Beobachtung hat. Es konnte an mehr als 1 000 Kindern in Längsschnittuntersuchungen validiert werden (Richter, 1992; Brügelmann, 1994). Die Kinder haben dabei immer wieder dieselben Wörter geschrieben (Maus, Kanu, Rosine, Schimmel, Leiter, Wand, billig, Lokomotive, Strumpf), von denen angenommen werden kann, dass sie nicht zum Übungswortschatz gehören und deshalb aufgrund der Einsicht in die Logik der Schriftsprache „konstruiert" werden müssen. Insofern handelt es sich nicht nur um ein Modell der Schreibentwicklung, sondern um ein Modell der Einsicht in den technischen Aufbau der Schrift. Die Analyse zeigte, dass die Schreibungen einem sechsstufigen Raster zunehmender Richtigkeit zugeordnet werden können.

Tab. 6.7: Modell der Rechtschreibentwicklung

Sechsphasiges Modell der Rechtschreibentwicklung (Brügelmann, 1994)	
Stufe 0	keine Buchstaben oder Buchstaben ohne Lautbezug (willkürliche Schreibung)
Stufe 1	ein Laut korrekt abgebildet (meist der Anlaut)
Stufe 2	„Lautskelett" (weniger als 2/3 der Laute korrekt)
Stufe 3	fast lauttreu (mehr als 2/3 der Laute korrekt)
Stufe 4	Lautfolge genau, eventuell „übergenau" wiedergegeben (Umschrift)
Stufe 5	orthographisch korrekte Schreibung

Die Entwicklungsmodelle unterscheiden sich in der Anzahl der angenommenen Stufen und in ihrer genauen, inhaltlichen Beschreibung. Eine Analyse der Beschreibungen lässt aber Gemeinsamkeiten erkennen, die in Einsichten beruhen, die in allen Modellen für einige Stufensprünge angenommen werden (Richter, 1992, S. 50): Alle lassen sich auf drei Einsichten reduzieren, die die Kinder erwerben müssen, um auf eine jeweils höhere Stufe zu gelangen. Die Unterschiede zwischen den Modellen ergeben sich daraus, dass einige ForscherInnen Zwischenstufen weiter auffächern, dem eigentlichen Schriftspracherwerb eine Vorphase voranstellen bzw. dem Abschluss eine weitere hinzufügen. Die gemeinsamen Einschnitte sind:

1. Einsicht in den von anderen Zeichensystemen unterschiedlichen Charakter der Schrift
2. Einsicht in die Phonem-Graphem-Korrespondenz
3. Übernahme von Rechtschreibmustern.

Diese Aufgliederung entspricht der von Kochan (1981, S. 158) vorgenommenen Gliederung des Spracherwerbsprozesses in

1. die Funktionsphase (Einsicht in den Zeichencharakter der Schriftsprache),
2. die Strukturphase (Einsicht in die technische Logik der Schrift) und
3. die Normphase (Einsicht in die konventionelle Schreibweise).

Jede dieser Einsichten setzt die jeweils vorhergehende voraus: Es ist nicht möglich, die Phonem-Graphem-Korrespondenz zu begreifen, wenn nicht vorher der Zeichencharakter der Schrift verstanden worden ist. Ohne die Einsicht in die Phonem-Graphem-Korrespondenz kann sich eine regelgerechte Rechtschreibung nicht entwickeln. Schneider, Brügelmann und Kochan (1990, S. 220) betonen, dass diese Entwicklung nicht zureichend als „additiver Zuwachs ‚intakter' Fertigkeiten und Kenntnisse" beschrieben werden kann, sondern dass sie zustande kommt, indem die Kinder als „aktive Konstrukteure ihrer Erfahrung" diese (qualitativ) neu strukturieren.

Dieses zeitliche Nacheinander darf jedoch nicht streng sequentiell angesehen werden. Eichler und Thomé (1995, S. 35) sprechen von einer „zeitlich versetzten Parallelität" der Strategien. Sie folgern dies daraus, dass Kinder, die „eigentlich" schon orthographische Muster verwenden, bei manchen Wörtern noch entsprechend der Laut-Buchstaben-Zuordnung konstruieren.

Andererseits verwenden Kinder schon Rechtschreibmuster (z. B. das „ie"), obwohl sie bei den meisten Wörtern noch auf einer Skelettschreibungsebene verschriften.

Wenn schriftsprachliche Entwicklung notwendig an die aktive Auseinandersetzung mit Schriftsprache gekoppelt ist, dann rückt die Frage ins Blickfeld, wie Kinder ohne Instruktion die Schriftsprache erwerben (vgl. Kochan, 1990). Für die Erforschung dieses Problems bieten sich vor allem Kinder an, die sich die Schriftsprache vor dem Schuleintritt (selbstständig) aneignen (vgl. Temple et al., 1982: Newkirk & Atwell, 1988; Brinkmann, 1994). Es ist zu vermuten, dass die Triebfeder für diese Entwicklung „die Ingebrauchnahme der Schrift ... für eigene Bedürfnisse, Wünsche, Ziele" ist (Kochan, ebenda, S. 232): Kinder wollen von sich aus schreiben. Untersuchungen aus dem angelsächsischen Bereich (u. a. Milz, 1994; Calkins, ?; Hickmann in: Jaggar, 1985; Smith-Burke, 1985) legen die Vermutung nahe, dass den Kindern die „Ebenen der sozialen Textfunktionen und der inhaltlichen Textkomposition eher zugänglich (sind) als die der Schriftstruktur, insbesondere der Orthographie" (Kochan, ebenda; vgl. auch Harste et al., 1984). Kochan (ebenda, S. 233) spricht von einem notwendigen „Perspektivwandel" schriftsprachlicher Forschung und pädagogischen Handelns vom „Schriftspracherwerb durch Instruktion" zum „Schriftspracherwerb durch Schriftsprachgebrauch", zum „Kontext von Schreib- und Lesehandlungen der Lernenden".

Kochan (1981) betont damit explizit die beiden Bereiche, die Sprachforschung und Unterrichtsmethodik lange außer Acht gelassen haben: Semantik und Pragmatik, also Bedeutung der Inhalte und Zweck der Verwendung. Dies gibt auch Hinweise für die unterrichtsbegleitende Kontrolle von Entwicklungsfortschritten im Rechtschreiblernen: Was Kinder wirklich schon können, zeigen sie wahrscheinlich eher in Texten, die sie aus eigenem Antrieb und zu ihnen bedeutsamen Themen geschrieben haben, als beim Schreiben vorgegebener Testwörter. Die oben dargestellten Kriterienkataloge von Spitta und Brügelmann sind auch für solche Analysen anwendbar.

Prozessmodelle

Während Entwicklungsmodelle die Zwischenstationen untersuchen, die das Kind auf dem Weg zum korrekten Schriftsprachgebrauch durchläuft, beleuchten Prozessmodelle das Zusammenwirken verschiedener Elemente bei Schriftspracherwerb und -gebrauch. Sie folgen im Wesentlichen dem Paradigma der Informationsverarbeitung, können also als „kognitive" Theorien angesehen werden. Coltheart (1987a) hat einen Gesamtüberblick über den Forschungsstand zu Prozessmodellen des Lesens und Schreibens dargestellt. Im Folgenden werden Ansätze ausgewählt, aus denen Folgerungen für den schulischen Schriftspracherwerb abgeleitet werden können. Kognitive Prozessmodelle sind gegenstandsgebunden, d. h. sie verzichten auf die Suche nach schriftsprachunabhängigen „Grundfunktionen", sondern gehen statt dessen von der Struktur des Gegenstandes aus. Damit verbunden ist eine neue Antwort auf die Frage nach den Voraussetzungen, die bei Kindern erfüllt sein müssen, wenn ihnen ein problemarmer Einstieg in die Schriftsprache möglich sein soll. Während in der Zeit der „Legasthenie"-Forschung hauptsächlich visuelle und auditive Wahrnehmungsdifferenzierungsleistungen für relevant erachtet wurden (s. o.), verlagert sich die Betrachtung in der Folge der kognitiven Modelle auf Einsichten in den Gegenstand selbst („Sprachbewusstheit"), auf Einsichten in die Logik der Schriftsprache (vgl. u. a. Andresen, 1985).

Kognitive Prozessmodelle gehen von zwei unterschiedlichen Zugriffsweisen auf die Schrift aus: Zum einen wird Schrift den Phonem-Graphem-Zuordnungsregeln entsprechend kodiert (Schreiben) bzw. den Graphem-Phonem-Zuordnungsregeln entsprechend dekodiert (Lesen). Zum anderen baut sich im Verlauf des Schriftgebrauchs ein Speicher auf, in dem wortspezifische Informationen abgelegt und bei Bedarf wieder abgerufen werden („inneres Lexikon"). Der Streit, welcher der beiden Zugriffsweisen der Vorrang einzuräumen ist, ist inzwischen aufgehoben worden zugunsten der Sichtweise, dass beide Strategien gemeinsam – je nach Aufgabe in unterschiedlichem Anteil und unterschiedlicher Priorität – verwendet werden. Diese Modelle tragen damit hirnphysiologischen Untersuchungsergebnissen Rechnung, nach denen verschiedene Bereiche des Gehirns – in beiden Hirnhälften – bei (schrift-)sprachlichen Leistungen beteiligt sind (u. a. Bakker, 1979). Während die analytisch-sequentielle Phonem-Graphem-Zuordnung in der linken Hirnhälfte angesiedelt ist, bedarf der Zugriff auf das „innere Lexikon" der „ganzheitlich-simultanen" Arbeitsweise der rechten Hirnhälfte (vgl. Brügelmann, 1989, S. 117ff).

Kognitive Prozessmodelle machten auch die Feststellung möglich, dass Lesen und Rechtschreiben nicht zwei Seiten einer einheitlichen Leistung sind, sondern dass „Graphem-Phonem- und Phonem-Graphem-Zuordnungsregeln nicht symmetrisch aufgebaut sind" (Schneider, Brügelmann & Kochan, 1990, S. 222). Wie Barron (1980) und Nelson (1980) festgestellt haben, sind Rechtschreibprozesse als die komplexeren Leistungen anzusehen. Diese unterschiedlichen Vorgänge beim „Produzieren" und „Reproduzieren" von Schrift erklären auch die großen Leistungsdiskrepanzen, die manchmal zwischen Lesen und Schreiben bei ein und derselben Person festgestellt werden können (Croft, 1982; Frith & Frith, 1980). Eines der ersten dieser aufgabenanalytisch angelegten Funktionsmodelle stammt von Simon (1976), der zwei Speichersysteme des Gedächtnisses für das Rechtschreiben annahm: Ein Speicher hält Phonem-Graphem-Zuordnungsregeln bereit, mit deren Hilfe eine Lautfolge in eine orthographische Zeichenfolge umgewandelt wird. Diese wird dann mit den wortspezifischen Informationen verglichen, die in einem „Wortspeicher" abgelegt sind. Auch Scheerer-Neumann (1986) nimmt in ihrem Prozessmodell des Rechtschreibens zwei unterschiedliche Speichermechanismen an: einen Speicher für wortspezifische Eintragungen („inneres orthographisches Lexikon") und einen für „schriftsprachliche Regelmäßigkeiten" (ebenda, S. 176). Dieser zweite Speicher enthält nicht nur die „Phonem-Graphem-Korrespondenzen und ihre statistische Verteilung" (ebenda) sondern auch „orthographische Regelmäßigkeiten (z. B. legale und illegale Buchstabenfolgen, legale und illegale Buchstabenkompositionen, sprachstatistische Kenntnisse)" und „Wortbildungsregeln" (ebenda).

Diese erweiterte Sicht des „Regelspeichers“ macht es auch möglich zu erklären, warum kompetente Rechtschreiber Kunstwörter (die sie also noch nie gesehen haben) zumindest dann den orthographischen Regeln entsprechend schreiben können, wenn sie in einen Text eingebettet sind, wie im folgenden Beispiel (Menzel, 1985, S. 26): „Novemberwetter Die /fértenen/ Wolken /tü:len/ über das Land.Es /bläkst/ der Sturm im Gebälk.“ Selbst wenn die SchreiberInnen nicht angeben können, warum sie ein Kunstwort auf eine bestimmte Weise (richtig) geschrieben haben, kann angenommen werden, dass hier in einem Hypothesenbildungsprozess Regelwissen und Analogien zu gespeicherten Wörtern benutzt wurden, um die „korrekte“ Schreibung zu finden: z. B. dass „tü:len“ ein Verb sein muss und deshalb nicht groß geschrieben werden kann usw.

In das „innere orthographische Lexikon“ gelangt das Wort nach dem Modell von Scheerer-Neumann (1986) nicht nur als Graphemfolge, sondern die „Eintragung“ besteht „aus einer Vielzahl von Informationen ..., die miteinander verknüpft sind“ (ebenda, S. 179). „Im Zentrum steht die Graphemfolge, aber nicht nur in der visuellen Form ihrer Grapheme sondern ebenso mit deren Namen, lautlichen Entsprechungen und schreibmotorischen Eigenschaften sowie als abstrakte Repräsentation“ (ebenda). Daneben hat „jedes Wort eine Reihe weiterer Eigenschaften ... Sie sind ... integraler Bestandteil des Wortes und werden immer miterregt, wenn eine der anderen Informationen über das Wort aktiviert wird“ (ebenda):

- „akustisch-artikulatorischer Code des Wortes (gesprochenes Wort)“
- „orthographische Regelmäßigkeit des Wortes“
- „morphologischer Aufbau des Wortes“
- „schreibmotorische Merkmale eines Wortes“
- „visuelle Merkmale des Wortes (Gesamtform, Superzeichen, Signalgruppen)“
- „Bedeutung eines Wortes“
- „emotionaler Wert für den Schreiber“ (S. 179f).

Diese Eigenschaften stehen in vielfältigen Beziehungen zueinander, die nach Ansicht von Scheerer-Neumann (ebenda, S. 180) experimentell kaum zu trennen sind. Der kompetente Rechtschreiber hat mehrere dieser Verbindungen bei einem Wort zur Verfügung, was möglicherweise die Automatisierung seines Schreibens erklärt. Scheerer-Neumann (ebenda) nimmt auch an, dass sich kaum allgemeine Aussagen über die „funktionale Bedeutung der verschiedenen Merkmale“ machen lassen. Wahrscheinlich entwickelt jeder schreibende Mensch seine eigene Strategie. Ein Kind, das gerade die Rechtschreibung lernt, hat diese „Überinformation“ jedoch noch nicht. Sein Schreiben ist deshalb mühsamer und naturgemäß auch fehlerhafter. Solange Kinder noch keine „wortspezifischen Eintragungen“ im Langzeitgedächtnis haben oder sie nicht abrufen können, „konstruieren sie eine mögliche Schreibweise des Wortes aus subjektiven oder objektiv gültigen Regeln“ (ebenda, S. 181) in den meisten Fällen, indem sie lauttreu zu schreiben versuchen. „Das Hauptziel des Rechtschreibunterrichts in der Grundschule besteht eigentlich darin, diese kreativen Eigenkonstruktionen durch normierte, wortspezifische Informationen zu ersetzen“ (ebenda, S. 176). Auf dem Hintergrund der Ergebnisse der kognitiven Lernpsychologie ist jedoch kritisch zu fragen, ob die Bedeutsamkeit, die Scheerer-Neumann (1986) dem Faktor „emotionale Bedeutsamkeit“ als einen unter sieben anderen einräumt, der Bedeutung emotionaler Faktoren beim Rechtschreiblernen gerecht wird. Wenn man einmal annimmt, dieser Faktor wäre der bestimmende, der darüber entscheidet, ob ein Wort in das „innere Lexikon“ aufgenommen wird, würden Kinder, die niemals Wörter mit subjektiver, emotionaler Bedeutsamkeit schreiben (dürfen), auch niemals ihr „Lexikon“ füllen können. Das heißt andererseits, dass sie zeitlebens auf die Technik des „Konstruierens“ (s. o.) angewiesen wären. Folgt man der Ansicht Slobodas (1980), dass gute Rechtschreiber „auswendig“ schreiben, während Durchschnittliche Regeln zu Hilfe nehmen, werden diese Menschen immer in der Rechtschreibung benachteiligt sein, selbst wenn sie sich ein umfassendes Regelwissen zulegen könnten.

Folgerungen aus den Modellen

Schriftspracherwerb – in der Sicht der kognitiven Psychologie – bedarf wie oben dargestellt die Berücksichtigung

- des jeweiligen schriftsprachlichen Entwicklungsstandes auch schon am Schulanfang, denn: „Der Schriftspracherwerb ist keine Stunde Null“ (Richter & Brügelmann, 1994);
- der Notwendigkeit eigenaktiver Erarbeitung von Einsichten in die Struktur der Schriftsprache;
- eines breiten Spektrums von Persönlichkeitsbereichen, z. B. von Gefühlen und Interessen (Richter, 1998).

Eine Fibel, die gleichschrittig bearbeitet wird, gibt nicht allen Kindern dieselbe Chance für einen erfolgreichen Schriftspracherwerb, den List (1983) eine „Schwerstarbeit“ genannt hat.

Lese-Rechtschreib-Schwierigkeiten (LRS/Legasthenie)

Die Tatsache, dass es Kinder mit Schwierigkeiten bei der Schriftsprachaneignung gibt, ist lange bekannt. Um die Jahrhundertwende kümmerten sich vor allem Mediziner um das Problem. Im anglo-amerikanischen Sprachraum verwandte man den Begriff „congenital wordblindness“ (Morgan, 1896) für die Schwierigkeit, trotz durchschnittlicher Intelligenz und sonst guter Schulleistungen das Lesen zu lernen. Der im Deutschen viel gebrauchte Begriff „Legasthenie“ wurde von dem Psychiater Ranschburg (1916) geprägt. Er definierte den Begriff als durch kognitive Minderleistungsfähigkeit bedingt. Die „Diskrepanz-Definition“ (zwischen Intelligenz und Schriftsprachleistung), die auch heute noch (oder wieder) zur Diagnose einer „Legasthenie“ verwendet wird, wurde erst von Maria Linder (1951, s. u.) geprägt. Bis dahin blieb in Deutschland „Legasthenie“ eine Frage der Medizin. In das Interesse der Forschung und Schulpraxis rückte es im deutschsprachigen Raum erst nach dem 2. Weltkrieg (angeregt durch anglo-amerikanische und skandinavische Veröffentlichungen). Bis 1950 tauchte der Begriff in keinem deutschen Lexikon der Pädagogik auf. Danach änderte sich das schlagartig, und das Konzept wirkt trotz vielfältiger Forschungsergebnisse, die aus wissenschaftlicher Sicht zu seiner Aufgabe führte, bis heute weiter.

1951 definierte Linder (1951, S. 100): „Legasthenie ist eine spezielle und aus dem Rahmen der übrigen Leistungen fallende Schwäche im Erlernen des Lesens (und indirekt auch des orthographischen Schreibens) bei sonst intakter oder (im Verhältnis zur Lesefähigkeit) relativ guter Intelligenz."

Als Ursachen für diese Teilleistungsschwäche nahm man Störungen in den Funktionen an, die damals als Grundlage für den Schriftspracherwerb angesehen wurden. Das waren zunächst Störungen der visuellen Wahrnehmung (Gestaltgliederungsschwäche und Raumlagelabilität). Später wurde noch die Verursachung durch weitere Merkmale untersucht. Allen als verursachend angenommenen Funktionen war gemeinsam, dass sie außerhalb des Gegenstandes „Schriftsprache" lagen. Eine Modellierung für die „klassische Legasthenie" hat Lotte Schenk-Danzinger (1968) vorgenommen, von der sie annahm, dass sie an bestimmten „legasthenietypischen" Fehlern erkennbar sei (Reversionen, Inversionen, Umstellungsfehlern). Sie nahm diese Fehler für das Lesen an, sie wurden aber auch in den geschriebenen Texten von Kindern gesucht. Auf der Grundlage dieser Annahmen bestand „Legasthenie"-Förderung außer aus dem Aufholen schon entstandener Lücken im Training der „Grundfunktionen".

Diese Annahme hat sich als nicht haltbar erwiesen: Viele Kinder mit Funktionsdefiziten lernen das Lesen und Schreiben ohne Probleme, und ein großer Teil der Kinder mit Schwierigkeiten beim Lesen- und Schreibenlernen hat diese Funktionsstörungen nicht. Bei den Kindern, die in den oben genannten schriftsprachunspezifischen Funktionen Defizite hatten, brachte ein Training zwar eine Verbesserung in der Testleistung (Wiederholungstestung), auf die Lese-/Rechtschreibleistung hatte dies keine Auswirkungen. Die „Therapie" war also nicht sonderlich erfolgreich (vgl. Scheerer-Neumann, 1979), ebenso die empirische Suche nach solchen Merkmalen, die „Normallernende" und „Legastheniker" unterschied. Der Legasthenie-Begriff wurde in der Wissenschaft weitgehend aufgegeben, was zwei Zitate veranschaulichen sollen: „Der Legastheniebegriff ist weder wissenschaftslogisch noch begriffstheoretisch haltbar. Es gibt keine Anhaltspunkte dafür, wie sich Legasthenie als eigenständiges Persönlichkeitsmerkmal bzw. als Konstrukt etablieren ließe. Legasthenie ist eine Leerformel." (Schlee, 1976) „Es gibt keine Legasthenie. Es lassen sich lediglich Personen auffinden, die hinsichtlich der komplexen Fertigkeiten Lesen bzw. Rechtschreiben extrem schlechte Leistungen aufweisen." (Belschner, 1977)

In der Folge richtete die Schriftspracherwerbsforschung den Fokus auf den „normalen" Lernprozess mit dem Ziel, durch einen stützenden Unterricht den Schriftspracherwerb jedes Kindes so störungsfrei wie möglich zu gestalten (siehe Punkt 2). Dieser neuen Zugangsweise lag und liegt die Sicht zugrunde, dass LRS als Störung in diesem Lernprozess anzusehen ist (und nicht als Symptom einer Krankheit im Sinne des medizinischen Modells). Der Beitrag eines vorbereitenden Trainings zur phonologischen Bewusstheit im Kindergarten, der seit einigen Jahren sehr hoch eingeschätzt wird, wird sich erst durch die Praxis genauer abschätzen lassen. Zu gelten scheint aber, was Küspert (1998, S. 183) als Fazit ihrer eigenen Untersuchung zieht: Phonologische Bewusstheit ist eine notwendige, aber keine hinreichende Voraussetzung für einen erfolgreichen Schriftspracherwerb.

Fazit

Eine einheitliche und empirisch überprüfte Theorie für Lese-Rechtschreibschwäche liegt nicht vor. Der beste Umgang mit ihr ist ein entwicklungs- und interessenorientierter Schriftsprachunterricht.

6.11 Rechnen lernen und Rechenschwierigkeiten

Gerhard Porps

Einleitung

Kinder die Schwierigkeiten haben, sich die elementaren Kulturtechniken des Lesens, Schreibens oder Rechnens anzueignen, gibt es, seit es Schulen gibt. Während Kindern, die besondere Schwierigkeiten beim Lesen lernen oder bei der Rechtschreibung zeigen, schon seit Forschergenerationen wissenschaftliches Interesse zuteil wird, und in dieser Folge eine breite Sensibilisierung von Seiten der Lehrkräfte und Eltern stattfand, etabliert sich in jüngerer Zeit eine neue Teilleistungsstörung, die der Rechenschwäche. Jüngere Analysen zeigen, dass die Prävalenzraten vergleichbar mit denen der LRS im deutschsprachigen Raum zwischen 4,4–6,7 % liegen (Jacobs & Petermann, 2003).

Bis 1982 existierte lediglich eine deutschsprachige Monographie zum Thema Rechenschwäche. Die aktuelle Veröffentlichungsrate über dieses schulische Phänomen ist zwischenzeitlich deutlich gestiegen. Insbesondere seit dem die Ergebnisse internationaler Schulvergleichsstudien wie der „TIMSS“ (Third International Mathematics and Science Study) oder der „PISA-Studie“ darauf hinwiesen, dass die Leistungen bundesdeutscher Schüler in den naturwissenschaftlichen Fächern im internationalen Vergleich nicht zur Spitzengruppe gehören, rücken in besonderem Umfang die mathematischen Kompetenzen und Defizite in den öffentlichen und wissenschaftlichen Focus.

Begriffsklärungen

Entsprechend der Anzahl von Untersuchungen und Publikationen zu diesem Bereich nimmt auch die begriffliche Beschreibung des Phänomens Rechenschwäche zu. So kommen Lorenz und Radatz (1993) nach Durchsicht der Literatur auf eine „unvollständige“ Liste von 39 Umschreibungen für das Phänomen, wie beispielsweise Anarithmasthenie, lexikalische Dyskalkulie, sekundäre Parakalkulie, Zahlendyssymbolismus ..., wobei sich in jüngerer Zeit die Begriffe „Dyskalkulie“, „Rechenstörung“ und „Rechenschwäche“ etablieren und meist synonym verwendet werden. Für die pädagogisch-schulische Ebene ist eine genaue Begriffsklärung nicht zwingend notwendig, da die schulische Förderung alle Kinder einbeziehen muss, „...die einer Förderung jenseits des Standardunterrichts bedürfen" (Lorenz & Radatz, 1993).

In Abgrenzung zu dieser mathematikdidaktisch-pädagogischen Position schlägt Lobeck (1992) aufgrund seiner praktischen Erfahrungen in der Dyskalkulietherapie vor, unterscheidbare diagnostische Kategorien der Rechenschwäche zu bilden, um den Ort der Förderung zu bestimmen. In Anlehnung an Grissemann (1990) differenziert Lobeck zwischen vier Kategorien abweichender Rechenleistungen:

Tab. 6.8: Definitionsraster der Rechenschwäche und daraus resultierende Hilfemöglichkeiten

Definition	Mögliche Hilfe
Rechenschwäche bei mindestens durchschnittlicher Intelligenz und mindestens durchschnittlichen Leistungen in anderen Schulleistungsbereichen	Ambulante Dyskalkulietherapie
Rechenschwäche als Teilleistungsschwäche unabhängig vom Intelligenzniveau	Zusätzlicher Stützunterricht, unabhängig von der Schulform (Grund- oder Förderschule)
Rechenschwäche in Verbindung mit Schwächen in anderen Leistungsbereichen bei mindestens durchschnittlicher Intelligenz	Ambulante Lerntherapie
Rechenschwäche verbunden mit Schwächen in anderen Leistungsbereichen unabhängig vom Intelligenzniveau	Hier scheint der Erfolg eines zusätzlichen Rechenunterrichts fraglich

Nach Lobeck (1992) ist zwar allen Kindern eine besondere schulische Aufmerksamkeit zu widmen, eine außerschulische Förderung bezogen auf die mathematischen Fähigkeiten sollte jedoch nur zugestanden werden, wenn sich Diskrepanzen zwischen Rechenleistungen und den übrigen schulischen Leistungsbereichen sowie dem allgemeinen Intelligenzniveau zeigen.

Diese klinisch-therapeutische Definition findet sich bei der Weltgesundheitsorganisation (WHO). Sie definiert in der „Internationalen Klassifikation psychischer Störungen" (ICD-10) das Phänomen Rechenstörung als Entwicklungsstörung schulischer Fertigkeiten unter der Kennziffer F 81.2 folgendermaßen:

„Diese Störung beinhaltet eine umschriebene Beeinträchtigung von Rechenfertigkeiten, die nicht allein durch eine allgemeine Intelligenzminderung oder eine eindeutig unangemessene Beschulung erklärbar ist. Das Defizit betrifft die Beherrschung grundlegender Rechenfertigkeiten wie Addition, Subtraktion, Multiplikation und Division, weniger die höheren mathematischen Fertigkeiten, die für Algebra, Trigonometrie, Geometrie und Differential- sowie Integralrechnung benötigt werden" (ICD-10, 1993).

Als diagnostische Leitlinien werden definiert:

“Die Rechenleistung des Kindes muss eindeutig unterhalb des Niveaus liegen, welches aufgrund des Alters, der allgemeinen Intelligenz und der Schulklasse zu erwarten ist“ (ICD-10).

Ausgeschlossen werden müssen auch eine unangemessene Beschulung, Defizite im Hören und Sehen oder eine neurologische Störung. Auch darf diese Störung nicht als Folge „ ... irgendeiner neurologischen, psychiatrischen oder anderen Krankheit erworben worden sein“ (ICD-10). Nach dieser Definition sollen zur diagnostischen Abgrenzung die Lese- und Rechtschreibfähigkeiten im Normbereich liegen (ICD-10).

Da nur der Diagnose Rechenstörung eine besondere Bedeutung zukommt (die Kostenübernahme einer außerschulischen Förderung kann entsprechend dem KJHG beantragt werden), wird vorgeschlagen, immer dann die Bezeichnung Rechenstörung zu verwenden, wenn die Kriterien der ICD-10 vorliegen. Der Terminus Rechenschwäche wird immer dann verwendet, wenn keine psychodiagnostischen Befunde erhoben wurden. Auf weitere Bezeichnungen wird verzichtet.

Rechenleistungen in der Grundschule

Bevor auf abweichende Rechenleistungen und Rechenschwierigkeiten eingegangen wird, soll dargestellt werden, welche mathematischen Kompetenzen von Kindern in der Grundschule im Regelfall zu erwarten sind. Daher wird zu Beginn ein Überblick über den Mathematiklehrstoff in der Grundschule gegeben.

In mathematischen Lehrbüchern finden sich mit unterschiedlicher Schwerpunktsetzung die zwei explizit ausformulierten Themenkreise der „natürlichen Zahlen und Rechenoperationen“ und das „Sachrechnen und Größen“. Implizit lässt sich auch der Themenkreis „Geometrie“ herausarbeiten. Dieser wird jedoch nicht als ein in sich geschlossener Lehrgang bearbeitet, viel mehr werden mit zunehmender Schwierigkeit inhaltliche Zusammenhänge über das Schuljahr verteilt und in Verbindung zu anderen Fächern bearbeitet.

In den ersten beiden Schuljahren ist die Entwicklung des Zahlbegriffs von zentraler Bedeutung. Die Schüler sollen in der Lage sein, die Anzahl einer Menge anzugeben, die Anordnung der natürlichen Zahlen bis 20 kennen und auf verschiedene Arten darstellen, Vorgänger und Nachfolger einer Zahl bestimmen, Ordnungszahlwörter verwenden und den Zusammenhang von Ordnungszahl und Anzahl erkennen, sowie einfache Beziehungen wie größer/kleiner etc. zwischen Zahlen verwenden und darstellen können.

Im zweiten Schuljahr wird der Zahlbereich auf 100 erweitert. In diesem Zahlenraum sollen Zahlen gelesen, geschrieben, miteinander verglichen und der Größe nach geordnet werden können. Mengen von Gegenständen sollen nach der Grundzahl 10 gebündelt und das Ergebnis in die Stellenwerttafel eingetragen werden können. Zahlen sollen mit Hilfe von Zehnerbündelungen dargestellt und Zahldarstellungen gedeutet werden können.

Im Bereich der Grundrechenarten kann von Schülern in der ersten Klasse erwartet werden, dass grundlegende Operationen der Addition und Subtraktion beherrscht werden, im zweiten Schuljahr werden diese Fertigkeiten auf den größeren Zahlenraum übertragen und verfestigt. Zusätzlich werden erste und einfache Aufgaben der Multiplikation und Division eingeführt.

Im dritten Schuljahr wird der Zahlenraum auf 1 000 erweitert, wobei die bisherigen Kenntnisse und Erfahrungen weiter ausdifferenziert werden. Die schriftlichen Rechenverfahren der Addition und Subtraktion werden ebenso eingeführt wie die grundlegenden Kenntnisse des halbschriftlichen Multiplizierens und Dividierens.

Aufbauend auf diesen Kenntnisstand wird im vierten Schuljahr der Zahlenraum auf eine Million erweitert. Die schriftlichen Verfahren der Multiplikation und Division werden eingeführt.

Die mathematischen Themenkreise werden in **Tabelle 6.9** zusammenfassend dargestellt.

Tab. 6.9: Mathematische Themenkreise in der Grundschule

Klasse	Zahlenraum	Operation	Rechnen mit Größen
1	bis 20	Addition, Subtraktion Zahlzerlegung, Ergänzung	Geld (Euro, Cent)
2	bis 100	Multiplikation, Division	Zeit (Tage, Stunden, Minuten, Sekunden) Längen (mm, cm, m)
3	bis 1 000	Schriftliche Addition, schriftliche Subtraktion, halbschriftliche Multiplikation, halbschriftliche Division	Längen (mm, cm, dm, m, km) Gewichte (g, kg, t) Hohlmaße (ml, l, hl)
4	bis 1 000 000	Schriftliche Rechenverfahren (Addition, Subtraktion, Division, Multiplikation)	Zeitspannen (Fahrzeiten)

Theorien abweichender Rechenleistungen

Für Schwierigkeiten beim Erwerb arithmetischer Kompetenzen ist stets ein individuell gelagertes Ursachengeflecht verantwortlich. Trotz aller empirischer Bemühungen lässt sich kein theoretisches Modell finden, dass das Problem abweichender Rechenleistungen hinreichend erklärt. Mit zunehmendem wissenschaftlichen Interesse wachsen nicht nur die begrifflichen Beschreibungen sondern auch die Erklärungsansätze. Unterschied Zielinski (1995) noch zwischen drei Erklärungsansätzen, so werden in der aktuellen Literatur sechs (Ganser, 1999) bzw. sieben (Schrodi, 1999 oder Wehrmann, 2003) verschiedene Theorien zur Erklärung des Phänomens genannt.

Da von allen Autoren drei theoretische Ansätze, wenn auch mit unterschiedlicher Bezeichnung, beschrieben werden, werden diese näher dargestellt. Die Autoren unterscheiden den neuropsychologisch-differentiellen, den entwicklungspsychologischen und den fehleranalytischen Erklärungsansatz.

Der neuropsychologisch-differentielle Ansatz

Die Geschichte der Neuropsychologie geht zurück auf die Untersuchungen von Brocca (1861), dem es gelang, das Sprachzentrum im Frontallappen der dominanten Hemisphäre nachzuweisen. Über eine lange Zeitspanne rückten angeborene Leistungsdefekte und die Folgen von Schädelhirnverletzungen in den Mittelpunkt neurologischer Untersuchungen. Die Hoffnung bestand darin, Aufschluss über die Funktionsweise des Gehirns zu erhalten, und für komplexere kognitive Fähigkeiten spezielle Gehirnzonen zu finden. Dieser Lokalisationstheorie zufolge wurden Hirnkarten aufgestellt, in denen Fähigkeiten bestimmten Hirnregionen zugeordnet wurden (Grissemann & Weber, 1982). Die Suche nach einem „Rechenzentrum" scheint bis heute noch nicht ihren Reiz verloren zu haben. So weist nach Schrodi (1999) die aktuelle Diskussion um die Hemisphärenlateralisation darauf hin, dass jüngere Konzepte wie das der „Kinesiologie" oder des „neurolinguistischen Programmierens" (NLP) vor dem Hintergrund einer ersten Grobeinteilung der „Hirnhälftenzuständigkeiten" auch nach feineren Lokalisationen suchen, obwohl die Skepsis, ein solches Zentrum zu finden, schon 1952 von Geller formuliert wurde: „Es erscheint aussichtslos, nach einem Rechenzentrum zu fahnden oder eine isolierte Rechenstörung bei Hirnschädigungen zu erwarten. Das Rechnen ist ein Denkakt, der in seinen Voraussetzungen und sprachlich-schriftlichen Ausdrucksformen Wahrnehmungen und Vorstellungen verschiedener Kreise zusammenfasst und umfasst. Zu akustischen fügen sich optische, räumliche und motorische Vorstellungen."

Im pädagogischen Kontext fand der Terminus MCD eine schnelle und weite Verbreitung, diente er doch als Sammelbezeichnung für all die Kinder, die „ ... bei fast durchschnittlicher, durchschnittlicher oder überdurchschnittlicher Allgemeinintelligenz bestimmte Lern- und Verhaltensstörungen aufweisen, die von schwach bis schwerwiegend reichen und mit Funktionsabweichungen des Zentralnervensystems verbunden sind" (Clements, 1966).

Kinder, die beim Lösen von Rechenaufgaben Schwierigkeiten haben, zeigen nach Lorenz und Radatz folgende kognitive Auffälligkeiten: Störungen im taktilkinästhetischen Bereich, Störungen der auditiven Wahrnehmung, visuelle Wahrnehmungsstörungen und Störungen der Intermodalität (Lorenz & Radatz, 1993).

Milz (1994) bedient sich zur Veranschaulichung der Annahme, dass mathematisches Denken am Ende eines neuropsychologischen Reifungsprozesses steht. Nach diesem Modell folgen den grundlegenden Modalitäten der Informationsaufnahme auf immer höheren Ebenen neurologische Verknüpfungen, an deren Ende das mathematische Denken steht. Auf welcher Stufe das Intelligenzkonstrukt abgebildet wird, ist aus diesem Modell heraus nicht bestimmbar.

Durch aktuelle Metaanalysen bisheriger Forschungsbefunde zeigt sich, dass insbesondere Gedächtnis-, Wahrnehmungs-, Raumorientierungs- und Vorstellungsfaktoren im Zusammenhang mit Rechenschwächen untersucht wurden, wobei eine kausale Erklärung für das Phänomen Rechenschwäche nicht ableitbar ist. Thiels (2001) abschließendes Fazit lautet: „Ich bin durch die vorliegende Arbeit zu der Meinung gekommen, dass sich empirische Zusammenhänge zwischen Basisfunktionen und der Rechenschwäche weder belegen noch widerlegen lassen."

Die Grenzen des neuropsychologischen Ansatzes, der mittlerweile von Autoren wie Preiß (1996) auch in der Didaktik Einfluss gewinnt und von ihm als neurodidaktischer Ansatz bezeichnet wird, liegen in einer eindeutigen Zuordnung der Verursachung: dem Schüler oder der Schülerin. So kommt Lorenz (1996) zu dem Schluss: „So ist in einem gewissen Sinne das Problem der Rechenschwäche gelöst: Wird die Schuldzuweisung doch auf den Schüler getroffen; Lehrer, Material und Unterrichtsmethodik werden dagegen exkulpiert, da dem Gehirn des Schülers, das den Lernfortschritt trotz offensichtlichen Bemühens verweigert, nur durch medizinische Eingriffe beizukommen wäre."

Der entwicklungspsychologische Ansatz

Aebli (1976) unterscheidet vier Phasen von Aufbau- und Verinnerlichungsprozessen mathematischer Operationen, wobei die generelle Entwicklungsrichtung vom Konkreten zum Abstrakten verläuft.

Die erste Phase ist durch den „effektiven Vollzug einer Handlung" gekennzeichnet. Eine Handlung wird am konkret-anschaulichen Material aufgebaut. Zu Beginn unter Verwendung realer Gegenstände, später mit Gegenstandssymbolen (Grissemann & Weber, 1990).

Die sich daran anschließende zweite Phase ist dadurch gekennzeichnet, dass es dem Kind nunmehr möglich ist, mit Hilfe bildlicher Darstellungen Operationen durchzuführen. Es reicht eine zweidimensionale bildliche Darstellung, bei der Operationsabläufe vorgestellt werden müssen (Grissemann & Weber, 1982). Kinder lernen, dass Mengen auch bildlich dargestellt werden können. „Rechenoperationen" können nun schon durch Gegenstände repräsentiert werden. Zum Beispiel können Kinder mit Hilfe von Bonbons Rechenoperation der folgenden Art lösen: „Ich habe 5 Bonbons. Wie viele Bonbons habe ich, wenn ich 3 aufesse?"

Während der dritten Stufe werden Operationen weiter verinnerlicht. Ausgehend von den konkreten Handlungen lernen Kinder, mit abstrakten Zahlen zu operieren. Kinder sind in der Lage, Zahlen symbolisch zu kodieren. Zahlen vertreten Gegenstände (Symbol für…) und haben Bedeutung von Mengen. Die Kinder entdecken in dieser Phase, dass es bei der Aufgabe 3+1= völlig egal ist, ob es sich hier um Autos, Bonbons oder Äpfel handelt. Voraussetzung für diesen Entwicklungsschritt sind die zwei vorangegangenen Phasen (Grissemann & Weber, 1990).

In dieser Phase ist es allerdings immer wieder erforderlich, dass Zahlensymbole in konkrete und anschauliche Handlungen umgesetzt werden. Immer wieder muss das Kind die Möglichkeit haben, das abstrakte Symbol mit der realen Umwelt vergleichen zu können. Die Aufgabe 9+3= muss immer wieder in einen realen Kontext eingebettet werden, zum Beispiel: „Wenn ich schon 9,– € gespart habe und ich bekomme noch 3,– € Taschengeld dazu, wie viel habe ich dann?" Natürlich lässt sich dieses Beispiel beliebig verändern und erweitern. Es kann didaktisch auch sinnvoll sein, die Aufgaben aus der Realität in die „Rechensprache" transformieren zu lassen, z. B.: „Ein Computerspiel kostet 50,– €. Ich habe schon 31,– € gespart. Wie viel Geld fehlt mir noch?" (50–31=).

Die vierte Stufe wird auch als „Automatisierungsstufe" bezeichnet. Erst auf dieser Stufe kann das Kind schnell und sicher mit Zahlen umgehen. Verknüpfungen werden nicht mehr benötigt. Das Zahlensystem ist soweit verinnerlicht, dass Rechenaufgaben schnell und richtig gelöst werden können (Grissemann & Weber, 1990).

Rechenschwächen resultieren nach diesem Modell aus einer Störung dieser Aufbau- und Verinnerlichungsstufen. Grissemann stellt jeder Stufe spezifische Fehlleistungen gegenüber. So stellen beispielsweise Schwächen im anschaulichen Denken, Wahrnehmungsstörungen, Schwächen bei der Zahlbegriffsentwicklung und die mangelnde Einsicht in das dekadische Positionssystem in der ersten Stufe Faktoren dar, die zu einer Rechenschwäche führen können. Für die zweite Stufe beschreibt Grissemann eine Schwäche des anschaulichen Gedächtnisses als relevanten Faktor. Störungen während der dritten Phase sind nach Grissemann Abstraktionsschwächen und die mangelnde Einsicht in das dekadische Positionssystem. In der vierten Stufe treten nach Grissemann Schwächen bei der mechanisch-assoziativen Verknüpfung auf.

Der kognitiv-fehleranalytische Ansatz

Diesem Erklärungsansatz liegt die Überlegung zugrunde, dass Rechenfehler nicht als zufällige Produkte rechnerischen Tuns, sondern als Produkte von Denk- und Verarbeitungsprozessen mathematischer Auseinandersetzungen zu betrachten sind (Dörner, 1976). Der fehleranalytische Ansatz stellt demzufolge den Versuch dar, aus der Art der Schülerfehler Rückschlüsse daraus zu ziehen, wie ein Kind rechnet (Schrodi, 1999). Das Ziel besteht darin, die kindlichen Lernprozesse inhaltsspezifisch abzubilden (Lorenz & Radatz, 1993). Nach der Einschätzung von Weiß (1997) kann bei ca. 80 % der Schülerfehler davon ausgegangen werden, „… daß sie nicht aus Gedankenlosigkeit, mangelnder Sorgfalt oder Verrechnen entstehen, sondern daß ihnen eine gewisse Systematik innewohnt".

Nach Radatz (1980) kann dieser Erklärungsansatz auf eine lange Tradition zurückblicken, wobei sich jedoch keine einheitliche systematische Forschung ausmachen lässt, da dieser Ansatz von den jeweiligen Hauptrichtungen der Bezugswissenschaften Psychologie, Mathematikdidaktik und Pädagogik untersucht wurde. Es lassen sich nach Radatz (1980) auch unterschiedliche Zugangswege und Ziele unterscheiden. So wurde in amerikanischen mathematikdidaktischen Untersuchungen ein eher pragmatischer Zugang gewählt, um folgende Ziele zu erreichen:

- Auflisten aller möglichen Erscheinungsformen von Fehlleistungen
- Häufigkeitsverteilung der Fehler über einzelne Schuljahre
- Einteilungs- und Klassifizierungsversuche der Fehler.

Im Unterschied dazu wurde in deutschen Untersuchungen der Versuch unternommen, durch die Erfassung, Kategorisierung und Analyse von Rechenfehlern im Primar- und Sekundarbereich „ … die psychologische Fundierung einer Didaktik des Rechenunterrichts" zu entwickeln (Radatz, 1980). Jüngere Entwicklungen der Fehleranalyse im deutschsprachigen Raum stellen nach Radatz Neuauflagen älterer Arbeiten dar, oder sind Nebenprodukte anderer Bemühungen. Die jüngsten und umfangreichsten deutschsprachigen Sammlungen zur Fehleranalyse im Primarschulbereich stellen die Arbeiten von Gerster (1982) zu den schriftlichen Rechenverfahren und die Arbeit von Glück (1971) zu Rechenfehlern in der zweiten Klassenstufe dar, wobei Glücks Arbeit zur Fehleranalyse im Rahmen der Entwicklung eines diagnostischen Rechentests entstand.

Die Grenzen des fehleranalytischen Ansatzes liegen Radatz zufolge darin begründet, dass nicht alle Fehler generell und/oder eindeutig analysierbar sind und es an Methoden fehlt, den Prozesscharakter des Lösungsvorganges zu erfassen (1985). Auch zeigen eigene Untersuchungen, dass sich klassentypische Fehlerhäufungen finden, die weniger aufgrund individueller Fehlerstrategien entstehen, sondern durch den Vermittlungsprozess in der Lehrer-Schüler-Interaktion.

Psychologische Diagnostik

Um eine Rechenstörung nach ICD-10 festzustellen, ist eine umfangreiche diagnostische Abklärung notwendig. Nach dem Ausschluss einer physiologischen Verursachung (mangelnde Hör- und Sehfähigkeit) umfasst die psychologische Diagnostik neben der individuellen Intelligenz- und Leistungsdiagnostik sowohl den schulischen als auch den familiären Bereich.

Generell hilfreich ist es, eine diagnostische Routine zu entwickeln, die nicht nur das Defizit des Kindes in den Mittelpunkt der Betrachtung rückt, sondern auch die besonderen Fähigkeiten des Kindes berücksichtigt. Jede psychologische Diagnostik beginnt damit, aufzulisten, über welche individuellen Kompetenzen (motorisch, kognitiv, emotional, sozial) das Kind verfügt, um eine Stärken-Schwächen-Bilanz erstellen zu können.

Ein weiterer wichtiger Baustein zur angemessenen Diagnose ist die kritische Situationsbeschreibung. Sind die Schwierigkeiten des betroffenen Kindes primär individuellen Faktoren zuzuschreiben, oder sind auch andere Bereiche (Schule, Elternhaus) kausal an der Problematik beteiligt.

Daher sind für den schulischen Bereich folgende Fragen mit der Lehrkraft zu klären:

- Wie stellt sich der Leistungsstand in der Klasse dar?
- Welche Unterrichtsmaterialien werden verwendet?
- Welche mathematikdidaktischen Prinzipien liegen der Unterrichtsplanung und Unterrichtsführung zugrunde?
- Welche individuellen Fördermaßnahmen hat die Lehrkraft bisher durchgeführt?
  Wie gestaltet sich die Zusammenarbeit zwischen Schule und Elternhaus?
- Ist eine personelle Kontinuität gegeben, oder wechselten die Lehrkräfte häufig?

Für den außerschulischen Bereich ist abzuklären:

- Werden dem Kind zu Hause sinnvolle Lernanreize gegeben?
- Wird das Kind von der Familie angemessen unterstützt?
- Wie stellen sich die Elternerwartungen in Bezug auf die schulischen Leistungen allgemein und im Besonderen bezogen auf den mathematischen Bereich dar?
- Gibt es innerhalb der Familie weitere Probleme oder Schwierigkeiten?

Sind diese Bereiche geklärt, ist eine individuelle psychologische Diagnose durchzuführen. Diese umfasst neben der Feststellung emotionaler und motivationaler Lernfaktoren die basalen und vormathematischen Grundlagen, das aktuelle Leistungsniveau sowie die Feststellung des kognitiven Niveaus.

Die Diagnostik der (basalen) Grundlagen umfasst die in **Tabelle 6.10** dargestellten und in der Literatur als relevant für den Erwerb mathematischer Kompetenzen angegebenen Bereiche.

Tab. 6.10: Diagnostik grundlegender Fertigkeiten

Bereich	Möglichkeit der informellen Diagnostik
Taktil-kinästhetische Wahrnehmung	– Mengen, Gegenstände ertasten, erraten – Zahlen, Buchstaben fühlen
Körperschema/ Lateralität	– Bewegungsspiele mit Richtungsänderung – Koordinationsübungen: z. B. Heben rechtes Bein, rechter Arm, linkes Bein, linker Arm
Motorik	– Balancierübungen im Sport, Tiere in ihrer Bewegung nachahmen, Kästchenhüpfen, Seilhüpfen – Fingerspiele, falten, basteln, kneten – mit Würfeln/Plättchen bauen
Visuelle Wahrnehmung	– Memory allgemein oder mit Zahlen/Bildern – Sortieren von Gegenständen, Mengen
Raumlage/ Raumorientierung	– Einteilung an Arbeitsblättern vorgeben – Auf Bildern Dinge einzeichnen: oben, unten, rechts, links ...
verbal-akustische Fähigkeiten	– Worte und Sätze nachsprechen lassen – ähnlich klingende Worte nachsprechen lassen
auditive Wahrnehmung	– Unterscheiden von Geräuschen aus dem Alltag – Rhythmusübungen
intermodale Verknüpfungen	– schriftliche Anweisungen umsetzen – geschriebene Worte durchgliedern
Sprache	– auf artikuliertes Sprechen achten – bildlich dargestellte Rechengeschichten erzählen lassen
Merkfähigkeit	– Memoryspiele – Zahlendomino

Neben diesen informellen Möglichkeiten der Überprüfung lassen sich einige Bereiche mit Hilfe standardisierter psychodiagnostischer Instrumente überprüfen. Eine Auswahl relevanter Testverfahren findet sich in **Tabelle 6.11**.

Tab. 6.11: Schulpsychologische Diagnostik basaler Fähigkeiten

Bereiche		**Mögliche psychodiagnostische Verfahren**
Grobmotorik:	Gleichgewicht Geschicklichkeit	– LOS - 18 (Lincoln-Oseretzky-Skala) – MOT 4- 6 (Motoriktest für vier- bis sechsjährige Kinder)
Feinmotorik:	Graphomotorik Auge-Hand- Koordination	
Visuelle Wahrnehmung:	Figur-Grund-Wahrnehmung Visuo-motorische Koordination	– FEW (Frostigs Entwicklungstest der visuellen Wahrnehmung)
Körperschema /Lateralität:	Rechts-Links- Unterscheidung Überschreiten der Körpermitte	– Raumorientierung nach Piaget
Merkfähigkeit:	Sprachanweisungen Symbole erinnern	– Akustische Differenzierungs- und Merkfähigkeitsprobe nach Mottier

Eine Diagnostik im vormathematischen Bereich sollte die in der folgenden **Tabelle 6.12** dargestellten Aspekte berücksichtigen.

Tab. 6.12: Diagnostik im vormathematischen Bereich

Bereich	**Diagnostische Aufgaben**
Klassifikation	– Ordnen konkreter Dinge aus dem Alltag, z. B. Kleidung, Spiele – Gegenstände nach einem gemeinsamen Merkmal aussuchen
Mengen-auffassung	– Mengenmemory – Würfelspiele: Erfassen der gewürfelten Menge
Menge – Ziffer – Zahlwort – Zuordnung	– Laufspiel: Beim Zeigen oder Nennen einer Zahl bilden die Kinder diese Menge – Zuordnen von Würfel- oder Strichbildern zu Mengen
Invarianz der Menge	– Flüssigkeit von einem hohen, schmalen Glas wird in ein flaches, breites Glas gegossen. Kind stellt fest, dass die Menge gleich geblieben ist
Mathematische Begriffe	– Türme bauen und die Größe vergleichen – Mathematische Begriffe handelnd erleben lassen
Zeitbegriffe	– Handlungen beschreiben: zuerst habe ich … , dann … – Vorher waren es … , jetzt sind es …
Zählen	– Spiel: Kaiser, wie viel Schritte darf ich reisen? – Generell: alle Zählspiele
Verständnis der Operationen	– Rechengeschichten zu Aufgaben erfinden

Um den aktuellen Leistungsstand zu erheben, können die letzten schriftlichen Arbeiten des Kindes herangezogen werden. Die Durchführung eines standardisierten Rechentests ist jedoch notwendig. Zurzeit stehen die in **Tabelle 6.13** dargestellten Verfahren zur Verfügung:

Tab. 6.13: Aktuelle standardisierte Rechentests

Bereiche	Mögliche psychodiagnostische Verfahren
Qualitative Erfassung der mathematischen Basisfähigkeiten im Zahlenraum bis 20	– DBZ 1 (Diagnostikum: Basisfähigkeiten im Zahlenraum 0-20) – OTZ (Osnabrücker Test zur Zahlbegriffsentwicklung)
Quantitative Erfassung der Rechenleistung	– SR 1-3 (Schweizer Rechentest für erste bis dritte Klassen) – SR 4-6 (Schweizer Rechentest für vierte bis sechste Klassen) – DEMAT 1+ (Deutscher Mathematiktest für erste Klassen) – DEMAT 2+ (Deutscher Mathematiktest für zweite Klassen) – DEMAT 3+ (Deutscher Mathematiktest für dritte Klassen) – DEMAT 4 (Deutscher Mathematiktest für vierte Klassen) – MT 2 (Mathematiktest für 2. Klassen)
Qualitative Erfassung der Rechenleistung	– RZD 2-6 (Rechenfertigkeiten- und Zahlenverarbeitungs-Diagnostikum für 2. bis 6. Klassen) – DRE 3 (Diagnostischer Rechentest für 3. Klassen)

Die gründliche Diagnostik ist durch eine Fehleranalyse zu ergänzen, die Aufschlüsse darüber erlaubt, an welcher mathematikdidaktischen Stufe das Kind erste Probleme zeigt. Da die Fehleranalyse gemeinsam mit dem Kind durchzuführen ist, dient sie auch der Prüfung der Motivation, Konzentration und individuell erlebter Lernschwierigkeiten. Aufgabensammlungen zur Fehleranalyse in nichtschriftlichen Rechenverfahren finden sich etwa bei Lorenz und Radatz (1993) oder bei Behring, Kretschmann und Dobrindt (1999). Aufgabensammlungen zu Fehlern bei schriftlichen Rechenverfahren finden sich bei Gerster (1982).

Da die Diagnose einer Rechenstörung es erfordert, eine allgemeine Intelligenzminderung auszuschließen ist eine Intelligenzdiagnostik durchzuführen, trotz der ungeklärten Zusammenhänge mit dem Intelligenzkonstrukt: „Es ist davon auszugehen, dass Intelligenztests und -batterien Anforderungen beinhalten, die in engem Zusammenhang zu mathematischen Fähigkeiten stehen und somit das Intelligenztestergebnis bei Vorliegen einer Rechenschwäche negativ beeinflussen. Dies betrifft verbale Aufgaben ebenso wie visuelle Vergleiche, akustische Anforderungen und erst recht Aufgaben zum rechnerischen Denken." (Fritz & Ricken, 1998)

Auf die Durchführung von Intelligenztestverfahren wie beispielsweise CFT oder CPM ist daher zu verzichten. Geeigneter zur Feststellung der kognitiven Fähigkeiten sind Testverfahren wie beispielsweise HAWIK oder AID. Diese zwei Verfahren erfassen über spezifische Untertests die praktische und verbale Intelligenz. Da sich Kinder mit Rechenschwächen durch einen spezifischen Profilverlauf unterscheiden, werden die beiden Verfahren in **Tabelle 6.14** gegenüber gestellt.

Tab. 6.14: Untertests des HAWIK und AID im Vergleich

HAWIK	AID	Operationalisierung
Allgemeines Wissen	Alltagswissen	Wissensumfang, Schulwissen
Allgemeines Verständnis	Soziales Erfassen und Sachliches Reflektieren	praktische Urteilsfähigkeit, intellektuelle Anpassungsfähigkeit, soziales Verhalten
Rechnerisches Denken	Angewandtes Rechnen	Fähigkeit zu konzentrierter Tätigkeit, geistige Wendigkeit, schulische Intelligenz
Gemeinsamkeitsfinden	Funktionen abstrahieren	abstr. logisches Denken, verbale Begriffsbildung
Wortschatztest	Synonyme finden	Lernfähigkeit, allgemeines Vorstellungsvermögen, Bestand an sprachlichen Kenntnissen
Zahlennachsprechen	Unmittelbares Reproduzieren	Aufmerksamkeit, Merkfähigkeit, intellektuelle Kontrolle
Zahlen-Symbol-Test	Kodieren und Assoziieren	assoziative Beweglichkeit, intellektuelle Klarheit, visuell-motorische Koordination
Bilderergänzen	Realitätssicherheit	Befähigung zur Unterscheidung wesentlicher und unwesentlicher Details, Beobachtungsfähigkeit
Bilderordnen	Soziale und sachliche Folgerichtigkeit	soziale Einstellung und Anpassungsfähigkeit, Verständnis von Gesamtsituationen und menschlichen Situationen
Mosaiktest	Analysieren und Synthetisieren	Kombinationsfähigkeit, Umstellungsfähigkeit, schöpferische Fähigkeit, räumliches Vorstellungsvermögen
Figurenlegen	Antizipieren und Kombinieren	Erfassung von Gesamtzusammenhängen, Denk- und Arbeitsstil, planvolle Ausdauer

Für die Diagnose einer Rechenstörung sind sowohl die Intelligenzquotienten des Handlungsteils und Verbalteils, der Gesamtintelligenzquotient wie auch der Profilverlauf von Bedeutung. Von einer durchschnittlichen Intelligenz ist nach Johnson und Myklebust (1976) dann auszugehen, wenn entweder im Verbalteil oder im Handlungsteil des HAWIK oder des AID ein IQ von mindestens 90 erreicht wird, wobei nach ICD-10 ein Gesamtintelligenzquotient von mindestens 70 erreicht sein muss. In der Analyse der Untertests sind die Leistungen im rechnerischen Denken (angewandtes Rechnen) und im Untertest Mosaiktests (analysieren und synthetisieren) von besonderer Bedeutung. Die Untersuchungsergebnisse von Süß-Burghart (2001) weisen darauf hin, dass Kinder mit Rechenschwierigkeiten in diesen Untertests besondere Schwierigkeiten zeigen.

Intervention

Für die Intervention von Rechenschwierigkeiten ist eine genaue Diagnostik notwendig, da insbesondere die mathematikdidaktische Diagnostik schon integraler Bestandteil der Therapie ist. Insgesamt lassen sich zur Lernhilfe folgende Anregungen geben:

- Personelle Kontinuität. Die Lernhilfe ist immer von derselben Person durchzuführen.
- Die Intervention ist nicht nur auf das Problem Rechnen abzustellen, sondern dient ebenso dem Wachstum der Persönlichkeit des Kindes. Besonders Reaktionen auf die Lernschwierigkeiten wie Angst, Vermeidungsverhalten, Somatisierung von Schwierigkeiten (Beispiel Erbrechen vor Rechenproben), Aggressionen, Demotivation sind zu beachten.
- Je belastender die Lernsituation ist, desto wichtiger ist es, dass anfänglich Aufgaben gewählt werden, die sicher gelöst werden können.
- Alle erforderlichen Lernhilfen sollen angeboten und zugelassen werden, z. B. die Fingerhilfe, wobei ein häufiger Wechsel verschiedener Lernhilfen zu vermeiden ist.
- Auf einen entwicklungsgerechten Lernaufbau (Handlung, Bild, Ziffern bzw. optische Symbole, Sprache) sollte geachtet werden.
- Ein übergeordnetes Lernprinzip ist die Dosierung der Anforderungen. Dieses Lernprinzip folgt der Mathematikdidaktik. So leuchtet spontan ein, dass man etwa bei der Brucheinführung nicht mit Siebteln beginnt, dass man bei Zehnerübergängen ebenfalls zunächst mit kleineren Zahlen beginnt (9+2, 9+3, 9+4 oder 11-2, 11-3, 11-4) und erst nach und nach die Schwierigkeiten erhöht (8+4, 8+5… bzw. 12-3, 12-4). Gerade bei Kindern mit Rechenschwierigkeiten wird dieses vielfach zu wenig beachtet.
- Ständige didaktische Reflexion, ausgelöst durch Rechenfehler der Kinder: Bei auftretenden Verständnis- und Übungsschwierigkeiten sollte sofort der Komplexitätsgrad der Aufgabe reduziert, die Zahlen kleiner gewählt, die Sachverhältnisse konkret eingekleidet und vereinfacht und Zwischenergebnisse (schriftlich) festgehalten werden.
- Da es auch um Überblickswissen von Mengen und Zahlen geht, sollte raumstrukturierendes Papier (z. B. kariert) verwendet werden. Auch soll darauf geachtet werden, dass die Ziffern genau neben- und untereinander geschrieben werden.
- Mathematische Operationen sollten in vertraute Objekte (z. B. Autos, Püppchen) in Handlungs- und Spielsituationen eingebettet werden.
- Wichtig ist auch die inhaltliche Passung. Rechenprobleme sollen aus dem Lebensradius des Kindes geholt werden (z. B. Erspartes, Kaufwünsche), bzw. von ihm selbst eingebracht werden.

6.12 Lernsoftware für Schülerinnen und Schüler

Bernd Richter

Was nützen Lernprogramme den Schülerinnen und Schülern?

Die Software-Abteilungen der Großkaufhäuser aber auch dörfliche Buchhandlungen führen unter dem Stichwort „Lernhilfe“ große Mengen von Lern- und Förderprogrammen. Die Werbung verspricht, dass die CDs oder DVDs mühelos Defizite der Schülerinnen und Schüler zu beseitigen imstande wären. Der Katalog der größten deutschen Schulsoftware-Versandhandlung informiert alle Schulen in Deutschland zweimal im Jahr auf rund 170 Seiten über mehr als 2 000 deutschsprachige Produkte. Es gibt keinen Mangel an Angeboten; das Problem besteht darin, dass die Wirksamkeit der Angebote nur in wenigen Fällen überprüft und noch seltener nachgewiesen wurde. Es gibt keine Standards wie zum Beispiel bei Medikamenten. Dies hat schwerwiegende Folgen für die Bewertung der Seriosität der gesamten Schul- und Lernsoftware-Branche durch die Konsumenten und durch die Wissenschaft.

Die Gründe für den Mangel an Validierungsstudien bei Lernsoftware sind vielfältig. Die wirklichen Ursachen der meisten Lernprobleme von Schülern sind völlig unzureichend erforscht; vielleicht entziehen sie sich auch wegen ihrer Vielschichtigkeit der Erforschung zur Gänze. Selbst wenn Versuchs- und Kontrollgruppen parallelisiert gebildet werden, ist eine saubere Effekt-Extrahierung kaum möglich. Die Schulleistung ist kein individuelles Schicksal – schulische Leistung und Minderleistung sind ein hochkomplexes systemisches Produkt aus Unterricht, Beziehung zur Lehrkraft, Klassenklima, Begabung, bildungsrelevantem Sozialstatus der Herkunftsfamilie, genetischem Potential, Migrations-Hintergrund, Attribuierung von Erfolg und Misserfolg, erkannten und vor allem unerkannten Wahrnehmungs-Beeinträchtigungen, Lernzeit, Motivation, Ernährung, Bewegung, Fernsehkonsum und vielem anderen mehr.

Es gibt bisher keine verbindlichen definitorischen Standards zur Einordnung von schulischen Defiziten. Der Beitrag, den jeder einzelne Faktor zur Aufklärung der Gesamtvarianz leistet, bewegt sich bestenfalls im Bereich von einigen Prozent.

Die zur Verfügung stehende Diagnostik ist weitestgehend defizitär. Neuere diagnostische Verfahren, wie sie in der schulpsychologischen Praxis oder auch in der Schule gebraucht würden und von den Kostenträgern bezahlt werden könnten, werden in eher begrenzter Auswahl angeboten. Eine Synopse der wichtigsten Lesetests legte Richter (2004) vor. Empfehlenswert ist vor allem der Lesetest STOLPERWÖRTER (Metze, 2003), der im Internet kostenlos erhältlich ist (http://www.wilfriedmetze.de/lesetest/). Dieser Test diagnostiziert auf raffinierte Weise die Fähigkeit der Kinder (Klasse Ende 1 bis Anfang 5) zur Inhaltserfassung. Die nur wenige Minuten dauernde Anwendung macht auch eine Reihenuntersuchung von Kindern beispielsweise am Anfang einer Sekundarschule möglich. Im Bereich der Rechtschreibungs-Diagnostik ist vor allem die HAMBURGER SCHREIB-

PROBE (May, 2001) hilfreich. Die Anwendung und die danach erforderliche Förderplanung setzen jedoch linguistische Grundkenntnisse voraus. Zur Diagnostik von Störungen beim Erlernen von mathematischen Kompetenzen wird vor allem das Rechenfertigkeiten- und Zahlenverarbeitungs-Diagnostikum für die 2. bis 6. Klasse RZD 2-6 (Jacobs & Petermann, 2005) eingesetzt. Aber auch der Deutsche Mathematiktest für erste bis vierte Klassen (Demat 1+, 2+ ,3+ ,4+) ist zu empfehlen. Einen guten Überblick über die Diagnostik im grundschul-mathematischen Bereich geben Hasselhorn, Marx & Schneider (2005).

Ermittelt man bei einem Kind mit dem „Bielefelder Screening zur Früherkennung von Lese-Rechtschreib-Schwierigkeiten [BISC]" (Jansen, Mannhaupt, Marx, & Skowronek, 1999) oder mit der Differenzierungsprobe (Breuer & Weuffen, 1997) Defizite in der phonologischen Bewusstheit, so könnten diese dazu führen, dass später Probleme beim Schriftspracherwerb auftreten. Aber es ist eben nur eine notwendige, jedoch keine hinreichende Kausalbeziehung nachweisbar. 5–10 % der Varianz und mehr nicht werden abgeklärt. Die pädagogisch-therapeutische Antwort wäre die Anwendung des „Würzburger Trainingsprogramms zur phonologischen Bewusstheit" als „paper-pencil-Version" oder als „Hanno-Hamster-CD" (Küspert et al., 2001) oder die „MIMAMO-CD" aus dem Eugen-Traeger-Verlag. Das funktioniert auch, wenn niemand das sensible Lernsystem noch mehr ins Ungleichgewicht verschiebt. Dazu genügt dann jeweils einzeln die Erkrankung der Lieblings-Sozialpädagogin im Kindergarten, die Nicht-Erwiderung einer Liebe durch die kleine Sandkasten-Freundin, der Tod des Kaninchens oder die Entscheidung des Familiengerichtes über das Personensorgerecht. Diese Komplexität und ihre enorme Varianz bewirken, dass bei vielen wissenschaftlichen Untersuchungen der Effekte von Lernprogrammen unbefriedigende Ergebnisse herauskommen. Ein wesentlicher Schritt zur Präzisierung kann von der verbesserten Implementierung neurowissenschaftlicher Erkenntnisse zum Lernen in die pädagogische Praxis erwartet werden. Becker (2005) weist auf die große pädagogische Relevanz neurobiologischer Befunde zum „limbischen Lernen" hin. Verstanden wird darunter die unbewusste Steuerungsfunktion des limbischen Systems im Gehirn, das Lernprozesse in ihrem Ablauf an Vorerfahrungen knüpft. Wenn dies einmal in der gesamten Breite und Tiefe verstanden ist, wird auch die Ausfilterung der relevanten Varianzanteile besser gelingen.

In diesem Beitrag werden Lernprogramme für Schülerinnen und Schüler vorgestellt, die entweder solide validiert wurden oder für die es dokumentierte Praxiserprobungen gibt. Damit soll kein Werturteil über andere nicht validierte Lernsoftware abgegeben werden. Es gibt im Fachhandel hervorragende Lernprogramme, deren Wirksamkeit in zahlreichen Schulen gezeigt wurde. Hinsichtlich der Nachweise der Wirksamkeit durch wissenschaftliche Untersuchungen gibt es jedoch einen enormen Nachholbedarf.

Systematik von Lernsoftware

Die wichtigsten Bereiche, in denen Lernsoftware für Schülerinnen und Schüler angeboten werden, sind:

- Wahrnehmungsförderung
- Rechtschreibung und Lesen
- Grundschul-Mathematik und höhere Mathematik
- Englisch

Basale Wahrnehmungsförderung

Schulische Defizite haben vielfach etwas mit der Beeinträchtigung von Wahrnehmungsprozessen zu tun. Kann dies zum Beispiel für Defizite eines Kindes beim Schriftspracherwerb nachgewiesen werden, so wäre es nicht hilfreich, dieses Kind symptombezogen, also durch Rechtschreib- oder Leseübungen traditioneller Art oder gar Grammatikübungen zu fördern. Bei Vorliegen des Verdachtes auf Beeinträchtigung der visuellen oder der akustischen Wahrnehmung ist vor jeder pädagogischen Intervention eine gründliche augen- und ohrenärztliche Untersuchung anzuregen. Bei der augenärztlichen Untersuchung muss in aller Regel die Überprüfung auf die sogenannte *Fixationsdisparation* und die *Heterophorie* gesondert eingefordert werden, weil beide Erkrankungen nicht zur Standarddiagnostik gehören. Ihre Korrelation zu Schriftsprachs-Erwerbs-Problemen ist jedoch wahrscheinlich. Heterophorie ist der Fachausdruck für verdecktes oder latentes Schielen, auch Winkelfehlsichtigkeit genannt. Bei der Fixationsdisparation handelt es sich um eine nur wenige Winkelminuten große Abweichung eines Auges von der Sollblickrichtung. Die Korrektur ist durch Prismengläser möglich. In manchen Fällen ist ein chirurgischer Eingriff erforderlich. Dass beide oder eine der beiden Fehlsichtigkeiten den Schriftspracherwerb belasten, wird von vielen LRS-Therapeuten als erwiesen angesehen. Augenoptiker bezweifeln es.

Lehrkräfte sind häufig ratlos, wenn es darum geht, zu beurteilen, ob bei einem Kind eine Wahrnehmungsstörung als Mit-Verursachung einer Lernstörung beim Schriftspracherwerb angenommen werden muss. Der Ruf nach dem außerschulischen Fachurteil ist jedoch oft unnötig. Es geht nämlich in der pädagogischen Diagnostik nicht darum, eine isolierte Wahrnehmungsstörung zu diagnostizieren oder auszuschließen. Das könnte ein pädaudiologisches oder ergotherapeutisches Zentrum in der Tat besser als eine Lehrkraft.

Es geht vielmehr darum, die offenkundige Ko-Morbidität von Wahnehmungs- und Schriftsprachstörung im Sinne einer korrelativen Bewertung einzuordnen. Dazu schaut man sich Diktate und Aufsätze an. Werden überwiegend Regelfehler (Groß- und Kleinschreibung, Verdoppelung, Dehnung etc.) gesehen, liegt sicher keine Wahrnehmungsstörung vor. Fehlen dagegen Buchstaben, manchmal alle Vokale und sind die Fehlerwörter so zerrissen, dass man kaum ein Wort erkennen kann, dann ist das Vorliegen einer schriftsprachbezogenen Wahrnehmungsstörung sehr wahrscheinlich. Gleiches gilt für Kinder, die trotz vieler Übung extrem verlangsamt und additiv lautierend (konstruierend) ohne Inhaltsverständnis lesen oder über das 2. Schuljahr hinaus überhaupt nicht lesen gelernt haben. Lehrerinnen und Lehrern muss immer verdeutlicht werden, dass Probleme bei der Rechtschreibung von d und t oder p und b kein sicherer Hinweis auf Vorliegen einer Legasthenie sind. Derartige Buchstaben- oder Lautverwechselungen kommen in der Gruppe der sog. Legastheniker nicht häufiger vor als in der Gruppe der Kinder mit massiven Problemen beim Schriftspracherwerb.

Es gibt insbesondere für den Schulanfang bewährte Diagnoseinstrumente für Lehrkräfte, zum Beispiel die „Differenzierungsprobe" nach Breuer und Weuffen (2000) oder das „Bielefelder Screening zur Früherkennung von Lese-Rechtschreibschwierigkeiten" von Jansen, Mannhaupt, Marx und Skowronek. Ein guter Überblick ist bei Hasselhorn, Schneider & Marx (2000) zu finden.

Am Beispiel des finnischen Lesetherapie-Programmes Audilex soll das Grundprinzip einer basalen Wahrnehmungsförderung erläutert werden.

In Helsinki arbeiten die Hirnforscherin Teija Kujala und der Musikwissenschaftler Kai Karma mit einem interdisziplinären Team an der Sibelius Akademie seit Jahren an neuen Konzepten zur Überwindung der Leseschwäche (Kujala & Karma, 2001). Ausgangspunkt der Überlegungen zu einer neuen therapeutischen Struktur der Bekämpfung der Leseschwäche war die Beobachtung, dass viele leseschwache Kinder häufig zugleich Störungen der Musikalität – also der Rhythmen- und Tonwahrnehmung haben. Dies korreliert durchaus mit allen Befunden zur phonologischen Bewusstheit (Küspert, 2001) als einer notwendigen, wenn auch nicht hinreichenden Basiskompetenz. Die finnischen Forschungen ergaben, dass Leseschwäche kein isoliertes akustisches und auch kein isoliertes visuelles Defizit im Hinter- und Verursachungsgrund hat. Das Problem liegt an der Unfähigkeit des Gehirns dieser Kinder, die beiden Sinneskanäle zusammenzuschalten oder zu vernetzen (Nimitz-Köster, 2003). Es ist offenkundig: beim Lesen müssen Schriftsymbole und Laute sowie Bedeutungen und Inhalte miteinander in einen Zusammenhang gebracht werden. Das genau können diese Kinder nicht. Das Audilex-Therapieprogramm trainiert buchstaben- und sprachfrei die Koordination akustischer und visueller Reize.

Die Kinder hören Tonfolgen, deren Einzeltöne unterschiedlich lang und unterschiedlich laut erklingen. Gleichzeitig sehen sie auf farbigem Hintergrund permanent zwei Balkenmuster, wie es z. B. in **Abbildung 6.11** gezeigt wird. Sie müssen entscheiden, ob sie das obere oder das untere Muster gehört haben. Die Auswahl erfolgt über die Pfeiltasten der Standardtastatur. Die visuellen und die korrespondierenden akustischen Muster variieren automatisch. Zwischen Schnecke und Hase kann das Darbietungstempo gravierend verändert werden. Die höchste Geschwindigkeit stellt selbst an routinierte erwachsene Lesekundige erhebliche Anforderungen. Der rechte Schieberegler in **Abbildung 6.11** erlaubt es, die Pausenlänge bzw. die Tonlänge zu variieren. Veränderbar sind auch noch per Menü die verwendeten Instrumente: Geboten werden Klavier, Marimba, Trompete, Klarinette, Koto und zwei verschiedene Keyboards. Das ist keine Spielerei, denn die verschiedenen Instrumente decken verschiedene Klang- und Obertonspektren sowie verschiedene Frequenzbänder und Ordnungsschwellen-Punkte ab. Richtige

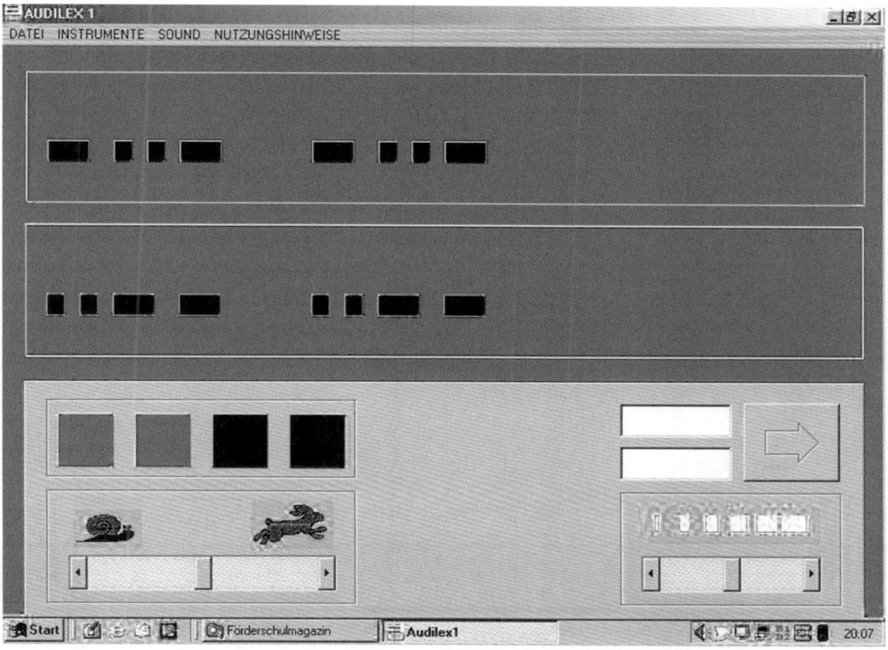

Abb. 6.11: Audilex – deutsche Version 2.2 Übung 1

Antworten des Kindes werden mit einem kleinen Smily belohnt. In zwei Feldern wird die Zahl der bearbeiteten Aufgaben und der Prozentsatz richtiger Lösungen dargestellt.

Das Programm wurde erstmalig von Karma und Kujala (2001) evaluiert. Zwischen Trainings- und Kontrollgruppe gab es signifikante Unterschiede: die mit Audilex trainierten Kinder konnten schneller und korrekter lesen, als die traditionell geförderten. Unter der Federführung des Institutes für Rehabilitationswissenschaften der Humboldt-Universität Berlin haben Reichert und Migulla (2005) die erste Studie über die Wirkungen eines Audilex-Trainings mit deutschen Schulkindern vorgelegt. Die Kontroll- und die Versuchsgruppe umfasste 85 Schülerinnen und Schüler aus Berliner Grundschulen. Es wurden bei sehr leseschwachen Kindern deutliche Trainingseffekte nachgewiesen. Gezeigt wurde auch, dass Audilex kein allgemeines Schriftsprach-Förderprogramm ist. Audilex hilft nur leseschwachen Kindern.

Eines der am besten validierten Therapieprogramme ist das *Cogpack*. Das Programm enthält 64 Test- und Übungsprogramme zum Training und zur Rehabilitation von Hirnfunktionen und zur Wahrnehmungsförderung.

Im Einzelnen werden trainiert:

Visumotorik: Bewegungsfigur mit Maus führen, verfolgen, markieren; Strecken oder Torten teilen, Figur reproduzieren, spiegeln, Springball;

Vigilanz, Auffassung, Reaktion: Suchaufgaben diverser Komplexität, Sterntaler fangen, Tastendruck auf Zeichenfolgen, Fließbandsimulation, kontinuierliche Performanz;

Sprachliches Material: Worte aufgrund diverser Cues finden, Text mit Abfrage zum Inhalt, Autor-Zitat-/Gedicht-Titel-Zuordnung, Worte und Silben ordnen, Anagramme, Begriffsfelder, Vokabeln;

Mnestik: Wortserien, Bilder und deren Labels, Muster, Zeichen, Adressen, Routen, bewegte Szenen erinnern, diverse Recall- und Wiederholmodi;

Zahlen, Logik: Kopfrechnen, Textaufgaben, Geometrie, Ziffern und Zahlenworte, Mengen schätzen, Vergleiche einfach und schlussfolgernd, Blöcke ergänzen, Reihe fortsetzen, Punkte regelhaft verbinden;

Alltag, Können, Wissen, Orientierung: Kalender, Orientierung rund um das jeweilige Datum, Uhr, Himmelsrichtung, Geographie, Geld, Waage, Verkehrszeichen, Kfz-Kennzeichen, Abkürzungen, PC-Tastatur, Schnellschreibtest, Kalorien etc.

Spezielles: Lage dreidimensional, Interferenz, Farbe-Wort, Labyrinthe, Note-Ton, Meinungen einschätzen.

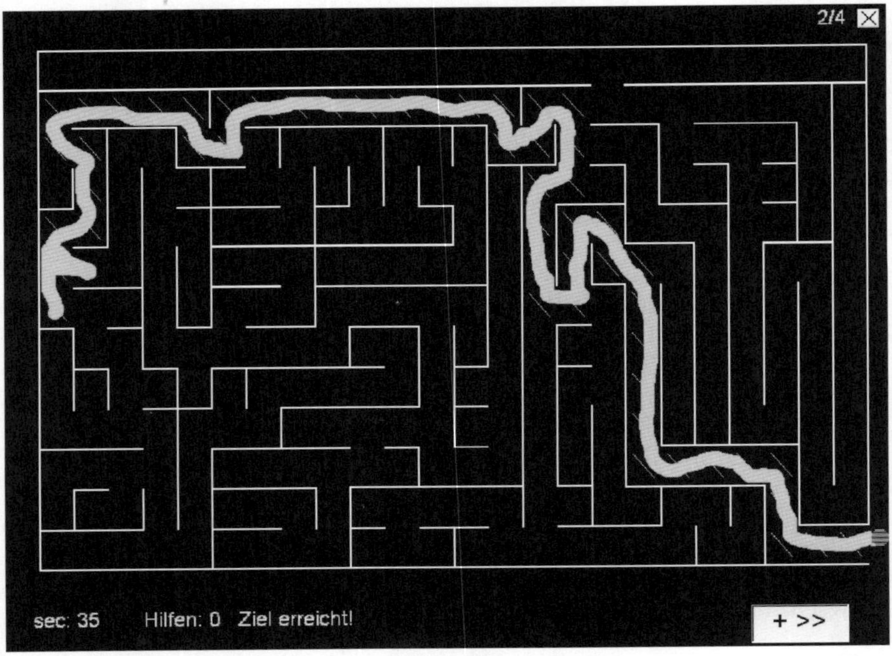

Abb. 6.12: Labyrinth-Übung des Cogpack

Über das Programm gibt es zahlreiche klinische Validierungsstudien mit diversen Patientengruppen (eine *.pdf-Datei mit einer entsprechenden Literaturliste gibt es bei http://www.markersoftware.com/download/clit-d.pdf).

Im pädagogischen Raum ist das Programm vor allem für Förderschulen interessant. Für private Nutzer gibt es eine preiswertere Home-Version. Die Cogpack Homeversion wird nur an Privatpersonen verkauft. Auch Schulen können sie nicht erwerben.

Symptombezogene Lese-Rechtschreibtherapie mit UNIWORT

Das Rechtschreib- und Lesetherapieprogramm UNIWORT zählt im deutschsprachigen Raum zu den sehr weit verbreiteten Computerprogrammen. Es trainiert mit zehn verschiedenen Übungen symptombezogen die Rechtschreibfähigkeit. Eine der Übungen (Tachistoskop) fördert zugleich die schnelle hirninterne Datenbankabfrage in der Folge eines sehr kurzzeitig dargebotenen Wortbildes, dessen Lesbarkeit auch noch erheblich erschwert werden kann. Dem Programm wird sehr umfangreiches Trainingsmaterial beigelegt, das vom 1. bis zum 4. Schuljahr einen Grundwortschatz-Mix enthält und darüber hinaus noch diverse Dateien mit besonderen Rechtschreibfallen und Fremdwörtern anbietet. Der wesentliche Vorzug des Programms ist jedoch der enthaltene Wort- und Sound-Editor. Damit ist es möglich, eigene Wörter einzugeben, für die bei einem speziellen Kind eine Übungsnotwendigkeit erkannt wird. Die Oberfläche ist so gestaltet, dass sie Grundschulkinder anspricht. Zugleich ist sie so veränderbar, dass selbst Realschüler der 9. Klasse mit dem Programm arbeiten können.

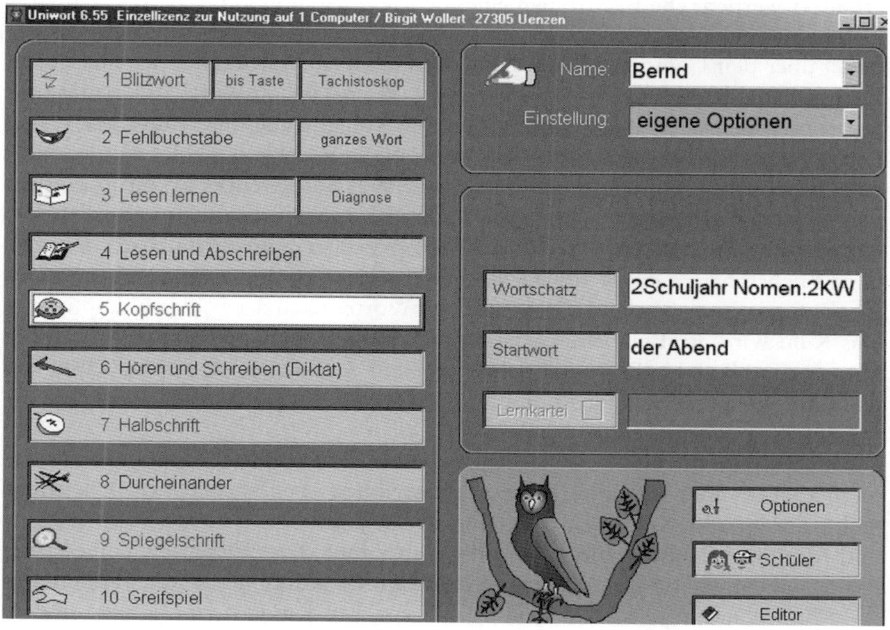

Abb. 6.13: Uniwort Menü

Obwohl dieses Programm in zahlreichen Schulen, Förderinstituten und Privathaushalten genutzt wird und bereits unzähligen Kindern geholfen hat, wurden die Fördererfolge des Programms bisher nur in Praxis-Projekten veranschaulicht.

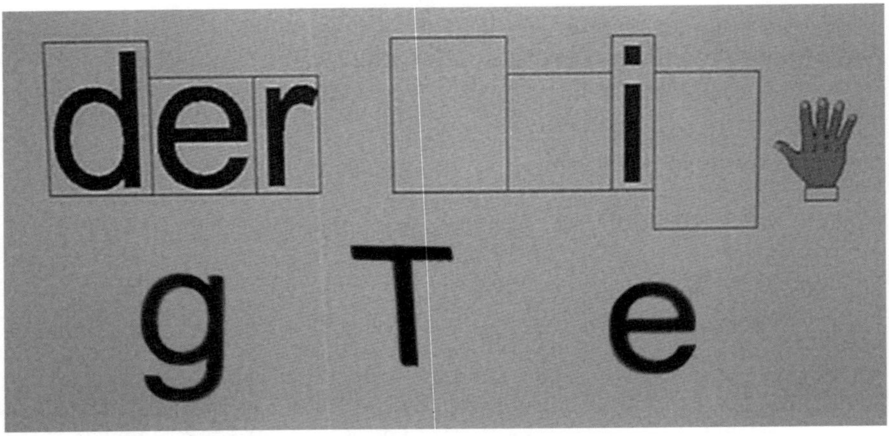

Abb. 6.14: Uniwort Greifspiel: Wortrekonstruktion

Die didaktische Potenz des Programms soll mit dem „Greifspiel" (**Abb. 6.14**) erläutert werden. Die Buchstaben eines Wortes gleiten mit einer voreinstellbaren Geschwindigkeit als „wildes Durcheinander" nach Art eines „Bildschirmschoners" über den Computer-Bildschirm. Einstellungsmöglichkeiten regeln, welche Buchstaben oder Wörter (hier Artikel und 3. Buchstabe im Wort) als Lösungshilfe fest vorgegeben sein sollen. Das Kind hat die Aufgabe, mit der Maus (=die Hand) den richtigen Buchstaben in das richtige Kästchen zu ziehen. Fehler werden nicht bestraft; das Programm hilft dem Kind, in dem es ohne weitere Erklärungen sagt, welchen Laut es erwartet. Das Kind kann sich mit bis zu drei „Jokern" helfen lassen, wenn es nicht mehr weiter weiß. Diese ziehen dann automatisch den richtigen Buchstaben in das richtige Kästchen. Im Hintergrund läuft eine Lernkartei, die die Expositionshäufigkeit der einzelnen Wörter nach der Fehlerzahl optimiert. Das Kind wird am Ende einer Sitzung mit einem Zeugnis belohnt. Ebenfalls im Hintergrund läuft ein Protokoll (lehrer.txt), mit dem überprüft werden kann, was das Kind in einer Sitzung geübt hat.

Über 80 % aller Schulkinder lernen mit den traditionellen Methoden und den methodischen Neu-Varianten die rechte Schreibung – zwischen 5 und 20 % jedoch nicht. Für letztere Kinder ist eben eine andere Methodik erforderlich. Welche – und ob nur eine oder viele – ist völlig unbekannt. Die Wissenschaft bietet der Praxis dabei nur Streitgespräche und keine wirklich durchgreifenden Hilfen an.

In dieser Situation schlägt UNIWORT vor, den Kindern zu erlauben und zu ermöglichen, ihre *eigene Wortrekonstruktionsmethode* selbst für sich und unabhängig von Eltern- und Lehrertipps, von falschen Anstößen wie „hör doch mal genau hin" oder falschen Regeln wie „nach der-die-das wird alles GROSS" geschrieben, neu zu erfinden. Denn das, was den meisten Kindern hilft, hilft denen nicht, denen es nicht hilft – den LRS-Kindern, wie auch immer man das weltweit virulente Problem umschreibt.

In einem sogenannten „Rechtschreiblotsenprojekt“ erhielten in den Jahren 2001 bis 2004 unter Leitung des Verfassers jeweils drei mal zehn Kinder des 3. Jahrganges ein- bis zweimal in der Woche mit dem Programm UNIWORT Förderunterricht durch „Rechtschreiblotsen“ (Richter, 2004). Die Rechtschreiblotsen waren Realschülerinnen und -schüler des 9. Jahrganges, die durch den Verfasser und später durch den Schulleiter des Schulzentrums Twistringen eine Kurzeinführung in den Umgang mit dem Programm UNIWORT erhalten hatten. Darüber hinaus erhielten sie nur eine Kurzinformation „Wie gehe ich mit kleinen und entmutigten Kindern mit Rechtschreibdefiziten um“. Die Drittklässler erhielten – wie seinerzeit in Niedersachsen nach der Erlasslage üblich – wegen durchgängig schlechter Rechtschreibleistungen in diesem Fach keine Benotung. Die Rechtschreiblotsen wurden nicht nach Rechtschreibkompetenz, sondern nach Sozialkompetenz von der Religions- bzw. Werte- und Normen-Lehrerin ausgewählt. Sie erhielten von den Eltern der geförderten Kinder ein kleines „Dankeschön-Taschengeld“ pro erteilter Förderstunde. Nach ½ Jahr dieser Förderung konnten viele der Förderkinder wieder eine Benotung (3 meist 4) in der Rechtschreibung erhalten. Aus skalentheoretischen Überlegungen wird auf eine statistische Absicherung der Überzufälligkeit des Ergebnisses verzichtet. Die **Tabelle 6.15** skizziert die Ergebnisse der Testüberprüfung aus dem Jahre 2001 mit dem DRT 3 vor und nach der Förderung mit UNIWORT. Nur drei von zehn Kindern konnten ihre Leistungen so steigern, dass man von befriedigenden Leistungen im (ungeübten) Test sprechen konnte. Gleichwohl waren die Leistungen von acht Kindern im (geübten) Diktat nach einem halben Schul-Jahr Training so gut, dass sie benotet werden konnten.

Zwei Kinder profitierten überhaupt nicht von der Symptomtherapie mit UNIWORT – sie verschlechterten sich sogar im Rechtschreibtest. Sie machten fast nur Wahrnehmungsfehler und zeigten bereits psychosomatische Beschwerden im Sinne der „Bedrohung von seelischer Behinderung“. Diesen Kindern hilft keine ambulante außerschulische Förderung in einem Zeitfenster, das unterhalb der Demotivations-Grenze liegt. Ihren Eltern wurde geraten, beim zuständigen Jugendamt eine stationäre Legasthenie-Therapie für das Kind gemäß § 35 a Kinder- und Jugendhilfe-Gesetz (KJHG) zu beantragen. Die Eltern, die sich zu diesem sicher familien-belastenden Vorgehen entschlossen, konnten damit in jedem Falle die Legasthenie des Kindes positiv beeinflussen. In allen anderen Fällen war letztlich eine Umschulung des Kindes in die Förderschule Schwerpunkt Lernen (Bezeichnung in Niedersachsen) nicht zu vermeiden.

(Nähere Informationen hierzu unter: http://www.paedboutique.de/frameset_lrs-werscherberg.htm;

Das Vorgehen ist näher erläutert unter: http://www.paedboutique/frameset_jugendamt.htm)

Tab. 6.15: Rechtschreiblotsen-Projekt Twistringen

Prozentrang DRT 3 - rein quantitative Auswertung*)			
Nr.	**Name des Kindes**	**Jan. 2001**	**Juni 2001**
		Form A	Form B
1	Carsten	5	<1
2	Sebastian	6	4
3	Maik	2	4
4	Markus	5	6
5	Natascha	4	9
6	Katharina	6	9
7	Tim	5	11
8	Lüder	17	28
9	René	11	58
10	Janine	11	58

*) pro Wort wird nur 1 Fehler gewertet

Dieser Ansatz wurde von Hahlbohm (2004) um interessante Aspekte erweitert. Er prüfte in einem „Rechtschreiblotsenprojekt“ ob die Erfolge eines UNIWORT-Trainings für Schüler des dritten Jahrganges – beaufsichtigt von Hauptschülern – auch durch Veränderungen in der Rechtschreibstrategie gemäß der Hamburger Schreibprobe (Logographemische Strategie – Alphabetische Strategie – Orthographische Strategie – Morphematische Strategie – Wortübergreifende Strategie) abgebildet werden könnten. Die Ergebnisse sind interessant, wenn auch nicht generell konsistent. Zum Teil zeigten sich erhebliche Leistungsverbesserungen. Dabei waren die regelmäßige Teilnahme an der Förderung und das Eigenengagement des Förderkindes bedeutsame Faktoren. Gleichwohl leistet diese Praxisarbeit einen interessanten Beitrag zur Validierung des Programmes, weil sie die Effekte misst und damit der Diskussion zuführt.

Zusammenfassung

Die Komplexität und Vulnerabiltät von Lernprozessen wird als die zentrale Verursachung dafür angesehen, dass es nur sehr wenige, wirklich validierte Lernsoftware gibt, obwohl das Marktangebot groß ist und ständig eskaliert. Dort, wo validiert wurde, fallen die Effekte oft relativ gering und inkonsistent aus. Manches Ergebnis wird in einer nächsten Untersuchung nicht repliziert. Die Qualität der Untersuchungsstudien ist vielfach bescheiden. Es gibt keine allgemein verbindlichen Definitionen. Manche Forscher setzen den cut-off für ein Defizit auf PR 50. Dass dann keine signifikanten Effekte von Förderprogrammen zu erwarten sind, ist jedem Praktiker klar. Ein PR 50 im ungeübten Rechtschreibtest kann durchaus der Note 3 im geübten Diktat entsprechen. Und ein Kind, das einen solchen Prozentrang im Salzburger Lese-Rechtschreibtest oder einem anderen Verfahren (vgl. auch Richter, 2004) erreicht, hat andere, unbewusste „Gründe“, um im Diktat eine mangelhafte Leistung zu zeigen, als sie mit Förderprogrammen abdeckbar wären. Im mehr klinischen Umfeld können bisher häufiger deutliche Defizit- und Symptomminderungen mit statistischer Signifikanz nach der Anwendung von Computer-Lern- und -Therapieprogrammen nachgewiesen werden. Aber auch dort sind bei der Auswertung und Signifikanzprüfung viele Kenntnisdefizite zum Beispiel über Anwendungsvoraussetzungen mit Blick auf das Skalenniveau für vorschnelle und falsche Bewertungen der Effekte verantwortlich. Die drei in diesem Beitrag vorgestellten Förderprogramme zeigen jedoch, dass es durchaus möglich ist, die Wirkung der Nutzung von solchen Programmen zu erforschen, zumindest jedoch nachvollziehbar zu dokumentieren. Eine wesentliche Verbesserung wird von Forschungsergebnissen zum limbischen Lernen erwartet, deren praxisrelevante Diskussion Ende des Jahres 2005 begonnen hat.

Anbieteradressen

co.Tec GmbH
Traberhof 12
83026 Rosenheim
Tel.: 08031 – 2635-0
info@cotec.de
http://www.cotec.de

Medienwerkstatt Mühlacker
Verlagsgesellschaft mbH
Pappelweg 3
D 75417 Mühlacker
Tel.: 07041 - 83343
info@medienwerkstatt-online.de
http://www.medienwerkstatt-online.de

PädBoutique®
Der Schul- und Lernsoftware Verlag
Bökenbraken 20
27305 Süstedt
Tel.: 04252 - 939214
info@paedboutique.de
http://www.paedboutique.de

Eugen Traeger Verlag
Hoher Esch 52
49504 Lotte
Tel.: 05404 - 71858
etverlag@t-online.de
http://www.etverlag.de

6.13 Software für Lehrkräfte

Bernd Richter

Einleitung

Elektronische Datenverarbeitung und Computerprogramme sind in allen Produktions- und Dienstleistungsbereichen eine unverzichtbare Selbstverständlichkeit. Selbst der erfolgreiche Landwirt verbringt mehr Zeit vor dem Bildschirm als auf dem Trecker. Die Ausstattung der Schulen mit Computern hat in den letzten Jahren enorme Fortschritte gemacht. Deutlich weniger üppig ist in aller Regel die Software-Ausstattung und noch geringer ist die Integration des Computers in die Unterrichtsvorbereitung, in den allgemeinen Unterricht und in die Förderung, wenn man einmal von den Berufsschulen absieht. Weit fortgeschritten ist die Nutzung von Schulsoftware im Bereich der Schulverwaltung. Dabei sind es gerade die Bereiche der Unterrichtsvorbereitung und der Schülerförderung, bei denen der Computernutzung wegen der damit verbundenen Qualitätserhöhungen und insbesondere wegen der enormen Zeitersparnisse im Interesse der Lehrkräfte und der Schüler eine breitere Nutzung zu wünschen wäre. In diesem Aufsatz werden anspruchsvolle Computerprogramme zu allen genannten Einsatzbereichen im Kontext von Schule vorgestellt. Der Umfang dieses Aufsatzes ist durch ein redaktionelles Konzept begrenzt. Deshalb kann vieles nur exemplarisch vorgestellt werden. Dabei wird das Ziel verfolgt, den Leserinnen und Lesern dieses Aufsatzes Hilfen zu geben, andere, hier nicht näher beschriebene Programme selbst zu bewerten.

Systematik von Schul- und Lernsoftware

Im Bereich der Schul- und Lernsoftware gilt die folgende Einteilung als systematischer Standard:

- Software zur Unterrichtsvorbereitung
- Pädagogische Makros ZARB
- Schulschriften
- Pädagogische Pics

Wissenssoftware
Lernsoftware für Schülerinnen und Schüler

- Wahrnehmungsförderung
- Rechtschreibung und Lesen
- Grundschul-Mathematik und höhere Mathematik
- Englisch

Therapiesoftware

- Spezielle Wahrnehmungsförderung

- Kognitions-Förderung
- AD(H)S-Therapie

Natürlich gibt es weitere Programme zum Beispiel zum Erlernen von Fremdsprachen oder zur Computer-Simulation von chemischen Reaktionen u. v. a. mehr. Dies sind jedoch Programme, die nur fachkompetente Spezialisten beurteilen können. Deshalb wird in diesem Aufsatz darauf nicht eingegangen. Ebenso wird der Bereich der Schulverwaltung ausgeklammert, weil allein die Beschreibung eines Programms wie WINSCHOOL mehr Raum erfordern würde, als hier zur Verfügung gestellt werden kann. In diesem Teil wird zunächst Software zur Unterrichtsvorbereitung vorgestellt.

Software zur Unterrichtsvorbereitung

Bereits beim Eintritt in die Schule ist die Spannbreite der vorhandenen Kompetenzen ebenso groß, wie die Lernfähigkeit der Schülerinnen und Schüler unterschiedlich ist. Die Forderung nach Differenzierung ist schnell vorgetragen. Im praktischen Unterrichtsalltag kann keine Lehrkraft diesem Postulat gerecht werden, deren Unterrichtsvorbereitung sich noch auf dem Niveau von Papier, Schere und Klebstoff abspielt. Aus Zeitnot wird oft auf käufliche Arbeitsblatt-Sammlungen zurückgegriffen. Das führt dazu, dass alle Schüler das gleiche Arbeitsblatt bearbeiten, unabhängig davon, ob es für den einen Schüler einen Lernanreiz und für den anderen eine Überforderung darstellt.

In diesem Aufsatz werden drei Unterrichts-Vorbereitungsprogramme vorgestellt, mit deren Nutzung Grund- und Förderschullehrkräfte sich den Arbeitsalltag beträchtlich erleichtern und zugleich die Qualität ihres Unterrichts erheblich erhöhen können.

Der Arbeitsblattgenerator ZARB

Die *Pädagogischen Makros ZARB* sind eine Software zur halbautomatischen Erstellung von differenzierenden Arbeitsblättern. Makros sind komplexe Befehlsabfolgen, die nach ihrem Start vollautomatisch ablaufen, zum Beispiel „Suche in dem Text alle Buchstaben b und bb, lücke sie weg und ersetze sie durch einen ___". Die Abkürzung ZARB steht für Zyburas Arbeitshilfen für Lehrerinnen und Lehrer. Der Autor und Programmierer ist Hans Zybura.
Das Programm integriert sich während der Installation vollständig in die Textverarbeitung *Word für Windows bzw. Word für den Mac* (WORD für WINDOWS ab Version 6.0 oder Word für Macintosh-Rechner), ohne die es auch nicht verwendet werden kann. Die Nutzung der gewohnten Oberfläche und der gewohnten Befehle erleichtert die Einarbeitung enorm. Es gibt 55 verschiedene Befehlsmakros zur Veränderung von Texten und Wörtern – jedes jeweils in einer fünfer-Differenzierung. Als Beispiel wird hier die Erzeugung von Wortsuchrätseln beschrieben. Die Kinder arbeiten zu den Tieren des Waldes: *Ameise, Specht, Reh, Dachs, Marder, Fuchs, Eichhörnchen.* Mit drei Mausklicks erzeugen die PädMakros aus dieser Liste das erste, einfache Wortsuchrätsel:

H	Q	Q	G	H	V	V	P	Z	X	F	S
Z	G	S	P	E	C	H	T	N	C	Z	R
A	O	C	C	U	H	B	H	R	E	H	J
H	Y	Z	K	M	A	R	D	E	R	H	E
E	I	C	H	H	Ö	R	N	C	H	E	N
A	M	E	I	S	E	F	U	C	H	S	E
D	A	C	H	S	Q	K	K	S	I	Q	F

Abb. 6.15: Wortsuchrätsel, erzeugt mit den ZARB-Makros

Dieses Rätsel wurde mit der Druckschrift Hamburg als Umrissschrift zum Ausmalen erzeugt. (Die Druckschrift Hamburg ist nicht Bestandteil der PädMakros ZARB. Diese Druckschrift ist Bestandteil des Schulschriften-Programmes, das im Folgekapitel beschrieben wird.)

Es enthält nur waagerechte Suchwörter. In einem pädagogischen Dialog ermöglicht ZARB jedoch fünf differenzierende Ausführungen der Wortsuchrätsel, wie die **Abbildung 6.16** zeigt.

Hinzu kommen noch verschiedene Hilfen für die Schüler und den Lehrer. In der Version 4.0 enthalten die Makros fünf verschiedene Rätselfunktionen, zwölf verschiedene Lückentext-Möglichkeiten, 14 verschiedene Umstellfunktionen und zwölf weitere Arbeitsblatt-Gestaltungen. Die einzelnen Möglichkeiten sind pädagogisch durchdacht. Bei der Lückentextgestaltung werden aus einem beliebig langen Text automatisch die Buchstaben oder Buchstabengruppen weg-gelückt, die ein Schüler oder eine Schülergruppe üben sollen, also zum Beispiel alle Verdoppelungen und die dazugehörigen Einzelbuchstaben, alle Großschreibungen oder alle Punkte und Kommata zur Übung der Zeichensetzung.

Das Programm ZARB enthält neben den grundschulspezifischen Gestaltungsmöglichkeiten eine Vielzahl von anspruchsvollen features zur Grammatik und zum Fremdsprachenunterricht. Lückentexte werden in den Sprachen Deutsch, Englisch, Französisch, Spanisch, Latein und Niederländisch unterstützt. Grammatikübungen zu den Starken Verben, den irregular verbs und den Unregelmatige Werkwoorden runden das Bild ab.

Das Programm ist leicht zu bedienen, weil man bei der Nutzung in der gewohnten WORD-Umgebung bleibt. Das Startsymbol integriert sich bei der Installation in die Symbol-Leiste von WORD.

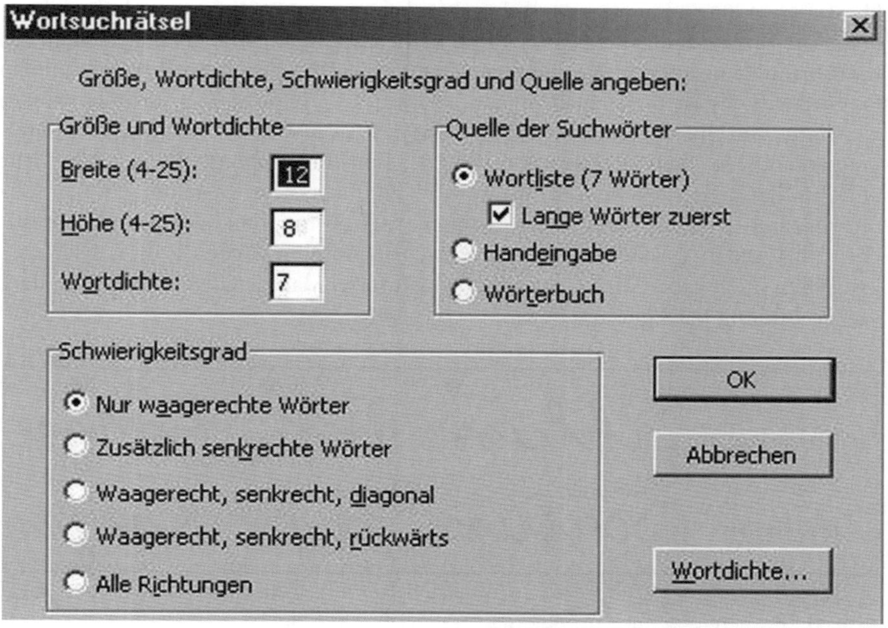

Abb. 6.16: Pädagogischer Dialog der ZARB Makros

Mit Schulschriften vorbildlich schreiben

In Deutschland ist die Nutzung von drei verbundenen Schul-Schreibschriften und von zwei Schuldruckschriften zulässig:

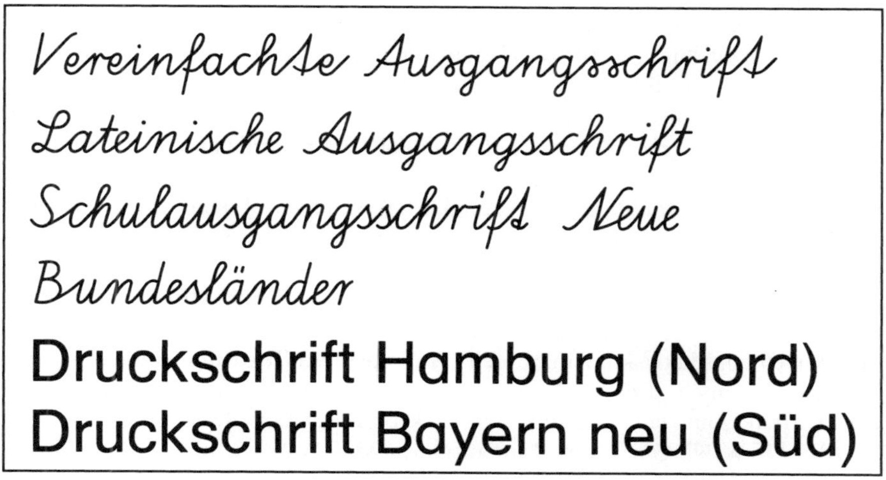

Abb. 6.17: Zulässige Schulschriften

Häufig wird übersehen, dass es sich dabei nicht um starre Formvorschriften handelt. Alle verbundenen Schreibschriften heißen „Ausgangsschrift". Sie stellen ein Einführungskonzept dar. Nach einiger Zeit entwickeln die Kinder ihre persönliche Handschrift. Es ist nicht zu beanstanden, wenn diese vom Einführungskonzept abweicht. Gleichwohl macht es schon Sinn, dass Grundschullehrkräfte zur Erstellung von schriftlichen Vorlagen gerade in der Einführungsphase der Schreibschrift auf Qualität achten (Vorbildfunktion) und auch aus diesem Grunde ein Computerprogramm nutzen. Es ist sicher problematisch, wenn man bei Unterrichtsbesuchen Vorlagen in Vereinfachter Ausgangsschrift sieht, in denen die drei anschlusskritischen Buchstaben dieser Ausgangsschrift falsch dargestellt sind wie in Zeile 1 von **Abbildung 6.18** gezeigt:

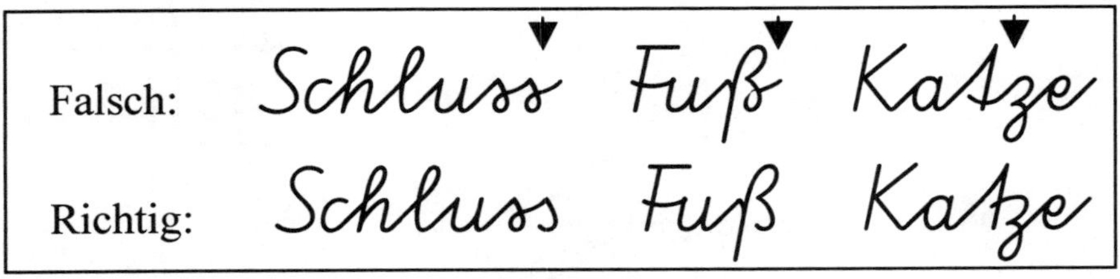

Abb. 6.18: Vereinfachte Ausgangsschrift – richtig und falsch

Die hier gezeigten Schulschriften schreibt man mit der gewohnten Windows-Textverarbeitung. Anstelle von Arial oder Times New Roman steht dann im Schriftartenkästchen „VA Pe 2" für die Vereinfachte Ausgangsschrift in Zweierlinien nach dem Pelikan-Standard. (Beim Pelikan-Standard sind die vertikalen Zwischenräume zwischen den Linien gleich; beim Elbi-Standard sind die vertikalen Zwischenräume zwischen den Linien ungleich. In **Abbildung 6.19** sind die Linien bei dem Beispiel „Druckschrift Bayern Umriss" im Elbi-Standard gezeichnet.)

Alle Schulschriften werden vollautomatisch mit allen gewünschten Linien und als Umriss- bzw. Punktschrift zum Nachspuren geschrieben. Hierzu wird der Text einfach „fett" bzw. „kursiv" formatiert. Alle Anschlüsse werden vollautomatisch hergestellt. Auch die Fortführung der Linien zwischen Wörtern erfolgt vollautomatisch. Die drei verbundenen Schulschreib-Schriften werden mit gleichabständigen Linien (Pelikan-Standard) geschrieben. Die beiden Schuldruckschriften kann man mit gleichabständigen oder ungleichabständigen Linien (Elbi-Standard) schreiben. Linienhäuschen und Silbenbögen werden mit einfachen Tastenkürzeln eingefügt.

Man kann mit dem Programm auch Texte in eine Schul-Schreibschrift transformieren, die ursprünglich in der normalen Computerschrift geschrieben wurden. Mit einem Makro kann man auch LA-Texte in VA-Texte umwandeln. Zusätzlich gibt es noch drei Lückentext-Makros, ein Makro zur Erzeugung von Rückwärtstext und ein Randausgleich-Makro. Alle Makros funktionieren nur mit WORD für WINDOWS. Das Randausgleich-Makro ist wichtig, weil alle Schulschriften sogenannte Proportionalschriften sind. Je nach verwendeten Buchstaben sind deshalb ohne Randausgleich die Enden von Lineaturen nicht bündig. Das

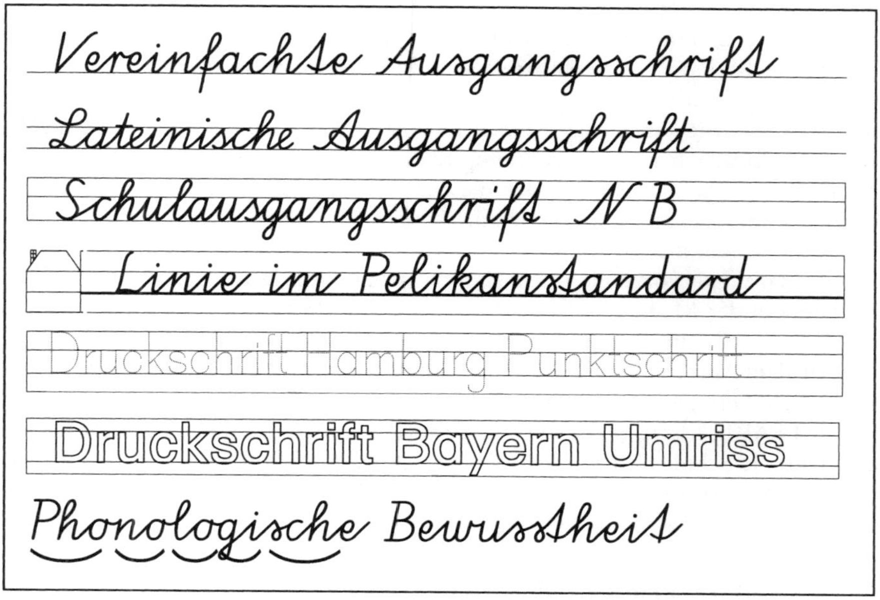

Abb. 6.19: Schulschriften – Schreib- und Druckschriften mit allen Linien, Silbenbögen und Linienhäuschen

sieht auf einem Arbeitsblatt nicht professionell aus. Das Randausgleich-Makro verbessert dies automatisch. Die Tastenkombination „Alt Gr # “ macht es in Minischritten auch.

Von besonderer Bedeutung ist die Möglichkeit, auf einfache – wenn auch nicht vollautomatische – Weise Silbenbögen einzufügen. Es ist unstrittig, dass Grundeinsichten in die phonologische Struktur der Schriftsprache eine wichtige Voraussetzung beim Schriftspracherwerb darstellen. Die phonologische Kompetenz von Schulanfängern kann man sehr effizient mit der Verwendung von Silbenbögen in geschriebenen Texten fördern.

Für die Unterstützung von Kindern mit besonderen Problemen beim Schriftspracherwerb können Arbeitsblätter mit den Grundformen erstellt werden, die der Schreibschrift zugrunde liegen, zum Beispiel Arkade, Girlande, Ovale etc.

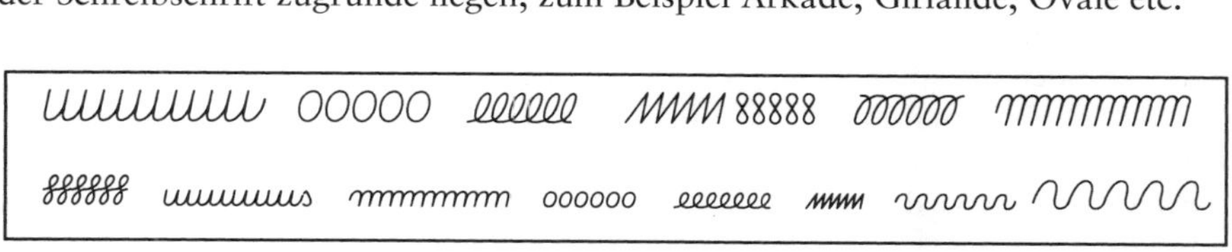

Abb. 6.20: Vorkurs Schwungübungen

Das hier vorgestellte WINDOWS-Schulschriftenprogramm der „PädBoutique“ ist eine „Komplettlösung“, das heißt, es enthält ohne Aufpreis alle beschriebenen Möglichkeiten. Kein anderes Schulschriftenprogramm ist bei einem moderaten

Preis von 49 € so üppig ausgestattet, so einfach zu installieren und so komfortabel zu bedienen. Das qualitativ gleichwertige WINDOWS-Produkt aus dem Eugen-Traeger-Verlag hat einen niedrigeren Grundpreis. Es arbeitet jedoch mit einer Aufpreisliste. Macintosh-Nutzerinnen, die nur die Vereinfachte Ausgangsschrift und eine Druckschrift benötigen, können mit dem Schulschriftenpaket der Medienwerkstatt Mühlacker gute Ergebnisse erzielen. Wer als MAC-Nutzerin die Lateinische Ausgangsschrift (LA) oder die Schulausgangsschrift NB (SAS) braucht, kann nur auf das recht teure, spartanisch ausgestattete und weniger komfortable Produkt „Schulkind" des Berliner Fontshop zurückgreifen, das allerdings in der Schriftqualität als vorzüglich (Postscript – geeignet für Druckereien) zu bewerten ist. Die von der Medienwerkstatt Mühlacker angebotene LA und SAS haben in der vom Autor genutzten Version Mängel.

(Alle dem Autor bekannten Anbieteradressen werden am Schluss dieses Beitrages in alphabetischer Reihenfolge genannt. Nicht genannt werden dabei Discounter wie PEARL, ALDI, LIDL sowie Großverlage wie KLETT, SCHROEDEL u. a., die ebenfalls Schul- und Lernsoftware anbieten, zum Teil aber zeitlich befristet und örtlich begrenzt. Diese Adressen dürfen als bekannt vorausgesetzt werden. Mit der Auswahl ist keine Wertung verbunden.)

Veranschaulichung mit Schulpiktogrammen

Wer sich einmal dafür entschieden hat, differenzierende und am individuellen Lernbedarf verschiedener Kinder ausgerichtete Arbeitsvorlagen selbst zu erstellen, braucht ein Programm zur Veranschaulichung und zur grafischen Gestaltung. Natürlich kann man auf eine der gigantischen Clipart-Sammlungen zurückgreifen, z. B. die der Firma IMSI. Die ClipArt-Sammlung ist unter der folgenden Internet-Adresse zu finden:
http://www.imsi.de/catalog/product_info.php?cPath=21&products_id=60&osCsid=0d85c7863eabcee82ccd84e22e1e134b.

Mit der Sammlung „ClipArt & More" erhält man für wenig Geld mehr als 2 000 000 der qualitativ hochwertigsten Illustrationen, Fotos, Fonts, Sounds, Videos und Animationen aus den unterschiedlichsten Kategorien. Das aber genau ist das Problem: es sind eben die unterschiedlichsten Kategorien, und die meisten davon sind für den Alltag in der Schule nicht nützlich. Dazu kommt noch, dass „nur" 200 000 Clips auf der DVD sind, den Rest gibt es Online im kostenpflichtigen Abonnement. Obwohl es eine gute Suchfunktion gibt, vergeht viel Zeit, bis man gefunden hat, was gerade benötigt wird.

Die „Schulpiktogramme" der WILL Software GmbH gehen einen anderen Weg. Auf der CD befinden sich über 76 True-Type-Fonts, also „Schriften". Als Beispiel für die Funktion wird die Schrift „Anlaut Essen – Groß" erläutert: bei diesem Font schreibt die Taste - k - eine dampfende Kaffeetasse.

Abb. 6.21: Kaffeetasse

Die folgende Abbildung zeigt einen kleinen Ausschnitt der Möglichkeiten:

1. Verhaltensbilder	
2. Bilder nach J. Reichen	
3. Spaßschriften	
4. Werkzeuge	
5. Uhren (mit Eingabeautomatik)	
6. Garten	
7. Inlaut	
8. Tiere	

Abb. 6.22: Schulpiktogramme sind computertechnisch Schriften

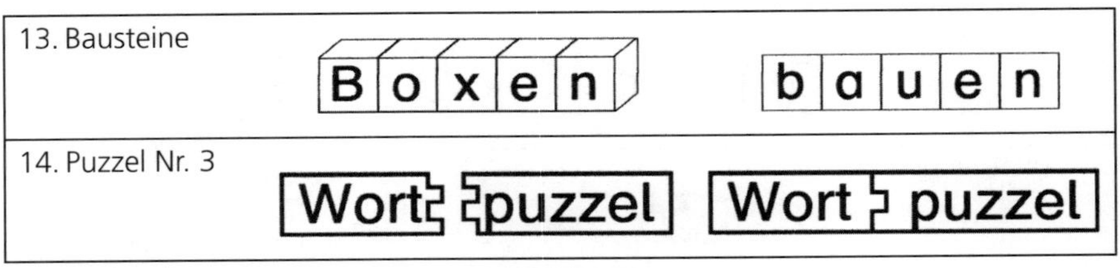

Abb. 6.23: Weitere Möglichkeiten der Schulpiktogramme

Wie das in einem Arbeitsblatt der besonderen Art aussehen könnte, zeigt die folgende Abbildung:

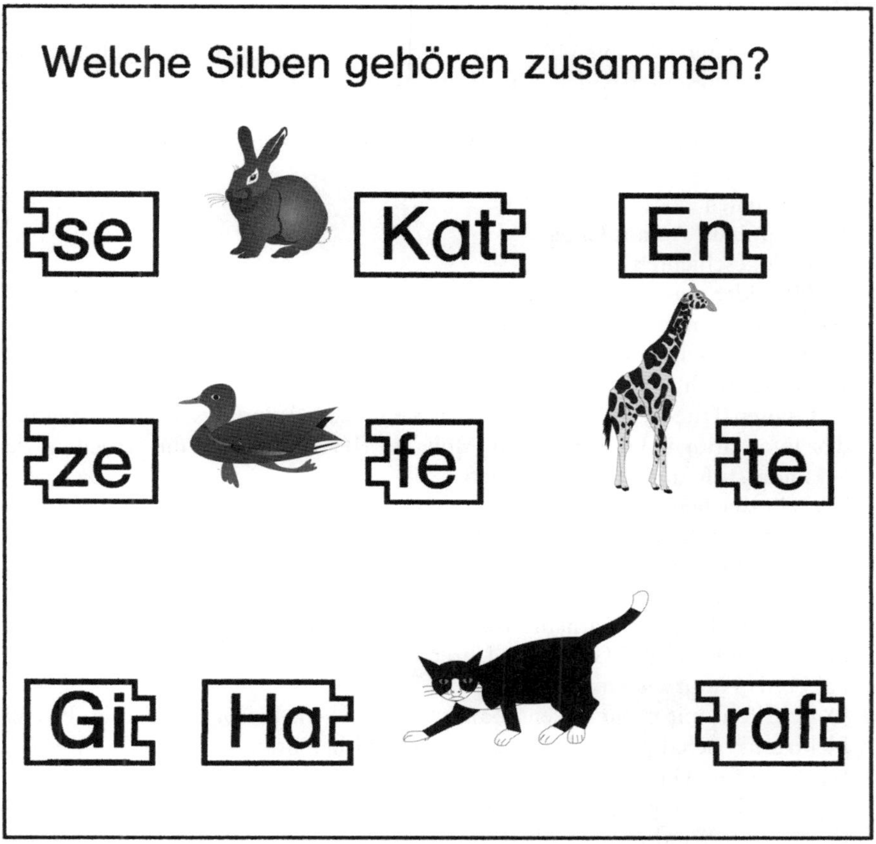

Abb. 6.24: Wort-Puzzle mit Tieralphabet

Das wunderschöne farbige Tieralphabet wurde dabei dem Programm „PädPics Hauptwörter" entnommen.

Wer schon einmal versucht hat, einen Zahlenstrahl mit der Textverarbeitung oder einem Grafikprogramm zu zeichnen, weiß, wie mühsam das ist. Mit den Schulpiktogrammen leistet dies mühelos die Schrift „SP Mathe 2". Der Buchstabe m erzeugt dabei die zehner Teilung, der Buchstabe M schreibt die fünfer Teilung.

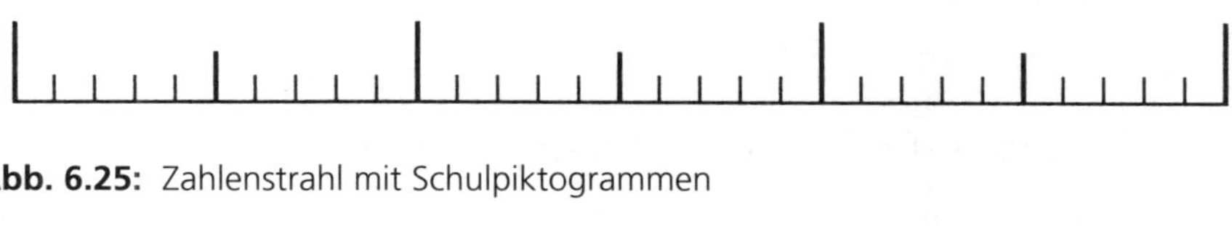

Abb. 6.25: Zahlenstrahl mit Schulpiktogrammen

Weitere Hilfen für den Alltag

Wer seinen Unterricht mit Hilfe von Computerprogrammen anschaulicher und differenzierter gestalten will, kann auf eine breite Palette von Programmen zurückgreifen:

a) Grundpaket Eingangsstufe (sechs verschiedene Arbeitserleichterungen für Lehrkräfte):
   ABC – malen
   ABC + Inlaut/ Anlaut Clips
   Lesebildgeschichten
   1 300 Bilder zum Lesen lernen
   Punktbilder unterschiedlicher Schwierigkeit
   3 x 42 farbige Lobaufkleber
b) IPA Phonetisch
   Mit diesen True-Type-Fonts schreiben Sie in jeder Windows-Textverarbeitung das International Pronunciation Alphabet (IPA). Ideal für die Arbeit in der Sekundarstufe und in Hochschulen.
c) Verkehrszeichen
   200 Verkehrszeichen zum Ausmalen und 95 Verkehrszeichen in hochwertiger Farbqualität.
d) PädFonts Mathematik
   250 der wichtigsten mathematischen Veranschaulichungen; Münzen, Würfel, Perlen, Zahlenstrahl, Gewichte, Uhren etc.
e) PädFonts Naturwissenschaften
   18 Schriften mit naturwissenschaftlichen Zeichen: Biologie, Chemie, Physik, Elektronik, Schaltpläne, Astronomie und Mathematik.
f) Arbeitsblätter Mathematik
   1 650 fertige – aber veränderbare – Arbeitsblätter zur Mathematik Klasse 1–4 für Word f. Windows mit allen Veranschaulichungen auf vier CDs. Geniales Suchsystem.
g) Mandala-Vorlagen zum Ausmalen
h) 48 Labyrinth-Vorlagen zur Förderung von Wahrnehmung
i) 50 Fensterbilder zum Basteln
j) 140 Bilder-Kreuzworträtsel aus dem Grundwortschatz
k) 170 Suchbilder als Grafiken
l) Rätsel und Symbolschriften

Einen Überblick über derartige Programme für das Betriebssystem WINDOWS kann man sich in der PädBoutique unter http://www.paedboutique.de/inhaltv.htm verschaffen. Spezialisiert auf den Macintosh-Bereich ist die Medienwerkstatt Mühlacker. Das Angebot ist unter http://www.medienwerkstatt.de/ zu finden.

Lizensierungen-Preise-Bezugsbedingungen

Keines der hier erwähnten Produkte ist „teuer“. Mehr als 50 Euro kosten in der Einzelplatz-Lizenz nur ganz wenige Produkte. Oft lohnt es sich, Kolleginnen und

Kollegen mit „ins Boot zu bekommen“ und eine „Schul- oder Institutionen-Lizenz“ zu erwerben. Bei den Schulschriften kostet die Einzelplatz-Lizenz 49 Euro – für die volle Schullizenz sind 101,75 Euro zu zahlen. Bei fünf Teilnehmern ist jeder mit etwas über 20 Euro dabei. Noch günstiger sind oft sogenannte „bundle-Angebote“. Dabei werden drei oder mehr Programme zu einem Abnahme-Paket zusammengefasst, das dann mit erheblichem Rabatt angeboten wird. So wird beispielsweise das Paket aus den in diesem Aufsatz beschriebenen Programmen Schulschriften, Pädagogische Makros ZARB und Schulpiktogramme mit dem regulären Verkaufspreis von 157 Euro als bundle für nur 133,45 Euro angeboten. Bei allen Firmen erfolgt der Bezug auf Rechnung. Die Lieferzeiten betragen in aller Regel nur wenige Tage.

Die Internetseiten und die Kataloge der unten genannten Anbieter sind oft nicht identisch. Meist ist die hompage aktueller – manchmal finden sich im Katalog aber noch echte „Schnäppchen“. Deshalb lohnt sich der Preisvergleich in den Katalogen und den Internetseiten.

Zusammenfassung

Die Nutzung von Computerprogrammen zur Unterrichtsvorbereitung kann für Lehrerinnen und Lehrer aller Schulstufen – vor allem aber der Grundschule – eine große Arbeitserleichterung und zugleich einen Qualitätssprung darstellen. Mit den in diesem Aufsatz beschriebenen PädMakros ZARB gestaltet man ein Wortsuchrätsel mit wenigen Mausklicks in wenigen Sekunden. Das gleiche dauert mit Papier und Bleistift mehrere Minuten oder länger. Das Computerprogramm bietet bei minimalem Aufwand das gleiche Rätsel in fünf unterschiedlichen Schwierigkeitsstufen. Natürlich kann man auch mit dem Lineal und dem Fineliner einen Zahlenstrahl zeichnen. Mit den Schulpiktogrammen wird der Zahlenstrahl mühelos, präzise und in allen Größen mit zwei Tasten erstellt. Niemand muss befürchten, dass die hier vorgestellten Programme eine lange und mühselige Einarbeitungszeit erfordern würden. Es sind alles Programme, die mit der gewohnten Textverarbeitung WORD für WINDOWS zusammenarbeiten bzw. diese sogar als Basis erfordern. Die Installationen laufen vollautomatisch auf Knopfdruck ab. Störungen gibt es so gut wie nie, weil es ja alles Schriftfonts oder Makros sind – wenn diese nicht oder inkorrekt laufen, dann geht auf diesem PC gar nichts mehr. Die schmalen Handbücher im DIN-A-5 Format verzichten gänzlich auf Computerchinesisch. Sie sind reich bebildert und beschreiben alles in einfacher Sprache. Umfangreicher ist lediglich das Handbuch zu den ZARB-Makros, man merkt, dass es von einem Lehrer geschrieben wurde; denn es ist ein pädagogisches Handbuch.

Natürlich ist eine Umstellung von käuflichen Kopiervorlagen auf eine selbsterstellte und differenzierende Arbeitsblatt- und Veranschaulichungs-Sammlung zu Beginn nicht ohne Arbeitsaufwand zu leisten. Schon bald kann man die Früchte der Anfangsmühen ernten – denn der PC speichert alles und macht es – auch in veränderter Form – schnell und bequem verfügbar. Dazu gibt es aber eine „conditio sine qua non“: man muss auch auf der Festplatte von Anfang an „Ordnung halten“. Wer das nicht tut, findet alsbald nichts mehr und hat viel umsonst gearbeitet.

Anbieteradressen

Fontshop AG Berlin
Bergmannstraße 102
10961 Berlin
Tel.: 030 - 6 95 96-0
info@fontshop.de
http://www.fontshop.de

Medienwerkstatt Mühlacker
Verlagsgesellschaft mbH
Pappelweg 3
75417 Mühlacker
Tel.: 07041 - 83343
info@medienwerkstatt-online.de
http://www.medienwerkstatt-online.de

PädBoutique®
Der Schul- und Lernsoftware Verlag
Bökenbraken 20
27305 Süstedt
Tel.: 04252 - 939214
info@paedboutique.de
http://www.paedboutique.de

Eugen Traeger Verlag
Hoher Esch 52
49504 Lotte
Tel.: 05404 - 71858
etverlag@t-online.de
http://www.etverlag.de

Will Software GmbH
Finkenweg 36 a
35647 Waldsolms
Tel.:06085 - 981190
info@will-software.com
http://www.will-software.com

7 Aufgabenbereiche der Schulpsychologie: Verhalten und Erziehen

7.1 Personale Kompetenz entwickeln

Bernhard Sieland und Tobias Rahm

Was sind Selbstkompetenzen und welche Rolle spielen sie beim Handeln sowie bei der Auseinandersetzung mit Misserfolgen? Wozu brauchen Schulpsychologen, Lehrer und Schüler Selbstkompetenzen? Wie können sie diese diagnostizieren, gezielt entwickeln und in möglichst vielen Kontexten Ziel führend realisieren? Am Beispiel von emotionaler Kompetenz und kompetenter Selbstreflexion werden diese Fragen exemplarisch behandelt.

Kompetenzen und ihre Funktionen im Handlungsprozess

Kompetenzen als personale Leistungsvoraussetzungen

Lehrer müssen im beruflichen wie privaten Bereich laufend Rollenanforderungen bewältigen. Dafür stehen ihnen interne Leistungsvoraussetzungen wie Kompetenzen, Einstellungen, Wissensbestände, aber auch externe Leistungsvoraussetzungen wie die Qualität der Klassenräume, die Unterstützung durch Kollegium und Schulleitung zur Verfügung. In der Regel sind die Aufgaben von Schulpsychologen, Lehrern und Schülern komplexer Natur und erfordern den Einsatz ganzer Bündel von Leistungsvoraussetzungen. So benötigen Lehrer zur Durchführung einer guten Unterrichtsstunde fachwissenschaftliche und fachdidaktische Kompetenzen, soziale Kompetenzen, Medienkompetenzen zum Umgang mit dem Overheadprojektor, Internetkompetenz zum Herunterladen wichtiger Dokumente, Kompetenzen zur Selbstmotivierung, zum Umgang mit Ärger und je nach Lage auch spezifische Sprachkompetenzen, um mit ausländischen Schülern zu kommunizieren. Viele dieser Kompetenzen benötigen auch Schüler, um in der Stunde mitzuarbeiten. Schulpsychologen benötigen bei einer Beratung fachpsychologische, diagnostische, prognostische und soziale Kompetenzen, aber auch Fähigkeiten zur Emotionsarbeit und vieles mehr.

Will man nun die Qualität komplexer Handlungen verbessern, kann an den externen Leistungsvoraussetzungen angesetzt werden und z. B. die Schalldämmung in Turnhallen verbessert werden. Ebenso kann man als Ansatzpunkte die der Handlung zugrunde liegenden internen Leistungsvoraussetzungen wählen. Wie diese analysiert und gezielt verbessert werden können, wird im Folgenden thematisiert.

Abbildung 7.1 unterscheidet vier Gruppen personaler Leistungsvoraussetzungen von Lehrern und zwar die persönlichen Kompetenzen (gelb), die persönliche Motivation (orange), die eigene Gesundheit (blau) und das Wissen über sich selbst und die Umwelt (lila). Diese Faktoren wirken sich alle maßgeblich auf die Leistung aus, die ein Individuum erbringen kann. Geht einer dieser vier Faktoren gegen Null, so wird das Produkt von allen vier Faktoren gegen Null gehen. Um möglichst Ziel führend handeln und konstruktiv mit Misserfolgen umgehen zu können, benötigt eine Person nicht nur ein ausreichendes Kompetenzprofil, sondern auch eine ausreichende Motivation als Handlungsbereitschaft, ihre Kompetenzen einzubringen. Sie braucht darüber hinaus eine ausreichende Gesundheit und das Wissen um die eigenen Kompetenzen, Motive und Belastbarkeiten sowie eine realistische Einschätzung ihrer Umwelt.

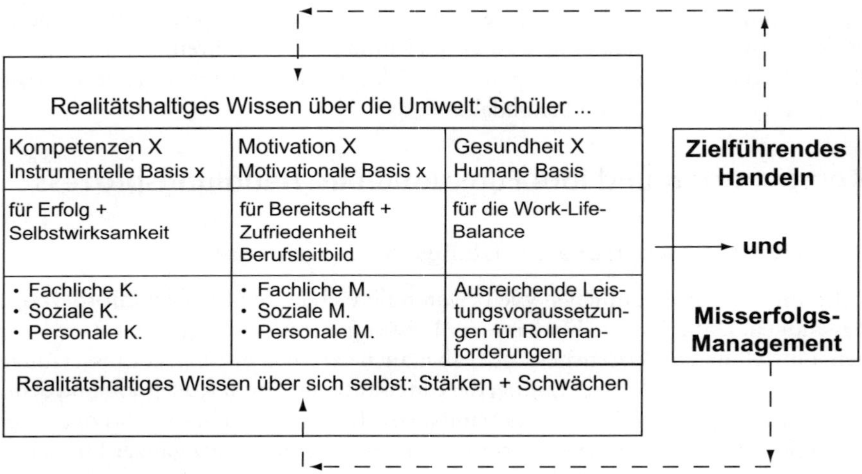

Abb. 7.1: Personale Leistungsvoraussetzungen als Determinanten der Leistung

Jeder Versuch, Leistungen zu verbessern, setzt daher eine Analyse der daran beteiligten personalen Leistungsvoraussetzungen voraus. Anschließend ist zu entscheiden, welche davon sich Erfolg versprechend verbessern lassen. Dabei ist zu bedenken, dass der größte Verbesserungseffekt oft nicht durch eine weitere Stärkung der Stärken, sondern durch einen gezielten Abbau von Schwächen zu erreichen ist. Am Beispiel eines Ruderers kann man sich klar machen, dass eine weitere Leistungssteigerung im ohnehin starken rechten Arm nicht die vorliegende Schwäche im linken Arm kompensieren kann.

Von der Kompetenz zur Handlungsregulation

Bevor wir nun Selbstkompetenzen genauer beschreiben, muss noch der Zusammenhang zwischen Kompetenz und Performanz sowie zwischen Selbstwirksamkeitserfahrungen und Handlungsergebniserwartungen geklärt werden.

Kompetenzen können als Dispositionen oder latente Antwortbereitschaften verstanden werden. Sie können in geeigneten Situationen aktiviert werden (Ruderkompetenz wird im Boot aktualisiert), mehr oder weniger entwickelt sein (der rechte Arm ist vielleicht stärker als der linke) und je nach Anforderung (Rudern bei stiller See oder hohen Wellen) ausreichend oder unzureichend sein. Unter *Performanz* versteht man die Qualität der Handlungspraxis bzw. Leistung unter mehr oder weniger günstigen inneren und äußeren Bedingungen. So kann ein Ruderer mit hoher Kompetenz nach einer schlaflosen Nacht bei Gegenwind und 5 m hohen Wellen eine sehr geringe Performanz zeigen und auf der anderen Seite ein Schüler mit geringer Ruderkompetenz bei Anfeuerung durch seine beste Freundin ein Leistungsniveau wie nie zuvor erreichen. Wenn Personen ihre Kompetenzen einsetzen und dabei Erfolge oder Misserfolge erfahren, trainieren sie nicht nur ihre Kompetenzen, sondern entwickeln auch mehr oder weniger große *Selbstwirksamkeits- und Zufriedenheitserfahrungen* als Wissen über die aus eigener Kraft realisierbaren Kompetenzen. Diese Selbstwirksamkeitserfahrungen bewirken eine verstärkte oder reduzierte Bereitschaft, die Kompetenzen in ähnlichen Kontexten einzubringen. Allerdings ist der Zusammenhang zwischen Kompetenzen, Selbstwirksamkeitserfahrungen und der Performanz deutlich komplexer. Dies wird im Handlungsregulationsmodell von Heckhausen in **Abbildung 7.2** veranschaulicht.

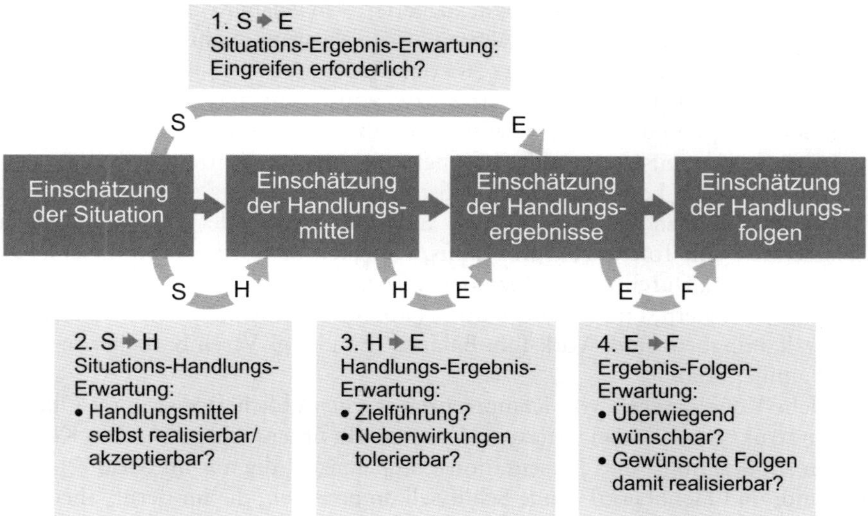

Abb. 7.2: Sequenzielle Entscheidung für den Einsatz von Kompetenzen

Hier wird verdeutlicht, dass Personen ihre Kompetenzen nur nach einem komplexen vierphasigen Abwägungsprozess realisieren. Am Anfang steht die Einschätzung der Situation. Damit der Akteur ein persönliches Eingreifen überhaupt für erforderlich hält, muss eine Situation als chancen- oder gefahrenträchtig erlebt werden (1). Danach folgt eine Einschätzung der zur Verfügung stehenden Handlungsmittel. Dabei muss der Akteur überzeugt sein, dass er passende Handlungen aus eigener Kraft realisieren kann (2). Anschließend prognostiziert er die zu erbringenden Handlungsergebnisse und stellt sich dabei die Fragen, ob die ihm zur Verfügung stehenden Handlungsmittel zu einem angemessenen Ergebnis führen können und ob die Nebenwirkungen seiner Handlung für ihn tolerierbar sind (3). Am Ende steht die Einschätzung der Handlungsfolgen. Der Akteur fragt sich, ob die aus seinen erreichten Handlungsergebnissen entstehenden langfristigeren Handlungsfolgen wünschenswert sind und ob die wünschenswerten Folgen realisierbar sind (4). Erst wenn alles zusammenkommt, wird der Akteur seine Kompetenzen absichtsvoll realisieren.

Die Abrufbereitschaft einer bestimmten Kompetenz erhöht sich mit der Häufigkeit ihrer Performanz. Allerdings verbessern sich Kompetenzen nur, wenn sie im Zuge der Performanz optimiert werden. Häufig wiederholte Fehler erhöhen die Wahrscheinlichkeit fehlerhafter Performanz. Bei Übungsmangel kann die Kompetenz abgebaut bzw. das Wissen und die Erinnerung an ihren erfolgreichen Einsatz verblassen. Dann meidet man in der Regel Orte, in denen solche Kompetenzen erforderlich sind.

Neben spezifischen Kompetenzen wie Rechtschreibung oder Rechnen spielen generelle erfolgsrelevante Eigenschaften oder auch überfachliche Schlüsselkompetenzen wie Selbstbewusstsein, Zeitmanagement usw. für die Handlungsqualität eine entscheidende Rolle. Leider sind sie nicht ohne weiteres – wie es das Bild vom Schlüssel, der in viele Schlösser passt, suggeriert – in jedem Kontext verfügbar. Sie müssen im jeweiligen Kontext erfahren worden sein, um in ähnlichen Folgesituationen wahrscheinlich zum Einsatz zu kommen.

Zu solchen personalen Kompetenzen bzw. Selbstkompetenzen zählen u. a. Zielorientierung, gesundes Selbstbewusstsein, Ehrgeiz, Disziplin und Selbstorganisation, Lernbereitschaft und Offenheit für Neues, Konzentrationsfähigkeit auch unter hohem Leistungsdruck, Selbstmotivierung, Energie und Engagement, Flexibilität in allen Lebensbereichen, Entscheidungsfreude auch bei Risiken, Gelassenheit und Toleranz, Optimismus, Fähigkeit zum Erholen und Genießen, Kritikfähigkeit, Durchsetzungsvermögen, Soziale Bindungsfähigkeit, Vertrauen gegenüber Partnern, Emotionsregulation (störende eigene und fremde Emotionen richtig handhaben) und Work-Life-Balance (Einklang, Vereinbarkeit von Beruf und Familie, Freizeit).

Solche Konglomerate von Kompetenzen werden üblicherweise unter Oberbegriffen strukturiert. Dabei unterscheidet man z. B. unter fachspezifischen Kompetenzen Moderations- und Präsentationskompetenzen, die nur im Beruf erforderlich sind, und fachübergreifende Schlüsselkompetenzen, die im Beruf, aber auch im privaten Rollenhaushalt nützlich sind, wie z. B. Zeitmanagement, Problemlösekompetenz oder auch soziale Kompetenzen und Selbstkompetenz (vgl. **Abb. 7.1**).

Selbstkompetenzen als Life-Skills und Schutzfaktoren

Selbstkompetenz ist nach Honegger (2005) die Fähigkeit zu selbstständigem Denken, Fühlen und Werten und zum tieferen Verstehen seiner selbst. Selbstkompetenz bedeutet, eigene Fähigkeiten und Stärken zu kennen und damit situationsgerecht umgehen können. Selbstkompetenz ist damit die Fähigkeit, die eigene Identität zu erarbeiten, zu erproben und zu bewahren.

Im Unterschied zur Sozialkompetenz handelt es sich also um Kompetenzen, die im Umgang mit sich selbst verwendet werden. Selbstkompetenzen stehen aber in einem funktionalen Zusammenhang mit Sozialkompetenzen. Erst wenn man geklärt hat, was man selbst will (Selbstreflexion), kann man dies auch in die Interaktion mit anderen einbringen. Nur wer mit eigenen und fremden Emotionen kompetent umgehen kann, kann diese Fähigkeit auch in sein Interaktionsverhalten einbringen.

Diese Kompetenzen sind das Eignungs- bzw. Risikopotential einer Person für verschiedene Anforderungsprofile quer über ihren gesamten Rollenhaushalt. Es wundert daher nicht, dass eine Untermenge grundlegender Kompetenzen von der WHO auch als *Lebenskompetenzen (Life-Skills)* bezeichnet werden: „Lebenskompetenzen umfassen individuelle, zwischenmenschliche, kognitive und körperliche Fähigkeiten und Kompetenzen, die es Menschen ermöglichen, das eigene Leben zu meistern und zu gestalten sowie die Kraft zu entwickeln, mit Veränderungen zu leben und Veränderungen in ihrer Umwelt herbeizuführen“ (WHO, 1993).

Eine (insbesondere bei Lehrern) häufig vernachlässigte Lebenskompetenz ist die Erhaltung der eigenen Gesundheit, die eng mit anderen Lebenskompetenzen verknüpft ist. Die Gesundheitsförderung unterstützt Menschen bei der Entwicklung gesundheitsrelevanter Lebenskompetenzen. Dabei ist es wichtig, die Lebensbedingungen und den Lebensstil der Person zu berücksichtigen. Beispiele für Lebenskompetenzen sind: die Fähigkeit Entscheidungen zu treffen und Probleme zu lösen, kreatives und kritisches Denken, Selbstwahrnehmung und Einfühlsamkeit, Kommunikationsfähigkeiten und die Fähigkeit zu zwischenmenschlichen Beziehungen, die Fähigkeit mit Emotionen und Stress umzugehen und sie zu bewältigen. Damit stehen die Life-Skills in engem Zusammenhang mit den individuellen Schutzfaktoren (Resilienz). Sie befähigen eine Person auch bei ausgeprägter Belastung und Risiken gesund zu bleiben (Bender & Lösel, 1998, S. 119).

„Resilienz betrachtet man als Gegenpol zur Vulnerabilität. Man versteht darunter sowohl den Prozess der biopsychologischen Anpassung als auch dessen Ergebnis. In der Resilienzforschung wird gefragt, warum manche Personen trotz ausgeprägter Belastungen und Risiken gesund bleiben oder sich relativ leicht von Störungen erholen, während andere unter vergleichbaren Bedingungen besonders anfällig sind.“

Betrachten wir nun eine besondere Selbstkompetenz, die Schulpsychologen, Lehrer und Schüler auf hohem Niveau und sehr häufig benötigen. Die Rede ist von emotionaler Kompetenz und ihrer Realisation durch Emotionsarbeit. Nachdenken, Probleme lösen und der Umgang mit eigenen und fremden Emotionen gehört zu den täglichen Leistungen jeder Person, die sie mehr oder weniger qualitätsvoll verrichtet mit positiven oder negativen Folgen für sich selbst und ihre Umwelt.

Emotionale Kompetenz und Emotionsarbeit als Beispiel einer Selbstkompetenz

Begriffsklärung: Emotionale Kompetenz

Als emotionale Kompetenz bezeichnet man die Fähigkeiten, mit eigenen und fremden Gefühlen Ziel führend umgehen zu können. Goleman hat diese Kompetenz 1997 näher beschrieben und Saarni hat sie 1999 weiter differenziert (vgl. **Abb. 7.3**).

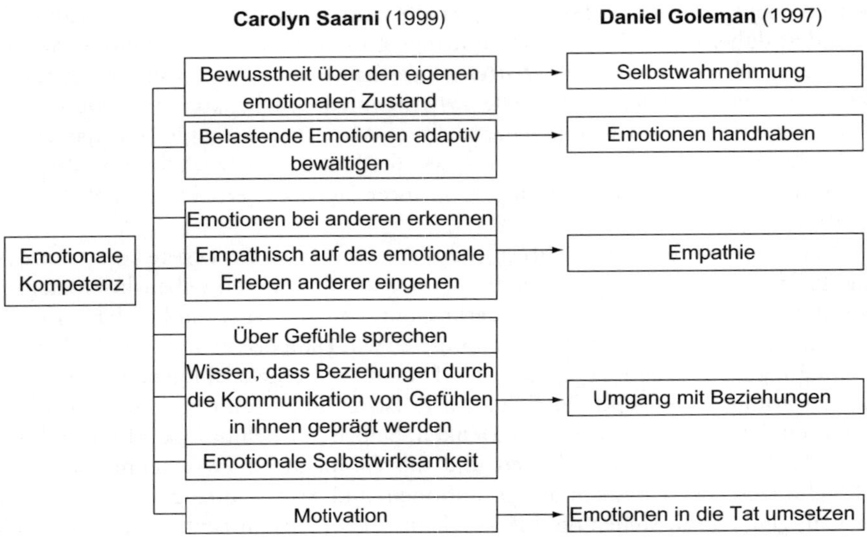

Abb. 7.3: Emotionale Kompetenz nach von Salisch (2004)

Emotionsarbeit als professioneller Umgang mit eigenen und fremden Emotionen

Von Emotions*arbeit* ist zu reden, wenn es darum geht, emotionale Kompetenz unter mehr oder weniger günstigen Bedingungen zu realisieren. Die Leistung der Emotionsarbeit besteht darin, die eigenen Emotionen so zu gestalten und in Interaktionen einzubringen, dass sie die Emotionen und das Verhalten der Interaktionspartner in gezielter Weise mit noch zulässigen Nebenwirkungen beeinflussen. Von einer Verkäuferin wird z. B. erwartet, dass sie mit einem unangenehmen Kunden freundlich umgeht, weil es ihre professionelle Aufgabe ist, den Käufer in Kaufstimmung zu halten, auch wenn sie dem Kunden lieber etwas ganz anderes sagen würde. Vergleichbares gilt auch für Lehrkräfte: Sie müssen aus zwei Gründen professionell mit eigenen und fremden Gefühlen umgehen. Erstens dient es ihrem eigenen Schutz und dem von Schülerinnen und Schülern, wenn sie ihre emotionalen Impulse kontrollieren können. Zweitens ist die Förderung der Emotionalen Kompetenz bei Schülerinnen und Schülern ein zentrales Erziehungsziel ihrer Arbeit und jeder Umgang mit eigenen Emotionen vor der Klasse kann als Modell dafür wirken. Diese Art des Umgangs mit eigenen und fremden Gefühlen nennt man auch Emotionsarbeit. Schon Kinder im Kindergarten können bestimmte Gefühle vertagen und sie können entscheiden, welche Gefühle sie mit den Eltern, Geschwistern oder Freunden besprechen. Sie können begrenzt wählen, ob sie sich authentisch verhalten oder ihre Emotionen gestalten. Gefühle, wie z. B. Ärger, werden einerseits ausgedrückt, um das Gegenüber zu informieren und andererseits, um bei ihm wiederum per Empathie Gefühle auszulösen, die sein Verhalten beeinflussen sollen.

Tabelle 7.1 zeigt Schritte im Prozess der Emotionsarbeit einer Lehrkraft und der potentiellen Wirkung auf Seiten des Schülers.

Tab. 7.1: Phasen der Emotionsarbeit

Phasen der Emotionsarbeit von Lehrkräften	**Beispiel**
1. Aktuelle Gefühlslage (in der 6. Stunde)	Müde, etwas gereizt
2. Gefühlsrelevante Informationsaufnahme	Schüler tritt einen anderen Schüler
3. Gefühlsveränderung	Müdigkeit, etwas gereizt + Wut, Ohnmacht, Angst
4. Gefühlsregeln: Was soll oder muss ich in meiner aktuellen Rolle fühlen, um der Situation, den Personen, mir selbst und meiner Aufgabe gerecht zu werden? ➔ Konflikte	Ich müsste meine Betroffenheit deutlich machen und dabei trotzdem respektvolles Verhalten zeigen.
5. Interne Kontrolle Kann ich das jetzt fühlen und kann ich die erforderliche Gefühlsmischung und Intensität innerlich herstellen? ➔Konflikte	Fühle ich mich in der Lage, die interne professionelle Kontrolle in dieser Situation durchzuhalten oder sollte ich das Gespräch vertagen?
6. Professionelle Senderegeln Welche Ausdrucksformen sind möglich, welche besonders Ziel führend, welche auf keinen Fall erlaubt? Wie darf oder wie muss ich es zeigen (Dosierung), um eine vertretbare Wirkung zu erzielen? ➔ Konflikte	Wie kann ich die Gefühle des Schülers so beeinflussen, dass diese Gefühlsänderung bei ihm seine Verhaltensweisen ändert?
7. Sendung mit Gefühlsrückwirkung auf den Sender	Ich höre mich schimpfen und werde noch wütender.
8. Aktuelle Gefühlslage des Schülers	Ärger über den Mitschüler
9. Gefühlsrelevante Informationsaufnahme	„Meine Lehrerin ist wütend auf mich."

10. Gefühlsveränderung beim Empfänger Was hat die Lehreräußerung an der Gefühlslage des Empfängers verändert? War die Dosierung ausreichend? Ist das aktuelle Gefühlsgemisch stark genug, damit der Empfänger sein Verhalten korrigiert, so dass er sich dann besser fühlen kann? ➔ Konflikt	Zum Ärger über den Mitschüler kommen Angst vor der Lehrerin und die Sorge vor einer unangenehmen Beziehungsgestaltung mit ihr. Bei schlechter Dosierung der Sendung könnte z. B. auch neuer Ärger – diesmal über die Lehrerin – entstehen.
11. Verhaltenswirkung beim Empfänger Ändert der Empfänger sein Verhalten in einer angemessenen gewünschten Weise?	Der Schüler spürt die Veränderung seiner Gefühlslage, die ihn motiviert, sein Verhalten zu ändern oder nicht ➔Konflikt

Der wohldosierte Ausdruck von Emotionen, um die Emotionen von Schülerinnen und Schülern entsprechend zu beeinflussen, verlangt von Lehrkräften schauspielerische Kompetenzen, da er eben nicht immer die automatisch auftauchenden Emotionen zeigen darf und sich daher häufig verstellen muss. Im Zuge einer inneren Kontrolle müssen die eigenen Gefühle wahrgenommen und mit Standesregeln abgestimmt werden. Dabei kann eine Fülle von Konflikten auftreten, die eine professionelle Modifikation der spontanen Reaktionen erschweren oder unmöglich machen. Im Zuge einer externen Kontrolle müssen die Gefühle anschließend den Standesregeln entsprechend wohldosiert (bei manchen genügt eine zarte Andeutung, bei anderen ist mehr erforderlich, Ohrfeigen sind keinesfalls erlaubt), Ziel führend und nebenwirkungsbewusst zum Ausdruck gebracht werden. Dabei sind Ort, Zeitpunkt und die aktuellen Gefühlslagen von Lehrendem und Lernendem abzuwägen. Die Qualität der professionellen Impulskontrolle muss schließlich an der Performanz, dem faktischen Ausdrucksverhalten der Lehrkraft und ihren Wirkungen auf die Schülerinnen und Schüler beurteilt werden. Das Ausdrucksverhalten bezeichnet man als deep acting, wenn Gefühle so wie empfunden zum Ausdruck kommen oder als surface acting, wenn die empfundenen Gefühle anders sind als die gezeigten.

Die folgende Tabelle differenziert sieben Varianten von Emotionsarbeit. Man kann sie bei sich selbst oder Mitmenschen beobachten und dabei einschätzen, wie ausgeprägt sie sind (Ausprägungsgrad) und wie ausgeprägt sie sein sollten (Entwicklungsbedarf). Auf der Skala kann der Ausprägungsgrad mit einem X und der Entwicklungsbedarf mit einem O eingeschätzt werden. Aus einer bestehenden Differenz lässt sich anschließend Bedarf nach gezieltem Training ableiten.

Tab. 7.2: Varianten emotionaler Kompetenz

Sieben Varianten emotionaler Kompetenz beobachten, einschätzen, trainieren		
Emotionsarbeit	Ausprägungsgrad (X) Entwicklungsbedarf (O)	In welcher Situation zuletzt gezeigt/ vermisst
1) Positive Emotionen zeigen und beim Gegenüber freundliche Reaktionen bewirken	Gering Stark 1 - - - 2 - - - 3 - - - 4	
2) Negative Emotionen zeigen und beim Gegenüber Betroffenheit bewirken	Gering Stark 1 - - - 2 - - - 3 - - - 4	
3) Ruhe zeigen und bei anderen bewirken, wenn das Chaos tobt	Gering Stark 1 - - - 2 - - - 3 - - - 4	
4) Eigene Gefühle umkehren: trotzdem freundlich sein	Gering Stark 1 - - - 2 - - - 3 - - - 4	
5) Sensibel bleiben, Gefühle der Mitmenschen laufend registrieren oder eher ignorieren	Gering Stark 1 - - - 2 - - - 3 - - - 4	
6) Anteil nehmen – auch wenn eigene Gefühle im Wege stehen. Mitgefühl spüren und glaubhaft vermitteln	Gering Stark 1 - - - 2 - - - 3 - - - 4	
7) Humor zeigen und bewirken, gemeinsam lachen, andere zum Lachen bringen	Gering Stark 1 - - - 2 - - - 3 - - - 4	

Wie anstrengend Emotionsarbeit ist, hängt nicht nur von der jeweiligen Person ab, sondern auch von ihren professionellen Anforderungen. Ganz allgemein ist Emotionsarbeit umso anstrengender,

- je häufiger und länger man angemessene Gefühle zeigen muss (Lehrkräfte müssen das sechs bis sieben Stunden täglich ohne Unterbrechung)
- je stärker man sich konzentrieren muss, den geforderten Emotionsausdruck zu zeigen (und andere Gefühle zu unterdrücken)
- je vielfältiger die Emotionen sind, die gezeigt werden müssen (Lehrkräfte zeigen in einer Unterrichtsstunde verschiedene Gefühle: Lachen mit den Fröhlichen, Ärger über die Störenden, Ermutigung bei den Ängstlichen, …)
- je stärker die emotionale Distanz zwischen dem erlebten Gefühl und dem zu zeigenden Gefühl ist.

Gerade die letzte Beziehung ist besonders bedeutsam. Wenn etwa Lehrkräfte depressiv sind, ist der Ausdruck von Freude wesentlich anstrengender, als wenn die Grundstimmung normal oder leicht euphorisch ist. Dies bedeutet, dass Lehrkräfte für eine gehobene Stimmung bei sich selbst Sorge tragen müssen (Sieland, 2000).

Wie entscheidend die Fähigkeit von Lehrkräften ist, die eigenen Gefühle wirksam zu beeinflussen und sich selbst zu beruhigen, lässt sich auch an dem Stressmodell von Lazarus (1999) zeigen.

Er geht davon aus, dass Personen, die vor wichtigen Problemen stehen, zwei Aktivitäten erbringen müssen: als *palliative Reaktion* (abregen, optimale Betroffenheit herstellen) kennzeichnet Lazarus die Aufgabe, die eigenen Gefühle so zu gestalten, dass der Kopf für die notwendige Denkarbeit frei bleibt. Als *instrumentelle Reaktion* bezeichnet Lazarus die inhaltliche Problemlösung. In diesem Zusammenhang ist es natürlich wichtig, dass jene Grunderregung spürbar bleibt, die die Motivation zur Problemlösung ausmacht. Wer seine Gefühle (z. B. durch Bagatellisieren oder Alkohol- oder Drogenkonsum) so sehr in den neutralen Bereich bringt, dass keine Lösungsnotwendigkeit mehr empfunden wird, der ist auch nicht mehr motiviert, die inhaltliche Lösungsarbeit zu leisten.

Wahrnehmungsfähigkeit und Selbstwirksamkeitserwartung im Bereich emotionaler Kompetenz

Emotionale Kompetenz kann sich sowohl in Wahrnehmungs- als auch Handlungsfertigkeiten zeigen. Die Wahrnehmungsfähigkeit im Bereich emotionaler Kompetenz entscheidet darüber, wie gut jemand Situationen sieht, erinnert und erwartet, in denen mehr oder weniger emotionale Kompetenzen notwendig sind bzw. gezeigt wurden. Personen mit hoher Wahrnehmungsfähigkeit sind in der Lage, den Ausprägungsgrad von emotionaler Kompetenz bei sich und anderen in verschiedenen Situationen einzuschätzen und Zonen der nächsten Entwicklungsschritte wahrzunehmen (z. B. wie in **Tab. 7.2** angeregt).

Schmitz und von Salisch (2002) haben die acht Dimensionen emotionaler Kompetenz nach Saarni (1999) in einem Fragebogen zur emotionalen Selbstwirksamkeit operationalisiert. Die folgende Tabelle gibt für jede Dimension ein Beispielitem, die Antwortskala ist vierstufig (von 1. stimmt nicht, über 2. stimmt kaum, 3. stimmt eher, bis zu 4. stimmt genau). Die so gemessene emotionale Selbstwirksamkeitserwartung beeinflusst die erfolgreiche Umsetzung emotionaler Kompetenz.

Tab. 7.3: Dimensionen und Beispielitems für Emotionale Selbstwirksamkeit nach Schmitz und v. Salisch (2002)

Bewusstheit	1. Ich bin mir sicher, dass ich mich mit meinen unangenehmen Gefühlen auseinander setzen kann, auch wenn mich das belastet.
Dekodierung von Emotionen	6. Ich bin mir sicher, dass ich herausfinden kann, was andere Menschen fühlen, selbst wenn sie ihre Gefühle verbergen wollen.
Ausdruckswörter/ Skripte	13. Ich weiß, dass es mir gelingt, andere mit meiner Freude anzustecken.
Empathie	14. Ich bin mir sicher, dass ich mich auch bei ungewohnten Problemen in einen anderen Menschen einfühlen kann.
Zustand/ Ausdruck	19. Ich bin mir sicher, dass ich meine Wut im Zaume halten kann, um ein Gespräch nicht entgleisen zu lassen.
Emotions-bewältigung	20. Ich bin mir sicher, dass ich mich emotional aus Situationen lösen kann, in denen ich versagt habe.

Beziehung	24. Ich bin überzeugt, dass ich in engen Beziehungen meine Gefühle ehrlich zeigen kann, auch wenn es mir schwer fällt.
Fähigkeit zur emotionalen Selbstwirksamkeit	27. Ich bin mir sicher, ich kann auch bei einer extremen emotionalen Erfahrung handlungsfähig bleiben.

Emotionale Kompetenz – Selbstreflexion und Problemlösen

Gefühle sind häufig so intensiv, dass sie uns länger beschäftigen. Dann bieten sich verschiedene Bewältigungsstrategien (coping strategies) an. Im ungünstigen Fall werden Probleme verdrängt (zum Beispiel durch Bagatellisierung oder Alkoholkonsum) und nicht weiter bearbeitet. Im günstigen Fall kommt es zur Aktivierung von Selbstreflexion und problemlösendem Denken. Betrachten wir das Beispiel einer Lehramtsstudentin, die sich Gedanken über eine missglückte Stunde macht:

„Die geplante Unterrichtsstunde verlief fürchterlich. Ich hatte mich so gut vorbereitet und alles ist doch ganz anders gekommen. Mitten im Angebot ist mir fast der Atem weggeblieben, weil ich mit den Reaktionen der Kinder nicht mehr fertig wurde. Ich glaube, sie waren mit dem Thema überfordert, und außerdem habe ich einige Schritte nicht genügend erklärt. Und dann die Beobachtung durch die Lehrkraft."

Hier wird deutlich, dass die emotionale Erregung die kognitive Leistung der Selbstreflexion beeinträchtigt. Die bisherige Selbstreflexion der Studentin zeigt, dass sie in ihrer Erregung noch nicht zu Lösungen für den nächsten Tag gefunden hat.

Selbstreflexion im engeren Sinne soll die Person für die nächste Situation mit neuen Handlungsstrategien ausrüsten (vgl. **Tab. 7.4**) und nicht, wie in diesem Beispiel, im Erklären der eigenen Betroffenheit steckenbleiben.

Tab. 7.4: Selbstreflexion = relevante Erkenntnisse + Handlungskonsequenzen für sich selbst

		Handlungskonsequenzen	
		für mich selbst	**für andere**
Erkenntnisse	**über mich**	*ICH STRENGE MICH ZU SEHR AN!* ICH SOLLTE REALISTISCHERE ZIELE SETZEN	*Ich strenge mich zu sehr an.* Er sollte auch fleißiger werden
	über andere	*ER IST ARBEITSSÜCHTIG.* ICH WILL SELBST GESÜNDER LEBEN UND ES IHM SAGEN!	*Er arbeitet zu viel.* Er sollte weniger arbeiten.

Daher sollten professionelle Pädagoginnen und Pädagogen trainieren, besonders bei starken Emotionen handlungsleitend zu reflektieren. Dies kann z. B. mit Hilfe eines Emotionstagebuches der folgenden Art (siehe **Tab. 7.5**) geschehen. Nach der Beschreibung der Situation, über die reflektiert werden soll (1. Quadrant), analysiert die Autorin ihre Reflexion zunächst, indem sie reflexionsleitende Fragen ermittelt (2. Quadrant). Aus diesen leitet sie dann vernachlässigte Fragen ab (3. Quadrant), mit denen sie dann im 4. Quadranten weiter reflektiert, um zu einer Handlungskonsequenz („Mein neuer Vorsatz") zu finden.

Tab. 7.5: Emotionstagebuch

1. Worüber ich heute reflektieren will, so dass ich für mich und Morgen etwas lernen kann:	**2. Reflexionsleitende Fragen:**
Die geplante Unterrichtsstunde verlief fürchterlich.	**– Wie war es?**
Ich hatte mich so gut vorbereitet und alles ist doch ganz anders gekommen.	**– Warum war es so?**
Mitten im Angebot ist mir fast der Atem weggeblieben, weil ich mit den Reaktionen der Kinder nicht mehr fertig wurde.	**– Was war schlimm?** **– Warum war ich so?**
Ich glaube, sie waren mit dem Thema überfordert, und außerdem habe ich einige Schritte nicht genügend erklärt.	**– Warum waren die so?**
Und dann die Beobachtung durch die Lehrkraft ...	**– Was machte mich verrückt?**
4. Weiterführende Reflexion: **...?**	3. Ergänzende Fragen: – War das wirklich so schlimm? – Was kann ich besser/anders machen? – Wie lösen andere das Problem? – Was kann ich morgen tun?
Mein neuer Vorsatz: Ab sofort will ich ...	

Solche Emotionstagebücher können auch anonym ins Internet gestellt und von anderen Studierenden ergänzt werden, um kooperatives und selbstgesteuertes Lernen zu kombinieren (vgl. Hasselhorn & Gold, 2006, 270 ff). Auf diese Weise werden zugleich Wahrnehmungs- und Beratungskompetenzen und der Blick für problematische Erlebnisverarbeitung geschult.

Möglichkeiten, die professionelle Impulskontrolle zu verbessern

Neben den bekannten Strategien zur Stressreduktion für Lehrkräfte (Kretschmer, 1999) sollen folgende hervorgehoben werden:

1. Vertagung der Reaktion der Lehrkraft auf das problematische Schülerverhalten, um den emotionalen Druck (auf beiden Seiten) zu reduzieren und gegebenenfalls kollegialen Rat einzuholen (die Vertagung sollte verbalisiert werden, damit der Schüler weiß, woran er ist).
2. Laufende Psychohygiene als Optimierung der eigenen Stimmungslage: durch verbesserte Bewegungs- und Ernährungsgewohnheiten, qualitätsvolles Freizeitverhalten... (Sieland, 2002).
3. Laufende Aussprache über nachhaltige emotionale Erfahrungen in professionellen Lerngemeinschaften (siehe Sieland, Kap. 8.7).

4. Veränderte Interpretation (Reframing) von provozierendem Schülerverhalten (Schüler, die Probleme machen, haben welche).
5. Durch Selbstreflexion Verständnis für die Qualität und Intensität der eigenen Gefühlsreaktionen erlangen (Warum regt gerade mich gerade dieses Verhalten mehr auf als andere Kollegen?).
6. Systemische multiprofessionelle Interventionen (Nutzung von multiprofessioneller Beratung) als emotionale Entlastung für Lehrkräfte.

Emotionale Kompetenzentwicklung bei Schülerinnen und Schülern unterstützen

Emotionale Kompetenz ist auch ein Erziehungsziel in der Schule. Schülerinnen und Schüler sollen u. a. befähigt werden, die Dimensionen von Saarni zunehmend gut zu realisieren. Hier gibt es inzwischen schwerpunktmäßig zwei Arten von Trainingsprogrammen. Allgemeine emotionale Kompetenz wird gefördert durch Programme wie zum Beispiel „magic circle". Dabei werden in den Klassen in systematisch angeleiteter Form kurze, aber regelmäßige Gesprächskreise durchgeführt. In einem Klima gegenseitiger positiver Akzeptanz und Wertschätzung und unter allmählicher Steigerung des Anspruchsniveaus geht es um die Bereiche
1. Wahrnehmen / Empfinden (awareness),
2. Bewusstsein persönlicher Kompetenz (mastery) und
3. soziale Interaktion (social interaction).

Das Programm ist ausgelegt für Kinder ab dem Vorschulalter bis zur siebten Klasse (http://www.schulpsychologie.de/lehrer/muenstertagung/muenster/magic_circle.htm).

Der Umgang speziell mit aggressiven Impulsen wird trainiert durch Programme wie „Faustlos". Ausgelegt für Kindergarten und Grundschule dient dieses Curriculum vorrangig der Prävention aggressiven Verhaltens. „Faustlos vermittelt alters- und entwicklungsadäquate prosoziale Kenntnisse und Fähigkeiten in den Bereichen Empathie, Impulskontrolle und Umgang mit Ärger und Wut, wodurch aggressives Verhalten verhindert wird" (www.faustlos.de). Das Verfahren kann von Erziehern und Lehrerinnen durch Teilnahme an einer entsprechenden Fortbildung am Heidelberger Präventionszentrum (HPZ) erlernt werden.

Neben klar strukturierten Programmen gibt es unzählige Möglichkeiten, Kinder und Jugendliche bei der Entwicklung ihrer Selbstkompetenzen zu unterstützen. Eine hervorragende Möglichkeit ist das Lernen am Modell. Pädagoginnen und Pädagogen können und sollen ihren Zielgruppen vorleben, mit den eigenen Grenzen umzugehen und ihre Gefühle zu erkennen und zu kontrollieren. Mit professioneller Distanzierung können Lehrkräfte ein Stück aus der schwierigen Situation heraustreten und einen Reflexionsprozess einleiten. Warum verhält sich Schüler X störend? Welche Funktion hat sein Verhalten? Geht es um Aufmerksamkeit oder um Macht? Oder rächt er sich für ein vorangegangenes Verhalten? Unterscheiden sich Absicht und Wirkung des Schülerverhaltens? Das Bewusstmachen und das aktive Beschäftigen mit solchen reflexionsfördernden Fragen erhöhen die Wahrnehmungsfähigkeit, die Sozial- und die Selbstkompetenz der Lehrkraft. Wer es jetzt noch schafft, seinen Reflexionsprozess für die Schülerinnen und Schüler verständlich zu machen, wird seiner hoffentlich dankbaren Zielgruppe ein sehr positives Modell für emotionale Kompetenz sein.

7.2 Soziale Kompetenz entwickeln

Thomas Fleischer

Was ist soziale Kompetenz?

Der Begriff der sozialen Kompetenz umfasst ein sehr breites Spektrum menschlicher Fähigkeiten und Fertigkeiten. Versteht man z. B. darunter konkretes Verhalten und die damit eintretenden Konsequenzen für eine Person, so ist damit das effektive Funktionieren des Individuums angesprochen. Als effektiv ist dabei ein Verhalten zu bewerten, das dazu dient, für den Akteur positive Konsequenzen herbeizuführen und negative zu vermeiden. Jedes Verhalten wird jedoch durch vielfältige Faktoren der Umwelt beeinflusst. So kann es sein, dass dasselbe Verhalten in verschiedenen Situationen zu unterschiedlichen Konsequenzen führt. Ein solches Verständnis sozialer Kompetenz würde die Verantwortung für das Eintreten der Konsequenzen allein dem Akteur des Geschehens zuschreiben. Dies ist jedoch eine zu einseitige Sichtweise.

Eine andere Definition versteht unter sozialer Kompetenz das Potential eines Individuums, bestimmte Verhaltensweisen zeigen zu können. Damit wird grundsätzlich zwischen Fähigkeiten und Fertigkeiten des Individuums auf der einen Seite und dem Verhalten auf der anderen Seite unterschieden. So kann eine Person auch dann als kompetent gelten, wenn ihr aus ihrem Verhalten einmal nicht die gewünschten Konsequenzen erwachsen.

Der Begriff der sozialen Kompetenz erweist sich in der zuletzt genannten Definition immer noch als sehr umfassend. In der klinischen Psychologie steht die umfangreichste Literatur zur Auseinandersetzung mit dem Thema der sozialen Kompetenz zur Verfügung. Dabei geht es meist um die Behandlung sozial ängstlicher Personen (Fliegel, Groeger, Künzel, Schulte & Sorgatz, 1998; Ullrich & Ullrich de Muynck, 1999). Die soziale Ängstlichkeit besteht darin, dass die Betroffenen sich nicht trauen „Nein“ zu sagen, wenn sie von anderen um einen Gefallen gebeten oder zu etwas aufgefordert werden. Sie können nicht auf andere Menschen zugehen und meiden unter Umständen völlig den Kontakt zu anderen. Im Kern handelt es sich hier um die mehr oder minder eingeschränkte Fähigkeit des Individuums, sich in sozialen Interaktionen erfolgreich für die eigenen Interessen einzusetzen. Zur Kompensation erscheint ein höheres Maß an Durchsetzungsfähigkeit wünschenswert. Bei derartigen Kompetenzdefinitionen rücken die Interessen des Handelnden in den Mittelpunkt. Die Rolle möglicher Interaktionspartner wird dabei jedoch nicht angesprochen, als sei es gleichgültig, wie diese sich gegenüber dem Akteur verhalten.

Eine weitere Sichtweise wird von der Entwicklungspsychologie vertreten. Die Entwicklung des Selbst und die Bildung sozialer Kompetenzen findet danach zwischen der „Anpassung“ des Individuums an die soziale Gruppe, die Gesellschaft bzw. die Umwelt und der Individuation statt. Klinische Psychologie und Entwicklungspsychologie beschäftigen sich mit unterschiedlichen Ausschnitten menschlichen Verhaltens. Während die Arbeit mit sozial ängstlichen Patienten den Aspekt mangelnder Durchsetzungsfähigkeit in den Mittelpunkt stellt, tritt bei der Betrachtung der Sozialisation der Aspekt der Anpassung durch Lernprozesse und der Prozess der Selbstwerdung in den Vordergrund.

Eine weitere Gruppe von Definitionsversuchen greift diese beiden Positionen auf, indem sie sozial kompetentes Verhalten als einen „Kompromiss zwischen Anpassung und Durchsetzung“ versteht (Petermann & Petermann, 2003). Danach ist jemand, der sich sozial kompetent verhält, in der Lage, eigene Interessen in sozialen Zusammenhängen zu verwirklichen, ohne dabei die Interessen seiner Interaktionspartner zu verletzen. Vor diesem Hintergrund sowie der weiter oben vorgenommen Unterscheidung zwischen Kompetenz und kompetenten Verhalten ergeben sich zwei Definitionen:

1. Soziale Kompetenz ist die „Gesamtheit des Wissens, der Fähigkeiten und Fertigkeiten einer Person, welche die Qualität eigenen Sozialverhaltens – in Sinne der Definition sozial kompetenten Verhaltens – fördert“.
2. Sozial kompetentes Verhalten ist das „Verhalten einer Person, das in einer spezifischen Situation dazu beiträgt, die eigenen Ziele zu verwirklichen, wobei gleichzeitig die soziale Akzeptanz des Verhaltens gewahrt wird“ (Kanning 2003, S. 15).

Beide Definitionen beinhalten Leerstellen, die im Einzelfall zu füllen sind. So können die Ziele, die eine Person mit ihrem Verhalten in einer Situation verfolgt, sehr unterschiedlich sein. Auch spielt es eine Rolle, im welchem Ausmaß kurzfristige oder langfristige Ziele angestrebt werden. In der Definition sozial kompetenten Verhaltens ist auch das Kriterium der sozialen Akzeptanz von Bedeutung. Akzeptanz kann sich auf die kurzfristigen oder langfristigen Ziele der Beteiligten beziehen, ebenso aber auf übergeordnete gesellschaftliche Werte. D. h., beim Konzept des sozial kompetenten Verhaltens handelt es sich um einen wertenden Begriff. Die Definition ist im konkreten Anwendungsfall mit wertbezogenen Inhalten zu füllen (Welches sind die Ziele des Handelnden?, Was kann im konkreten Fall als sozial akzeptabel gelten?).

Darüber hinaus ist festzustellen, dass die soziale Kompetenz zwar die Qualität des Sozialverhaltens fördert, dieses aber nicht vollständig bestimmt. Verhalten ist immer auch in die sozialen Bezüge und die Umwelt eingebunden, die ihrerseits auf das Ergebnis des Verhaltens Einfluss nimmt. Der Begriff „soziale Kompetenz“ ist daher als Oberbegriff zu verstehen, der mehrere Einzelkompetenzen enthält. Dabei sind nicht alle Kompetenzen in jeder Situation gleich wichtig.

In der Literatur finden sich sehr unterschiedliche Auffassungen darüber, welche Dimensionen der sozialen Kompetenz zuzurechnen sind. Kanning hat den Versuch unternommen, die Vielzahl der genannten Dimensionen zu bündeln. Er kommt zu folgendem Ergebnis (**Tab. 7.6**):

Tab. 7.6: Zusammenfassung sozialer Kompetenzen (Kanning, 2003, S. 21)

Perzeptiv-kognitiver Bereich	Motivational-emotionaler Bereich	Verhaltensbereich
– Selbstaufmerksamkeit • direkt • indirekt – Personenwahrnehmung – Perspektivenübernahme – Kontrollüberzeugung • internal • external – Entscheidungsfreudigkeit – Wissen	– Emotionale Stabilität – Prosozialität – Wertepluralismus	– Extraversion – Durchsetzungsfähigkeit – Handlungsflexibilität – Kommunikationsstil • Unterstützung (fordern und gewähren) • Bewertung • Einflussnahme • Expressivität • Zuhören – Konfliktverhalten • Verwirklichung eigener Interessen • Berücksichtigung der Interessen anderer – Selbststeuerung • Verhaltenskontrolle im soz. Kontext • Selbstdarstellung

Hierbei handelt es sich um allgemeine soziale Kompetenzen. Darüber hinaus sind viele Fähigkeiten und Fertigkeiten denkbar, die sich auf spezifische Situationen beziehen, z. B. das Führen von Mitarbeitern, das Klassengespräch, Konferenzleitung etc.

Neben dem Begriff der sozialen Kompetenz finden sich in der Literatur weitere Konstrukte: soziale Intelligenz (Thorndike, 1920), emotionale Intelligenz (Goleman, 1997), soziale Fertigkeiten und interpersonale Kompetenz. Diese Konzepte können als Teilmengen oder als Synonyme sozialer Kompetenz verstanden werden. Dabei ist der Begriff der sozialen Kompetenz als Oberbegriff besonders geeignet (vgl. Kanning, 2003, S. 25).

Lernprozesse

Für das Hineinwachsen des Menschen in gesellschaftliche Zusammenhänge sind Lernprozesse von vorrangiger Bedeutung. Wir lernen soziale Einstellungen und Attribuierungen, soziale Rollen und Normen. Auch Verhaltenserwartungen sind das Ergebnis bestimmter Lernerfahrungen. Soziale Kompetenz erwerben wir durch Lernprozesse in interaktiven Beziehungen.

Der Begriff „Lernen“ wird in der Psychologie in einem umfassenderen Sinn als in der Alltagssprache verwendet. Im schulischen Alltag wird Lernen häufig als Erwerb und Speicherung von „Wissen“ verstanden. Der allgemeine Lernbegriff bezieht aber auch den Erwerb neuer Verhaltensmuster mit ein. Beide Aspekte des Lernens beeinflussen sich gegenseitig: Änderungen im Bereich des Wissens bewirken oftmals Veränderung im Verhaltensbereich und neue Erfahrungen auf der

Basis von Verhalten führen zu einer veränderten Wissensstruktur (vgl. Piaget, 1969). Der Lernprozess kann dabei über verschiedene Stufen von quasi-automatischen Konditionierungsprozessen bis hin zu höheren Formen der Einsicht und der kognitiven Konzeptbildung verlaufen. Folgende Mechanismen des Lernens werden unterschieden:

1. Klassische Konditionierung
2. Instrumentelle Konditionierung
3. Kognitives Lernen.

Insbesondere in der Schule spielen kognitive Faktoren (Wahrnehmen, Gedächtnisbildung, Bewerten) beim Lernen eine wichtige Rolle.

Der interessierte Leser sei auf die weiterführende Literatur verwiesen: Bandura (1979), Zimbardo (1995).

Die Entwicklung sozialer Kompetenzen im Kindes- und Jugendalter

Neuere Ergebnisse der Kleinkind- und Säuglingsforschung, die in erster Linie aus sehr präzisen Kinder-Beobachtungen hervorgehen, sprechen dafür, dass man von Anfang an von einem „aktiven und kompetenten Säugling" ausgehen muss (Dornes, 1995; Stern, 1990). Kleinkinder haben ihre soziale Kompetenz dann bereits stark entwickelt durch Fähigkeiten, die in Familie oder Spielgruppe akzeptiert werden: Kontakte initiieren und aufrecht erhalten, die Aufmerksamkeit anderer gewinnen, von anderen emotionale Zuwendung, Lob, Information und Hilfe erlangen (Schmidt-Denter 2005, S. 70).

In der Grundschule gewinnt die „peer culture" an Bedeutung. Die Kinderkultur bedeutet eine eigenständige soziale Welt, die ein zentraler, unverzichtbarer Ort der Entwicklung von Autonomie und Kompetenz der Kinder ist. Besondere Aufmerksamkeit hat die Entwicklung prosozialen Verhaltens: materielle oder soziale Unterstützung in Notsituationen geben, Teilen von Eigentum, Spenden für wohltätige Zwecke, mitmenschliche Anteilnahme, Eintreten für soziale Gerechtigkeit und Altruismus etc. Bereits in den ersten Lebensjahren reagieren Kinder auf Signale der Not bei anderen Menschen mit Gefühlsansteckung und Empathie. Kinder helfen einander bei Kummer, trösten, bestrafen die Ursache für den Kummer, beschützen und verteidigen etc. Es gibt jedoch auch Kinder, die über das Leid anderer lachen, aggressiv werden, sich passiv verhalten und überhaupt kein Mitgefühl entwickeln.

Die wohl wirkungsvollste Form der Förderung prosozialen Verhaltens bei Kindern ist die elterliche Erziehung. „Man fand einen engen Zusammenhang zwischen Empathie-Werten von Müttern und ihren Kindern. In einer Untersuchung erwiesen sich Jungen im Vorschulalter als besonders hilfsbereit, wenn sie ihren Vater als warmherzig und fürsorglich erlebten." (ebenda, S. 96). Bei Vorschulkindern ließ sich der Effekt elterlichen Verhaltens nicht mehr eindeutig nachweisen. Stattdessen waren entsprechende Erfahrungen mit den Erzieherinnen im Kindergarten bedeutsam. Dies kann für die Grundschule und die weiterführenden Schulformen ebenfalls bestätigt werden (vgl. Tausch & Tausch, 1991).

Für die Kinder und Jugendlichen im Sekundarbereich I spielt zunehmend die Zugehörigkeit zu einer Clique eine Rolle. Die einzelnen Cliquen sind bezüglich ihrer Zusammensetzung hoch selektiv. Die Jugendlichen erwarten von anderen Mitgliedern der Gruppe, dass sie „zu einem selbst passen“. Deshalb sind Cliquen bezüglich ihrer Schichtzugehörigkeit recht homogen (vgl. Schmidt-Denter, 2005, S. 127).

Die Peer-Kontakte von der frühen Kindheit bis zum Jugendalter erfüllen zwei wichtige Funktionen: die Vermittlung sozialer und nicht sozialer Fertigkeiten sowie die gegenseitige Bindung und Unterstützung bei der Bewältigung von Belastungen.

Erweiterter Lernbegriff und Kompetenzen

In der erziehungswissenschaftlichen Diskussion geht man heute von einem erweiterten Lernbegriff aus, der sowohl kognitiv-inhaltliche Ziele als auch die Persönlichkeitsentwicklung beinhaltet. Ein solch weites Lernverständnis führt zwangsläufig zu einem ganzheitlichen Kompetenzbegriff, der sich an den Erfordernissen der gesellschaftlichen und individuellen Entwicklung orientiert. Darunter versteht man die individuelle Qualifikation, erfolgreich zu lernen und das Gelernte in einem lebenslangen Prozess beim weiteren Lernen anzuwenden. In einem ganzheitlichen Kompetenzbegriff sind die Dimensionen der Sach-, Methoden-, Sozial- und Selbstkompetenz enthalten.

Czerwanski et al. (2002, S. 30 ff.) fassen dabei die Sach- und Methodenkompetenz zu einer Kompetenzeinheit zusammen. Sie fügen hinzu: „Wenn in der Schule die Entwicklung von Lernkompetenz systematisch und zielstrebig gefördert werden soll, muss genauer darüber nachgedacht werden, welche Teilkompetenzen zu den drei Kompetenzbereichen ‚Sach- und Methodenkompetenz‘, ‚Sozialkompetenz‘ und ‚Selbstkompetenz‘ gehören, um ein erfolgreiches Weiterlernen zu ermöglichen.“ (ebenda, S. 32 f.)

So wird soziales Lernen auch „nicht als Anhängsel der inhaltlichen Unterrichtsvorbereitung verstanden, sondern als integrierter Bestandteil jeder Planung. Fachliches Lernen, sachliche Leistung und der Aufbau sozialer Kompetenz sind gleich wichtige Säulen, die das Dach Unterricht tragen.“ (Gudjons, 2002, S. 9)

Erweiterter Lernbegriff und Persönlichkeitsentwicklung

Der erweiterte Lernbegriff ist aus der Perspektive der Schule bzw. der Lehrkräfte definiert worden. Schulische Erfahrungen von Schülern sind jedoch eher aus der Perspektive der Entwicklung ihrer Persönlichkeit zu betrachten. Fend (1997, S. 54) beschreibt vier Arten von Gleichgewicht im menschlichen Bedürfnissystem:

1. Narzistische Homöostase: Jeder Mensch strebt danach, die „Selbstliebe“, d. h. die Akzeptanz seiner selbst zu sichern.
2. Soziale Homöostase: Hiermit ist das Bedürfnis nach sozialer Zugehörigkeit gemeint. Die Bindungsgeschichte tritt in der Adoleszenz in eine neue Phase. Die kindliche Bindung an die Eltern reicht dann nicht mehr aus. Jugendliche streben neue Formen der Bindung und der Geborgenheit an.

3. Autonomie-Homöostase: Kinder haben früh ein Bedürfnis nach Selbständigkeit und Eigenkontrolle, um nicht unterlegen, schwach und gefährdet zu sein. Dieses Bedürfnis wird auch als Selbstwirksamkeit bezeichnet (Bandura, 1979). Sie ist in allen Lebensbereichen wirksam und in der Adoleszenz im sozialen Bereich und im Kontext schulischer Leistungen von besonderer Bedeutung.
4. Verständnis- und Gestaltungs-Homöostase: Der Mensch braucht eine geistige Ordnung sowie eine Ziel- und Sinnrichtung seines Handelns, um seinem Leben Orientierung und Gestalt zu geben.

„Der Mensch, der im Gleichgewicht ist, kann bei sich sein, mit anderen verbunden sein, sich abgrenzen und bei einer Sache sein. Im Mittelpunkt (dieses ...) Menschenbildes steht somit die bedürfnisgeleitete, aber auch selbstreflexive Person in ihren sozialen und sachlichen Verflechtungen." (Fend, 1997, S. 55 f.). Es erweist sich als notwendig, die Dynamik des Selbst im schulischen und im sozialen Kontext zu verstehen. Der ideale Weg der produktiven Einbettung des Selbst in den sozialen Kontext ist der der Entwicklung sozialer Verantwortung (Gemeinschaftsgefühl). Destruktive Irrwege sind dagegen der Rückzug (Angst, Vermeidung, Selbsterniedrigung) und der Angriff (Machtanspruch, Aggression).

Diese Konzeption weist darauf hin, dass die Entwicklung von Kompetenzen im Sinne eines erweiterten Lernbegriffs nicht allein ausreicht, um die komplexen Sozialisationsverläufe in der Schule verstehen zu können. Hinzukommen muss eine Perspektive, die die Entwicklung der gesamten Schülerpersönlichkeit im Blick hat. Deutlich wird, dass soziale Kompetenzen wie Kontaktfähigkeit, Empathiefähigkeit und Durchsetzungsfähigkeit in diesem ganzen Prozess eine wesentliche Rolle spielen.

Konsequenzen für die Entwicklung sozialer Kompetenzen

Betrachtet man die Entwicklung sozialer Kompetenz als eine Dimension in einem ganzheitlichen Begriff von Lernkompetenz, besteht die Gefahr, das soziale Lernen nur so weit zu kultivieren, als es für die Entwicklung von Methodenkompetenz und den Erwerb inhaltlichen Wissens für notwendig erachtet wird. Derartige Konzeptionen geraten in die Nähe objektivistischer Bildungstheorie, die gesellschaftliche Objektivität und subjektive Erfahrung in undialektischer Weise trennen. Es sind daher psychologisch-pädagogische Alternativen zu entwickeln, damit die Entfaltung des Selbst möglich und dieses nicht Opfer der Anpassung wird (vgl. Gudjons, 1995).

Grundke (1975) hat demonstriert, dass ein interaktioneller Unterricht nicht auf Kosten inhaltlicher Lernarbeit gehen muss. Fritz (1975, 1977) hat gezeigt, wie Methoden des sozialen Lernens im normalen Unterricht zumindest intermittierend erfolgreich eingesetzt werden können. Diese Art der Interaktionserziehung ist gerichtet auf die Förderung der allgemeinen sozialen Kompetenz, auf Reifung durch Auseinandersetzung mit dem eigenen Erleben und in der offenen Begegnung mit anderen, auf Verbesserung der Selbst- und Fremdwahrnehmung und Erweiterung des sozialen Verhaltensrepertoires sowie auf die Entwicklung von Ich-Stärke und die Übernahme von Selbstverantwortung. Es sei ausdrücklich darauf hingewiesen, dass dies keine psychotherapeutische Vorgehensweise ist, sondern eine „Entwicklungshilfe“ für Normale (vgl. auch Mitschka, 2002).

Konzepte und Programme

Im Folgenden werden einige Konzepte und Programme vorgestellt, die der Entwicklung prosozialen Verhaltens dienen. Aus der Vielzahl der bestehenden Materialien und Pogramme wurden einige ausgewählt, die sich bewährt und relativ große Resonanz in den Schulen gefunden haben. Darüber hinaus bestehen viele weitere Konzepte, die auf den regionalen Bedarf und auf die Erfordernisse der Einzelschule abgestimmt sind.

Weiterbildung zum Beratungslehrer

Seit 1978 werden in verschiedenen Bundesländern systematisch Beratungslehrer eingesetzt und in einem zweijährigen Lehrgang auf ihre Aufgaben vorbereitet. Aufgabe des Beratungslehrers ist es nicht, die Beratung durch den einzelnen Lehrer zu ersetzen, sondern die Kollegen bei ihrer Aufgabe zu unterstützen. Als wesentliche Aufgabenfelder der Beratungslehrer werden genannt:
1. Schullaufbahnberatung
2. Einzelfallhilfe
3. Systembezogene Beratung (d. h. Beratung von Schule und Lehrern).

Themenbereiche der zweijährigen Weiterbildung sind: Kommunikation, Gesprächsführung und Beratung, Wahrnehmung, Beobachtung, Psychologische Rahmenmodelle für Beratung und Einzelfallhilfe, Verhaltensänderung bei Schülern und Problembearbeitung, Gestaltung sozialer Beziehungen im Klassenraum, Prävention, Schullaufbahnberatung sowie die Zusammenarbeit mit externen Institutionen. Ein Teil der Weiterbildung bezieht sich ausdrücklich auch auf die Verbesserung sozialer Beziehungen im Klassenraum (vgl. Grewe, 1990).

Kommunikation-Interaktion-Kooperation (KIK)

In einem landesweiten Kooperationsprojekt in Niedersachsen erprobt die Universität Hildesheim seit 1994 gemeinsam mit der Niedersächsischen Schulpsychologie, dem NILS, den Landesschulbehörden und den regionalen Fortbildungsbeauftragten gezielte Maßnahme zur Verbesserung des Sozial- und Lernverhaltens von Schülerinnen und Schülern.

„Das Ziel dieser Fortbildung ist eine Verbesserung der sozialen Kompetenz von Klassenlehrer/innen in den Bereichen Kommunikation, Interaktion und Kooperation.

- Kommunikation bezieht sich auf die Verbesserung der Alltagsgespräche von Lehrkräften mit Schüler/innen, Eltern und Kollegen/innen.
- Interaktion meint die konstruktive Gestaltung der sozialen Beziehungen der Schüler/innen untereinander und der Lehrer-Schüler-Beziehung.

- Kooperation steht für die Verbesserung der Zusammenarbeit im Kollegium, mit Eltern und Elternvertretern und der Schülervertretung." (Grewe et al., 1994, S. 1).

Die Fortbildung beginnt ein halbes Jahr vor Übernahme einer neuen Klasse. Damit erhalten die Teilnehmer/innen die Möglichkeit, gleich zu Beginn des neuen Schuljahres wichtige Elemente zur Verbesserung des Klassenklimas einzusetzen.

Teamentwicklung im Klassenraum

Mit den gängigen Sozialformen der Einzelarbeit und des lehrerzentrierten Unterrichts ist das soziale Lernen nicht zu bewerkstelligen. „Wer Sozialkompetenz anpeilt und vermitteln will, der muss zwingend auf die Sozialform der Kleingruppenarbeit zurückgreifen – Partnerarbeit eingeschlossen. Denn soziales Lernen verlangt soziales Handeln, verlangt, dass die Schüler/innen möglichst oft Gelegenheit erhalten, sich in der Auseinandersetzung und im Zusammenspiel mit anderen zu üben und das eigene soziale Verhaltensrepertoire bewusst und differenziert weiter zu entwickeln. Derartige Gelegenheiten sind in unseren Schulen bislang eher rar." (Klippert, 2001, S. 39)

Gruppenarbeit fördert soziales Denken, soziale Einstellungen und Handlungsweisen. Kooperative Arbeitsformen fördern nachweislich das wechselseitige Verständnis der Schülerinnen und Schüler, deren Einfühlungsvermögen sowie die Bereitschaft einander zu helfen und zu unterstützen (vgl. Deutsches Institut für Fernstudien, 1985, S. 27).

Erwachsen werden

Als ein umfassendes und vom Lions Club International gesponsertes Programm sei hier das Programm „Erwachsen werden" (Wilms & Wilms, 2000) für Schülerinnen und Schüler der Sekundarstufe I genannt. Im Frühjahr 1997 erschien die erste Ausgabe. In Übereinstimmung mit dem Erziehungsauftrag von Schule bezieht „Erwachsen werden" in sein Konzept Wertorientierungen und Haltungen mit ein.

„Die wichtigsten Ziele von ‚Erwachsen werden' sind die Förderung und Entwicklung der sozialen und kommunikativen Kompetenzen junger Menschen. Es will sie in ihrer Fähigkeit fördern, eigene Entscheidungen verantwortlich zu treffen und umzusetzen, Konflikt- und Risikosituationen in ihrem Alltag zu begegnen, für ihre Probleme positive Lösungen zu finden und so ihr Leben verantwortlich in die Hand zu nehmen."(ebenda, S. 8).

Samfund und Miteinandern

Hierbei handelt es sich um eine Materialsammlung, die vier Übungsbereiche umfasst. Es wurde Wert darauf gelegt, die Materialien so zu gestalten, dass auch Lehrerinnen und Lehrer damit arbeiten können, die im Einsatz von Interaktionsspielen eher ungeübt sind.

1. Innovation in der Schule
2. Materialien zum Kollegiumstraining
3. Zusammenstellung von Interaktionsspielen für den Einsatz in Schulklassen
4. Auswahl erprobter Elemente, Regeln und Vorgehensweisen zur Gestaltung des Klassenlebens, zur Konfliktmoderation und zur gemeinsamen Fortentwicklung des Klassenlebens (vgl. Kase, 1997).

Die Bausteine können für sich allein oder aber eingebettet in andere Projekte oder Präventionsmaßnahmen eingesetzt werden. So wurden diese Materialien für kriminalpräventiven Unterricht eingesetzt, bei dessen Entwicklung Lehrkräfte, Polizisten und Psychologen zusammen gearbeitet haben („PIT – Prävention im Team“).

Konzept Realschule Enger

Im Konzept der Realschule Enger (2001) wird einerseits herausgestellt, dass neben den inhaltlichen Qualifikationen, die Schüler erwerben sollen, vor allem auch Schlüsselqualifikationen stehen wie Kommunikations- und Teamfähigkeit sowie selbständiges Lernen. Der Schwerpunkt des Konzeptes liegt jedoch in erster Linie im lernmethodischen Bereich. Elemente des Kommunikations- und Teamtrainings sind in die einzelnen Bausteine integriert. In fast allen Bausteinen spielen von Anfang an kooperative Lernformen eine herausragende Rolle, in denen Schüler lernen und üben, Erfahrungen und Erkenntnisse auszutauschen oder zu bewerten, Ziele gemeinsam auszuhandeln, Handlungen zu planen, Arbeitschritte zu organisieren, mit jedem in der Klasse oder Lerngruppe arbeiten zu können oder sich zu einigen. Dabei spielen u. a. Partnerarbeit, Gruppenarbeit und Doppelstuhlkreisarrangements eine wichtige Rolle.

Die Trainingsraum-Methode

Aktuell geworden ist in letzter Zeit die Trainingsraum-Methode. Sie ist vor allem entworfen worden zur effektiven Minderung von Unterrichtsstörungen. Wenn SchülerInnen stören, werden sie darauf angesprochen und haben Gelegenheit zu entscheiden, ob sie zum gegenwärtigen Zeitpunkt in den Trainingsraum gehen oder im Unterricht mitarbeiten wollen. Der Trainingsraum ist das Herzstück des Programms. Hier finden mit Hilfe von dafür besonders ausgebildeten Trainingsraumlehrerinnen und -lehrern der eigentliche Lernprozess der Schüler und Schülerinnen statt, der in der Reflexion über das eigene Verhalten besteht. Die Trainingsraumlehrerinnen und -lehrer verstehen sich dabei als Berater und Unterstützer der Schüler. Mit ihrer Hilfe „soll im Schüler ein Denkprozess in Gang gesetzt werden, der sein vorheriges Verhalten an die geltenden Regeln bindet und es ihm ermöglicht, in einer ruhigen, entspannten, vorwurfsfreien Atmosphäre Ideen zu entwickeln, wie seine Ziele und Wünsche zu erreichen sind, ohne dass dabei die Rechte der anderen Mitschülerinnen und Mitschüler verletzt werden“ (Bründel & Simon, 2003, S. 49).

Streitschlichtung und Mediation

Kooperative Konfliktlösungen sind Teil einer demokratischen Schulkultur. Bei der Mediation gibt es einen Mediator, der dafür sorgt, dass beide Konfliktparteien ihren Streit analysieren und ihn als Chance verstehen lernen, neue Lösungswege auszuprobieren. In der Regel läuft jede Mediation in fünf Phasen ab (vgl. Faller, 1998; Simsa, 2001):

1. Einleitung der Mediation (Regeln und Ziele erklären)
2. Sichtweise der beteiligten Konfliktparteien klären
3. Konflikterhellung (Motive und Gefühle der Konfliktparteien herausarbeiten)
4. Problemlösung suchen und Konsens herstellen
5. Vereinbarung treffen und dokumentieren (mit Unterschrift der Beteiligten).

Die einzelnen Phasen werden von der anwesenden dritten Person, dem Mediator, geleitet. Wichtigstes Ziel des Mediators ist die Herstellung einer offenen und kommunikativen Atmosphäre sowie die Unterstützung der Konfliktparteien bei der Erhellung ihres Konfliktes. Wenn die dritte Person eine Schülerin oder ein Schüler ist, bezeichnet man diesen Ansatz als „Peer-Mediation". Häufig wird aber auch der Begriff der „Streitschlichtung" verwendet, der zum Ausdruck bringt, dass es sich hier um Schülerinnen und Schüler handelt, die die Position der neutralen dritten Person einnehmen. Dies entspricht dem Peer-Education-Ansatz. Kinder und Jugendliche sind oft besser als Erwachsene in der Lage, einen Zugang zueinander zu finden, sich über Probleme zu verständigen und diese auf der Basis einer gemeinsamen Sprache zu klären. Die Schlichtung kann dann zu einem Modell positiven Sozialverhaltens werden. (Braun et al., 1997; Hagedorn, 1995; Jefferys-Duden, 1999).

Das Buddy-Projekt

Das Buddy-Projekt ist ein weiteres Verfahren, das die sozialen Kompetenzen der Schülerinnen und Schüler nutzt und das Konzept der Peergroup-Education konsequent beachtet (vgl. auch Kap. 7.7). Die Gleichaltrigen sind für Schüler wichtige Bezugspersonen und soziale Modelle bei der Entwicklung ihrer Lebens- und Wertorientierungen. Hier liegt der Ansatzpunkt für das Buddy-Projekt (Faller & Kneip, 2002). Die Grundidee ist es, dass die Schülerinnen und Schüler für ihr Sozialverhalten in der Schule selbst Verantwortung übernehmen können. Dabei müssen sie von den Lehrkräften unterstützt werden und die Schule muss die notwendigen Rahmenbedingungen und Strukturen bereitstellen.

Das Projekt „Buddy" wurde 1999 von der Vodafon-Stiftung Deutschland ins Leben gerufen. Es wurden Arbeitsmaterialien entwickelt, Fortbildungen für Lehrkräfte durchgeführt und Trainer als Multiplikatoren ausgebildet, die einzelne Projekte an den Schulen begleiten. Kern des Projektes an einer Schule bildet eine Gruppe von Schülerinnen und Schülern, die besondere Verantwortung für soziale Lernprozesse an ihrer Schule übernehmen.

Hiermit möchte ich die Aufzählung von Projekten und Programmen beenden. Die Auswahl ist hier willkürlich und orientiert an der persönlichen Erfahrung des Autors. Es gibt darüber hinaus eine Fülle von weiteren mehr oder weniger umfangreichen Programmen und eine nahezu unübersehbare Menge an Literatur, die sich täglich fortschreibt. Der interessierte Leser wird daher gebeten, sich sein eigenes Bild zu machen. Ich hoffe, mit diesem Artikel einige Anregungen und Orientierungen gegeben zu haben.

Fazit

Im vorangehenden Text wurden einige wichtige und bekannte Konzepte und Projekte vorgestellt, die jeweils unterschiedliche Akzente setzen. Zwischen den vier wesentlichen Kompetenzarten (Sach-, Methoden-, Selbst- und Sozialkompetenz) bestehen nicht nur enge Zusammenhänge, sondern sie sind aufeinander angewiesen. Ein Schüler, der sich die Strukturen eines Wissensbereiches erarbeitet (Sachkompetenz) braucht dazu passende Methoden (Methodenkompetenz). Dabei gibt es allgemeine Methoden, die in fast allen Fächern angewendet werden können, und sehr spezielle, die nur in Auseinandersetzung mit einem bestimmten Inhalt von Bedeutung und in diesem Falle unverzichtbar sind. Will jemand sich auf eine Sache konzentrieren, dann muss er in der Lage sein, die vielfältigen Einwirkungen und Verlockungen der Umwelt zu neutralisieren, d. h. er muss sich selbst beruhigen, ggf. seine psychischen Verletzungen lindern und sogar starke positive Affekte hemmen können. Wenn er vom Ruhezustand des Denkens und Lernens zum Handeln kommen möchte, muss er aktiv werden und eine positive Perspektive entfalten, um seine Ziele verfolgen zu können (Selbstkompetenz). Wenn er gemeinsam mit anderen an Gegenständen und Inhalten arbeitet und lernt, braucht er eine beziehungsbezogene Kommunikationsfähigkeit (Soziale Kompetenz).

Von den verschiedenen Autoren wird die Notwendigkeit der Förderung der Kompetenzen unterschiedlich gewichtet. Die einen sehen das soziale Lernen als integralen Bestandteil aller vier Kompetenzen an (Czerwanski et al., 2002; Green, 2002, 2004; Fleischer, 1997; Klippert, 2001; Weidner, 2003). Wieder andere geben dem sozialen Lernen einen eher eigenständigen Wert (Gudjons, 1995) oder ordnen die soziale und personale Kompetenz der sachlich-methodischen Kompetenz im Sinne von Lernvoraussetzungen vor (Jötten, 1981; Miller, 1997; Mitschka, 2002). Im Einzelfall muss jede Schule ihre Auswahl und ihre Entscheidungen treffen unter Einbezug der Lernvoraussetzungen ihrer Schüler.

7.3 Jungen und Mädchen in der Schule

Tim Rohrmann

Was hat Schule mit Geschlecht zu tun? Lange Zeit wurden geschlechtsbezogene Fragen in der Schule ganz überwiegend unter der Perspektive einer möglichen Benachteiligung von Mädchen betrachtet. Seit einigen Jahren sind dagegen die Jungen als mögliche „Bildungsverlierer“ in den Blick gerückt. Auch die Tatsache, dass Kinder und Jugendliche mit problematischem Sozialverhalten häufiger Jungen sind, ist zunehmend Ausgangspunkt für eine Beschäftigung mit geschlechtsbezogenen Zusammenhängen im Kontext Schule. Allerdings wird Geschlecht nicht nur zum Thema, wenn es um Benachteiligungen und Schwierigkeiten geht. Die Veränderungen der gesellschaftlichen Geschlechterverhältnisse hin zu Gleichberechtigung und Partnerschaftlichkeit und die Suche nach neuen positiven Orientierungen für Frauen und Männer haben ihre Spuren in der Schule hinterlassen. Es gibt also viele Gründe für die Auseinandersetzung mit geschlechtsbezogenen Fragen – neudeutsch: mit der Genderthematik – in der Schule.

Der folgende Beitrag stellt zunächst einige aktuelle Ergebnisse aus Statistik und Schulforschung zusammen. Anschließend werden ein Rahmen und konkrete Ansatzpunkte für die Umsetzung geschlechtsbewusster Perspektiven in der pädagogischen Praxis vorgeschlagen.

Aus Forschung und Statistik

Bereits ein Gang über den Schulhof in der großen Pause macht deutlich, welch zentrale Rolle das Geschlecht für die Entwicklung und das Miteinander von Kindern spielt. Hier die Jungen beim Raufen – dort die Mädchen beim Tuscheln: schon in der ersten Klasse scheinen sich zwischen den Welten der Jungen und der Mädchen Gräben aufzutun. Dieser Eindruck verstärkt sich, wenn Fächerpräferenzen, Leistungen und Schulerfolg untersucht werden. Spätestens beim Blick in die Fallstatistik der Schulpsychologen sind die Unterschiede zwischen Mädchen und Jungen dann unübersehbar. Empirische Untersuchungen geben vielfache Hinweise auf geschlechtstypische Unterschiede, die im engeren und weiteren Sinn für die Schule von Bedeutung sind.

Die „zwei Welten"

Ab dem Alter von ungefähr drei Jahren zeigen Kinder die Tendenz, in Situationen, die nicht von Erwachsenen strukturiert werden, gleichgeschlechtliche Spielpartner und Freunde zu bevorzugen. Diese Präferenzen vertiefen sich bis zum Ende der Grundschulzeit. Auch in der Jugend sind gleichgeschlechtliche Freundschaften und Cliquen von zentraler Bedeutung, nicht zuletzt als Ausgangs- und Bezugspunkt für den Aufbau von Beziehungen zum anderen Geschlecht. Zwar gibt es auch viele Formen des Miteinanders und der Begegnungen der Geschlechter im

Schulalltag. Dennoch haben die Erfahrungen in den Gleichgeschlechtlichengruppen eine große Bedeutung für die Entwicklung der geschlechtlichen Identität. Nicht zuletzt unterscheiden sich die Interaktionsstile, die Mädchen und Jungen in ihren Gruppen entwickeln, zum Teil erheblich voneinander. Es kann daher von zwei Kulturen oder „Welten" der Geschlechter gesprochen werden, auch wenn das Ausmaß und die Bedeutung dieses Phänomens umstritten sind (vgl. Maccoby, 2000; Rohrmann, 2005). Dies ist nicht nur für das soziale Miteinander von Bedeutung, sondern wirkt sich auch entscheidend auf das schulische Selbstkonzept und den Umgang mit Lernen und Leistung im Unterricht aus.

Schulleistungen und Schulabschlüsse

Mädchen haben in ihren Schulleistungen die Jungen überholt. Sie sind an Gymnasien überrepräsentiert, wogegen Jungen den größeren Anteil der Schüler an Haupt- und Sonderschulen stellen (vgl. **Abb. 7.4**). Mädchen haben deutlich bessere Schulabschlüsse als Jungen und verlassen wesentlich seltener die Schule ohne Abschluss (Statistisches Bundesamt, 2006a; Stürzer, 2003a). In Sonderschulen sind reine Jungenklassen nicht ungewöhnlich. Diese Zusammenhänge wurden bereits 1990 von Schnack und Neutzling in der Erstausgabe von „Kleine Helden in Not" aufgezeigt und in den letzten Jahren durch verschiedene statistische Übersichten immer wieder belegt. Eine Untersuchung von Diefenbach und Klein (2002) bestätigte die erheblichen Geschlechtsdifferenzen in den Schulabschlüssen für alle Bundesländer. Dabei stellte sich heraus, dass der Unterschied zwischen Jungen und Mädchen in den neuen Bundesländern noch deutlicher ausfiel.

Langfristig kann das Zusammentreffen von schlechten Bildungsvoraussetzungen und Orientierung von Jungen an traditionellen Männlichkeitsvorstellungen, in denen Arbeit nach wie vor eine zentrale Rolle einnimmt, zu einer explosiven Mischung führen. Männliche Jugendliche und junge Männer, denen angesichts schlechter Schulleistungen und nicht ausreichender beruflicher Chancen eine zufriedenstellende Integration in den Arbeitsmarkt verwehrt bleibt, sind auch für andere Risiken des Heranwachsens anfälliger.

Andererseits wird seit längerem darauf hingewiesen, dass viele Mädchen ihre guten Schulleistungen nicht in ein entsprechendes Selbstkonzept übernehmen und weniger Selbstvertrauen in ihre Fähigkeiten haben als es ihren tatsächlichen Leistungen entspricht (vgl. Horstkemper, 1991; Stürzer, 2003a). Zudem nutzen gute Schulabschlüsse wenig, so lange Arbeitgeber nach wie vor männliche Bewerber bevorzugen.

Ergebnisse von Schulleistungsstudien

Ein wesentliches Ergebnis umfangreicher Schulleistungsstudien sind deutliche Geschlechtsunterschiede. „Jungen können nicht so gut lesen, und haben auch weniger Lust dazu", ließe sich eines der wichtigsten Ergebnisse zusammenfassen. Während Mädchen international im sprachlichen Bereich deutlich bessere Ergebnisse erzielen, sind die Ergebnisse in den Bereichen Mathematik und Naturwis-

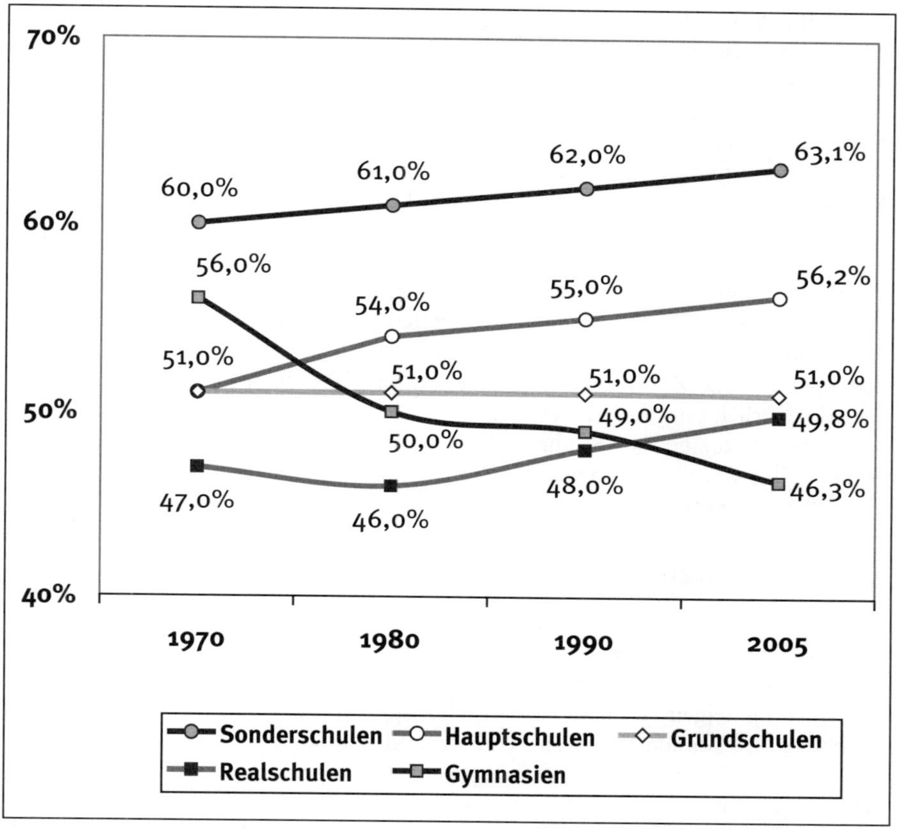

Abb. 7.4: Jungenquote in verschiedenen Schulen im Zeitvergleich (Quelle: Deutsches Statistisches Bundesamt, Berlin

senschaften weniger eindeutig, auch wenn Jungen hier tendenziell etwas bessere Ergebnisse erreichen.

Die PISA-Studie ergab, dass Jungen insbesondere Schwierigkeiten damit haben, „Texte und ihre Merkmale kritisch zu reflektieren und zu bewerten“ (Deutsches PISA-Konsortium, 2001, S. 257). Noch deutlicher waren die Geschlechtsunterschiede in der Lesemotivation. Im internationalen Vergleich waren die Geschlechtsunterschiede in Deutschland besonders groß.

In der DESI-Studie, in der neben den Lese- auch Schreibkompetenzen erfasst wurden, war der Leistungsvorsprung der Mädchen noch größer. Mädchen sind bei sprachbezogenen Kompetenzen schon in der Grundschule überlegen. Sowohl im Deutschen als auch im Englischen sind Mädchen bei schriftlichen produktiven Aufgaben besonders erfolgreich. Gegen den Trend zeigten Jungen allerdings einen Vorsprung bei Aussprache und Sprechflüssigkeit im Englischen (DESI-Konsortium, 2006).

Die Grundschulstudie IGLU ergab widersprüchliche Aussagen. Zwar waren auch hier die Mädchen den Jungen im sprachlichen Bereich überlegen, aber die

Unterschiede waren im internationalen Vergleich eher gering (Bos et al., 2003, 2005). Interessant ist allerdings das Ergebnis, dass die Geschlechtsunterschiede bei den Schulnoten deutlicher ausfielen als bei den Testleistungen: Bei vergleichbaren Testleistungen wurden Mädchen in den Fächern Deutsch und Sachunterricht besser benotet als die Jungen (Bos et al., 2005, S. 191). Darüber hinaus wurden weitere signifikante Geschlechtsunterschiede in schulischen Einstellungen, Motivation und Lernverhalten gefunden. Unter anderem bestätigte sich, dass Mädchen sich in der Schule tendenziell wohler fühlen als Jungen (ebenda, S. 192 ff.).

Die umfangreiche Hamburger LAU-Studie schließlich, die Schüler von der 5. bis zur 9. Klassenstufe untersuchte, stellte im Verlauf eine deutliche Zunahme des Leistungsvorsprungs der Mädchen fest (vgl. Stürzer, 2003a). Damit scheint dies der kritische Zeitraum zu sein, in dem geschlechtstypische Leistungsunterschiede deutlich ausgeprägt werden.

Insgesamt zeigen die Studien, dass Bemühungen um einen Ausgleich der Benachteiligungen von Jungen entscheidend an der Lesemotivation und an den Leseaktivitäten ansetzen müssen (vgl. Heidtmann, 2004; Müller-Walde, 2005).

Sozialverhalten

Probleme im Sozialverhalten und disziplinarische Verstöße im Schulkontext betreffen häufiger Jungen. Schon bei Einjährigen lässt sich beobachten, dass Jungen häufiger Konflikte beginnen – und häufiger deren Opfer sind. In der weiteren Entwicklung zeigen sie mehr körperliche Aggression, wogegen sich aggressives Verhalten bei Mädchen oft auf verbale und symbolische Formen beschränkt. Mädchen wiederum zeigen mehr kooperatives und prosoziales Verhalten als Jungen. Folge ist nicht zuletzt, dass Jungen nicht nur häufiger Täter, sondern auch häufiger Opfer von Gewalt werden. Diese Tendenzen setzen sich im Jugend- und Erwachsenenalter fort und sind seit längerem durch zahlreiche Untersuchungen auch im deutschen Sprachraum gut belegt (vgl. Bos et al., 2005; Deutsches PISA-Konsortium, 2001; Pfister, 1998; Tillmann et al., 1999). Diese Geschlechtsunterschiede sind Ausgangspunkt für verschiedene Ansätze und Programme zu sozialem Lernen, Konfliktlernen und Gewaltprävention (z. B. Grote & Drägestein, 2004; van Dieken, Rohrmann & Sommerfeld, 2004; Kaiser, 2003; Welz & Dussa, 1998).

Die Krise der Jungen und die „Feminisierung" der Schule

Wie sind die dargestellten Ergebnisse nun zu bewerten? In den letzten Jahren häufen sich Schlagzeilen und Veröffentlichungen, die Jungen nur noch als Verlierer oder gar als „Opfer des Feminismus“ sehen. Die Diskussion darüber nimmt zuweilen dramatische Züge an. In den USA, Großbritannien und Australien, wo die Thematik schon etwas länger diskutiert wird, sprechen WissenschaftlerInnen in diesem Zusammenhang von „moralischer Panikmache“ (vgl. Rohrmann, 2005; Foster, Kimmel & Skelton, 2001). In einem kritischen Überblick über die deutsche Diskussion verstehen Rose und Schmauch (2005) die übertriebenen Darstellungen als Medienphänomene, hinter denen aber berechtigte Anliegen und Bedürfnisse stehen.

Dies wird nicht zuletzt deutlich, wenn den Problemen der Jungen ein anderer Trend gegenüber gestellt wird: das Verschwinden der Männer aus der Schule. In den letzten Jahrzehnten war an allen Schulformen ein kontinuierlicher Anstieg des Frauenanteils unter den Lehrkräften festzustellen. Während der Frauenanteil an den hauptberuflich beschäftigten Lehrkräften im Jahre 1960 in den alten Bundesländern mit 42,4 % noch weniger als die Hälfte betrug, lag er im Schuljahr 2005/2006 bei 68,1 % (Roisch, 2003, S. 26 f.; Statistisches Bundesamt, 2006b). Ein besonders hoher Anstieg des Frauenanteils war dabei an den Grundschulen zu verzeichnen. Inzwischen ist nur noch jeder siebte Grundschullehrer männlich. Leitungspositionen sind in den alten Bundesländern auch an Grundschulen bislang noch weit häufiger von Männern besetzt; in den neuen Bundesländern haben Frauen dagegen häufiger die Schulleitung inne. Insgesamt ist aber auch auf Leitungsebene ein Anstieg des Frauenanteils festzustellen (Roisch, 2003, S. 38 f.).

Je jünger Kinder sind, desto weniger haben sie es in Bildungseinrichtungen mit Männern zu tun. Während an Grundschulen der Männeranteil im Schuljahr 2005/2006 nur 13,3 % betrug, lag er an Realschulen bei 37,7 %, an Hauptschulen bei 42,6 % und am Gymnasium bei 47,9 % (Statistisches Bundesamt, 2006b). Neben den Grundschulen ist der Männeranteil auch an Sonderschulen mit inzwischen nur noch einem Viertel besonders niedrig (ebenda). Dies ist besonders bemerkenswert vor dem Hintergrund, dass fast zwei Drittel der Sonderschüler Jungen sind.

Theorien zu geschlechtstypischem Verhalten haben lange Zeit entweder Unterschiede in der Sozialisation von Mädchen und Jungen herausgearbeitet oder biologische Geschlechtsunterschiede in den Vordergrund gestellt. Die neuere Geschlechterforschung betont dagegen einen anderen Blickwinkel. In den Vordergrund treten individuelle Unterschiede, Vielfältigkeiten bei beiden Geschlechtern, verschiedene Lebenswelten sowie die „Konstruktionsprozesse“, mit denen geschlechtsbezogene Zuordnungen im Alltag von Frauen und Männern, Mädchen und Jungen selbst „hergestellt“ werden (*doing gender*). Dabei wird darauf hingewiesen, dass Geschlechterverhältnisse in verschiedenen Lebenswelten und Institutionen ganz unterschiedlich aussehen können.

Anstatt pauschale Aussagen über „die“ Jungen und „die“ Mädchen zu machen, ist damit ein genauer Blick auf geschlechtstypische Entwicklungsverläufe in spezifischen Lebenswelten erforderlich. Zumindest teilweise lassen sich Probleme von Jungen damit erklären, dass Mädchen besser als Jungen an den Kontext schulischen Lernens angepasst zu sein scheinen. Dies gilt aber nicht generell: Geschlechtsbezogene Faktoren wirken immer mit anderen Bedingungen zusammen. So sind insbesondere Jungen benachteiligt, die aus bildungsfernen Schichten oder aus Migrantenfamilien stammen (vgl. Baumert & Schümer, 2001; Cornelißen, 2004; Krohne, Meier & Tillmann, 2004).

Ob schlechte Schulleistungen und Verhaltensauffälligkeiten von Jungen tatsächlich mit einem Mangel an männlichen Bezugspersonen zu tun haben, wie in letzter Zeit häufiger behauptet wird, ist umstritten und empirisch bislang nicht belegt. Tatsächlich gibt es kaum Untersuchungen über Auswirkungen des

Geschlechts von Lehrkräften auf Leistungen und Sozialverhalten von SchülerInnen. Es kann aber angenommen werden, dass die schulischen Schwierigkeiten vieler Jungen und das geringer werdende Interesse von Männern am Schuldienst gemeinsame Ursachen haben, mit denen sich Schule auseinander setzen muss.

Gender in der Praxis

Konsequenzen aus den dargestellten Ergebnissen können auf mehreren Ebenen ansetzen:

1. Reflexion schulischer Strukturen unter geschlechtsbewusster Perspektive
2. Geschlechterdifferenzierung im Unterricht, insbesondere im Fachunterricht
3. Unterstützung von Mädchen und Jungen auf ihrem Weg zu geschlechtlicher Identität.

Die pädagogischen Zielsetzungen geschlechtsbewusster Arbeit gehen dabei in zwei Richtungen, die sich manchmal wiedersprechen können: auf der einen Seite Gleichberechtigung und Chancengleichheit, auf der anderen Seite eine Berücksichtigung unterschiedlicher Interessen und Lebenslagen von Mädchen und Jungen.

Im Vordergrund vieler Ansätze stand lange Zeit die Aufhebung von Benachteiligungen von Mädchen (was sich seit einigen Jahren ändert), die Überwindung von stereotypen Orientierungen bei beiden Geschlechtern sowie Ziele im Bereich sozial-emotionalen Lernens. In diesem Zusammenhang nahm und nimmt die Diskussion über eine zeitweise Aufhebung der Koedukation seit langem einen wichtigen Platz ein. Allerdings werden dabei seit Jahrzehnten immer wieder dieselben Argumentationsmuster ausgetauscht (Horstkemper, 1998; Stürzer, 2003b). Nicht selten werden dieselben Begründungen für und gegen eine gemeinsame Erziehung der Geschlechter herangezogen. Horstkemper (1998, S. 22) fasst ihren Überblick über die äußerst heterogenen theoretischen Ansätze und Konzepte dahingehend zusammen, „dass die Integration zu einer ‚geschlechterbewussten Theorie der Schule' noch aussteht". Sie fordert, dass die Schulpädagogik sich verstärkt mit der Frage befassen müsse, „wie sie selbst in die Gestaltung der Geschlechterverhältnisse verstrickt ist" (ebenda). Obwohl seitdem etliche Veröffentlichungen dazu erschienen und einige größere Praxisprojekte durchgeführt worden sind, hat dies in keiner Weise zu mehr Einheitlichkeit auf theoretischer oder praktischer Ebene geführt – im Gegenteil.

Reflexion schulischer Strukturen und Selbstreflexion

Ausgangspunkt für reflektierte Koedukation (vgl. Faulstich-Wieland, Weber & Willems, 2004; Kaiser, 2001, 2003; Koch-Priewe, 2002; Stürzer, 2003b) ist zunächst, geschlechtsbezogene Aspekte des Verhaltens von Mädchen und Jungen, aber auch der eigenen Rolle als Lehrerin oder Lehrer sowie des gesamten Systems Schule überhaupt wahrzunehmen. Dazu können z.B. formale und informelle Machtverhältnisse, geschlechtsbezogene Aufgabenverteilungen, räumliche Bedingungen, Regeln und unausgesprochene „Gesetze" untersucht werden.

Weitgehende Übereinstimmung besteht darin, dass sich die Genderthematik nicht nur pädagogisch behandeln lässt, sondern immer auch Selbstreflexion des eigenen Frau- bzw. Mann-Seins erfordert. In der Berufsdefinition des Lehrers spielt das Geschlecht keine Rolle. Ob eine Lehrperson weiblich oder männlich ist, soll für den Unterricht und das Verhältnis zu den Kindern möglichst nicht von Bedeutung sein. Mädchen und Jungen nehmen ihre Lehrerinnen und Lehrer dagegen sehr bewusst als Frauen und Männer wahr. Auf ihrer Suche nach geschlechtlicher Identität orientieren sie sich an ihnen, grenzen sich von ihnen ab oder setzen erotische Signale ein. Auf der anderen Seite können Verhaltensweisen und Fragen von Jungen und Mädchen in pädagogischen Fachkräften Erinnerungen wachrufen, „wunde Punkte“ treffen oder Grundhaltungen und das eigene Selbstbild als Frau (oder auch Mann) in Frage stellen. Die Auseinandersetzung der Lehrkräfte mit diesen Themen ist eine wichtige Voraussetzung für einen differenzierten Umgang mit geschlechtsbezogenen Zusammenhängen in der Schule, für die Förderung eines besseren Verhältnisses der Geschlechter und für die Unterstützung von Mädchen und Jungen auf ihrem Weg zu geschlechtlicher Identität. Interessant ist nicht zuletzt der Vergleich der Vorstellungen und Ideale von Männlichkeit und Weiblichkeit der Lehrkräfte mit denen ihrer SchülerInnen.

Eine geschlechtsreflektierte Haltung ist nicht zuletzt sinnvoll für den bewussten Umgang mit alltäglichem Verhalten „nebenbei“ und „zwischendurch“. Dazu gehören klare Reaktionen auf Störverhalten und (sexuelle) Provokationen genauso wie die Fähigkeit, angemessen mit Krisen und besonderen Belastungen von SchülerInnen umzugehen. Im Vordergrund stehen dabei allgemeine pädagogische Ziele wie die Förderung des Selbstwertgefühls von Mädchen und Jungen sowie die Beziehung zwischen PädagogInnen und SchülerInnen und damit nicht zuletzt die Vorbildwirkung der Erwachsenen. In welchem Ausmaß die allgemeine Förderung des Sozialverhaltens und der sozial-emotionalen Entwicklung überhaupt zum Bildungsauftrag der Schule gehört, ist unter Lehrkräften allerdings oft umstritten. Wenn an konkreten Notwendigkeiten des Alltags angesetzt wird, kann gerade eine geschlechtsbewusste Perspektive hilfreiche Anstöße für die Praxis geben (vgl. Rohrmann, 2006).

Geschlechterdifferenzierung im Fachunterricht

Geschlechterdifferenzierung im Fachunterricht ist zu wesentlichen Teilen eine Frage der Didaktik und eine Möglichkeit von Binnendifferenzierung (die es auch aus anderen Gründen häufiger geben sollte). Dabei sollte zunächst bestimmt werden, wo und mit welchem Ziel eine Geschlechterdifferenzierung nötig oder sinnvoll ist. Erfahrungen mit der Aufhebung der Koedukation wurden – abgesehen vom Sportunterricht – bislang vor allem im naturwissenschaftlichen Bereich gesammelt und dokumentiert, wobei die Förderung von Mädchen im Vordergrund stand. Seit einiger Zeit (und seit PISA) wird eine Aufhebung der Koedukation auch für die sprachlichen Fächer in Erwägung gezogen – diesmal wegen der schlechten Leistungen von Jungen (Röhner, 2006).

Geschlechtsdifferenzierende Arbeitsformen sind allerdings kein „Allheilmittel“ für geschlechtstypisches Problemverhalten. Die Ergebnisse der (zum größten Teil in der Sekundarstufe durchgeführten) Forschungen zur teilweisen Aufhebung der Koedukation sind widersprüchlich (Koch-Priewe, 2002; Faulstich-Wieland et al., 2004). Dennoch nehmen geschlechtsgetrennte Angebote in Praxiskonzepten nach wie vor einen zentralen Platz ein. Manchmal kann es stattdessen sinnvoller sein, zwar in der Unterrichtsvorbereitung typisch „weibliche" und „männliche" Themen und Arbeitsformen zu berücksichtigen, die konkrete Auswahl dann aber den Mädchen und Jungen selbst zu überlassen. Dies kann davor schützen, mit geschlechtsgetrennten Arbeitsformen gerade die Stereotypien zu erzeugen, denen entgegengewirkt werden soll.

Mädchen- und Jungenarbeit

Wenn Prozesse der Konstruktion von Geschlechtsunterschieden weitergehend in den Blick genommen und Mädchen und Jungen bei der Entwicklung ihrer Geschlechtsidentität unterstützt und begleitet werden sollen, kann an Erfahrungen aus der geschlechtsbewussten Pädagogik in der Jugendarbeit angeknüpft werden (vgl. Rauw, Jantz, Reinert & Ottemeier-Glücks, 2001; Rohrmann, 2003; Forum für Kinder- und Jugendarbeit, 2001). Mädchen- und Jungenarbeit greift Themen auf, die für das Leben von Mädchen und Jungen zentral – und oft wichtiger als Schulleistungen – sind: Liebe & Sexualität, Berufs- & Familienorientierung, Konflikt & Aggression... Viele Konzepte und Methoden geschlechtsbewusster Pädagogik stammen allerdings aus der außerschulischen Bildungs- und Jugendarbeit und lassen sich nur teilweise in den Fachunterricht „einbauen". Zum Teil wäre es wünschenswert, wenn diese Themen in Lehrplänen usw. mehr Raum hätten. Zum Teil lassen sie sich besser in eigenständigen Angeboten, Arbeitsgruppen, Projekten bearbeiten.

Die meisten vorhandenen Ansätze geschlechtsbezogener Pädagogik stellen die Arbeit mit geschlechtshomogenen Gruppen in den Vordergrund. Die Praxis der Mädchenarbeit kann dabei mittlerweile auf fundierte Theorien und langjährige Erfahrungen aufbauen (z. B. Heiliger, 2002; Klees, Merburger & Schumacher, 2000). Im Bereich der Jugendarbeit kann Mädchenarbeit inzwischen als institutionell etabliert angesehen werden, obwohl sie angesichts knapper Kassen in vielen Kommunen von Kürzungen bedroht ist. Jungenarbeit entstand in den letzten zwanzig Jahren zunächst als Reaktion auf Angebote der Mädchenarbeit. Inzwischen gibt es etliche Konzepte und zahlreiche praktische Beispiele für Jungenarbeit, allerdings meist noch weniger institutionell abgesichert als die Angebote der Mädchenarbeit (z. B. Sielert, 2002; Sturzenhecker & Winter, 2002).

Auch zur Mädchen- und Jungenarbeit in der Schule gibt es inzwischen eine Reihe von praxisorientierten Veröffentlichungen, in denen in der Regel kontinuierliche Gruppenangebote zur Identitäts- und sozialen Förderung von Mädchen bzw. Jungen im Vordergrund stehen (z. B. Boldt, 2001; Daigler, 2003; Jantz & Brandes, 2006; Kaiser, 2001; Koch-Priewe, 2002; Nyssen, Kampshoff, Bittner & Strunz, 1996; Welz & Dussa, 1998).

Neuere Diskussionsbeiträge werfen allerdings ein kritisches Licht auf die bislang vorherrschende Schwerpunktsetzung auf geschlechtsgetrennte Angebote (z. B. Forum für Kinder- und Jugendarbeit, 2001; Rose & Scherr, 2000). Nicht zuletzt ist in diesem Zusammenhang wichtig, dass insbesondere Jugendliche oft wenig Interesse an geschlechtsgetrennten Angeboten zeigen (vgl. den Titel von Faulstich-Wieland & Horstkemper (1995): „Trennt uns bitte, bitte nicht!"). Konkrete Konzepte zu geschlechtsbewusster Arbeit in koedukativen Gruppen liegen bislang aber weniger vor. In ihrem aktuellen Handbuch zu geschlechtsspezifischer Pädagogik an Grundschulen beschreiben Jantz & Brandes (2006) als beste Strategie, separate Jungen- und Mädchenräume bereitzustellen, um dann wiederum im geschlechtsgemischten Setting zusammenzukommen.

Fazit

Eine geschlechtsbewusste Entwicklung und Veränderung von Schule muss ein gemeinsames Projekt beider Geschlechter sein. Frauen und Männer müssen sich dazu

- über Ziele geschlechtsbewusster Pädagogik einigen
- über Ergebnisse und „Stolpersteine" der praktischen Arbeit austauschen
- und sich ihrer Modellfunktion für den Umgang von Frauen und Männern miteinander bewusst sein.

Auf Dauer macht es wenig Sinn, geschlechtsbezogene Projekte nur als gelegentliche Einzelveranstaltungen durchzuführen. Erfolgversprechender ist es, geschlechtsbezogene Aspekte als Themen für das gesamte Team zu verstehen und in die Schulentwicklung zu integrieren. Schlüssel für einen zukunftsweisenden Umgang mit geschlechtsbezogenen Zusammenhängen ist dabei der Einbezug der SchülerInnen durch alltägliche und formale Formen der Partizipation. Je besser dies gelingt, umso größer ist die Chance, dass Mädchen und Jungen neue Perspektiven eröffnet werden können.

Internettipp

Das niedersächsische Netzwerk Gender und Schule stellt im Internet Informationen und Materialien zum Thema bereit: www.genderundschule.de.

7.4 Schul- und Klassenklima aktiv gestalten

Norbert Grewe

Einleitung

„Die Klasse 7b ist heute mal wieder unausstehlich." Die anwesenden Kolleg/innen nicken zustimmend und dieses Phänomen erscheint vielen genauso schicksalhaft wie die Tatsache, dass das Unterrichten in der Parallelklasse wesentlich mehr Spaß macht.

Während die wissenschaftlichen Grundlagen einer Lernstandsanalyse und die Erprobung von Fördermaßnahmen für die Fachinhalte des Unterrichts inzwischen stärker empirisch erforscht werden, führt die Beschäftigung mit den sozialen Aspekten des Lernens auch in der Wissenschaft immer noch ein Schattendasein, von einer systematischen Integration der Aufgaben des Unterrichtens und Erziehens ganz zu schweigen. Ziele und Fördermöglichkeiten des sozialen Lernens einzelner und der Entwicklung einer Klasse zu einer guten Lerngemeinschaft werden bisher nur sporadisch wissenschaftlich untersucht und auf ihre Wirksamkeit überprüft.

Diese Tatsache ist umso erstaunlicher als inzwischen genügend Untersuchungen über die Bedeutung des „sozialen Faktors" vorliegen.

Phänomene und Definitionsversuche

Die Probleme einer wissenschaftlichen Auseinandersetzung mit Faktoren des sozialen Klimas beginnen bereits mit der Definition dieses diffusen Phänomens.

Frühe Versuche, eindeutige und objektivierbare äußere Faktoren wie Raumverhältnisse, Licht, Farbgestaltung usw. als ausschlaggebend für das soziale Klima verantwortlich zu machen, haben nicht zu den gewünschten Zusammenhängen geführt (vgl. Fend, 1977, S. 64). Fast resignierend wurde festgestellt, dass es fast so viele unterschiedliche Klimawahrnehmungen gibt wie Schüler/innen in einer Klasse vorhanden sind.

Die Diskussion um eine eindeutige Definition des Klassenklimas folgt inzwischen diesem Primat der Subjektivität, weil empirische Untersuchungen bei gleichen äußeren Bedingungen immer wieder eine breite Streuung der Klimawahrnehmung feststellten.

Die Mehrzahl der Autoren definiert Klassenklima deshalb als subjektives Phänomen, d. h. als subjektiv „ ...wahrgenommene spezifische Konfiguration wesentlicher Elemente des erzieherischen Verhältnisses zwischen Lehrern und Schülern, des Verhältnisses der Schüler untereinander sowie erzieherisch bedeutsamer kollektiver Einstellungen und Verhaltensbereitschaften von Lehrern und Schülern innerhalb der jeweiligen Lernumwelt." (Eder, 1996, S. 26)

Aktuelle Ergebnisse der Neurophysiologie bestätigen inzwischen die Bedeutung und zugleich die erfahrungsgestützte Grundlage dieses diffusen, subjektiv geprägten Eindrucks für die Situationswahrnehmung und Handlungsplanung. Bevor eine Situation im Detail kognitiv analysiert wird, entsteht auf der Basis früherer Erfahrungen im limbischen System in Bruchteilen von Sekunden eine emotionale Gesamtbewertung der Situation und legt die weitere Handlungsrichtung fest (vgl. Roth, 2003).

Für die Forschung und Lehre ist dieses Phänomen eine große Herausforderung, denn wenn es gelänge, Gesetzmäßigkeiten und Einflussmöglichkeiten herauszufinden, könnten schon in der Ausbildung allen, die später mit Gruppen arbeiten, wirksame Ursachentheorien und Handlungsmöglichkeiten zur aktiven Gestaltung des Schul- und Klassenklimas vermittelt werden.

Untersuchungen zur Bedeutung des Schul- und Klassenklimas

In den letzten zwei Jahrzehnten wurden zahlreiche Untersuchungen durchgeführt, die sich mit der Bedeutung des Klassenklimas, dem Entwicklungsverlauf und verschiedenen Einflussfaktoren auf das Klassenklima beschäftigen.

Übereinstimmend wird dabei die besondere Bedeutung des Klassenklimas herausgestellt. Nach Durchsicht einschlägiger Untersuchungen stellt Eder (1996) fest, dass Schüler/innen in einer Klasse mit positivem Klassenklima:

- bessere Leistungen zeigen,
- mehr Schulzufriedenheit äußern,
- weniger abweichendes Verhalten zeigen,
- ein positiveres Selbstkonzept ausbilden,
- weniger Belastungen und Schulangst entwickeln und
- eine höhere Leistungsbereitschaft zeigen.

(vgl. Eder, 1996, S. 67-77; Bessoth, 1989, S. 20 ff.)

Angesichts dieser festgestellten Bedeutung müssen die Ergebnisse von Langzeitstudien besonders nachdenklich stimmen, die eine kontinuierliche Verschlechterung des Klassenklimas im Laufe der Schulzeit feststellen. So zeigen die Ergebnisse, dass Schülerinnen und Schüler mit steigender Schulerfahrung im Durchschnitt:

- das Verhältnis zu ihren Lehrkräften zunehmend negativer beurteilen;
- das methodische Können und den Erziehungsstil der Lehrkräfte negativer beurteilen;
- mehr Konkurrenz in der Klasse wahrnehmen und
- weniger gern zur Schule gehen

(vgl. Eder, 1996, S. 155; Czerwenka, 1990, S. 127 ff).

Dass diese kontinuierliche Verschlechterung des Klassenklimas nicht ausschließlich entwicklungspsychologisch erklärbar ist, zeigen die großen Unterschiede in diesen Untersuchungen zwischen einzelnen Schulen und Klassen. Auch internationale Vergleiche u. a. mit Ländern wie Finnland, der Schweiz und den USA verweisen auf schulische Faktoren. In keinem anderen untersuchten Land sehen die Schülerinnen und Schüler das Klima in den Klassen so negativ wie in der Bundesrepublik Deutschland (Fend, 1997; Czerwenka et al., 1990).

Aber auch Untersuchungen aus der Lehrerperspektive kennzeichnen sowohl die Bedeutung als auch die defizitäre Situation.

Untersuchungen zur Berufszufriedenheit von Lehrkräften stellen übereinstimmend fest, dass das Verhältnis zu den Schülerinnen und Schülern von den meisten Befragten als einer der Hauptfaktoren für die Belastung und Entlastung im Schulalltag gesehen wird (z. B. Rangplatz 1 bei Terhart, 1993, S. 124; vgl. auch Ulich, 1996, S. 109).

Defizite bei den Lehrkräften bestehen vor allem in der korrekten Einschätzung des aktuellen Lehrer-Schüler- und Schüler-Schüler-Verhältnisses und der Kompetenz, die sozialen Prozesse aktiv zu beeinflussen.

Im direkten Vergleich zwischen Lehrer- und Schülereinschätzungen bewerten Lehrkräfte viele Aspekte des Klassenklimas, insbesondere das Lehrer-Schüler und das Schüler-Schüler-Verhältnis in ihrer Klasse deutlich positiver als die Schüler (v. Saldern, 1991, S. 129 f.)

Das Wissen der Lehrkräfte über das konkrete Sozialleben der Klasse ist dabei wenig differenziert. Petillon (1991, S. 196 f.) stellte in einer Grundschullängsschnittuntersuchung fest, dass die Lehrkräfte vorwiegend störendes oder besonders unterstützendes Unterrichtsverhalten wahrnehmen, aber wenig Aussagen über das Sozialleben innerhalb der Schülergruppe machen können.

Zudem wurde in dieser Untersuchung kein Wissenszuwachs über das Sozialverhalten der Schüler bei der zweiten Befragung nach einem Jahr festgestellt.

Insgesamt werden die sozialen Prozesse im Schulalltag nur selten reflektiert und bewusst gestaltet. So nimmt die Berücksichtigung und Umsetzung sozialer Lernziele bei der Unterrichtsplanung nach den ersten beiden Grundschuljahren kontinuierlich ab (Petillon, 1993, S. 183).

Viele Lehrkräfte sehen hier ein deutliches Defizit in der Lehreraus- und -fortbildung und wünschen sich gezielte Fortbildungsangebote in diesem Bereich (Fölling-Albers, 1992).

Wirkfaktoren und Schlussfolgerungen für Intervention und Prävention

Die oben dargestellte Auswahl von Ergebnissen zeigt, dass inzwischen zahlreiche Auswirkungen des Klassenklimas durch empirische Untersuchungen nachgewiesen werden konnten. Daneben gibt es auch eine Reihe von Untersuchungen, die versuchen, einzelne Wirkfaktoren und Zusammenhänge zu bestimmen.

Insbesondere für die Entwicklung von Interventionskonzepten zur Beeinflussung des Klassenklimas sind diese Untersuchungen von besonderer Bedeutung.

Danach wäre es sinnvoll in folgenden Bereichen anzusetzen:

a) Lehrer-Schüler-Interaktion

Die höchsten Zusammenhänge in Form von Korrelationen oder Varianzaufklärungen ergeben sich nach den bisherigen Ergebnissen bei einigen Faktoren des Lehrerverhaltens. Im Einzelnen handelt es sich dabei um folgende Zusammenhänge

- Akzeptanz und Wertschätzung (Zshg. mit Schülergewalt, vgl. Tillmann et al., 1999)
- Lehrerunterstützung und individuelle Zuwendung (Zshg. mit Alkoholkonsum, vgl. Jerusalem & Mittag, 1997; Schweer, 1997)
- Ansprechbarkeit bei Problemen (Zshg. mit Schülerbelastung, vgl. Fend & Schröer, 1989; Projektgruppe Belastung, 1998; Schweer, 1997)
- Vermeidung restriktiver Regelanwendung (Zshg. mit Schülergewalt, vgl. Tillmann et al., 1999)
- Vermeidung von Diskriminierung und ungerechter Behandlung (Zshg. mit Schülerbelastung, vgl. Freitag, 1998)

- Individuelle bzw. kriterienorientierte statt sozialer Bezugsnormorientierung und Leistungsdruck (Zshg. mit Konkurrenz und Aggression, vgl. Eder, 1996)

b) Schüler-Schüler-Beziehung
Auch das Schüler-Schüler-Verhältnis leistet einen wichtigen Beitrag für das Klassenklima und sollte deshalb bei Interventionsprogrammen berücksichtigt werden. Als Einzelaspekte haben sich bisher in Untersuchungen folgende Bereiche als besonders bedeutsam erwiesen:

- Integration in die Klasse (Zshg. mit Gesundheit und Belastung, vgl. Projektgruppe Belastung, 1998; Eder, 1990; mit Gewalt vgl. Fend, 1997; Czerwenka, 1990).
- Gegenseitige Hilfe und Unterstützung (Zshg. mit Belastung, vgl. Projektgruppe Belastung, 1998; Zshg. mit Alkoholkonsum vgl. Jerusalem & Mittag, 1997).

c) Gesundheits- und Motivationsförderung für Lehrkräfte
Da sich das Lehrerverhalten als eine Schlüsselvariable für das Klassenklima erwiesen hat, sollten Interventionsmaßnahmen so konzipiert sein, dass sie auch zur Gesundheitsförderung und Berufszufriedenheit der Lehrkräfte beitragen. Für die Aufrechterhaltung der Gesundheit und Motivation der Lehrkräfte haben sich in den empirischen Untersuchungen folgende Faktoren als bedeutsam erwiesen:

- Gute Klassengemeinschaft (Zshg. mit Lehrergesundheit, vgl. Gamsjäger & Sauer, 1996)
- Wenig Unterrichtsstörungen (Zshg. mit Lehrergesundheit, vgl. Projektgruppe Belastung, 1998)
- Anerkennung durch Schüler (Zshg. mit Lehrergesundheit, vgl. Ulich, 1996; Terhart et al., 1993; mit Selbstwirksamkeit, vgl. Freitag, 1998)
- Interessierte Eltern (Zshg. mit Lehrmotivation, vgl. Freitag, 1998)

d) Zusammenarbeit im Kollegium
Auch einzelne Aspekte der kollegialen Zusammenarbeit in der Schule wirken sich über die Lehrergesundheit und die Lehrmotivation auf das Klima in einzelnen Klassen aus. Als Einzelfaktoren wurden in Untersuchungen identifiziert:

- Bemühen der Schule um ein pädagogisches Profil (Zshg. mit Lehrmotivation, vgl. Freitag, 1998)
- Kooperation mit Kollegen/innen und Schulleitung (Zshg. mit Lehrergesundheit und Klassenklima, vgl. Knapp, 1985)

e) Erforderliche Zusatzkompetenzen der Lehrkräfte
Aus einigen Untersuchungen lässt sich ableiten, welche Kompetenzen zusätzlich vermittelt werden müssen, wenn Lehrkräfte spezielle Maßnahmen zur Verbesserung des Klassenklimas durchführen sollen:

- Kompetenzen zur Einschätzung des Sozialverhaltens ihrer Schüler und des Klimas aus Schülersicht (vgl. Petillon, 1991; v. Saldern, 1991)
- Kompetenzen zur Einschätzung der Wirkung des eigenen Verhaltens auf Schüler (vgl. Freitag, 1998; Lüttge, 1995)

- Kompetenzen zur Anwendung akkomodativer Bewältigungsstrategien in Problemsituationen (vgl. Jürgens, 1999)
- Kompetenzen zur Berücksichtigung sozialer Lernziele bei der Unterrichtsplanung (vgl. Petillon, 1993)
- Kompetenzen zur Durchführung eines sozialen Trainings mit Schüler/innen (vgl. Krause, 2000; Jürgens, 1998)

f) Zeitpunkt für Interventionsmaßnahmen
Einige Untersuchungen enthalten auch Hinweise, zu welchem Zeitpunkt Maßnahmen zur Verbesserung des Klassenklimas besonders erfolgversprechend sind (vgl. Lange, Kuffner & Schwarzer, 1983; Jerusalem, 1983).

- Beim Schuljahresbeginn mit der Zusammensetzung einer neuen Klasse besteht ein günstigeres Klima als zu späteren Zeitpunkten. Stabilisierende und präventive Maßnahmen sollten deshalb bereits zu diesem Zeitpunkt eingeführt werden.
- Insbesondere vor und nach Zeugnisterminen entstehen Krisen im Verlauf des sozialen Klimas. Speziell abgestimmte Folgeprojekte sollten deshalb in diesen Phasen eingesetzt werden.

Diese Ergebnisse kennzeichnen die wesentlichen Ansatzpunkte, die nach dem aktuellen Stand der Forschung in die Planung von Interventionsmaßnahmen zur Verbesserung des Klassenklimas einbezogen werden sollten. Allerdings geht aus den Untersuchungen nicht hervor, ob es bei den zahlreichen festgestellten Wechselwirkungen eventuelle Schlüsselfaktoren gibt, die bei einer Intervention erfolgversprechender sind als andere.

Empirisch belegte Maßnahmen zur Verbesserung des Klassenklimas

Neben den o. g. Untersuchungen, die vor allem über Vergleiche zwischen klimapositiven und klimanegativen Klassen Ansatzpunkte für Interventionsmaßnahmen herausgearbeitet haben, gibt es aber auch einige Studien, die noch einen Schritt weitergehen und bereits konkrete Interventionen in Schulklassen erprobt und empirisch überprüft haben.

Bisher konnten dabei in folgenden Bereichen positive Einwirkungsmöglichkeiten nachgewiesen werden.

a) Sorgfältige Gestaltung der Anfangsphase einer neuen Klasse
Als besonders bedeutsames Zeitfenster für die Entstehung und Festschreibung der sozialen Beziehungen sowohl zwischen Lehrern und Schülern als auch zwischen den Schülerinnen und Schülern, hat sich die Eingangsphase in einer neuen Klasse erwiesen. Bereits nach wenigen Tagen stehen Vorlieben und Abneigungen fest und werden nur noch selten korrigiert. Eine mehrtägige Orientierungsphase des gemeinsamen Kennenlernens der Gruppe, der Lehrkräfte und der neuen Umgebung führt laut der Untersuchung von Grewe (2003) zu einem besseren Klassenklima. Verglichen wurden in dieser Untersuchung 5. Klassen verschiedener Schulformen mit und ohne eine mehrtägige Orientierungsphase.

b) Systematische Begleitung der Phasen der Gruppenentwicklung

Der Anfang oder besser die Orientierungsphase bildet nur die erste Phase der Gruppenentwicklung in einer neuen Klasse. Wie z. B. Stanford (2002) beschreibt, folgen darauf aufbauend die Phase der Normbildung und die Phase der Austragung von Konflikten, bevor die Gruppe (bei günstigem Verlauf) in der Phase der Produktivität ihr Leistungsmaximum erreicht. Auch wenn die Lehrkraft keinen Einfluss auf diese sozialen Prozesse nehmen will, ist sie Teil dieser Entwicklung und trägt zu ihren Ergebnissen bei, die sich dann in verdeckten Gruppenprozessen einstellen.

Die aktive Begleitung dieses Prozesses mit fördernden Maßnahmen war eines der Ziele einer Langzeitfortbildung, die die Universität Hildesheim gemeinsam mit Nds. Schulpsychologen durchführte und evaluierte. 200 Lehrkräfte der Sekundarstufe I nahmen an der 1 ½-jährigen Fortbildung teil und führten in ihren Schulklassen Projekte durch, um den Gruppenentwicklungsprozess positiv zu beeinflussen. Die Intervention bestand aus einer mehrtägigen Eingangsphase, einer Unterstützung und Bewusstmachung der Normbildung durch die gemeinsame Erarbeitung sozialer Regeln und der Durchführung eines sozialen Trainings zum Umgang mit Konflikten. Die Einführung eines Klassenrats als ständigem Gremium zur Bearbeitung und Thematisierung von aktuellen Problemen rundete die Intervention ab.

Die Effekte auf die sozialen Beziehungen und das Klassenklima wurden in einer Vorher-Nachher-Untersuchung erhoben und mit einer gleichgroßen Kontrollgruppe verglichen.

Im Ergebnis zeigte sich, dass die Teilnehmerklassen gegenüber den Vergleichsklassen ein deutlich besseres Lehrer-Schüler-Verhältnis, weniger Konkurrenz unter den Schülerinnen und Schülern und eine höhere Schulfreude aufwiesen (vgl. Grewe, 2003).

c) Feedback und Schülerbeteiligung

Mehrere Untersuchungen zeigen, dass die Beteiligung von Schülerinnen und Schülern an der Bestandsaufnahme und der Planung von Veränderungen sehr schnell das Klassenklima verbessern können.

In der Untersuchung von Dutka und Markgraf (1987) wurde den Lehrkräften eine eng umgrenzte Interventionsmaßnahme in einer Fortbildung vermittelt und die Durchführung in ihren Auswirkungen überprüft (vgl. auch die ähnliche Arbeit von Mayr, Eder & Fartacek, 1991).

Die beteiligten Lehrkräfte wurden in die Durchführung eines anonymen Verfahrens zur Erhebung von Schülersichtweisen und die anschließende Moderation der gemeinsamen Auswertung eingeführt.

Das Ziel dieser Vorgehensweise war, über den so induzierten Rückkopplungsprozess eine Diskussion über die unterschiedlichen Sichtweisen zu erreichen und konkrete Vereinbarungen über selbstgewählte Problembereiche zu treffen (Dutka & Markgraf, 1987, S. 299).

Im Vergleich mit einer Anzahl von Vergleichsklassen ergaben sich folgende Ergebnisse (ebenda, S. 301 f.):

- Es gab keine Unterschiede zwischen der Vor- und Nachmessung in der Vergleichsgruppe;
- in der Versuchsgruppe zeigten sich dagegen positive Veränderungen auf Schülerebene bei der Schülerskala SE (Subjektive Einschätzung des Klimas in den vergangenen Wochen);
- auch Schüler, die sich in der Voruntersuchung besonders kritisch über das Lehrerverhalten geäußert hatten, beurteilten ihren Lehrer nach der Intervention deutlich positiver;
- Lehrerselbst- und -fremdbild näherten sich in der Versuchsgruppe an, d. h. die Lehrer sahen sich realistischer und kritischer.

Müller (1997) übertrug Dutkas Feedbackmethode auf Berufsschulklassen. Mit einer veränderten Form des LASSO -Fragebogens führte er insgesamt drei Messungen in dreimonatigem Abstand in 35 Berufsschulklassen in Mittelfranken durch.

Die Lehrkräfte der Testgruppe erhielten nach jeder Messung die Ergebnisse ihrer Klasse, besprachen sie mit den Schülern und trafen Vereinbarungen über gewünschte Veränderungen. Die Vergleichsgruppe nahm ebenfalls an allen drei Messungen teil, erhielt die Ergebnisse aber erst nach der dritten Messung.

Insbesondere im ersten Klimabereich des LASSO (Lehrer-Schüler-Verhältnis) konnte Müller eine ähnliche Verbesserung feststellen wie Dutka und Markgraf.

d) Kooperatives Lernen und andere soziale Lernformen

Während die o. g. Interventionsstudien direkt beim Sozialverhalten ansetzen, schlagen andere Autoren vor, auch den Fachunterricht selbst so zu organisieren, dass prosoziales Verhalten gelernt und praktisch angewendet werden kann. Sie gehen davon aus, dass sich die Förderung der Zusammenarbeit und gegenseitiger Unterstützung nur dauerhaft durchsetzen kann, wenn nicht gleichzeitig im Fachunterricht durch die Wahl der Lernmethode weiterhin Konkurrenz und Fremdbewertung im Vordergrund stehen.

Stevens und Slavin (1995) schlagen deshalb kooperative Lernformen vor, die bestimmte Arten von Gruppenarbeit mit Reflexionen über Möglichkeiten der Verbesserung der Teamarbeit miteinander verbinden. Die von ihnen entwickelten Lernprogramme geben durch ihre Rahmenbedingungen vor, dass die Schülerinnen und Schüler ein besonderes Interesse am Lernfortschritt aller Gruppenmitglieder entwickeln. Die bekannteste Form dieser Art der Zusammenarbeit ist wahrscheinlich das Gruppenpuzzle, in dem sich einzelne Gruppenmitglieder ein Expertenwissen aneignen, das die Gruppe dann zu einem Gesamtergebnis verbinden muss.

Aber auch spezielle Lese- , Schreib- und Rechenlehrgänge wurden von den Autoren im Detail didaktisch-methodisch ausgearbeitet, um die Zusammenarbeit in Gruppen systematisch zu fördern.

In 3. und 4. Grundschulklassen des Maryland school districts führten sie an 1 012 Schüler/innen ihr Lernprogramm durch und erhoben vorher und nachher Daten zur Leistung und zum Klassenklima. Eine vergleichbare Schülerzahl aus anderen Grundschulen diente als Kontrollgruppe (Stevens & Slavin, 1995).

Im Einzelnen wurden folgende Interventionsformen umgesetzt:

- Fächerübergreifendes kooperatives Lernen mit den Programmen: CIRC: Cooperative Integrated Reading and Composition und TAI: Team Assisted Individualization-Mathematics (beide Programme nach Slavin et al);
- Integration von Lernbehinderten in heterogene Lerngruppen, die mit den o. g. Programmen arbeiten;
- Wechselnde Differenzierung der Gruppen nach Lernleistungen. Die Schüler erhielten Instruktionen in homogenen Gruppen und unterrichteten sich dann gegenseitig in heterogenen Gruppen. Die Lehrer gaben weitere Hilfen besonders für die Lernbehinderten;
- Hilfestellung beim Lernen durch Gleichaltrige und beratende Lehrer;
- Gegenseitige Hospitationen (peer coaching) der Lehrer. Lehrer, die das Training der neuen Lernmethode schon absolviert hatten, berieten die, die das Training später durchführten;
- Lehrer einer Klassenstufe planten gemeinsam und tauschten Unterrichtsmaterial aus;
- Building steering committees aus Vertretern der Klassenstufen, Schulbehörde und externen Mitgliedern und Services planten die Rahmenbedingungen;
- Beteiligung der Eltern und der Gemeinde an Entscheidungen. Die Eltern erhielten einen Einblick in das Programm, um die Schüler zu Hause zu unterstützen; außerdem wurden regelmäßige Lehrer-Eltern Konferenzen durchgeführt.

Ergebnisse in den Experimentalklassen:
Leistung

- Nach einem Jahr signifikant bessere Leseleistungen (reading vocabulary) als in der Kontrollgruppe;
- nach zwei Jahren signifikant bessere Leistungen bei verschiedenen kognitiven Fertigkeiten (sinnerschließendes Lesen, sprachliches Ausdrucksvermögen und Rechenleistungen: math computation and math application);
- Lernbehinderte zeigten in der Experimentalgruppe bessere Leistungen als in der Kontrollgruppe;
- Hochbegabte im Fach Mathematik (besten 10 % im Vortest) zeigten bessere Leistungen als in separat geförderten Klassen mit besonderen Förderprogrammen.

Soziale Beziehungen

- keine Vorher-Unterschiede zwischen den Experimental- und Kontrollklassen;
- in den Experimentalklassen werden bei der Nachhermessung mehr Freunde angegeben;
- Lernbehinderte haben beim Nachtest mehr Freunde in der Klasse als in traditionellen Schulen mit Förderprogrammen.
- Hochbegabte haben beim Nachtest mehr Freunde in der Klasse als vorher.

e) Einrichtung eines innerschulischen Unterstützungssystems

Neben den Wirkfaktoren, die die Lehrkraft oder die gesamte Klasse betreffen, gibt es auch Einflussfaktoren, die eher auf aktuelle individuelle Probleme einzelner Schülerinnen und Schüler zurückzuführen sind. Ein Abfall der Leistungen in einzelnen Fächern, der Eindruck momentan unbeliebt bei Mitschülern oder Lehrkräften zu sein, aber auch außerschulische Belastungen können dazu führen, dass einzelne Schüler das Klassenklima zeitweise negativer wahrnehmen als ihre Mitschüler/innen. Als Interventionsmöglichkeit wäre in diesen Fällen zu untersuchen, ob die Einrichtung sozialer Netzwerke, wie z. B. über Lernpartnerschaften oder Buddy-Gruppen dieser Schülergruppe bei der Problemlösung helfen kann und gleichzeitig die Unterstützungspotentiale einer Klasse ausgebaut werden können. Obwohl hierzu bisher keine empirischen Untersuchungen vorliegen, ist zu vermuten, dass ein funktionierendes Unterstützungssystem einen wichtigen Beitrag für ein positives Schul- und Klassenklima leisten kann.

Eine zentrale Voraussetzung dafür ist allerdings, dass eine Schule über professionelle Ressourcen, wie z. B. Beratungslehrkräfte, Sozialpädagogen und Schulpsychologen verfügt, um mit den aktuellen Problemen einzelner Schüler/innen professionell umzugehen.

7.5 Klassenführung – Unterrichtsstörungen, Regeln, Verantwortung und Disziplin

Heidrun Bründel

Die Klassenführung, auch „classroom-management“ genannt (Jones & Jones, 2004), ist Teil der verantwortungsvollen pädagogischen Aufgabe eines Lehrers und zählt neben der Unterrichtsgestaltung und der Vermittlung von Wissensinhalten mit zu seinen Hauptaufgaben. Eine Klasse gut zu führen, erfordert einerseits organisatorische, methodische und didaktische Fähigkeiten, den Unterricht zu gestalten, die Unterrichtsinhalte zu vermitteln und den Unterrichtserfolg zu sichern. Andererseits benötigt der Lehrer Kenntnisse über gruppendynamische Vorgänge in der Klasse, Einfühlungsvermögen in die Psyche seiner Schüler sowie Verständnis für ihre altersspezifischen Bedürfnisse und Einblick in ihren jeweiligen familiären Hintergrund. Dies setzt pädagogische und psychologische Fähigkeiten und im höchsten Maße Beziehungs- und Kommunikationsfähigkeit des Lehrers voraus – sowie ein wirkliches Interesse am Schüler und seiner individuellen Person.

Eine gute Klassenführung basiert auf dem respektvollen Umgang des Lehrers mit seinen Schülern, auf seiner wohlwollenden Haltung ihnen gegenüber und seinem steten Bemühen, eine gute Beziehung zu ihnen herzustellen. Dies ist nicht immer einfach, bedenkt man, dass ein Lehrer in seinem Berufsleben weit über Tausend Schüler unterrichtet, betreut und in ihrem Lern- und Sozialverhalten begleitet. Es besteht die Gefahr, dass die individuelle Zuwendung gegenüber Schülern leidet und die Klassenführung im Laufe der Jahre zur Routine wird. Nach

Ford (1997) entgeht ein Lehrer der Eintönigkeit, der psychischen Ermüdung und dem Burnout-Syndrom am ehesten durch „quality time", durch stetige, immer wieder bewusst eingesetzte aktive Zuwendung zu seinen Schülern sowie durch „classroom discussions", in denen er in wechselvollem Austausch mit ihnen steht. Singer (2002) berichtet von negativen Einzelfällen im Schulalltag, die sich allerdings zu einem Gesamtbild unpädagogischen und lustlosen Handelns verdichten, in denen die „Würde des Schülers" angetastet und dessen Individualität missachtet wird. Er regt zur Zusammenarbeit aller an Schule Beteiligten an und gibt Hinweise, wie der Schulalltag verändert werden könnte: „Sich Zeit nehmen, sich zusammensetzen und gemeinsam überlegen, was anders werden soll." Ob die Schüler einer Klasse in einer angenehmen Arbeitsatmosphäre lernen können, zu einer Gemeinschaft zusammenwachsen und sich in der Klasse wohl fühlen, ist immer zugleich auch von der Persönlichkeit eines Lehrers, von seinem pädagogischen Geschick und seinem persönlichen Engagement abhängig. Wenn Lehrer sich als Personen einbringen und nicht eine bloße (Lehrer-)Rolle spielen, wenn sie sich ihren Schülern gegenüber nicht nur als Wissensvermittler, Didaktiker und Methodiker präsentieren, sondern als Menschen, die Begeisterung für ihr Unterrichtsfach und ihre Unterrichtstätigkeit ausstrahlen, dann tragen sie zu einer Lernatmosphäre bei, die Schüler im hohen Maße motiviert und die Wahrscheinlichkeit erhöhen, dass Schüler selbstständig lernen und sich den Unterrichtsstoff aktiv handelnd erarbeiten.

Lernen ist Selbstorganisation und ist damit einzig und allein Aufgabe der Schüler selbst. Weder Eltern noch Lehrer können ihnen das Erarbeiten, Üben oder die Wiederholung des Lernstoffs abnehmen. Der Lehrer ist nicht für das Lernen seiner Schüler verantwortlich, einzig und allein für das Lehren. Lehren erfordert sichere Beherrschung des Unterrichtsstoffes, Sicherheit im Umgang mit den Unterrichtsinhalten und der Unterrichtszeit, Klarheit der Darbietung, Struktur in der Unterrichtsgestaltung und Wechsel der Methoden. Lehren umfasst jedoch weit mehr, nämlich die Fürsorge um ein gutes Klassenklima, eine gute Klassenatmosphäre und Klassengemeinschaft. Ob sich all dies ergibt, lässt sich nicht erzwingen, weil es selbstverständlich auch von den einzelnen Schülern abhängt, aber der Lehrer kann und muss die Rahmenbedingungen setzen, damit dies möglich ist.

Zum Bildungsauftrag der Schule gehört auch der Erziehungsauftrag. Unterrichtstätigkeit ist immer zugleich auch Erziehungstätigkeit. Zentraler Bestandteil des schulischen Erziehungsauftrages ist die Vermittlung von Werten, zu denen Rücksichtnahme, Höflichkeit und Respekt im Umgang mit anderen gehören. Werte können nicht gelehrt, sondern müssen gelebt werden. Daher ist die Vorbildwirkung des Lehrers von so großer Bedeutung. Ähnlich wie der Schüler selbst für sein Lernen verantwortlich ist, ist er auch für sein Verhalten im Unterricht verantwortlich. Die Stärkung der Eigenverantwortung von Schülern ist ein Hauptanliegen der Erziehung. Jeder Schüler ist für sein – und nur für sein – Tun und Handeln verantwortlich und nicht für das (Fehl-)Verhalten eines anderen. Es kommt darauf an, das zu tun, was ihm selbst möglich ist. Die Frage, die sich jeder stellen sollte, heißt also nicht, was kann der *andere* tun, sondern was kann *ich* tun, damit die Dinge so sind, wie ich sie haben möchte. Schüler führen gerne die Verantwortung für fehlerhaftes Verhalten auf andere zurück. Sie entwickeln unendlich viele Strategien zur Vermeidung von Verantwortung. Lehrer dagegen übernehmen häufig zu Unrecht die Verantwortung für fehlerhaftes Verhalten ihrer Schüler, fühlen sich überfordert, hilflos und quälen sich mit dem Gedanken, pädagogisch versagt zu haben. Entlastend für Lehrer sollte der Gedanke sein, dass nicht sie für das Verhalten ihrer Schüler verantwortlich sind, sondern die Schüler selbst.

Die Anforderungen an einen Lehrer sind hoch:

- Er soll über ein großes Methodenrepertoire in der Wissensvermittlung verfügen, über kreative Wege und Ideen, seine Schüler zum Lernen, zu Eigeninitiative und Engagement zu motivieren.
- Er soll Schülern helfen, ihr Verhalten zu ändern, wenn es nicht angemessen ist und gegen bestehende Regeln verstößt.
- Er soll bei wiederholten Regelüberschreitungen konsequent und professionell handeln (Jones & Jones, 2004).

Gerade auf den letzten Punkt kommt es im Wesentlichen bei der Kompetenzbeurteilung eines Lehrers durch Schüler und Eltern an. Schüler beobachten sehr sensibel, wie sich Lehrer in schwierigen Situationen verhalten, ob sie sich ihnen gegenüber durchsetzen können, welche Maßnahmen sie bei Unterrichtsstörungen, bei nicht gemachten Hausaufgaben oder bei Schulverweigerung ergreifen. Die Lehrerreaktion auf ungebührliches Schülerverhalten, ob souverän oder hilflos, wird von Schülern häufig zum Gradmesser für ihre Wertschätzung der Lehrer genommen. Schüler mögen und akzeptieren diejenigen Lehrer, die gerecht und fair sind, die sich durchsetzen können, die Verhaltensregeln formulieren und für deren Einhaltung sorgen, ohne dabei hilflos zu wirken und sich in emotionalen Ausbrüchen zu verlieren. Entscheidend für erfolgreiches Lehrerverhalten in Konflikten ist die verbale und nonverbale Kommunikation des Lehrers. Beides trägt entweder zur Deeskalation oder aber auch zur Eskalation bei.

Lohmann (2003, S. 22 ff) gibt folgende Antworten auf die Fragen, was Lehrer falsch machen und welches die Merkmale einer ineffektiver Klassenführung sind:

- Häufiges wirkungsloses Ermahnen und Androhen von Bestrafung (z. T. folgenlose „Endlosschleifen"),
- hoher Zeitbedarf für disziplinarische Handlungen,
- mehr strafende Maßnahmen als integrative (wie über Konflikte reden, Kompromiss vorschlagen, ermutigen, einfühlen),
- mehrere Maßnahmen pro „Fall" (nachfassen),
- sprunghaftes Ausprobieren verschiedener Maßnahmen (Inkonsistenz),
- in der Folge weniger strafende Maßnahmen (zurückstecken) und
- häufiges neutrales Abbrechen von Konflikten.

Ein wichtiger Bestandteil einer effektiven Klassenführung ist die Konsistenz des Lehrerverhaltens und dessen Berechenbarkeit. Schüler müssen wissen, was sie erwartet. Sie möchten sich auf den Lehrer einstellen können und sind willens, „Spielregeln im Klassenzimmer" einzuhalten (Balke, 2003). Dafür ist es jedoch nötig, Regeln des Zusammenlebens aufzustellen und bei Nichtbefolgung Konsequenzen zu ziehen (Grüner & Hilt, 2004). Jeder, Lehrer und Schüler, hat ein Recht auf störungsfreien Unterricht. Dies sollte in der Präambel einer jeden Schul- bzw. Klassenordung stehen (Ford, 1997). Regeln sind dazu da, die eigenen Rechte durchzusetzen und die Rechte anderer zu wahren. Regeln sind unumgänglich und unverzichtbar und bilden die Basis jeder Gemeinschaft. Dies trifft erst recht auf die „Zwangsgemeinschaft" Schule zu. Soziale Kompetenz lässt sich nur erlernen, wenn Schüler Schritte der Streitschlichtung, des Täter-Opfer-Ausgleichs und Möglichkeiten der Wiedergutmachung kennen und auch anwenden (Durach, Grüner & Napast, 2002). Die meisten Schüler halten Regeln ein, wenn sie spüren, dass sie nicht nur ihr Verhalten begrenzen, sondern ihnen auch Sicherheit und Orientierung vermitteln, den Rahmen für wünschenswertes Verhalten abstecken und vor allem für alle Schüler gleichermaßen gelten. Regeln entsprechen dem Gerechtigkeitsbedürfnis von Schülern. Für die Formulierung von Regeln gibt es erfolgsversprechende Empfehlungen (Grüner & Hilt, 2004, S. 20).

Regeln sollten stets

- positiv
- in der Ich-Form
- möglichst konkret
- eindeutig
- und überprüfbar formuliert sein.

Zwischen der Person des Schülers und seinem Verhalten sollte getrennt und auf das Wort „Strafe" verzichtet werden. Letzteres ist von großer Bedeutung, denn Strafe trifft die Person des Schülers. Die Konsequenz des Lehrers hingegen gehört zur Regel, folgt auf die Regelverletzung und das Verhalten des Schülers. Auf diese Weise können persönliche Kränkungen und Verletzungen, ironische, sarkastische und zynische Bemerkungen von Lehrerinnen und Lehrern vermieden werden.

Regeln haben nur dann einen Sinn, wenn ihnen bei Überschreitungen Konsequenzen folgen. Konsequenzen dürfen nicht herabwürdigend, sondern müssen maßvoll sein und Möglichkeiten bieten, darüber nachzudenken, was man anders machen könnte. Sie sollen Schüler nicht beschämen, sondern müssen zu reflexiven Handlungen führen. Sie sollen Schülern die Änderung des unerwünschten Verhaltens ermöglichen. Konsequenzen müssen jedoch auch mit „Kosten" verbunden sein, d. h. in irgendeiner Art von den Schülern als negativ empfunden werden (Grüner & Hilt, 2004). Sie müssen den Schülern bekannt sein, über sie wird bei Regelüberschreitung nicht mehr verhandelt bzw. diskutiert. Ein Lehrer wird unglaubwürdig, wenn er von vorher angekündigten Konsequenzen wieder abrückt. Daher sollte er sich vorher gut überlegen, ob sie auch maßvoll und in Zusammenhang mit der Regelüberschreitung stehen.

Der Umgang mit „schwierigen Schülern" stellt für Lehrer eine nicht leichte Aufgabe dar, auf die sie meistens nur unzureichend vorbereitet sind (Jürgens, 2000). Viele junge Lehramtsanwärter haben bei ihrem Berufseinstieg immer noch die Vision, „der beste Freund" ihrer Schüler sein zu können und erleben herbe Enttäuschungen, wenn sie merken, dass sie ihrer Idealvorstellung nicht nahe kommen und Schüler dies auch nicht wollen. Lehrer müssen die Generationengrenzen respektieren. Schüler wünschen sich Lehrer, die sich altersentsprechend verhalten, guten Unterricht machen, gerecht und fair sind und ihnen in ihrem sicheren und professionellen Auftreten ein Vorbild sind. Sie mögen in der Mehrzahl keine „Kumpeltypen“, die sich anbiedern und sich mit ihnen auf eine Stufe stellen. „Mit Schülern klarkommen“ ist die Forderung und Wunschvorstellung vieler Lehrer. Dazu bedarf es jedoch einer realistischen Einschätzung von dem, was Schüler erwarten und dem, was Lehrer leisten können (Lohmann, 2003).

Die Frage „Wohin mit den Störern?“ (Gerspach, 1998) und was mit ihnen zu tun sei, bewegt jede Lehrergeneration aufs Neue. In den letzten Jahren wird eine Tendenz in der Pädagogik deutlich, eine klare innere Haltung zu Disziplinproblemen zu gewinnen, Illusionen aufzugeben, die Führung in der Klasse zu übernehmen und unter Wahrung von Respekt und Wertschätzung Verhaltensregeln zu formulieren und diese auch durchzusetzen.

Bründel und Simon (2003) haben auf der Grundlage eines amerikanischen Modells (Ford, 1997, 1999) ein Programm ausgearbeitet und beschrieben, das die Begriffe Unterrichtsstörungen, Regeln, Verantwortung und Disziplin miteinander verbindet und Lehrern aller Schulformen die Möglichkeit bietet, mit klaren Regeln und klaren Konsequenzen respektvoll auf Unterrichtsstörungen zu reagieren. Es ist unter dem Namen „Trainingsraum-Methode“ bekannt und wird seit nunmehr fünf Jahren mit großem Erfolg von vielen Schulen Deutschlands eingesetzt (Bründel, 2004; Bründel & Simon, 2004a, b, c, 2005a, b; Meidinger & Riedesser, 2003).

Zunächst wurde das Programm in Hauptschulen mit großem Erfolg eingesetzt, dann von Realschulen, Gesamtschulen, Sonderschulen, Gymnasien und Berufsschulen übernommen, zuletzt hat es Eingang in Grundschulen gefunden. Mehrere Evaluationen an ca. 100 Schulen in NRW, die sich in Fragebogenform nicht nur an Lehrer (Balz, 2004), sondern an Lehrer und Schüler wandten (Bründel & Simon, 2003), ergaben wertvolle Einsichten, die sich auf eine hohe subjektive Zufriedenheit mit dem Programm einerseits und andererseits auf die Notwendigkeit einer besseren finanziellen Absicherung (Bereitstellung von Lehrerstunden) und damit auf die Sicherstellung der Durchführbarkeit auf längere Zeit erstreckten.

Was macht den Reiz und die Attraktivität des Programms aus? Mit der „Trainingsraum-Methode“ haben Lehrer eine effektive Möglichkeit gefunden, mehrere Ziele gleichzeitig zu erreichen:

- Es erfolgt eine Rückbesinnung auf den Erziehungsauftrag der Schule.
- Eltern werden wieder in die Erziehungsarbeit der Schule eingebunden.
- Das Verantwortungsbewusstsein von Schülern für das eigene Handeln wird gestärkt.
- Schüler erhalten Unterstützung bei der Reflexion ihres Tuns.
- Lehrer lernen einen anderen Umgang mit Unterrichtsstörungen.
- Unterrichtsstörungen werden reduziert.

Lehrer aller Schulformen klagen über mangelnde Erziehungsverantwortung von Eltern, über Disziplin- und Orientierungslosigkeit von Schülern aller Altersstufen und über die Zunahme von Unterrichtsstörungen. Disziplinschwierigkeiten erschweren in erheblichem Maße die Unterrichtsgestaltung und auch die Klassenführung. „Wenn Appelle nicht mehr helfen“ (Kliebisch, 1998), muss es im Schulalltag Maßnahmen geben, die von allen Lehrern einer Schule einheitlich angewandt werden, um Disziplinschwierigkeiten angemessen zu begegnen. Daher ist es für Lehrer eine große Erleichterung, dass ihnen eine Methode an die Hand gegeben wird, die es ihnen gestattet, klar und konsistent auf Unterrichtsstörungen zu reagieren und dennoch respektvoll mit störenden Schülern umzugehen.

Der Begriff der Disziplin war lange Zeit verpönt, wurde ideologisch gedeutet und mit blindem Gehorsam und kritikloser Unterordnung gleichgesetzt. Das ideologiefreie Verständnis von Disziplin im Unterricht betont dagegen die Herstellung einer guten Arbeitsatmosphäre, die Eigenverantwortung des einzelnen Schülers für sein Verhalten und stellt die Reflexions- und Handlungshilfen des Lehrers im Umgang mit dem störenden Schüler in den Vordergrund. Disziplin, Lenkung und Führung sind in der Schule unerlässlich, wobei situations- und fächerspezifische oder auch personenbezogene Gegebenheiten ein Mehr oder Weniger an Lenkung und Führung ermöglichen. Indem der Lehrer lenkt, klare Regeln aufstellt und gleichzeitig seine Schüler wertschätzt und respektvoll behandelt, indem er fordert und fördert, verwirklicht er ein „antinomisches Verständnis von Disziplin und Klassenführung“ (Rüedi, 2002). Ein solches Verständnis ist komplex und birgt scheinbar Unvereinbarkeiten in sich, die manchem Lehrer Kopfzerbrechen machen. Er möchte Freiheit lassen und muss doch Grenzen setzen, er möchte ohne Konsequenzen auskommen und muss diese doch anwenden. Lehrer, die Regeln aufstellen und Konsequenzen ziehen, machen die Erfahrung, dass disziplinarische Rahmenbedingungen es ihren Schülern ermöglichen, gemeinsam zu lernen und einander zuzuhören. Sie werden ihren Schülern dadurch gerecht, dass sie ihre Entscheidungsfreiheit stärken und ihnen Hilfen zur Veränderung ihres (Stör-)Verhaltens anbieten. Die disziplinarischen Rahmenbedingungen dienen letzten Endes auch ihnen selbst und ermöglichen überhaupt erst die reibungslose Durchführung ihres Unterrichts. Das ist auch für ihren Selbstschutz und auch für ihre psychische Gesundheit von großer Bedeutung, denn so mancher Lehrer verzweifelt am täglichen Kampf gegen Unterrichtsstörungen und flüchtet in die frühzeitige Pensionierung.

Überall dort, wo mehrere Schüler gemeinsam lernen, kann es keine absolute Disziplin geben, aber wenigstens ein Mindestmaß. Lehrer sollten nicht abwarten, sondern schon bei kleineren Unterrichtsstörungen eingreifen, d. h. handeln. Sie sollten Disziplinprobleme nicht übergehen bzw. negieren. Selbstverständlich entscheidet der einzelne Lehrer, wann er glaubt, reagieren zu müssen, aber dies sollte nicht willkürlich und nach seinem Gutdünken erfolgen, sondern schon in vorhersehbarer und berechenbarer Weise. Disziplin ist nicht Selbstzweck, sondern dem Ziel untergeordnet, einen störungsfreien Unterricht zu gewährleisten, der dem Wohlgefühl aller Schüler und auch der psychischen Gesundheit der Lehrer dient (Rüedi, 2002).

In der Trainingsraum-Methode wird der Begriff Disziplin nicht negativ, sondern als notwendige Voraussetzung für einen reibungslosen und möglichst störungsfreien Unterricht angesehen. In der Schule gibt es für Lehrer und Schüler bestimmte Rechte und bestimmte Pflichten. Jeder Lehrer und jeder Schüler hat ein Recht auf ungestörten Unterricht, aber auch die Pflicht dafür zu sorgen, dass ein solcher möglich ist. Für den Lehrer heißt das, Rahmenbedingungen zu setzen, z. B. Regeln aufzustellen und Konsequenzen bei Regelübertretung folgen zu lassen. Für den Schüler bedeutet das, für sein eigenes Verhalten einzutreten und die Verantwortung dafür zu übernehmen.

Das Prinzip des Trainingsraumprogramms besteht darin, dass Schülern, die sich nicht an Regeln halten können bzw. wollen, Gelegenheit gegeben wird, in einem anderen Raum unter Hilfestellung eines Lehrers, über ihr Störverhalten nachzudenken und zu anderen Einsichten zu kommen. Dies stellt keine Garantie dar, jedoch erhöhen Einzelgespräche mit einem Schüler die Wahrscheinlichkeit einer Verhaltensänderung. Von großer Bedeutung in diesem Programm ist, dass Schüler erst nach der zweiten Störung und erst, nachdem sie einmal ermahnt und auf die Regeln hingewiesen worden sind, den Klassenraum verlassen und sich in den Trainingsraum begeben müssen. Nach der ersten Ermahnung können sie sich entscheiden. Sie haben die Wahl, im Klassenzimmer zu verbleiben und sich an die Regeln zu halten oder aber schon zu diesem Zeitpunkt in den Trainingsraum zu gehen. Sie wissen, dass sie nach der zweiten Störung diese Wahl nicht mehr haben. Wenn sie dann dennoch stören, kann man davon ausgehen, dass sie die Konsequenz akzeptieren. Das Trainingsraumprogramm ist ein abgestuftes Entscheidungs- und Konsequenzprogramm. Die Schüler wissen genau, was auf sie zukommt und die Lehrer haben die Möglichkeit, einen Frageprozess in Gang zu setzen, dem Schüler die Entscheidung zu überlassen, damit auch seine Entscheidungsfähigkeit zu stärken und, letztlich, weitgehend störungsfrei zu unterrichten. Für Lehrer ist es eine große Erleichterung, über ein Prozedere zu verfügen, mit dem sie auf Störungen reagieren, ohne sich zu emotionalisieren. Sie stellen maximal fünf Fragen und überlassen dem Schüler die Entscheidung.

Die Fragen lauten:

1. Was machst du?
2. Wie lautet die Regel, gegen die du verstoßen hast?
3. Was passiert, wenn du gegen eine Regel verstößt?
4. Wie entscheidest du dich?
5. Was passiert, wenn du wieder störst?

Es kommt darauf an, das Fehlverhalten eines Schülers rechtzeitig zu bemerken und frühzeitig zu reagieren, aber auch den „richtigen" Schüler zu ermahnen, also denjenigen, der auch wirklich gestört hat. Untersuchungen haben gezeigt, dass Lehrern hier häufig Fehler und Nachlässigkeiten unterlaufen: Sie ermahnen entweder gar nicht oder zu spät oder den „falschen" Schüler. Oft rügen sie ein nur geringes Fehlverhalten und übersehen dabei ein gröberes. Es kommt darauf an, dass durch die Ermahnung das Unterrichtsgeschehen so wenig wie möglich unterbrochen wird. Schüler sind sehr geschickt darin, den Lehrer bei Unterrichtsstörungen und darauf folgenden Ermahnungen in langwierige Diskussionen darüber zu verstricken, wer genau was, wieso und warum getan hat, um damit möglichst viel Unterrichtszeit verstreichen zu lassen. Der im Trainingsraumprogamm angewandte Frageprozess bei Störungen scheint auf den ersten Blick viel Zeit zu benötigen, aber die Erfahrung zeigt, dass er sich schon bald auf die erste und letzte Frage reduzieren lässt. Die erste Frage ist deshalb wichtig, weil sie den Schüler veranlasst innezuhalten und sich der Störung bewusst zu werden, die letzte Frage ist wichtig, weil sie den Schüler darauf hinweist, dass er bei der nächsten Störung den Klassenraum zu verlassen hat.

Ein wichtiger Baustein im Trainingsraum-Programm ist das Gespräch im Trainingsraum, das ohne moralisierende Vorwürfe geführt werden sollte. Der Schüler wird zur Reflexion seines Verhaltens angeleitet, so dass er am Ende einen Plan zur Änderung seines Verhaltens machen kann. Ob dieser Raum Trainingsraum (TR), Raum des eigenverantwortlichen Denkens (RED), Auszeitraum oder auch „Krisenbüro“ (Bitzer-Schroeder, 2002) genannt wird, spielt keine Rolle. Wichtig ist nur, dass der Schüler dort nicht allein gelassen wird, sondern Hilfen und Unterstützung durch einen anwesenden Pädagogen bekommt und einen Plan macht, wie er es schaffen kann, sich an die Regeln zu halten. Der Plan sollte nach bestimmten Gesichtspunkten gestaltet sein, er soll keine allgemeinen Versprechungen enthalten, sondern ganz konkret und positiv das ausdrücken, was der Schüler sich vornimmt zu tun. Er entwickelt den Plan aus dem Gespräch heraus.

Die Trainingsraum-Methode stellt – um dies abschließend noch einmal zu betonen – den Versuch einer Werteerziehung im Sinne des Respekts, der Rücksichtnahme und der Höflichkeit im Umgang miteinander dar und ist ein Instrument der Klassenführung. Die Trainingsraum-Methode stellt ein bewährtes Verfahren dar und sichert ein Unterrichtsklima, das durch Anerkennung und Respekt geprägt ist.

Eine erfolgreiche Klassenführung und ein erfolgreicher Unterricht ist das Ergebnis gemeinsamer Anstrengungen auf Schüler- und auf Lehrerseite, von Selbstdisziplin und Eigenverantwortung, von respektvollem Umgang miteinander. Grundlage dafür ist die Vertrauensbeziehung zwischen Lehrer und Schüler.

7.6 Gewalt und Mobbing – Was Schulen wissen und tun sollten

Ria Uhle

Einleitung

Die Themen Gewalt und als eine Spezies Mobbing an Schulen haben in den letzten Jahren in der Forschung als auch in den Medien eine besondere Aufmerksamkeit erfahren. So führten die Amokläufe an Schulen in Bayern und Thüringen vor einigen Jahren zu einer stärkeren Sensibilisierung der Gesellschaft hinsichtlich Gewaltphänomenen an Schulen.

Hat die Gewalt unter Schülern tatsächlich zugenommen? Wie zeigt sie sich? Was macht den Schulen am meisten zu schaffen? Müssen wir Angst vor einem Amoklauf haben? Wie können wir Gefahren erkennen und abwenden? Solche Fragen bewegen Pädagogen, Schüler und Eltern in der Auseinandersetzung mit der Thematik an Schulen.

Gewaltprävention im Schulbereich

Prävention hat Vorrang – Handeln, bevor etwas passiert. Im Zentrum aller Bemühungen sollten all jene Maßnahmen stehen, die umfassend auf eine Verbesserung des Schul- oder Klassenklimas, der psychosozialen Kompetenzen der Schüler als auch der Lehrkräfte ausgerichtet sind (Heubrock, Hayer, Rusch & Scheithauer, 2005). Parallel dazu muss aber auch darüber nachgedacht werden, was im „Ernstfall" zu tun ist, wenn es zu Gewaltereignissen kommt. Denn auch die beste Prävention schützt nicht vollkommen vor den Wechselfällen des (Schul)Lebens.

Schick und Ott (2002) listen eine Reihe gewaltpräventiver Ansätze auf, die im Schulalltag erprobt und zum Teil auch evaluiert wurden. Sie unterteilen die Möglichkeiten von Schulen, aggressivem Verhalten von Kindern präventiv entgegenzuwirken nach ihrem Veränderungsfocus in drei Bereiche:

- strukturelle und organisatorische Maßnahmen,
- Ansätze zur Förderung gewaltpräventiver Kompetenzen der Lehrkräfte,
- Gewaltpräventionsprogramme für Schülerinnen und Schüler.

Strukturelle und organisatorische Maßnahmen

Gestaltung der räumlichen Umgebung

Zu diesem Maßnahmenbereich gehört die Neugestaltung der schulischen Umgebung, z. B. des Schulhofs oder die Veränderung und Anpassung von Unterrichtsräumen an die Bedürfnisse der Lehrenden und Lernenden.

Lösel (2004) verweist in seinem Mehrebenen- Ansatz zur Gewaltprävention zudem auf den Sicherheitsaspekt an Schulen. Bekannt ist, dass gewalttätige Akte häufiger an „unknown places", also an Plätzen wo keine Präsenz und Kontrolle durch Erwachsene oder andere Autoritätspersonen erfolgt, stattfindet.

Ein Beispiel:

An einer Oberschule führte der Weg zum Sportplatz uneinsehbar zwischen Gestrüpp hindurch, der gern auch noch als Müllplatz genutzt wurde. Mehrere Schüler sind auf diesem Weg bereits angegriffen und verprügelt worden. Er galt als gefährlich. Im Zuge der Umgestaltung des Schulhofs wurde dieser Weg einsehbar gemacht, indem er verbreitert wurde, sowie Müll und Gestrüpp beseitigt wurden. Seitdem ist er für Gewalttäter nicht mehr attraktiv.

Ist keine Umgestaltung möglich, können „dunkle Ecken" durch regelmäßige Präsenz von Ordnungsschülern und Aufsicht als gefährliche Orte entschärft werden. Dies dürfte einer vereinzelt eingesetzten Videoüberwachung im Schulbereich überlegen sein, da eine sofortige Einflussnahme von Personen möglich wird.

Schulprojekte

Innovative Schulprojekte, die die Eigenverantwortlichkeit und Kreativität der Schüler fördern, erhöhen die Identifizierung mit der Schule als „unsere Schule".

Ebenso kann eine stärkere Einbindung der Schule in ihr soziales Umfeld erfolgen. Auch können Gruppenangebote für Eltern sinnvoll sein, die zur Erhöhung der Erziehungskompetenz beitragen:

In einem Theaterprojekt bereiten Schauspieler mit geistig behinderten Schülern die Aufführung von Shakespeares „Sommernachtstraum" vor. An einer Schule mit hohem Anteil türkischer Schüler nehmen Mütter regelmäßig an Deutsch-Kursen teil. Der Kontakt zwischen Schule und Familie wird dadurch gestärkt. Schüler einer Hauptschule versorgen mit ihrer Schülerfirma Lehrer und Schüler in den Pausen mit Essen und Getränken. In der Breake-dance-Gruppe einer Grundschule finden sich eine Reihe „schwieriger Jungs" wieder, die hier zeigen können, was in ihnen steckt. Sie haben bereits mehrere Preise gewonnen.

Neuorganisation des Schulalltages

Wenn der Schulalltag neu organisiert wird, z. B. im Rahmen einer Ganztagsschule, kann dies ein Beitrag zur Gewaltprävention sein. Lehrer sollten mehr Spielraum in der zeitlichen und inhaltlichen Strukturierung der Lernangebote haben, um stärker auf die individuell unterschiedlichen Bedürfnisse und Lernvoraussetzungen ihrer Schüler eingehen zu können.

In einigen Schulen wird seit Jahren mit Wochenplänen in jahrgangsübergreifenden Klassen gelernt. Der Lehrer ist mehr Moderator von Lernprozessen denn Dompteur. Er kann den Schülern situationsbezogen verschiedene Unterrichtsformen anbieten, selbstbestimmt zwischen „Frontalunterricht" und offenen Formen der Wissensvermittlung wählen.

Neuorganisation des Schulalltags sollte den „Arbeitsplatz" Schule für die Pädagogen mit im Auge haben. Das Erleben von Selbstwirksamkeit und Anerkennung in der beruflichen Tätigkeit, Unterstützung im Kollegium, eine angenehme Arbeitsumgebung etc. tragen dazu bei, Stresssituationen wie sie bei Gewaltvorfällen häufig auftreten, angemessener zu bewältigen.

Da jede Schule anders ist und ihre speziellen Bedingungen hat, bedarf es der kreativen Suche nach schul- und standortspezifischen Lösungen. In so einem Findungsprozess bewährt sich eine enge Kooperation von Schulleitung, Lehrerkollegium, der Elternschaft und schulinternen Gremien wie Gesamtschüler- und Elternvertretung.

Ansätze zur Förderung gewaltpräventiver Kompetenzen der Lehrkräfte

Lehrerausbildung

Die Lehrerausbildung in Deutschland weist nach wie vor ein großes Übergewicht im fachwissenschaftlichen Bereich auf. Selbst- und Beziehungskompetenz sind jedoch bei den komplexen Anforderungen im Lehrerberuf unabdingbar. Diese werden in der Ausbildung kaum geschult. Doch Lehrer werden im Schulalltag mit Konflikten, schweren Verhaltensproblemen und psychischen Auffälligkeiten ihrer Schüler konfrontiert, auf die sie kaum vorbereitet sind.

Frau B. war glücklich, nach ihrem Referendariat eine Stelle an einer Gesamtschule erhalten zu haben. Sie ist fachlich gut vorbereitet. Jedoch die Schüler ihrer 7. Klasse boykottieren den Unterricht. Einige kommen überhaupt selten. Eltern zeigen sich gleichgültig. Eine Schülerin vertraute ihr an, dass sie sexuell missbraucht wird. Als Frau B. dann noch von einem Schüler angegriffen und getreten wird, bricht sie psychisch zusammen. Auf Empfehlung ihrer Schulleiterin sucht sie Unterstützung bei der Schulpsychologie.

Es darf den einzelnen Pädagogen nicht selbst überlassen bleiben, sich entsprechende Kompetenzen im Umgang mit schwierigen Schülern und Situationen anzueignen. Hier muss an den Ausbildungseinrichtungen deutlich nachgebessert werden.

Training & Fortbildung für Lehrer

Lehrer müssen sich auch im Berufsleben fortlaufend weiterbilden. Neuere Ansätze wie das „Konfrontative Soziale Kompetenztraining" (Weidner, 2002) machen Pädagogen fit, mit gewaltträchtigen Situationen und aggressiven Schülern kompetent umzugehen. Das „buddy-Projekt" der Vodafone-Stiftung (siehe www.buddy-projekt.de; s. Kap. 7.7) zielt ebenfalls auf die Kompetenzerweiterung von Lehrkräften ab.

Auch modulare Fortbildungsangebote, Studientage oder fachübergreifende Tagungen zur Gewaltthematik bieten sich zur Erhöhung der Handlungssicherheit an.

Eine Realschule, in der es immer wieder zu Gewaltvorfällen kommt, organisiert einen Studientag für das Kollegium. Es werden Vertreter von Projekten eingeladen, die speziell mit aggressiven und gewaltbereiten Jugendlichen arbeiten. Es wird über das Gewaltverständnis an der Schule diskutiert. Erfahrungen werden ausgetauscht sowie Deeskalationsstrategien geübt.

Oft lässt der Schulalltag wenig Raum für Reflexionsprozesse und die Entwicklung abgestimmter Konzepte, bleibt es bei „Tür- und Angel- Gesprächen". Supervision bzw. Intervision bieten sich hier als bewährte Methoden der Fall- und Teamberatung an, um aktuelle Themen und Ideen aufzunehmen und weiter zu entwickeln. Da dies letztendlich auch der Psychohygiene und Entlastung im Berufsalltag dient, sollten sie verpflichtender und regulärer Bestandteil des beruflichen Alltags werden.

Nutzung schulinterner Ressourcen

Lehrer, die im gewaltpräventiven Bereich besondere Kompetenzen erworben haben, z. B. als Mediatoren oder Anti-Gewalt-Trainer, sollten als Multiplikatoren in der eigenen Schule wirken. Oft werden solche Ressourcen zu wenig genutzt. Lehrer erleben sich als Einzelkämpfer und ihre speziellen Kompetenzen werden z. T. als exotische Disziplinen abgewertet. Schulleitungen müssen Verständigungs-

und Diskussionsprozesse im Kollegium einleiten, um für neue Ideen Akzeptanz zu schaffen. Sie müssen ihre Lehrer ermutigen, sich zu qualifizieren. Und sie müssen Bedingungen und Anreize schaffen, die erworbenen Fähigkeiten im Schulalltag nutzbar zu machen.

Zwei Lehrerinnen einer Sonderschule für Lernbehinderte nehmen an einer Mediatorenausbildung teil. Die Schulleitung unterstützt diese Maßnahme und sorgt dafür, dass im Kollegium über Inhalte der Ausbildung und den Transfer in den Schulablauf diskutiert wird. Mit der Akzeptanz der Kollegen ausgerüstet, werden beide Lehrerinnen als Beraterinnen und Mediatorinnen in Konfliktsituationen angefragt. Sie bilden Schüler als Konfliktlotsen aus und begleiten diese in Schlichtungsgesprächen.

Lernfeld Praxis

Wir lernen immer dann am besten, wenn ein Thema uns betroffen macht oder anderweitig emotional anspricht. So sind Gewaltereignisse an Schulen oft ein Anlass, über die eigenen Erfahrungen, Kompetenzen und Grenzen nachzudenken. Dies bietet eine Chance, quasi sekundär präventiv, neues Wissen anzueignen und den Umgang mit Gewaltereignissen zu reflektieren. Lehrer müssen verschiedene Handlungsstrategien ausprobieren und ihren eigenen Stil finden können. Dem kommt ein kollegiales Klima der Experimentierfreude und Änderungsbereitschaft an der Schule entgegen.

In einer 6. Klasse herrscht ein ruppiges soziales Klima. Beschimpfungen, Beleidigungen, Rempeleien sind an der Tagesordnung. Das Leistungsniveau der Klasse ist miserabel. Als ein Schüler so verprügelt wird, dass eine Platzwunde am Kopf genäht werden muss, starten Klassenlehrerin, Schulleitung und Eltern eine konzertierte Aktion. Mit Hilfe der Schulpsychologie wird der Vorfall aufgearbeitet. Die Polizei führt eine Anti-Gewalt-Veranstaltung mit der Klasse durch. Elemente des sozialen Trainings werden in den Unterricht integriert. In der Folge werden die Klassenregeln neu festgelegt und deren Einhaltung kontrolliert. Es findet ein thematischer Elternabend zum Thema „Aggression und Gewalt" statt. Der Veränderungsprozess wird regelmäßig reflektiert und dokumentiert.

Kooperation mit externen Fachleuten

Sinnvoll ist ein Austausch über die Arbeitsweisen der verschiedenen Institutionen im Umgang mit Gewalt. Für eine optimale Zusammenarbeit und gegenseitige Unterstützung ist Transparenz vonnöten hinsichtlich Arbeitsabläufen, Rollenverständnis, Verantwortlichkeiten, Erreichbarkeit etc. Die Kooperation im Ernstfall zwischen der Schule und z. B. Schulpsychologie, Polizei, Jugendamt lässt sich deutlich verbessern, wenn Wissen über das Funktionieren „der Anderen" vorhanden ist und die Erwartungen daran ausgerichtet werden können.

In einem Arbeitskreis Schule-Jugend-Polizei tauschen sich Vertreter der genannten Institutionen vierteljährlich zu Erfahrungen mit Gewalt an Schulen und zur Kinder- und Jugenddelinquenz aus. Neuere Entwicklungen, Kooperationsfragen und fallbezogene Vorgehensweisen werden diskutiert und Formen der weiteren Zusammenarbeit festgelegt.

Daraus entstehen zeitlich befristete Arbeitsgruppen, die aktuelle Themen bearbeiten.

Gewaltpräventionsmaßnahmen für Schülerinnen und Schüler

Trainings & Anti-Gewalt-Programme

Schick und Ott (2002) verweisen auf eine Reihe hoch strukturierter Programme aus den USA, die auf die Ressourcenaktivierung und Reduzierung von Defiziten aggressiver Kinder abzielen. Maßnahmen zur Gewaltprävention sollen die sozialen Kompetenzen der einzelnen Schüler und der Klassen im Umgang mit Konflikten und Gewalt stärken.

An deutschen Schulen findet unter dem Namen FAUSTLOS eine Version des Second Step Curriculums für die Klassen 1-3 Anwendung (Schick & Cierpka, 2003).

In Schleswig-Holstein wird seit den 90er Jahre ein interessantes Präventionsprogramm realisiert, „PIT" – Gewaltprävention im Team, bei dem Pädagogen und Polizei gemeinsam mit Schülern arbeiten (IPTS 2001, 2002). In Berlin führen die Präventionsbeauftragten der Polizei an Schulen regelmäßig Anti-Gewalt-Veranstaltungen durch, die über Straftaten aufklären und die Schüler für die Gewaltthematik sensibilisieren.

Gewaltprävention im Schulalltag

Zur Umsetzung präventiver Konzepte gehört unbedingt die aktive Beteiligung und Einbindung der Schüler selbst. Die Ausbildung und der Einsatz von Konfliktlotsen und Streitschlichtern haben sich in der Praxis bewährt. Nicht zu vergessen ist die Einbeziehung der Eltern in entsprechende Projekte, um den Transfer von schulischen Veränderungsprozessen zu gewährleisten. Lehrer haben die Möglichkeit, verschiedene Aspekte der Gewaltprävention im Unterricht zu behandeln.

Das Medienpaket „Abseits" (Programm Polizeiliche Kriminalprävention, 2002) ist für die Arbeit mit Schülern ab neun Jahren konzipiert und enthält Arbeitsmaterialien und ein Video mit Darstellung von verbaler und körperlicher Aggression, Mobbing, Sachbeschädigung und Erpressung. Lehrer bestätigen, dass dieses sich hervorragend eignet, um mit den Schülern über Gewalt, Werte- und Regelsysteme zu diskutieren.

Gewaltentwicklungen an deutschen Schulen

Dramatisierende Medienberichte über spektakuläre Einzelfälle schwerer Gewalt vermitteln den Eindruck, dass an deutschen Schulen Aggression und Kriminalität an der Tagesordnung seien und die Zahl der Gewaltfälle stetig wachse. Das Gefühl, wir bewegen uns auf „amerikanische Verhältnisse" zu, lässt sich durch wissenschaftliche Studien nicht belegen. In zahlreichen Veröffentlichungen wird darauf hingewiesen, dass das Problem an deutschen Schulen nicht die großen, spektakulären Gewaltexzesse sind, sondern die sogenannte „kleine Gewalt", die sich oft im Verborgenen abspielt (Schubert, 2003; Taglieber, 2005). In diesem Kontext ist das Thema Mobbing stärker in den Focus der öffentlichen Aufmerksamkeit gerückt.

Schick und Cierpka (2003) benennen folgende Trends: Das Klima der Gewalt an Schulen hat sich verändert, Qualität und Schärfe von Gewalttätigkeiten haben sich erhöht. Allerdings kann man nicht von einer generellen Zunahme aggressiver Handlungen bei Schülern sprechen. Sondern bei einer Minderheit von Kindern ist eine Verschärfung der Intensität von Gewalthandlungen zu beobachten.

Eine empirische Untersuchung zum gewaltverursachten Verletzungsgeschehen an Schulen in Deutschland 1993–2003 (Bundesverband der Unfallkassen, 2005) kommt zu dem Ergebnis, dass bundesweit ein Rückgang physischer schulischer Gewalt zu verzeichnen ist.

So sind zwar die Gewaltmeldungen von Berliner Schulen im Schuljahr 2004/2005 im Vergleich zum Vorjahr um *60 %* gestiegen. Jedoch wird dies nicht als eine Zunahme von Gewalt, sondern als eine Erhellung des Dunkelfeldes interpretiert. Durch einen offeneren Umgang mit Gewalt an den Schulen, der Einsicht in die Notwendigkeit von Prävention und Intervention wird Gewalt sensibler wahrgenommen und offensiver reagiert (Schubert, 2005).

Formen der Gewalt an Schulen

Wo fängt Gewalt an? Der Gewaltbegriff wird viel und kontrovers diskutiert.

Ein Beispiel:

Bei einem Studientag mit Lehrern einer Gesamtschule wird eine Prügelei unter Schülern heiß diskutiert. Ein Lehrer meint, dass es sich um altersgemäßes Kräftemessen handelt, wo es eben mal zu Verletzungen kommen kann. Eine Kollegin bewertet den Vorfall als vorsätzliche schwere Körperverletzung. Auch beim Thema Mobbing gehen die Meinungen weit auseinander. So wird die lang anhaltende Demütigung und Ausgrenzung einer Schülerin von einigen als „pubertärer Zickenkrieg" abgetan, während andere dies als massive seelische Gewalt einschätzen.

Prinzipiell bedürfen all jene Vorfälle der Beachtung und Intervention, bei denen Schüler oder Lehrer psychisch oder physisch zu Schaden kommen. Dazu gehören u. a. Fälle von Bedrohung, Beleidigung, Mobbing, Körperverletzung, extremistische und rassistische Übergriffe, Raub und Erpressung.

Hier einige Beispiele aus dem Schulalltag:

Ein Schüler der 4. Klasse einer Grundschule verfolgt schreiend und mit einem Messer fuchtelnd einen Mitschüler durch den Schulflur. Als eine Lehrerin versucht, ihm das Messer abzunehmen, wird sie an der Hand verletzt.

Schüler verschiedener Klassen einer Realschule werden von schulfremden Jugendlichen auf dem Schulweg bedroht. Die Täter erpressen Zigaretten und Geld und rauben zwei Handys.

Eine Lehrerin, die einen Schüler der 9. Klasse wegen Störung der Unterrichtes ermahnt, wird von diesem beschimpft: „Halts Maul, du Schlampe. Du hast mir überhaupt nichts zu sagen!“

Mobbing als eine Form der Gewalt

Was ist Mobbing?

Mobbing ist kein einmaliger Vorfall, sondern ein Prozess, bei dem sich die Täter über einen längeren Zeitraum unter Ausnutzung ihrer sozialen Machtposition wiederholt subtiler Mechanismen der Ausgrenzung und Herabsetzung ihrer Opfer bedienen. Das Opfer gerät in eine unterlegene Position, aus der es sich nicht mit eigener Kraft befreien kann. So steht der deutsche Begriff „Mobbing“ wie das englische „Bullying“ für demütigen und schikanieren. Während Mobbing eher bei Phänomenen psychischer Gewalt benutzt wird, steht „Bullying“ für den Einsatz wiederkehrender extremer körperlicher Gewalt (Taglieber, 2005). Hier ein Beispiel, das beide Komponenten enthält:

Ramona wird von einer Mädchengruppe ihrer Hauptschule über Monate gedemütigt, beleidigt und bedroht. Mitschüler wissen dies und schauen weg aus Angst, selbst „dran“ zu sein. Das Opfer schweigt und sucht die Schuld bei sich. Die Täterinnen lauern Ramona nach der Schule auf und verletzen sie durch Tritte und Schläge, bis Passanten einschreiten und die Polizei alarmieren. Das Ausmaß der Quälereien wird in der Folge durch Gespräche an der Schule und Vernehmungen bei der Polizei offengelegt.

Nach einer Untersuchung von Kasper (2001) kann davon ausgegangen werden, dass jeder dritte Schüler bereits selbst einmal Mobbing erlebt hat. Andere Untersuchungen kommen zu ähnlichen Ergebnissen. In einer anderen Studie gaben 41 % der befragten Schüler an, selbst an Mobbinghandlungen gegen andere beteiligt gewesen zu sein. In einem Internetvoting des Jugendmagazins GIGA real auf NBC (04.01.2006) gaben 83 % der Jugendlichen an, dass Mobbing ein Problem an ihrer Schule sei.

Typisch für Mobbing ist, dass es nicht nur Opfer und Täter gibt, sondern auch Mitmacher und Zuschauer, die die wiederholten und variierten Schikanen über längere Zeiträume möglich machen. So wird Mobbing zu einem Thema, was die ganze Klasse oder die Schule betrifft. Wie schnell es erkannt und beendet wird, kann als ein Indikator für das soziale Klima gesehen werden. Das folgende Beispiel illustriert den subtilen Charakter von Mobbing:

Judith, Schülerin der 9. Klasse eines Gymnasiums wird von zwei Mitschülerinnen wegen ihrer Figur regelmäßig als „Hungerharke" beleidigt. Über Wochen fallen Bemerkungen über ihre Kleidung: „Hast du mal wieder im Kleidercontainer gewühlt?" Einige Mitschüler lassen sich animieren, Judith im Unterricht mit Gegenständen zu bewerfen, ihr im Flur ein Bein zu stellen, laut zu lachen, wenn sie einen Fehler macht. In den Pausen steht sie zunehmend allein da. Immer öfter leidet Judith morgens unter Übelkeit und Erbrechen. Sie kann und will nicht mehr zur Schule gehen. Ihre Mutter wendet sich an den Klassenlehrer, der dann sofort Maßnahmen einleitet.

Interventionen gegen Mobbing

Was kann Schule tun?

- Klaren Standpunkt gegen Mobbing beziehen.
- Für Aufklärung über Mobbing und seine Mechanismen sorgen. Das betrifft das Kollegium, die Schüler als auch die Elternschaft.
- Mobbing schnell unterbinden.
- Das Opfer schützen und unterstützen.
- Die Eltern des Opfers informieren, was die Schule unternimmt, um das Mobbing zu beenden.
- Ernsthafte Gespräche mit den Tätern, Opfern und deren Eltern führen, bei denen Möglichkeiten der Wiedergutmachung gesucht werden.
- Klassenregeln gegen Mobbing vereinbaren und deren Einhaltung kontrollieren.
- Beratung durch Psychologen oder Mobbingexperten vermitteln, bei Bedarf, damit das Opfer die Vorfälle verarbeiten und wieder Selbstvertrauen gewinnen kann.
- Schulwechsel des Opfers sollte nur dann angedacht werden, wenn die Situation stark chronifiziert ist. Ansonsten gilt es, das Problem vor Ort zu lösen. Das Mobbingverhalten der Täter als effektive Strategie darf nicht noch bestärkt werden.

Was können Eltern tun?

- Veränderungen bei ihren Kindern (Niedergeschlagenheit, Schulangst, morgendliche Bauch- oder Kopfschmerzen) ernst nehmen.
- Über die Beobachtungen mit dem Kind sprechen.
- Sofort Kontakt zur Schule aufnehmen, wenn das Kind von Mobbing berichtet.
- Die Schuld nicht beim Kind suchen, sondern mögliche Gründe für das Mobbing aus der Klassensituation heraus verstehen.
- Gemeinsam nach Lösungen suchen, die dem Kind in der Situation helfen.
- Das Kind ermutigen. Seine Ressourcen und Fähigkeiten benennen und stärken.

Bei Olweus (1996) findet man weitere Interventionen auf der Schul-, Klassen- und Schülerebene. Hilfreich sind auch die Handreichungen von Taglieber (2005) für „eilige Lehrkräfte" und die praxisnahen Methoden und Arbeitsmaterialien von Kasper (2001, 2004).

Gewalterfahrungen außerhalb der Schule

Schulischer Handlungsbedarf kann auch durch Vorkommnisse entstehen, die sich außerhalb der Schule ereignen, jedoch Auswirkungen in der Schule haben wie Misshandlung oder sexueller Missbrauch von Kindern und Jugendlichen. Sei es, dass sich ein betroffener Schüler in der Schule offenbart oder die Schule durch Dritte (Jugendamt, Mitschüler, Elternvertreter, Presse) davon Kenntnis bekommt. Bei Vorfällen, die sich im familiären Umfeld bzw. im Freizeitbereich ereignen, ist zu klären, ob und in welcher Form Schule handeln soll.

Dies betrifft auch den Umgang mit den Betroffenen von Unfällen, Naturkatastrophen oder Gewaltdelikten. Häufig ist dann eine schulische Auseinandersetzung mit Themen wie Verletzbarkeit, Unsicherheit, Ängsten, Tod und Trauer erforderlich.

Wenn Krisen die soziale Ordnung durcheinanderbringen

Gewaltvorfälle und krisenhafte Ereignisse beschädigen den Schutzraum Schule und das Vertrauen in die Schule als einen sicheren Ort (Schefold, 2005). Das Sozialgefüge gerät quasi in „Unordnung". Plötzlich ist die Alltagsroutine für einen begrenzten Zeitraum außer Kraft gesetzt. Gleichzeitig werden Kräfte mobilisiert, das Erlebte zu bewältigen und zur Normalität zurückzukehren. Inwieweit ein Gewalt- oder Notfall sich zur Krise auswächst, wird von verschiedenen Faktoren beeinflusst:

- von deren Schwere und der Nähe zum (Schul-)Alltag
- dem subjektiven Erleben
- den Folgen für die Gesundheit oder das Leben der Beteiligten
- von den persönlichen und systemischen Bewältigungsressourcen in Familie und Schule
- von der Krisenkompetenz der Schulleitung und Lehrkräfte
- vom Verhältnis der Anforderungen durch die Situation und den zur Verfügung stehenden Bewältigungsmöglichkeiten.

Krisenhafte Zuspitzungen in der Schule entstehen nicht selten, wenn Schule in den Augen der Betroffenen oder der Eltern nicht angemessen reagiert, z. B. den Vorfall bagatellisiert oder mit allzu heftigen Sanktionen überreagiert.

Ein Vater, dessen Tochter von einem Sportlehrer im Unterricht sexuell belästigt wurde, wendet sich, nachdem die Schulleitung den Vorfall in seinen Augen herunterspielte, an die Presse. Die daraufhin einsetzende Berichterstattung über die Schule und das Eingreifen von Politikern mobilisierte empörte Lehrer und Eltern.

Die Schulleitung war völlig überfordert und benötigte Unterstützung beim nun unumgänglichen Krisenmanagement.

Krisenverläufe haben verschiedene Phasen und Handlungsschwerpunkte. Sie gehen ineinander über und sind als Prozess zu verstehen (**Abb.7.5**).

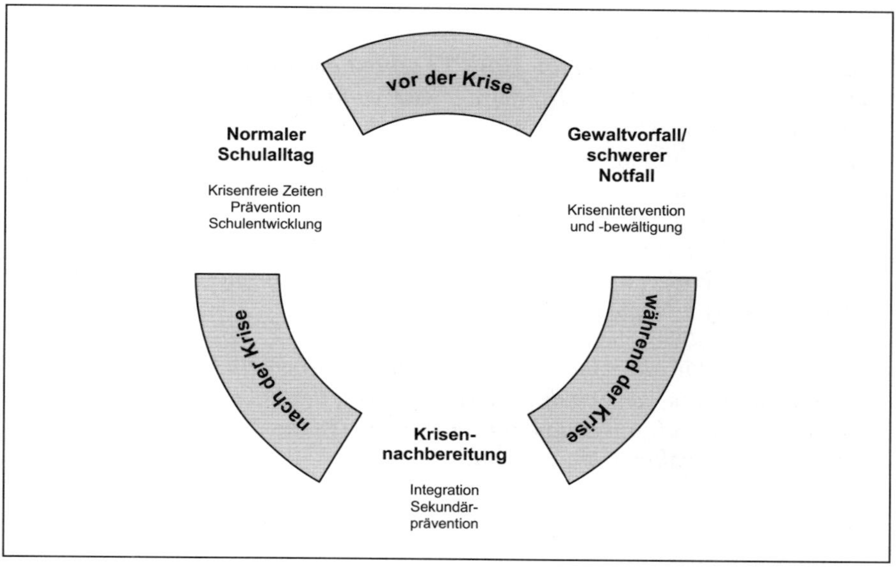

Abb. 7.5: Phasen der Krisenbewältigung

Worauf Schulen im Gewalt- und Krisenfall achten müssen

Der 5-Stufen-Plan

In Berlin wurden durch das „Schulpsychologenteam für Gewaltprävention und Krisenintervention" (www.senbjs.berlin.de/gewaltpraevention) Notfallpläne für die Berliner Schule entwickelt. Diese wurden jeder Schule als Handreichung zur Verfügung gestellt. Sie werden durch die Schulpsychologen in den Schulen eingeführt, um die Handlungssicherheit in Gewalt- und Krisensituationen zu erhöhen.

Diese Notfallpläne (Senatsverwaltung für Bildung, Jugend und Sport Berlin, 2005) geben für verschiedene Notfallszenarien Handlungsanweisungen nach einem 5-Stufen-Plan:

0. Sofortreaktion
1. Eingreifen/Beenden
2. Opferhilfe/Maßnahmen einleiten
3. Informieren
4. Nachsorgen/Aufarbeiten
5. Ergänzende Hinweise

Ich veranschauliche das Vorgehen am Beispiel von Ramona, die nach längerem Mobbing von Mitschülerinnen zusammengeschlagen wird.

0. Sofortreaktion

Passanten beobachten den Vorfall. Sie sehen, dass andere Jugendliche zuschauen und nicht eingreifen. Ein Passant ruft die Polizei und einen Krankenwagen.

1. Eingreifen/Beenden

Ein Mann kommt Ramona zu Hilfe. Er schreit die Täterinnen an aufzuhören. Die Polizei ist in Kürze vor Ort, befragt Zeugen und nimmt die Personalien der Anwesenden auf.

2. Opferhilfe/Maßnahmen einleiten

Ramona wird aus der Situation herausgebracht und ärztlich versorgt.

3. Informieren

Ramonas Eltern und die Schule werden informiert. Die Schulleiterin erstattet Anzeige bei der Polizei wegen Körperverletzung und informiert die Schulaufsicht und die Schulpsychologie über den Vorfall.

4. Nachsorgen/Aufarbeiten

Nun beginnt für die Schule die eigentliche Feinarbeit. In einer Krisensitzung der Schulleitung mit den Schulsozialarbeiterinnen, der Polizei und der Schulpsychologin für Gewaltprävention und Krisenintervention werden die nächsten Schritte und Maßnahmen abgestimmt.

Wie in diesem Fall ist grundsätzlich zu klären: Wer macht wann, was, mit wem?

- Zeugen befragen.
- Mit dem Opfer und den Täterinnen, sowie deren Eltern sprechen.
- Dem Opfer speziellen Beistand und Unterstützung bei neuer Bedrohung anbieten.
- Hinweise geben zu außerschulischen Hilfen.
- Ordnungsmaßnahmen für die Täterinnen einleiten (Verweis, Suspendierung vom Unterricht).
- Das Kollegium, die Klasse und die Eltern informieren, um aufzuklären und Gerüchten vorzubeugen.
- Täter-Opfer-Ausgleich organisieren, wenn beide Seiten dazu bereit sind, um Wiedergutmachung und Schadensausgleich einzuleiten.

Ergänzende Hinweise

Diese beziehen sich auf spezielle Rechtsfragen wie Pflicht zur Hilfeleistung, zu Notwehr, Umgang mit den Medien etc.

In unserem Fall stellte sich zum Beispiel die Frage, ob man sich selbst in Gefahr bringen sollte, um anderen zu helfen. Oder, welche Verteidigungshandlungen sind erlaubt, wenn ich angegriffen werde?

In den genannten Notfallplänen sind die entsprechenden Rechtsgrundlagen und ihre Umsetzung im Schulbereich erläutert.

Ramonas Schule ist es gelungen, in Kooperation mit den Schulsozialarbeitern, der Polizei und der Schulpsychologie, den Vorfall aufzuarbeiten. Ramona wurde psychologisch betreut, um die seelischen Verletzungen aufzuarbeiten. Die intensive Arbeit mit der Klasse, viele Einzel- und Gruppengespräche haben sich ausgezahlt. Das Klassenklima hat sich verbessert. Ramona ist kein Mobbingopfer mehr. Eine der Täterinnen musste die Schule verlassen. Die anderen haben sich entschuldigt und gemeinnützige Arbeit geleistet. Auf sie wartet noch eine Gerichtsverhandlung.

Opferhilfe

Im Gewaltfall konzentriert sich das schulische Handeln häufig zuerst auf den Täter. Belange der Opfer bleiben oft unterbelichtet, besonders wenn diese sich nicht entsprechend artikulieren können bzw. unauffälliges Verhalten zeigen. Aber, Opferhilfe muss Vorrang haben! Kontraproduktiv sind Schuldzuweisungen und Analysen der Persönlichkeit des Opfers in der Akutsituation.

Bei Schülern können nach traumatischen Erlebnissen psychosomatische Symptome, Depressionen bis hin zur Suizidalität, Leistungsversagen, Schulangst oder Schulverweigerung auftreten.

Werden Lehrer Opfer verbaler oder körperlicher Gewalt, reagieren sie nicht selten mit Vermeidungsverhalten und Versagensängsten. Krankschreibungen, Anträge auf Umsetzung bis hin zur Frühpensionierung können die Folge sein.

Ziel schulischer Notfallhilfe muss es sein, betroffene Schüler als auch Lehrer angemessen zu unterstützen, das Erlebte zu verarbeiten, das Vertrauen in die Schule wiederherzustellen und eine Teilnahme am Schulleben, am Lernen und Lehren wieder zu ermöglichen.

Insbesondere wenn Morddrohungen ausgesprochen werden, gilt es mit Unterstützung externer Fachleute die Gefährdung zu analysieren, der Gerüchtebildung vorzubeugen, als auch Unsicherheiten und Ängste vor einem Amoklauf ernst zu nehmen (Heubrock, Hayer, Rusch & Scheithauer, 2005; Robertz, 2004). Professionelles Krisenmanagement kann helfen, Chronifizierungen und psychische Folgeerkrankungen zu vermeiden oder zu mindern.

Umgang mit den Tätern

Gewalt erfordert die Auseinandersetzung mit der Tat und deren Verursachern. Bei der Beschäftigung mit dem Täter gilt es, die Tat und nicht die Person des Täters zu verurteilen. Hier ist eine klare pädagogische Haltung gefordert. Nicht selten wird in der Schule die Gewalthandlung eines schon länger auffälligen Schülers zum Anlass genommen, ein Exempel zu statuieren. Aggressive Jugendliche wandern so von Schule zu Schule und erleben sich zunehmend als chancenlose Außenseiter. Das verstärkt nicht selten den Kreislauf von Versagen, Schuldzuweisung nach außen und erneuter Gewalt. Jugendliche Täter müssen klare Grenzsetzungen und Regeln erfahren als auch aktiv miteinbezogen werden in Überlegungen der Schadenswiedergutmachung.

Schulpsychologische Beiträge zur Gewaltprävention

Im Bereich der Gewaltprävention können Schulpsychologen z. B. in folgenden Aufgabenfeldern tätig werden:

- Vermittlung psychologischen Wissens an Pädagogen und Eltern zum Umgang mit Gewalt und Krisen
- Unterstützung von Schulen bei der Schulprogrammentwicklung
- Beratung zu Projekten der Gewaltprävention
- Vermittlung von Kontakten zu externen Einrichtungen und Angeboten
- Erarbeitung und Einführung von Notfallplänen an Schulen
- Soziales Training mit Klassen.

Konkret kann das so aussehen:

Eine Schule meldet bei der Schulpsychologie Unterstützungsbedarf an. Präventive Maßnahmen werden in Zusammenarbeit mit der Schule geplant und je nach Bedarf und Kapazität von Schulpsychologen selbst angeboten oder an Kooperationspartner vermittelt. So können Projekt- und Studientage sowie Fortbildungen für Pädagogen konzipiert werden, die z. B. folgende Themen aufgreifen: Mobbing, Opferhilfe, Handhabung von Gewaltvorfällen & Amokdrohungen, Umgang mit Tätern, Verbesserung des Klassen- und Schulklimas, Konflikt- und Krisenmanagement an Schulen.

Schulpsychologische Beiträge zur Krisenintervention

Lehrer und Schulleiter sind in der Regel keine Psychologen. Gewalt- und Krisensituationen wird vielfach intuitiv, aus dem Bauch heraus begegnet. Das kann durchaus richtig und hilfreich sein. In komplexen und schwierigen Krisensituationen reicht dies jedoch häufig nicht aus. Dann ist es wichtig, mit professioneller Unterstützung zu handeln (Uhle & Haubner, 2005). In Krisenintervention geschulte und erfahrene Schulpsychologen können dabei Folgendes leisten (s. auch Kap. 8.9):

1. Beratung und Unterstützung der Schulleitung beim Krisenmanagement

- Information der Schulgemeinschaft & Elternschaft über das Ereignis *(Ansprache, Aushang in der Schule, Elternbrief)*
- Umgang mit der Presse *(Schutz der Betroffenen, Hausrecht des Schulleiters, Presseerklärung)*
- Umgang mit (Gewalt)Tätern, sofern diese Schulangehörige sind *(Wiedergutmachung des Schadens, Erziehungs- und Ordnungsmaßnahmen, Einbeziehung von Polizei, Vermittlung von Hilfen in Kooperation mit dem Jugendamt)*
- Aufarbeitung des Vorfalls in der Schule *(Gespräche mit Klassen, den Eltern und im Lehrerkollegium – Verstehen, Konfliktklärung, Schuldthematik)*

2. direkte notfallpsychologische Interventionen

- Notfallpsychologische Betreuung von Schülern, Klassen, Lehrern, evtl. Angehörigen vor Ort *(Einzel- und Gruppengespräche, Angst- und Stressreduktion, Psychoedukation)*

- Opferhilfe *(psychologische Gespräche & Betreuung, Vermittlung therapeutischer Angebote)*
- Begleitung von Trauerprozessen *(Beileidsbekundungen, Rituale, Beerdigung)*

3. Krisennachbereitung

- Auswertung des Krisenmanagements (*Abschlussgespräch an der Schule, Psychohygiene der Helfer*)
- Sekundärpräventive Maßnahmen *(z. B. Konflikt- und Kommunikationstraining/ Projekttage für Klassen, thematische Elternabende, Tod & Sterben als Unterrichtsthemen, Aufklärung zu Suizid, Notfallfortbildung für Schulleitungen)*

Zusammenfassung

Gewaltprävention und Krisenintervention sind wichtige Aufgabenfelder an Schulen. Oberster Auftrag bleibt dabei, ein Schulklima zu schaffen, auf dessen Boden Gewalt keinen Nährboden findet. Da sich Gewalt und Krisen jedoch nicht vollständig aus dem Schulalltag verbannen lassen, müssen Schulen ihre Kompetenzen stärken im Umgang mit schwierigen Situationen. Hier kann Schulpsychologie einen wichtigen Beitrag zu Prävention und Hilfe zur Selbsthilfe leisten. In extremen Notfallsituationen können Psychologen Betroffenen professionell beratend oder therapeutisch helfen. Voraussetzung ist ein vertrauensvolles Arbeitsbündnis zwischen Schule und Schulpsychologie.

7.7 Schulpsychologische Ansätze der Gewaltprävention

Hans Meyer

Thesen zur Gewaltprävention

Die schulische Gewaltprävention läßt sich in sechs Thesen zuspitzen.

Erste These:

Aggressionen sind weder gut noch böse. Aggressionen und aggressives Verhalten gehören zur natürlichen Entwicklung von Kindern. Aggressionen sind nicht mit Gewalt gleichzusetzen.

Diese Aussage provoziert die Auseinandersetzung mit der entwicklungspsychologischen Bedeutung von Aggressionen bei Kindern. Sie lenkt auch die Aufmerksamkeit darauf, dass Eltern und Pädagogen Aggressionen von Kindern als Botschaften verstehen und im Kontext sinnvoll entschlüsseln müssen.

Zweite These:

Aggression schlägt immer dann in Gewalttätigkeit um, wenn für die Auseinandersetzung keine Regeln mehr gelten und die natürlichen Grenzen der körperlichen und psychischen Unversehrtheit überschritten sind. Es gibt für die jeweilige Situation eine eindeutige Täter-Opfer-Beziehung.

Diese These lenkt die Diskussion auf die Frage der Bedeutung von Spielregeln und Fairness in der Auseinandersetzung und auch auf die nicht immer so klar zu ziehende Grenze zwischen „natürlicher Aggression“ und gewalttätigem Verhalten.

Dritte These:

Ein erster Schritt von Gewaltprävention ist immer auch die Stärkung der potentiellen Opfer. Kinder und Jugendliche, die gelernt haben, selbstbewusst auf Provokationen und verbale Angriffe (und auch körperliche) zu reagieren, sind in ihrer Persönlichkeit gestärkt. Sie werden weniger in die Gefahr kommen, Opfer von Gewalthandlungen zu sein.

Mit dieser Aussage gerät die Stärkung der Schülerpersönlichkeit ins Blickfeld. Nach meinen Erfahrungen besteht häufig die Gefahr, die Täter zu stark in den Blick zu nehmen; sie werden damit noch stärker und wichtiger. Demgegenüber bietet die Schule auch viele Gelegenheiten, alle Schüler in ihrer Persönlichkeit zu stärken und sie damit vor der potentiellen Opferrolle zu schützen.

Vierte These:

Eine gezielte positive Beeinflussung des Sozialklimas einer Schule wirkt sich gewaltmindernd aus. Diese Behauptung bezieht sich einerseits auf die Förderung der sozialen Kompetenzen der Schüler untereinander, andererseits auch auf die wechselseitige Akzeptanz, die Toleranz und das Klima von Vertrauen in der Schule insgesamt einschließlich des Kollegiums.

Die Botschaft appelliert einerseits an den Klassenlehrer und seine Instrumente der Beeinflussung und veranlasst den Blick auf die kommunikative Kultur und den Umgang untereinander im Kollegium.

Fünfte These:

Schüler, die die Leistungsbeurteilung als gerecht und transparent erleben, also die Chancen und Spielregeln in der Schule als fair erleben und einschätzen, neigen weniger zu gewalttätiger Kompensation.

Hiermit wird die Auseinandersetzung mit den eigenen pädagogischen Beurteilungsmaßstäben angesprochen. Damit sind auch das Hinterfragen der Spielregeln und die Wechselwirkung von Lehrermaßstäben und Schülerreaktionen gemeint.

Sechste These:

Um Gewalt frühzeitig einzudämmen, müssen wir in der Schule das Prinzip „Hinschauen und Grenzen setzen“ deutlich in den Blick nehmen.

Lehrkräfte sind die Wächter über die schulischen Spielregeln. Nur bei einer eindeutigen Kultur der Nicht-Duldung hat die Schule eine Chance, gewalttätiges Verhalten zu bekämpfen.

Die Arbeit mit diesen Thesen bietet die Möglichkeit mit Kollegien und Arbeitsgruppen und auch Eltern in einen ersten Diskurs zum Thema zu kommen. Es bietet sich aber auch auf diesem Weg der Einstieg in eine erste schulische Diagnose an, um dann in einen pädagogischen Schulentwicklungsprozess zu kommen. Der psychologische Berater ist in diesem Fall aufgefordert, mit den Lehrkräften bzw. dem gesamten Kollegium an Lösungskonzepten zu arbeiten oder den lösungsorientierten Prozess zu moderieren. Es hat sich gezeigt, dass eine gründliche Diagnose und ein Hinterfragen der eigenen schulischen Realität vor dem eiligen Zugriff auf Lösungsrezepte erfolgen müssen.

Ansätze der präventiven Arbeit

Nach Glasl markieren „fehlgeschlagene Konfliktlösungen die Einbruchstellen von Gewalt“ (vgl. Glasl, 2002). In einem Basistraining erwerben Lehrkräfte Kompetenzen der konstruktiven Konfliktregulierung. Hierbei wird die Konzeption der Mediation genutzt. Ein weiterer Schritt zeigt den Lehrkräften einen Weg auf, wie die erworbenen Kompetenzen in die Schule als System implementiert werden.

Als weitere Unterstützung bietet Schulpsychologie externe Hilfe nach dem Ansatz der Mediation an. Mit Hilfe externer Berater können Schulen eskalierte Konflikte klären.

Mit einem dritten Lösungsansatz ist die Ebene der Schülerinnen und Schüler angesprochen. Mit dem Präventionsprojekt „Mach mit! Verantwortung lernen!“ (vgl. Buddy-Projekt, 1999) erhält die Schule ein Instrument, gezielt und systematisch die Sozialkompetenz ihrer Schüler zu verbessern und deren Eigenaktivität zu stärken.

Basistraining Schulmediation

Ziele

Ziel eines Basistrainings zur Schulmediation ist es, den teilnehmenden Lehrkräften einen Umgang mit Konflikten zu ermöglichen. Sie sollen die verschiedenen Konfliktarten wie Interessenkonflikte, Wertekonflikte und Beziehungskonflikte und die jeweiligen Dynamiken einschätzen können. Sie sollen erfahren, aus welchen Rollen die am Konflikt beteiligten Personen agieren und wie sich die Beteiligung der verschiedenen schulischen Hierarchieebenen auf die Konfliktdynamik auswirkt. In einem Selbsterfahrungsteil wird mit den Teilnehmerinnen reflektiert, was sie für ein Konflikttyp sind und wie sich dieser auf das konkrete Verhalten in Konfliktsituationen auswirkt. Ein Schwerpunkt ist das Training der kommunikativen

Techniken zur Konfliktbewältigung. Auf der Grundlage der Glaselschen Konflikteskalationsdynamik erfahren die Teilnehmerinnen und Teilnehmer, welche verschiedenen Ansätze es für Konfliktlösungen gibt und welche Techniken anwendbar sind. Sie lernen das Verfahren der Mediation in seiner historischen und theoretischen Einbettung kennen (Besemer, 2001). Sie lernen mit dem fünfstufigen Prozess der Mediation zu arbeiten und dieses auf Schulkonflikte anzuwenden. Mit einer solchen Einstiegsfortbildung erfahren die Lehrkräfte welche Einsatzmöglichkeiten sich für Mediation an ihrer Schule und in ihrer Klasse bieten.

Mit dem Basistraining wird nicht der Anspruch erhoben, eine komplette Mediatorenausbildung zu ersetzen. Hierfür wäre eine Ausbildung mit mindestens 200 Stunden angezeigt, wie sie die Berufsverbände für Mediation vorschlagen. Die Lehrkräfte sollen nach dem Training die Konfliktkultur ihrer Schule einschätzen können und sehen, ob sich die Möglichkeit des systematischen Einstiegs an ihrer Schule bietet.

Das Basistraining wird seit 2002 in Niedersachsen z. B. im Rahmen der Regionalen Lehrerfortbildung angeboten. Der zeitliche Umfang beträgt 40 Stunden, verteilt über sechs Termine. In der zurückliegenden Zeit (2002–2005) haben ca. 70 Lehrkräfte und Schulsozialarbeiter und Schulsozialarbeiterinnen an den Trainings teilgenommen. Sie kommen aus allen Schulformen des allgemeinbildenden und des berufsbildenden Schulwesens. Für alle wird nach Abschluss des Trainings nach ca. vier Monaten eine Evaluation angeboten, um festzustellen, welche Elemente für sie nutzbringend sind, wo weiterer Fortbildungsbedarf besteht und ob ein systematischer Einstieg in Form von Schulprojekten gewünscht ist.

Eskalation von Konflikten

Zunächst wird erarbeitet, welche Erfahrungen die Lehrkräfte im Umgang mit Konfliktsituationen gemacht haben. Exemplarisch werden Konflikterfahrungen und Eskalationsdynamiken benannt. Die Teilnehmer schätzen ihren eigenen Konflikttyp ein.

Die weitere inhaltliche Arbeit orientiert sich an der Definition des sozialen Konflikts von Glasl: „Ein sozialer Konflikt ist eine Interaktion zwischen Aktoren (Individuen, Gruppen, Organisationen), wobei wenigstens ein Aktor eine Differenz im Denken/Vorstellen/ Wahrnehmen oder Fühlen und/oder Wollen mit dem anderen Aktor in der Art erlebt, dass im Realisieren eine Beeinträchtigung durch einen anderen Aktor erfolge.“ (Glasl, 2002, S. 17).

Aus der Bearbeitung selbst erfahrener Konfliktausgänge wird die Eskalationsskala von Glasl abgeleitet (Glasl, 2002, S. 10).

Nach dieser Skala wird die Entwicklung von Konflikten in neun Stufen unterteilt. Diese Stufen kennzeichnen eine neue, sich verschärfende Qualität des Konfliktes. Eine konstruktive Lösung des Konflikts wird von Stufe zu Stufe für die Parteien immer schwieriger. Einerseits verschärfen soziale Prozesse die Konfliktentwicklung und andererseits verengt sich auch die Wahrnehmungsfähigkeit Beteiligter mit zunehmender Eskalation.

Eskalationsstufen nach Glasl:

1. Verhärtung
   Standpunkte prallen aufeinander. Es entwickelt sich eine Kommunikationsstörung, die zur Verhärtung in den Positionen führt.
2. Debatte und Polemik
   Polarisierung im Denken, Fühlen und Wollen.
3. Taten statt Worte
   Strategien der vollendeten Tatsachen, da Worte nicht zum Ziel führen, werden durch Taten Fakten geschaffen.
4. Images und Koalitionen
   Die Parteien manövrieren sich zunehmend in die Position von negativen Rollen. Über die Entwicklung von Feindbildern versuchen die Parteien Koalitionen zu bilden.
5. Gesichtsverlust
   Die Parteien greifen zum Mittel der öffentlichen Kränkung und Beleidigung. Es kommt zu inszenierten Demaskierungen.
6. Drohstrategien
   Die Parteien versuchen ihre Forderungen mit Drohungen durchzusetzen. Die Parteien zeigen einander ihr Sanktionspotential und die Drohungen werden in der Regel mit Gegendrohungen beantwortet.
7. Begrenzte Vernichtungsschläge
   Drohungen werden jetzt in die Tat umgesetzt und es kommt zum Verlust an zwischenmenschlicher Qualität zwischen den Konfliktparteien.
8. Zersplitterung
   Schlag und Gegenschlag nehmen an Heftigkeit zu. Das feindliche System wird zersplittert und zerstört.
9. Gemeinsam in den Abgrund
   Die feindlichen Parteien sehen keinen Weg mehr zurück. Eine totale Konfrontation zielt auf die endgültige Vernichtung des Gegners.

Im Zusammenhang mit der o. g. Eskalationsskala wird erarbeitet, dass eine weitere Unterteilung in drei Phasen sinnvoll ist.

1. *win-win* (Stufen 1-3)
   In dieser Phase der Konflikteskalation können die Konfliktparteien grundsätzlich noch ihren Konflikt selber lösen. Angemessene Methoden zur Unterstützung können Coaching oder Supervision der Parteien sein.
2. *win-lose* (Stufen 4 bis 6)
   Eine Konfliktpartei gerät in eine überlegene Position. Zur Klärung des Konfliktes bedarf es einer dritten neutralen Person, die eine moderierende Rolle übernimmt. In dieser Stufe ist Mediation eine sinnvolle Methode.
3. *lose-lose* (Stufen 7 bis 9)
   Die Parteien geraten zunehmend in einen „Kriegszustand". Die Phase der Gewalt wird erreicht. Mediative Techniken greifen nicht mehr. Der Konfliktklärer muss zu direktiven Schiedsverfahren greifen oder den direkten Machteingriff vornehmen.

Es hat sich gezeigt, dass das Diagnostikum nach Glasl auch für Lehrkräfte ein hilfreiches Instrument zur Einschätzung von Konfliktdynamiken ist. Es scheint in dem Zusammenhang auch bedeutsam zu sein, dass Teilnehmerinnen und Teilnehmer den begrenzten Einsatzbereich von mediativen Techniken kennen lernen. Deutlich wird auch, dass Mythen in vielen Schulen darüber existieren, in welchen eskalierten Konfliktstufen Mediation noch greift. Es hat sich als hilfreich erwiesen, diese Vorstellungen auf realistische Perspektiven zu reduzieren und Lehrkräfte auch zu ermutigen, wenn sie eskalierte Konflikte mit Schülern in Phase 3 (lose-lose) erleben, die Deeskalation und den direkten Machteingriff zu wählen.

Umgang mit verschiedenen Arten von Konflikten

Die persönlichen Konflikterfahrungen der Teilnehmerinnen und Teilnehmer werden in einem weiteren Schritt nach der Konflikt-Metapher des Eisbergs überprüft. Was ist der jeweilige Konfliktvordergrund, also im Sinne des Eisbergs über der Wasseroberfläche direkt sichtbar, was ist alles als Konflikthintergrund unter der Wasseroberfläche?

Wesentliches Element der konstruktiven Konfliktaustragung ist, dass die beteiligten Personen gemeinsam Verantwortung für ihr Problem übernehmen. Für die konstruktive Konfliktbearbeitung ist es notwendig, dass der Berater lernt, die verschiedenen Ebenen des Konfliktes zu unterscheiden und entsprechende Techniken zur Bearbeitung anwenden kann. Die Positionen als sichtbarer Teil des Konfliktes und die Interessen der beteiligten Parteien als Konflikthintergrund gilt es zu unterscheiden.

Interventionen sind von den jeweiligen Ursachen der Konflikte abhängig.
Hier werden in Anlehnung an Besemer (Besemer, 2001, S. 30 f) folgende fünf Konfliktarten unterschieden:

1. Sachverhaltskonflikte
   Sie beruhen auf einem Mangel an Informationen oder auf der unterschiedlichen Interpretation von Daten. Eine mögliche Intervention beruht darauf, dass die Parteien sich auf ein Verfahren zur Informationsgewinnung einigen oder dass sie einen externen Experten zur neutralen Informationsbeurteilung hinzuziehen.

2. Interessen-Konflikte
   Bei diesem Konflikttyp spielt häufig eine Konkurrenz der Konfliktparteien eine Rolle. Die Konfliktparteien können auch unterschiedliche Verfahrensinteressen verfolgen. Der Konfliktberater muss mit den beteiligten Parteien die Interessen hinter ihren Positionen erarbeiten. Bei der Bearbeitung von Interessenkonflikten sollte man die Ressourcen und Lösungsoptionen aller Parteien erweitern. Bedürfnisse müssen in besonderer Weise ernst genommen werden.

3. Beziehungskonflikte
   Dieser Konflikttyp ist durch besonders starke Emotionen der Parteien belastet. Die Parteien neigen zu Fehlwahrnehmungen und die Kommunikation ist in der

Regel sehr gestört. Bei der Bearbeitung dieses Konflikttyps ist besonders auf eine Kontrolle des Emotionsausdruckes zu achten. Häufig ist ein Einzelcoaching der Parteien angebracht. Positive Wahrnehmungen müssen aufgebaut werden und Schritte in Richtung konstruktiver Kommunikation sind zu fördern.

4. Werte-Konflikte
   Die Parteien haben unterschiedliche Lebenserfahrungen und Philosophien. Dies führt dazu, dass die Parteien Probleme in der gemeinsamen Zielfindung haben, weil ihre unterschiedlichen inneren Werthaltungen dieses ausschließen. Bei der Bearbeitung dieser Konflikte ist darauf zu achten, dass Zielperspektiven außerhalb der persönlichen Wertebildungen zu suchen sind. Durch Suchen nach übergeordneten Zielen ergeben sich meistens Lösungsansätze.

5. Struktur-Konflikte
   Dieser Konflikttyp beruht häufig auf ungleicher Macht und Autorität der beteiligten Personen innerhalb ihrer Organisation. Aufgrund von Entwicklungen der Organisation insgesamt haben sich destruktive Verhaltens- und Interaktionsmuster aufgebaut. Hier bietet sich die Rollenklärung als erster Lösungsschritt an. Häufig bietet es sich an, mit den Personen die Kontrolle über die Ressourcen innerhalb der Organisation neu zu verhandeln. Verfahren in der Organisation müssen gegebenenfalls verändert und fair gestaltet werden. Lösungen sind auch durch eine positive Veränderung der Verhandlungsstile der beteiligten Parteien möglich.

Für das Basistraining Schulmediation wird auf der Grundlage einer gründlichen Einarbeitung in die Verfahren zur Konfliktanalyse in das Verfahren der Mediation zur Konfliktbearbeitung eingeführt. Die Mediation bezeichnet ein Verfahren der Konfliktlösung, das auf der Vermittlung durch eine neutrale Person beruht, die den Lösungsprozess steuert aber keine Lösungen vorgibt. Dieses ist auch zugleich ein wesentlicher Unterschied zum Schiedsverfahren. Der Mediator, die Mediatorin benötigt einen klaren Auftrag für die Konfliktbearbeitung. Dieser teilt sich in der Regel in einen äußeren Auftrag von einer übergeordneten Instanz und in den sogenannten inneren Auftrag der Konfliktparteien selbst auf. Der innere Auftrag bezeichnet den Wunsch, freiwillig an der kooperativen Konfliktlösungssuche mitzuarbeiten. Der Berater ist in seiner Rolle der Prozessverantwortliche, die Medianden bleiben aber verantwortlich für die gemeinsame Lösungssuche.

Das Verfahren der Mediation

Das Verfahren hat fünf klar gegliederte Bearbeitungsphasen, die im Training erarbeitet werden. In den Phasen sind definierte Ziele zu erreichen. Der Mediator, die Mediatorin steuert diesen Prozess deutlich und wendet je nach Phase auch unterschiedliche Gesprächstechniken an. Phasen der Mediation lassen sich wie folgt beschreiben (Besemer, 2001, S. 56 ff):

0. Vorphase
   In dieser Phase muss der/die Mediator/in sich den Auftrag zur Mediation von den Beteiligten holen. Die Kontaktaufnahme, die bei Mediation in der Regel sehr sensibel ist, findet hier statt. Informationen über das Umfeld müssen gewonnen werden. Das Verfahren und die Rahmenbedingungen werden mit den Beteiligten geklärt.

1. Einleitung
   Mit der Einleitung beginnt das eigentliche Mediationsverfahren, weil hier die Parteien erstmalig an einen Tisch kommen. Es wird für eine konstruktive Atmosphäre gesorgt, der bisherige Stand wird erfragt und mit den Beteiligten werden die Regeln des Verfahrens abgesprochen. Wichtig ist, dass die Kontrahenten sich an dieser Stelle auf das Verfahren einlassen und die Modalitäten geklärt sind.

2. Sichtweise der Konfliktparteien
   Die Konfliktparteien erhalten jeweils die Gelegenheit, den Konflikt aus ihrer Sicht zu schildern. Der Konfliktberater hört aktiv zu, schafft eine aufmerksame Atmosphäre und fokussiert noch einmal die zentralen Konfliktpunkte. Er erarbeitet mit den Parteien die Agenda. Wichtig für den Prozess ist, dass der Mediator/die Mediatorin in dieser Phase sich die „Oberhand“ sichert.

3. Konflikterhellung und Vertiefung
   In der Reihenfolge der verabredeten Agenda wird der jeweilige Konflikthintergrund erarbeitet. Die bis hierhin verborgenen Gefühle und Interessen werden offenbart. Nach der Erarbeitung der hinter den Positionen verborgenen Gefühle werden Wünsche und Idealvorstellungen der Parteien erarbeitet. Phase drei ist das sensible Nadelöhr, durch das in jeder Mediation geschickt und gefühlvoll hindurchmoderiert werden muss.

4. Phase der Problemlösungen
   An dieser Stelle des Prozesses hat der Moderator die Aufgabe zur kreativen und noch unbewerteten Problemlösung anzuleiten. Ein direkter Kontakt zwischen den beiden Parteien ist in der Regel hergestellt. Nach der Methode des Brainstormings kommt es zur Ideensammlung. Diese bleibt im ersten Schritt unbewertet. Erst danach entwickelt die Moderatorin, der Moderator Kriterien zur Bewertung und arbeitet einen Pool an Lösungsideen mit den Mediandentheraus.

5. Phase der Übereinkunft
   Aus dem Lösungspool kommt es zu einer gezielten Auswahl durch die Mediandenden. Der Berater prüft mit ihnen die Stabilität und die Realisierungschancen des ausgewählten Lösungsansatzes. Eine Übereinkunft wird schriftlich vereinbart und ein Termin zur Erfolgskontrolle festgehalten.

Nach einem definierten Zeitraum wird mit dem Mediator/der Mediatorin geprüft, ob die Verabredungen des Vertrags auch auf der Handlungsebene umgesetzt werden.

Für den Einstieg in die Techniken der Mediation ist eine gründliche Einarbeitung in die Methode des aktiven Zuhörens notwendig. Es gilt weiter zu erfahren, wie man die Konfliktparteien zur Darstellung ihrer Sichtweisen ermuntert, wie es gelingt, die Aufmerksamkeit der Konfliktparteien für die Darstellung der jeweiligen anderen Seite zu gewinnen und wie man wichtige Botschaften, zwischen den Zeilen und non-verbal gesendet, herausfiltert. Ebenso wird das Formulieren von Ich-Botschaften als Grundfertigkeit vermittelt. Für die Phase der Konfliktbearbeitung werden Fragetechniken erworben. Hier geht es um die Fähigkeiten, das subjektive Konflikterleben der Konfliktparteien zu Tage zu fördern. Es gehören Techniken wie die Konkretisierung, das Arbeiten mit Metaphern oder auch die Technik des Doppelns dazu. Für die Phase der Problemlösung werden kreative Methoden wie Brainstorming, das Rollenverhandeln oder Methoden der lösungsorientierten Fragetechnik geübt.

Im Basistraining werden die Fähigkeiten zur Konfliktmoderation an vorgegebenen Fällen oder auch am Beispiel selbst eingebrachter schulischer Konflikte erprobt. Bewährt hat sich, bei den Trainings das Mediationsverfahren in Teams zu bearbeiten. Die Mediatoren beraten sich vor den Rollenspielen und werden während des ganzen Vorgangs vom Trainer gecoacht. Auch die Konfliktparteien arbeiten in Teams. In den Erprobungsphasen mediieren die Teilnehmer Konflikte zwischen Schülern, zwischen Schülern und Lehrern und zwischen Erwachsenen. Die Erfahrung zeigt, dass es wichtig ist, auch die Grenzen des Verfahrens kennen zu lernen, auch dass Mediation schwierig wird, wenn es hierarchische Unterschiede zwischen den Konfliktparteien gibt. Für Lehrkräfte sind die Rollenspielerfahrungen äußerst wichtig, um in der Ausbildungsgruppe immer wieder den Unterschied zwischen Lehrerverhalten und der Rolle eines neutralen Konfliktmoderators zu reflektieren.

Teilnehmerinnen und Teilnehmer der Trainings erproben begleitend die erworbenen kommunikativen Kenntnisse in ihrem schulischen Arbeitsfeld. Hierbei lassen sich schnell Erfolge erzielen. Eine umfassende Evaluation der Umsetzung der Mediation ist erst zu einem späteren Zeitpunkt möglich.

Der letzte Baustein des Basistrainings beinhaltet die Implementierung von Mediation in der Schule. Dieses ist im Basistraining nur ein kleiner Baustein. Er orientiert sich an den Erfahrungen, die H. Rademacher und K. Faller u. a. in dem Pilotprojekt „Mediation und Schulprogramm" in Hessen gemacht haben (Faller, 1998, S. 199 ff). Die Einführung von Schulmediation wird als Schulentwicklungsprozess in sieben Schritten beschrieben. Das Sieben-Schritte-Programm ist wie folgt festgelegt:

1. Schritt: Vorphase
2. Schritt: Basistraining
3. Schritt: Systemdesign
4. Schritt: Erprobung

5. Schritt: Schulprogramm
6. Schritt: Vernetzung
7. Schritt: Evaluation

Hieran können Teilnehmerinnen und Teilnehmer erkennen, dass das Basistraining ein einzelner Baustein im Rahmen eines Schulentwicklungsprogramms ist. Für den möglichen Schulentwicklungsprozess sind o. g. Modelle, sowie ein Berater, der bei der Prozesssteuerung hilft, notwendig. Die Fortbildungsteilnehmer können die erworbenen Fertigkeiten z. B. auch in einem Sozialtraining mit ihren Schulklassen erproben. Ein Schulentwicklungsprozess kann von hieraus angestoßen werden, allerdings sind weitere Prozessschritte und Fortbildungen für die Schule notwendig. Als Orientierungsrahmen für den Entwicklungsprozess bietet sich das Hexagon der Konfliktbearbeitung an (Faller, 1998). Über die sechs Punkte, die im Hexagon miteinander verknüpft sind,

1. Intervention
2. Prävention
3. Kompetenzen
4. Schlüsselpersonen
5. Unterstützungssysteme
6. Implementierung,

lassen sich im Sinne eines diagnostischen Prozesses Fragen zur Ausgangssituation der Konfliktkultur an der Schule stellen und weitere Bearbeitungsschritte planen. Das Basistraining mündet nicht zwingend in einen Schulentwicklungsprozess. Den Teilnehmern wird nach etwa vier Monaten eine Evaluationstagung angeboten. Sie werden hierbei befragt, welche Teile des Trainings sie umsetzen konnten, wo es Schwierigkeiten gab und welche weiteren Bausteine sie eventuell für eine Weiterarbeit an ihrer Schule benötigen.

Einige Kursteilnehmer haben sich darauf beschränkt, die Mediation als reines Klassenprogramm umzusetzen, andere haben sich für einen Vertiefungskurs in ihrer alten Ausbildungsgruppe entschieden, um ein Schulprojekt zur Mediation durchzuführen. Fast alle Teilnehmerinnen und Teilnehmer der Evaluation berichteten relevante Veränderungen im Umgang mit Konflikten in ihren Klassen. Besonders fruchtbar war für die Lehrkräfte der Anteil an Selbsterfahrung und Reflexion des eigenen Konfliktverhaltens. Wo sich Ansätze zur Schulentwicklung gezeigt haben, nahmen auch größere Teile des Kollegiums an Trainings zur Schulmediation teil, oder in Einzelfällen hat sogar ein ganzes Kollegium ein Basistraining gebucht.

Schulpsychologen und Schulpsychologinnen als externe Mediatoren bei der Bearbeitung innerschulischer Konflikte

Eine zweite Lösungsrichtung besteht darin, dass Schulpsychologen und Schulpsychologinnen als Mediatoren bei der schulischen Konfliktbearbeitung als Externe Unterstützung leisten. Im Mediationsverfahren holt sich der Mediator stets zunächst den „äußeren Auftrag“. Dieser wird in der Regel von Schulleitungen erteilt. Ist allerdings die Schulleitung involviert und der Konflikt weiter eskaliert, dann wird der Auftrag aus der Ebene der Schulaufsicht erteilt. In diesem Fall sind es dann sehr weit eskalierte Konflikte, die ganze Abläufe und die Zusammenarbeit im Kollegium lahm legen können. Der dezidierte und in der Regel auch schriftlich fixierte Auftrag zur Mediation regelt die weiteren Modalitäten des Verfahrens. Dazu gehört eine umfassende Information über die Ausgangslage und der Verzicht der Leitung auf Machteingriffe während des Verfahrens.

Wenn die Rahmenbedingungen für die Mediation mit dem Auftraggeber geklärt sind, nimmt der Mediator/die Mediatorin Kontakt zu den Konfliktparteien auf und holt sich den sogenannten „inneren Auftrag". Er beinhaltet die freiwillige Mitarbeit der Medianden und die Anerkennung der gängigen Standards des Mediationsverfahrens. Je nach Komplexität der Situation, der Anzahl beteiligter Personen und auch Dauer der Eskalation lassen sich unterschiedliche Mediationspläne erstellen. Diese Pläne legen die Settings und die verschiedenen Phasen fest. Der Mediationsplan gibt den Medianden eine Transparenz im Verfahren. Die von den Konfliktberatern durchgeführten Mediationen dauern in der Regel längere Zeit. Die Mediatorin/der Mediator stellt den Fall in der Supervisionsgruppe vor und so kann nach kollegialer Supervision im Verfahren noch nachgesteuert werden. In den kollegialen Besprechungen zeigt sich immer wieder, dass die unbedingte Neutralität für den Mediator gewährleistet sein muss. War er schon im Vorfeld in einer anderen Rolle involviert, ist das nicht gewährleistet. Die schulischen Konflikte, in die die Schulaufsicht involviert ist, haben in der Regel einen hohen Eskalationsgrad. Hier ist in der Supervision genau zu prüfen, ob es sich überhaupt noch um einen Fall für Mediation handelt. Nicht selten wird deutlich, dass in dieser Stufe nur noch der Machteingriff durch die Aufsicht einen Lösungsweg bietet. Um diese Prozesse zu erkennen und zu reflektieren, ist die Arbeit im kollegialen Team hilfreich. Der Mediator/die Mediatorin arbeitet dann nach dem normalen Ablauf für Mediation, wie es weiter oben beschrieben worden ist. Eine erste mögliche Bruchstelle ist die Aufstellung der Agenda mit den Konfliktparteien. Im Schulbereich überlappen sich stark die Beziehungsanteile und die strukturellen Anteile des Konfliktgeschehens. Auch gibt es bei den Personen, die über große Zeiträume zusammen arbeiten, eine Tendenz zur Verlagerung des Konfliktgeschehens in ganz frühe Zeiten. Hier müssen die Mediatoren bei der Aufstellung der Agenda gut strukturieren und für eine straffe „Oberhandsicherung" sorgen. Die Abgrenzung der Beraterrolle zum schulpsychologischen Mediator ist wichtig. Nach den Standards der Mediation sind Abbruchkriterien definiert. Es kommt häufiger vor, dass aus dem Verhalten der Konfliktbeteiligten oder aus dem Verhalten des äußeren Auftraggebers ein Mediationsabbruch erfolgen muss. Dieser Schritt ist schwierig und bedarf auch der supervidierenden Reflexion im Team. Der Abbruch muss gut begründet sein und auch schriftlich mitgeteilt werden. Im Falle des Mediationsabbruchs ist dafür zu sorgen, dass eine Konfliktbearbeitung an anderer Stelle geschieht. Bei Konflikten mit Lehrkräften gibt es z. B. im Bereich Hannover eine Schlichtungsstelle, die mit Lösungsvorschlägen von außen Konfliktregelung probiert. In der Regel aber ist dann der Machteingriff durch Schulleitung oder Schulaufsicht der nächste Schritt. Hierfür bedarf es der sauberen

Abgabe des Verfahrens und der klaren Rollentrennung des schulpsychologischen Mediators vom Strang der Schulaufsicht oder der Schulleitung.

Die Mediationsarbeit bei Schulkonflikten im Team hat zu folgenden wesentlichen Ergebnissen geführt:

Unbearbeitete Konflikte im Kollegium oder mit der Leitung führen nicht selten zur Blockierung von Schulentwicklungsprozessen. Eine erfolgreiche Mediation kann dann zu einem Prozess zur Fortentwicklung der Organisation führen. Manchmal sind auch Konflikte zwischen den Personen mit strukturellen Konflikten in einer Gemengelage der Organisation miteinander verknüpft. Für diesen Fall muss die Mediation zwischen den beiden Personen in einen Entwicklungsprozess für die gesamte Schule einmünden.

Lehrerinnen und Lehrer sind in ihrem Konfliktverhalten ein Vorbild für die Schüler. Eine erfolgreiche Mediation auf der Lehrerebene kann deshalb ein positives Signal für die Konfliktbearbeitung auf der Schülerebene sein. Ungünstig und kontraproduktiv ist hingegen, wenn man Schüler zunächst in Konfliktregulierung trainiert und die bestehenden Konflikte auf der Kollegiumsebene nicht in transparenten und lösungsorientierten Verfahren bearbeitet.

Das Buddy-Projekt

Auf dem Fortbildungsmarkt werden verschiedene Programme angeboten, mit denen externe Fachleute soziale Trainings mit Schülern durchführen. Hierzu gehört zum Beispiel das Projekt „Lions Quest". Alle diese Ansätze gehen den Weg über die Vermittlung durch Lehrkräfte. Weitgehend ungenutzt bleiben hier die aktuell vorhandenen sozialen Kompetenzen der Schülerinnen und Schüler. Aus diesem Grund unterstützt die niedersächsische Schulpsychologie ein Projekt, das die Eigenaktivität der Schüler im sozialen Kompetenzbereich fördert und das Konzept der Peergroup-Education beachtet. Die Gleichaltrigen sind für Schüler wichtig bei der Entwicklung ihrer Lebens- und Wertorientierungen, sie sind soziale Modelle, die die Identitätsbildung beeinflussen. An diesem Punkt setzt das Buddy-Projekt an (vgl. Faller & Kneip, 2002, ebenda). Die Buddy-Idee geht davon aus, dass Schülerinnen und Schüler für viele soziale Bereiche an ihrer Schule selbst Verantwortung übernehmen können. Sie müssen jedoch von den Lehrkräften dabei unterstützt werden, und die Schule als Organisation muss die notwendigen Rahmenbedingungen und Strukturen bereithalten.

Das Projekt „Buddy" ist 1999 von der Vodafon-Stiftung Deutschland ins Leben gerufen worden. In der Folge wurden Arbeitsmaterialien entwickelt, Fortbildungen für Lehrkräfte durchgeführt, Trainer als Multiplikatoren ausgebildet und einzelne Projekte an Schulen unterstützt und begleitet. Den Kern des Projektes für die einzelne Schule bildet eine Gruppe von Schülerinnen und Schülern, die besondere Verantwortung für soziale Lernprozesse an ihrer Schule übernehmen. Buddy kann man übersetzen als „Kamerad", „Kumpel", „Schulfreund" oder auch als „Vertrauensschüler". Bei den sogenannten Klassenbuddys kommt jeweils ein Schüler oder eine Schülerin aus jeder Schulklasse in die Buddy-Gruppe. Diese Klassenbuddys haben eine wichtige Funktion als „Sensoren" für das soziale Klima. Sie achten darauf, ob es Mobbingfälle in ihren Klassen gibt, ob Mitschüler ausgegrenzt werden, ob Streit oder andere Auffälligkeiten zu verzeichnen sind. Die Buddy-Schüler

- trösten und bieten erste Hilfe an,
- vermitteln an andere Berater,
- sprechen Probleme in ihren Klassen aktiv an,
- deeskalieren in Konfliktfällen, bis Lehrkräfte professionell eingreifen können.

Die Buddy-Schüler arbeiten in einer Gruppe über einen längeren Zeitraum zusammen und werden von zwei Lehrkräften betreut, die als Coaches bezeichnet werden. Die Lehrkräfte betreuen eine Gruppe von bis zu vierzehn Buddy-Schülern. Sie sind für die Gruppe Trainer, Berater und Vertrauensperson zugleich. In den Fortbildungen zum Buddy-Projekt in Niedersachsen haben sich in der Coach-Rolle Beratungslehrkräfte und Schulsozialarbeiter und Schulsozialarbeiterinnen besonders bewährt. Die als Coach ausgewählten Lehrkräfte erhalten ein Training für ihre Arbeit mit der Buddy-Gruppe. Danach stellen sie die Buddy-Gruppe für ihre Schule zusammen und führen mit den Schülern ein Basistraining durch. Die wesentlichen Bausteine des Trainings für die Schülerinnen und Schüler sind

- interpersonelle Wahrnehmung und Selbst-Wahrnehmung,
- Kommunikation und Gesprächsführung,
- Gruppenprozesse und Gruppenentwicklung, Erarbeitung der Themen Streit, Schulverweigerung und Umgang mit Gewalt,
- Kontakte und Zusammenarbeit mit externen Beratern.

Nach dem Basistraining für die Schülerinnen und Schüler werden die Buddys von zwei Coach-Lehrkräften im Rahmen einer Arbeitsgemeinschaft betreut. Der Aufbau eines Buddy-Projektes wird in der Regel auch als Schulentwicklungsprozess begleitet.

Folgende Schritte sind beim Aufbau eines Buddy-Projektes zu beachten:

1. Das gesamte Kollegium wird über das Konzept informiert.
2. Die Schule entscheidet sich für die Durchführung eines Buddy-Projektes und stellt die notwendigen Ressourcen bereit.
3. Mindestens zwei Lehrkräfte werden für die Coach-Ausbildung ausgewählt.
4. Die Lehrkräfte werden im Rahmen eines Trainings zum Coach qualifiziert.
5. Die Schule legt die Kriterien für die Buddy-Auswahl fest und stellt mindestens eine AG-Stunde bereit.
6. Die Schwerpunkte für die Buddy-Arbeit werden erarbeitet.
7. Die Coach-Lehrkräfte führen ein etwa 20-stündiges Basistraining mit den Schülern durch.
8. Die Schülerinnen und Schüler werden in der Buddy-AG von mindestens einer Coach-Lehrkraft weiter betreut.
9. Das Buddy-Projekt wird in das Konzept der Schule aufgenommen und implementiert.

Als Pilotprojekt ist dieses Konzept mit einigen Schulen durchgeführt worden. Die Fortbildungsbausteine wurden im Rahmen meiner schulpsychologischen Tätigkeit angeboten. Daraus hat sich ein landesweites Projekt (Niedersachsen) zur Prävention entwickelt. Unter dem Titel „Mach mit! Verantwortung lernen“ bietet das Land Niedersachsen in Kooperation mit dem buddY E.V. ein Projekt zur Einführung des Buddy-Konzeptes für 100 Schulen an. Für dieses Projekt wurden 15 niedersächsische Schulpsychologinnen und Schulpsychologen mit Unterstützung der Vodafone-Stiftung Deutschland weiterqualifiziert. Für die Durchführung des Projektes wurde beim Kultusministerium eine Steuergruppe installiert, in der die Schulpsychologie und der externe Anbieter buddy E.V. vertreten ist. Von hier aus wird das landesweite Projekt gesteuert. Die Trainings für die Coach-Lehrkräfte werden von Trainern des buddY E.V. durchgeführt. Zehn niedersächsische Schulpsychologinnen und Schulpsychologen werden die 100 Projektschulen in Regionalgruppen betreuen. Sie leiten die Projektsupervision für die Coach-Lehrkräfte und begleiten bei der Implementierung in das jeweilige Schulkonzept. Neu ist bei diesem landesweiten Projekt, dass die niedersächsische staatliche Schulpsychologie mit einem externen Anbieter und Sponsor kooperiert. Die Projektbegleitung, in die auch Beauftragte für Gewaltprävention eingebunden sind, soll über zwei Jahre erfolgen. Dieses Präventionsprojekt wird extern von einer Universität evaluiert. Schulpsychologinnen und Schulpsychologen bringen bei diesem Buddy-Projekt mit 100 Schulen unterschiedliche Kompetenzen und Schwerpunkte ein. Sie haben Erfahrungen mit der Unterstützung von Schulen bei der Schulentwicklung. Der Erfolg des Buddy-Projektes hängt auch wesentlich davon ab, ob es gelingt, dieses schülerzentrierte Konzept in den Entwicklungsprozess der jeweiligen Schule einzubinden.

Die Schulpsychologie hat Erfahrungen mit der Einführung von Sozialtrainings in Schulen, sie hat in Niedersachsen umfangreiche Erfahrungen in der Ausbildung von Klassenlehrkräften und in der Weiterbildung von Beratungslehrkräften. Diese Erfahrungen und Kompetenzen werden im Projekt-Buddy für Qualifizierungsbausteine und Implementierung von sozialem Lernen in den jeweiligen Schulen genutzt. Das endgültige Gelingen des Projektes, das in 2006 beginnt, hängt aber auch von der Kooperationsstruktur zwischen externem Anbieter und der staatlichen Schulpsychologie ab.

Zusammenfassung

Eine nachhaltige Gewaltprävention in Schulen muß an der Verbesserung der schulischen Konfliktkultur ansetzen. Die Ebene der Schüler und auch die Ebene der Lehrkräfte ist in die Konzeption einzubeziehen. In einem Basistraining Schulmediation ist ein Weg aufgezeigt, wie Lehrkräfte eine effektive Verbesserung ihrer Handlungskompetenz im Umgang mit Konflikten erwerben können. Die Klärung eskalierter innerschulischer Konflikte leistet Schulpsychologie im Rahmen der Arbeit eines Teams zur Mediation. Mit dem Buddy-Projekt wird eine dritte Lösungsrichtung auf der Ebene der Schüler aufgezeigt. Schüler erwerben soziale Handlungskompetenz und werden systematisch zur Übernahme von sozialer Verantwortung in ihrer Schule angeleitet. Die Schule erfährt mit dem Projekt einen Weg zu Schulentwicklung durch externe Projektbegleitung.

7.8 Schul- und Leistungsangst begegnen

Bernhard Sieland

Zum Thema Angst bzw. Leistungsangst gibt es eine Fülle von Darstellungen (vgl. Steinhausen & von Aster, 1999; Schwarzer, 2000; Rost & Schermer, 2001; Hoyer & Margraf, 2003) sowie Internetforen (s. u. Linkliste). Angesichts der Verschiedenartigkeit von Motiven und Bedürfnissen, deren Bedrohung potentiell Angst auslösen kann, sollen zunächst allgemeine Grundlagen der Angstpsychologie und danach zentrale Aspekte von Schul- und Leistungsangst genauer beschrieben werden.

Angst: Definition, Prozess, Funktionen und Folgen

Definition: Angst ist eine kognitive, emotionale und körperliche Reaktion auf eine Gefahrensituation bzw. auf die Erwartung einer Gefahren- oder Bedrohungssituation. Zu den *kognitiven* Merkmalen gehören subjektive Bewertungsprozesse und auf die eigene Person bezogene Gedanken. *Emotionales* Merkmal ist die als unangenehm erlebte Erregung, die sich auch in physiologischen Veränderungen manifestieren und mit Verhaltensänderungen einhergehen kann (vgl. Hackfort & Schwenkmetzger, 1985).

Angst als Zustand: Das erste kognitive Merkmal akuter Angst sind demnach subjektive Bewertungsprozesse (vgl. **Abb. 7.6**), d. h. die Person überlegt, ob eine Situation (S) relevante Risiken enthält und ihr Eingreifen erfordert. Wenn sie dies bejaht, prüft sie, ob es Handlungsmittel (H) gibt, die sie einsetzen kann (Selbstwirksamkeit), die zielgerichtet ein Ergebnis (E) herbeiführen (Ergebniserwartung) und mit ihrem Selbstkonzept vereinbar sind (Selbstkonkordanz) und ob die langfristigen Folgen (F) in der Summe überwiegend wünschbar und mit den ihr möglichen Mitteln realisierbar sind. Falls sie sich angesichts einer als gefährlich bewerteten Situation hilflos fühlt, steigert das ihre Angst. Diese Bewertungsprozesse können durch Fehler erster Ordnung (eine reale Gefahr leugnen) und durch Fehler zweiter Ordnung (eine irreale Gefahr annehmen) belastet sein. Daher kann ein Mangel an Angst ebenso wie ein Angstüberschuss pathologisch wirken. Angst kann außerdem die Folge oder Quelle von Hilflosigkeitserfahrungen sein.

Das zweite kognitive Merkmal ist eine *erhöhte Selbstaufmerksamkeit.* Nach Schwarzer (2000) konzentriert sich die Person im Zustand der Angst auf ihre körperlichen Empfindungen und auf ihre Stimmungen, Gefühle, Motive, Einstellungen, Phantasien. Dies erlebt sie als gesteigerte *Aufgeregtheit (= emotionality).* Gleichzeitig reflektiert sie mögliche Gefahren im Umgang mit der Situation und sieht und bewertet sich mit den kritischen Augen relevanter Bezugspersonen. Dies steigert die *Besorgnis (= worry)* der Person. Besorgnis und Aufgeregtheit lenken ihre Aufmerksamkeit auf situationsirrelevante Faktoren und reduzieren so die unter günstigeren Umständen verfügbare Fähigkeit zu rationalen Reaktionen.

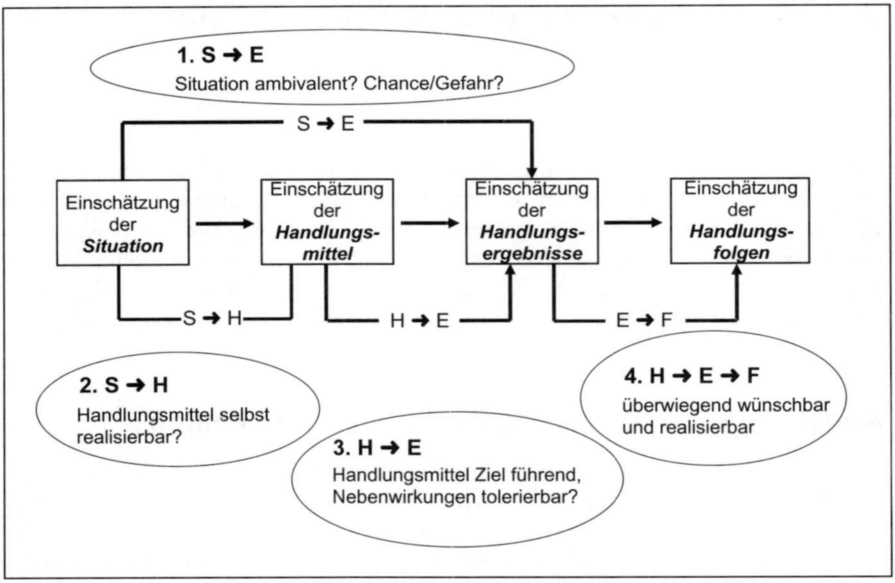

Abb. 7.6: Angst als Reaktion auf eine erwartete Gefahr oder verpasste Chance (modifiziert nach Rheinberg (2000))

Personen in akuter Angst stehen damit vor einer Doppelaufgabe: Sie müssen ihre Erregung regulieren und das anstehende Sachproblem lösen. Beide Ziele blockieren sich oft gegenseitig und führen zu einem innerpsychischen kognitiv-emotionalen Teufelskreis (vgl. **Abb.** 7.7), wobei die Aufmerksamkeit beliebig zwischen den Aktivitäten hin und her springt.

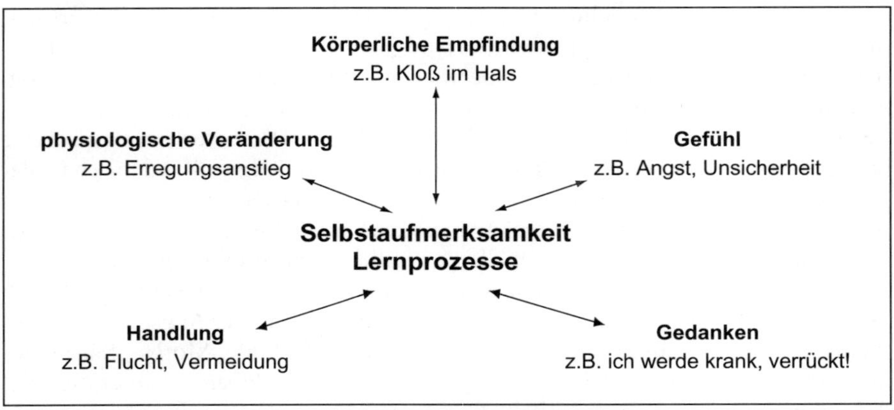

Abb. 7.7: Teufelskreismodell der Angst (modifiziert nach Margraf (2000))

Die *emotionale Komponente* besteht in einer unlustbetonten physiologischen Veränderung, die die Selbstaufmerksamkeit der Person erhöht und mit *körperlichen Empfindungen* einhergeht. Das generalisierte Aktivierungssyndrom führt zu physiologischen Veränderungen, verbunden mit Körperempfindungen wie zum Beispiel Globusgefühlen („Kloß im Hals"), Herzrasen oder Schwitzen. *Handlungsbezogen* reagiert die Person bei phobischen Angststörungen mit Flucht oder Vermeidung der Angst auslösenden Situation. Diese Bewältigungsstrategie ist zwar wirksam zur Regulierung der unlustbetonten Erregung, löst aber nicht das eigentliche Problem. Erkennt die Person, dass Flucht oder Vermeidung ungeeignet sind, so verbleibt sie im Angstzirkel, bis ihr eine akzeptable Lösung einfällt oder ihre Aufmerksamkeit durch den laufenden Ereignisstrom anderweitig konzentriert wird oder sich die Problemlage von außen löst.

Menschen unterscheiden sich in ihrer Angstbereitschaft und Angstverarbeitung

Hochängstliche Personen neigen im Unterschied zu niedrig ängstlichen allgemein dazu, auf Situationen häufiger, stärker und anhaltender mit Angst zu reagieren. Die Art der Angstverarbeitung unterscheidet zwischen „repressing" (wenn Erwartungsängste unterdrückt und erst im akuten Fall bearbeitet werden) und „sensitizing" (wenn Erwartungsängste früh und intensiv durchlebt werden). Beide Bewältigungsstile haben ihre Vor- und Nachteile (vgl. Krohne, 1996). Während „Sensitizer" unter erhöhtem Stresspegel nach geeigneten Lösungen suchen und gleichzeitig deren Nebenwirkungen analysieren, lassen die „Represser" die Situation bei geringerem Stressniveau in Ruhe auf sich zukommen und reagieren nach einer nur kurzen Reflexionsphase.

Positive und negative Funktionen von Angst

Angst ist ähnlich wie Schmerz oder Stress zunächst ein unverzichtbares funktionales Signal. Sie „erinnert" die Person daran, was ihr wichtig ist, informiert sie über eine Bedrohung und drängt den Betroffenen, sich proaktiv damit auseinander zu setzen. Darüber hinaus bereitet sie die Erkenntnis vor, eigene Grenzen wahrzunehmen und zu akzeptieren.

Diese positiven Funktionen können sich in zwei Richtungen dysfunktional entwickeln: in Angstüberschuss und in Angstmangel.

Von pathologischem Angstüberschuss ist zu sprechen, wenn die Ängste „ohne angemessenen Grund auftreten, übertrieben stark oder anhaltend sind, mit starken Leiden oder Beeinträchtigungen einhergehen und nicht mehr kontrolliert werden können" (Margraf & Schneider, 2003, S. 13).

Um pathologischen Angstmangel handelt es sich, wenn die notwendige Besorgnis über selbst- und fremdschädigende bzw. risikoreiche Verhaltensmuster und ihre Folgen fehlt und deshalb überfällige Korrekturen unterbleiben, etwa in der sozialen Interaktion, im Straßenverkehr, in Bezug auf Pflichten und Verantwortungen oder die eigene Gesundheit. Die langfristigen Folgen zu geringer Angst bzw. infolge „Gleichgültigkeit" sind zweifellos ebenso negativ wie die von Angstüberschuss!

Kurzfristige Effekte akuter Angst

Die kurzfristigen Effekte akuter Angst sind dieselben wie bei akutem Stress (vgl. Schwarzer, 2000): Die Wahrnehmung ist oft so stark fokussiert, dass andere relevante Reize der Umwelt ignoriert werden („Tunnelblick“). Empathie, Interaktionen und die konstruktive Bewältigung von Aufgaben werden eingeschränkt, weil der Zugriff auf das Wissen im Langzeitspeicher behindert bzw. emotionsspezifisch gefiltert wird. Die Risiken problematischen Bewältigungsverhaltens wie irrationale Gedanken, einseitige Deutungen und Attributionen, aber auch das Ausweichen auf nebenwirkungsreiche Handlungsmuster (Alkohol, Drogen, Aggressionen…) steigen.

Langfristige Effekte immer wiederkehrender Angst

Im Zustand der Angst wird an den fünf kritischen Stellen des Teufelskreises (**Abb. 7.7**) besonders nachhaltig gelernt – mit gravierenden mittel- und langfristigen Folgen, wenn die Angstsituation über einen längeren Zeitraum wiederholt eintritt (von traumatischen Erlebnissen sei hier abgesehen): Angst induzierende Gedanken werden automatisiert, mit Körperempfindungen, Wahrnehmungsreaktionen und Verhaltensmustern konditioniert und können sich von dem ursprünglich Angst auslösenden Ereignis abspalten (Erwartungsängste, Panikattacken, frei flottierende Angst). Dies macht es dem Betroffenen immer weniger möglich, seine Angst zu erklären, zu reduzieren oder zu bewältigen.

Langfristig führt dies zu irrationalen Überzeugungen (z. B. „Ich darf keine Schwächen zeigen.“) und zu Hilflosigkeitsgefühlen („Mir kann doch keiner helfen.“ – „Ich komme da nie raus.“). Problematisch sind auf Dauer auch selbst- und fremdschädigende Versuche der Abwehr von empfundenen Bedrohungen. Jedes Verhalten oder Mittel, das sich als hilfreich erwiesen hat, den unlustbetonten Erregungsanstieg zu dämpfen oder die selbstwertbedrohliche Situation zu entschärfen (Imponiergehabe, Aggression, Vermeidung, Verleugnung usw.), kann süchtig entarten. Denn potentiell kann es generalisieren und auch in anderen stressreichen Situationen funktional eingesetzt werden. Derartiges Ausweichverhalten verhindert zudem, dass Kompetenzen zum entwicklungsfördernden Umgang mit konflikthaften Situationen geübt und gelernt und Erfahrungen der Selbstwirksamkeit in der konstruktiven Problembewältigung gemacht werden. Sofern das Ausweichverhalten als einigermaßen entlastend erlebt wird, kann dies einen Motivationsverlust bedeuten, sich mit der Lösung des eigentlichen Sachproblems zu befassen. Verzögerte, inadäquate oder unterlassene Problemlösungen führen ihrerseits zu Folgeproblemen und Ängsten, die dann wieder mit dem „bewährten“ Mittel bekämpft werden („Mehr desselben“). Zusätzlich kann die Bewältigung der übrigen Aufgaben aus dem Rollenhaushalt massiv beeinträchtigt werden, so dass es zu Verhaltensproblemen auch in anderen Bereichen kommt (Leistungsangst ⇨ Schulangst ⇨ soziale Phobie). Wird diese eskalierende Belastung nicht therapeutisch bearbeitet, „kommt es oft zu einer ‚Abwärtsspirale‘, an deren Ende Depressionen, Alkoholabhängigkeit, Medikamentenmissbrauch und eine um bis zu 20mal erhöhte Suizidgefahr stehen können“ (Margraf & Schneider, 2003, S. 3).

Taxonomie und Prävalenz

Ängste gehören zu den am häufigsten vorkommenden Störungen. Die EDSP-Studie (= early developmental stages of psychopathology), eine über fünf Jahre angelegte repräsentative Verlaufsstudie bei 3 021 Jugendlichen im Alter von 14-24 Jahren aus Bayern, erbrachte bei dieser jungen Bevölkerungsgruppe folgende Lebenszeiterkrankungen (vgl. Morschitzky, 2006):

- Zwangsstörungen von 2,1 %
- Panikstörungen von 3,5 %
- generalisierte Angststörungen von 5,1 %
- Agoraphobie von 5,3 %
- Sozialphobie von 7,6 % und
- spezifische Phobien von 11,3 %.

Ihle, Esser, Schmidt und Blanz (2000) fanden in ihren Stichproben bei Kindern bis 13 Jahren eine Lebenszeitprävalenz von Angststörungen bei 7 %, von dissozialen Störungen bei 6,5 % und von hyperkinetischen Störungen bei 3,5 %.

Das diagnostisch-statistische Manual DSM IV (vgl. Saß, Wittchen & Zaudig, 1996) sowie die International Classification of Diseases ICD10 (vgl. Dilling, Mombour & Schmidt, 2000) definieren, wie die heute weltweit klassifizierten Angstformen zu diagnostizieren sind und ermöglichen damit die vergleichende Epidemiologie und Therapieforschung. Margraf und Schneider (2003) haben aus aktuellen Untersuchungen die Häufigkeit des Vorkommens (Prävalenz) verschiedener Angststörungen zusammengestellt (**Tab. 7.7**). In Spalte 2 ist die Lebenszeitprävalenz angegeben, also der Prozentanteil der Stichprobe, der im bisherigen Leben mindestens einmal die definierten Kriterien für die jeweilige Störung aufweist. Weil Personen gleichzeitig unter mehreren Angstformen leiden können (Komorbidität), ist die Prävalenz über alle Angststörungen mit 20 % geringer als die Verteilung der einzelnen Störungen.

Tab. 7.7: Epidemiologische Angaben zu den wichtigsten Angststörungen aus Margraf und Schneider (2003, S. 16)

	Lebenszeitprävalenz in Prozent der Stichproben	Therapiesuchendes Verhalten	Alter bei Störungsbeginn	Geschlechtsverhältnis
Spezifische Phobie	8,5	+	7	w > m
Sozialphobie	8,0	++	17	w = m
Agoraphobie mit und ohne Panik	5,0	+++	27	w > m
Generalisierte Angststörung	4,0	++	23	w > m
Zwangsstörung	2,5	+	26	w = m
Panikstörung ohne Agoraphobie	2,2	+++	26	w > m
Alle Angststörungen ohne Posttraumatische Belastungsstörung	20			

Die Tabelle zeigt deutliche Unterschiede in der Geschlechterverteilung sowie in der Tendenz der Betroffenen, eine Therapie aufzusuchen.

Nach Margraf und Schneider (2003) zählen angstdämpfende Pharmaka zu den häufigsten verschriebenen Medikamenten. Falls es überhaupt zur Behandlung kommt, werden rund 90 % der Betroffenen mit Psychopharmaka versorgt. Psychotherapie wird nur bei 17 % der Fälle angewendet. Zusätzlich werden damit Probleme, die sich hinter den Ängsten verbergen, oft nicht behandelt, was häufig zu einer Chronifizierung dieser Ängste führt. Vergleichbares gilt vermutlich für den Einsatz von Psychopharmaka bei Kindern.

Im Schulbereich gehören Ängste zusammen mit Depressionen zu den sogenannten internalisierenden Störungen mit einer Prävalenzrate von 5–20 % für Ängste, 2–20 % für depressive Störungen und 4–5 % für Enuresis (vgl. Prelle, 2002). Anders als externalisierende Störungen wie antisoziales Verhalten, Disziplinstörungen, Schulschwänzen usw. haben sie für die schulische Umwelt und für die Mitmenschen einen geringeren Störwert. Sie werden deshalb in ihrer Brisanz für die Entwicklung leicht übersehen bzw. toleriert, oft zu spät erkannt und behandelt (vgl. Zeller, 2005). Das macht ihre Aufdeckungsquote problematisch und damit auch die epidemiologische Datenlage schwierig, wie die hohen Schwankungsbreiten der Prävalenzraten deutlich machen.

Als Prävalenzraten für „externalisierende" Störungen mit hohem Störwert für die Mitmenschen zählen ADHS (2–10 %), Störungen mit oppositionellem Verhalten (6-10 %) sowie Störungen des Sozialverhaltens (2–6 %).

Schul- und Leistungsangst

> Will nich mehr
> „Ich bin 15 und in der 8 klasse auf ner hauptschule. ich will dort nicht merh hingehen ich möchte die schule abbrechen und einen kleinen job machen da wo man keinen abschluss braucht. ich halts dort nicht mehr aus ich wird noch ganz krank. ich hab so angst dorthinzugehen das ich atemnot krieg schwitze oder mich übergebe. könnte ich von anderen leuten die treppe putzen um geld zu verdienen?"
> www.kids-hotline.de

Diese verzweifelte Anfrage scheint der vorläufige Tiefpunkt der Angstentwicklung einer 15-jährigen Schülerin zu sein, die sich im Forum www.kids-hotline.de über verschiedene Elemente ihrer Schulangst äußert. Sie beschreibt den Prozess einer „Abwärtsspirale", berichtet, wie immer mehr ihrer Motive frustriert werden und wie aus ihrer Lernstörung eine Leistungsstörung und schließlich eine Verhaltensstörung wird.

Die Schule ist ein sozialer Ort, an dem viele Bedürfnisse, zum Beispiel nach Anerkennung, Erfolg und Selbstwertschätzung, nach Sicherheit und körperlicher Unversehrtheit, nach Kontakt und Anschluss eine Rolle spielen, und zwar auf Seiten der Schülerinnen und Schüler wie auf Seiten der Lehrkräfte. Diese Bedürfnisse können befriedigt, bedroht und frustriert werden – und das meist in einer öffentlichen Konkurrenzsituation mit Zuschauern. Schule ist darüber hinaus ein Ort, an dem die Beteiligten „mitgebrachte" Ängste, Aggressionen und Frustrationen manifestieren, deren Quellen in anderen Kontexten liegen. Alle Personen und Situationen in der Schule fungieren somit potentiell als auslösende und/oder aufrechterhaltende – oder auch löschende – Bedingungen für positive und negative Gefühle und Verhaltensweisen. Welche Verhaltensweisen Schüler bei ihren Lehrern als hilfreich bzw. ängstigend bewerten, zeigt eine aktuelle Arbeit von Schmitz, Voreck, Hermann & Rutzinger (2006); aber auch die Mitschüler sind als Auslöser oder Verstärker von Gefühlen und Verhaltensweisen zu beachten. Emotionen sind aber nicht erst im Leistungs- sondern schon im Lernprozess von entscheidender Bedeutung (vgl. Hasselhorn & Gold, 2006, 112 ff).

Schulangst bezieht sich auf alle Besorgnisse, die im weiten Kontext der Institution Schule denkbar sind. Schulangst liegt als Oberbegriff „quer" zur internationalen Klassifikation, weil praktisch alle klassischen Angstvarianten der **Tabelle 7.7** auftreten können. Das macht seine diagnostische Erfassung, die Erklärung durch relevante Bedingungsfaktoren sowie die theoriegeleitete Prävention und Intervention schwierig. Im konkreten Fall muss daher mit einer umfassenden Breitband-Diagnostik, wie zum Beispiel dem „Diagnostischen Interview bei psychischen Störungen im Kindes- und Jugendalter" (vgl. Unnewehr, Schneider & Margraf, 1995), geprüft werden, welche Störungen und spezielle Angstvarianten im Einzelnen vorliegen, wie sie entstanden sind, aufrechterhalten werden und überwunden werden können. Außerdem ist zu klären, worauf sich die Besorgnis bezieht. Geht es um Versagen, Verletzungen, Selbstwertverlust, Einsamkeit, Scham, Interaktion mit bestimmten Personen oder andere Auslöser?

Sucht man innerhalb der schulbezogenen Ängste eine relativ homogene Untermenge, so kommt man zum Konzept der Leistungsangst. Rost und Schermer definieren Leistungsangst als Stressreaktion, die „als Folge eines wahrgenommenen Ungleichgewichts zwischen selbst- und fremdgesetzten Leistungsansprüchen und der Leistungskapazität ..." (2001, S. 407) entsteht. Auch hier ist zwischen kritischem Angstüberschuss und Angstmangel zu unterscheiden.

Leistungsängstlichkeit als Persönlichkeitsmerkmal und Leistungsängste als Zustand beziehen sich auf vielgestaltige Situationen wie Prüfungen, Klassenarbeiten, sportliche Wettkämpfe und andere Aktivitäten, in denen die Gefahr von Versagen, Blamage, Strafen usw. besteht und der Verlust von Selbstwertgefühl, Anerkennung und Zuwendung oder von sozialen Beziehungen droht.

Leistungsängstlichkeit gipfelt im Extremfall in einer Leistungs- und Schulverweigerung (oft mit Wissen der Eltern) und in starken psychischen/physischen Symptomen ohne organische Ursachen (Schulverweigerung darf nicht mit Schulschwänzen ohne erhöhte Angst mit lustbetonter Alternative zum Schulbesuch verwechselt werden).

Prädisponierende und aufrechterhaltende Bedingungen für Leistungsangst

Rost und Schermer nennen sieben „Bündel" von Bedingungsfaktoren (2001, S. 407) für die Entstehung und Aufrechterhaltung von Leistungsangst, auf die sich diagnostische, therapeutische und präventive Bemühungen konzentrieren müssen:

Das Lehrerverhalten: z. B. autoritäres, dirigistisches Verhalten, Zuwendungsentzug, Tadel, Herabsetzung, Strafarbeiten (vgl. Schmitz, Voreck, Hermann & Rutzinger, 2006).

Inhalt und Vermittlung des Lehrstoffes: z. B. Unverständliche Informationsvermittlung, verwirrende sach- und lernpsychologische Strukturierung, unklare Lehrziele, mangelhaftes Feedback und fehlende Individualisierung.

Schulbezogene Fähigkeiten und Fertigkeiten: z. B. Überforderung von Intelligenz und Begabung, Schwierigkeiten bei Aufmerksamkeit und Konzentration, allgemeine oder spezifische Lernstörungen.

Schulleistungsbewertung: z. B. strenge Zensuren, ausschließlich soziale Bezugsnormorientierung, Intransparenz/Inkonsequenz von Leistungskriterien, Abwertung der Person statt Bewertung des Leistungsniveaus.

Gestaltung von Prüfungssituationen: z. B. unklare Prüfungsanforderungen, fremde Arbeitsumgebung, hoher Zeitdruck, unfaire Aufgaben.

Schüler-Schüler-Verhältnis: z. B. Rivalität und Konkurrenz, kein kooperatives Lernen, Spott, emotional destruktives Schul- oder Klassenklima.

Verhalten und Einstellung der Eltern: z. B. an Leistungserfüllung gekoppelte Zuwendung, emotionale Kälte, inkonsistentes Erziehungsverhalten, Strenge und Strafintensität, überhöhte Anforderungen, elterliches Desinteresse an Schule und Unterricht bzw. die Ablehnung von Lehrern, Fächern oder Unterrichtsstoff.

Diese Bedingungen bewirken besondere Beeinträchtigungen bei hochängstlichen Schülern im Lern- und Leistungsbereich, im Sozialverhalten und im Selbstkonzept.

Prävention und Therapie von Schul- und Leistungsangst

Zur Prävention und Therapie von Leistungsangst sind drei Strategien zu berücksichtigen:

a) vermeidbare Stressoren und Angstauslöser abbauen,
b) die emotionale Kompetenz zur Stress- und Angstbewältigung stärken und ganz besonders
c) Kompetenzen und Selbstwirksamkeitserfahrungen in kritischen Leistungsbereichen wie zum Beispiel in bestimmten Unterrichtsfächern stärken.

Entsprechende Maßnamen sollten in drei Bereichen gleichzeitig ansetzen: am Schüler selbst, am schulischen Umfeld (Lehrer, Mitschüler, Unterrichtsarrangements) sowie in der Familie. Betz und Breuninger (1998) gehen davon aus, dass sich Leistungsängste in drei Zyklen entwickeln. Im ersten Stadium werden dem Schüler Lernrückstände oder eine Beeinträchtigung der Qualität des Gelernten (Lernstörung) verglichen mit anderen Schülern bewusst, und er kann dies – trotz erhöhtem Zeit- und Lernaufwand – nicht ausgleichen (innerpsychischer Teufelskreis). Aufgeregtheit und Besorgnis lenken wie oben beschrieben die Aufmerksamkeit auf leistungsirrelevante Faktoren und behindern so die Lernleistung. Die Lernstörungen schlagen sich in schlechten Zensuren und andern Leistungsergebnissen nieder und können nicht verbessert werden (schulischer Teufelskreis). Die Leistungsstörungen werden den Beteiligten (Lehrer, Mitschüler, Familie) offensichtlich und lösen Besorgnis aus (sozialer Teufelskreis).

Je mehr deren Reaktionen den betroffenen Schüler unter Druck setzen, desto mehr steigt die Gefahr, dass es zu Verhaltensstörungen kommt. Gleichzeitig steigt die Wahrscheinlichkeit Angst induzierender Erinnerungen und Erwartungen, was die Intensität entsprechender intrapsychischer Teufelskreise erhöht.

Für die Bewältigung müssen daher alle drei Teufelskreise unterbrochen werden. Das Kind muss Selbstwirksamkeitserfahrungen auf möglichst vielen Gebieten machen, um sein Selbstbewusstsein zu stärken. Es muss lernen, aufgabenspezifische Kognitionen zu automatisieren und die angstspezifischen abzubauen. Eltern und Lehrer müssen lernen, diesen Prozess durch funktionale Verhaltensmuster und unterrichtliche/erzieherische Arrangements zu unterstützen.

Die fünf Stationen im Teufelskreis von Margraf (2000) (vgl. **Abb. 7.7**) bieten ebenfalls Ansätze zur Emotions- und Stressregulierung. Von besonderer Bedeutung ist die Aufklärung über die Wirkmechanismen dieses Teufelskreises. So wie jeder der fünf Faktoren die destruktive Dynamik erhöhen kann, kann auch jeder Faktor zur Reduktion beitragen. Physiologische Veränderungen können nicht nur mit Medikamenten, sondern auch mit Entspannungsübungen bekämpft werden: Körperempfindungen können durch Ruhebilder blockiert werden, für die Aufmerksamkeitslenkung und die Überwindung der Selbstaufmerksamkeit gibt es Übungen (Peurifoy, 1995; Fehm & Wittchen, 2004; Petermann, 1999; Hinsch & Pfingsten, 2002) und für die Stress und Angst verstärkenden Gedanken haben sich die Selbstinstruktionen von Meichenbaum (1991) bewährt.

Insgesamt verlangt wirkungsvolle Prävention und Intervention immer eine Kombination von palliativen Strategien der Stress- bzw. Erregungskontrolle sowie instrumentelle Strategien zur Stärkung der Problemlösekompetenz und zur Erfahrung von Selbstwirksamkeit.

Die folgende Tabelle nach Rost und Schermer (2001) macht die möglichen Ansatzpunkte für Diagnose sowie Prävention und Intervention deutlich.
Zu den ungünstigen stabilisierenden Reaktionen der Umwelt auf Angstreaktionen zählt sowohl stark restriktives als auch permissives Verhalten.

Anstatt auf Angstreaktionen von SchülerInnen mit Schonung oder Rücksicht zu reagieren (das wäre gleichzusetzen mit Beihilfe zu Flucht- oder Vermeidungsverhalten), sind situationsbezogene Bewältigungskompetenzen zu fördern, das Bewusstsein für deren Abrufbarkeit und Effektivität (Selbstwirksamkeitserfahrungen und -erwartungen) durch Verhaltensproben mit Erfolgserlebnissen aufzubauen und die Sorgen um negative Konsequenzen eventueller Fehlschläge zu entkatastrophisieren.

Unter dem Aspekt der Gesundheitsförderung und Ressourcenstärkung spielt in diesem Kontext *Resilienz* (vgl. Wustmann, 2004) – die psychische Widerstandsfähigkeit von Kindern gegenüber biologischen, psychologischen und psychosozi-

Tab. 7.8: Differenzielle Diagnose- und Interventionsschwerpunkte nach Rost und Schermer (2001)

Angst-auslösung	**Angst-indikatoren**	**Angst-verarbeitung**	**Angst-stabilisierung**
Repertoire-unsicherheit Unzulänglichkeits-gefühle, Zweifel an eigenen Fähigkeiten	**Physiologische:** Herzklopfen…	**Gefahren-kontrolle:** durch produktives Arbeitsverhalten	**Externale Stabilisierung** durch soziale und schulische Teufels-kreise
Wissensbezo-gene Angstauslö-sung erlebter Wissens-mangel führt zu Selbstabwertung	**Emotionale:** unlustbetonter Erregungsanstieg	**Situations-kontrolle:** durch Flucht und Vermeidungsverhal-ten, Mogeln oder Konfrontation	**Internale Stabilisierung** durch innerpsychi-schen Teufelskreis nach Margraf (2000)
Sozialbezogene Angstauslösung Unterlegenheits-gefühle im sozialen Vergleich	**Kognitive**: Selbstaufmerksam-keit, Aufgeregtheit und Besorgnis	**Angstkontrolle:** durch Entspannung, Imagination = palliative Reaktio-nen	
		Angstunter-drückung Ablenkung, Beruhigung, innere Sprache	

alen Entwicklungsrisiken – eine zentrale Rolle. Wustmann (2004) hat sich mit diesem Konzept eingehend befasst und Übungsvorschläge dazu entwickelt. Substanzielle Evaluationsstudien über die Trainierbarkeit dieser Widerstandsfähigkeit stehen allerdings noch aus.

WEB-Links

- http://www.paed.uni-muenchen.de/~chris/dsm4.htm#angst Homepage von Christop Piesbergen (LMU München), mit umfangreichen Informationen zu Störungsbildern nach DSM VI
- http://www.zpid.de/redact/category.php?cat=191 störungsspezifischen Leitlinien nach DSM IV geordnet
- http://www.dimdi.de/static/de/klassi/diagnosen/icd10/htmlgm2004/fr-icd.htm Diagnostische Kriterien des ICD 10
- www.kids-hotline.de Hotline für Kinder und Jugendliche
- www.miteinandern.de Homepage zur Förderung der emotionalen und sozialen Kompetenz von Kindern

- http://www.luka.polizei-beratung.de Spiel für 8-12-jährige Kinder zur Gewaltprävention
- www.uni-duesseldorf.de/WWW/AWMF/ll/ll_kjpp.htm Leitlinien für Diagnostik und Therapie: Kinder- und Jugendpsychiatrie und -psychotherapie, veröffentlicht von der AWMF ©
- www.bkjpp.de/kinderpsychiatrie.htm Berufsverband der Ärzte für Kinder- und Jugendpsychiatrie und Psychotherapie e. V. ©
- http://www.angst-auskunft.de/index.htm Homepage von Dr. Dr. Herbert Mück mit ausführlichen Informationen über verschiedene Angstformen sowie Behandlungshinweisen

7.9 Schulverweigerung

Elke Schreiber

Schulverweigerung und ihre Risiken

Das Fernbleiben vom Schulunterricht ist keineswegs neu, eigentlich so alt wie die Schulpflicht selber. Wenn Mädchen und Jungen unterschiedlichster Altersjahrgänge jedoch wochen- oder monatelang dem Unterricht fernbleiben, sich von der Schule abwenden, ihrer Schulpflicht nicht mehr nachkommen, geht es nicht mehr nur um sporadisches Schwänzen, sondern um Schulverweigerung. Dieser vorzeitige Ausstieg aus der Schule zieht gravierende Konsequenzen nach sich für den weiteren Lebensweg der betroffenen Mädchen und Jungen. So bewertet Ricking andauernde Schulpflichtverletzungen als „... ein Verhaltensproblem, das, falls es ungelöst verbleibt, ansteigende Schwierigkeiten für die betroffenen Jugendlichen zeitigt, zu eigenständigen und sozial integrierten Menschen heranzuwachsen. Denn nicht nur das Schulleben, sondern auch die nachschulische Lebensbewältigung bei Schülern mit regelmäßigen Schulversäumnissen ist in beträchtlichem Ausmaß belastet ...“ (Ricking, 2003, S. 116). Schulverweigerung ist bei der derzeitigen Lage auf dem Ausbildungs- und Arbeitsplatzmarkt mit größten Risiken verbunden – problematische Schulkarrieren erschweren den Berufseinstieg, eine berufliche Ausgrenzung ist vorprogrammiert, der soziale Abstieg droht.

Nicht selten werden in der öffentlichen Diskussion zum Thema Schulverweigerung Forderungen erhoben, mit harten Maßnahmen durchzugreifen. Das bezieht sich nicht nur auf die bestehenden staatlichen Sanktionsmöglichkeiten gegen Schulpflichtverletzungen, die in den Bundesländern im Schulgesetz verankert sind, wie zwangsweise Zuführung, Einleitung eines Ordnungswidrigkeitsverfahren, Möglichkeit zum Schulverweis bzw. Entlassung aus der Schulpflicht an weiterführenden Schulen im Rahmen von Ordnungswidrigkeitsverfahren, Möglichkeit zur Verhängung von Geldstrafen. Sanktionen und Strafmaßnahmen gegen Schulverweigerer bzw. deren Erziehungsberechtigte mögen in einigen Fällen durchaus angebracht sein und Wirkung zeigen. Letztendlich rühren diese Forderungen allerdings nicht an die eigentlichen Ursachen und Hintergründe für die Schulmüdigkeit der Kinder und Jugendlichen, die immer früher und mit fatalen Folgen aus der schulischen Laufbahn aussteigen. Die eigentlichen Ursachen und Hintergründe für die Abkehr von der Schule bleiben dabei unangetastet.

Schulverweigerung ist keineswegs nur eine „Null-Bock"-Haltung, wie es ihr häufig aus Unkenntnis der konkreten Problemlagen in der öffentlichen Diskussion unterstellt wird. Sie ist auch ein Hilferuf an Eltern und Lehrer. Die Kinder und Jugendlichen zeigen damit, dass in ihrem Leben etwas nicht stimmt. Sie nennen Gründe wie Einsamkeit und Probleme zu Hause und in der Schule. Die Schule ist für einige Schüler/innen ein Ort der Angst, des Versagens und der Ignoranz. Dies sind Tatsachen, die meist in der gegenwärtigen öffentlichen Diskussion der „Schwänzer-Problematik" nicht an erster Stelle ins Spiel gebracht werden.

Erfassung von Schulversäumnissen

Schätzungen gehen davon aus, dass täglich bundesweit etwa 10 % der Schüler/innen vom Unterricht fern bleiben. Regionale Statistiken schwanken zwischen 4–15 % (Schreiber-Kittl & Schröpfer, 2002; Ehmann & Rademacker, 2003). Ein Blick auf die Schülerstatistik in Deutschland macht das Ausmaß in Zahlen sichtbar: Im Schuljahr 2004/2005 betrugen die Schülerzahlen in Deutschland 12,4 Millionen Schüler/innen, davon entfallen 9,6 Millionen (78 %) auf die allgemein bildenden Schulen und 2,8 Millionen (22 %) auf die beruflichen Schulen. Ob die Zahl der Schulverweigerer besorgniserregend angewachsen ist, wie häufig in diesem Zusammenhang verallgemeinernd festgestellt wird, bleibt offen, denn es fehlen Vergleichsuntersuchungen. Insgesamt zeigt sich bezüglich der Datenlage in Deutschland eine fatale Situation. Es gibt bundesweit kein repräsentatives oder vollständiges Datenmaterial über Schulversäumnisse schulpflichtiger Schüler/-innen, welches die systematische Erfassung, Auswertung und vor allem einen Vergleich der Daten ermöglicht. Repräsentative Erhebungen liegen von einzelnen Bundesländern, Regionen, Städten und Behörden vor, die erkannt haben, dass diese Erfassung Grundvoraussetzung ist, um das Problem frühzeitig zu erkennen, Aktivitäten zur Vermeidung von Schulverweigerung zu fördern bzw. gezielte Maßnahmen auf den Weg zu bringen, um die Auswirkungen von Schulverweigerung zu bekämpfen.

Begrifflichkeiten

So vielfältig die Formen und das Ausmaß des Rückzugs aus der Schule sind, so vielfältig sind die verbreiteten Begrifflichkeiten: Schulmüdigkeit, Schulverdrossenheit, Schulangst, Schulaversion, Schulphobie, Schuldistanz, Schulflucht, Schulvermeidung, Schulabsentismus, Schulversäumnis, Schulverweigerung, Schulpflichtverletzung usw. finden Anwendung und werden durchaus unterschiedlich gebraucht. Oehme und Franzke kennzeichnen diese Situation als „Begriffskonfusion" – geprägt durch Begriffsvielfalt, Begriffshierarchienprobleme und Trennschärfenprobleme (Oehme & Franzke, 2002).

Auch der Begriff Schulverweigerung, der im Mittelpunkt dieses Beitrags steht und als Terminus für Schulpflichtverletzungen inzwischen breite Verwendung gefunden hat, erfährt in der Fachliteratur durchaus unterschiedliche Interpretationen (Ricking & Neukäter, 1997; Puhr, 2003; Ricking, 2003). So wird beispielsweise zwischen erlaubtem und unerlaubtem Fernbleiben von der Schule als Risikofaktor für schulischen Erfolg unterschieden und das Fehlen von gesetzlichen Gründen für die Abwesenheit und die Erlaubnis/Kenntnis der Eltern als Indikator für das Vorliegen von Schulverweigerung gesehen.

Zudem ist der Begriff Schulverweigerung auch durchaus umstritten und findet Ablehnung. Ehmann und Rademacker vertreten die Meinung, dass der Begriff Schulverweigerung eine Assoziation zur Wehrdienstverweigerung hervorrufe und Überzeugungsgründe unterstelle, wo sie in der Regel nicht vorliegen. Zudem suggeriere er eine Einheitlichkeit der Beweggründe bei den betroffenen Jugendlichen, die in der Realität aber nicht gegeben sei. Die Mehrheit dieser Jugendlichen „... haben sich nicht nach der kritischen Auseinandersetzung von der Schule abgewandt, sondern sie sind eher Opfer benachteiligender Lebensverhältnisse wie auch einer Schule, die es nicht geschafft hat, ihre Schwierigkeiten wahrzunehmen und ihnen – etwa in Kooperation mit der Jugendhilfe – rechtzeitig die Hilfe zu bieten, die sie brauchen, um die Schule mit Aussicht auf Erfolg zu besuchen“ (Ehmann & Rademacker, 2003). Besonders problematisch bewerten die Autoren den Begriff Schulverweigerung „... in der Debatte um die angemessene schulische Förderung sozial benachteiligter Jugendlicher ... weil er auch die humanitäre und pädagogische Qualität von Schule sehr grundsätzlich in Frage stellt. Mit den Zuschreibungen, die in dem Begriff enthalten sind, wird den Opfern einer ihnen gegenüber möglicherweise tatsächlich gleichgültigen Schule ihre Abwendung von der Schule als eine angemessene und legitime Problemlösung nahegelegt“ (Ehmann & Rademacker, 2003).

Thimm, der den Begriff Schulverweigerung in die deutsche Diskussion eingeführt hat (Thimm, 1998), unterscheidet nach verschiedenen „Steigerungsformen von Absentismus“, um die Stufen und den Charakter von Schulverweigerung zu erfassen und von verschiedenen Ausprägungen abzugrenzen. Häufigkeit und Dauer der Nichtteilnahme am Unterricht bilden für ihn Kriterien der Differenzierung. Er unterscheidet in:

- Gelegenheitsschwänzen – Schwänzen von Eckstunden insbesondere bei unbeliebten Lehrerinnen/Lehrern und Fächern bzw. gelegentliches Tagesschwänzen
- Regelschwänzen – regelmäßiges Schwänzen in bestimmten Fächern, Kurzzeitschwänzen von mehreren Tagen, Intervallschwänzen, gelegentliches Langzeitschulschwänzen
- Intensivschwänzen als Schulverweigerung.

Hierbei unterscheidet Thimm in reversible Schulverweigerung und tendenziell irreversible Schulverweigerung. Bei reversibler Schulverweigerung hätten die Jugendlichen, auch wenn sie über Wochen oder Monate hinweg nicht am Unterricht teilgenommen haben, weiter soziale Kontakte zu Akteuren im schulischen Bereich (Mitschüler/innen) und halten sich häufig in Schulnähe auf. Diese Jugendlichen hätten mit Schule im weiten Sinne noch nicht völlig gebrochen. Demgegenüber sei bei irreversibler Schulverweigerung der Kontakt zur Schule/zu Mitschülern vollständig abgebrochen (Thimm, 2000). „Schulverweigerung ... ist eine aktive Verweigerung von als sinnlos, bedrohlich etc. rezipierten Anforderungen, und zwar durch Wegbleiben und/oder erhebliche Verweigerungshandlungen im Unterricht (Unterrichtsverweigerung), die sich mit Später-Kommen, Früher-Gehen, Tagesschwänzen etc. vergesellschaften." (ebenda, S. 163). Als letzten Schritt der Entfremdung von der Schule benennt er den Totalausstieg (Schulabbruch). Dieser ist, teils trotz bestehender Schulpflicht, teils nach Ende der Schulpflicht, für ihn gekennzeichnet „... durch eine eher rational-kalkulierte Verabschiedung aus der Schule nach vergleichsweise nüchterner Analyse" mit dem Ergebnis der Sinn- und Chancenlosigkeit. „Diese Jugendlichen – oft überaltert, psychosozial in nicht entwicklungsgerechte Kontexte eingegliedert, ohne erlebten Aktualsinn und ohne Aussicht auf ein Berechtigungszertifikat – verlassen die Schule vorfristig und aufgrund von Kosten-Nutzen-Analysen." (ebenda, S. 165).

Schreiber-Kittl und Schröpfer unterscheiden in Anlehnung an Thimm in aktive und passive Schulverweigerer:

- Aktive Schulverweigerer – stören den Unterricht oder bleiben von ihm fern. Hierbei handelt es sich um Kinder und Jugendliche, die unentschuldigt wiederholt, regelmäßig bzw. dauerhaft der Schulpflicht nicht nachkommen; oder die zwar im Unterricht physisch präsent sind, aber die Teilnahme am Unterricht aktiv verweigern, z. B. durch Leistungsverweigerung, durch Störungen.
- Passive Schulverweigerer – sind physisch zwar präsent, verhalten sich aber passiv, ziehen sich regelmäßig oder dauerhaft zurück, sind psychisch abwesend. Des Weiteren handelt es sich um Schüler/innen, die formal entschuldigt sind, aber inhaltlich nicht nachvollziehbar häufig vom Unterricht fern bleiben (Schreiber-Kittl & Schröpfer, 2002).

Braun kommt, Bezug nehmend auf die Diskussion zum Begriff, zu der Einschätzung: „Insgesamt fehlt nach wie vor eine Begrifflichkeit, die der Komplexität der Prozesse und Erscheinungsformen gerecht würde, in denen Jugendliche vom Lernen in der Schule ausgegrenzt werden oder auch sich selbst ausgrenzen ... Thimms Systematik stellt eine praktikable Operationalisierung der Diagnose der Formen, der Intensität und auch der Abfolge von Schritten der Abkehr von Schule dar. In dieser Systematik dürften sich pädagogische Fachkräfte mit ihren Beobachtungen wieder und sie geeignet finden, daran Interventionsstrategien anzuknüpfen. Forschung ... hat für ihre Operationalisierung des Gegenstandes Abkehr von Schule bisher keinen Konsens über eine brauchbare Systematik gefunden." (Braun, 2004, S. 9).

Im Folgenden findet der Begriff Schulverweigerung (in Anlehnung an Thimm) Verwendung. Synonym ist die Rede von schulfernen Kindern und Jugendlichen. Mit dem Begriff Schulverweigerung soll sowohl das quantitative Ausmaß (Häufigkeit und Dauer des Fehlens) als auch die qualitativen Merkmale der Abkehr von der Schule erfasst werden. Der Begriff Schulaversion steht synonym für die Abkehr vom schulischen Lernen/von der Schule in all ihren Facetten, vom gelegentlichen

Schwänzen bis hin zu einer verfestigten Verweigerungshaltung, die den Abbruch der Schule impliziert.

Mit dem Begriff Schulverweigerer ist also jene Zielgruppe erfasst, deren Ausstieg aus der Schule bereits gravierende Verfestigungen erfahren hat und deren Problemlagen im Rahmen der regulären Schulstrukturen nicht mehr bewältigt werden können. Schulverweigerung erfasst, dass Kinder und Jugendliche die Schule nicht mehr bzw. nicht mehr regelmäßig besuchen können bzw. wollen. Es geht also bei Schulverweigerung in Abgrenzung zu den anderen gebräuchlichen Begrifflichkeiten nicht mehr nur um Schulbummeln, sporadisches Schwänzen, sondern um längeres Fernbleiben vom Unterricht, von der Schule – wochen- oder monatelang, oftmals über mehrere Schuljahre hinweg kein regelmäßiger Schulbesuch. Diese Dauer des Rückzugs gekoppelt mit gravierenden Problemlagen macht aus dem gelegentlichen Schwänzen eine Verweigerung.

Ursachen und Problemlagen von Schulverweigerung

Die Ursachen und Hintergründe von Schulverweigerung sind vielfältig und lassen sich nicht auf einzelne Faktoren reduzieren. Es besteht, auch wenn verschiedene Entstehungsfaktoren wirken, nach Mutzeck oftmals kein monokausaler Zusammenhang. Weiter stellt er fest, dass wir es mit einem Prozess zu tun haben, einer komplexen Wechselwirkung psychosozialer Risiko- und Selbstschutzbedingungen. Dieser Prozess besitzt Eigendynamik (Mutzeck, 2004). Freyberg und Wolff fordern deshalb eine neue, andere Perspektive auf „schwierige" Jugendliche: „Ihre Störungen sind häufig unverzichtbare Überlebensstrategien, unglückliche, destruktive, kranke und krankmachende Strategien, die sowohl Entwicklung und Lernen als auch wachsende Reife und erwachsene Autonomie sabotieren; es sind aber Überlebensstrategien mit Sinn. Diese Störungen werden nur aufgegeben, wenn verlässliche, bessere Alternativen annehmbar erscheinen." (Freyberg & Wolff, 2005).

Thimm verweist darauf, dass dauerhaftes Schwänzen nicht über Nacht entsteht, sondern das Ergebnis eines Prozesses zunehmender Entfremdung und Desintegration, ein Driften mit vielen Zwischenstationen ist. Warnsignale im Schülerverhalten, die früh und konsequent beobachtet werden müssen, liegen nach Thimm (2000, S. 118) in:

- häufigem Zu-spät-Kommen
- Schulversagen
- der Mitgliedschaft in einer schuldistanzierten Clique
- beeinträchtigten Schüler-Lehrer-Beziehungen
- unangemessen langen Fehlzeiten aufgrund von Bagatellkrankheiten
- auffälliger Passivität und Rückzug.

Der Übergang vom gelegentlichen Schwänzen zur Schulverweigerung ist dabei fließend. Es beginnt mit Gelegenheitsschwänzen (Eckstundenschwänzen, sporadischem Schwänzen bei bestimmten Fächern und Lehrkräften) und geht über in Regelschwänzen (bestimmte Fächer tageweise, regelmäßig bestimmte Tage, gelegentliches Langzeitschulschwänzen). Schulverweigerung entwickelt sich demzufolge in mehreren Etappen. „Der Verweigerungsprozess kündigt sich mehr oder weniger deutlich an, er schreitet fort, er wird relativiert, er verstärkt sich, er wird unterbrochen – mit anderen Worten: Es gibt intensive und weniger intensive Zeiten des Schwänzens ... Am Schluss dieses Prozesses steht aber – wenn nicht rechtzeitig erfolgreich interveniert wird – die völlige Abkehr von der Schule." (Schreiber-Kittl, 2001).

Schulverweigerer entziehen sich den Verhaltens- und/oder Leistungsanforderungen schulischen Unterrichts bzw. widersetzen sich dem aktiv. In der Konsequenz führt dieses Verhaltensmuster in der Regel zum schulischen Scheitern. Schulverweigerung ist jedoch nicht zentral oder gar ausschließlich Ausdrucks eines Scheiterns an kognitiven Leistungsanforderungen. Schulverweigerung ist nicht automatisch Lernverweigerung. Die Prozesse einer zunehmenden Abkehr von der Schule werden selten aufgrund von Lernbehinderungen verursacht, sondern durch krisenhafte Entwicklungen in einem ganzen Konstellationsgefüge. Die Kinder und Jugendlichen erleben vielfältige Brüche und Instabilitäten, sowohl in ihren Bildungsbiographien als auch in ihrem persönlichen Umfeld. Sie erfahren starke Prägung durch das Elternhaus, die Freunde, die Schule, das soziales Umfeld im weitesten Sinne. Es lassen sich jedoch kaum Bedingungskonstellationen finden, die allen Fällen von Schulverweigerung gemeinsam sind. Den „typischen Schulverweigerer" bzw. „ein typisches Profil" für Schulverweigerer gibt es nicht. Es können jedoch besondere Risikofaktoren analysiert werden, die allein oder in unterschiedlichen Kombinationen miteinander das Risiko erhöhen, dass ein/e Schüler/in zum Schulverweigerer werden kann.

Familiäre Konstellationen

Probleme im Elternhaus können Schulprobleme begünstigen, was sich nicht ausschließlich auf sozial benachteiligte Familien bezieht. Schulverweigerung kommt in allen sozialen Schichten und familiären Konstellationen vor. Jedoch begünstigen Probleme im Elternhaus in sozial benachteiligten Milieus eher eine Abkehr von der Schule, so dass Schüler/innen aus benachteiligten Verhältnissen häufiger zu Absentismus tendieren und Schulverweigerer überdurchschnittlich stark aus sozial schwachen Familien kommen (Ricking, 2003). Familiäre Probleme in diesen Elternhäusern können Schulaversion befördern, z. B. Erziehungsprobleme, Schwierigkeiten mit Grenzziehungen und Konsequenz oder Schwierigkeiten, den schulischen Verhaltensanforderungen gerecht zu werden. Schreiber-Kittl und Schröpfer konstatieren: „Ferner sind negative Begleitumstände, die sich aus dem häuslichen und familiären Milieu ergeben, häufig auslösend (wenn nicht gar ursächlich) für die Unfähigkeit des Schülers, den Schulalltag zu organisieren und durchzustehen" (Schreiber-Kittl & Schröpfer, 2002, S. 139). Häufig gibt es Bedingungen in den Herkunftsfamilien, die zu einem verringerten Unterstützungspotential durch die Elternhäuser führen:

- Eltern ohne Berufsausbildung, Arbeitslosigkeit, relativ viele Kinder, überfüllte Wohnungen, geringes Einkommen, schwierige Wohnverhältnisse, Wohnungen in Stadtteilen mit hoher Delinquenzbelastung, Drogenprobleme

- familiäre Zerrüttungen (andauernder Ehestress, Trennung oder Scheidung, allein erziehende Elternteile, Neuordnung der familiären Rolle)
- Heimunterbringung (deutlich mehr Schulverweigerer wurden in der Kindheit bei Pflegeeltern oder in Heimen untergebracht als regelmäßige Schulbesucher) (Ricking, 2003, S. 141)
- schwierige Migrationsbiographien – Schulverweigerer stammen häufig aus Zuwandererfamilien und weisen gravierende Sprachprobleme auf. Mangelnde Sprachkompetenz wird für sie zur entscheidenden Hürde in ihrer Bildungskarriere (Schmahl, 2004; Puhr, 2004)

Dieses Ursachengefüge verdeutlicht eine komplexe Problemlage in den Herkunftsfamilien von Schulverweigerern. Eltern sind den Herausforderungen nicht gewachsen und mit der Erziehung ihrer Kinder überfordert. Dies äußert sich in unterschiedlichen Verhaltensmustern der Erziehungsberechtigten in den Herkunftsfamilien schulferner Kinder und Jugendlicher:

- Tolerieren, Ignorieren, Wegschauen der Eltern/Erziehungsberechtigten, mit der Folge, dass oftmals Schulschwänzen mit Kenntnis der Eltern aus sehr unterschiedlichen Motiven heraus erfolgt (von Überforderung, Beschämen bis zur Gleichgültigkeit). Die Eltern werden stillschweigende „Kooperationspartner" ihrer schulverweigernden Kinder.
- Drakonische Maßnahmen/Sanktionen als Reaktion auf schulische und erzieherische Probleme (Taschengeldentzug, Hausarrest, Fernsehverbot, Strafarbeiten, Liebesentzug) (Schreiber-Kittl, 2001, S. 44).
- Eltern wissen nichts vom problematischen Verhalten ihrer Kinder – unzureichendes elterliches Kontrollverhalten kann problemverschärfend wirken (Eltern/Alleinerziehende verlassen frühzeitig das Haus vor den Kindern). Aber auch Kommunikationsprobleme in den Familien, schwach entwickelte Beziehungen bis hin zur Gleichgültigkeit wirken ursächlich (Ricking, 2003).

Es zeigen sich, quer durch die sozialen Schichten, Orientierungslosigkeit und Hilflosigkeit der Eltern im Umgang mit ihren schulverweigernden Kindern. Elterliches Desinteresse am Schulbesuch, am schulischen Lernfortschritt der Kinder oder eine aversive Haltung zur Schule und damit einhergehende geringe Bildungsambitionen begünstigen die Abkehr von der Schule (ebenda, S. 143).

Gleichaltrige

Grundsätzlich sind Peers im Jugendalter eine relevante Bezugsgruppe. „Die Zugehörigkeit zu Gleichaltrigengruppen mit bestimmten Ausdrucksformen und Lebensstilen zu erreichen, ist geradezu eine Entwicklungsaufgabe des Jugendalters." (Reißig, 2001, S. 37). In der Altersgruppe der 12-16-jährigen erlangen Peers eine exponierte Stellung. In dieser Zeit beginnt die innere Ablösung von den Eltern und die Außenorientierung auf andere soziale Bezugsgruppen nimmt stark zu. Da schulverweigernde Kinder und Jugendliche nicht über Erfolge in der Schul- und Berufsausbildung Anerkennung und Erfolg finden, versuchen sie, diese über ihren Freundeskreis zu erlangen. „Schüler mit hohen Fehlzeiten haben häufiger Kontakt untereinander als mit erfolgreicheren Mitschülern und bilden, abgesetzt von der formellen Regelstruktur der Schule, informelle Gruppen, um bedürfnisbefriedigenden Interessen nachzugehen und – organisatorisch ausgekleidet – Aktivitäten gemeinsam in identitätsstabilisierenden Rollenmustern zu erleben. Die Jugendlichen entwickeln in ihren Gruppen eine ‚eigene' Welt mit spezifischen ritualisierten Verhaltensformen, internen ausgefeilten Positionszuweisungen und oft einer massiven Abschottung nach außen." (Ricking, 2003, S. 144). Da diese Peers häufig ebenso den Schulbesuch verweigern und Anerkennungsverhalten und Nachahmung die Gruppendynamik prägen, führt dieser Umgang in den meisten Fällen noch zur Verstärkung der individuellen Schulverweigerung (Wagner, Dunkake & Weiß, 2004, S. 466).

Persönlichkeitsmerkmale

Die personellen Ressourcen und die sozialen Kompetenzen von schulverweigernden Kindern und Jugendlichen sind z. T. schwach ausgeprägt. Dies äußert sich durch Krisen im emotionalen Bereich, durch Kontaktschwierigkeiten, mangelnde Frustrationstoleranz, (Versagens-)Ängste, Minderwertigkeitsprobleme. Diese Problemlagen bewirken sehr unterschiedliche Verhaltensmuster bei den betroffenen Mädchen und Jungen. So kommt Ricking zu der Bewertung: „Schulverweigernde Schüler sind in der Schule eher unauffällig, sensibel, angepasst und zurückgezogen, was sich nachdrücklich auf die Möglichkeit sozialer Kontakte zu Gleichaltrigen auswirkt." (Ricking, 2003, S. 97). Zum anderen werden viele Pädagogen im Schulalltag mit einem Verhalten von schulverweigernden Kindern und Jugendlichen konfrontiert, das sich durch auffälliges, lautstarkes und provozierendes Gebaren äußert – weniger bei Mädchen, insbesondere bei Jungen. Aktive Störung des Unterrichts, starke Aggressionen (verbal und körperlich) und permanente Disziplinarverstöße verhindern einen geregelten Unterricht, belasten das Klassenklima und verursachen starke Konflikte in der Schüler-Lehrer-Beziehung.

Gleichzeitig gibt es Angst vor anderen Jugendlichen, vor den Eltern und Lehrern. Aber auch Zukunftsängste, fehlende Perspektiven, unsichere Ausbildungs- und Beschäftigungschancen beeinträchtigen das Selbstempfinden und die Selbsteinschätzung der betroffenen Schüler/innen. Die beschriebenen Problemlagen sind z. T. mit psychosomatischen Auffälligkeiten und Beschwerden verbunden. Dazu gehören Angststörungen, Depressionen, Hyperaktivität, Aggressivität, Abhängigkeitssymptome.

Bildungssystem

Eine weitere Bedingungskonstellation für die Abkehr von der Schule liegt in der Schule und der Unterrichtsgestaltung selbst. Schulischen Lernbedingungen sind zahlreiche Risiken für das Gelingen eines „normalen" Bildungsverlaufs und eine spätere Einmündung in Ausbildung und Erwerbsarbeit geschuldet. Die schulischen Inhalte sind oftmals weit weg von der Lebenswelt der Schüler/innen. Ihnen bleibt die Beziehung zwischen dem Gelernten und Anwendbaren unklar, sie erkennen keine lebenspraktischen Bezüge zu ihren Alltagsanforderungen und -problemen. Daraus resultieren Lernschwierigkeiten, die dazu führen, dass Schüler/innen den Unterricht schwänzen. Bereits entstandene Wissenslücken verschärfen die Unlust am regelmäßigen Schulbesuch. Schwache Schulleistungen und Misserfolge begünstigen die Abkehr von der Schule und führen dazu, nach Anerkennung außerhalb der Schule zu suchen. Je intensiver die Suche nach Anerkennung außerhalb der Schule verfolgt wird, desto stärker bildet sich die Schulverweigerung aus (Wagner, 2004, S. 464).

Häufig sind die Schüler/innen auch dem Leistungsdruck durch Schule oder Eltern nicht gewachsen. Hinzu kommen oftmals problematische Gruppenkonstellationen in den Schulklassen, Ängste vor Mitschülern oder anderen Jugendlichen. Kinder und Jugendliche reagieren darauf oftmals entweder mit einem stark auffälligen Verhalten oder zeigen ein passives, zurückgezogenes Verhalten bzw. kommen erst gar nicht mehr in die Schule. Die Befragungen des Deutschen Jugendinstituts unter Schulverweigerern ergaben zudem, dass fast zwei Drittel der Jugendlichen als Gründe für ihren Ausstieg aus der Schule „Probleme mit Lehrkräften“ angaben (Schreiber-Kittl & Schröpfer, 2002, S. 154).

Auch die Wahl der jeweiligen Schulform kann zu Über- bzw. Unterforderungen der Schüler/innen führen. Sogenannte Abstiegskarrieren – Durchlauf von höheren zu niederen Schultypen – sind die Folge. Dieser schulische „Abstieg“ zieht sich vom Gymnasium bis zur Hauptschule durch.

Die angesprochenen Ursachen verdeutlichen, dass ganz unterschiedliche Problembereiche zusammentreffen und sich wechselseitig verstärken können. Eine Abkehr von der Schule hat für die Schulbiografien der betroffenen Kinder und Jugendlichen zur Folge, dass:

- Schulverweigerer überdurchschnittlich häufig Schuljahre wiederholen müssen (Sitzenbleiberkarrieren; Überalterung durch das Wiederholen meist mehrerer Schuljahre, so dass die Jugendlichen sich bei Ende des Schulpflichtbesuches erst in der 6., 7. oder 8. Klassenstufe befinden);
- mehrfacher Schulwechsel oder Klassenwechsel aus disziplinarischen oder familiären Gründen erfolgt (massive Schulpflichtverletzungen, Verweisungen, Erfahrungen von Schulausschluss);
- schlechte schulische Leistungen einen Schulabschluss hochgradig gefährden bzw. unmöglich machen;
- unter den Frühabgängern Schulverweigerer stark vertreten sind (Braun, 2004, S. 22).

Merkmale von Schulverweigerern

Alter

Untersuchungen belegen, dass sich ausgeprägte Verweigerungshaltungen bereits zwischen dem 12. und 14. Lebensjahr manifestieren. Praktiker berichten über eine Tendenz, dass der allmähliche „Abschied“ aus der Schule immer früher beginnt und damit der Altersschwerpunkt nach unten sinkt. Anzeichen einer Abkehr von der Schule sind z. T. bereits in der Grundschule zu beobachten. Schulverweigerer werden jünger, ein kritischer Zeitpunkt ist dabei das 12. Lebensjahr. Der immer frühere Ausstieg aus der Schule setzt insbesondere beim Übergang von der Grundschule in die Sekundarstufe I ein (in der Mehrzahl der Bundesländer beim Übergang von der 4. in die 5. Klasse). Aber auch „ältere" Schüler/innen ab dem 15. Lebensjahr, die vorher noch keine Verweigerungstendenzen zeigten, können gefährdet sein und wenden sich am Ende ihrer Schulpflicht von der Schule durch Fernbleiben vom Unterricht ab. „Jüngere Schüler verweigern eher ‚passiv', das heißt, sie machen im Unterricht nicht (mehr) mit, verhalten sich in der Klasse aber eher unauffällig. Ältere Schüler verweigern zunehmend ‚aktiv' über Störungen im Unterricht, gelegentliches Schuleschwänzen (stunden- oder tageweise) bis hin zur totalen und oft endgültigen Abkehr von der Schule." (Schreiber-Kittl, 2001, S. 13).

Es handelt sich bei dieser beschriebenen Altersgruppe um eine Altersspanne, an deren Ende sich die Jugendlichen in der Übergangs- und Orientierungsphase in die Erwachsenenwelt befinden und sich auf die Arbeits-/Erwerbswelt vorbereiten sollen. Diesen Schritt altersadäquat zu gehen, bereitet ihnen große Schwierigkeiten. Des Weiteren stellen auch die Anforderungen der Entwicklung der Geschlechteridentität für viele einen konfliktträchtigen Lebensabschnitt dar. Diese biographischen Phasen wirken sich insbesondere bei mehrfach benachteiligten Kindern und Jugendlichen Problem verschärfend aus.

Geschlecht

Es gibt wesentliche geschlechterspezifische Unterschiede bei der Konfliktbewältigung, den Verarbeitungsstrategien, Verhaltensmustern und Folgeerscheinungen zwischen schulverweigernden Mädchen und Jungen in der beschriebenen Altersgruppe. Im schulischen Alltag gibt es grundsätzlich mehr Probleme mit Jungen als mit Mädchen. Mädchen sind schulisch leistungsorientierter und im Durchschnitt leistungsstärker. Jungen scheinen selbstverständlicher Erfolge den eigenen Fähigkeiten zuzuschreiben. Mit Fehlern konfrontiert, erscheinen Mädchen dagegen hilfloser, verarbeiten Unzulänglichkeiten eher als Könnensdefizite, Jungen eher als Anstrengungsmangel (Thimm, 1998, S. 30). Die meisten Erhebungen zu Schulversäumnissen weisen einen höheren Jungenanteil aus. Jedoch wird aus der Praxis in den letzten Jahren über eine zunehmende Tendenz zur Schulverweigerung bei Mädchen berichtet, insbesondere zu aktiver Schulverweigerung. Jungen treten häufiger als „aktive" Verweigerer in Erscheinung, sie äußern sich eher aggressiv und gewaltbereit, suchen Anerkennung, Bestätigung und Erfolgserlebnisse bei gleichgesinnten Peers als Ersatz zum Schulausstieg. Dagegen verweigern Mädchen die Schule eher „passiv". Mädchen weisen eine breitere Palette von abweichendem Verhalten auf, werden häufiger von psychosomatischen Störungen, Depressionen und Essstörungen gezeichnet, ziehen sich eher zurück und bleiben mit ihren Problemen „für sich", was nichts anderer heißt, als „allein". Diese unterschiedlichen Verhaltensmuster beeinflussen wesentlich die Intervention von Lehrkräften, aber auch von Elternhäusern beim Auftreten von Schulverweigerungstendenzen – sowohl bezüglich der Bewertung der Problemlagen als auch des Zeitpunkts der Intervention in Schule und Elternhaus. Passive Schulverweigerer zeigen nicht so auffälliges Verhalten wie aktive Verweigerer, sie fallen weniger auf, sie ziehen sich eher „still" zurück und werden demzufolge auch von den Eltern und Lehrkräften eher toleriert, wodurch die Problemlagen verkannt werden können und eine Intervention oftmals erst sehr spät einsetzt.

Migrationshintergrund

Ca. 30 % der Kinder und Jugendlichen in Deutschland im Alter zwischen sechs und 27 Jahren haben einen Migrationshintergrund. Auffallend ist bei Migrantinnen/Migranten besonders der hohe Anteil von Schulabgängern, die das Bildungssystem ohne Abschluss verlassen (Puhr, 2004). Die Ursachen hierfür liegen nicht allein im Bildungsstand der Familien. Schüler/innen mit Migrationsbiographien weisen häufig gravierende Sprachprobleme auf, die zum schulischen Versagen und dem Ausstieg aus dem schulischen Lernen führen (Schmahl, 2004).

Schultyp/Schulformen

Massive Schulversäumnisse bis hin zum endgültigen Ausstieg sind in allen Schulformen anzutreffen. Betrachtet man die Schulformen differenzierter, so sind Hauptschulen am stärksten betroffen, gefolgt von Sonder- und Förderschulen. Bei einigen regionalen Erhebungen nahmen die Sonder-/Förderschulen den ersten Rang ein, gefolgt von den Hauptschulen. Die Realschulen belegen einen Mittelplatz, am geringsten ist der Umfang an Schulpflichtverletzungen an Gymnasien.

Mit den Hauptschulen ist also gerade die Schulform besonders betroffen, deren Abgänger ohnehin ein erhöhtes Risiko beim Übergang in den Beruf haben. Nicht zuletzt hat PISA darauf hingewiesen, dass das deutsche Schulsystem unterschiedliche Startchancen nicht ausgleicht, sonder eher noch verschärft. „Hier steht die Frage, ob es an den Lernbedingungen in den Haupt- und Sonderschulen liegt oder am Selektionsprozess des Bildungssystems, durch die sich in diesen Schulformen diejenigen Schüler konzentrieren, deren Schulkarrieren durch Serien von Mißerfolgen geprägt sind und die – die Aussichtslosigkeit ihrer Bemühungen vor Augen – den Ausstieg proben." (Braun, 2004, S. 17).

Reintegration von schulfernen Kindern und Jugendlichen durch außerschulische Angebote

Zielsetzung

Schon die problembelasteten biographischen Entwicklungen, die ein Teil der schulverweigernden Kinder und Jugendlichen bis zum Misslingen ihrer Schullaufbahn durchlaufen haben, erfordern eine Aufarbeitung verschiedenster habitueller und kognitiver Defizite. Weil sie die Schule nicht regelmäßig besuchen, weisen sie große Lücken im Schulstoff auf, was beträchtliche Lern- und Wissensdefizite zur Folge hat. Dies äußert sich durch Lese- und Rechtschreibschwächen, Sprachstörungen, Lernbehinderungen oder Teilzeitstörungen, die sich so verfestigt haben, dass sie persönlichkeitsbestimmend geworden sind. Der Mangel an schulischem Wissen ist jedoch nur ein Aspekt. Durch eine versäumte Individualförderung, gekoppelt mit einer jahrelangen Abfolge von Misserfolgen, weisen schulferne Schüler/innen häufig einen Mangel an tragfähigen sozialen Lernerfahrungen auf. Gravierende Mängel in den sozialen Kompetenzen äußern sich in starken Verhaltensauffälligkeiten bis hin zu antisozialem Verhalten (z. B. hohe Gewaltbereitschaft, Delinquenz, Suchtmittelmissbrauch).

Schulverweigerer haben sich von der Schule abgewandt, entziehen sich der Schule, werden in der Regel von ihr nicht mehr erreicht, sodass an dieser Schnittstelle das Hilfe- und Unterstützungssystem der Jugendhilfe/Jugendsozialarbeit gefordert ist. Dass Interventionen gegen Schulverweigerung erfolgreich sein können, bestätigt sich in einem breiten Spektrum von Angeboten, sowohl an Schulen als auch bei freien Trägern der Jugendhilfe. Durch unterschiedliche und vielfältige Ansätze und Handlungsstrategien ermöglichen insbesondere außerschulische Praxisprojekte freier Träger schulfernen Kindern und Jugendlichen eine Rückkehr zum systematischen Lernen und eine soziale und berufliche Integration.

Ziel der außerschulischen Angebote ist es, von der Schule abgewandte Jugendliche, die zum Teil über Monate und Jahre der Schulpflicht nicht nachgekommen sind, wieder an einen geregelten, strukturierten Alltag zu gewöhnen und sie zu befähigen, sich den schulischen und lebenspraktischen Anforderungen zu stellen und ihr Leben wieder selbstbestimmt zu meistern. Sie bedürfen aufgrund ihrer biographischen Vorerfahrungen sowohl einer schrittweisen Hinführung zur Wissensaneignung als auch der Hilfe zur Lebensgestaltung und -planung. Die beschriebene Mehrschichtigkeit des Ursachengefüges von Schulverweigerung und die unterschiedlichen Ausgangslagen der betroffenen Kinder und Jugendlichen erfordern dabei differenzierte Zielsetzungen und Inhalte der außerschulischen Beratungs- und Unterstützungsangebote. Das können sein:

- die Erfüllung der Vollzeitschulpflicht im Projekt
- das Aufholen schulischer Defizite (insbesondere in den Grundlagenfächern)
- die Vorbereitung auf bzw. der Erwerb von schulischen Abschlüssen (Hauptschulabschluss)
- die Reintegration in die Schule/das Berufsvorbereitungsjahr
- die Berufsorientierung
- der Übergang/die Vermittlung in Ausbildung/Arbeit bzw. weiterführende Maßnahmen.

Träger

Die Trägerlandschaft der außerschulischen Unterstützungsangebote ist durch eine große Vielfalt gekennzeichnet. Kommunale Träger, Behörden, Wohlfahrtsverbände, gemeinnützige Vereine, kirchliche Institutionen und Bildungseinrichtungen haben sich der Problematik Schulverweigerung zugewandt und unterschiedliche Projekte ins Leben gerufen. So vielfältig die Akteure, so unterschiedlich sind die jeweiligen Rahmenbedingungen der Angebote, Finanzierungs- und Fördergrundlagen, Mitarbeiterstrukturen, Laufzeiten, räumlich-technische Ausstattungen etc.

Rechtsgrundlage

Die rechtliche Grundlage für einen Projektaufenthalt bildet in der Regel das Kinder- und Jugendhilfegesetz (KJHG, SGB VIII). Die Angebote werden als Hilfen zur Erziehung ausgewiesen und finanziert. Des Weiteren bilden die Schulgesetze der jeweiligen Länder den Rechtsrahmen für eine Teilnahme.

Zielgruppen

Zur Zielgruppe in der außerschulischen Beschulung gehören insbesondere Jugendliche im letzten Schulpflichtjahr, die sich von der Schule abgewandt haben. Es handelt sich um Schüler/innen, für die der Erwerb des Schulabschlusses in der Regel unerreichbar geworden ist. Das Durchschnittsalter der Teilnehmer/innen außerschulischer Beschulung liegt zwischen 14 und 17 Jahren. Der überwiegende Teil sind ehemalige Hauptschüler/innen, gefolgt von Förder- bzw. Sonderschüler/innen.

Befragungen zur Herkunft und Nationalität der Projektteilnehmer/innen und die Projektstatistiken bestätigen, dass ein hoher Anteil von Schulverweigerern aus Migrantenfamilien stammt. Regionale Unterschiede sind dabei stark ausgeprägt, sowohl quantitativ als auch bezüglich der Ethnien/Herkunftsländer. Gravierende Unterschiede fallen diesbezüglich zwischen den alten und neuen Bundesländern auf (neue Bundesländer geringere Anteile; insbesondere Aussiedler in den neuen Ländern). Durchschnittlich ein Drittel der Teilnehmer/innen in Schulverweigerungsprojekten stammen aus Zuwandererfamilien.

Lernort

Kennzeichnend für die Jugendhilfeangebote für Schulverweigerer ist die „Beschulung“ außerhalb der Schule, also eine andere Lernortkonstellationen. Dies ermöglicht schulfernen Kindern und Jugendlichen bewusst einen räumlichen Abstand zur Schule als dem Ort des bisherigen Versagens und ermöglicht ihnen gleichzeitig ein Lernen und Arbeiten unter „Gleichgesinnten“ innerhalb individueller Förder- und Unterstützungsstrukturen.

Außerschulische Lernorte können kein (dauerhafter) Ersatz für die reguläre Schule sein und schaffen immer Sonderbedingungen. Solange also der Bedarf nach außerschulischen Hilfe- und Unterstützungssystemen besteht, bewältigen die Projekte die Gratwanderung zwischen „Schutzraum“ und dem Alltag außerhalb des Projekts durch eine besondere Gewichtung von Kooperationsbezügen, um eine Wiedereingliederung der Jugendlichen nach Ende der Teilnahme zu befördern (z. B. durch den Kontakt zur Stammschule, Betriebspraktika, begleitete Reintegrationsbemühungen, vielfältige Kooperationsstrukturen etc.).

Strategien und Methoden in der außerschulischen Beschulung

Außerschulische Projekte für schulferne Jugendliche kennzeichnet eine Kombination von sozialpädagogischer Betreuung und Förderung, schulischem Lernen und berufsorientiertem Lernen (Werkstattarbeit). Es werden in den Angeboten sowohl Allgemeinwissen als auch handwerkliche Grundlagen vermittelt, wobei insbesondere berufsorientiertes Lernen sozialer Schlüsselqualifikationen als wichtig erachtet und ermöglicht wird. Durch intensive Betreuung und die Herstellung stabiler Beziehungen erfolgt eine Verbindung von arbeits- und sozial-pädagogischen Elementen mit konventionellen Methoden der Stoffvermittlung. Theorie und Praxis, Lernen und Arbeiten, aber auch erlebnispädagogische und Freizeitaktivitäten bilden eine Einheit. Die Anteile der einzelnen Elemente sind dabei von Projekt zu Projekt sehr unterschiedlich gewichtet und abhängig von den jeweiligen Rahmenbedingungen und der Zielgruppe der Angebote. Es handelt sich bei der außerschulischen Beschulung nicht nur um einen ergänzenden Weg zum Erwerb schulischer Qualifikationen und die Erfüllung der Schulpflicht, sondern auch um eine umfassende Perspektiventwicklung für die Mädchen und Jungen.

Förderziele und -inhalte

Aufgrund der unterschiedlichen Ausgangslagen und Problemlagen der Jugendlichen werden sozialpädagogische, werkpädagogische und schulische Angebote in unterschiedlichen Konstellationen und Kombinationen eingesetzt. Die zentralen Bausteine sind dabei:

- eine ressourcenorientierte Förderung individueller Fähigkeiten und Fertigkeiten,
- eine individualisierte Unterrichtsgestaltung in Kleingruppen,
- Angebote zur Berufsorientierung,
- sozialpädagogische Hilfestellung bei den Alltagsproblemen der Jugendlichen (Schuldnerberatung, Unterstützung bei der Wohnungssuche, der Ausbildungs-/Arbeitsplatzsuche),
- die Vermittlung in geeignete Angebote der Berufsvorbereitung nach Erfüllung der Schulpflicht,
- die Erarbeitung kurz- und langfristiger Lebensziele.

Methodische Grundlage der Arbeit ist dabei eine individuelle und auf die Ressourcen ausgerichtete Förderung und Begleitung der Jugendlichen. Deren Ziele und Schwerpunkte sind:

- Abbau von Lern- und Schulaversion
- Steigerung von Lern- und Leistungsbereitschaft
- Steigerung des Durchhaltevermögens; Lernen, sich auch schwierigen Anforderungen zu stellen, statt diesen auszuweichen
- Korrektur von Selbstbild und Selbsteinschätzung
- Steigerung des Selbstwertgefühls
- Erhöhung der Frustrationstoleranz, Empathie
- Steigerung der Fremd- und Selbstkritikfähigkeit
- Verminderung von Aggressivität und Ängsten auf ein sozialverträgliches Maß
- Abbau von Wissenslücken und Wissensaneignung in zentralen Unterrichtsfächern
- Schaffung der Voraussetzungen für den Erwerb des Hauptschulabschlusses

- Aneignung handwerklicher Fähigkeiten, Fertigkeiten und Kenntnisse, insbesondere, um sich auf die Anforderungen der bevorstehenden Berufsvorbereitung, Berufsausbildung oder der Erwerbsarbeit vorzubereiten.

Fazit

Anforderungen an Schule

Bei der Frage nach den Ursachen für das Entstehen von Schulverweigerung wurde bereits darauf hingewiesen, dass eine Vielzahl auslösender und befördernder Faktoren betrachtet werden müssen. Jedoch nimmt die Institution Schule unbestritten einen sehr eigenständigen Platz ein und beeinflusst nachhaltiger als andere Faktoren das Schulbesuchsverhalten von Kindern und Jugendlichen (Reißig, 2001, S. 10). Die Forderung, dass Schulen einen Bildungs- und Erziehungsauftrag zu erfüllen haben, weist derzeit auf Missstände hin und erfordert strukturelle Veränderung an Schulen ebenso wie bei zuständigen Ämtern und Behörden. Schulische Maßnahmen können jedoch nicht auf Bußgeldbescheide oder polizeiliche Maßnahmen zum Zwecke der Rückführung in die Schule reduziert werden. Ricking weist in diesem Zusammenhang darauf hin, dass Verständnis an den Schulen geweckt werden muss, um Schulabsentismus als pädagogisches und nicht ausschließlich als juristisches Problem zu verstehen (Ricking, 2003).

Um insbesondere Schüler/innen mit problematischen Schulbiografien auf ihren weiteren Lebensweg vorzubereiten, stellen sich neue Anforderungen an die Schule, an die Gestaltung des Unterrichts, an die Pädagoginnen/Pädagogen. Die Schule steht vor der Anforderung, ein neues Aufgabenverständnis zu entwickeln und nach Wegen zu suchen, soziale Benachteiligungen und Schulabkehr abzubauen.

1. Der Prozess des Scheiterns in der Schule setzt oftmals frühzeitig im Bildungsverlauf ein – in den ersten Jahren der Grundschule bzw. beim Übergang in die Sekundarstufe I. Lehrkräfte und Schulleitungen sind deshalb aufgefordert, die Anzeichen von Schulabkehr frühzeitig zu erkennen, die Problemlagen zu verstehen und gezielt und individuell zu intervenieren. Das schließt ein, die Anwesenheit der Schüler/innen genau zu beobachten, auf Versäumnisse schnell zu reagieren – durch Meldung in der Schule im Kollegium, an die Schulleitung, an die Eltern. Dazu bedarf es verbindlicher organisatorischer Regelungen und Vereinbarungen an den Schulen. Die Lehrer/innen benötigen gezielte Informationen darüber, welche Hilfeangebote und Hilfsmaßnahmen bereits in der Schulbesuchszeit genutzt und eingeleitet werden können, auf wen zurückgegriffen oder an wen weiter vermittelt werden kann (z. B. Inanspruchnahme von Fachkräften psychosozialer und medizinischer Dienste).

2. Frühzeitige Intervention gegen Schulmüdigkeit und Schulverweigerung erfordert die Kenntnis der Ursachen und Zusammenhänge dieses Problems. Hier zeigt sich, dass eine gezielte Lehrerqualifikation/-fortbildung dringend notwendig ist, um Pädagoginnen/Pädagogen aus fachwissenschaftlicher Perspektive mit Schulverweigerung vertraut zu machen. Zahlreiche Schulen signalisieren verstärkt diesen Informationsbedarf und bemühen sich um professionelle Beratung und Schu-

lung. Ebenso wäre es angeraten, angehende Lehrerstudentinnen/-studenten bereits während ihrer Ausbildung intensiv auf den Umgang mit schwierigen Schülern vorzubereiten.

3. Die Schule benötigt frühzeitig, bereits bei den ersten Anzeichen sich abzeichnender problematischer Schullaufbahnen, den Schulterschluss mit der Jugendhilfe. Das schließt das frühzeitige Zusammenwirken von Schulsozialarbeit und Schule ein, deren Unterstützungspotential derzeit in sehr unterschiedlichen Formen genutzt wird. Die Schulsozialarbeit bietet professionelle sozialpädagogische Begleitung benachteiligter Jugendlicher, unterstützt die Lehrerschaft, übernimmt Aufgaben, die die Lehrerinnen/Lehrer nicht leisten können, durch enge personelle und zeitliche Rahmenbedingungen. Diese sozialpädagogische Hilfestellung kann das Schulleben wesentlich bereichern und insbesondere benachteiligten Kindern und Jugendlichen aus problematischen sozialen/familiären Verhältnissen eine individuelle Unterstützung bieten. Angesichts der zunehmenden Problemhäufungen an den Schulen, insbesondere den Hauptschulen, kann sich schulische Förderung eben nicht nur auf Lernförderung im Sinne von Aufarbeitung des Schulstoffs beschränkt. Sie muss auf die Lebenslagen, das soziale Umfeld Bezug nehmen. Schließlich verweisen veränderte Sozialisationsbedingungen von Kindern und Jugendlichen (insbesondere veränderte Erwerbs- und Familienstrukturen) auf einen „stark angestiegenen Bedarf an sozialerzieherischer Betreuung als Teil der Bildungs- und Erziehungsversorgung, andererseits den Bedarf nach sozialen Kontakten und sozialer Integration“ (Holtappels & Schnetzer, 2003, S. 4).

4. Schulisches Lernen muss lebensnah und lebenspraktisch gestaltet sein, um zu interessieren, zu motivieren und vor allem um nachhaltig zu wirken. Dies kann gelingen durch die Schaffung zusätzlicher Angebote an den Schulen zum bestehenden Unterricht oder durch modifizierte Curricula in der Schule. Lernprozesse so zu organisieren, dass sie auch gefährdeten Schülern Erfolgserlebnisse ermöglichen, erfordert ein hohes Engagement der Lehrerschaft und ein Kooperationsnetz von verschiedensten Partnern und Akteuren – Betriebe und Unternehmen in der Region, Arbeitsamt, Berufsbildungsstätten, Kultureinrichtungen, soziale Einrichtungen etc. Bildung und Lernen kann auf diese Weise so vermittelt werden, dass sie die konkreten Lebenslagen und Probleme der Kinder und Jugendlichen berührt und die sie interessierenden Lebensfragen einbindet wie Fremdenfeindlichkeit, alltägliche Gewalt, Geschlechterfragen, Arbeitslosigkeit, Umweltprobleme.

Zusammenarbeit und Arbeitsteilung Schule – Jugendhilfe

Ist der Bruch mit der Schule erst einmal vollzogen und haben sich die Mädchen und Jungen von der Schule weitgehend „verabschiedet“, wird der Handlungsbedarf hinsichtlich der Reintegration schulferner Kinder und Jugendlicher in unser Bildungs- und Ausbildungssystem letztendlich unübersehbar. Wurden schulferne Kinder und Jugendliche in der Vergangenheit fast ausschließlich durch die Jugendhilfe betreut, so ist positiv zu verzeichnen, dass die Kooperation von Schule und Jugendhilfe insbesondere seit Beginn der 90er Jahre neue Formen annimmt. Die

Kooperation der unterschiedlichen Partner und Professionen wurde weiter vorangebracht und die Qualität der Zusammenarbeit grundlegend verbessert. Dies gelingt insbesondere dann, wenn von additiver Erbringung von Förderleistungen zu wirklicher Kooperation übergegangen wird. Die positive Entwicklung in der Zusammenarbeit spiegelt sich wider in einem breiten Spektrum an Ansätzen und Handlungsstrategien von Unterstützungs- und Hilfeangeboten, sowohl an Schulen als auch bei den Kooperationspartnern der Jugendhilfe/Jugendsozialarbeit. Praxisprojekte, die mit schulfernen Kindern und Jugendlichen arbeiten, sind ein praktischer Beleg für erfolgreiche Interventionsmöglichkeiten gegen Schulverweigerung. Die Erfahrungen der Fachkräfte in den Projekten belegen, dass es durchaus unterschiedliche und vielfältige Möglichkeiten gibt, eine erfolgreiche Rückkehr zum schulischen und beruflichen Lernen und zur sozialen Integration zu gestalten und ehemals schulferne Kindern und Jugendliche, die teilweise über lange Zeiträume die Schule nicht mehr besucht haben, wieder an eine regelmäßige und aktive Teilnahme an organisierte Lernprozesse heranzuführen.

Weitere Literaturhinweise, insbesondere zu Praxisprojekten im Handlungsfeld Schulmüdigkeit/Schulverweigerung:

Datenbank des Netzwerks Prävention von Schulmüdigkeit und Schulverweigerung am Deutschen Jugendinstitut e. V., http://www.dji.de/schulmuedigkeit

Fischer, S. (2005). Schulmüdigkeit und Schulverweigerung. Eine annotierte Bibliographie für die Praxis. *Dokumentation, 8.*

Hofmann-Lun, I., Michel, A. & Schreiber, E. (2004). *Praxisprojekte im Handlungsfeld von Schulmüdigkeit und Schulverweigerung.* München.

Hofmann-Lun, I. & Kraheck, N (2004). Förderung schulmüder Jugendlicher. Neue Wege der Kooperation von Jugendsozialarbeit und Schulen in den Schulmüden-Projekten in Nordrhein-Westfalen. *Wissenschaft für Praxis, 1.*

Michel, A. (Hrsg.) (2005). Den Schulausstieg verhindern. Gute Beispiele einer frühen Prävention. *Dokumentation, 3.*

Richter, U. (Hrsg.) (2005). Den Übergang bewältigen. Gute Beispiele der Förderung an der Ersten Schwelle von der Schule zur Berufsausbildung. *Dokumentation, 4.*

Schreiber, E. (Hrsg.) (2005). Nicht beschulbar? Gute Beispiele für den Wiedereinstieg in systematisches Lernen. *Dokumentation, 5.*

8 Aufgabenbereiche der Schulpsychologie: Beraten, Entwickeln und Leiten

8.1 Beratung, Supervision und Coaching in der Schule

Hermann Meidinger und Christine Enders

Beratung – Supervision – Coaching: Drei Begriffe, die Gemeinsamkeiten, aber auch Unterschiede aufweisen. Beratung ist wohl derjenige, der das breiteste Bedeutungsfeld hat, während Supervision und Coaching als Fachbegriffe deutlich eingeengter sind.

Wenn man eine Meinungsumfrage auf der Straße machen würde, was „Beratung" bedeute, es gäbe ein Spektrum von der Beratung im Geschäft beim Einkaufen über die Beratung in der Bank bei Geldanlagen, über die Farb- und Typ-Beratung hin zu Erziehungsberatung, Lebensberatung, vielleicht wird sogar die „Schul-Beratung" genannt. „Beraten" scheint also ein Allerweltsbegriff zu sein, (fast) jeder tut es, (fast) jeder hat Erfahrungen damit. Was hat es mit Beratung im Kontext Schulpsychologie auf sich?

Beratung

Beraten als professionelle Aufgabe von Schulpsychologen – hier wird immer noch in erster Linie an das Beraten von Schülerinnen und Schülern, eventuell noch deren Eltern – und vielleicht sogar der jeweiligen Lehrkräfte gedacht. Das ist auch heute noch das „klassische" Bild schulpsychologischer Arbeit, als Handwerkszeug den Testkoffer. Nicht selten verbirgt sich dahinter die Erwartung: Sage mir die Lösung für mein Problem! Das bezieht sich auf Fragen der Schullaufbahn ebenso wie auf Legasthenie, Dyskalkulie, ADHS, Verhaltensschwierigkeiten, Schulangst, Suiziddrohungen – also auf die ganze Bandbreite schulischer wie pädagogisch-psychologischer Fragestellungen. Dies ist (auch) Aufgabe schulpsychologischer Tätigkeit, die sich durch Schwerpunktverlagerungen nicht zur Seite schieben lässt.

Sie ist gekennzeichnet durch immer wiederkehrende Problemstellungen: wie viele Kinder/Eltern ich auch berate, im System Schule ändert dies nichts an den Bedingungen, die Störungen, Belastungen und Konflikte provozieren.

Ist also der Schulpsychologe lediglich derjenige, der die schlimmsten Auswirkungen eines Schulsystems abpuffert, der sich um die Gestrauchelten kümmert, die der Selektion zum Opfer gefallen sind oder zu fallen drohen? Dies wäre eine Alibi-Schulpsychologie, die die Kanten des Systems etwas glättet, aber keine kritischen Fragen an dieses System stellt, um Veränderungen zu bedenken. Dieses Umdenken in der Schulpsychologie vom einzelnen Ratsuchenden hin zu Überlegungen, wie sich Systemberatung implementieren ließe, ging als grundlegende Veränderung Ende der 80er Jahre in die Geschichte der Schulpsychologie ein. Helmut

Heyse formulierte 1988 den „Paradigmenwechsel in der Schulpsychologie“ mit folgenden Hauptlinien (Heyse, 1991):

- Überwindung der individuum-zentrierten Ausrichtung von Beratung in der Schule zugunsten einer systemorientierten und systemischen Betrachtungsweise. „Der erste Schritt in der Einzelfallhilfe kann schon signalisieren, ob wir die schüler-orientierte Kausalattribuierung der Schule bzw. der Eltern mitmachen, oder ob wir ein anstehendes Problem als gemeinsame Aufgabe von Schülern, Eltern und Schule betrachten ...“
- Umbau der Schulpsychologie von der Reparaturwerkstatt zur Entwicklungsabteilung.
- „... In einem so komplizierten sozialen System wie Schule es darstellt, ist auf jeden Fall psychologisches Bedingungs-, Veränderungs- und Kompetenzwissen notwendig, um ein für alle Beteiligten befriedigendes Arbeitsklima und Lernen zu ermöglichen ... Dies gelingt sicher besser, wenn Beratung ... als kompetente, hilfreiche Unterstützung bei beruflichen Fragen des Lehrers und Schulleiters erlebt wird.“
- Entwicklung von Konzepten für die Beratung von Schule
  Stichwortartig listet Heyse auf (in Auswahl hier aufgeführt):
  Es geht darum, Lehrer, Schulleiter, Schulaufsicht darin zu unterstützen,
  - Verständigung über pädagogische Grundsätze zu versuchen,
  - Konzepte für die einzelne Schule zu entwickeln,
  - soziale Kompetenz zu fördern,
  - Lernschwache zu unterstützen,
  - produktive Konfliktbearbeitung zu pflegen,
  - Psychohygiene, Stressbewältigung zu beachten,
  - Schulleitung in pädagogischem Handeln zu stärken etc.

Als Ansatzpunkt für die Umsetzung dieser weitreichenden Ideen werden aufgeführt – und damit sind wir bei den weiteren Begriffen unseres Themas: Supervisionsgruppen, Professionalisierung von Lehrern und Schulleitungen, Konzepte zur Fortbildung u. a.

Beratung ist in unserer Sichtweise ein professionelles Angebot für einzelne Eltern, Lehrkräfte, Schüler und Schülerinnen im Schulsystem, aber auch ein Angebot für Kollegien, für Führungskräfte im Sinn des eben dargestellten Paradigmenwechsels. Nicht weil der eine oder andere „es nötig hat“, schulpsychologische Beratung in Anspruch zu nehmen – defizit-orientiert – sondern weil es gilt, ein professionelles Unterstützungsangebot zu nutzen, um die eigenen Kompetenz, die eigene Gesundheit, das Gesamtwohl eines Kollegiums zu optimieren und zu erhalten.

Grundlage für eine professionelle Beratung sind:

- *Freiwilligkeit:* Das Aufsuchen von schulpsychologischen Beratungsangeboten geschieht zwar nicht immer aus eigener Initiative der Ratsuchenden – oft werden sie von anderen (z. B. Klassenlehrern, Schulleitung, Kollegen) auf diese Möglichkeit aufmerksam gemacht, vielleicht auch dringlich darauf verwiesen – die letzte Entscheidung liegt aber immer bei den Betroffenen. Wurde dennoch

Druck ausgeübt, einen Schulpsychologen aufzusuchen, so liegt es in dessen oder deren Kompetenz, die Voraussetzungen zu klären und mit den „Ratsuchenden" zu einem Konsens zu kommen, ob sie das Angebot einer Beratung in Anspruch nehmen wollen und können oder ob der Kontakt damit beendet wird.

- *freier Zugang:* Schule ist ein hierarchisches System; es läge also nahe, den Zugang zu den begrenzten schulpsychologischen Ressourcen bürokratisch zu regeln. Die Möglichkeit, über hierarchische Ebenen hinweg direkt schulpsychologische Beratung in Anspruch nehmen zu können, gibt Betroffenen die Freiheit, ohne sich bei anderen Stellen outen oder rechtfertigen zu müssen, direkt mit dem gewählten Fachmann oder der Fachfrau in Verbindung zu setzen. Gelegentlich fragen Klienten nach, ob sie unter Umgehung des Beratungslehrers oder der Schulleitung wirklich sich beraten lassen können – es ist dies eine conditio sine qua non, vergleichbar mit der freien Arztwahl. Zum freien Zugang gehört auch, dass diese Dienstleistung für die Ratsuchenden kostenfrei angeboten wird. Die finanzielle Situation darf kein Hinderungsgrund sein, um sich professionelle Unterstützung holen zu können.
- *Schweigepflicht:* Sie gehört ebenso wie die eben genannten Punkte zur Basis fachlicher Beratungstätigkeit. Nur wenn die absolute Vertraulichkeit gewährleistet ist, können sich Ratsuchende öffnen und an ihren Problemen arbeiten.
- *Allparteilichkeit:* Es ist verständlich, dass Klienten sich wünschen, der Schulpsychologe möge doch ganz auf ihrer Seite stehen, sie in ihren Anliegen unterstützen (vielleicht gegen die „böse" Schule); dem steht gegenüber, dass gerade die Neutralität, die All-Parteilichkeit an der Schnittstelle der Systeme Familie und Schule die Gewähr für konstruktive Veränderungen bietet. Diese Haltung drückt sich u. a. in professioneller Gesprächsführung aus, auch in einer ebensolchen Moderation, wenn die Beteiligten an einem Tisch zusammen sitzen und nach Lösungen suchen.
- *Respektierung der Verantwortungsstruktur und Grundstruktur der Problembearbeitung:* In dieser eben beschriebenen Grundhaltung drückt sich auch aus, dass die Verantwortung für die ausgehandelten Lösungen immer bei denjenigen verbleibt, die „im Problembesitz" sind bzw. die etwas für sich verändern wollen. Der Schulpsychologe wird nicht (auch wenn das häufig erwartet wird) die fertige Lösung nach Schilderung der Situation zur Verfügung stellen – was er nicht kann, da er nicht in dieser Situation lebt. Er stellt vielmehr sein Bedingungs- und Veränderungswissen in dem Sinn zur Verfügung, als er den Problemlöseprozess lenkt, mit Fragen oder Anregungen strukturiert, bis nach der Analyse und der Suche von Ideen die Betroffenen eine Entscheidung über eine bestimmte Maßnahme fällen. Auch die Prüfung der Wirksamkeit gehört in den Gesamtprozess, d. h. eine Vereinbarung darüber, wann ein weiteres Treffen zur Evaluation stattfinden soll.

Supervision

Grundsätzliches zur Supervision in der Schule

Schulpsychologen haben sich in dem vergangenen beiden Jahrzehnten erfolgreich bemüht, Supervision im Arbeitsfeld Schule zu verankern. Diesem Bestreben wurde anfangs vor allem von Seiten der Schulverwaltung sehr skeptisch begegnet. Zwischenzeitlich kann die Notwendigkeit von Supervision nicht mehr übersehen werden. Dazu trugen bei: eigene Erfahrungen mit Supervision in der Schulaufsicht, Berichte von Lehrern und Schulleitern, die aus eigener Initiative Supervisionsgruppen besuchen, die Informationspolitik von Berufsverbänden (DGSv, BDP, LBSP). Hinzu kamen die Welle von Frühpensionierungen, das Thema Lehrergesundheit und die wachsende Bedeutung von Supervision für Personal- und Organisationsentwicklung, ebenso die Beachtung von Supervisionsmodellen in anderen psychosozialen Bereichen. Dies alles forcierte die Verankerung von Supervision in der Schuladministration und ebnete damit den Weg in die Schule.

Ein Beispiel dazu aus einer Supervisionssitzung: Eine Lehrerin fühlt sich in einer 5. Klasse durch das Verhalten eines Schülers aus dem Kosovo so provoziert, dass sie nicht mehr angemessen reagieren kann. Im Lauf der Arbeit werden individuelle wie systemische Zusammenhänge deutlich; so z. B. die Kränkung der Lehrerin, aber auch die traumatisierende Vergangenheit des Schülers; ebenso die zunehmend schwierige Situation an der Hauptschule. Am Ende gibt die Lehrerin folgende Rückmeldung: zum einen habe es sie entlastet, über ihr Problem zu sprechen. Die gefunden Handlungsalternativen hätten sie darauf aufmerksam gemacht, dass sie über ihrer persönlichen Betroffenheit die schlimme Situation des Schülers aus dem Auge verloren habe. Sie halte es für ein brauchbares Vorgehen, sich durch das Verwenden eines Satzes Abstand zu verschaffen – nicht nur in belastenden Situationen: „Das kann doch nicht alles sein, was Du zu bieten hast!“

Supervision – was ist das?

In Anlehnung an Brandau und Schüers (1995) werden mit Supervision berufsbegleitende Veranstaltungen gemeint, in denen die Teilnehmer Erfahrungen, Fragestellungen und Konflikte in der beruflichen Arbeit reflektieren. Dabei werden sowohl persönliche Rahmen- als auch kontextuelle schulische Arbeitsbedingungen berücksichtigt. Durch den kreativen Dialog aller Beteiligten unter Leitung eines Supervisors werden die Ressourcen der Gruppe aktiviert und genutzt. Hilfe zur Selbsthilfe wird angestrebt (Meidinger, 1998).
Supervision kann insbesondere dann Unterstützung sein,

- „wenn Lehrer stecken bleiben, selbst nicht mehr weiterwissen;
- den Überblick über eine Situation oder ein Problem verlieren;
- mit ihrem beruflichen Leben hin und wieder unzufrieden sind;
- immer öfter an ‚Aussteigen‘ und Ruhestand denken;
- mit dem Schulalltag hauptsächlich Ärger, Belastung, Unwohlsein und Kampf assoziieren;

- den Wunsch nach Reflexion ihrer beruflichen Situation verspüren;
- sich durch die Erwartungshaltung anderer, z. B. SchülerInnen, Eltern, KollegInnen, Schulleitung, Schulamt, überfordert fühlen.“ (Ehinger & Hennig, 1994)

Es geht bei Supervision nicht um die Vermittlung von Fertigkeiten sondern um die Reflexion der eigenen beruflichen Tätigkeit und ihrer persönlichen Verarbeitung.

Unterschiedliche Supervisionsformen

- Einzelsupervision
  Im Rahmen der Einzelsupervision arbeitet ein Supervisor mit nur einem Supervisanden (Lehrer, Schulleiter, Schulaufsichtsbeamter) an dessen berufsbezogenen Fragestellungen und Problemen.
- Gruppensupervision
  Bei der Gruppensupervision handelt es sich um den Zusammenschluss von Lehrern, Schulleitern, ... einer oder unterschiedlicher Schularten, die sich mit dem Interesse zu einer Gruppe zusammengefunden haben, in regelmäßigen Intervallen (z. B. in monatlichen Abständen) über einen festgelegten Zeitraum (z. B. ein Schuljahr) an aktuellen, persönlichen, beruflichen Belastungssituationen zu arbeiten. Im Allgemeinen orientiert sich jede Supervisionssitzung an einer von einem Mitglied eingebrachten Fragestellung:
  Dabei kann es sich um Konflikte handeln, die aus den Beziehungen des Teilnehmers resultieren, z. B. mit
  - der eigenen Person (Gefühle des Überfordertseins, des Ausgebranntseins, der Insuffizienz, ...)
  - Schülern (unterrichtliche und erzieherische Probleme)
  - Eltern (z. B. aggressive Eltern, nicht-unterstützende Eltern)
  - Kollegen (Cliquenbildung im Kollegium, Rivalitäten, Feindseligkeiten, emotionale Beziehungsstrukturen, ...)
  - dem Schulleiter (Schulklima, Führungsstil, Stundenplan, ...)
  - der Schulaufsicht (Ausübung von Erwartungsdruck, Kontrolle, Setzung schwieriger Arbeitsbedingungen ...).

  Entsprechend der Fragestellung des „Fallvortragenden“ entwickelt sich ein Gruppenprozess. Das Supervisionsergebnis versteht sich als Ergebnis dieses Gruppenprozesses, in dem der Supervisor stützend und klärend wirkt. Die persönliche, fachliche und soziale Handlungskompetenz der Supervisanden soll vertieft und erweitert werden
  - durch die Auseinandersetzung des Fallvortragenden mit dem eigenen Problem (Wie erlebe ich meinen Konflikt? Was macht er mir aus? Was möchte ich?)
  - durch die Auseinandersetzung der Gruppe mit dem Problem des „Fallberichtenden“ (Wie erleben wir die konflikthafte Situation? Welche Zusammenhänge sehen wir?)
  - durch die Interaktionen zwischen den einzelnen Gruppenmitgliedern, wie sie durch die Auseinandersetzung mit dem eingebrachten Problem ausgelöst

werden (Was löst die dargestellte Problematik bei uns als Gruppe aus?) (siehe auch Meidinger, 1991, S. 292).

- Teamsupervision
  In der Teamsupervision „ist der Supervisor mit Supervisanden konfrontiert, deren Beziehungen sich, im Rahmen eines organisatorischen Systems, immer auch nach formalen Gesichtspunkten konstituieren“ (Schreyögg, 1992, S. 37). Die Teilnehmer kennen sich aus ihrem Berufsalltag als Kollegium oder als Schulleiter- bzw. als Schulamtsteam. Die Ergebnisse von Teamsupervision sind für die Teilnehmer deshalb von besonderer Relevanz, weil die für die Umsetzung der erarbeiteten Ziele verantwortlichen Teammitglieder anwesend sind.
- Organisationsentwicklung
  Die Grenzen zwischen Teamsupervision und Supervision im Sinn von Organisationsentwicklung sind fließend. Im Mittelpunkt stehen hier weniger die Deutungs- und Handlungsmuster einzelner sondern vielmehr der strukturelle Kontext, in dem der einzelne agiert. Ziel ist es, ihn in Hinblick auf Dysfunktionalität zu reflektieren und Ansätze zu einer Veränderung zu entwickeln, die für berufliche Arbeit und Beziehungspflege förderlich sind.

Organisation von Supervision in Schulen

Rahmenbedingungen

Freiwilligkeit Die Teilnahme an Supervision erfolgt grundsätzlich freiwillig. Supervision kann nicht einem Lehrerkollegium oder einer Gruppe von Lehrern verordnet werden, wo offensichtlich Probleme bestehen. Einem solchen Vorgehen würde eine eher defizitorientierte Sichtweise zugrundeliegen, die Supervision nicht im Sinn von Qualitätssicherung des beruflichen Standards im psychosozialen Tätigkeitsfeld „Schule“ versteht: Eine „defizitorientierte Sichtweise läuft in dreierlei Hinsicht den Grundgedanken von Supervision zuwider: Erstens ist Supervision kein Allheilmittel und kein Zaubertrank, zweitens ist es paradox, Supervision anzuordnen, und drittens muss Supervision scheitern, wenn Lehrer das Gefühl haben, durch die Teilnahme daran ‚bestraft‘ bzw. gedemütigt zu werden“ (Kirsch-Voll, 1996, S. 254).

Kontrakt Supervision bedarf eines klaren Kontraktes zwischen den Supervisanden und dem Supervisor. In ihm sollten die Rahmenbedingungen wie Kosten, Häufigkeit der Treffen, Dauer der Sitzungen etc. festgelegt werden.

Weiter gehören die *Vereinbarung von Verschwiegenheit* und die *Bereitschaft zu Offenheit* zu den unabdingbaren Grundlagen einer Supervisionsvereinbarung. Sie ist ebenso wenig „einklagbar“ wie die Verschwiegenheit, beides ist jedoch eine unbedingte Voraussetzung für eine vertrauensvolle Zusammenarbeit. Die *Regelmäßigkeit der Teilnahme* ist eine Basis für die Entwicklung von Vertrauen in der Gruppe. „Die Art und Weise der Organisation soll eine langfristige Begleitung und Einwirkung auf die Supervisanden sowie eine ihnen eigene psychosoziale Wachstums- und Veränderungschance vorbereiten und unterstützen helfen.“ (Scobel, 1989, S. 31).

Auswahl des Supervisors

Die Auswahl „ihres" Supervisors sollte immer durch die Supervisanden selbst geschehen. Folgende Punkte können dabei ein Anhalt sein:

Ausbildung durch anerkannte Institutionen, d. h. Qualifikation, werden z. B. von der Deutschen Gesellschaft für Supervision (DGSv), dem Berufsverband Deutscher Psychologinnen und Psychologen (BDP) sowie von dem Dachverband für Familientherapie und systemisches Arbeiten (DFS) angeboten.

Kompetenzen als Supervisor – Meidinger (1992, S. 260) nennt folgende Aspekte:

- *Neutralität und Nichtverwickeltsein* in die Problematik der Supervisionsgruppe
- *Methodenvielfalt* für das Initiieren von Veränderungsprozessen
- Differenziertes und strukturiertes *Berufs- oder Erfahrungswissen (Feldkompetenz)*
- Beziehung zu den Supervisanden aus einer *therapeutischen Grundhaltung* heraus, u. a. durch
  - Glaubwürdigkeit, Akzeptieren des Gegenübers
  - sowie Verständnis für die Bedürfnisse des Gegenübers

  Die Realisation dieser Variablen schafft einen angstfreien Rahmen, der einen freien Kommunikationsfluss ermöglicht und es den Teilnehmern erlaubt, sich zu öffnen und auszutauschen.
- *Kommunikative Fertigkeiten und Fähigkeiten* (z. B. Differenzierung von Sach- und Beziehungsebene, Fähigkeit zur Metakommunikation)
- *Transparenz des Konzepts, d. h. Klarheit über das Vorgehen in den Sitzungen.*

Da sich diese Fähigkeiten und Kompetenzen nicht auf Anhieb beurteilen lassen, ist es sinnvoll vor dem endgültigen Kontraktabschluss eine Reihe von Probesitzungen durchzuführen, nach denen sowohl der Supervisor als auch die Supervisanden überprüfen, ob ein längerfristiges Arbeitsbündnis eingegangen werden soll.

Struktur von Supervisionssitzungen

Supervisionssitzungen sollte eine Struktur zugrundeliegen, die das Handeln des Supervisors den Supervisanden transparent werden lässt. Ein mögliches Strukturmodell sei im Folgenden überblicksartig dargestellt – es ist vielen Variationen nachlesbar und hat sich bewährt:

1. Phase: Darstellung einer aktuellen Konfliktsituation durch einen Teilnehmer

Dabei sollen Fragen berührt werden wie z. B. Was weiß ich über die Situation? Was will ich?

Regel: Der Fallvortragende spricht allein. Er wird nicht unterbrochen.
Die Gruppe folgt aufmerksam und achtet auf Stimme, Tonfall, Haltung (Körpersprache), Reihenfolge der Informationen, ...

2. Phase: Nachfragen

Die Gruppe fragt nach.

Regel: Es sollen ausschließlich Informations- und Verständnisfragen gestellt werden. Diskussionen und interpretierende Stellungnahmen werden vermieden.

3. Phase: Eindrücke und Gefühle
Die Gruppe äußert ihre Eindrücke und Gefühle:
Wie hat der Bericht des Vortragenden gewirkt?
Welche Gefühle wurden in mir ausgelöst?
Regel: Der Vortragende hält sich zurück und nimmt auf, wie sein Vortrag erlebt wurde.

4. Phase: Problemorientierte Diskussion und Fantasien
Ideen, Modelle, Erklärungen und Hypothesen zum Fall und zu den emotionalen Reaktionen werden diskutiert und fantasiert.
Regel: Der Vortragende hält sich zurück und lässt die Ideen und Fantasien auf sich wirken.

5. Phase: Feedback
Der Vortragende wird „hereingeholt“ und gibt der Gruppe Rückmeldung.

6. Phase: Abschluss
Vortragender und Gruppe erarbeiten gemeinsam Lösungsstrategien.
(Rollenspiele sind möglich zur Verdeutlichung.)

„Arbeitsplatz Schule“ als Gegenstand der Supervision

Die Themen, die von Lehrern in Supervisionsgruppen eingebracht werden, weisen häufig darauf hin, dass sie Probleme, die sie in ihrem Beruf erleben, an ihrer eigenen Person festmachen. Belastungen im Raum Schule werden als persönliches Problem definiert. Supervision bietet die Möglichkeit, dass Lehrer ihre Probleme als einen der Lehrerrolle immanenten Konflikt erkennen und bearbeiten können. Ein ausschließlich individualistisches Verständnis der Stresssituation „Schule“ wird überwunden. „Selbstverständlich ist es für den Supervisor dabei wesentlich, die strukturellen Bedingungen in die Analyse einzubeziehen und nicht bei ‚intrapersonalen‘ Ursachen stehenzubleiben.“ (Kirsch-Voll, 1996, S. 255).

Nachfolgend werden einige der systemimmanenten Fallen aufgezeigt, in die Lehrer und Schulleiter treten können und die in Supervisionssitzungen immer wieder thematisiert werden.

Identität und Rolle des Lehrers

Eine Reihe von Problemen sind typisch für die Rolle: „Tagtäglich erfahren Lehrerinnen und Lehrer im öffentlichen wie im privaten Raum Abwertung und Missachtung ihres Berufsstandes. .... Sie stehen in der Gefahr, diese Vorstellungen zu verinnerlichen, die eigene Arbeit selbst abzuwerten und die Belastungen, denen sie real ausgesetzt sind, zu unterschätzen.“ (Palzkill, 1995, S. 109).

- Überforderung führt zu Verunsicherung, schlechtem Gewissen und Angst als zentralen Themen. Palzkill (1995) schreibt, dass viele Lehrer ... viel Energie in die Konfliktabwehr als höchstpersönliche Angelegenheit investieren. Supervision könnte ihnen dabei helfen, diese Situation aus einer neuen Perspektive zu betrachten.
- Die Anforderungsstruktur des Lehrerberufs ist so widersprüchlich, dass sie *prinzipiell* nicht einzulösen ist. So muss der Lehrer einerseits selektieren und gerecht sein, d. h. alle Kinder nach dem gleichen Maßstab beurteilen. Zugleich soll er auch fördern, d. h. ungleiche Voraussetzungen mit individualisierenden Erziehungs- und Unterrichtsmaßnahmen berücksichtigen.
- Die Suche nach Entlastung setzt häufig bei der Vorbereitung des Unterrichts und erzieherischen Maßnahmen an. Folge ist ein chronifiziertes „schlechtes Gewissen“: Ich habe zu wenig getan – meine Ansprüche erfülle ich (wieder) nicht ... In der Folge gelingt das Abschalten selbst an Wochenenden und in den Ferien kaum noch.

- Die strukturellen und organisatorischen Bedingungen von Schule legen nahe, immer neue Aufgaben zu übernehmen. Ein klares Nein und eine ebenso klare Grenzsetzung fallen vielen Lehrerinnen und Lehrern schwer, sie geraten in Überforderungssituationen. Lehrerinnen und Lehrer sind stark gefährdet, in ihrer Beziehung zur „Obrigkeit“ (Schulaufsicht, Schulleitung) alte Autoritätskonflikte zu reaktivieren.
- Das Einzelkämpferdasein als Lehrkraft verhindert eine Relativierung der erlebten Probleme. Die einzelne Lehrkraft erlebt in dem schwerpunktmäßig nach bürokratischen Grundsätzen verwalteten System Schule kaum institutionelle Stützung. Die Zusammenarbeit mit Kollegen ist bis auf wenige – oft formale – Konferenzen nicht geregelt. Diese schwache Strukturierung der Zusammenarbeit verstärkt den ohnehin schon hohen Angstpegel der Lehrer und leistet einem individuellen Umgang mit Konflikten, Ängsten und Unsicherheiten weiter Vorschub (siehe auch Palzkill, 1995; Pühl, 1988).
- Fehlendes Feedback und mangelnde Wertschätzung charakterisieren den Schulalltag. Es herrscht ein Ungleichgewicht von häufiger Frustration und seltener Gratifikation (wurde im Punkt vorher gerade genannt). Stattdessen werden Rivalität und Konkurrenz erlebt. Ein in Lehrerkreisen weit verbreiteter Irrglaube lautet: „Probleme darf es nicht geben.“ Tabuisierung von Problemen steht in Zusammenhang mit Selbstidealisierungen. Lehrer setzen sich dadurch selbst stark unter Druck. Die Infragestellung des beruflichen Selbstverständnisses wird häufig als ein Hinterfragen der gesamten Person erlebt.

„Nicht-immer-alles-Wissen, Nicht-immer-alles-Können sind ein Tabu, läuft dem Idealbild eines guten Lehrers zuwider – auch heute noch, in einer zunehmend komplexer und komplizierter werdenden Welt, die an Eindeutigkeit abnimmt.“ (Kirsch-Voll, 1996, S. 252). Die derzeit offen geführte Diskussion um Burnout und die vermehrten Überlegungen zu Stärkung der Lehrergesundheit lassen diese Einstellung jedoch immer fragwürdiger und unsinniger erscheinen.

- Häufig wird in der Schule nur mit den entgegengesetzten Begriffen „richtig oder falsch“ sowie „gut oder schlecht“ gedacht. Neben der Bedeutung, die Bewertung, Selbstwert und Leistung in unserer Gesellschaft besitzen, rangieren durch die Anstellungsbedingungen für Lehrer Bewertungs- und Beurteilungsgesichtspunkte vor dem Schulklima. „Insbesondere die zweite Phase, die Referendarzeit, ist zentral von der Beurteilungs- und Selektionsfunktion der Haupt- und Fachseminare geprägt, während der unterstützende und beratende Aspekt im Verlauf der Ausbildung zunehmend untergeordnete Bedeutung erhält.“ (Palzkill, 1995, S. 117). Hier findet auch nach wie vor die Sozialisation statt, nach der die optimale Vorbereitung einen störungsfreien, ebenso optimalen Unterricht garantiert, so dass die Zuschreibung von Schwierigkeiten individualisiert wird. Die systemische Sichtweise ist noch immer weitgehend ausgeblendet.

Aufgaben und Ziele von Supervision für Lehrer

Ein zentrales Ziel von Supervision besteht darin, die Supervisanden zu befähigen, kritische berufliche Situationen besser und professioneller zu meistern sowie die eigene psychische und physische Gesundheit zu stabilisieren. Sie trägt somit stark präventiven Charakter.

- Supervision regt an, über sich selbst und die eigene Berufsrolle zu reflektieren. Redlich (1994) kommt aufgrund von Interviews von Supervisanden zu dem Ergebnis, dass diese den Wert der Supervision vor allem im Bereich der *Selbstklärung* und *Stabilisierung ihrer beruflichen Identität* sehen (Redlich, 1994). Die Teilnehmer von Supervisionsgruppen lernen, ihre Probleme von einer Metaebene aus zu betrachten. Die eigenen Ziele und die eigene Rolle werden geklärt. Somit werden Beanspruchungen reduziert (Kretschmann, 2004).
- Die Erfahrung von Solidarität in der Supervisionsgruppe entlastet die Teilnehmer. Das Einzelkämpferdasein des beruflichen Alltags wird in der Supervisionsgruppe durchbrochen.
- Supervision stärkt die Kooperations- und Konfliktfähigkeit.
  Die Interventionen der Gruppenmitglieder als hilfreich zu erfahren, sich in der Gruppe akzeptiert zu fühlen erhöht die Wahrscheinlichkeit, in Zukunft in Konfliktsituationen auf Kollegen zuzugehen. Kretschmann sieht einen Schwerpunkt von Supervision in Schule in der „Bearbeitung von Beziehungsproblemen mit dem Ziel der Klärung, inwieweit die Konflikte oder Kooperationsprobleme durch persönliche Eigenheiten (der eigenen oder der anderen) bzw. durch eine missverständliche Kommunikation heraufbeschworen werden, und der Perspektive, durch diese Klärung zu Lösungen zu gelangen“ (Kretschmann, 2004, S. 220).
- Supervision strebt Nutzung und Erweiterung von Kompetenzen bzw. Ressourcen an. Eigene Ressourcen werden neu entdeckt. Ebenso hilfreich ist das Entdecken von „sozialen Ressourcen“.
  Die Atmosphäre innerhalb der Supervisionssitzung wird als entspannend und entlastend erlebt. Die Fragestellung kann temporär an die Gruppe abgegeben werden und Verantwortung geteilt werden. „Einzelne und Teams verfügen über

ein (manchmal deutlich spürbares, manchmal scheinbar verborgenes bis abgewertetes) Potential von Problemlösungen." (Rabenstein, 2004). Die Teilnehmer an Supervision erfahren Achtung und Wertschätzung durch den Leiter sowie durch die Gruppenmitglieder.

- In Supervision werden neue Perspektiven gegenüber beruflichen Belastungs- und Problemsituationen gesucht und Situationen neu bewertet.
  Ängste und Überforderungsgefühle können auf objektive Bedingungen hin analysiert und reflektiert werden (z. B. große Klassen, schwierige Schüler, schwierige Eltern, fehlende fachliche und soziale Unterstützung, ...). Die Grenzen eigener Verantwortlichkeit werden erfahren. Supervision unterstützt dabei, den Bezug zwischen der eigenen Person und den Widersprüchlichkeiten der schulischen Organisation als nicht vorhersagbarem sozialen System besser einschätzen zu können (Kretschmann, 2004, S. 221).
- Supervision hilft dabei, die Wirklichkeit neu zu konstruieren und zu erfahren: Angeregt durch die Gruppenmitglieder erfahren die Supervisanden ihre Lösungsmuster sowie ihre Verhaltensweisen als Ergebnis eigener Wirklichkeitskonstruktionen und somit als veränderbare Größen. So werden fehlende Unterrichtserfolge und überhand nehmende Disziplinstörungen u. a. auch als Ausdruck schwieriger Arbeitsbedingungen gesehen.
  Supervision trägt auch zum Abbau unzweckmäßiger Bewältigungsstrategien in Belastungssituationen bei (z. B. unzweckmäßige Arbeitsorganisation und ineffizientes Zeitmanagement, emotionale Überreaktionen, ungenügende Regeneration).
- Dinge werden wieder in Fluss gebracht:
  Häufig treten wir auf der Stelle, weil wir an Vorstellungen, Idealen und Illusionen festhalten. Supervision lässt Raum zum Experimentieren und Ausprobieren neuer Lösungsmuster. „Bisherige Handlungen und Überzeugungen werden getauscht gegen neue, wirksamere, jetzt nützlichere." (Reichel & Rabenstein, 2001, S. 38).

Wirksamkeit von Supervision

Eine Evaluationsstudie, in der 13 Supervisionssitzungen von 98 Supervisanden beurteilt wurden, lässt folgende Wirkfaktoren erkennen, die den Supervisionsgewinn erklären (Meidinger & Enders, 1996). Diese Faktoren stellen eine Zusammenfassung der eben dargestellten Punkte dar:

- *Erfahrung, Lernen, Weiterentwicklung:* Supervision bringt den Teilnehmern Anregungen zu neuen Sichtweisen und Handlungsstrategien.
- *Entlastung und Entspannung:* Die Supervisionsgruppe wird als „soziales Stützsystem" (Pines et al., 1989) erfahren. Durch die Unterstützung der Gruppe beim Bearbeiten der Belastungssituationen tritt Entlastung ein.
- *Modellfunktion des Leiters:*Die akzeptierende und wertschätzende Haltung des Supervisors lässt ihn den Teilnehmern zum Modell werden.
- *Einsichten in Zusammenhänge:* Supervision schafft einen Raum, in dem Zusammenhänge zwischen persönlicher Sozialisation und der Wahrnehmung von Schule wahrgenommen und reflektiert werden können.

- *Gewinn optimistischer Sichtweisen und Einstellungen (Zukunftsperspektiven):* Die Teilnehmer gewinnen mehr Vertrauen in die eigenen Fertigkeiten und Stärken. Sie schätzen ihre Selbstwirksamkeit neu ein. Supervision wird als Impuls zur Selbstentfaltung erlebt. So kann als ein Ergebnis der Untersuchung folgende Erkenntnis von Supervisanden hervorgehoben werden: „Jede Änderung beginnt bei mir!"
- *Gewinn beruflicher Identität:* Die eigene berufliche Rolle sowie die Beziehungen zu den unterschiedlichen Interaktionspartnern im Arbeitsfeld Schule werden neu definiert.
- *Erfahrung von Gemeinsamkeit/Gruppenerleben:* „Geteiltes Leid ist halbes Leid!" Für das einzelne Gruppenmitglied ist es nützlich, zu erfahren, dass andere Kollegen in ihrem Arbeitsfeld ähnliche Schwierigkeiten erleben.
- *Neue Perspektiven gewinnen und artikulieren lernen (Wahrnehmungsdifferenzierung):* Die Grenzen eigener Verantwortlichkeit werden deutlich. Es geschieht im wörtlichen Sinn eine „Ent-Schuldigung". Persönliche Ressourcen werden erweitert. Nicht nur das Ergebnis sondern auch die Form, zu diesem zu gelangen, wird von Supervisanden positiv bewertet.

Supervision durch Schulpsychologen – (k)ein Anpassungsinstrument?

Auf die Gefahr, Supervision als einen Ersatz der Änderung von Rahmenbedingungen zu verstehen, weisen auch Brandau und Schüers (1995) hin:

„Supervision ist kein
- Ersatz für regelmäßige Mitarbeiterbesprechungen und Teamsitzungen,
- Instrument der Gehirnwäsche und beruflichen Professionalisierung von schlecht ausgebildeten MitarbeiterInnen,
- Ersatz für gutes Management,
- Ersatz und Kompensationsinstrument für Führungsschwächen von Vorgesetzten und strukturellen Leitungsdefiziten,
- Methode, um fragliche Strukturen oder Bedingungen einer Organisation zu balancieren,
- Allheilmittel für Menschen in helfenden Berufen; ihr Einsatz bedarf zunächst einer detaillierten Untersuchung der vorliegenden Bedingungen." (Brandau & Schüers, 1995, S. 16).

„In der Schule Zeit (und Geld) für Supervision zu investieren, heißt noch nicht die Schule zu verändern, sondern Lehrern, Schulleitern und Schulaufsicht die Möglichkeit einer Reflexion ihrer beruflichen Identität zu geben. Supervision könnte für die Mitarbeiter im Kontext Schule heißen, persönliche Rahmen- und beruflich-systemische Kontextvariablen zu überprüfen und gegebenenfalls eine Veränderung zu initiieren – Supervision bedeutet noch nicht diese Veränderung selbst. Supervision zu ermöglichen, heißt jedoch auch, offen zu sein für mögliche innovative Initiativen. Das Angebot des bayerischen Kultusministeriums, Supervision in dem Aufgabenkatalog von Schulpsychologen zu verankern, ist als Bereitschaft zu interpretieren, derzeitige schulische Rahmenbedingungen zu hinterfragen und gegebenenfalls zu verändern." (zitiert nach Meidinger & Enders, 1996a). Diese Bereitschaft ist jedoch noch nicht hinreichend, noch immer gibt es Schulpsychologinnen und Schulpsychologen, die zwar die Qualifikation erworben haben, Supervision aber „nebenbei" betreiben.

Coaching von Schulleitern und Schulaufsicht

Definition von Coaching

Was wird an dieser Stelle unter Coaching verstanden? Wie ist das Verhältnis von Coaching zu Supervision?

Coaching gilt als individuelle Personalentwicklungsmaßnahme von Führungskräften, d. h. von Personen in Führungsverantwortung bzw. in Managementfunktion. Rauen (2001) bezeichnet es als einen interaktiven, personenzentrierten Beratungs- und Betreuungsprozess, der primär berufliche, aber auch private und persönliche Fragen umfassen kann (Rauen, 2001, S. 17). Coaching stellt eine prozesshafte, individuelle Beratungsform dar. Der Coach liefert keine direkten Lösungsvorschläge, sondern begleitet den Coachee dabei, eigene Lösungen zu entwickeln. In Analogie zu Supervision sind wesentlich: Freiwilligkeit, Vertraulichkeit, Klarheit über Konzeption. Coaching zielt immer auf die Verbesserung des Selbstmanagements des Gecoachten ab. Für Schulleiter-Coaching bedeutet dies eine Förderung beruflicher Selbstgestaltungspotentiale, d. h. besserer Umgang mit sich selbst (z. B. in Fragen des Time-Managements) eine Optimierung des eigenen Führungsstils (z. B. in Richtung eines kooperativen Führungsstils), des verbesserten Umgangs mit Konflikten im Kollegium und mit Kollegen und eine weitere Humanisierung der Organisation Schule.

Coaching setzt auf Seiten des Coachs sowohl Beratungs- als auch Feldkompetenz voraus.

Es bietet sich an, Schulpsychologen eine Coaching-Ausbildung anzubieten und sie vermehrt in diesem Bereich in der Schule einzusetzen.

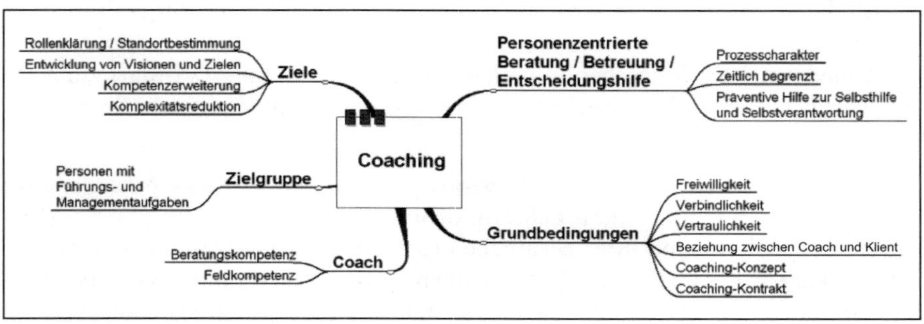

Abb. 8.1: Coaching in der Schule

Die Grenzen zwischen Coaching und Supervision sind fließend. Beides sind professionalisierte Reflexions- und Beratungsformen in berufsbezogenen Zusammenhängen, in denen die Teilnehmer ihre Erfahrungen, Fragestellungen und Konflikte zur Sprache bringen. Im Allgemeinen wird von Coaching gesprochen, wenn sich das Supervisions-Angebot an Führungskräfte richtet.

Schulleiter als Zielgruppe

Es ist unumstritten, dass Schulleiter als Führungskräfte das „Betriebsklima" ihrer Schule maßgeblich beeinflussen. Sie prägen die Kommunikationskultur und fördern oder schwächen damit die Motivation und Arbeitszufriedenheit im Lehrerkollegium sowie nicht zuletzt die Leistungen der Lernenden. Will schulpsychologische Arbeit die Entwicklung des Systems Schule unterstützen, müssen Schulleiterinnen und Schulleiter eine entscheidende Zielgruppe schulpsychologischer Aktivität darstellen.

Coaching als Personalentwicklungsmaßnahme will Schulleiter darin fördern, mit ihrer schwierigen Rolle professioneller umzugehen. Staminski sagt über Führungskräfte in der Wirtschaft: „Führungskräfte werden dafür bezahlt, dass sie schwierige Entscheidungen treffen müssen. – Sie werden immer Fehler machen." (managerSeminare, 2002, Heft 61).

Warum sollte es dem Schulleiter anders gehen? Ihn in Entscheidungskonflikten zu begleiten und den aus seiner Rolle resultierenden Konflikten zu begegnen, ist ein wesentliches Anliegen von Coaching-Angeboten an Schulleiter, d. h. es geht um die Entwicklung von Rollensicherheit.

Themen aus Schulleiter-Supervisionssitzungen

Die nachfolgende Auflistung von Themen aus Coaching-Sitzungen will die Spannweite von Fragestellungen aus Schulleiter-Coaching-Sitzungen aufzeigen:

- Praxis-Schock neu ernannter Schulleiter
- Kompetenzstreitigkeiten innerhalb der Schulleitung – zwischen Konrektor und Rektor
- Alkoholabhängigkeit bei einem Kollegen – muss der Schulleiter einschreiten?
- Mobbing im Kollegium – eine Herausforderung für Schulleiter
- Fehlende Unterstützung durch die Schulaufsicht – wie kann ich mit personeller Unterversorgung sinnvoll arbeiten?
- Burnout und Überalterung im Kollegium – wie kann ich effektiv führen?

Coaching-Nachfrage

Schulleitern fehlt häufig Feedback in ihrer Tätigkeit. *Isolation in ihrer Führungsposition* ist weit verbreitet. Der „Aufstieg" in die Rolle des Schulleiters bedeutet für viele ein Verlust des Eingebundenseins in ein Kollegium und damit das Erleben von Einsamkeit. Dazu kommt die Managementaufgabe, die Schule als Ganzes zu leiten. „Während sich Lehrer als Teil des schulischen Ensembles begreifen können, in das sie idealerweise wie in einen ‚mitmenschlich warmen Pool' eintauchen, muss die Schulleitung die Schule, so kolossartig sie sein mag, als Ganzes zu bewegen suchen." (Schreyögg, 2000b, S. 219).

In Coaching-Sitzungen im Gruppensetting werden vermutete *persönliche Defizite relativiert*. Der einzelne Schulleiter erfährt, dass es seinen Kollegen ähnlich geht, dass sie ähnliche Fragen beschäftigen. Belastungen werden miteinander geteilt, Lösungen gemeinsam entwickelt.

Berufliche Belastungen von Führungskräften beeinflussen persönliche Lebensbereiche und umgekehrt. Die *psychohygienische und die gesundheitsfördernde Bedeutung* des Coaching-Angebots ist unverkennbar.

Coaching kann als *präventives Angebot* verstanden werden. Es bewahrt die Führungskraft angesichts ihrer Managementaufgaben und der damit verbundenen Stresssituationen vor einem Abrutschen in persönliche Krisen. Darüber hinaus bedeutet Coaching von Schulleitern auch eine Unterstützung der gesamten Schule, berücksichtigen wir die oben erwähnten Zusammenhänge zwischen Führungskompetenz von Schulleitern und Arbeitsmotivation im Kollegium (Schreyögg).

Coaching als Arbeit an der beruflichen Identität

Auch wenn die beiden Bereiche nicht scharf voneinander zu trennen sind, so unterscheidet Rauen (1999) dennoch zwischen persönlichen und beruflichen Coachinganlässen. In beiden Bereichen geht es um Fragen, die sich aus dem beruflichen Kontext ergeben. Im Bereich „persönliche Entwicklung“ wird Coaching als Möglichkeit gesehen, persönliche Antworten auf berufliche Herausforderungen zu finden bzw. sich in beruflichen Herausforderungssituationen nicht persönlich in Frage zu stellen. Davon unterschieden werden Coachinganlässe, die sich aus der Auseinandersetzung mit der Organisationsstruktur der Schule ergeben, die die Unternehmenskultur und den Führungsstil des Schulleiters betreffen.

Coaching als Beitrag zur persönlichen Entwicklung

1. Feedback durch kompetenten Gesprächspartner
   Schulleiter erleben ihren Einstieg in die neue Position oft krisenhaft. Dabei wird häufig über Einsamkeit geklagt (siehe auch Storath, 1995). Für diese Gruppe wird der Coach zum zentralen Solidarpartner, mit dem man die Fragen, die sich aus der neuen Rolle ergeben, besprechen kann.
2. Stress- und Burnout-Prävention
   Kann Stress als Diskrepanz zwischen aktuellen Herausforderungen und vorhandenen Bewältigungsstrategien verstanden werden, so versucht Coaching das Verhaltensrepertoire von Führungskräften im Umgang mit beruflichen Herausforderungen zu erweitern (z. B. Konfliktmanagement, ...). Nicht zuletzt geht es auch um die Reflexion der eigenen Ansprüche: z. B. dem Irrglauben, in der gut geführten Schule dürfe es keine Konflikte geben, oder ein guter Schulleiter sei dafür verantwortlich, die Wünsche aller Beteiligten zu erfüllen.
3. Umgang mit persönlichen Sinnkrisen
   Neu ernannte Schulleiter sind häufig überrascht von der Vielzahl und der Qualität von Aufgabenstellungen. Assessment-Center-Angebote und Fort- bzw. Weiterbildungsveranstaltungen fehlen; sie könnten diese Zielgruppe bezüglich ihrer persönlichen Leitungsqualifikationen beraten und sie mit dem Anforde-

rungsprofil konfrontieren. Der Praxisschock (Storath, 1995) wirft neu ernannte Schulleiter häufig in Sinnkrisen – sie stellen sich angesichts der Überforderungssituation existentielle Fragen. In Coaching-Sitzungen werden diese subjektiv gefärbten Selbstanklagen relativiert z. B. zugunsten einer kritischen Sichtweise gegenüber Beförderungsbedingungen. Möglichkeiten der Kompetenzerweiterung werden gesucht und genutzt.

4. Umgang mit Macht
   Eine Führungsposition innezuhaben heißt auch, über Macht zu verfügen. In Coachingsitzungen zeigt sich oft die Unsicherheit, sich bewusst zu dieser Macht zu bekennen. Wie reagiere ich als Schulleiter auf Verletzung von Dienstpflichten von Kollegen, wie gehe ich mit nicht attestierten Krankmeldungen um? Wie reagiere ich bei dem Verdacht, ein Kollege gebrauche körperliche Strafen in der Klasse?
   Schulleiter werden in ihrer Ausbildung wenig auf die Rolle als „Mächtiger" vorbereitet. Häufig werden pädagogische Vorstellungen aus der Lehrerrolle in den Umgang mit Kollegen übertragen, was zu Widerständen im Kollegium führt. Der bewusste Einsatz der Kontrollfunktion einschließlich der relativ wenigen „Macht-Instrumente" muss mental vorbereitet und eingeübt sein. Nicht wenige Schulleiter möchten weiterhin „Gleicher unter Gleichen" sein – was de facto nicht möglich ist.
5. Unterstützung bei aktuellen Konflikten
   Konfliktfähigkeit kann als wesentliches Merkmal erfolgreicher Führungspersönlichkeiten genannt werden. Coaching stärkt Schulleiter im Umgang mit Konflikten: sowohl sensibel Konflikte wahrzunehmen als auch auf niedriger Eskalationsstufe zu reagieren, Konfliktgespräche im Sinn von Mediationsgesprächen zu führen und die Grundsätze kooperativer Konfliktlösung zu berücksichtigen.
   Coaching hilft Schulleitern dabei, die Gratwanderung zwischen persönlichem Harmoniestreben einerseits und dem Zulassen und Auseinanderssetzen mit aktuellen Spannungen im Tätigkeitsfeld Schule zu leisten. Konsequenz in der Durchsetzung von getroffenen Entscheidungen trifft häufig auf Unverständnis und Widerstand im Kollegium. Coaching unterstützt dabei, sich diesen Herausforderungen zu stellen und einen kreativen Umgang damit zu entwickeln.
6. Überprüfung der Lebens- und Karriereplanung
   Schule bietet wenig Karriere- und Aufstiegsmöglichkeiten. Coachingsitzungen bieten Bewerbern dabei Entscheidungshilfe, inwieweit das mit einer beruflichen Weiterentwicklung anvisierte Amt des Schulleiters ihren persönlichen Ziel- und Wertvorstellungen entspricht.
7. Auflösen unangemessener Wahrnehmungs- und Beurteilungstendenzen
   Schulleiter werden häufig aufgrund ihrer Qualifikation als Lehrkräfte mit der Leitungsfunktion betraut. Widerstände in Form von aggressiven Tendenzen, Ignorieren und Kritisieren von Seiten des Kollegiums sind bisweilen die Konsequenz, unter der ein Schulleiter leidet. Coaching hilft dabei, unangemessene Wahrnehmungs- und Beurteilungstendenzen zu korrigieren.

Coaching als Unterstützung der beruflichen Entwicklung

Die beruflichen Gründe für Coaching-Maßnahmen lassen sich nach Rauen (1999, S. 32) in die Bereiche „Organisationsstruktur“ und „Unternehmenskultur und Führungsstil“ einteilen.

1. Die Organisationsstruktur von Schule optimieren
   - Strukturellen Veränderungen von Schule begegnen
     Schulleiter müssen sich mit dem Wandel in Schulen auseinander setzen und mit dem Unmut der Kollegen, der durch nicht einsichtige Strukturveränderungen hervorgerufen wird, umgehen. Die Nichtkalkulierbarkeit der zukünftigen Struktur von Schule (u. a. verursacht durch Ergebnisse der PISA-Studie) führt zu Verunsicherung auf Lehrer- und Schulleiterseite.
   - Mit neuen Aufgaben konfrontiert werden

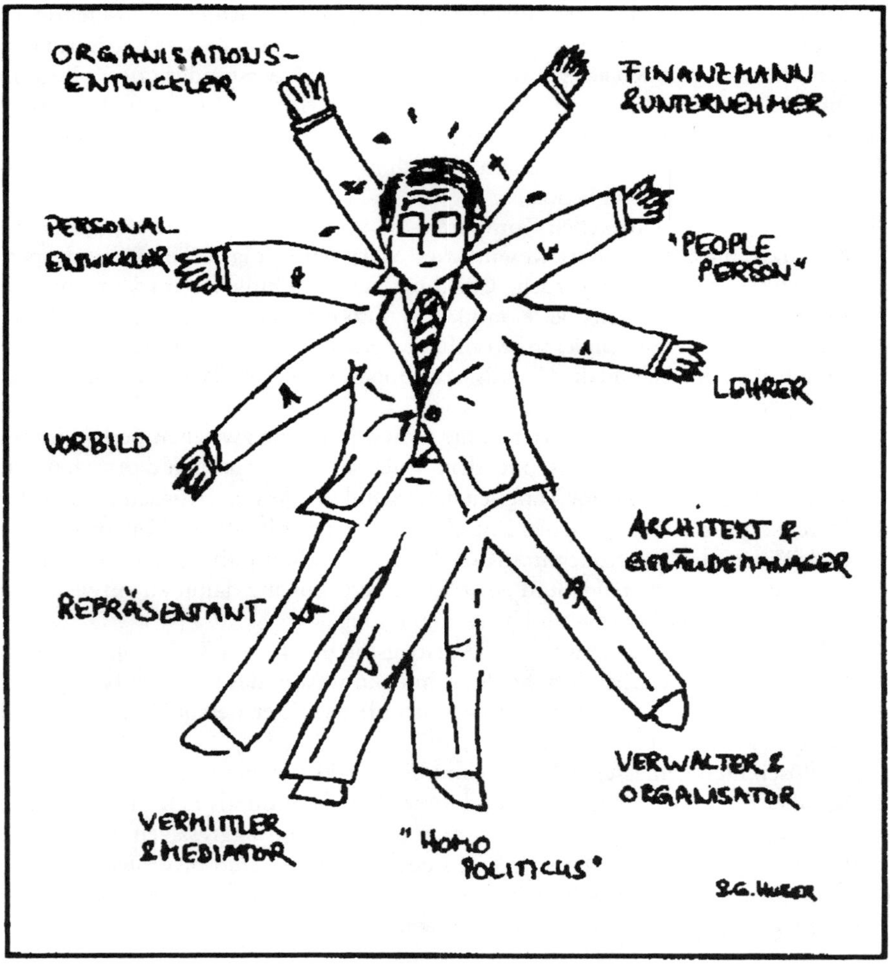

Abb. 8.2: Rollenvielfalt und -überlastung

Schulleiterinnen und Schulleiter verdeutlichen sich selten schon vor Antritt des neuen Amtes die Rollenvielfalt. Aus diesem Grund entwickeln sie oft schon bei Amtsantritt Gefühle von „Rollenüberlastung“ (Schreyögg, 2000b, S. 217). Hier kann der Coach Unterstützung geben, indem er mit ihnen einen Rollenkatalog durcharbeitet.

– Mit schwierigen Rahmenbedingungen umgehen lernen
Aufgaben, die sich aus der Verwaltung und Organisation von Schulen ergeben, belasten Schulleiterinnen und Schulleiter in hohem Ausmaß. Ein Gros der Arbeitszeit fällt auf die Bewältigung dieser Anforderungen. Das ist nicht unbedingt die Schwerpunktbildung, die sich die meisten Schulleiter selbst aufgrund ihrer persönlichen-professionell vordringlichen Ziele setzen (z. B. Verbesserung der Lernkultur). Der Coach kann mit ihnen diese Zielkonflikte bearbeiten und Möglichkeiten der Revision von Zielen und/oder Delegation von Aufgaben entwickeln. Coaching unterstützt dabei, Prioritäten zu setzen, Entscheidungen zu treffen sowie kreative Wege zur Bewältigung administrativer Aufgaben (z. B. Gewinnen von Sponsoren) zu entwickeln.

2. Am Führungsstil arbeiten und die Unternehmenskultur in Schulen beeinflussen
   – Eine Manager-Rolle übernehmen
   Schreyögg (1999, 2000b, S. 217) führt verschiedene Managementrollen auf, die sich teilweise überschneiden und sich in drei Rollenbündel gliedern lassen, die Führungskräfte verkörpern müssen.

Interpersonale Rollen	Rolle – des Repräsentanten (Gallionsfigur) – des Vorgesetzten – des Vernetzers
Informationale Rollen	Rolle – des Radarschirms – des Senders – des Sprechers
Entscheidungsrollen	Rolle – des Innovators – des Störungsreglers – des Ressourcenzuteilers

   Der Coach gibt den Schulleiterinnen und Schulleitern Hilfe, indem er mit ihnen den Rollenkatalog durcharbeitet.
   Dabei wird untersucht, welche Rollen der Schulleiter aus rechtlichen Gründen unbedingt selbst wahrnehmen muss, welche Rollen er delegieren kann und welche er unbedingt auf viele Schultern verlagern sollte (Schreyögg, 2002b, S. 217).
   – Teamarbeit fördern
   Schulleitung wird als verantwortlich dafür beschrieben, eine kooperative Schulkultur zu entwickeln durch Teambildung im Kollegium. Coaching

unterstützt darin, sich den Teamentwicklungsprozess zu vergegenwärtigen, der nach gruppendynamischen Grundsätzen abläuft und naturgemäß ein konfliktbelastetes Geschehen darstellt. Dazu ist es auch notwendig, sich die Grenzen einer Teamkultur in dem derzeitigen Schulsystem zu vergegenwärtigen, um nicht das Kollegium zu überfordern.

– Mitarbeiter motivieren
  „Egal wie gut Ihre übrigen Managementfähigkeiten sind, ... ohne einsatzfreudige, zufriedene und kompetente Mitarbeiterinnen und Mitarbeiter wird Ihr Erfolg nur von kurzer Dauer sein." (Hargens, 2001, S. 18). Schulische und bildungspolitische Rahmenbedingungen lassen in Hinblick auf die Motivation von Lehrerinnen und Lehrern zu wünschen übrig. „Dazu tragen insbesondere die verschärften Arbeitsbedingungen für die Lehrkräfte bei: die ministeriell verordnete Mehrarbeit, die zunehmende Zahl an Vertretungsstunden, die Erhöhung der Pflichtstundenzahl, ..." (Smolka, 2000, S. VII). Im Rahmen von Coaching wird mit Schulleitern reflektiert, wie Lehrkräften vor diesem Hintergrund motivationsfördernde Arbeitsbedingungen innerhalb der einzelnen Schule gegeben werden. Schütz und Schure (2000, S. 133) nennen u. a.:
  - die Möglichkeit, selbst gestaltend tätig zu werden
  - Feedback geben für die geleistete Arbeit
  - Unterstützung durch die Schulleitung
  - Innovative Ideen unterstützen und fördern
– Kommunikationsproblemen konstruktiv begegnen
  Coaching gibt die Möglichkeit, Konfliktsituationen durchzuspielen und Perspektiven zu wechseln. Damit werden im Sinn von Hargens (2001, S. 60) die folgenden beiden Fragen berührt:
  - Welche guten Gründe kann es geben, diese andere Meinung zu vertreten?
  - Wie können diese unterschiedlichen Meinungen dazu beitragen, dem Ziel näher zu kommen?

  Damit wird also ein Beitrag zur Wertschätzung von Unterschieden geleistet. Es werden Möglichkeiten entwickelt, in Schule mit Unterschieden zu leben. Dies ist ein wirkungsvoller Beitrag zu der oft geäußerten Ansicht, „alle müssten an einem Strang ziehen" (um im Bild zu bleiben: Wer oder was zieht dann auf der anderen Seite – denn ansonsten funktioniert Tauziehen nicht).
– Soziale Fertigkeiten und Management-Kompetenzen verbessern
  Professionelles Verhalten von Führungskräften ist zwangsläufig durch Antinomien gekennzeichnet. So ist die Dilemmasituation von Schulleiterinnen und Schulleitern dadurch charakterisiert, häufig sich zwischen zwei gegebenen gleichwertigen und gegensätzlichen Alternativen entscheiden zu müssen. Neuberger (2002) hat folgende Dilemmata der Führung herausgestellt (in Auszügen):
  - Mitarbeiter als Mittel – Mitarbeiter als Zweck
  - Gleichbehandlung aller – Eingehen auf den Einzelfall
  - Distanz (Sachlichkeit) – Nähe (Emotionalität)
  - Spezialisierung – Generalisierung
  - Konkurrenz – Kooperation

- Aktivierung – Zurückhaltung
- Zielorientierung – Verfahrensorientierung
- Selbstorientierung – Gruppenorientierung.

Coaching hilft, in diesen schwierigen Situationen einen gangbaren Weg zu finden und anschließend für die Entscheidung Verantwortung zu übernehmen.

Zusammenfassung

Beratung, Supervision und Coaching haben inzwischen im System Schule ihren Platz gefunden – noch nicht überall, aber die Nachfrage von Seiten der Betroffenen steigt. Damit wird aber auch ein Dilemma deutlich:

Kompetente Beratung als schulpsychologisches Angebot ist für alle Beteiligten im System Schule vorzuhalten: für Eltern und Kinder wie für Lehrkräfte, Schulleitungen und Schulaufsicht. Gerade das systemische Arbeiten ist für Schule geeignet: immer wieder geht es darum, Sichtweisen sich gegenseitig mitzuteilen, d. h. in Kontakt zu kommen, dann Vereinbarungen auszuhandeln, damit vorhandene Störungen verändert werden können. Kompetente Beratung schließt u. E. eine Therapieausbildung mit Selbsterfahrung mit ein; wenn möglich die Approbation als Qualitätsmerkmal.

Kompetente Supervisoren und Supervisorinnen – wie oben beschrieben – sind nach wie vor nicht eben häufig, zudem sie als Schulpsychologen und Schulpsychologinnen in eine Fülle weiterer Aufgaben eingebunden sind. Außerschulische Supervisoren sind einerseits unbefangen, was die schulischen Abläufe und Rituale angeht, d. h. sie stellen Fragen, die ein Insider kaum noch stellt. Sie sind jedoch für die Supervisanden relativ schwer erreichbar und zudem teuer. Ein weiteres Problem ergibt sich dadurch, dass potentielle Teilnehmer/innen oft nicht das Knowhow haben, die Qualität der Angebote angemessen zu beurteilen. Vor allem „Coaching“ als Modebegriff wird von allen möglichen Anbietern verwendet (siehe auch Lehmeier, 2005). So stehen sowohl Supervision wie auch Coaching heute in der Gefahr, von z. T. dubiosen Anbietern als Begriffe missbraucht zu werden, was dem Supervisionsgeschehen in Schulen insgesamt schaden dürfte. Auf der Haben-Seite steht dafür, dass durch die qualifizierte Ausbildung schulpsychologischer Supervisoren und Supervisorinnen ein Qualitätsstandard eingeführt worden ist, der als Maßstab dient.

Die Autoren danken den Verlagen Luchterhand, Carl Link und dem Verlag moderne Industrie für die Genehmigung, in dem vorliegenden Beitrag Passagen aus Texten zu verwenden, die in bereits veröffentlichten Artikeln abgedruckt wurden:

Meidinger, H. (1998). Supervision in der Schule. In W. Honal, *Handwörterbuch der Schulberatung*. Landsberg/Lech: Moderne Industrie.

Meidinger, H. (2001). Supervision und Coaching für Lehrkräfte und Schulleitungen. In H.-G. Häring & W. Kowalczyk (2001). *Schulpsychologie konkret*. Neuwied: Luchterhand.

Meidinger, H. (2004). Coaching für Schulleiter als Personalentwicklungsmaßnahme. *SchulVerwaltung spezial – Zeitschrift für Schulleitung, Schulaufsicht und Schulkultur, 3*, 6-10.

8.2 Lehrergesundheit – eine individuelle und kollegiale Aufgabe

Helmut Heyse

Obwohl sich in den letzten Jahren die Zahl der Frühpensionierungen von beamteten Lehrerinnen und Lehrern drastisch verringert hat – in Rheinland-Pfalz z. B. von 756 im Jahr 2000 auf 172 im Jahr 2004 – sollte es keine Entwarnung in Bezug auf den Gesundheitszustand von Lehrkräften und Schulleitungen geben.

Zwar liegen keine aktuellen Statistiken über die Morbidität von Lehrkräften vor (die Veröffentlichungen von Weber, Weltle und Lederer beruhen auf den Daten einer Totalerhebung amtsärztlicher Dienstfähigkeitsuntersuchungen in Bayern in den Jahren 1996-1999); dennoch dürfte der Rückgang überwiegend auf die Kürzungen der Pensionsbezüge und auf die Einführung der Altersteilzeit zurückzuführen sein. Daher sind weiterhin Bemühungen notwendig, Lehrerinnen und Lehrer dabei zu unterstützen, die beruflichen Anforderungen und Belastungen sowie ihre individuelle Beanspruchung besser zu bewältigen und sie durch Maßnahmen im Sinne des Arbeitsschutzgesetzes auf allen Ebenen des Schulsystems zu reduzieren.

Zahlreiche Initiativen hochkarätiger Institutionen befassen sich derzeit mit der Lehrergesundheit, so z. B.

- das Projekt Lehrergesundheit Rheinland-Pfalz an der Aufsichts- und Dienstleistungsdirektion in Trier, das bis Mitte 2004 durch den Autor geleitet wurde (Heyse, 2005; Heyse, Krampen, Schui & Vedder, 2004)
- der Förderschwerpunkt „Lange Lehren" des Bundesministeriums für Wirtschaft und Arbeit (BMWA) in Kooperation mit der Bundesanstalt für Arbeitsschutz und Arbeitsmedizin (BAuA)
- das Forum „Bildung und Erziehung" des Deutschen Netzwerkes für Betriebliche Gesundheitsförderung (DNBGF) bei der BKK
- der Bundesverband der Unfallkassen und die Landesunfallkassen mit einer Reihe von Einzelprojekten in Schulen
- die Deutsche Gesellschaft für Arbeitsmedizin und Umweltmedizin (DGAUM): „Gesundheitliche Betreuung von Lehrberufen"
- die Umsetzung des Arbeitsschutzgesetzes in den Bundesländern auf Ebene der Schulen, die sich zum Teil auch auf die psychomentalen Belastungsfaktoren für die Lehrkräfte und Schulleitungen erstreckt.

Nicht vergessen seien zahlreiche Aktionen und Aktivitäten von Lehrerverbänden, Universitäten (z. B. Freiburg, Lüneburg, Kassel, Marburg, Potsdam), Kliniken (in

Prien, Bad Kissingen, Windach) und von Einzelpersonen aus der Medizin und Schulpsychologie, die sich mit großem Engagement dem Erhalt, der Förderung und der Wiederherstellung von Gesundheit, Arbeitszufriedenheit und Leistungsfähigkeit von Lehrkräften und Schulleitungen widmen.

Die „Landauer Empfehlungen zur Lehrergesundheit“, die im Projekt Lehrergesundheit Rheinland-Pfalz als Ergebnis einer bundesweiten Expertentagung im Juni 2004 entstanden sind, bündeln Anregungen aus psychologischen, medizinischen, pädagogischen Arbeitsfeldern (www.lehrergesundheit.bildung-rp.de – Informationen).

Welche Erfolge diese zum Teil seit Jahren bestehenden Aktivitäten haben, lässt sich leider nicht eruieren. Sicher ist, dass das Thema „Lehrergesundheit“ stärker in den Blickpunkt der Lehrkräfte und Schulleitungen selbst gerückt ist und die Nachfrage an Beratung und Unterstützung steigt. Diese betrifft sowohl individuelle Stress- und Belastungsbewältigung als auch gemeinsame, kollegiale Anstrengungen, die Arbeitsbedingungen in der Schule zu verbessern und „Lehrergesundheit“ in die Weiterentwicklung ihrer Schule einzubeziehen. Aber auch bei den Verantwortungsträgern in Schulaufsicht und Ministerien gewinnt die Sorge um die Lehrergesundheit an Bedeutung.

Im Folgenden sollen einige Aspekte aufgezeigt werden, wie jeder einzelne und Kollegien gemeinsam an der Lehrergesundheit arbeiten können. Für ausführlichere Informationen und Anregungen siehe z. B. Heyse (2004, 2005); Hillert (2004); Hillert und Schmitz (2004); Schaarschmidt (2004); Kretschmann (2000); Sieland (2006a, b) sowie www.add.rlp.de.

Begriffsklärung

Gesundheit wird hier als lebenslange Entwicklungsaufgabe verstanden, die Balance zwischen den sozialen, materiellen, organisatorischen Anforderungen und Belastungen im privaten und beruflichen Bereich einerseits und den persönlichen Zielen und kognitiven, emotionalen, sozialen und personalen Ressourcen andererseits zu regulieren (**Abb. 8.3**).

„Anforderungen“ beschreiben nach DIN 33430 (vgl. Heyse & Kersting, 2003) die in einem Beruf auszuführenden Aufgaben und Tätigkeiten sowie die Merkmale des Arbeitsplatzes und darüber hinaus die für eine erfolgreiche und zufriedenstellende Berufsausübung notwendigen Personmerkmale.

Dabei führt die Arbeitsanalyse: „zur Identifizierung der ... auszuführenden Aufgaben oder auszuübenden Tätigkeiten, ihrer Ausführungsbedingungen sowie ihrer psychischen, physischen und sozialen Umfeldbedingungen und Organisationsmerkmale“; das Anforderungsprofil dient der „Ermittlung von personrelevanten psychischen und psychophysischen Voraussetzungen [für den zu besetzenden Arbeitsplatz ... oder den Beruf ...] – einschließlich dessen, was für die berufliche Zufriedenheit bedeutsam ist“.

Für den Lehrerberuf gibt es allerdings weder eine verbindliche Arbeitsanalyse noch ein vereinbartes Anforderungsprofil. Insbesondere fehlen arbeitspsychologische Untersuchungen, aus denen sich eine „Normalleistung“ und Anforderungsprofile für die verschiedenen Schularten ableiten ließen. Daher müssen vor allem die Personenmerkmale aus dem Bildungs- und Erziehungsauftrag, wie er z. B. in Schulgesetzen formuliert ist, aus Lehrplänen und anderen Vorgaben abgeleitet werden (z. B. der KMK 2000).

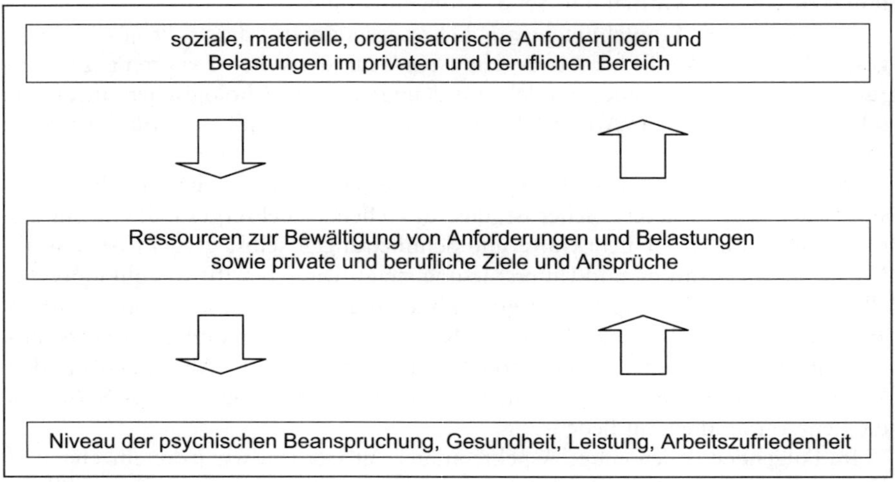

Abb. 8.3: Psychische Gesundheit als Balance zwischen Anforderungen/Belastungen und Ressourcen/Zielen

„Belastungen" sollen hier in Anlehnung an Leitner (1999) verstanden werden als restriktive Beschränkungen in der Arbeit, unter denen die Durchführungsbedingungen in Widerspruch zur Zielerreichung geraten. Es handelt sich um materielle, soziale oder organisatorische Arbeitsbedingungen, die die Erfüllung des beruflichen Auftrages vorübergehend oder beständig beeinträchtigen, erschweren oder behindern und vom Einzelnen kaum beeinflussbar sind.

Eine Anforderung oder ein Belastungsfaktor kann – negativ – als Bedrohung und Beeinträchtigung empfunden oder – positiv – als Ansporn und Herausforderung erlebt werden. Dies hängt von den individuellen Voraussetzungen (Kompetenzen, Ressourcen und das persönliche Anspruchsniveau) der jeweiligen Person ab. Daher wird zur Erklärung individueller Unterschiede im Erleben von Anforderungen und Belastungen das Konzept der „psychischen Beanspruchung" herangezogen.

Der Begriff „Lehrergesundheit" hat sich in den letzten Jahren als Sammelbegriff eingebürgert für Bemühungen, die zum Ziel haben, die Gesundheit, Arbeitszufriedenheit und Leistungsfähigkeit von Lehrkräften und Schulleitungen zu erhalten, zu fördern und ggf. wiederherzustellen.

Lehrergesundheit berücksichtigt das gesamte Spektrum der Tätigkeit von Lehrerinnen, Lehrern und Schulleitungen sowie ihre soziale, administrative, organisatorische und materielle Arbeitssituation. Bis vor wenigen Jahren war im Zusammenhang mit Lehrerbelastung die Arbeitszeit Hauptgegenstand der Diskussion (vgl. Schönwälder, 2001). Weidenmann hat aber schon 1984 in einem Überblick über empirische Arbeiten auf den Lehrerstress durch psychische Belastungen hingewiesen.

Das Bedingungsdreieck psychischer Gesundheit

Gesundheit, Leistungsfähigkeit und Arbeitszufriedenheit gehören zusammen: Gesundheit muss als Voraussetzung für Leistungsfähigkeit und Arbeitszufriedenheit, aber auch als deren Folge verstanden werden. Unzureichende Kompetenzen oder unrealistische Ziele und Ansprüche an die eigene Selbstwirksamkeit vermindern die Arbeitszufriedenheit, erhöhen den Belastungsdruck und das Risiko, den Anforderungen nicht zu genügen. Dies wirkt sich negativ auf die Gesundheit aus. Im Alltag geraten solche Wechselwirkungen allerdings leicht aus dem Blick, weil:

a) Veränderungen des Gesundheitsniveaus in der Regel schleichend verlaufen und keine aufmerksamkeitslenkende Signalstärke haben und

b) Gesundheit meist nur als instrumentelle Voraussetzung für die Erreichung beruflicher und privater Lebensziele aufgefasst wird. Daher liegt das Hauptaugenmerk vieler Personen auf diesen Zielen. Der Gesundheit wenden sie sich erst zu, wenn sie so rapide absinkt, dass das Erreichen relevanter Ziele bedroht erscheint.

Darüber hinaus ist eine Wechselwirkung zwischen dem privaten und dem beruflichen Bereich zu beachten: Dieser Beitrag konzentriert sich zwar auf die berufsspezifischen Aspekte der Lehrergesundheit; doch darf die berufsübergreifende work-life-Balance nicht vernachlässigt werden! Ein Absinken oder ein Anstieg des Gesundheitsniveaus, der Leistungsfähigkeit oder Zufriedenheit in einem Bereich wird den jeweils anderen Bereich entsprechend beeinflussen.

Differenzierter lassen sich die Zusammenhänge an einem Modell der psychischen Gesundheit darstellen, das auf der Balance von drei Faktorenbündeln beruht:

1. den Anforderungen und Belastungen, die an eine Person von außen herangetragen werden (SOLLEN)
2. den Ressourcen und Personmerkmalen, über die diese Person verfügt (KÖNNEN). Das KÖNNEN umfasst auch die äußeren Umstände (Gelingensbedingungen), die personunabhängig eine befriedigende Erfüllung des beruflichen Auftrages verhindern, beispielsweise wenn Lehrerinnen und Lehrer gegen eine kinderfeindliche Erziehung in der Familie oder durch die Medien angehen müssen.
3. den Zielen, die die Person verfolgt, bzw. dem Anspruch, den sie an Qualität und Quantität der eigenen Leistung – letztlich an sich selbst und damit auch an andere – stellt (WOLLEN).

Leitsatz: Für eine stabile psychische und physische Gesundheit sollte das Verhältnis von SOLLEN, WOLLEN und KÖNNEN zumindest mittelfristig ausgeglichen sein: Wenn Menschen können, was sie sollen (und vice versa), und auch wollen, was sie sollen, und darüber hinaus können, was sie wollen (v. v.) ist dies eine gute Basis für psychische Gesundheit.

Bei gravierenden, dauerhaften Ungleichgewichten kann es zu gesundheitlichen Beeinträchtigungen kommen:

1. Mangelnde Passung von KÖNNEN – SOLLEN durch Überforderung oder Unterforderung: Die Anforderungen des Berufes oder der Tätigkeit und die

damit verbundenen Belastungsfaktoren übersteigen die fachlichen, sozialen oder personalen Kompetenzen, so dass der berufliche Auftrag nicht oder nur unzureichend wahrgenommen werden kann und/oder die Belastungen nicht angemessen bewältigt werden können. Dies mag durch fehlende Eignung bedingt sein, durch Versäumnisse bei betrieblichen Qualifizierungsmaßnahmen und in der eigenen Weiterentwicklung oder aber auch durch quantitative/qualitative Anforderungen und Belastungen oder Arbeitsbedingungen, die die normalerweise zu fordernde Leistung in dem jeweiligen Beruf nicht nur vorübergehend übersteigen. Auch Unterforderung kann zum gesundheitlichen Problem werden, wenn die externen Erwartungen erheblich unterhalb der Kompetenzen und Ressourcen liegen.

2. Mangelnde Passung von WOLLEN und KÖNNEN durch Selbstüberforderung oder Selbstverwöhnung: Unrealistisch hohe Zielsetzungen oder Ansprüche an die Qualität und/oder Quantität der eigenen Arbeitsleistung oder fehlende Gelingensbedingungen, führen – wenn sie nicht evaluiert und korrigiert werden – zu permanenter Selbstüberforderung mit ständigen Versagenserlebnissen – wie bei einem Hochspringer, der die Latte immer zu hoch legt und „reißt". Wer sich als Lehrkraft z. B. nur dann zufrieden gibt, wenn er alle Schülerinnen und Schüler zu selbstverantwortlichen, kritischen, gemeinschaftsfähigen und umweltbewussten Menschen erzogen hat, und kleine Schritte auf diesem Weg nicht sieht oder als Erfolg gelten lässt, überfordert sich selbst und läuft Gefahr, im Burnout zu enden. Diese Gefahr ist umso größer, je mehr jemand sich Misserfolge selbst zuschreibt.
   Die Situation, dass jemand mehr könnte, als er will, er sich also „verwöhnt", dürfte weniger negative gesundheitliche Wirkungen haben; allerdings ist das Risiko von Konflikten mit Kolleginnen und Kollegen oder Vorgesetzten relativ hoch.
3. Mangelnde Passung von WOLLEN und SOLLEN durch innere Kündigung und Überidentifikation: Auch eine mangelnde Übereinstimmung der eigenen Ziele mit den beruflichen Vorgaben kann zu psychischen Verwerfungen führen. Wer sich nicht mit dem Bildungs- und Erziehungsauftrag und den Ausführungsbedingungen (SOLLEN) identifizieren oder zumindest abfinden kann, sondern permanent darunter leidet, dass Schule so ist wie sie ist, riskiert gesundheitliche Beschwerden. Dies kann z. B. durch eine unterschiedliche Gewichtung von Wissensvermittlung und erzieherischem Einwirken bedingt sein, durch beeinträchtigende materielle, soziale, organisatorische Arbeitsbedingungen, durch bildungspolitische Entscheidungen u. a. Mangelnde Identifikation schwächt die Motivation und Berufszufriedenheit, reduziert Widerstandskräfte und kostet zusätzliche Energien. Endstadium einer solchen Entwicklung kann die innere Kündigung sein – wenn ein tatsächlicher Wechsel des Berufes oder Arbeitsplatzes nicht möglich ist.
   Gesundheitlich riskant ist auch, wenn der Beruf und/oder Erfolg im Beruf zum einzigen Lebensinhalt und Interesse wird, jemand also mehr will als er soll.

Die folgende Grafik soll die Zusammenhänge modellhaft verdeutlichen:

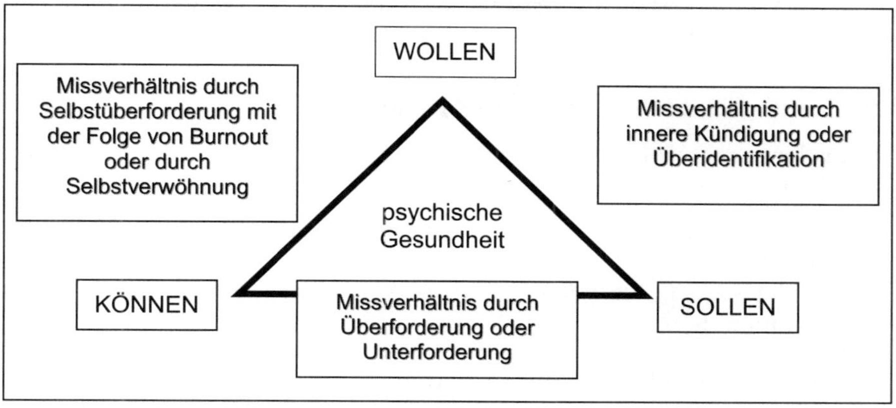

Abb. 8.4: Psychische Gesundheit zwischen SOLLEN, WOLLEN und KÖNNEN

Schulpsychologische Ansätze zur Harmonisierung von SOLLEN, WOLLEN und KÖNNEN

Verhältnis- und Verhaltensprävention

Maßnahmen zur Verbesserung der Lehrergesundheit können an drei Bereichen ansetzen:

- An der Beanspruchung einzelner Personen (Verhaltensmanagement)
- an den Arbeitsbedingungen in der einzelnen Schule und
- an den Rahmenbedingungen des Schulsystems (beides wird als Verhältnismanagement bezeichnet).

Verhaltensmanagement und Verhältnismanagement sind nicht als Gegensatz zu verstehen; sie bilden eine systemische Einheit: Die Verantwortung jedes Einzelnen für die eigene Gesundheit durch gezieltes Gesundheitshandeln muss ergänzt werden durch die Verantwortung des Dienstherrn bzw. seiner Vertreter für die Gestaltung von Rahmenbedingungen im Schulsystem und von Arbeitsbedingungen in der einzelnen Schule, die die Erfüllung des Bildungs- und Erziehungsauftrags unterstützen – zumindest aber nicht gesundheitsschädigend wirken.

Letzteres wird auch durch das Arbeitsschutzgesetz von 1998 in § 4.1 „Allgemeine Grundsätze“ festgeschrieben: „Die Arbeit ist so zu gestalten, dass eine Gefährdung für Leben und Gesundheit möglichst vermieden und die verbleibende Gefährdung möglichst gering gehalten wird; ... “

Den Lehrkräften die alleinige Verantwortlichkeit für ihre Gesunderhaltung zuzuschreiben, ohne die mittelbaren und unmittelbaren Arbeitsbedingungen gesundheitsdienlich zu gestalten, wäre ebenso einseitig, wie zu erwarten, dass beruflicher Stress, Burnout und andere Beanspruchungsreaktionen allein dadurch vermieden werden könnten, dass die Verhältnisse verbessert werden. Verhaltensänderung ohne Veränderung der Arbeitssituation ist wenig nachhaltig, und Änderung der Verhältnisse ohne Anpassung des Verhaltens wird kaum wirksame Entlastung des Einzelnen bewirken.

Zielrichtungen von Gesundheitsförderung

Maßnahmen zum Verhaltensmanagement und zum Verhältnismanagement lassen sich danach unterscheiden, ob sie vorrangig

- die Wiederherstellung von Gesundheit und Dienstfähigkeit zum Ziel haben (Intervention)
- individuelle und institutionelle Risikofaktoren beseitigen/reduzieren sollen (Prävention) oder
- darauf ausgerichtet sind, Kräfte und Kompetenzen des Einzelnen zur Wahrnehmung seines beruflichen Auftrages und zur Überwindung von Schwierigkeiten und Belastungen zu aktivieren und zu stärken (Förderung der Ressourcen).

Die Kategorien überschneiden sich, da z. B. Interventionen durchaus auch präventive und kompetenzverbessernde Maßnahmen umfassen können.

Überlegungen und Aktivitäten zum individuellen Verhaltensmanagement

Im Folgenden werden Überlegungen und Aktivitäten zum individuellen Verhaltensmanagement skizziert, die durch Schulpsychologische Hilfe unterstützt werden können.

KÖNNEN

Zum Erhalt der Professionalität bedarf es der permanenten Weiterentwicklung der fachlichen, sozialen und personalen Kompetenzen. Nur so wird es gelingen, den sich ständig verändernden beruflichen Anforderungen und Belastungen durch den Umgang mit Schülerinnen und Schülern und der Erfüllung des Bildungs- und Erziehungsauftrags gewachsen zu sein. Dazu kann zum einen die regelmäßige Aktualisierung fachlicher, methodischer und didaktischer Kenntnisse und Routinen in den Unterrichtsfächern beitragen. Zum anderen bedarf es gerade im Lehrerberuf auch psychologischer Fortbildung zu Bereichen wie Interaktion, Kommunikation, Konfliktlösung (nicht nur in Bezug auf Schülerinnen und Schüler, sondern auch hinsichtlich Kolleginnen und Kollegen, Vorgesetzten, Eltern), Stressbewältigung in all ihren Facetten, z. B. Zeitmanagement, Erholung, Entspannung usw. Für Führungskräfte ist dies von zusätzlichem Gewicht, denn ihr Organisationsmanagement und ihre Personalführung haben erhebliche Auswirkungen auf die psychische Gesundheit der Mitarbeiterinnen und Mitarbeiter. Regelmäßige Supervision und Beratung z. B. durch Schulpsychologinnen und Schulpsychologen kann ein wirksamer Weg sein, die Ressourcen zur Gesunderhaltung zu stärken und die Bewältigungsstrategien zu optimieren.

WOLLEN

Viele Lehrkräfte setzen sich aus beruflichem Ethos und aus der Verantwortung gegenüber den ihnen anvertrauten Schülerinnen und Schülern unrealistisch hohe Ziele. Der Bildungs- und Erziehungsprozess ist aber auf Interaktion angelegt: Die Erfüllung des Bildungs- und Erziehungsauftrages auf der Lehrerseite setzt auf der Schülerseite Mitarbeit und aktive Bereitschaft zum Lernen voraus; der Erfolg von Lehrerinnen und Lehrern ist von der Mitwirkung der Schüler (und deren Eltern) abhängig. Dies birgt angesichts der beschränkten Einflussmöglichkeiten auf die Kinder und Jugendlichen ein hohes Konflikt- und Störungsrisiko auf der Arbeits- und Beziehungsebene – zumal Schüler und Eltern dem Bildungs- und Erziehungsgeschehen nicht immer aufgeschlossen und konstruktiv gegenüberstehen. Schüler, die nicht lernen können/wollen oder durch ihr Verhalten Lehren und Lernen erschweren bzw. unmöglich machen, können die Bemühungen der Lehrkräfte vereiteln und stellen einen hochgradig belastenden Widerstandsfaktor dar.

Lehrerinnen und Lehrer sollten redlicherweise Ziele nur für sich selbst definieren, und nicht den Schülern die Eigenverantwortung für ihren Bildungsprozess abnehmen. Allerdings entbindet dies die Lehrkräfte nicht von der Verpflichtung, optimale Lernbedingungen zu schaffen; denn das Lern- und Sozialverhalten der Schüler ist nicht unabhängig von den fachlichen (methodischen, pädagogischen) und sozialen Kompetenzen der jeweiligen Lehrkraft. Diese Balance kann in Supervisionsgruppen gelernt und stabilisiert werden. In diesem Zusammenhang sei auf das Lehrerforum (vgl. Kap. 8.8) im Internet hingewiesen.

Neben den zu hoch gesteckten Zielen können auch zeitlich zu weit gesteckte Ziele zu Erschöpfung, Entmutigung und Berufsmüdigkeit (Burnout) führen. Wenn jedoch auch kleine Schritte auf dem pädagogischen „Langstreckenlauf" als Verstärker erlebt werden können, ist dies für den Erhalt von Motivation hilfreich. Lehrerinnen und Lehrer erhalten in der Schule nur selten positive Rückmeldungen, sondern sind eher auf Selbstbestärkung angewiesen. Daher sollte zwischen Kolleginnen und Kollegen und bei Führungskräften eine Kultur gegenseitiger Anerkennung wachsen.

SOLLEN

Identifikationsprobleme mit dem Beruf und seinen Ausführungsbedingungen entstehen nicht selten durch mangelnde Information über den Lehrerberuf. Daher ist es unerlässlich, nicht nur die Eignung zu prüfen, sondern sich vorab kundig zu machen, was den Alltag des Lehrerdaseins ausmacht, welche Anforderungen und Belastungen zu bewältigen sind[1].

Zwar sind diese Anforderungen und Belastungen vom Einzelnen kaum entscheidend beeinflussbar; dennoch ist er ihnen nicht hilflos ausgeliefert. SOLLENS-

1 Dazu siehe im Internet unter http://www.psychologie.uni-lueneburg.de/umfrage/: Das Berufseignungsinventar für das Lehramtsstudium (BEIL) von Rauin, Kohler & Becker: Drum prüfe, wer sich ewig bindet. Pädagogik 11/1994, S. 34-39, sowie die verschiedenen Informationsangebote für angehende Lehrerinnen und Lehrer, z. B. www.cct-germany.de.

Forderungen – insbesondere Belastungsfaktoren – unterscheiden sich von Schule zu Schule, ja sogar innerhalb von Schulen zwischen den Schulstufen und bei unterschiedlichen Funktionen. Insofern lässt sich durch einen Schulwechsel oder durch geänderte Einsatzbedingungen darauf Einfluss nehmen. Zum anderen hängt es von den eigenen Kompetenzen zur Stressvermeidung und von dem persönlichen Arbeitsverhalten- und erleben ab (AVEM)[2], wie weit man sich von Schule „auffressen" lässt. Damit schließt sich der Kreis von SOLLEN – KÖNNEN und WOLLEN.

Kollegiale Möglichkeiten zum schulinternen Verhältnismanagement

Probleme, die mehrere oder gar alle im Kollegium haben, dürfen nicht in die Lösungsverantwortung des Einzelnen gegeben werden, sondern sind eine gemeinsame Aufgabe der Kolleginnen und Kollegen, bei der sie durch schulpsychologische Kompetenz Unterstützung erfahren können.

Jede Schule kennt Klassen und einzelne Schülerinnen oder Schüler, mit denen viele Lehrkräfte ihre Schwierigkeiten haben. Zu oft werden daraus aber nicht die Konsequenzen zu abgestimmtem Vorgehen gezogen, sondern jeder versucht für sich einen Weg zu finden. Statt Synergie findet Vereinzelung statt.

Auch kollegiale Ärgernisse bis hin zu Mobbing, Führungsprobleme, organisatorische Missstände, Konflikte mit Eltern – all dies stellt für viele Lehrkräfte ein Belastungspotential dar, das nicht nur viel Energie absorbiert und die Freude am Beruf verleidet, sondern langfristig zu gesundheitlichen Beeinträchtigungen führt.

Daher müssen die individuellen Anstrengungen zur Ressourcenstärkung, Stressprävention und -bewältigung ergänzt werden durch systemische Bemühungen, die Arbeitsbedingungen vor Ort entlastend und gesundheitsförderlich zu gestalten.

Gesundheitszirkel

Eine gute Möglichkeit dazu stellen Gesundheitszirkel dar. Dabei handelt sich um eine schulinterne Arbeitsgruppe, zusammengesetzt aus Lehrkräften, Mitgliedern der Schulleitung, Sicherheitsbeauftragten, Personalvertretern und Vertretern anderer wichtiger Gruppen im Kollegium. Mit Unterstützung eines externen Moderators, z. B. einem Schulpsychologen, oder selbstgesteuert untersuchen sie die eigene Schule systematisch und kontinuierlich daraufhin, wo gesundheitsbelastende Arbeitsbedingungen positiv verändert und gesundheitsförderliche Bedingungen geschaffen oder erweitert werden könnten – ohne dass dies auf Kosten des Bildungs- und Erziehungsauftrags oder der Schülerinnen und Schüler geht. Ihr

2 Schaarschmidt & Fischer. 1996/2003: AVEM – Arbeitsbezogenes Verhaltens- und Erlebensmuster. Swets & Zeitlinger, Frankfurt/M. Eine online-Fassung des AVEM zur Selbstevaluation steht unter http://www.psychologie.uni-lueneburg.de/umfrage..

Erfolg hängt allerdings davon ab, welche Veränderungen kollegial vereinbart werden können und welche Einflussmöglichkeiten gegenüber Vorgesetzten oder vorgesetzten Behörden bestehen.

Teamsupervision

Insbesondere für kooperative Aufgaben und Arbeitsprozesse empfiehlt sich, Supervision nicht als Einzelperson in einer externen Gruppe wahrzunehmen, sondern die Supervision des ganzen Teams oder in Teilgruppen.

Schulentwicklung

Allenthalben werden in den Schulen Maßnahmen zur Qualitätssicherung und -verbesserung in Angriff genommen. Vielfach erstreckt sich aber die Schulentwicklung auf die Erweiterung von Unterrichtsangeboten oder die Profilbildung, um konkurrenzfähig zu sein. Selten erst wird beachtet, dass u. a. auch Berufszufriedenheit, Belastungsreduktion und Arbeitsökonomie Gegenstand der Weiterentwicklung einer Schule sein können und sollten. Deswegen sollen beispielsweise in Rheinland-Pfalz die Schulen in ihrem Schulprogramm Auskunft darüber geben, welche „Maßnahmen zur Stärkung der Kooperation in den Kollegien und Fachgruppen (bei Unterrichtsvorbereitung, Unterrichtsdurchführung, Leistungsmessung, Problembewältigung etc.)“ sie ergreifen wollen, und es wird ihnen „kollegialer Austausch über schulinterne Regelungen oder Gegebenheiten für Einzelne oder das Kollegium als Ganzes zur Erhöhung der Arbeitszufriedenheit im Lehrberuf“ empfohlen (Ministerium für Bildung, Frauen und Jugend Rheinland-Pfalz (2002): Qualitätsentwicklung an Schulen in Rheinland-Pfalz). Eine Schule mit hohen Qualitätsstandards leistet einen unverzichtbaren Beitrag zur psychischen Gesundheit, nicht nur der Lehrkräfte, sondern auch der Schüler und der Schulleitung. Aber nicht nur ein didaktisch und methodisch fundierter, lernanregender Unterricht und die Kooperation mit Eltern, sondern auch soziale Unterstützung im Kollegium, wertschätzender Führungsstil und Umgangston, effiziente Organisation, gepflegte Klassenzimmer, interkulturelle Bildung und ein gemeinsames Schulethos sind Elemente, die zur Reduzierung von Belastungen sowie zum Erhalt und zur Förderung von Gesundheit, Arbeitszufriedenheit und Leistungsfähigkeit notwendig sind und in der Regie der Einzelschule realisiert werden können.

Erst die Verknüpfung von Qualitätsmanagement und Lehrergesundheit sichert eine nachhaltige Aufmerksamkeit für gesundheitsförderliche Maßnahmen.

8.3 Lehrerfortbildung und Training

Norbert Grewe

Die Lehrerfortbildung in Deutschland ist in die Kritik geraten. Als Ergebnis internationaler Vergleichsstudien erscheint nicht nur die Unterrichts- und Schulqualität in Deutschland verbesserungswürdig, sondern auch das inzwischen ebenfalls untersuchte System der Lehrerfortbildung in Deutschland.

Die gerade erschienene Lehrerstudie der OECD zur „Anwerbung, beruflichen Entwicklung und Verbleib von qualifizierten Lehrerinnen und Lehrern“ verweist auf deutliche Mängel des deutschen Aus- und Fortbildungssystems und empfiehlt für Deutschland eine dringende „strategische Priorität“ im Bereich der Neugestaltung der Aus- und Fortbildung von Lehrkräften (vgl. www.oecd.org). Das Angebot sei zu wenig koordiniert, kaum qualitätsorientiert und vor allem nicht an einer systematischen Kompetenzentwicklung der Lehrkräfte ausgerichtet.

Einer schnellen Umsetzung dieser „strategischen Priorität“ stehen allerdings drei Problembereiche entgegen, für die zusammenhängende Lösungen gesucht werden müssen.

1. Viele Lehrkräfte sind „fortbildungsabstinent“, d. h. während eine große Zahl kontinuierlich nach Möglichkeiten sucht, die eigene Kompetenz zu erhöhen, gibt es eine andere große Gruppe von Lehrkräften, die in ihrem Berufsleben kaum oder nur sehr wenige Fortbildungsangebote wahrnimmt.
2. Die Wirksamkeitsforschung zur Lehrerfortbildung wurde bisher eklatant vernachlässigt. Es fällt deshalb schwer eindeutige Qualitätskriterien zu formulieren und Empfehlungen auszusprechen, welche Formen der Fortbildung am wirkungsvollsten sind.
3. Die Bildungspolitik stellt einerseits hohe Anforderungen an die Weiterentwicklung der Unterrichtsqualität und der Lehrerqualifikation, schränkt aber andererseits die Möglichkeiten eines effizienten Beratungs- und Fortbildungssystems drastisch ein.

Im Folgenden sollen diese drei Problembereiche näher analysiert und einige Ideen zu einer verbesserten Fortbildungskultur aufgezeigt werden.

Fortbildungsmotivation und Fortbildungsabstinenz

Statistiken der zentralen Fortbildungseinrichtungen der Länder und die Ergebnisse internationaler Befragungen, die zu dem Schluss kommen, dass ein (zu) großer Teil der Lehrkräfte während ihrer Berufslaufbahn fast nie an Fortbildungsveranstaltungen teilnimmt, müssen bedenklich stimmen. Die Befragungen von Lehrkräften und Schulen im Rahmen der IGLU und PISA Studie ergaben, dass ca. 40 %–60 % der Lehrkräfte in den letzten zwei Jahren nicht an einer Fortbildung teilgenommen haben. Nach dem PISA Vergleich von 2000 steht Deutschland damit auf Rang 26/27 der Fortbildungsaktivitäten im internationalen Vergleich der teilnehmenden OECD Staaten (vgl. www.oecd.org/edu/teacherpolicy, link zu country note: Germany).

Die in letzter Zeit häufiger gestellte Forderung nach Zwangsmaßnahmen in diesem Bereich ist sicher bedenkenswert, kann es doch nicht in das Belieben des Einzelnen gestellt werden, ob seine oder ihre Kompetenz sich von den sich weiterentwickelnden Standards eines guten Unterrichts entfernt oder nicht. Während die erste und zweite Ausbildungsphase durch viele staatliche Vorgaben und Prüfungen reguliert wird, fehlt nach der Festanstellung eine kontinuierliche Inspektion und Förderung der weiteren Kompetenzentwicklung (Oelkers, 1998).

Dennoch bleibt der Satz gültig: „Die Teilnahme an Fortbildung kann verordnet werden, ihr Erfolg aber nicht" (Chroust, 2003, S. 46) und insofern stellt sich über Zwangsmaßnahmen hinaus die Frage nach den Ursachen der Fortbildungsresistenz vieler Lehrkräfte.

Aktuelle Untersuchungen zeigen zwei Richtungen möglicher Ursachen und Lösungen auf, die beide auf die Erfahrungen dieser Lehrkräfte mit den Ausbildungsinhalten der ersten und zweiten Phase verweisen.

These 1: Die Art der Theorievermittlung in der ersten Phase bestimmt die spätere Motivation sich fort- und weiterzubilden. Nur wenn sich die Beschäftigung mit neuen Theorien auf die Bewältigung praktischer Probleme auswirkt, bleibt die Lernmotivation erhalten.

Schauer (2003) untersuchte die Entwicklung der Lernmotivation von Lehramtsstudierenden in der universitären Ausbildung. In einem Feldexperiment wurde der gleiche Stoff („Konfliktsituationen und Störungen im Unterricht") in drei verschiedenen Seminarformen behandelt:

- als traditionelles Referateseminar,
- Theorie ergänzt durch die Anwendung auf vorgegebene Fallbeispiele
- Theorie ergänzt durch die Erprobung im Rollenspiel.

Die Messung der Selbstwirksamkeit und der Lernmotivation zu verschiedenen Zeitpunkten konnte zeigen, dass die praxisnahe Vermittlung in den handlungsorientierten Seminarformen auch noch lange nach dem Seminar zu einer deutlich höheren Weiterbildungsmotivation führte. D. h. dieses Ergebnis sucht die Erklärung in der Richtung, dass die universitäre Art der Vermittlung psychologischer und pädagogischer Theorien bei fortbildungsresistenten Lehrkräften den Eindruck hinterlassen haben, dass ein vermehrtes Wissen ihnen wenig Hilfen zur Bewältigung des Unterrichtsalltags bietet.

These 2: Es gibt „sensible Phasen" in der Berufssozialisation für bestimmte Themen und Chancen zu Veränderung. Die Lehrangebote und -formen müssen deshalb auf die jeweiligen Entwicklungsaufgaben und widersprüchlichen Erfahrungen der Studierenden und Berufsanfänger abgestimmt sein.

Als Ergebnis einer Interviewstudie mit Studienanfängern und fortgeschrittenen Lehramtstudierenden postulieren Marlovits und Schratz (2003) eine Folge von Studien- und Berufsphasen, in denen unterschiedliche Entwicklungsaufgaben zu bewältigen sind. Grundlage dieser Art der Betrachtung ist die These, dass die Lehrersozialisation im Wesentlichen als ein Umlernprozess zu verstehen ist, in dem

Phasen der Sicherheit und der Verunsicherung abwechseln. Erfahrungswissen aus 13 Jahren eigener Schulerfahrung, abstrakte Bildungsideale, unverbundene Theorieteile und die Erfahrung in den Praktika, (noch) nicht über die praktischen Handlungskompetenzen einer guten Klassenführung zu verfügen, müssen subjektiv integriert werden.

„LehrerIn-Werden ist als ein umfassender Umbildungsprozess zu verstehen, der notgedrungen durch Widerstände begleitet ist." (Marlovits & Schratz, 2003, S. 69).

Während einige diesen Prozess als „reife" Persönlichkeiten abschließen, die auf einer guten Kompetenzgrundlage immer wieder nach neuen Optimierungsmöglichkeiten suchen, halten andere starr an einmal gewonnenen Sicherheiten fest. Sicherheit bieten dabei vor allem die Fachwissenschaften und in die „Meisterlehre" in den begleitenden Schulpraktika. Die permanente Verunsicherung durch das Spannungsfeld zwischen den Bildungs- und Verhaltensidealen, die in Pädagogik- und Psychologieveranstaltungen vermittelt werden und den eigenen defizitären Möglichkeiten wird dagegen von diesem Studierendentyp während der Ausbildung und auch im späteren Berufsleben ausgeblendet.

Für die Konzeption von Lehr- und Fortbildungsveranstaltungen bedeuten die Ergebnisse dieser beiden Untersuchungen, dass spezielle Angebote begleitend zu schwierigen Ausbildungsphasen stattfinden sollten (z. B. begleitend zu den Praktika der ersten Phase, zum Berufseinstieg von Junglehrer/innen) und dabei praxisnahe Formen der Vermittlung gewählt werden sollten, die den Transfer in die Praxis erleichtern.

Nach der Ausbildung wären daher spezifische Angebote in den folgenden „sensiblen" Phasen des Berufslebens einer Lehrkraft besonders wichtig und für die Motivation zum lebenslangen Lernen besonders bedeutsam:

- gezielte Angebote direkt nach dem Referendariat in homogenen Gruppen von Junglehrer/innen, in denen Austausch, Fallbesprechungen und Auffrischung der zentralen „Anfängerthemen" wie Klassenführung praxisnah bearbeitet werden;
- nach der ersten Routine (acht bis zehn Jahre) besteht bei vielen Lehrkräften eine Neugier auf vernachlässigte Themen und das Bedürfnis neue Qualifikationen wie Beratungskompetenz, neue Unterrichtsmethoden wie Kooperatives Lernen usw. zu erlernen;
- gezielte Angebote für ältere Lehrkräfte als gezielte Förderung der Berufsmotivation und als Gegenprogramm zum beginnenden Burnout, resignativen Tendenzen und unvorteilhaften Routinen.

Wie verschiedene Beispiele aus den Bundesländern zeigen, können schulpsychologische Fortbildungsangebote diesen Bedürfnissen in besonderer Weise gerecht werden. Die Kombination von Fallbesprechungen und dem Erlernen neuer Inhalte und Handlungsroutinen, wie sie z. B. in der Klassenlehrerfortbildung zur Gestaltung des Klassenklimas (KIK) in Niedersachsen (vgl. Grewe, 2003) praktiziert wird, oder der begleitete Berufseinstieg für Junglehrkräfte durch Supervisionsgruppen in Hamburg, sind Beispiele für besonders effektive und nachgefragte Angebote der Schulpsychologie in der Lehrerfortbildung.

Welche Art der Fortbildung ist überhaupt wirksam?

Untersuchungen im deutschsprachigen Raum zeigen zunächst ein ernüchterndes Ergebnis.

Wolf, Göbel-Lehnert & Chroust (1999) führten eine Metaanalyse von sieben empirischen Studien zur Lehrerfortbildung aus den Jahren 1992–1997 (Teilnehmerbefragungen in Hessen, Brandenburg, NRW und Rheinland-Pfalz) durch und kommen zu folgendem Fazit:

„Auffällig und bedenkenswert ist die Beobachtung, dass die LFB im *Bereich der ‚Folgeaktivitäten' vergleichsweise geringe Wirkungen* hat. Im Kollegium bzw. in allgemein schulischen oder pädagogischen Dimensionen wirken sich die in der Fortbildung erworbenen Kompetenzen offenbar kaum aus. Ein Transfer in die Schule hinein bleibt offenbar gering." (ebenda, S. 466).

Wie ist dieses Ergebnis zu erklären? Steht es nicht im Widerspruch zu den nach Fortbildungen häufig durchgeführten „Evaluationen", bei denen von den Teilnehmerinnen und Teilnehmern regelmäßig Zufriedenheit und Lernzuwachs bestätigt werden?

Bei einer differenzierteren Betrachtung dieser widersprüchlichen Ergebnisse müssen zunächst verschiedene Maße der Wirksamkeitserfassung unterschieden werden. In seiner umfangreichen Analyse vorliegender Untersuchungen unterscheidet Lipowski (2004) vier Ebenen der Evaluation, um ein differenziertes Bild zu gewinnen und zugleich Schlussfolgerungen für die Verbesserung der Praxis ziehen zu können.

Ebene 1: Die Meinungen der teilnehmenden Lehrkräfte

Die häufigste Form der Kursevaluation ist die Teilnehmerbefragung am Ende eines Kurses, bei der der subjektive Lernzuwachs und die Qualität der Kursdurchführung bewertet werden sollen.

In vergleichenden Untersuchungen zeigt sich allerdings, dass die unmittelbaren Rückmeldungen am Ende eines Kurses eher die Stimmung während des Kurses wiedergeben und kaum Aussagen über langfristige Auswirkungen erlauben. Führt man weitere Folgebefragungen nach mehreren Monaten durch, sinkt die positive Einschätzung des Kursgewinns bei einigen Lehrkräften deutlich ab, während andere die Fortbildung noch positiver beurteilten als unmittelbar nach dem Kurs, wie Ostermeier (2003) in einer Längsschnittstudie des SINUS-Modellversuchs feststellte. Weitere Vergleiche zeigten laut Ostermeier, dass diese veränderte Einschätzung in hohem Maße von der Nachbetreuung durch die Kursleitung und der Kooperationsbereitschaft des Kollegiums abhing.

Ebene 2: Veränderung des professionellen Lehrerwissens

Einige Untersuchungen versuchen den tatsächlichen Wissenszuwachs oder die Änderung der Überzeugungen der teilnehmenden Lehrkräfte nach einem Kurs zu überprüfen. Die Veränderung dieser Kognitionen gilt für viele Autoren als Schlüssel für eine spätere Veränderung des Unterrichtshandelns. Haag und Mischo (2003) verglichen im Rahmen ihres Projekts zur Anleitung von Gruppenarbeit zwei Fortbildungsmethoden zur Verbesserung der Kompetenz gute von schlechten Formen der Anleitung zu unterscheiden. Im Ergebnis zeigte sich, dass eine Auseinandersetzung mit den subjektiven Theorien der im Video behandelten Modelle wesentlich bessere Lernerfolge erbrachten als die rein theoretische Diskussion optimaler Handlungsweisen.

Auch weitere empirische Befunde, z. B. von Beck, King und Marshall (2002) weisen nach, dass für eine Veränderung dieser Kompetenzen sehr intensive Formen der Auseinandersetzung mit konkreten Unterrichtssituationen im Rahmen einer Fortbildung erforderlich sind. Sie verglichen eine Gruppe, die intensiv eigene Videosequenzen analysierte mit einer Kontrollgruppe, die vorwiegend theoretisch fortgebildet wurde. Nur bei der videogestützten Fortbildung zeigte sich ein Wissenszuwachs in der Kompetenz, die Qualität eines Unterrichts zutreffend einzuschätzen.

Ebene 3: Veränderung des Lehrerhandelns

Nur wenige Untersuchungen überprüfen direkt die Effekte einer Fortbildung auf das konkrete Unterrichtshandeln. Insbesondere in der Tradition des micro-teachings wurden die Auswirkungen der isoliert in Rollenspielen vermittelten Einzelfertigkeiten mit späteren Unterrichtsbeobachtungen verglichen. Während mehrere Studien keine Effekte der isoliert trainierten Fertigkeiten nachweisen konnten, stellt Klinzing (2002) in einer Metaanalyse fest, dass insbesondere Fortbildungen, in denen das Gesprächsverhalten und die Klassenführung trainiert wurden, auch zu beobachtbaren Veränderungen im Unterrichtsverhalten führten.

Andere Konzepte setzen stärker auf integrierte Ansätze, die eine Analyse der eigenen bisherigen Vorgehensweisen und Überzeugungen, das Coaching bei der Planung und Umsetzung und das Training einzelner Fertigkeiten kombinieren. Grewe (2003) setzte diese Kombination in einer 1 ½-jährigen Fortbildung von Klassenlehrkräften ein und konnte Effekte sowohl auf der Ebene des Wissens, der Wahrnehmung von Veränderungen durch die Lehrkräfte selbst als auch durch deren Schüler/innen nachweisen.

Ebene 4: Effekte auf Schülerleistungen

Obwohl das Hauptziel einer Fortbildung letztlich in einer Verbesserung der Leistungen und/oder des Schülerverhaltens liegen sollte, wird dieses härteste Qualitätskriterium nur selten herangezogen.

Amerikanische Untersuchungen und Metaanalysen zeigen, dass dieses Ziel auch nur von wenigen Fortbildungsmaßnahmen erreicht wird. Jacob und Lefgren

(2004) führten Fortbildungen in 71 Grundschulkollegien in den Fächern Mathematik und Lesen durch. Die Ergebnisse waren ernüchternd. Trotz hoher Zufriedenheit der Teilnehmer/innen mit dem Kurs zeigten sich keine Leistungsverbesserungen auf Schülerebene gegenüber einer Kontrollgruppe.

In differenzierten Metaanalysen (z. B. Cohen & Hill, 2000) konnte gezeigt werden, dass nur diejenigen Fortbildungen sich auf die Schülerleistungen auswirkten, die ein begrenztes Thema mit sehr hohem Praxisbezug intensiv über einen längeren Zeitraum behandelten.

Diese insgesamt recht einheitlichen Befunde werden noch verständlicher, wenn man einige Befunde der neueren neurophysiologischen und psychologischen Forschung zur Erklärung hinzuzieht.

Ein kleiner Exkurs soll deshalb den Stand der Forschung in diesem Bereich kurz skizzieren, bevor anschließend Konsequenzen für die zukünftige Konzeption von Lehrerfortbildungsmaßnahmen diskutiert werden.

Sich fortbilden heißt Umlernen

Der gravierende Unterschied zwischen dem Prozess des Neulernens und den physiologischen und psychologischen Faktoren beim Umlernen wurde bei der Konzeption von Fortbildungen bisher kaum beachtet.

Keine Lehrkraft hat die Chance in einer Fortbildung pädagogisches Handeln neu zu lernen. Anders als beim Erwerb einer ganz neuen Kompetenz, verfügen Lehrkräfte bereits über sehr differenzierte kognitive Strukturen des deklarativen und prozeduralen Wissens, wenn sie sich zu einer Fortbildung anmelden. 13 Jahre Feldforschung und implizites Lernen in der eigenen Schulzeit, Studium, Referendariat und einige Jahre Berufserfahrung haben zu Wissensbeständen und automatisierten Handlungsmustern geführt, die nur noch schwer veränderbar sind.

Neue Fortbildungsinhalte, die sich in der Praxis auswirken sollen, müssen also nicht nur in bereits bestehende Wissensbestände (deklaratives Wissen) eingefügt werden, sondern in viele vorhandene, weitgehend automatisierte Handlungs- und Reaktionsmuster (prozedurales Wissen) integriert werden. Da beide Wissensteile in unterschiedlichen Hirnregionen gespeichert werden und zwischen ihnen kein „update“ stattfindet, ist es ganz normal, dass ein neues Wissen oder eine neue Einstellung sich nicht automatisch auf das konkrete Handeln auswirkt. Hierzu müssen weitere Lernschritte erfolgen, die weitaus schwieriger sind als die Ansammlung von neuen Informationen.

Dann (1994), Wahl (1991) u. a. haben umfangreiche Studien zur Analyse des prozeduralen Wissens von Lehrkräften durchgeführt, um herauszufinden, wie es aufgebaut ist und wie es verändert werden kann. Anhand von Unterrichtsmitschnitten und nachfolgenden Interviews wurden die Gedankenabläufe der Lehrkräfte (sog. „Subjektive Theorien“) rekonstruiert, die zu bestimmten Unterrichtsentscheidungen geführt haben.

Als Ergebnis dieser Studien, die vor allem zum Umgang mit Unterrichtsstörungen und zur Anleitung von Gruppenarbeit durchgeführt wurden, ließen sich folgende Phänomene feststellen:

- um schnell reagieren zu können, wird eine sehr begrenzte Anzahl von Wahrnehmungsklassen gebildet, die fest mit bestimmten Reaktionsklassen verknüpft sind (z. B. „Nebengespräche – Ermahnung“ usw.) (vgl. Wahl, 1991). In der Regel differenzieren die Lehrkräfte in Wahls Untersuchung zur Reaktion auf Unterrichtsstörungen zwischen sieben bis acht Situationsklassen und jede Situationsklasse bahnt den Weg zu zwei bis drei Reaktionsmöglichkeiten.
- Die Entscheidungsabläufe sind hierarchisch aufgebaut, d. h. zunächst werden die für die Lehrkraft bedeutsamsten Aspekte geklärt, (z. B. „Wer ist schuld?“, „Ist schon die ganze Klasse unruhig?“) bevor unwichtigere Merkmale bei der Auswahl der Reaktion berücksichtigt werden.
- Erfolgreiche Lehrkräfte (weniger Unterrichtsstörungen) nutzen mehr Informationen aus der Situation und verfügen über mehr Reaktionsalternativen als weniger erfolgreiche Lehrkräfte. Die weniger erfolgreichen eskalieren eine Störungssituation schneller und verlassen nach wenigen erfolglosen Versuchen ihre systematischen Entscheidungswege und handeln blind nach Versuch und Irrtum.
- Die einzelnen Schritte der Entscheidung für eine bestimmte Reaktion folgen selten einer stringenten pädagogischen Theorie oder Logik. Es verwundert deshalb nicht, wenn allgemeine Befragungen von Lehrkräften (Was würden Sie tun, wenn ...) nur selten mit den analysierten Handlungsmustern übereinstimmen. Insbesondere bei wenig erfolgreichen Lehrkräften zeigen sich hier große Diskrepanzen.

Diese Forschungen aus der kognitiven Psychologie lassen schon erahnen, wie schwierig es ist, diese automatisierten Handlungsabläufe durch Fortbildungen zu verändern. Zusätzlich kommen aber noch Probleme hinzu, auf die vor allem die Neurophysiologie aufmerksam gemacht hat.

Der Emotionale Filter

Während sich die Forschung zu den subjektiven Theorien und zum Problemlösen vorwiegend auf die kognitiven Inhalte der unterrichtlichen Entscheidungsabläufe beschränkt hat, machen uns die hirnphysiologischen Forschungsergebnisse auf die zentrale Rolle der emotionalen Steuerung aufmerksam.

Jede Erfahrung und jeder Lernvorgang wird begleitet von positiven oder negativen Emotionen, die im limbischen System an verschiedenen Orten gespeichert und bei einem Abruf der Inhalte wieder mit erinnert werden.

Für Entscheidungen bedeutet dies, dass jeder Handlungsimpuls zunächst durch den Filter des emotionalen Gedächtnisses läuft und erst dann vom Ich als eigener Handlungswunsch wahrgenommen und umgesetzt wird.

Im Alltagsverständnis und in unserer subjektiven Wahrnehmung führt ein individueller Handlungsentschluss im Stirnhirn direkt zu den motorischen Zentren im Kleinhirn und wird von unseren Muskeln eins zu eins umgesetzt.

Nach den aktuellen Forschungsergebnissen von Roth (2000) u. a. ist es dagegen so, dass der Handlungsimpuls zunächst die Basalganglien und das limbische System durchläuft und dort innerhalb ca. einer Sekunde mit den bisher gelernten emotionalen Bewertungen verglichen wird.

Diese Bewertung bestimmt dann erst die Stärke des Handlungsimpulses, der an das Großhirn weitergeleitet wird. Dort wird der Handlungsplan aus dem prozeduralen Gedächtnis abgerufen und an das Kleinhirn zur motorischen Umsetzung weitergeleitet.

Viele Impulse werden deshalb gar nicht oder nur in abgewandelter Form umgesetzt. Ob die neue Idee aus einer Fortbildung in der Alltagssituation zum Handlungsimpuls wird, entscheidet diese emotionale Bewertung, die unsere gesamte Lebenserfahrung mit ähnlichen Situationen berücksichtigt.

Für die Veränderung bisheriger Reaktionen eines Lehrers bedeutet dies, dass nicht nur Teile des prozeduralen Wissens, sondern auch emotional verankerte Bewertungen und Handlungsimpulse verändert werden müssen.

Zusammenfassende Konsequenzen

Die bereits dargestellten Ergebnisse der Wirksamkeitsforschung und die o. g. lerntheoretischen Modelle weisen in die gleiche Richtung und zeigen auf, in welcher Hinsicht Fortbildungskonzeptionen verändert werden müssen, wenn sie tatsächlich zu einer Verbesserung der Unterrichts- und Schulqualität beitragen sollen.

Folgende Aspekte sollten dabei beachtet und gestuft bearbeitet werden (vgl. auch Lipowsky, 2004):

1. Neugier und Motivation für neue Ideen wecken
   Wenn eine Fortbildung nicht nur der Sammlung neuer Informationen dienen soll, sondern die Lehrkräfte motivieren will, sich auf den schwierigen Weg der Veränderung ihrer eingeschliffenen Handlungsroutinen zu begeben, ist eine intensive Motivationsphase unabdingbar. Bisher Unbekanntes oder eine Diskrepanz zu den bisherigen Annahmen kann diese Neugier erzeugen.
   Besonders motivierende Ansatzpunkte für die Veränderung des eigenen Verhaltens sind nach den o. g. Befunden z. B. die Entdeckung bisher nicht bekannter Lernwege, Vorgehensweisen und Sichtweisen der eigenen Schülerinnen und Schüler, die Beobachtung erfolgreicher Modelle oder eines Videomitschnitts des eigenen Unterrichts und die Auseinandersetzung mit überraschenden Ergebnissen praxisnaher Forschung.
2. Analyse der bisherigen Handlungsmuster
   Auf der Basis dieser motivierenden Diskrepanzerfahrungen sollte in der Fortbildung eine Auseinandersetzung mit den eigenen Grundannahmen und vor allem eine Analyse der eigenen, weitgehend automatisierten Handlungsweise erfolgen. Erst eine Rekonstruktion der eigenen subjektiven Theorie und der damit zusammenhängenden emotionalen Bewertungen bildet die Grundlage für den nächsten Schritt: die Integration neuer Vorgehensweisen in spätere Unterrichtshandlungen.

3. Subjektive handlungssteuernde Theorien umstrukturieren
   Dazu müssen Teile der eigenen handlungssteuernden Theorie an Beispielen umstrukturiert werden. Die Analyse von Unterrichtsmitschnitten, Planungsaufgaben für die Handlung in einer konkreten Situation und Fallbesprechungen können dazu beitragen, bisherige Situationswahrnehmungen und Reaktionsweisen zu verändern und neu zu verknüpfen.
4. Einzelne Fertigkeiten trainieren
   Rollenspiele und das gezielte Training einzelner Fertigkeiten festigen dann die zuvor geplanten Reaktionen und neuen Vorgehensweisen. Auch in dieser Phase hilft der Einsatz von Videomitschnitten, um sich über den Vergleich zwischen Selbst- und Fremdwahrnehmung dem gewünschten Verhalten anzunähern.
5. Eigene Planung und Erprobung neuer Unterrichtseinheiten
   Jede neue Anregung wird nur dann dauerhaft übernommen, wenn sie sich als alltagstauglich und vor allem als erfolgreich für den eigenen Unterricht erwiesen hat. Besonders wichtig ist dabei auch die selbständige Planung, da vor allem in der Planungsphase die Übernahme der neuen Vorgehensweise in die eigene subjektive Theorie stattfindet. Weniger die Übernahme eines starren Programms als vielmehr die individuelle Zusammenstellung einer Unterrichtsstunde aus mehreren selbst ausgewählten Vorschlägen führt dauerhaft zu einer Integration der Vorgehensweise in das eigene Handlungsrepertoire (vgl. Grewe, 2003).
6. Supervision und Fallbesprechungen
   Einzelne Misserfolge in der Anfangsphase werden nicht ausbleiben. Es ist daher besonders wichtig, dass in dieser entscheidenden Phase der Erprobung ein unterstützendes Netzwerk zur Verfügung steht. Besonders bewährt hat sich hier z. B. die Teilnahme mehrerer Mitglieder eines Kollegiums, die sich vor Ort im Unterricht besuchen und unterstützen können. Ergänzend sollten Folgetreffen der Fortbildungsgruppe die Möglichkeit des Erfahrungsaustauschs, der Fallbesprechung und eines Coachings bieten. „Die Forschungsarbeiten zeigen ferner, dass wirksame Lehrerfortbildungen Möglichkeiten zum gegenseitigen Austausch und zur Zusammenarbeit eröffnen und dabei mehrere Kolleginnen und Kollegen einer Schule einbinden.“ (Lipowsky, 2004, S. 473).

„Zusammenfassend zeigt die Analyse von erfolgreichen orientierten Fortbildungsprogrammen, dass die teilnehmenden Lehrkräfte über einen längeren Zeitraum dazu angeregt wurden, sich mit eigenen und fremden Beliefs sowie mit Lernwegen von Schülerinnen und Schülern auseinander zu setzen, dass Möglichkeiten zur gegenseitigen Kooperation geschaffen wurden und dass ein enger Bezug zur Unterrichtspraxis bestand.“ (Lipowsky, 2004, S. 466).

Wahl beschreibt Teile dieser Form der Vorgehensweise am Beispiel der Betreuung des Schulpraktikums an der PH Weingarten, in der Gruppen von 10 bis 15 Studierenden unter Anleitung ihre Videomitschnitte auswerten und in Planung und Rollenspiel alternatives Verhalten einüben (Wahl, 1991).

Diese Art des Vorgehens erfordert spezifische Rahmenbedingungen, die sich aus den Ergebnissen der Wirkungsforschung ergeben:

a) Zeitliche Dauer
   Eindeutig sind die Ergebnisse zur zeitlichen Dauer. „Die Analyse der angeführten Studien und Metaanalysen lässt vermuten, dass Lehrerfortbildungen vor allem dann erfolgreich sind, und zwar im Hinblick auf die unterschiedlichen Zielvariablen der einzelnen Ebenen, wenn sie sich über einen längeren Zeitraum erstrecken und wenn sie dabei im Wechsel zwischen Input- und Arbeitsphasen, praktischen Erprobungs- bzw. Trainingsphasen und unterrichtsbezogenen Reflexionsphasen herstellen und wenn das Training mit differenzierten Rückmeldungen an die teilnehmenden Lehrkräfte gekoppelt ist (vgl. zusammenfassend Adey, Hewitt, Hewitt & Landau (2004). Kurze Veranstaltungen, die keine Gelegenheiten für eine intensive Auseinandersetzung mit dem Fortbildungsgegenstand anbieten, können kaum eine nachhaltige Wirksamkeit bei Lehrerinnen und Lehrern erreichen." (Lipowsky, 2004, S. 473). Ideal erscheinen deshalb feste Gruppen, die je nach Komplexität des Themas über einen längeren Zeitraum von ca. 6 bis 18 Monaten zusammen arbeiten und sich gegenseitig unterstützen.
b) Teilnahme mehrerer Lehrkräfte eines Kollegiums
   Die Implementation neuer Unterrichtsinhalte und -methoden hängt wesentlich davon ab, wie die Schule und das Kollegium auf die neuen Ideen eines Fortbildungsteilnehmers im Alltag reagiert und ob sie bereit ist, die Rahmenbedingungen und Absprachen für eine Umsetzung zu unterstützen. Ein weiterer wichtiger Aspekt ist der kollegiale Austausch nach der Fortbildung, um sich nicht durch Rückschläge und Schwierigkeiten bei der Erprobung neuer Vorgehensweisen entmutigen zu lassen. Vergleichende Untersuchungen bestätigen diese Form des unterstützenden Netzwerks und plädieren für die gleichzeitige Teilnahme von mehreren Lehrkräften eines Kollegiums an zentralen Fortbildungsangeboten, sowie für die wohlwollende Unterstützung durch die Schulleitung oder gar einen expliziten Auftrag der Gesamtkonferenz, dieses Angebot wahrzunehmen und als neuen Impuls in die Schule hineinzutragen.

Zu 3) Aktuelle Tendenzen in der Bildungsverwaltung

Auf die erhöhten Anforderungen ist das bisherige Fortbildungssystem nur schlecht vorbereitet. Organisatorisch streng reguliert, aber inhaltlich kaum systematisch gesteuert, wurden bisher die Akzente vor allem als Reaktion auf schnell wechselnde aktuelle Problemthemen gesetzt, ohne die Wirkungen zu überprüfen und ohne langfristige Konzepte zur Veränderung größerer Bereiche der Schul- und Unterrichtsqualität zu entwickeln. Angebote zur Drogen- und Gewaltprävention, zur Streitschlichtung und zum Lehrerburnout standen unvermittelt neben methodischen und fachdidaktischen Informationsveranstaltungen. Zudem kritisieren viele Autoren die individuelle Teilnahmeentscheidung, die sich nicht an den Erfordernissen der Schule ausrichtet.

Die Finanzmisere hat zudem zu einem erheblichen Rückgang des gesamten Angebots geführt und die einzelnen Veranstaltungen qualitativ verändert. Immer weniger intensive Wochenkurse werden durchgeführt, kurze Nachmittagsveranstaltungen nach einem anstrengenden Schultag dominieren zurzeit das Angebot der Fortbildungseinrichtungen. Nur selten wird eine Fortbildungsfolge angeboten, die es ermöglichen würde, neue Informationen aufzunehmen, praktisch zu erproben und die Erfahrungen unter Supervision zu reflektieren.

Als neuer Königsweg erscheint vielen Bildungspolitikern der Trend zur schulinternen Lehrerfortbildung, die zunehmend die individuelle Fortbildung ablösen soll. „An die Stelle des Leitbilds einer ‚allseits entwickelten Lehrerpersönlichkeit' trat der idealisierte Corpus einer ‚Schule als lernende Organisation'." (Chroust, 2003, S. 42).

Ursprünglich für die Entwicklung von Schulprogrammen forciert, herrscht die Meinung vor, über diese Form besonders preisgünstig das gesamte Kollegium zur Fortbildung zu verpflichten und für eine gleichmäßige Weiterentwicklung der Kompetenzen zu sorgen.

Bedarfsanalysen und die Praxis sprechen allerdings gegen diese einseitige Sichtweise.

Vorliegende Bedarfsanalysen zeigen, dass die Präferenz der Lehrkräfte eindeutig auf der Verbesserung des individuellen Unterrichtshandelns liegt (82 % bei Beck et al., 2002). Nur wenige wollen eine Fortbildung zu diesen Themen im Kreis des Kollegiums.

Selbst in den Bundesländern, in denen zeitweilig nur noch schulinterne Lehrerfortbildungen zum Thema Schulentwicklung genehmigt und finanziert wurden, unterliefen die Schulen diese Vorgaben und wählten häufig Unterthemen aus der Unterrichtspraxis, um dem eigentlichen Bedarf gerecht zu werden (in einer Studie von Burkard (2001) zeigte sich, dass nur 37 % der Schulinternen Fortbildungen in NRW tatsächlich das Thema Schulentwicklung/Schulprogramm behandelten).

Chroust (2003) fordert deshalb beide Formen der Fortbildung auszubauen. Neben der Notwendigkeit, dass ein Kollegium sich gemeinsam auf programmatische Schwerpunkte und gemeinsame Vorgehensweisen einigt, besteht weiterhin ein großer Bedarf an individueller Fortbildung, die differenziert für einzelne Kolleginnen und Kollegen fachdidaktische und pädagogisch-psychologische Qualifikationen vermittelt.

Effiziente Fortbildungen sind allerdings nur eine wichtige Voraussetzung der Qualitätsentwicklung in Schule und Unterricht. Gleichzeitig muss das Beratungs- und Unterstützungssystem von Schulpsycholog/innen und Beratungslehrkräften ausgebaut werden, um den Schulen bei der Umsetzung neuer Ideen das notwendige begleitende Netzwerk zur Verfügung zu stellen.

8.4 Schulpsychologische Beratung bei der Qualitätsentwicklung von Schulen

Stephan Jeck und Klaus Temme

Gesellschaftliche Erwartungen und Anforderungen an die Qualität von Schulen

Durch die aus politischer Sicht unzureichende Positionierung des deutschen Bildungssystems im Mittelfeld internationaler Leistungsvergleiche steht seit einigen Jahren die Qualität deutscher Schulen im Fokus der öffentlichen Diskussion. Die allseits vorgetragene Forderung lautet, die Qualität von Schulen bei möglichst unveränderten oder geringeren Ressourcen zu steigern, um allen Schülerinnen und Schülern bessere Leistungen zu ermöglichen. Eine Erfolg versprechende Strategie auf dem Weg zu diesem Ziel wird in einer Umsteuerung des Bildungssystems gesehen: durch die Abkehr von einer reinen Inputsteuerung (u. a. durch Gesetze, Verordnungen und Ressourcenzuweisungen) hin zu einer verstärkten Outputsteuerung (u.a. durch an Bildungsstandards orientierten vergleichbaren Abschlüssen)(vgl. die kritische Diskussion von Brügelmann, 2005, S. 275 f.). Hierzu sollen sich Eigenverantwortung und Autonomie der Einzelschule erhöhen, um sie handlungsfähiger zu machen in Bezug auf regionale schulspezifische Erfordernisse und sie vermehrt für die erzielten Leistungen in die Verantwortung zu nehmen. In Zukunft werden sich Schulen deshalb immer mehr mit dem Management von Ressourcen und der Auswahl und Entwicklung des eigenen Personals beschäftigen, um die Qualität der Organisation in Richtung des jeweiligen Schulprogramms und zu erreichender Leistungsstandards zu beeinflussen. Eine pädagogische Qualitätsentwicklung beinhaltet nach Kempfert und Rolff (1999) vor diesem Hintergrund neben der obligatorischen Unterrichtsentwicklung immer auch die Personal- und die Organisationsentwicklung. Die staatliche Schulaufsicht und Bildungsverwaltung muss sich im Zuge dieser Veränderungen neu positionieren.

Die eingeleiteten Veränderungen implizieren darüber hinaus, dass die bisherigen Verfahren der Qualitätssicherung wie z. B. die staatlich kontrollierte Lehrerausbildung oder die Vorgabe von inhaltsbezogenen Lehrplänen zumindest nicht ausreichend waren, um international konkurrenzfähig bleiben zu können.

Brügelmann (2005, S. 282) fordert deshalb im übertragenen Sinn ein *Total Quality Management* (TQM) der Schulen:

„Aus *pädagogischer* Sicht erweist sich die Qualität einer Schule, eines Unterrichts nicht nur an ihren ‚Produkten', also an den erworbenen Fähigkeiten, Kenntnissen und Einstellungen, sondern auch an der Qualität der Prozesse und der Rahmenbedingungen, unter denen Schüler ihre Erfahrungen machen."

Die neue Steuerung von Schulen durch verstärkte Eigenverantwortung erfordert somit neue Instrumente und Verfahren der Qualitätssicherung und Evaluation, wobei die ausschließliche Orientierung am Output einer Schule durch Vergleich von Schülerleistungen nicht ausreicht. Vielmehr bedarf es der Orientierung an den Prozessen, die die Schule durch ihre Mitarbeiterinnen und Mitarbeiter initiiert, um entsprechende Schülerleistungen möglich zu machen. Dazu lassen sich ausgehend von den Standortbedingungen einer Schule auf der Prozessebene folgende national und international so oder ähnlich definierte Qualitätsbereiche ableiten: Lehren und Lernen, Führung und Management, Professionalität der Lehrkräfte, Schulkultur, Entwicklungsziele und Strategien (vgl. **Abb. 8.5**).

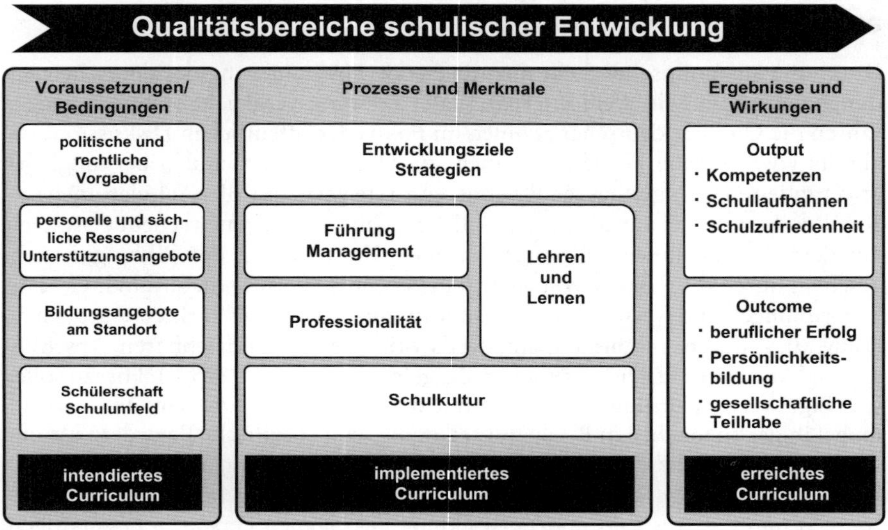

Abb. 8.5: Referenzrahmen Schulqualität des hessischen Instituts für Qualitätsentwicklung

Schulen müssen sich mit den daraus resultierenden Anforderungen an die Qualität ihrer Organisation auseinander setzen und haben vielfach mit der Entwicklung und Umsetzung von Schulprogrammen einen ersten Schritt in diese Richtung unternommen.

Die Qualitätssicherung und Rechenschaftslegung einer Schule gegenüber der Öffentlichkeit erfolgt schließlich auf der Basis zweier Strategien: der internen und der externen Evaluation.

Die interne Evaluation beginnt mit der Überprüfung und Fortschreibung des Schulprogramms und endet im Aufbau eines umfassenden professionellen Qualitätsmanagement-(QM-) Systems (vgl. Temme, 2002), was viele private Unternehmen angelehnt an die international akzeptierten Standards z. B. der DIN EN ISO 9000 bereits entwickelt haben.

Die externe Evaluation nimmt momentan in Form der Schulinspektion in vielen Bundesländern Gestalt an und ermöglicht der einzelnen Schule ausgehend von einem vordefinierten Qualitätsrahmen eine differenzierte Rückmeldung über die Bedingungen und Leistungen der gesamten Organisation.

Sinn und Zweck beider Strategien muss neben dem verständlichen Wunsch nach einem aussagefähigen Bildungsmonitoring vor allem die Qualitätsentwicklung der einzelnen Schule sein, so dass sämtliche Erkenntnisse und Bewertungen als Arbeitsgrundlage für die Schulentwicklung vor Ort und für die Einleitung konstruktiver Veränderungsprozesse genutzt werden können.

Um die beschriebenen Anstrengungen unternehmen zu können, bedarf es professioneller Unterstützungssysteme für Schulen und Bildungsverwaltung. Schulen benötigen neben den nötigen Ressourcen insbesondere Beratung und Begleitung bei den einzuleitenden Schulentwicklungsprozessen, die mit gezielten Maßnahmen der internen Evaluation auf der Basis des Schulprogramms beginnen sollten. Langfristig sind spezifisch ausgebildete Qualitätsbeauftragte in Schulen denkbar, die den internen Aufbau eines QM-Systems moderieren und vorantreiben.

Die Schulpsychologie als Unterstützungssystem bei der Qualitätsentwicklung von Schulen

Voraussetzungen und Gelingensbedingungen

Schulpsychologische Dienstleistungen orientieren sich an den Bedürfnissen und Interessen der Menschen im System Schule. Traditionell waren diese am einzelnen Schüler und seinem Umfeld ausgerichtet (Einzelfallhilfe mit dem Ziel der Störungsbeseitigung), seit Heyse (1989) wird allerdings ein Paradigmenwechsel angemahnt, der die Verschiebung des Fokus auf die Schule als Ganzes zum Ziel hat (vgl. Ewert, 2001).

Implizit wird bei allen schulpsychologischen Tätigkeiten angenommen, dass das Gelingen des schulischen Bildungs- und Erziehungsauftrags verbessert und damit die Qualität positiv beeinflusst wird. Das Selbstverständnis der Schulpsychologen variiert dabei aufgabenspezifisch, wobei ein humanistisches Menschenbild, die pädagogische und klinische Psychologie sowie die Arbeits-, Betriebs- und Organisationspsychologie als Bezugsrahmen und wissenschaftliche Grundlagendisziplinen im Hintergrund stehen (Heyse, 2001). Smolka (2002) skizziert aus Sicht eines Schulleiters die Bandbreite schulpsychologischer Arbeit als Erfolg versprechende „Dynamik einer zukunftsweisenden Schulentwicklung“ (S. 6): Schullaufbahnberatung, Beratung bei emotionalen und sozialen Problemen (s. a. Jeck, 2003), Unterstützung der Klassenlehrer und Fachlehrer (z. B. durch Supervision), Empfehlungen für die Schulleitung (z. B. zum Schulklima), Stärkung der Elternberatung, Verbesserung der Lernkultur, Förderung von Teamarbeit und sozialem Lernen sowie die Mitarbeit in Lehreraus- und -fortbildung sind zentrale schulpsychologische Aufgabenfelder, die seiner Meinung nach der Schulentwicklung dienen, vor allem wenn es darum geht ein gemeinsames „Haus des Lernens und Sich-wohl-Fühlens“ (S. 7) zu verwirklichen. Es wird in dieser Übersicht deutlich, dass die Schulpsychologie gleichermaßen in Beratung, Intervention und Prävention verankert ist. Dabei sieht Smolka die Schulpsychologen in enger Nähe zu Beratungslehrkräften und versteht beide gemeinsam sozusagen als eine schulspezifische Ressource, die von der Einzelfallhilfe bis zur Beratung der Schulleitung für die gesamte Palette schulischen Unterstützungsbedarfs herangezogen werden kann. Nach wie vor versuchen viele Schulpsychologen diese größtenteils aus dem traditionellen schulpsychologischen Selbstverständnis abgeleiteten Erwartungen zu erfüllen, gewöhnlich ohne systematisch die Effizienz des eigenen professionellen Handelns zu überprüfen (Jeck, 2001).

Knapper werdende Ressourcen im schulpsychologischen Bereich und die bereits erwähnte Diskussion über die Qualitätsentwicklung von Schulen führen zu einer neuen Situation und Herausforderung für die Schulpsychologie, die mit einer Überarbeitung des schulpsychologischen Leistungsangebotes beantwortet werden muss. Naheliegend wäre es somit, die Schulqualität explizit als Gegenstand schulpsychologischen Handelns zu betrachten und entsprechende Dienstleistungen an diesem Gegenstand auszurichten. Im Fokus eines schulpsychologischen Angebots stehen dann z. B. die systembezogene Organisationsberatung (vgl. Kühl, 2005), die Unterstützung von Schulen beim Aufbau von Qualitätsmanagement-Systemen (Temme, 2002) und die Beteiligung an der internen und externen Evaluation von Schulen. Dabei steht die Schulpsychologie in Konkurrenz zu anderen Anbietern: Schulentwicklungsberater, Unternehmens- und Managementberater, Organisationsentwickler, universitäre Einrichtungen und in Zukunft vermutlich auch die staatliche Schulaufsicht konkurrieren miteinander auf diesem innovativen Markt.

Eine erfolgreiche Betätigung in diesem Feld setzt deshalb spezifische Kompetenzen, Akzeptanz auf der Basis einer vertrauensvollen Arbeitsbeziehung in den Schulen, professionelle Standards und möglichst weitere Standortvorteile voraus. Zwar wollen und können sicherlich nicht alle Schulpsychologinnen und Schulpsychologen in diesem Arbeitsfeld tätig werden, aber bereits das vorhandene schulpsychologische Kompetenzspektrum kann als günstige Ausgangsbedingung betrachtet werden. Neben den Kenntnissen grundlegender psychologischer Theorien über menschliches Handeln und Lernen sind Schulpsychologen zu analytischem, daten- und systembezogenem Denken in der Lage und verfügen über diagnostische Kompetenzen bezogen auf Einzelpersonen genauso wie auf Organisationen. Darüber hinaus liegen vielfältige methodische Erfahrungen in der Moderation und Strukturierung von Gruppenprozessen, der Teamentwicklung, der Lehrerfortbildung und des Projektmanagements vor. Schließlich besitzen die Schulpsychologen, wenn sie auf Akzeptanz in den betreuten Schulen stoßen, einen starken Wettbewerbsvorteil: Feldkompetenz und kontextbezogenes Wissen. Nur wenige externe Berater werden eine zu beratende Schule so gut wie z. B. der für die jeweilige Schule zuständige Schulpsychologe kennen.

Da sich der schulpsychologische Arbeitsplatz üblicherweise nicht innerhalb der Schule, sondern in einer übergeordneten Organisationseinheit befindet (z. B. in einem Staatlichen Schulamt), dürfte sich das Risiko eines verengten Blicks bzw. der Systemblindheit bei der Beratung einer Schule minimieren (Storath & Dillig, 1998). Neutralität und fachliche Unabhängigkeit sind daraus ableitbare notwendige Gelingensbedingungen (Soester Thesen zur Schulpsychologie, 2003).

Verstärkt die Schulpsychologie freiwillig oder gezwungenermaßen ihr Engagement in der Organisationsberatung und Evaluation von Schulen im Zuge des schulischen Qualitätsmanagements, entstehen neue Lernfelder mit Professionalisierungsbedarf für die Schulpsychologie:

- Vertiefung der methodischen Kenntnisse über Evaluationsprozesse (z. B. Wottawa & Thierau, 1998),
- Einarbeitung in die Grundlagen internationaler QM-Systeme und dem Aufbau eines solchen Systems innerhalb einer Organisation (z. B. TQM, DIN EN ISO 9000, EFQM) (vgl. Gonon et al., 1999; Temme, 2002),
- Einarbeitung in bestehende Modelle zur Schulqualität und Unterrichtsqualität (z. B. Helmke, 2003; Holtappels, 2003; Schratz, 2003),
- Verständnis nationaler und internationaler Evaluations- und Inspektionsansätze des jeweiligen Bildungssystems,
- Aneignung theoretischen und methodischen Know-hows neuerer Ansätze der Managementberatung, Organisationsentwicklung und systembezogenen Organisationsberatung (Boos, Heitger & Hummer, 2005; Freimuth, 2005; Kühl, 2005).

Schulpsychologische Arbeitsfelder zur Unterstützung der Qualitätsentwicklung von Schulen

Auftrags- und Rollenklärung

Am Anfang *jeder* schulpsychologischen Beratung steht eine Abklärung, welche Vorstellungen, Fragen und Ziele der Auftraggeber bzw. Ratsuchende mit der Beratung verbindet. Im Anschluss daran gilt es, die Erwartungen in Richtung eines transparenten und klaren Beratungszieles zu bündeln, Möglichkeiten und Grenzen zu definieren und Erfolgskriterien zu bestimmen. Gerade für die Organisationsberatung einer Schule müssen Aufträge und Rollen deutlich abgesprochen werden, da üblicherweise die Schulleitung als Auftraggeber fungiert, aber die gesamte Schule mit allen Mitarbeitern in den Beratungsprozess einbezogen werden muss. In solchen Situationen besteht häufig die Gefahr einer Instrumentalisierung des Beraters durch eine nur schwer zu kontrollierende Erwartungsskepsis oder Erwartungseuphorie bezogen auf den Beratungsprozess, so dass der Status eines unabhängigen Beraters getragen von einer professionellen Distanz bereits im Vorfeld abgeklärt werden muss. Vor dem Hintergrund einer möglichen Rollenkonfusion wird es z. B. notwendig sein, dass ein Schulpsychologe die Organisationsberatung einer Schule, für die er langjährig in der Einzelfallberatung zuständig war, ablehnt oder zumindest nicht alleine auf sich nimmt.

Schulentwicklungsberatung, Schulprogrammarbeit und interne Evaluation

Viele Schulen werden bereits seit einigen Jahren in der Schulprogrammarbeit von Schulpsychologen unterstützt. Becker und Thomas (2001) verdeutlichen diesbezüglich die unterschiedlichen Aufgaben und Schwierigkeiten. Angefangen bei der Entscheidung mit der Schulprogrammentwicklung zu beginnen über Widerstände und Konflikte im Kollegium bis hin zur Moderation der einzelnen Entwicklungsphasen gibt es einige schulpsychologische Schnittstellen der Mitarbeit. Üblicherweise werden bei der Schulprogrammarbeit Entwicklungsprozesse initiiert, die sich an einen Problemlösezirkel anlehnen:

- Ist-Analyse bzw. Bestandsaufnahme
- Probleme erkennen und beschreiben
- Planung der Verbesserungsmaßnahmen bzw. schulischen Schwerpunkten
- Umsetzung der Maßnahmen
- Reflexion und Überprüfung (interne Evaluation)
- Ggf. Festlegung des neuen Standards bzw. Beibehaltung der Neuerung
- Fortschreibung des Schulprogramms und erneuter Durchlauf einer Ist-Soll-Analyse.

Solche Schulentwicklungsprozesse gelingen dann, wenn die Beziehungen zu den externen Beratern geklärt sind, Zielklarheit besteht, die Kommunikation innerhalb der Schule transparent verläuft und die Schulleitung sämtliche Prozesse aktiv unterstützt (vgl. Becker & Thomas, 2001). Häufig konzentrieren sich die schulpsychologischen Beratungen auf die einzelnen Prozessschritte, die Fortbildung der Lehrkräfte und die Mitarbeit in inhaltlichen Schulprogrammbausteinen (z. B. Gewaltprävention oder Lernförderung). Die Orientierung an einem umfassenden qualitätsorientierten Auftrag verlangt allerdings weitere schulpsychologische Angebote wie z. B. eigene Ansätze der systembezogenen Organisationsberatung von Schulen (vgl. Kühl, 2005), Beratung von Schulleitungen und Lehrkräften bezogen auf Maßnahmen der Personalentwicklung und Verbesserung der Arbeitsorganisation (z. B. Perrenoud & Thurler, 2005) sowie einen verstärkten Einstieg in die interne Evaluation bei dem sich Schulen teilweise sehr schwer tun.

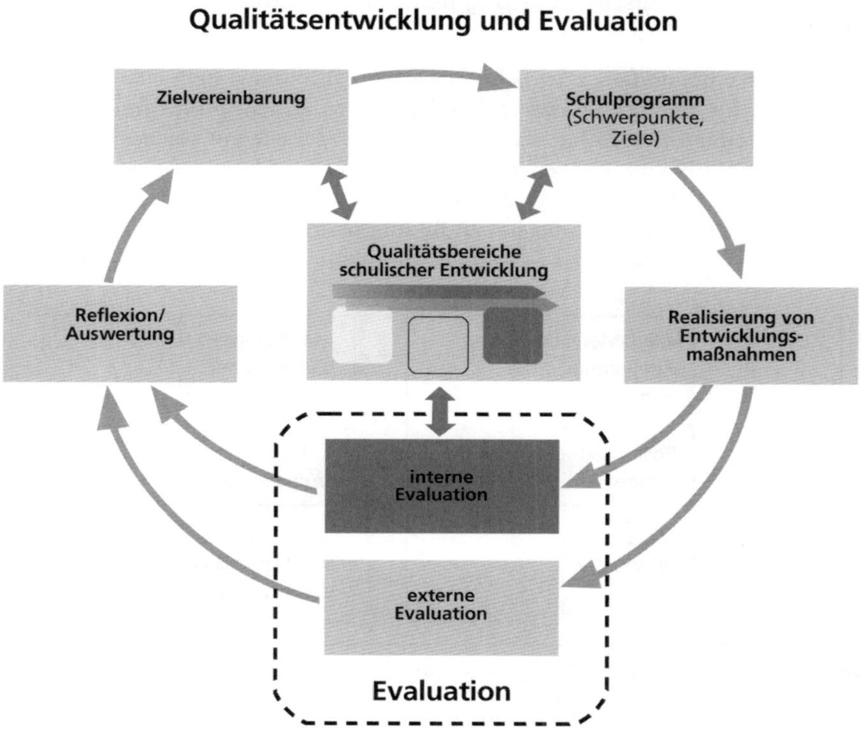

Abb. 8.6: Qualitätsentwicklung und Evaluation (nach Creutzburg & Henning-Eberlein, 2005)

Darüber hinaus skizziert **Abbildung 8.6** den Zusammenhang zwischen verbindlich vorgegebenen Qualitätsbereichen, der schulspezifischen Umsetzung und Überprüfung mittels interner und externer Evaluation. An dieser Schnittstelle ist die Schulpsychologie neu gefordert, weil sie nicht nur innerschulisch berät, sondern als Unterstützungssystem in Aushandlungsprozesse zwischen einer Schule und der mit der Funktion des Controlling beauftragten Schulaufsichtsinstanz involviert wird. In diesem Kontext spielt die Auftragsklärung eine besondere Rolle: Sobald ein schulpsychologischer Kontrakt mit einer Schule zustande gekommen und das Ziel des Beratungsprozesses vereinbart worden ist, stehen die innerschulischen Abläufe und Bedürfnisse auf dem Weg zu einer kontinuierlichen Verbesserung der schulischen Qualität im Mittelpunkt der schulpsychologischen Dienstleistung.

Die schulpsychologische Beratung beim Aufbau eines schulischen QM-Systems

Der Aufbau eines umfassenden schulinternen QM-Systems stellt eine aufwendige Innovation für eine Schule dar und bedarf auf jeden Fall professioneller Unterstützung. Temme (2002) hat ausführlich dargelegt, wie ein solches System mit Hilfe der DIN EN ISO 9000 entwickelt werden kann. Alternativ gibt es Handreichungen zum Einsatz des EFQM-Modells in Non-Profit-Organisationen, die Dienstleistungen erbringen, bis hin zu Bildungseinrichtungen.

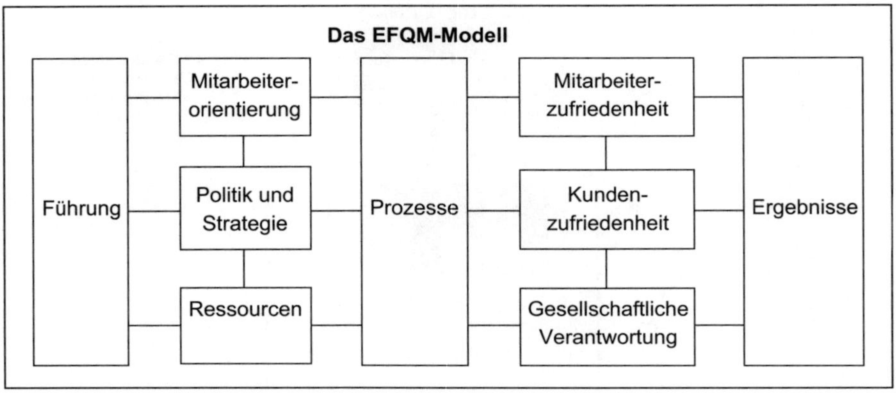

Abb. 8.7: Das Modell der European Foundation of Quality Management von 1996

Abbildung 8.7 verdeutlicht exemplarisch die Qualitätsbereiche des EFQM-Modells. Schulpsychologen könnten in diesem Zusammenhang z. B. die Aufgabe haben, eine Schule dahingehend zu beraten, welches QM-System mit seinen Anforderungen zur schulspezifischen Einführung geeignet wäre. Im Anschluss an die Entscheidung einer Schule, ein bestimmtes Qualitätsmodell zur Grundlage der Organisationsentwicklung zu machen, bedarf es dann der intensiven Beratung und Begleitung bei der Implementierung, die einige Zeit in Anspruch nimmt. Dazu kann es sehr hilfreich sein, die Empfehlungen von Temme (2002) für den schulischen QM-Prozess zu beachten:

1. Das erste Gebot ist die *Verantwortung der Leitung für die Glaubwürdigkeit des Qualitätsbemühens.* Qualitätsdenken beinhaltet vor allem Verbindlichkeit (beim Einhalten von einmal getroffenen Festlegungen), Offenheit für Rückmeldungen, eine positive Fehlerphilosophie und das Streben nach ständiger Verbesserung. In all diesen Bereichen muss die Leitung Vorbild sein [...].
2. Lassen Sie sich Zeit, aber verlieren Sie nie das Ziel aus den Augen. Entwicklungen in Systemen verlaufen nicht linear, sondern sprunghaft. Phasen, in denen man schon aufgeben will, weil man keinerlei Veränderungen wahrnimmt, kann recht überraschend eine allgemeine Aufbruchstimmung folgen. Bis das System einigermaßen etabliert ist, werden sicherlich fünf bis zehn Jahre vergehen, je nach Ausgangszustand und Verlauf des Prozesses [...].
3. Die Erfahrung mit Innovationen lehrt, dass ihr Scheitern wahrscheinlicher ist als ihr Erfolg [...]. Ein QM-System in einer Schule aufzubauen, gleicht dem Versuch, ein Pferd im Laufen zu beschlagen.
4. Fangen Sie an, das, was sie schon haben, zu sichten und in ein gutes Dokumentationssystem einzuarbeiten [...].
5. Als flankierende Maßnahme sollte so früh wie möglich ein Fehlererkennungs- (Was lief anders, als wir es vereinbart hatten?) und -korrektursystem (Warum lief es anders? Was können wir tun, damit der Fehler nicht wiedervorkommt?) etabliert werden [...].
6. Interne Audits sind das wesentliche Kontrollsystem dafür, ob das System gelebt wird [...].
7. Finden Sie einen Qualitätsmanagement-Beauftragten, evtl. auch eine QM-Gruppe [...].
8. Mit Widerstand ist zu rechnen, häufig überraschend auch von denen, auf deren besondere Mithilfe man sich stillschweigend verlassen hatte [...]. Je mehr die Mitarbeiter merken, dass die Arbeit an der Qualität ihre Tätigkeit erleichtert und angenehmer macht, umso bereitwilliger werden sie sich auf die Veränderungen einlassen.
9. Bemühen Sie sich um externe Hilfe und Vernetzung [...].

(Auszug aus Temme, 2002, S. 100 ff.)

Externe Evaluation und Schulinspektion

Im Falle einer Mitarbeit der Schulpsychologen in der Schulinspektion ist von einer neuen Rolle auszugehen: der Schulpsychologe ist nicht mehr Berater, er übernimmt stattdessen die Funktion eines Begutachters schulischer Qualität. Im Auftrag der staatlichen Schulaufsicht und eingebunden in das Inspektionsteam gibt er Schulen differenzierte Rückmeldungen über das Erreichen vorgegebener Qualitätskriterien. Dies geschieht mit Hilfe einer Vielzahl von Erhebungsinstrumenten und deren gezielter Auswertung und Interpretation. Ein solcher Rollenwechsel muss transparent vonstatten gehen und die oben angesprochene Problematik der Rollenklärung berücksichtigen. Aus diesem Grund kann es sinnvoll sein, Schulinspektionen nicht in den Zuständigkeitsgrenzen der eigenen Institution durchzuführen, sondern in anderen Schulbezirken, um längerfristige Beratung qua Zuständigkeit und Begutachtung strikt voneinander zu trennen. Schulpsychologen profitieren in dieser Rolle von ihrem analytischen Blick, ihren vielfältigen Erfahrungen aus Unterrichts- und Schulbesuchen und der Möglichkeit, wissenschaftliche Erkenntnisse, Qualitätsstandards und empirisch erhobene schulspezifische Informationen zur Systemdiagnose in einen Zusammenhang bringen zu können. Eine besondere Herausforderung besteht für das externe Evaluationsteam darin, einer Schule den Inspektionsbefund einschließlich schulischer Stärken und Schwächen mit – wenn gewünscht – prognostischer Kraft so nahezubringen, dass er von der Schulgemeinde, inbesondere Schulleitung und Kollegium, als stimmige Grundlage für die weitere Schulentwicklung angesehen werden kann.

Exemplarisches schulpsychologisches Handeln bei der Qualitätsentwicklung von Schulen

Viele Projekte, an denen Schulpsychologen mitarbeiten, nützen der Schulentwicklung und helfen dabei, Schule erfolgreich zu gestalten: Schule und Gesundheit, Suchtprävention, Gewaltprävention, Lernförderung, Supervision, Teamentwicklung ..., um nur einige zu nennen. Einen guten Überblick hierzu gibt das Buch *Schulpsychologie konkret* von Häring und Kowalczyk (2001) sowie das Sonderheft *SchulVerwaltung spezial* aus dem Jahre 2002.

Darüber hinaus gibt es bereits zahlreiche schulpsychologische Erfahrungen in Gebieten, die unmittelbar auf die neuen Aufgabenfelder zur Verbesserung der Schulqualität bezogen werden können. Schulpsychologen werden häufig im Projektmanagement eingesetzt (z. B. für die Planung und Moderation von Meilensteinsitzungen), haben Kompetenzen als Prozessbegleiter bei QUISS gesammelt und auf unterschiedlichste Weise an der Schulprogrammentwicklung mitgearbeitet (z. B. bei der Erstellung von Leitbildern oder der Formulierung von Zielen; s. o.). Schließlich gehören kleinere und größere Evaluationsprojekte (strategische Planung, Entwicklung von Instrumenten) zum schulpsychologischen Alltagsgeschäft und die Auseinandersetzung mit QM-Systemen hat ebenfalls bereits vereinzelt stattgefunden (z. B. durch die Arbeit mit dem EFQM-Leitfaden).

Die Schulpsychologie bietet also Erfolg versprechende Voraussetzungen für die professionelle Unterstützung von Schulen bei der Qualitätsentwicklung. Zukünftig bedarf es gerade in diesem Feld vermehrt systematischer Aufgabenbeschreibungen und gesicherter theoretisch-methodischer Ansätze einschließlich notwendiger Kompetenzen zur Profilierung der schulpsychologischen Profession und – falls möglich – zur Abgrenzung gegenüber anderen. Dies könnte z. B. über *best practice*-Modelle und Wirkungsanalysen erfolgen. Damit könnten professionelle Standards innerhalb der Schulpsychologie gesetzt und vorhandene Expertise transparenter und überprüfbarer gemacht werden. Eine stärkere Verknüpfung mit der universitären psychologischen Forschung und Ausbildung könnte dies unterstützen (Ewert, 2001).

Schlussfolgerungen und Perspektiven für die Schulpsychologie

Die Schulpsychologie als Dienstleistung für die Qualitätsberatung oder gar als Gutachter für die Qualität von Schulen mag manchem als besondere Herausforderung für das Selbstverständnis der Schulpsychologie erscheinen. Angesichts der bisherigen Dynamik schulpsychologischer Tätigkeitsfelder und der bereits vollzogenen Erweiterung des Blicks auf Schule als System lässt sich dieses neue Rollenverständnis unseres Erachtens in die schulpsychologische Arbeit integrieren. Da es in den einzelnen Bundesländern zum Teil sehr unterschiedliche bildungspolitische Schwerpunktsetzungen und sehr verschiedene Arbeitsprofile innerhalb der Schulpsychologie gibt, lässt sich die zukünftige Entwicklung schwer vorhersagen. Aber der Trend scheint eindeutig: Persönliche Entscheidungen, die zu einem Einstieg in die neuen beruflichen Aufgabenfelder führen, werden zunehmend von konkreten Aufträgen seitens Vorgesetzter oder potentieller Abnehmer schulpsychologischer Dienstleistungen abgelöst. Da es sich bei der schulischen Qualitätsentwicklung um ein durchaus attraktives Arbeitsgebiet handelt, ist der Markt auch von anderen entdeckt. Der Wettbewerbsvorteil der Schulpsychologie wurde bereits oben beschrieben: Erfahrungen im Feld und Sensibilität für den schulischen Kontext mit all seinen Facetten.

Gleichzeitig kämpfen Schulpsychologinnen und Schulpsychologen gegen alte Rollenklischees in den Schulen an. Solche Zuschreibungen sind gewöhnlich sehr träge und nur schwer zu verändern. Von daher bleibt es ein Aushandlungsprozess vor Ort, wem als Berater die nötige Kompetenz und Effizienz zugeschrieben wird: Der externe Berater ist vielleicht chicer als der systeminterne Berater, aber teurer und nicht unbedingt besser. Aufgrund ihrer institutionellen Anbindung stellt sich für die schulpsychologischen Organisationberater nicht nur die Aufgabe der Rollenklärung gegenüber dem Auftraggeber, sondern auch das Problem einer Abgrenzung nach innen. Die personellen Ressourcen müssen schließlich gezielt im Sinne eines kompetenzorientierten Profils eingesetzt und nicht dazu passende Aufgaben entsprechend abgegeben werden. Ein Schulpsychologe, der versucht, allen Erwartungen gerecht zu werden, wird langfristig scheitern und sich und seiner Profession keinen guten Dienst erweisen. Wenn neue Aufgaben übernommen werden, dann bedarf es einer klaren Rückendeckung der jeweiligen Dienststelle, um das zarte Pflänzchen einer alternativen Profilierung nicht sofort auszutrocknen, sondern kontinuierlich pflegen zu können.

Aus professionellen Erwägungen gibt es in allen schulpsychologischen Betätigungsfeldern die Notwendigkeit einer systematischen Reflexion des praktischen Handelns mit dem Ziel der persönlichen Klärung, Erfolgskontrolle und Optimierung. Gerade für die neuen Anforderungen an eine schulpsychologische Qualitätsberatung könnte es zusätzlich hilfreich sein, das damit verbundene Qualitätsbewusstsein den Schulen systematisch vorzuleben und dazu ein eigenes QM-System für die schulpsychologische Arbeit zu entwickeln (Heyse, 2000; Jeck, 2001; s. o. Temme & Jeck, Kap. 11).

8.5 Schulpsychologen als Gutachter im Schulsystem

Christine Enders

Schulpsychologen als „Chancenverteiler", als „Platzzuweiser"? Dagegen sträuben sich bei vielen die Haare, denn Schulpsychologen sind doch Berater, Therapeuten, neutral, wohlwollend, vermittelnd. Die Rolle des Beurteilenden ist Schulpsychologen eher fremd – so jedenfalls ist die vorherrschende Meinung.

Und trotzdem: Schulpsychologen können sich nicht aus dem Gesamtsystem der Schule heraushalten, werden durch Erlasse und Verordnungen in die Rolle auch des Begutachtenden versetzt (vgl. auch Jötten, 2001).

Ich schreibe im Folgenden aus der Perspektive einer bayrischen Schulpsychologin – die Gegebenheiten sind in den einzelnen Bundesländern zu unterschiedlich – selbst innerhalb Bayerns gibt es die verschiedensten Vorgehensweisen.

Problemstellung

Bei drei Anlässen sind – aus meiner Sicht und Erfahrung – Schulpsychologen in Entscheidungen einbezogen, die Relevanz für die Schullaufbahn haben:

1. frühzeitige Einschulung
2. Legasthenie und vorübergehende Lese-Rechtschreibschwäche
3. Kommission zur Feststellung des angemessenen Förderorts im Rahmen der Sonderpädagogik.

Im ersten Fall geht es um das Konstrukt „Schulfähigkeit". Wann ist ein Kind schulfähig (früher gab es den Begriff Schulreife, der so etwas wie einen sich von selbst ergebenden Prozess beinhaltete, nach dem ein Kind früher oder später „reif" für die Schule war)? Inzwischen hat sich eine andere Sichtweise durchgesetzt: die Interaktion von kindlicher Entwicklung, häuslichem Anregungsmilieu und schulischen Rahmenbedingungen. Das bedeutet: ein Kind ist dann einzuschulen, wenn die situativen Bedingungen mit den Förderbedürfnissen des Kindes möglichst gut übereinstimmen. Dies gilt für die sehr gut begabten Kinder in gleicher Weise wie für die Kinder mit deutlichen Entwicklungsdefiziten.

Bei Legasthenie bzw. Lese-Rechtschreibschwäche (LRS) ist das Konzept der bayerischen Staatsregierung in Anlehnung an kinder- und jugendpsychiatrische Diagnosen zweigeteilt: Legasthenie wird als „schwere, kaum zu therapierende Krankheit" angesehen, mit deren Attestierung ein deutlicher Nachteilsausgleich für das Kind/den Jugendlichen einhergeht, u. a. keine Benotung der Lese- und Rechtschreibleistungen, in der Fremdsprache eine 1:1-Gewichtung von mündlichen zu schriftlichen Leistungen, Zeitverlängerung bei schriftlichen Leistungsnachweisen u. a. m. Die Lese-Rechtschreibschwäche wird demgegenüber als „vorübergehend" eingeschätzt, so dass die Bestätigung alle zwei Jahre zu erneuern ist. Der Nachteilsausgleich ist entsprechend „weicher" gefasst, mehr dem pädagogischen Ermessen der Lehrkräfte anheim gestellt.

Die Feststellung des „richtigen“ Förderorts für ein Kind ist eine Aufgabe, die im Konsens einer Kommission erfolgt. Dieses Gremium wird erst tätig, wenn bereits seit längerer Zeit Differenzen zwischen dem Wunsch der Eltern und den Erkenntnissen der Schule bestehen.

In allen drei Fällen wird die diagnostische Kompetenz der Schulpsychologie nachgefragt – und es werden klare Empfehlungen zur Entscheidungsfindung verlangt.

Frühzeitige Einschulung

Der Zeitpunkt der Einschulung wird in Bayern im Moment von Schuljahr zu Schuljahr jeweils um einen Monat verschoben. Zielpunkt wird als Geburtsdatum letztlich der 31.12. eines Jahres sein (vorher 31.07.).

Seit einigen Jahren können auch „vorzeitige“ Kinder, d. h. noch nicht regulär schulpflichtige, eingeschult werden, wenn sie bis zum 31.05. des jeweiligen Schuljahres mindestens fünf Jahre alt sind. Diese Kinder müssen dem Schulpsychologen zur Begutachtung der Schulfähigkeit vorgestellt werden. Mit der Verschiebung des Einschulungsdatums wird allerdings in absehbarer Zeit diese Pflichtaufgabe von Schulpsychologen wegfallen.

Was ist in diesem Fall die Aufgabe?

Mit Hilfe diagnostischer Verfahren ist eine prognostische Aussage darüber zu machen, ob das Kind im Unterricht einer ersten Klasse mit Erfolg teilnehmen und sich sozial integrieren kann, also insgesamt einen guten Schulstart haben wird.

Prognostische Aussagen haben immer Wahrscheinlichkeitscharakter. Entsprechend unterschiedlich werden die Verfahren eingesetzt – es gibt keinen verbindlichen Katalog, der von allen Fachkräften in gleicher Weise gehandhabt würde.

Einigkeit besteht im Wesentlichen darin, möglichst umfassende Informationsquellen zu nutzen:

- Anamnese-Gespräch mit den Eltern
- Erhebung von Aussagen aus dem Kindergarten
- Aussagen des Kinderarztes bzw. der Schulärztin
- Screening zur Schulfähigkeit (ob mit informellen Verfahren wie der SLD III oder einem Schuleingangstest)
- Intelligenztest (fakultativ)
- Teilnahme an einer Gruppensituation in der Schule (z. B. Schulspiel, Schnupperstunde o. ä.), um die soziale Integrationsfähigkeit beobachten zu können.

Nicht alle Punkte werden immer bearbeitet. Es ist aber deutlich, dass die Fragestellung mit großem Verantwortungsbewusstsein angenommen wird. Erforderlich ist in jedem Fall die enge Kooperation mit dem Beratungslehrer der Schule, die das Kind besuchen wird, denn in der Regel sieht der Schulpsychologe die Kinder nur im Einzelkontakt, während der Beratungslehrer die Gruppensituation herstellen kann.

Nach der Diagnostik-Phase schließt sich ein Beratungsgespräch mit den Eltern an, in dem die Frage der Einschulung mit allen Vor- und Nachteilen besprochen wird, ggf. auch Alternativen durch Fördermaßnahmen diskutiert werden. Dies betrifft z. B. kognitiv gut begabte Kinder, die sich nach Aussage der Eltern im Kindergarten „langweilen“, jedoch noch nicht die emotionale Stabilität aufweisen, dass sie dem Lern- und Arbeitstempo einer ersten Klasse gewachsen wären. Hier ist mit den Eltern gemeinsam zu überlegen, ob beispielsweise das Erlernen eines Instruments, die Teilnahme an einem Malkurs, Teilnahme an einer Sportgruppe ... dem Kind die Anregung bringen könnte, die es benötigt ohne mit der sozialen Situation überfordert zu werden.

Davon unberührt bleibt die Aussage aus der Volksschulordnung: „Die Entscheidung über die Einschulung trifft der Schulleiter“, d. h. die Aussagen des Schulpsychologen sind ein Mittel zur Entscheidungsfindung – bei den „Vorzeitigen“ haben sie den Charakter einer nicht zu umgehenden Empfehlung, die auch dem zuständigen Schulamt übermittelt wird.

Legasthenie und vorübergehende Lese-Rechtschreibschwäche

Mit dem Thema „Legasthenie“ ist wiederum eine bayerische Besonderheit angesprochen: die Verordnung des Kultusministeriums vom November 1999.

Mit dieser Verordnung (KMBek) wurden Schulpsychologen in hohem Maß in die Begutachtung von möglicherweise legasthenen Kindern eingebunden, was in vielen Fällen zu einem sprunghaften Anstieg der Fallzahlen und damit der Arbeitsbelastung führte.

Die wesentlichen Punkte dieser KMBek sind:

- Vorübergehende LRS (durch Schulpsychologen zu bestätigen, alle zwei Jahre zu wiederholen)
- Legasthenie (durch Kinder- und Jugendpsychiater und Schulpsychologen zu bestätigen, erneute Überprüfung nur bei Übertritt an weiterführende Schulen)
- Sonderpädagogischer Förderbedarf bleibt ohne Bestätigung und weitere Maßnahmen, das Kind kann auch keinen Nachteilsausgleich beanspruchen.

LRS und Legasthenie unterscheiden sich in der Klarheit der Bestimmungen zum Nachteilsausgleich – und werden damit für Kind, Lehrer und Eltern bedeutsam.

Kinder mit „vorübergehender LRS“ können zurückhaltend in ihrer Lese- und Rechtschreibleistung beurteilt werden, sie können Zeitverlängerung bei schriftlichen Arbeiten beanspruchen, sie können ...; d.h., die Lehrkräfte haben einen deutliche Spielraum, was den pädagogischen Umgang mit Kindern angeht, die mit einer solchen Problematik belastet sind.

Demgegenüber lauten die Formulierungen bei attestierter Legasthenie analog „müssen“, „dürfen nicht ...“, d. h. sie sind weitaus klarer und deutlicher ausgedrückt. Der Spielraum pädagogischer Maßnahmen ist erheblich eingeengt.

Aufgabe des Schulpsychologen in diesem Bereich ist es, alle Daten und Fakten zu sammeln, zu sichten, zu bewerten und abschließend die Bestätigung hinsichtlich „vorübergehender LRS“ bzw. Legasthenie auszustellen. Diese Bestätigung sollte im optimalen Fall auch Förderhinweise enthalten, exakte Angaben zu notwendiger Zeitverlängerung u. a. m.

Für die Bestätigung einer Legasthenie ist zwingend die Mitwirkung eines Kinder- und Jugendpsychiaters vorgeschrieben, was bei Eltern wie Kindern immer wieder Fragen hervorruft: Warum muss ich mein Kind mehrfach bei Fachkräften vorstellen? Wieso wird doppelt gearbeitet? Wie geht die Schule mit den langen Wartezeiten der Ärzte um? Warten beim Schulpsychologen, warten beim Kinder- und Jugendpsychiater – muss das alles so sein? Die Kooperation zwischen Psychiatern und Schulpsychologen bedarf guter Kontakte, sonst wird das Procedere für die Ratsuchenden zum leidvollen Hindernislauf.

Von diesem schulischen Sektor noch einmal getrennt ist der Sektor „Jugendhilfe" und außerschulische Therapien nach § 35a KJHG zu betrachten. Hier arbeiten Schulpsychologen mit dem Jugendamt insofern eng zusammen, als sie die Stellungnahmen für die Bewilligung einer außerschulischen Therapie erstellen. Dies ist allerdings von den Vereinbarungen zwischen Jugendamt und Schulpsychologen abhängig – dieser ist nicht verpflichtet derartige Stellungnahmen im Auftrag des Jugendamts zu erstellen. Vor Ort erwies es sich jedoch angesichts des ohnehin komplizierten Procedere für die Betroffenen als günstig, wenn das Kind nicht noch einer dritten Stelle (d. h. einer vom Jugendamt beauftragten Psychologin) vorgestellt werden muss.

Für die Stellungnahmen zum § 35a KJHG ist die ganze diagnostische Kompetenz erforderlich: Lese- und Rechtschreibdiagnostik, Intelligenztest, Persönlichkeitsdiagnostik (u. a. Angst- und Stressverarbeitung, psychische Belastung), eventuell noch Differentialdiagnostik hinsichtlich visueller Wahrnehmung, phonologischer Bewusstheit.

Die Jugendämter haben jeweils ihre eigenen Vorstellungen und Kriterien zu dem Themenbereich. Ein Beispiel: Dem einen Jugendamt „genügen" beispielsweise bei Dyskalkulie die qualitativen Daten, d. h. ein detaillierter Bericht über die Denk- und Lösungsstrategien des Kindes anhand einer informellen Leistungsdiagnostik – ein benachbartes Jugendamt verlangt nicht nur die Prozentränge eines scheinbar objektiven Rechentests, sondern auch die Bestätigung eines Kinder- und Jugendpsychiaters in Analogie zur Legasthenie. Diesen unterschiedlichen Ansprüchen sieht sich der Schulpsychologe ausgesetzt; er kann entscheiden, ob er im Sinne des „pro-Kind"-Denkens sich dieser Aufgabe stellt oder aber sich darauf zurückzieht, dass er nicht verpflichtet werden kann, dem Jugendamt zuzuarbeiten.

Für die Schulen ist es eine neue Erfahrung, dass Schulpsychologen in der Rolle der „Beurteiler" schulischer Fertigkeiten wie Lesen und Rechtschreiben zentral eingebunden sind. Entsprechend bedurfte es längerer geduldiger Überzeugungsarbeit, dass die ärztlichen Atteste mit personbezogenen Daten beim Schulpsychologen verbleiben. Des Weiteren ist gelegentlich immer noch nicht geklärt, dass es einzig und allein Sache der o. g. Fachkräfte ist, LRS bzw. Legasthenie zu untersuchen und ggf. zu bestätigen. Die informelle Meinung von Lehrkräften, dieser oder jener Schüler habe doch keine Legasthenie, da er nicht b-d verwechsle, ist immer noch hinderlich, wenn Eltern in der Schule nach Möglichkeiten der Hilfe für ihre Kinder suchen.

Für Schulpsychologen eröffnete die KMBek die Option, im Feld Schule als „Experten" für diesen Bereich gesehen zu werden. Dieser Zuwachs an institutioneller Bedeutung des Images wurde jedoch mit einer Überflutung durch Legasthenie-Fälle erkauft, die diagnostisch zu bearbeiten sind. Bei den Kinder- und Jugendpsychiatern führte dieser Boom zu immensen Wartezeiten.

Kinder mit LRS benötigen Unterstützung, dies ist selbstverständlich. Zu kritisieren ist, dass bei Eltern, Lehrern und Schulleitern der Eindruck entsteht: Schulpsychologen sind zuständig für LRS – damit sind sie auf lange Zeit ausgelastet. Für alle anderen Fragestellungen müssen wir uns an andere Fachkräfte wenden. Diese Entwicklung untergräbt schulpsychologische Fachkompetenz in hohem Maß.

Feststellung des geeigneten Förderorts im Rahmen des BayEUG (Bayerisches Erziehungs- und Unterrichtsgesetz), Art. 41, Abs. 8, Satz 1 und 2

Das BayEUG wurde nicht zuletzt durch das Insistieren des Landtags (im Hintergrund betroffene Elternverbände) durch das Kultusministerium geändert, da immer mehr Eltern die Integration ihrer behinderten Kinder verlangten.

Formal ist es seit 2003 möglich, dass behinderte Kinder in Regelklassen beschult werden, allerdings unter der Maßgabe, dass dafür keine besonderen Bedingungen geschaffen werden (z. B. kleinere Klassen, mehr Förderstunden, eine zweite Lehrkraft bzw. Erzieherin etc.). Generell ist es auch möglich, die Kinder von der Lernzielgleichheit abzukoppeln und sie ohne Benotung durch die Regelschule zu bringen.

Die Grenze liegt jedoch darin, dass das Kind eine „aktive Teilnahme" am Unterricht zeigen müsse. Diese aktive Teilnahme ist durch vier Unterpunkte definiert:

Aktive Teilnahme liegt vor, wenn ein Schüler

- überwiegend in der Klassengemeinschaft unterrichtet werden kann, d. h. über die Hälfte in der Gesamtklasse unterrichtet wird und nicht weitgehender Binnenseparierung in Form von Kleingruppen- oder Einzelunterricht bedarf, wobei sich der gemeinsame Unterricht auch auf die Kernfächer erstrecken muss,
- den verschiedenen Unterrichtformen der allgemeinen Schule folgen kann, d. h. nicht überwiegend auf Einzelmaßnahmen und Einzelzuwendung angewiesen ist,
- dabei schulische Fortschritte erzielen kann, d. h. ... erkennbare und messbare Lernfortschritte erzielt werden, die im Gesamtspektrum der Bandbreite der Leistungen der Volksschule liegen und
- gemeinschaftsfähig ist, d. h. imstande ist, in den üblichen Sozialformen der allgemeinen Schule zu lernen, mit den üblichen Klassenstärken zu Recht zu kommen und die Mitschüler in ihrem Lernen nicht nachhaltig zu stören oder zu behindern.

Im Einzelfall ist zu prüfen, ob ein Besuch einer Förderschule zwingend notwendig ist.

Wollen Eltern von ihrem durch das BayEUG eingeräumten Recht Gebrauch machen, ihr Kind in der Regelschule zu belassen bzw. einzuschulen, sind sie auf die Kooperationsbereitschaft von Lehrkräften und Schulleitung angewiesen. Entsteht im Lauf der Zeit die Meinung in der Schule, die Regelbeschulung sei dem Kind nicht angemessen, d. h. der „richtige" Förderort sei die *Förderschule mit dem Schwerpunkt geistige Entwicklung*, dann ist der Konflikt mit den Eltern bereits gebahnt.

Sind die Widerstände zu groß, gehen die Ansichten zu weit auseinander, ist es das Recht der Eltern, eine unabhängige Fachkommission darüber befinden zu lassen, wo ihr Kind am sinnvollsten gefördert werden könnte.

Eine solche Fachkommission setzt sich wie folgt zusammen:

- Schulamtsdirektor oder -direktorin
- ein Schulpsychologe oder eine Schulpsychologin aus dem Bereich der Grund- und Hauptschule
- ein Schulpsychologe oder eine Schulpsychologin aus dem Bereich der Förderschule
- ein Sonderschullehrer oder eine Sonderschullehrerin mit dem Schwerpunkt Geistig-Behinderte
- ggf. noch weitere zu benennende Mitglieder.

Wesentlich ist, dass keiner der Genannten bereits in dem Fall tätig gewesen sein darf und damit befangen ist, um die Unabhängigkeit der Kommission zu gewährleisten.

Es liegt in dem Ermessen der Kommission, ob sie ausschließlich nach Aktenlage entscheidet, Gespräche mit den Beteiligten führt, oder weitere Informationen einholt. Wesentlich ist, dass innerhalb der Kommission die Schulpsychologen als Fachkräfte in der Regel die Verantwortung für das Procedere wie das Abfassen der abschließenden Beurteilung übernehmen. Die Kompetenz wird ihnen von den anderen Kommissionsmitgliedern informell zugesprochen, rein formal sind alle gleichberechtigt.

Diese Aufgabe stellt hohe Anforderungen an die Kooperationsfähigkeit der Beteiligten wie auch an deren unterschiedliche Fachlichkeit, die zu einem abschließenden Konsens finden müssen, der viel Kleinarbeit, Gewissenhaftigkeit und ein hohes Maß an Fachwissen erfordert.

Einige Beispiele:

Wie geht man mit diskrepanten Testergebnissen um?

Wie sind Abbrüche und „Verwerfungen" in der Schullaufbahn zu gewichten?

Welchen Stellenwert haben diametral entgegengesetzte Angaben zur Befindlichkeit und der Leistungsfähigkeit des Kindes von Seiten der Lehrkraft wie der Eltern?

Was kann das Kind „wirklich"?

Unter welchen Bedingungen ist das Kind wie leistungsfähig?

Diese differenzierte Analyse der Unterlagen erfordert vor allem schulpsychologische Fachkompetenz, gilt es dabei doch sowohl die diagnostischen Kenntnisse zu nutzen, als auch die psychischen (psychologischen) Gegebenheiten mit ins Bild zu nehmen, damit ein möglichst facettenreiches Situationsbild entstehen kann. Diese Analyse der Fakten geschieht auf mindestens drei Ebenen:

- Darstellung der objektiven Sachverhalte
- Darstellung der Untersuchungsergebnisse
- Darstellung der psychischen Lage der Beteiligten

Daraus ergeben sich weiterführende Diskussionspunkte in der Kommission, wie dem Kind am ehesten geholfen werden kann.

Dieses kollegiale Fachgespräch wird in der Regel von dem Schulpsychologen moderiert. Typische Fragestellungen dabei sind:

Wer müsste was tun, um Erfolge sichtbar werden zu lassen? Welche Schulart bietet nach Ansicht der Kommissionsmitglieder am ehesten die Möglichkeit für das Kind, gut gefördert zu werden?

Diese Entscheidung, die in einem abschließenden, in der Regel vom Schulpsychologen verfassten Gutachten, festgehalten wird, liefert dem zuständigen Schulamt die Grundlage, das Kind der entsprechenden Schule zuzuweisen; den Eltern bleibt bei weiterem Widerspruch der Weg zum Verwaltungsgericht offen.

Die Möglichkeit, die Schule wie Eltern durch das BayEUG eröffnet wird, hat aus schulpsychologischer Sicht noch einen weiteren Aspekt: Um in einer Kommission fundiert arbeiten zu können, sind die Qualität der vorausgegangenen Beobachtungen, Feststellungen und Berichte von entscheidender Bedeutung.

Schulpsychologen sehen es daher als wichtig an, weitere Beteiligte im System Schule zu befähigen, detailliert und präzise ein Kind zu beobachten, diese Beobachtungen so darzustellen, dass beobachtbares Verhalten und die daraus resultierende Bewertung hinsichtlich „aktiver Teilnahme am Unterricht“ in sich schlüssig und professionell geleistet wird.

Die folgende Übersicht macht das Vorgehen transparent:

1. Ebene der Lehrkräfte
   - Schülerbeobachtung
   - Protokollierung
   - Beobachten – Beschreiben – Bewerten
   - Schreiben einer Stellungnahmen im Rahmen des BayEUG
2. Ebene der Fachkommission:
   - Zusammensetzung, Aufgabe
   - Vorgehen:
     - Durcharbeiten der Akten
     - Erfassen des chronologischen Verlaufs
     - Überlegung hinsichtlich der Hinzuziehung von Beteiligten (Mutter, ...) bzw. weiterer Diagnostik
     - Treffen der Kommission zur Diskussion des Sachstandes u. Entscheidungsfindung
   - Schreiben der Stellungnahme
     Übersicht, u. a.:

- jeweils Diskussion des Sachverhalts ohne Wertung
- diskrepante Darstellungen bleiben erhalten
- Bezug auf Art. 41 BayEUG: „aktive Teilnahme“
- Abschließende Diskussion u. Stellungnahme
- evtl. Empfehlung für weiteres Vorgehen (z. B. weitere Untersuchungen, Vorschlag einer Schule …)

Zusammenfassung

Schulpsychologen in Bayern sind an Nahtstellen schulischer Entscheidungen beteiligt. Sie treffen nur bei der LRS eine eigenständige Entscheidung, die sich auf die Schullaufbahn eines Kindes auswirken könnte. Sie werden durch kultusministerielle Erlasse und das BayEUG in ihrer Fachlichkeit gewürdigt, anerkannt und mit schulpsychologischer Expertise in Schulentscheidungsprozesse eingebunden.

Das bedeutet:

- Von Seiten des Kultusministeriums wird die schulpsychologische Kompetenz in Fragen der Zugangs-Diagnostik mit der Verordnung über die frühzeitige Einschulung genutzt, um Schulleitern und Schulämtern eine Entscheidungshilfe zu geben.
- Aus der Perspektive von Schule wird damit gerechnet, dass ehrgeizige Eltern ihr Kind zu früh einschulen wollen – d. h. der Schulpsychologe soll das Kind vor den Ansprüchen der Eltern schützen.
- Bei der KMBek Legasthenie und LRS ist der Schulpsychologe in der Position, alle Unterlagen zu sammeln und zu bewerten, um ein abschließendes Urteil hinsichtlich Legasthenie/LRS auszusprechen – mit allen damit verbundenen Konsequenzen für den Schüler oder die Schülerin.
- Bei der Feststellung des angemessenen Förderorts fällt dem Schulpsychologen innerhalb der Kommission durch seine Fachkompetenz eine entscheidende Rolle zu.

Schulpsychologen in der Rolle des Gutachters – ein Zuwachs an Würdigung ihrer Kompetenzen im System Schule? Einerseits ist dies sicher der Fall; doch ist die Gefahr nicht zu übersehen, dass mit einer solchen Aufgabe die Fragilität von prognostischen Aussagen bagatellisiert wird; d. h. dass dem Schulpsychologen eine „Macht“ zugeschrieben wird, die er tatsächlich bei sorgfältiger Anwendung der diagnostischen Kriterien für sich in dieser Weise nicht beanspruchen wird. Prognosen haben immer nur Wahrscheinlichkeitscharakter, erst recht bei der relativ raschen Entwicklung von Schulanfängern.

Es könnte sein, dass mit dieser Aufgabe die Entscheidung von der Schule als pädagogischer Instanz an die psychologische Instanz weitergereicht wird, in der Hoffnung, dort die Entscheidung abgenommen zu bekommen.

Nicht wahrgenommen wird allerdings durch die in der Hierarchie Verantwortlichen, was ein Schulpsychologe in Bayern mit z. B. sechs bis acht Stunden Anrechnungszeit für schulpsychologische Tätigkeit in den drei genannten Bereichen realistischerweise zu leisten vermag, ohne dass den Klienten eine unzumutbare

Wartezeit zugemutet wird. Auch hier zeigt sich wiederum das Quantitäts- und Qualitätsproblem durch die unzureichende Versorgung mit Schulpsychologen und Schulpsychologinnen, das auch durch hochbelastende Mehrarbeit (Schulpsychologengesundheit) nicht kompensierbar ist.

Dieses gleichzeitige Wahrnehmen der Fachlichkeit von Schulpsychologen und das gleichzeitige Ausblenden der hierfür notwendigen Rahmenbedingungen ist ein Dilemma, das im Fall Bayern mit dem Grundsatz zusammenhängen mag: „Nur ein Lehrer *und* Psychologe kann ein guter Schulpsychologe sein“. In Bayern fehlt vielen Schulpsychologen und Schulpsychologinnen Zeit für die umfassende schulpsychologische Tätigkeit.

Diese kritische Abschlussbemerkung sei mir als bayerischer Schulpsychologin erlaubt, da ich die aus diesem Konzept resultierenden Probleme aus langjähriger Praxis kenne.

8.6 Schulpsychologie – Kooperationspartner und Vernetzung

Klaus Seifried

Beratung in der Schule ist wenig professionalisiert

Beratung ist in der Schule allgegenwärtig. Jede Lehrerin, jeder Lehrer berät Schüler, Eltern oder Kollegen, besonders in der Funktion als Klassenlehrer. Oft sind dies ganz schlichte Fragen zu den Hausaufgaben, zur Vorbereitung einer Klassenarbeit oder vor Beginn einer Klassenfahrt. Die Entscheidung für die richtige Oberschule erfordert schon längere Gespräche, vor allem wenn die Eltern ihr Kind über- oder unterfordern. Für die regelmäßige Beratung der Schüler in ihrer Lernentwicklung fehlt oft die Zeit (Grewe, 2005).

Lehrerinnen und Lehrer sind häufig mit Konflikten zwischen Schülern oder mit persönlichen Problemen der Schüler konfrontiert, sind dann Ansprechpartner und Vertrauensperson für persönliche Krisen, Liebeskummer oder Elternkonflikte. Beratung ist eine Hauptaufgabe des Lehrerberufs (Gudjons, 2005).

Schulleiterinnen und Schulleiter sind als Berater in Konflikten und Entscheidungsprozessen gefragt. Störende Schüler werden zum Schulleiter geschickt, Eltern beschweren sich über Noten oder Lehrer. Pädagogische Entscheidungen müssen mit Lehrern und Eltern vorbereitet werden.

Darüber hinaus gibt es an einigen Schulen Beratungslehrerinnen und -lehrer, Kontaktlehrer für Drogenprophylaxe, Streitschlichter, Schulsozialarbeiter, sonderpädagogische Ambulanzlehrer oder Schulpsychologen. Eine Vielzahl von Beraterinnen und Beratern, die oft Spezialaufgaben wahrnehmen und – manchmal – wenig miteinander kooperieren.

Beratung ist in der Schule allgegenwärtig – und dennoch wenig professionalisiert. An vielen Schulen gibt es kein Beratungszimmer. Beratung findet „nebenbei“, auf dem Flur, in den Pausen, als „Zusatzaufgabe" der Lehrerinnen und Lehrer statt. Für Beratung besteht oft nur wenig Zeit – am Elternsprechtag im fünf oder zehn Minutentakt. Nur wenige Lehrer oder Schulleiter sind gezielt in Gesprächsführung oder Beratungstechniken fortgebildet worden. Statt einen Schüler regelmäßig in seinen Stärken und Schwächen zu beobachten und zu beraten, werden oft nur einzelne Probleme z. B. die Leistungen in Mathematik, in der Rechtschreibung oder das Verhalten im Unterricht diskutiert. Statt insgesamt den Schüler im System Schule *und* in der Familie zu betrachten, kümmern sich Schulpsychologen um schulische Fragen und die Erziehungsberatung um die Situation in der Familie.

Lehrerinnen und Lehrer haben zu wenig Zeit für Beratung. Beratung sollte im Alltag der Schule – vor allem als präventive Lernentwicklungsberatung – stärker verankert werden. Es gibt zu wenige professionelle Berater und zu viele Spezialisten – eine verstärkte Kooperation und Vernetzung der Berater ist daher notwendig.

Schulinterne Netzwerke für Beratung

Bevor ein Schüler mit Lern- oder Verhaltensproblem an externe Helfer delegiert wird, sollten innerschulische Ressourcen genutzt und entwickelt werden. Die Beratungskompetenzen der Lehrerinnen und Lehrer sowie des Schulleiters sind zu stärken und zu professionalisieren.

➢ Jede Schule braucht ein schulinternes Netzwerk für Beratung!

In einer Ist-Analyse sollte geklärt werden, welche Beratungsangebote bereits bestehen und erfolgreich sind. Wer macht was? Wer hat welche Kompetenzen? Gibt es an der Schule eine Lehrerin, die Expertin für Lese-Rechtschreibschwäche oder Rechenschwäche oder Drogenprophylaxe ist? Gibt es an der Schule einen ausgebildeten Mediator, einen Experten für Streitschlichtung? Gibt es Kompetenzen von Lehrern, die noch nicht ausreichend für die Schule genutzt werden? Arbeiten diese Beratungsexperten zusammen? Ebenso wichtig wie eine Fachkonferenz, wie Experten für Skireisen oder für Theateraufführungen, sind Experten für Beratung an der Schule.

Kooperationsabsprachen mit außerschulischen Helfern

Der nächste Schritt ist, außerschulische Helfersysteme durch klare Kooperationsabsprachen in der Schule zu verankern: Sprechstunden von Schulpsychologen, Sonderpädagogischen Ambulanzlehrern, Erziehungsberatern, Mitarbeitern des Sozialpädagogischen Dienstes u. a. Je nach Schulart und Standort werden diese Helfer verschieden sein: An einer Hauptschule im sozialen Brennpunkt z. B. die Jugendgerichtshilfe und der Präventionsbeauftragte der Polizei, an einem Gymnasium der Elternverein, die Berufsberatung, Sportvereine oder Theatergruppen. Die Schule öffnet sich der Gesellschaft und aktiviert dadurch außerschulische Helfer, die Lehrer und Schulleitung entlasten.

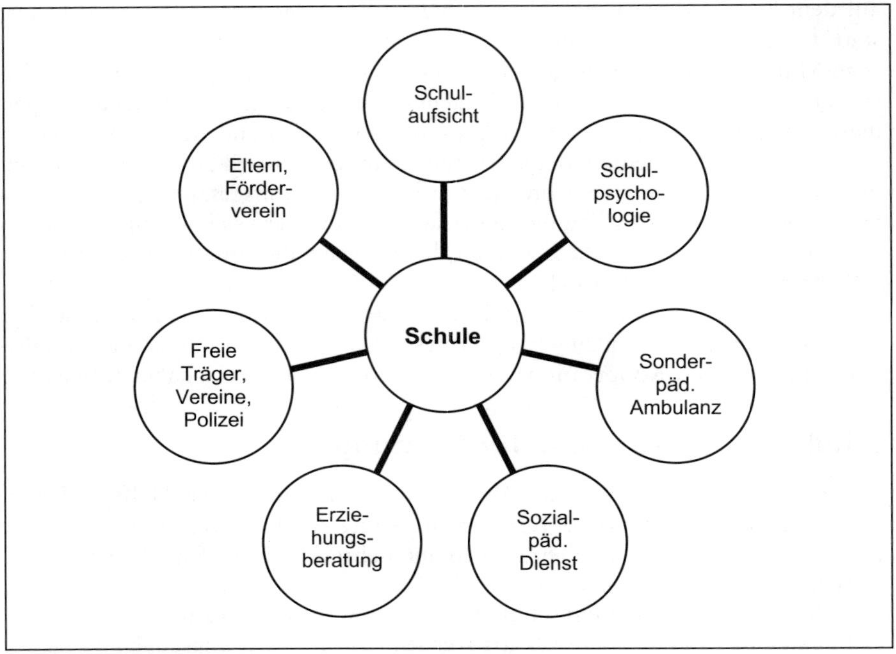

Abb. 8.8: Unterstützungs- und Helfersysteme für die Schule

Sonderpädagogik

Sonderpädagogische Förderung wird in den Bereichen „Hören“, „Sehen“, „Körperliche und motorische Entwicklung“, „Sprache“, „Geistige Entwicklung“, „Lernen“, „Autismus“ sowie „Emotionale und soziale Entwicklung“ angeboten (Drave, 2000). Zwischen der Schulpsychologie und der Sonderpädagogik gibt es traditionell Überschneidungen in den Förderschwerpunkten „Lernen“ sowie „Emotionale und soziale Entwicklung“. Die Grenzen zwischen einer Lernbehinderung und einem gravierenden Schulversagen sind oft fließend und nur im Einzelfall zu klären. Die Grenzen zwischen einer „Verhaltensbehinderung“ im Sinne eines Förderbedarfs in „Emotionaler und sozialer Entwicklung“ und Verhaltensauffälligkeiten sind oft noch schwieriger zu bestimmen.

Viele Sonderschulen haben sich in den letzten Jahren zu Förderzentren entwickelt, die neben Unterricht auch verstärkt Beratung anbieten. Die sonderpädagogische Statusdiagnostik hat sich im Zuge der Integration von Behinderten in die Regelschule zur Förder- und Entwicklungsdiagnostik entwickelt. Sonderpädagogische Ambulanzlehrerinnen beraten Grundschullehrer nicht nur bei Körper- oder Sinnesbehinderungen, sondern auch bei Lernproblemen, Sprachproblemen und Verhaltensproblemen von Schülern. Hier gibt es methodische Überschneidungen mit der Schulpsychologie in der Testdiagnostik, Förderplanung und Beratung.

Daher ist eine enge Zusammenarbeit zwischen Sonderpädagogen und Schulpsychologen notwendig. Dies betrifft die gegenseitige Information über bereits durchgeführte Diagnostik, eine gemeinsame Aktenführung und regelmäßige Fallbesprechungen. Doppelberatung und Doppeldiagnostik können so vermieden werden. Wünschenswert wären schulische Beratungszentren, in denen verschieden Professionen kooperativ zusammen arbeiten. „Rebus“ in Hamburg bietet hierfür ein Beispiel (Behörde für Schule Hamburg, 2001).

Kinder- und Jugendpsychiatrischer Dienst

Die Aufgaben von öffentlich beschäftigten Kinder- und Jugendpsychiatern werden durch Ländergesetze geregelt (Senatsverwaltung für Gesundheit, 1994). Sie haben eine „subsidiäre und sozialkompensatorische Aufgabe“ in Ergänzung zur Versorgung durch niedergelassene Kinder- und Jugendpsychiater oder Kliniken.

Die Hauptarbeitsfelder des KJPD sind
- kinder- und jugendpsychiatrische Diagnostik und Beratung,
- Kriseninterventionen und die Vermittlung ambulanter Hilfen, um eine stationäre Unterbringung zu vermeiden und eine Wiedereingliederung im gewohnten Lebensumfeld sicherzustellen,
- Vermittlung von medizinischen Hilfen, Jugendhilfemaßnahmen, ambulanten Psychotherapien und Eingliederungshilfen sowie
- Gutachten für das Jugendamt und die Feststellung einer (drohenden) seelischen Behinderung nach § 35a KJHG (SGB VIII).

Erziehungs- und Familienberatung

Die Aufgaben der Erziehungs- und Familienberatungsstellen sind in § 28 des Kinder- und Jugendhilfegesetzes geregelt. Die Beratungsstellen sind meist kommunale Einrichtungen, teilweise auch freie Träger, die eine kostenfreie Beratung für Kinder, Jugendliche, Eltern und Pflegeeltern anbieten. Psychologen, Sozialpädagogen sowie Kinder- und Jugendpsychotherapeuten arbeiten in Teams zusammen.

In Abgrenzung zur Schulpsychologie sind hier die Beratungsschwerpunkte
- Beratung in Erziehungsfragen,
- Ehe-, Konflikt- und Trennungsberatung,
- Fachdienstliche Beratung des Regionalen Sozialpädagogischen Dienstes bei der Jugendhilfeplanung,
- Krisen- und Notfallberatung bei Kinderschutz, Misshandlung und Missbrauch,
- Psychodiagnostik,
- Psychotherapie und Familientherapie sowie
- Gutachten für die Jugendhilfeplanung.

Jugendhilfe

In Deutschland sind Schule und Jugendhilfe getrennt.

Morgens ist ein Kind Schüler und wird in der Schule von Lehrerinnen und Lehrern betreut. Entstehen Lern- oder Verhaltensprobleme, so ist ein Schulpsychologe oder Sonderpädagoge zuständig.

Am Nachmittag besucht das gleiche Kind einen Hort. Für Beratung in diesem Zeitraum sind aber die Psychologen der Kitaberatung oder die Sozialarbeiter des Jugendamtes zuständig.

Am Abend und am Wochenende lebt das Kind in der Familie. Für Unterstützung und Beratung stehen die Psychologen der Erziehungsberatung und die Sozialarbeiter des Jugendamtes zur Verfügung.

England oder Skandinavische Länder kennen diese Trennung nicht. Jugendhilfe ist dort in die Schule integriert. „Community schools“ sind soziale Zentren, sind Orte der Beratung und Unterstützung.

Nur selten sind schulische Probleme von Kindern und Jugendlichen von familiären Problemen zu trennen. Daher ist eine enge Kooperation von Jugendhilfe und Schule notwendig. Die Zusammenarbeit zwischen Schule und Jugendhilfe wird zwar in vielen Schulgesetzen der Bundesländer und im Kinder- und Jugendhilfegesetz (KJHG) gefordert, steckt jedoch vielfach noch in den Anfängen. In vielen Bundesländern sind für Schule und Jugendhilfe noch verschiedene Ministerien, in den Gemeinden verschiedene Dezernate zuständig.

Hilfen zur Erziehung

Das Kinder- und Jugendhilfegesetz (KJHG) unterscheidet folgende Hilfen zur Erziehung (§ 27–35)

Ambulante Hilfen
- soziale Gruppenangebote
- Erziehungshilfe
- Familienhilfe
- ambulante Psychotherapie

Teilstationäre Hilfen
- Tagesgruppen

Stationäre Hilfen
- Unterbringung in einer Pflegefamilie
- Heim und betreute Wohnformen (Betreutes Einzelwohnen und Wohngemeinschaften)

Indikation – Mangelnde Erziehungskompetenz, Erkrankung oder seelische Behinderung

- Steht ein „familiärer oder sozialer Erziehungsmangel“ im Vordergrund, so kommen *Hilfen zur Erziehung* nach § 27 KJHG in Betracht. Ein schulpsychologisches Gutachten mit Diagnose und Empfehlung ist hilfreich. Antragsteller sind die Eltern.
- Besteht oder droht eine „seelische Behinderung“, so sind *Eingliederungshilfen* nach § 35a KJHG indiziert. In diesem Falle bedarf es in einigen Bundesländern neben dem psychologischen Gutachten einer ärztlichen Stellungnahme, um die Zugehörigkeit zum § 39 BSHG zu bestätigen und eine Erkrankung im Sinne der RVO und damit eine Kassenleistung auszuschließen. Anspruchsberechtigt ist in diesem Falle das Kind.

Eine Abgrenzung dieser beiden Indikationen ist in der Praxis schwierig und sollte in Absprache mit dem zuständigen Jugendamt erfolgen (Fegert, 1994; Lempp, 1994; Eisenberg & Roelle, 1998).

Die *Aufgabe der Schulpsychologie* ist es,

- zu entscheiden, ob eine psychiatrische Erkrankung vorliegen könnte und das Kind zum KJPD, zu entsprechenden Ärzten, Kliniken oder niedergelassenen Psychotherapeuten zu schicken,
- mögliche Jugendhilfeangebote zu kennen und Eltern, Schüler, Lehrer, Schulleitungen und Schulaufsicht fallbezogen darüber zu informieren,
- das Jugendamt auf einen möglichen Jugendhilfebedarf aufmerksam zu machen, *Hilfen zur Erziehung* nach § 27 und *Eingliederungshilfen* nach § 35a KJHG durch das Jugendamt einzuleiten und so die psychosoziale Versorgung für Schüler mit Lern- oder Verhaltensstörungen zu verbessern.

Das folgende Schaubild zeigt am Beispiel einer ambulanten Psychotherapie die Überschneidungen der Indikationen nach Erkrankung, Behinderung und Erziehungsbedarf sowie die verschiedenen Leistungsträger (Krankenversicherung, Bundessozialhilfegesetz, Kinder- und Jugendhilfegesetz, SGB IX und XII,):

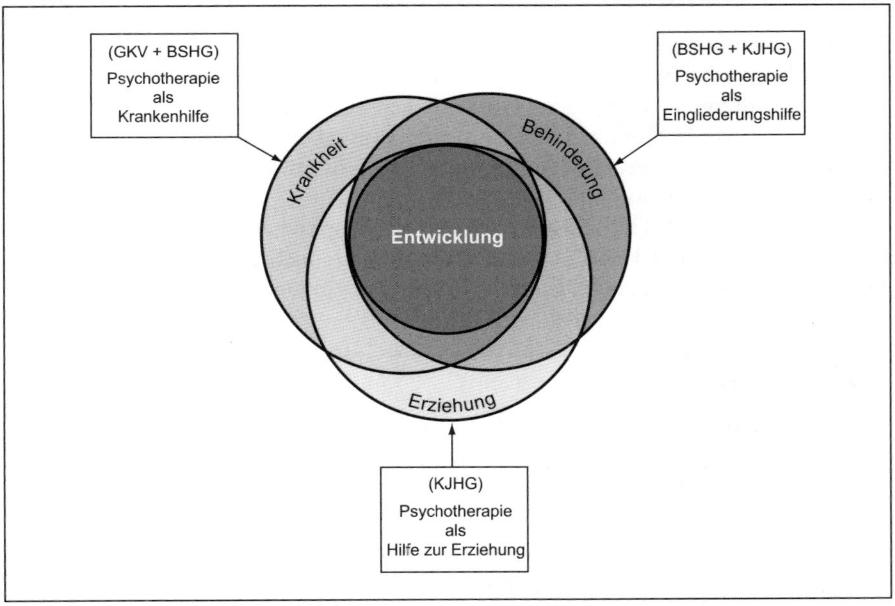

Abb. 8.9: Überschneidungen der Indikationen (nach Smessaert, 1998)

Diagnostik und Hilfeplanung

Die Planung von Hilfen zur Erziehung nach dem KJHG liegt in den Händen des Sozialpädagogischen Dienstes des Jugendamtes, das auch die Finanzierung übernimmt. Die Eltern stellen beim zuständigen Sozialarbeiter einen Antrag, der dann unter Einbeziehung aller Beteiligten eine Hilfeplanung (§ 36 SGB VIII) erarbeitet.

Im Hilfeplan wird die Notwendigkeit der Hilfen zur Erziehung begründet. Die geplanten Hilfen werden in den Lebenszusammenhang des Kindes (Familie, Schule, Hort) integriert. Entsprechende Entwicklungsziele werden formuliert.

Als Grundvoraussetzung ist hierbei zu klären, welchen Veränderungswillen die Familie selbst zeigt und welchen Beitrag Eltern und Kind selbst leisten. Zu oft werden gut gemeinte Hilfeangebote lediglich „konsumiert", ohne dass Strukturveränderungen in der Familie oder der Schule stattfinden.

Sind psychologische Diagnostik und Gutachten erforderlich, so werden vom Sozialpädagogischen Dienst die psychologischen Fachdienste (Schulpsychologie, Erziehungsberatung, Kinder- und Jugendpsychiatrischen Dienst) beauftragt, entsprechende Empfehlungen und Gutachten zu schreiben. Die Schulpsychologie wird bei Lern- und Leistungsstörungen und bei Verhaltensstörungen beauftragt. In einigen Bundesländern können Schulpsychologinnen und Schulpsychologen aufgrund personeller Unterbesetzung diese Aufgaben nicht übernehmen und überlassen diese z. B. der Erziehungsberatung. Doch geben sie damit ein originäres Arbeitsfeld der Schulpsychologie als psychologischer Fachdienst auf.

Schulhilfekonferenzen – Schulpsychologen als Moderator

Es macht wenig Sinn, einem Kind morgens in der Schule Förderunterricht zu geben, ohne zu berücksichtigen, ob am Nachmittag eine ausreichende Betreuung und Unterstützung z. B. bei den Hausaufgaben besteht.

Es macht wenig Sinn, ein Kind am Nachmittag durch einen Familienhelfer betreuen zu lassen, ohne zu überlegen, ob das Kind nicht auch am Vormittag in der Schule eine Unterstützung braucht.

Hier gilt es, durch Helferkonferenzen klare Absprachen zwischen den Helfern sowie mit Eltern und Kind zu treffen, um die personellen Zuständigkeiten und Betreuungsangebote (Schule, Freizeit, Familie) in ein Gesamtkonzept zu integrieren.

Max, 9 Jahre

Max besucht eine 3. Klasse. Er erhält aufgrund einer Verhaltensstörung in der Grundschule sonderpädagogische Förderung. Aus der Sicht des Schulpsychologen benötigt Max aber zusätzlich eine ambulante Psychotherapie.
Unter Vorsitz des Schulleiters findet eine Schulhilfekonferenz statt, in der Eltern, Klassenlehrerin, Schulpsychologe, Sonderpädagoge und die Sozialarbeiterin des Jugendamtes über die Förderung von Max gemeinsam beraten. Der Schulpsychologe begründet in einem Gutachten die Notwendigkeit der Psychotherapie. Das Jugendamt übernimmt auf Antrag der Eltern die Kosten für die Psychotherapie in einer Psychologischen Praxis.

Schulpsychologinnen und Schulpsychologen können helfen, Schule und Jugendhilfe besser zu verzahnen, die knappen Ressourcen effektiver einzusetzen und im Interesse der Klienten ein Nebeneinander von Beratung und Jugendhilfe zu vermeiden. Sie verfügen über die professionelle Distanz, um aus einer neutralen und unabhängigen Position heraus, die Kooperation zwischen Schule und dem Jugendamt zu moderieren und zu koordinieren.

Schulpsychologinnen und Schulpsychologen können die Schule über Angebote der Jugendhilfe informieren und für Jugendhilfemaßnahmen öffnen. Andererseits können Schulpsychologen der Jugendhilfe einen Zugang zur Schule und ein Verständnis der Möglichkeiten und Grenzen von Unterricht und Erziehung in der Schule vermitteln.

Schulintern können Schulpsychologinnen und Schulpsychologen Helferkonferenzen moderieren, in denen sich Klassenlehrer, Sonderpädagogen, Familienhelfer oder Psychotherapeuten und Eltern über gemeinsame Maßnahmen und Ziele verständigen. Schulpsychologen haben Erfahrung in der Begleitung von Schulentwicklungsprozessen und können so die innerschulische Teamarbeit zur Lösung eines Problems unterstützen und z. B. auch Ansprechpartner für die Koordination von Unterricht, Erziehung und Schulsozialarbeit sein.

Boris, 10 Jahre

Boris wirkt sehr zurückgezogen. Er hat kaum Kontakt zu Mitschülern, zeigt starke Ängste und ein massives Schulversagen. Er verweigert zunehmend den Schulbesuch. Die Mutter ist sehr ehrgeizig und möchte, dass ihre Söhne später „bessere" Berufe erlernen als ihr Mann, der Bauarbeiter ist. Boris großer Bruder besucht bereits das Gymnasium und ist dort ein guter Schüler. Boris wird von seiner Mutter durch eine massive Erwartungshaltung unter Druck gesetzt und durch stundenlanges Üben zu Hause überfordert. Nach einigen Beratungsgesprächen in der Schulpsychologischen Beratungsstelle willigt die Mutter ein, sich vorübergehend um schulische Dinge nicht mehr zu kümmern. Boris erhält in Absprache mit der Mutter und auf Antrag des Sozialpädagogischen Dienstes einen Betreuungshelfer, der an drei Nachmittagen mit Boris spielt, die Spielplätze der Umgebung erkundet und auch Hausaufgaben betreut. Die Mutter und Boris fühlen sich entlastet und können schrittweise wieder eine positivere Beziehung aufbauen. Ein drohendes Schulversagen und eine manifeste psychische Störung konnten bei Boris verhindert werden. Der Schulpsychologe setzt die Beratungsgespräche mit der Familie fort.

- *Schulextern* können Schulpsychologinnen und Schulpsychologen gemeinsam mit dem Jugendamt und den Eltern Betreuungsangebote in den verschiedenen Lebenswelten eines Kindes aufeinander abstimmen. Eine enge Kooperation zwischen Schulpsychologie, Kinder- und Jugendpsychiatrischem Dienst und Jugendamt (Erziehungsberatung und Sozialpädagogischem Dienst) ermöglicht die Abstimmung und Verzahnung der Hilfesysteme. Die Anzahl der Berater für eine Familie oder eine Lehrerin kann so auf ein Minimum reduziert werden.

Sabrina, 16 Jahre

Sabrina ist in der Grundschule eine gute Schülerin. Sie erhält eine Gymnasialempfehlung. Doch in der 8. Klasse beginn sie erst stunden-, dann tageweise zu schwänzen. Ihre Leistungen werden schlechter. Sie wird nicht versetzt und wechselt die Schule. Die Eltern von Sabrina trennen sich. Sabrina und ihre ältere Schwester leben anfangs bei der Mutter, die jedoch nach der Trennung zunehmend Alkohol trinkt. Sabrina ist weitgehend sich selbst überlassen. Nach einem Konflikt mit einer Mitschülerin (Prügelei) geht sie schließlich nicht mehr zur Schule, jetzt schon seit 1 ½ Jahren.

In Beratungsgesprächen mit Sabrina und ihrer Schwester wird schnell deutlich, dass die Mädchen ein Zusammenleben mit ihrer Mutter nicht mehr wollen. Sie sind viel unterwegs, wohnen „mal hier, mal dort" und schlafen bis mittags.

In einer Helferkonferenz mit der Sozialarbeiterin des Jugendamtes wird dem Mädchen „betreutes Einzelwohnen" angeboten.

Vom Berufsberater, der auch an der Hilfekonferenz teilnimmt, erhält Sabrina einen Platz in einer berufsvorbereitenden Maßnahme des Arbeitsamtes. Hier kann sie den Schulabschluss nachholen.

Sabrina befindet sich im 10. Schulbesuchsjahr und ist noch schulpflichtig. Daher erhält sie vom Schulrat eine zweckgebundene Befreiung von der Schulpflicht.

Der Schulpsychologe leitete diese Maßnahmen ein und koordinierte die Zusammenarbeit der verschiedenen Personen.

Besonderheiten in den Bundesländern

Obwohl das KJHG ein Bundesgesetz ist, sind uns in den verschiedenen Bundesländern und Gemeinden sehr unterschiedliche Interpretationen der juristischen und finanziellen Möglichkeiten von „Hilfen zur Erziehung" nach dem KJHG bekannt. Jedes Bundesland erlässt eigene Ausführungsvorschriften. So werden z. B. in einigen Bundesländern und Jugendämtern Therapien bei Lese-Rechtschreib-Schwäche oder Rechenschwäche finanziert, während sie andernorts abgelehnt werden.

Daher ist es besonders wichtig, in regelmäßigen Konferenzen mit der Leitung des Sozialpädagogischen Dienstes, mit der Erziehungsberatung, mit dem Kinder- und Jugendpsychiatrischen Dienst, mit der Schulaufsicht und der Schulpsychologie grundsätzliche Ziele, Verfahrensweisen und Kostenschätzungen der Kooperation zwischen Schule und Jugendhilfe zu besprechen und zu entwickeln.

Karin, 10 Jahre

Karin besucht die 4. Klasse einer Grundschule und hat große Rechtschreibschwierigkeiten. Die Mutter erzählt, dass es eigentlich in allen Fächern Probleme gibt, weil Karin in letzter Zeit schriftliche Arbeiten zunehmend verweigere.
Die Schule war von Anfang an ein Problem. Karin wiederholte die 1. Klasse und hatte trotz Förderunterricht nur mäßige Lernerfolge. Diktate werden meist mit 6 benotet. Die Mutter versucht durch tägliches Üben, Karin zu helfen. Dabei gibt es viele Konflikte. Karin wirkt traurig. Sie erzählt, dass sie am liebsten nicht mehr zur Schule gehen wolle.
Da alle schulischen Fördermöglichkeiten ausgeschöpft sind und ein generelles Schulversagen droht, empfiehlt der Schulpsychologe eine ambulante Lerntherapie. Die Eltern stellen Karin in einem Institut für Lerntherapie vor, das den Kosten- und Behandlungsplan für eine LRS-Therapie erstellt. Der Schulpsychologe schickt diesen Kosten- und Behandlungsplan gemeinsam mit seinem Gutachten an das Jugendamt, das auf Antrag der Eltern die Finanzierung der Lerntherapie nach § 27.3/§ 35a KJHG übernimmt. Der Schulpsychologe führt begleitende Beratungsgespräche mit den Eltern und der Klassenlehrerin.

Kooperationsmodelle zwischen Schulpsychologie und Jugendhilfe

Anschauliche Beispiele für sehr erfolgreiche Kooperationsmodelle zwischen Schulpsychologie und Jugendhilfe sind die „Lernwerkstatt Münster“ und die „Therapeutische Einzelfallhilfe Saarbrücken“. Diese Kooperationsmodelle haben sich in Laufe der Jahre zu eigenständigen Institutionen entwickelt. In der Lernwerkstatt Münster werden z. B. wöchentlich 150 Schülerinnen und Schüler mit Rechtschreib- oder Rechenschwäche betreut (Arenhövel, 1998; Bach, 1998).

In Berlin wurden die beiden Senatsverwaltungen für Schule und Jugend integriert. Die Jugendämter werden im Sinne einer Sozialraumorientierung neu strukturiert und ein Modellprojekt zur Kooperation von Kinder- und Jugendpsychiatrie, Jugendhilfe und Schule wurde ins Leben gerufen. Erfolgreiche Kooperationsmodelle sind u. a. das „Kinderhaus“ in Berlin-Mitte oder „Tali“ in Berlin-Tempelhof (Senatsverwaltung für Bildung Berlin, 2003; Senatsverwaltung für Gesundheit, 2003).

Sabine, 9 Jahre

Sabine bekommt bei Konflikten mit Mitschülern, bei Kritik und Einschränkungen durch die Klassenlehrerin massive Wutanfälle und tobt. Sie ist in die Klasse nicht mehr integrierbar und wird deshalb vorübergehend vom Unterricht beurlaubt. Auch vom Hortbesuch wird Sabine ausgeschlossen. In Absprache zwischen Schulpsychologie, Schulamt und Jugendamt besucht Sabine daraufhin das „Kinderhaus“.
Das Kinderhaus ist ein sozialpädagogisches Gruppenangebot, das durch das Jungendamt und durch Lehrerstunden des Schulamtes finanziert wird. In Kleingruppen werden hier schwer verhaltensgestörte Kinder für ein- bis zwei Jahre pädagogisch-psychologisch betreut, bis sie wieder eine Regelschule besuchen können. Die Betreuung ist ganztags und schließt eine intensive Elternarbeit mit ein.
Im Kinderhaus arbeiten Sonderpädagogen und Erzieherinnen. Für die Aufnahme in das Kinderhaus und die Supervision ist eine Schulpsychologin zuständig.

Ein Beratungszentrum statt vieler Institutionen und Helfer

Häufig besprechen Eltern „ihr Problem“ mit dem Klassenlehrer, dann mit dem Sonderpädagogen, dann mit dem Schulpsychologen, dann mit dem Sozialarbeiter im Jugendamt, dann mit dem Psychologen der Erziehungsberatung oder einem niedergelassenen Psychotherapeuten ... manchmal auch parallel.

Notwendig sind regionale Beratungszentren, in denen Schulpsychologie, Sonderpädagogische Förderzentren, Erziehungsberatung, Kinder- und Jugendpsychiatrischer Dienst und der Sozialpädagogische Dienst des Jugendamtes zusammen arbeiten. Ratsuchende haben dann nur noch eine Anlaufstelle. Die Kooperation der Helfer wird vereinfacht und Doppelberatungen werden vermieden. Gut funktionierende Beispiele hierfür gibt es im In- und Ausland. Von großer Bedeutung ist dabei, dass in Kooperationverträgen Aufgaben und Kompetenzen der beteiligten Institutionen klar definiert werden.

8.7 Zielvereinbarungen zwischen Entwicklungsbedarf und Entwicklungsresistenz

Bernhard Sieland

Gesagt ist nicht gehört, gehört ist nicht verstanden,
verstanden ist nicht einverstanden, einverstanden ist nicht durchgeführt,
durchgeführt ist nicht beibehalten! (K. Lorenz)

Misserfolge und regressives Lernen als Herausforderung für professionelle Entwicklungsberater

Der Aphorismus von Konrad Lorenz ist Lehrern, Eltern, Schulleitungen, Beratern und Ärzten schmerzlich bekannt (vgl. Schüßler, 2001) und wird besonders in drei Situationen immer wieder erlebt:

- Wenn individuelle Entwicklungsziele z. B. in den Bereichen Zeitmanagement, Rauchen oder Ernährung an eigenen Denk-, Bewertungs- und Handlungsgewohnheiten scheitern.
- Wenn die Entwicklungsziele zwei oder mehr Interaktionspartner betreffen, die sich nach neuen Regeln z. B. in Erziehung, Unterricht, Beratung oder in Teams richten sollen. Hier addieren sich persönliche und zwischenmenschliche Entwicklungsresistenzen, wenn z. B. ein Interaktionspartner die Entwicklung neuer Verhaltensweisen beim anderen „ausbremst“.
- Wenn Entwicklungsziele in einem Setting (Klinik, Kur, Fortbildungskurs) beschlossen werden, das von der Umsetzungssituation unter Alltagsbedingungen deutlich abweicht. Hier erhöht sich die persönliche Änderungsresistenz durch den zusätzlichen Alltagsstress sowie durch die unkalkulierbaren Reaktionen der Mitmenschen im Alltagssetting. Oft bremst auch die Erwartungsangst vor unerwünschten Reaktionen der Mitmenschen eine zielkonforme Verhaltensweise, ohne dass diese faktisch auftritt.

Man greift in solchen Fällen gerne zu der Entschuldigung: „Der Geist ist zwar willig, aber das Fleisch ist schwach“. Dies bietet zwar eine einfache Erklärung, verharmlost allerdings die Folgen uneingelöster Absichten. Kurzfristig ist zunächst die fehlende Zielerreichung problematisch. Langfristig ist das damit verbundene regressive Lernen für alle Beteiligten besonders gravierend. Wer die Erfahrung uneingelöster Versprechungen bei sich oder anderen machen muss, sucht zu seiner Entlastung nach „überzeugenden“ Entschuldigungen für den Misserfolg. Diese werden in künftigen Situationen seine Bereitschaft lähmen, ähnliche Ziele nochmals in Angriff zu nehmen. Wer mehrfach seine Ernährungs- oder Rauchgewohnheiten verändern wollte, kennt diesen Effekt. Je euphorischer man mit der Umsetzung seines Versprechens gerechnet hat, umso mehr werden die Selbstwirksamkeitserwartungen bei der nächsten Entscheidung reduziert. Die kurzfristige Befriedigung, das Ziel gewollt zu haben, führt nicht selten sogar zu der Bereitschaft, häufiger Ziele zu formulieren, ohne ernsthaft an die Umsetzungsschwierigkeiten zu denken. Auf jeden Fall lernen Kinder und Erwachsene allzu schnell, dass man Ruhe bekommt, wenn man etwas verspricht: innere Ruhe vor sich selbst oder äußere Ruhe vor anderen, die auf das Versprechen gedrängt haben. Der Weg zur Hölle ist mit guten Vorsätzen gepflastert!

Wer unrealistischen Optimismus bei Zielformulierungen trainiert, sabotiert ebenso seine Durchführungsmotivation wie diejenigen, die unrealistischen Pessimismus bei Zielformulierungen für angebracht halten. Beide Gewohnheiten könnte man als Selbstbehinderung bezeichnen. Neben den negativen Effekten für den „Beschlussfasser" sind auch die Enttäuschungen der Mitmenschen nicht zu vergessen. Ihr Vertrauen in solche Interaktionspartner oder ihre Versprechungen sinkt: „Wer einmal ‚lügt', dem glaubt man nicht". Dieser Effekt dürfte umso stärker ausfallen, je wichtiger dem Gesprächspartner die Erfüllung der Vorsätze war.

Es ist also professionell inkompetent und kontraindiziert, wenn Lehrer, Ärzte, Eltern usw. andere darin unterstützen, Ziele oder Vorsätze zu formulieren, die nicht eingehalten werden (vgl. Jötten & Blanck, 2005; Sieland, 2006a).

Solche Entscheidungen dürfen (auch bei guten Absichten) nicht herbeigeführt werden, wenn deren Effekte kurz oder langfristig die Person oder ihr Umfeld mehr schädigen als ihr zu nutzen. Denn professionelle Handlungsqualität bemisst sich an den Folgen und nicht an den guten Absichten des Akteurs!

Damit kommen wir zu einer Fülle von Fragen, die Lehrer ebenso beantworten müssen wie Kursleiter, Dozenten, Klinikpersonal, Mediatoren oder Eltern: Wie kann man erreichen, dass jemand tatsächlich tut, was er will oder soll? Warum verspricht jemand z. B. in Beratungsgesprächen, Kursen oder Klinikaufenthalten etwas und hält es danach nicht? Wie stellen sich eigentlich Kursleiter, Berater und Klinikpersonal Umsetzungsprozesse vor, wenn sie sich einfach etwas versprechen lassen und die Teilnehmer der Versuchung überlassen, sich selbst zu enttäuschen? Kann man professionellen Beratern schuldhafte Beihilfe zur Selbst- und Fremdtäuschung vorwerfen, wenn sie sich mit mündlichen oder schriftlichen Versprechungen begnügen und für deren vorhersehbare Nichteinlösung den Klienten oder sein Umfeld verantwortlich machen? Warum fassen wir Vorsätze, finden Ziele erstrebenswert, Regeln vernünftig, Erkenntnisse wichtig und halten uns gleichwohl nicht daran? Warum ist die Intensität der Entwicklungsbereitschaft kein ausreichender Indikator für eine veränderte Praxis? Ab wann und woran kann man erkennen, dass ein Vorsatz ausreichende Realisierungschancen hat? Wann sind gesonderte Maßnahmen erforderlich, um den Transfer von Ergebnissen einer Lernsituation in spezifische Anwendungssituationen zu fördern? Was kann man in solchen Fällen tun, was sollte man unterlassen?

Methodisch stellen sich damit folgende Fragen:

- Wie kann man Lerner motivieren zu tun, was sie sollen? *Vorsatzbildung und Relevanzaufladung!*
- Wie kann man respektvoll mit Änderungswiderständen in der Person und ihrem Umfeld umgehen? *Balance von Verstehen und Verändern!*

- Wie kann man jemandem helfen, zu tun was er will, was er als richtig erkannt hat? *Handlungsplanung und Abwehr mentaler Alternativen!*
- Wie kann man jemanden unterstützen, begonnene Veränderungen trotz ungünstiger Rahmenbedingungen fortzuführen? *Stabilisierung!*

Gründe für Entwicklungsresistenz als Aufgaben für die Entwicklungsberatung

Wer an der Entwicklung verbindlicher Vorsätze interessiert ist, muss sich zunächst den Unterschied zwischen Bedarf und Bedürfnis, zwischen Befund und Befindlichkeit klarmachen.

Wenn Fachleute oder objektive Tests einen Veränderungsbedarf diagnostizieren, heißt das noch nicht, dass auch die Betroffenen änderungsbereit sind und das Bedürfnis spüren, sich in diesem Punkt zu verändern. Ist die subjektive Befindlichkeit zufriedenstellend, dann wird jede Veränderung als unnötige Anstrengung erlebt. Auch bedenkliche Befunde führen in solchen Fällen nicht zu einer inneren Änderungsbereitschaft. Aber gerade die innere Motivation ist für stabile Veränderungen wichtig, wenn man sie nicht durch totale Kontrolle oder Zwang von außen absichern kann oder will. Diese Innensteuerung ist auch wichtig, wenn etwa eine Verhaltensänderung von dem Umfeld nicht gestützt wird. Implementierungsschwierigkeiten können also verschiedene Gründe haben. Je mehr von den folgenden Transferhindernissen im konkreten Fall gegeben sind, umso unverzichtbarer sind spezielle Maßnahmen der Anwendungssicherung (vgl. Hasselhorn & Gold, 2006, 139 ff).

Transferhindernisse in der Person:

- Ziel- und Wertkonflikte sowie mangelnde Zielvalenz in der Person.
- Zweifel an der Selbstwirksamkeit, das gewünschte Verhalten aus eigener Kraft zu realisieren.
- Zweifel an der Wirksamkeit der gelernten Verhaltensmuster und Sorge über Folgewirkungen: „Wenn ich das mache, dann … “.
- Rein kognitive Einsichten, die weder durch Gefühlslagen noch durch Verhaltensmuster fundiert sind.
- Unsicherheitsintoleranz und andere Merkmale der Person, die das nötige Improvisieren erschweren.

Transferhindernisse im Lern- und Entscheidungsprozess:

- Keine speziellen Maßnahmen zur Transfererleichterung im Lernprozess, wie z. B. fehlende Umsetzungsübungen.
- Unrealistische Lernsituation: zuviel Wertschätzung, die in der Realität nicht erwartet werden kann.
- Agitative statt ambivalente Motivierungsstrategien im Kurs.
- Fehlende Transferplanung, zu wenig Zeit für Zielvereinbarungen.
- Keine klaren Umsetzungskonzepte mit Vorstellungs- und Bewertungsübungen.
- Naive Umsetzungstheorie von Dozenten und Teilnehmern; Umsetzungseuphorie.

- Vom Dozenten statt von den Lernenden ausgehende Kursplanung.

Transferhindernisse in der Umwelt möglicher Anwendungssituationen:

- Die Umwelt reagiert negativ auf die Veränderung und begünstigt den Rückfall in vertraute Muster.
- Bei interaktionellen Veränderungen reagieren die Interaktionspartner nicht wie gewünscht oder erst so verspätet, dass der Akteur resigniert.
- Es fehlen strukturelle Möglichkeiten zur Nachsorge und laufenden Anpassung der neuen mentalen Handlungspläne an die situativen Erfordernisse.

Diese Liste macht klar: Wenn Ziele und Vorsätze gefasst, aber nicht realisiert werden, dann geschieht dies aus einem Wechselspiel von professioneller Inkompetenz und Schwächen in der Selbststeuerung angesichts von Änderungsinhalten, die von der Umwelt nicht automatisch verstärkt werden.

Strategisch müssen professionelle Entwicklungshelfer daher an drei Stellen ansetzen:

a) Das Zielentwicklungsgespräch, um die Vorsatzbildung im Akteur zu verbessern.
b) Die Zielvereinbarung als Lernprozess mit Rückfallprophylaxe strukturieren.
c) Die Umsetzung für eine definierte Zeit als Kombination aus Selbststeuerung und Fremdsteuerung durch kritische Freunde mit regelmäßigen Kontrolldiagnosen konzipieren!

Professionelle Entwicklungsbegleiter gehen nach Brandtstädter und Gräser (1985) systematisch in drei zeitaufwendigen Schritten vor: In einer Zielklärungsberatung geht es um die Klärung von „Sollen und Wollen“ und um eine Festlegung auf einen zeitlich begrenzten Zielschwerpunkt. In der Vereinbarkeitsprüfung geht es um die Fragen: Sind die Ziele innerhalb der Person vereinbar oder konflikthaft? Sind sie mit den vorhandenen Mitteln realisierbar und werden sie von der Umwelt eher unterstützt oder bekämpft? In der Durchführungsberatung geht es um die Fragen: Welche Schritte sind in welcher Reihenfolge zu gehen? Welche Strukturen sind im Dienste der Nachhaltigkeit zu schaffen? Erst auf dieser Ebene geht es um den persönlichen Entwicklungsplan (PEP).

Zielentwicklungsgespräche gegen schwache Zielbindung oder konkurrierende Ziele

Die Ungeduld passionierter Entwicklungsberater oder der Person, die das Ziel erreichen will, der vorschnelle Konsens über die Wünschbarkeit des Ziels; kurz: das mangelnde Verständnis von Änderungswiderständen ist ein zentraler Grund für das Scheitern gewollter Entwicklungsprozesse. Personen werden oft als unmotiviert bezeichnet, wenn sie sich mit Zielen beschäftigen, die ihren Entwicklungsberatern wie Lehrern, Kursleitern oder Beratern nicht wichtig erscheinen. Der Streit um die Wichtigkeit oder Richtigkeit von Zielen und Methoden führt dann oft zum Kampf darüber, wer von wem zu lernen hat und danach manchmal zum Kontaktabbruch von beiden Seiten. Es provoziert Change-Agents, wenn jemand mit großem Fleiß aus ihrer Sicht schädliche Ziele verfolgt und den eigentlich wichtigen Zielen weniger Bedeutung beimisst. Der Effekt wechselseitiger Reaktanz ist z. B. aus der Drogentherapie bekannt. Das Modell der Stages of Change unterscheidet hier verschiedene Stadien der Zielbindung und Änderungsbereitschaft.

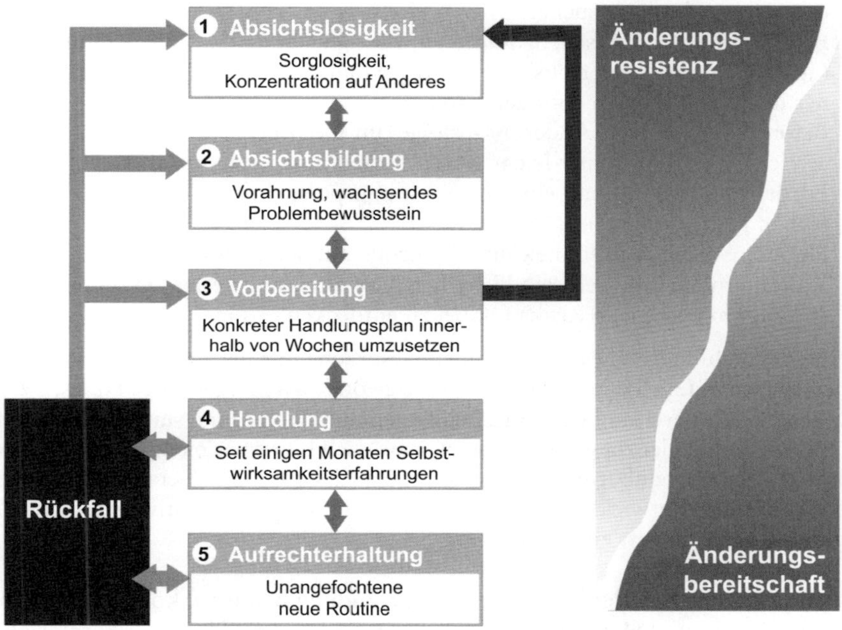

Abb. 8.10: Stages of Change Theory; Fünf Phasen der Änderungsbereitschaft/Änderungsresistenz, die spezifische Strategien der Motivationsförderung erfordern (nach Prochaska & Diclemente, 1992)

Personen, die sich in Bezug auf bestimmte Ziele in der Phase der „Sorglosigkeit" befinden, konzentrieren sich auf andere Ziele. Sie wehren sich nicht gegen Veränderungen, sondern dagegen verändert zu werden! Je nach Situation steigt ihre innere oder auch äußere Ablehnung, wenn sie nicht nur auf ein Ziel festgelegt werden, an das sie sich gebunden fühlen, sondern zusätzlich auch noch auf einen kompletten Änderungsplan. In dieser Phase sind zunächst Ambivalenzerfahrungen hilfreich, d. h. dass die Betroffenen die Vor- und Nachteile ihrer bisherigen Verhaltenspraxis selbst erkennen. Die personzentrierte Gesprächsführung (vgl. Fleischer, 2004) ist hier als Basis unverzichtbar. Miller & Rollnick (1999) formulieren in ihrem Konzept der motivierenden Gesprächsführung u. a. folgende Empfehlungen für den Umgang mit Personen, die sich in der ersten Phase befinden:

- Zeigen Sie eine empathische Grundhaltung durch aktives Zuhören und Bestätigen, damit sich der Gesprächspartner öffnet.
- Nutzen Sie offene Fragen (statt Alternativfragen), damit der Partner ausführlich über sich berichten kann.

- Fördern Sie besonders die Wahrnehmung von Diskrepanzen (Ambivalenz) zwischen Zielen und Wünschen (Eigenmotivation) der bisherigen Verhaltenspraxis durch gezielte, eventuell leicht überzogene Widerspiegelung.
- Vermeiden Sie konfrontative, moralisierende und stigmatisierende Argumentationen, direktive Anweisungen, Drohungen, Ratschläge, Lösungsvorschläge oder Überredungsversuche.
- Betonen Sie bei Zwischenzusammenfassungen besonders die Ambivalenzen („einerseits ..., andererseits ...") mit der Möglichkeit, dass der Gesprächspartner noch Änderungen einfügen kann.
- Betonen Sie bisherige Änderungserfolge. Ihr Gesprächspartner hat schon Ziele erreicht, die nicht immer leicht waren. Er hat also Änderungsfähigkeiten.
- Fördern Sie den Aufbau einer Entwicklungsperspektive: (Vor- und Nachteile; früher, heute, künftig).
- Betonen Sie die Wahlfreiheit und Kontrolle auf Seiten des Gesprächspartners.
- Ermuntern Sie ihn, sich sein bisheriges Verhalten noch etwas extremer vorzustellen, um eventuelle Risiken dabei zu entdecken.

Diese Empfehlungen zur motivierenden Gesprächsführung sind bei Elterngesprächen ebenso nützlich wie bei der Einführung von Klassenregeln (vgl. Nilles, 1998). Wer in der Vorbereitung von Entscheidungen auf Überredung statt auf die Förderung von Ambivalenzbewusstsein setzt, muss sich hinterher nicht wundern, wenn die getroffene Vereinbarung den Tag nicht überdauert. Diese Gefahr ist besonders groß, wenn der Entwicklungsförderer sich so mit dem Ziel identifiziert, dass er zu agitieren beginnt statt zu diskutieren.

Personen, die sich in der Phase der Absichtsbildung befinden, können durch ihre stabilen Denk- und Handlungsgewohnheiten leicht in die Phase der Sorglosigkeit zurückfallen. Erst bei einem ausreichenden Problembewusstsein beginnen sie von sich aus nach neuen Wegen zu suchen und erwägen in mehr oder weniger ferner Zukunft mehr oder weniger konkrete Verhaltensänderungen. Erst wenn das Subjekt besondere Chancen oder Gefahren im jeweiligen Inhaltsbereich sieht, beginnt der innere Prozess der Motivation, der die Aktivierung, Richtung, Intensität und Ausdauer der Handlungsbereitschaft beeinflusst. Den weiten Weg vom Wollen zum Tun beschreiben Heckhausen, Gollwitzer und Weinert (1987) im sogenannten Rubikonmodell der Handlungssteuerung. Sie unterscheiden die Phase der Fiattendenz (= Es möge geschehen) mit den Teilprozessen Wählen und Wollen von der Phase der Intensionsrealisierung (= Handlungsdurchführung) mit den Teilprozessen Handeln und Bewerten.

Wählen: In der Phase der Vorentscheidung wählt die Person aus der Fülle relevanter Ziele eines aus und entwickelt die Absicht, sich für eine begrenzte Zeit darauf zu konzentrieren.

Wollen: Die förmliche bewusste Entscheidung für das Ziel ist der kritische Schritt über den Rubikon. In dieser Phase entwickelt die Person einen mentalen Handlungsplan, um ihre Absicht zu realisieren und muss gleichzeitig konkurrierende Ziele und Handlungsgewohnheiten zurückdrängen. Denn es kommt oft dazu, dass

Handlungen unterbrochen oder nicht ausgeführt werden, wenn konkurrierende Motive die Oberhand bekommen.

Nach diesen beiden Phasen, in denen nach Heckhausen eine Fiattendenz (= Es soll geschehen) herrscht, kommt nun der zweite qualitative Sprung: die *Intentionsrealisierung.*

Handeln: In dieser Phase geht es darum, den Handlungsplan durch flexible Reaktionen in der Anwendungssituation zu realisieren.

Bewerten: In dieser Phase wird das Erreichte bewertet. Es kommt zu Feinabstimmungen mit der Handlungsphase, d. h. es werden Umsetzungsergebnisse und -erfahrungen ausgewertet. Diese münden eventuell in weitere Wünsche, die in den Pool des Wünschbaren kommen, womit der Kreislauf von neuem beginnt.

Das Zielentwicklungsgespräch zur Stärkung der Vorsatzbildung sollte also mindestens die ersten beiden Phasen abdecken und folgende Fragen klären:

- *Einschätzung der Situation*: Was entwickelt sich, wenn die Zielperson nichts ändert? Ist ein Eingreifen aus Sicht der Zielperson erforderlich?
- *Situationshandlungserwartung:* Welche Handlungsmittel kommen in Frage? Sind jene aus Sicht der Zielperson akzeptabel und aus eigener Kraft realisierbar?
- *Handlungs-Ergebnis-Erwartung*: Wird der Einsatz der Handlungsmittel zum Ziel führen oder sind andere Bedingungen für die Zielerreichung entscheidender? Sind die Nebenwirkungen und Risiken der Handlungsmittel tolerierbar?
- *Ergebnis-Folge-Erwartungen*: Welche langfristigen Folgen hat die Verhaltensänderung aus Sicht der Zielperson? Sind diese Folgen überwiegend erwünscht?

Vertragsgebundene Zielvereinbarung zwischen Zielperson und Entwicklungsberater

Damit die gute Absicht realisiert werden kann, müssen die Ziele präzisiert, in termingebundenen to-do-Listen und Handlungsplänen strukturiert und verbindlich in einem schriftlichen Vertrag vereinbart werden. Vertragspartner sind zunächst die eigene Person (= Selbstverpflichtung) und erst danach ein Entwicklungsberater oder kritischer Freund (öffentliche Festlegung), der bei kritischen Motivationslagen oder Reaktionen der Umwelt die flexible Umsetzung unterstützen kann. Dieses Vorgehen wird in der Industrie auch „Management By Objectives“ (MBO) genannt. Damit soll erreicht werden, dass ein Mitarbeiter neben seinen Pflichtaufgaben immer auch persönlich relevante Ziele verfolgt, deren Erreichung ihn intrinsisch befriedigen.

Im Einzelnen sind folgende Fragen zu klären und schriftlich festzuhalten:

- Welches Entwicklungsziel soll durch welche eigenen Verhaltensschritte erreicht werden?
- Für wen und warum ist es gut, wenn Sie sich mit ihren Verhaltensschritten auf Ihr Entwicklungsziel zu bewegen? Warum wäre es schade, Schritte und Ziel aus den Augen zu verlieren?

- Sind die Verhaltensschritte aus eigener Kraft in Ihrem Alltag herstellbar und mit den Werten bzw. dem Selbstbild der Person vereinbar?
- Können Sie sich bildlich und befriedigend vorstellen, in welchen konkreten Situationen Sie das veränderte Verhalten zeigen?
- Welche Widerstände und Nebenwirkungen in sich selbst, in Mitmenschen und in der Umwelt werden die Umsetzung der Verhaltensschritte erschweren?
- Sind Ihre Verhaltensschritte messbar und nach Quantität und Qualität portionierbar, um baldmöglichst Teilerfolge, aber auch Stagnation und Rückschritt registrieren zu können?
- Wie lange soll die Umsetzung dauern und welche Zwischenkontrollen sind geplant?
- Mit welchen Maßnahmen wollen Sie Erfolge verstärken und Rückschritte korrigieren?

Das Ganze mündet in einem Vertrag, einem persönlichen Entwicklungsplan (PEP) der folgenden Art:

Wer tut was bis wann und warum? Wer kontrolliert die Veränderung in welchen Zeitabständen? Welche Konsequenzen sind für Erfolgsverstärkung und Misserfolgsüberwindung geplant?

Abbildung 8.11 zeigt ein Beispiel für die Zielvereinbarungen eines persönlichen Entwicklungsplans.

Zielvereinbarungen für: *Jan*

Er soll lernen: *Konflikte durch Reden zu lösen und andere nicht mehr zu schlagen oder zu treten und sich stattdessen ggf. Hilfe zu holen.*

Vereinbarte Maßnahme/n:
Schüler: *J. atmet in Konfliktsituationen zwei Mal ein und aus, bevor er etwas sagt oder tut, er schlägt und tritt keine anderen Kinder und wendet sich ggf. an einen Lehrer oder einen Konfliktlotsen. Er registriert kritische Situationen und Erfolge.*
Schule: *Die Lehrerin spricht Jan täglich nach den Hofpausen an und erkundigt sich, ob es Konflikte gibt, die mit anderen Schülern gelöst werden müssen.*
Erziehungsberechtigte: *Die Eltern reden nach der Schule mit Jan über seinen Vormittag, fragen ihn nach Problemen, versuchen ihm beim Lösen von Konflikten zu helfen, bestrafen Jan nicht mit Schlägen.*
Andere: *Die Hort-Erzieher werden von der Lehrerin über die Vereinbarung informiert.*
Evaluationstermin: *nach zwei Wochen telefonisch*

Datum Unterschriften

Abb. 8.11: Zielvereinbarungsplan

KESS – Kooperative Entwicklungssteuerung im Feld

Der dritte Ansatz, KESS, greift immer da, wo es mehr als eine Person im Lernprozess gibt und wo der mentale Plan, der der Entscheidung zugrunde lag, im Alltag laufend angepasst werden muss.

In solchen Situationen verstellt ein naiver Transferbegriff das Verständnis für die Leistung, die der Lerner zu erbringen hat, wenn er aus einer Lernsituation (Source) seine Lernergebnisse in Anwendungssituationen (Targets) transferiert. Schon der Begriff transferre (= übertragen) legt das Bild einer im Lernprozess gefüllten Aktentasche nahe, die man in der Anwendungssituation nur öffnen muss. Aber: Die Anwendungssituation bleibt eine Lernsituation, daher muss die Anwendung konstruktivistisch als adaptives Lernhandeln verstanden und durch Coaching oder Internet-Peercoaching begleitet werden. Das tun am besten die Mitlerner, die vor ähnlichen Problemen stehen.

Hier wird schon der Zielklärungsprozess zunächst individuell, dann mit den Peers und schließlich mit dem professionellen Entwicklungsberater besprochen und der persönliche Entwicklungsplan wird mit den Peers auf Machbarkeit, Wünschbarkeit, potentielle Nebenwirkungen usw. geprüft. Anschließend treffen sich die Selbstentwickler im Abstand von einigen Wochen und besprechen ihre Entwicklungsprozesse in strukturierten Dreier-Gruppen (vgl. Sieland, 2006 b).

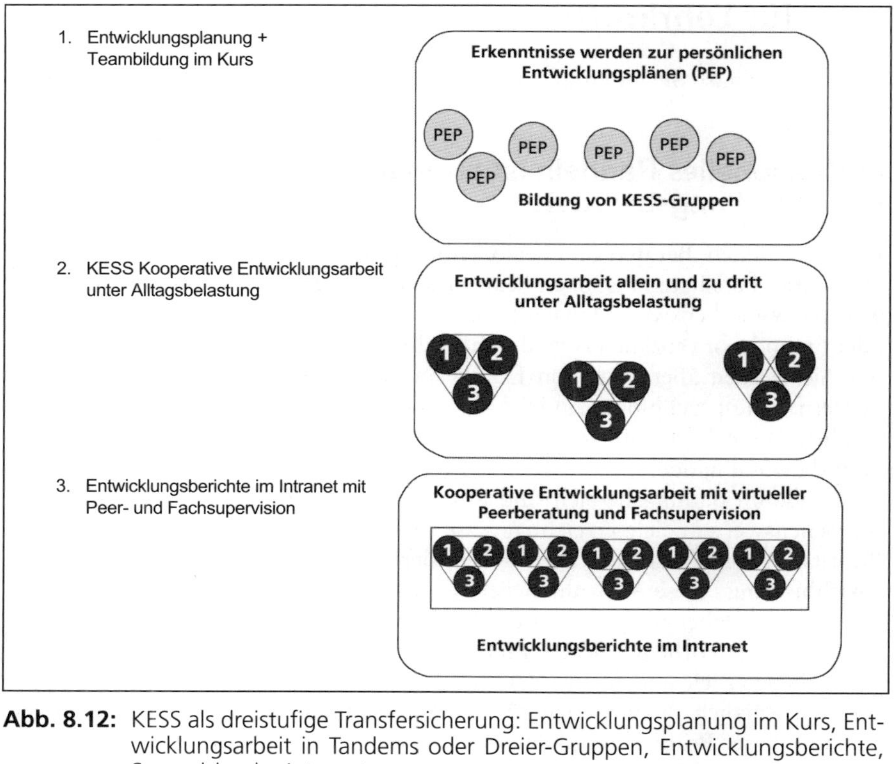

Abb. 8.12: KESS als dreistufige Transfersicherung: Entwicklungsplanung im Kurs, Entwicklungsarbeit in Tandems oder Dreier-Gruppen, Entwicklungsberichte, Supervision im Intranet

Wie die Abbildung verdeutlicht, ist es die Aufgabe, im Lernprozess auf Stufe 1 Erkenntnisse in persönliche Entwicklungspläne umzusetzen, wobei schon Entwicklungsberatung und Peers mitwirken. Dabei sollen im Sinne des kooperativen Lernens positive Abhängigkeiten zwischen den Mitgliedern der KESS-Gruppen geschaffen werden, indem jeder in der Rolle des Selbstentwicklers, unter Mithilfe eines Entwicklungsberaters, seinen persönlichen Entwicklungsplan entwirft. Die Entwicklungsberatung wird von einer dritten Rolle, dem Peersupervisor, überwacht. So in allen drei Rollen eingeübt, gehen die Mitglieder der KESS-Gruppen in ihren Alltag zurück. Sie leisten ihre Entwicklungsarbeit im Feld und arbeiten gemeinsam an dem „Feintuning" der Pläne bei etwaigen Schwierigkeiten. Einmal monatlich legen sie einen kurzen Entwicklungsbericht anonym in ein Intranet, zu dem alle Teilnehmerinnen sowie ein Fachsupervisor Zugriff haben. Hier erfahren alle Teilnehmer in Kurzberichten den Entwicklungsstand der übrigen Mitglieder aus allen Kleingruppen, können sich gegenseitig Anregungen geben, Kontakte zu Selbstentwicklern mit ähnlichen Zielen aufnehmen und erhalten Rückmeldungen von anderen Teilnehmern.

8.8 Webbasierte Unterstützungssysteme für Lehrkräfte

Bernhard Sieland und Tobias Rahm

Professionelles Handeln ist zielexplizit und nebenwirkungsbewusst

Erziehen, Bilden, Beraten sind personenbezogene Dienstleistungen, die die Kräfte aller daran beteiligten Personen beanspruchen und für alle Beteiligten mehr oder weniger wünschenswerte Folgen haben. Sie werden von Laien wie Eltern, Peers oder Freunden im sozialen Netz durchgeführt und sind in dieser Form unverzichtbar. Sie werden aber auch von Erzieherinnen und Erziehern, Lehrerinnen und Lehrern, Schulpsychologen und Schulpsychologinnen oder Schulleitungen durchgeführt. Diese Fachleute sollten professionell, d. h. zielexplizit und nebenwirkungsbewusst handeln.

Gerade im Bildungsbereich sind Ressourcen häufig so knapp, dass nicht alle wünschenswerten Ziele erreichbar sind. Daher muss durch die Festsetzung von Prioritäten eine Auswahl der zu realisierenden Ziele getroffen werden. Im Anschluss muss diese Auswahl meistens vor kritischem Fachpublikum gerechtfertigt werden. Dabei gilt: Je besser die Auswahl begründet werden kann, desto einfacher ist es, Mehrheiten für die Zielauswahl zu erreichen. Durch die Explikation der aktuellen Ziele und deren Legitimation durch das kritische Fachpublikum entstehen zusätzlich Prüfkriterien für die Wirksamkeit der Handlungsmethoden. Anhand dieser Prüfkriterien kann dann eine Evaluation stattfinden, um herauszufinden, ob die Maßnahmen zur Zielerreichung erfolgreich waren. Evaluationen führen meist dazu, dass Methoden bzw. Ziele modifiziert werden sollten, um eine bessere Effizienz zu erreichen.

Nebenwirkungsbewusst heißt, dass mit jedem gewählten Ziel nicht nur andere vernachlässigt werden müssen, sondern dass mit jeder Methode, die überhaupt Wirkungen verspricht, auch Nebenwirkungen unvermeidlich riskiert werden. Professionelles Handeln muss also die Ge- und Misslingensrisiken benennen und abwägen. Das ist viel verlangt! Besonders wenn jemand aufgrund von Erfahrungen und Werthaltungen hinter seinen Zielen und Methoden steht, ist es für ihn nicht einfach, sich immer wieder in Frage zu stellen und im Diskurs mit Kolleginnen und Kollegen zu bleiben.

Professionelles Handeln ist gekennzeichnet durch eine Abfolge von Reflexion – Aktion – Evaluation. Unterstützungssysteme wie Beratung oder kollegiale Fallbesprechung setzen in den Reflexionsphasen an, um die Handlungsergebnisse zu verbessern.

Die Nutzung professioneller Maßnahmen zur Qualitätssicherung hat ihren Preis. Supervision kostet z. B. nicht nur Zeit und Geld, sondern strapaziert auch die Bereitschaft, die eigene Praxis in Frage zu stellen, Fehler zu erkennen, Ambivalenzen auszuhalten und sich Neues anzueignen. Der Aufwand müsste besonders für Personen verpflichtend sein, die in Leitungsfunktionen viele Mitarbeiter beeinflussen.

Jede Handlung basiert auf potentiell fehlerhaften Prognosen und Entscheidungen: Jemand kann eine richtige Prognose für falsch halten (= Fehler erster Ordnung) oder er kann eine falsche Prognose für richtig halten (= Fehler zweiter Ordnung). In der Praxis führen falsche Entscheidungen entweder zu Tatfehlern: Jemand handelt und die Folgen davon sind deutlich unerwünschter, als wenn er nicht gehandelt hätte, oder Unterlassungsfehler, d. h. jemand handelt nicht, obwohl die Chancen im Handeln gelegen hätten. Da man die erwünschten wie unerwünschten Handlungseffekte nachträglich nicht mehr mit den abgewählten Alternativen vergleichen kann, sollen Stützsysteme wie z. B. professionelle Lerngemeinschaften (PLGs) das Risiko dieser Fehler reduzieren.

Lernen in multiprofessionellen Lerngemeinschaften als Basis der Qualitätssicherung

Die Akteure im pädagogischen Feld müssen fast immer auf unzureichender Informationsbasis handeln und lernen. Ihr Handeln hat prinzipiell Experimentcharakter und lässt sich nicht durch sichere Rezepte steuern. Die Wechselwirkungen zwischen den vielen Einflussfaktoren wie Klassengröße, Vorwissen und Lernbereitschaft der Schüler, Reaktionen der Eltern usw. führen zu immer neuen Effekten und erfordern laufende Evaluation und Anpassung mit Blick auf Ziele und Nebenwirkungen. Für die Qualitätssicherung im Lehrerberuf ist das kooperative Lernen in professionellen Lerngemeinschaften unverzichtbar. Jedes Kollegium ist unvermeidbar eine Lerngemeinschaft. Ob und bei welchen Lehrkräften diese aber zur Professionalisierung oder De-Professionalisierung beiträgt, hängt u. a. davon ab, inwieweit folgende Gütekriterien erfüllt sind: gemeinsame Werte und Ziele, respektvolle Kooperation, Fokus auf dem Lernerfolg von Schülern und Lehrern, Deprivatisierung von Unterrichtshandeln, Suche nach dem state of the art, einheitliche Fachsprache, Reflexion eigener Erfahrungen und von Expertenwissen, Kultur des neugierigen Lernens von- und füreinander, Ressourcen nach außen einfordern und gut verwalten (Strittmatter, 2006).

Es ist keine neue Erkenntnis, dass der Lehrer, der sich nach seiner erfolgten Ausbildung nur noch dem Lehren widmet und seinen Kenntnisstand nicht den neuen Erkenntnissen und der Realität im Klassenraum anpasst, selbst scheitern bzw. seinen Schülern Lernchancen nehmen wird. Daher gibt es seit Jahrzehnten die unterschiedlichsten Angebote für Lehrer, wieder neu zu lernen und ihre Erfahrungen laufend kritisch zu hinterfragen. In der jüngeren Vergangenheit ist die Beratung ein wichtiges Element der Lehrerweiterbildung geworden. Gegenstand dieser Beratung können zum Beispiel folgende Fragen sein: Wie soll man mit aggressiven Schülern in der ersten Klasse umgehen? Welche Handlungsmöglichkeiten stehen bei einem Verdacht auf Kindesmisshandlung zur Verfügung? Wie begegnet man ungerechtfertigten Vorwürfen von Eltern?

Professionelle Lerngemeinschaften sind ein gutes Mittel, um den Einzelkämpferstatus mancher Lehrer aufzuheben. Wenn Lehrer im Kollegenkreis diskutieren, macht dies nicht automatisch allen Beteiligten Mut. Statt neue Ideen zu entwickeln, kann sich auch Hoffnungslosigkeit breit machen durch die wechselseitige Überzeugung, dass die angesprochenen Probleme kaum von Lehrern beeinflussbar sind. Aber selbst wenn die Gespräche Impulse zu neuen Versuchen vermitteln, bleibt festzuhalten, dass in einem Kollegium beispielsweise keine Mediziner, die zum Umgang mit ADHS professionell antworten könnten oder Sozialarbeiter, die einen Rahmen für das weitere Vorgehen bei einem Missbrauchsverdacht geben könnten, vorhanden sind. Neben mangelndem Spezialwissen können auch andere Effekte das Kollegium als Lerngemeinschaft stark behindern: Manche haben Angst, ihre Ideen und Erfahrungen zu verschenken, weil andere sie vielleicht als die eigenen ausgeben oder weil sie besser sein wollen als die anderen. Andere schämen sich über eigene Schwierigkeiten und Versagen zu sprechen oder sind einfach nicht gut darin, andere um Hilfe zu bitten. Insgesamt stammen viele dieser Hindernisse aus der mangelnden Fähigkeit, kooperativ miteinander zu lernen.

Problemorientiertes Lernen (POL) – Probleme als Schule des Lebens

Rund 800 000 Lehrer/innen arbeiten in Deutschland mit ca. 9,5 Mio. Schüler/-innen. Die Erzieher/-innen und Lehrer/-innen sind damit das wohl größte Frühwarnsystem. Sie erleben immer komplexere Probleme, für die sie keinerlei Ausbildung erhalten haben (Verdacht auf sexuellen Missbrauch, Rassismus in der Unterstufe, …). Gleichwohl sollen sie Probleme erkennen, selbst lösen oder deren Lösung durch zuständige Stellen ermöglichen. Zur Erhaltung und Verbesserung ihrer Leistungsqualität und ihrer Gesundheit benötigen sie ein schnell erreichbares, möglichst multiprofessionelles Unterstützungssystem. Leider ist derzeit bundesweit zu beobachten, dass die Stunden für Beratungslehrer und Schulpsychologen zugunsten der Unterrichtsversorgung reduziert werden. Wir müssen uns daher

Gedanken darüber machen, wie wir die wertvolle Ressource Beratung möglichst effizient einsetzen können. Eine hilfreiche Methode ist die des problemorientierten Lernens, bei der schon während des Lernprozesses praxisrelevante Probleme in den Mittelpunkt gestellt werden.

Regressives problemorientiertes Lernen als Risiko im beruflichen und privaten Alltag

Eine Person steht vor einem Problem, wenn sie sich in einem aus ihrer Sicht unerwünschten Zustand befindet, aber im Moment nicht über die Mittel verfügt, diesen in einen erwünschten zu überführen (Dörner, 1989, S. 10). Die Kombination von individuellem Änderungswunsch und – vorläufiger – Ratlosigkeit macht den Kern von Problemen aus und ist die Basis für gewollte oder ungewollte nachhaltige Lernprozesse im Alltag. Wenn die Person selbst oder mit Hilfe von anderen in solchen Situationen eine Lösung findet, löst sich ihr Unbehagen, ist sie möglicherweise stolz, macht Selbstwirksamkeitserfahrungen und ist ermutigt, sich ähnlichen Problemlagen aktiv zu stellen. Holzkamp (1995) nennt diese Art des Lernens *progressives Lernen*, weil sie die Ressourcen der Person ausweitet und sie befähigt, sich künftig wirkungsvoller mit der Umwelt auseinander zu setzen. Berufsbezogen kann man es als „professionalisierendes" Lernen bezeichnen.

Findet eine Person für ein drängendes Problem keine Lösung, dann wächst die Gefahr *regressiven Lernens*. Für das entstehende Unbehagen werden Erklärungen gesucht. Dabei werden nicht selten selbstwertdienliche Erklärungen bevorzugt: Ich leide unter der Ist-Situation, weil mir die Ziele am Herzen liegen, weil ich ein guter Lehrer bin und weil mir nicht alles egal ist! Sie kann auf diese Weise vielleicht ihre emotionale Betroffenheit für eine Zeit lang erträglich kompensieren. Die Person braucht aber auch Erklärungen für ihre erlebte Hilflosigkeit. So wächst die Gefahr von einseitigen Ursachenzuschreibungen und daraus resultierenden Hilflosigkeitsüberzeugungen für die Zukunft. Sie wendet sich auf der Suche nach Hilfe oder kollegialer Bestätigung ihrer Hilflosigkeitsüberzeugung entweder an Ratgeber oder an Rechtgeber. Mit steigendem Betroffenheitsgrad wächst sowohl das Risiko, unlösbare Probleme für lösbar als auch lösbare Probleme für unlösbar zu halten. In beiden Fällen sind die Folgen für die Gesundheit und die Leistungsqualität aller Beteiligten nachteilig. Wenn erst einmal aus den Ursachenzuschreibungen Kontrollüberzeugungen für die Zukunft entwickelt wurden, steht für die Person fest, wie sich die Situation weiterentwickeln wird und wer darauf mit welchem Erfolg Einfluss nehmen kann. Wenn sie sich nun gedanklich als Opfer positioniert hat, wird sie auch wie ein Opfer denken und handeln. Diese Form des Lernens kann man als regressives Lernen oder berufsbezogen als de-professionalisierendes Lernen bezeichnen, denn die dabei entwickelten Überzeugungen wirken als Selbstbehinderung, lähmen die eigene Handlungsbereitschaft und demotivieren auch Mitmenschen, wenn sie als Erklärungen und Entschuldigungen kommuniziert werden. Sie sind gleichzeitig attraktiv, denn der Betreffende kann seinen Änderungswunsch und sein Unbehagen glaubwürdig beschreiben, ohne noch weiter nach Lösungen suchen zu müssen.

Problemorientiertes Lernen (POL) in geplanten Lernprozessen

Bei üblichen akademischen Lernprozessen, wenn Begriffe erworben, Theorien verstanden oder kritisch verglichen werden sollen, sind diese meist vom inhaltlichen Kontext entkleidet. Problemorientiertes Lernen konfrontiert den Lerner mit praxisrelevanten Problemen bzw. Szenarien, vor denen er demnächst selbst stehen kann. Dadurch werden Interesse und Lernmotivation gefördert und der Transfer des Erlernten in den Alltag erleichtert. Die Person muss hier für sich selbst oder die im Problem auftauchenden Personen drei Leistungen erbringen: Emotionsregulierung, um den unlustvollen Zustand besser aushalten zu können, Wissen sammeln und auswählen, um die erkenntnistheoretische Struktur zu verbessern, Heurismen entwickeln und anwenden, um Lösungsvorschläge zu finden und deren Chancen und Risiken abzuwägen. Problemlösen ruft geradezu nach selbst gesteuertem und kooperativem Lernen. Es setzt auf Seiten des Lerners sowohl Vorwissen, Fähigkeiten und Bereitschaft zum eigenverantwortlichen Lernen als auch die Kompetenz zu kooperativem Lernen in ausreichendem Maße voraus und trainiert diese Potentiale gleichzeitig im Vollzug. POL begünstigt damit, dass der Lernende die Verantwortung für die Lösungssuche übernimmt und aktiviert seine Lernarbeit.

Natürlich gehören solche Formen des entdeckenden, forschenden Lernens sowohl in den Unterricht von Kindern als auch in die Weiterbildung lernender Lehrerinnen und Lehrer, Schulpsychologinnen und Schulpsychologen und Schulleitungen. Das Setting für POL ist in allen Anwendungsfeldern gleich: Es wird eine positive Abhängigkeit konstruiert, so dass die Lernenden auf wechselseitige Information und Unterstützung angewiesen sind. Dabei bleibt jeder für die Qualität seiner Beiträge und Ergebnisse verantwortlich, der Gruppenprozess wird auf seine Qualität für die Beziehung und Arbeitseffektivität hin analysiert, soziale Fähigkeiten werden trainiert und face-to-face-Kontakte gefordert.

Natürlich gibt es auch „Kosten" für diese Art des Lernens, die bei konventionellen Lernmethoden zum Teil nicht auftreten und zum Teil weniger ins Gewicht fallen. So kostet POL zunächst mehr Zeit, es erfordert ein Lernsetting, bei dem Personen an verschiedenen Dingen arbeiten, setzt Erfahrungen im kooperativen Lernen voraus und verlangt als Zusatzschritt die kritische Repräsentation und Bewertung der gefundenen Lösungsvorschläge. Im klassischen Lernen kann man den letzten Schritt zeitlich einsparen, weil es Musterlösungen gibt, nach denen die Lerner oder der Lehrer die Ergebnisse der Lernarbeit bewerten.

Kurz: Problemorientiertes Lernen stellt ein praktisches Problem in den Mittelpunkt des Lernprozesses. Die Lerner sind aufgrund der Lebensnähe von Anfang an emotional involviert und entwickeln Fragen, die die weitere Lernarbeit stimulieren. Dieses Lernen soll offen sein, Zeit einräumen Hypothesen zu bilden, Fehler nicht im Voraus ausschließen, Wege zur Überprüfung zulassen, aus Ergebnissen Konsequenzen folgen lassen und Folgerungen ziehen und übertragen lassen.

Je früher Personen diese Art des Lernens erlernen, desto besser. Schon in Kindergarten und Grundschule sollte durch POL die Basis geschaffen werden, für zunehmend selbst gesteuertes und kooperatives Lernen, für Lernen als aktiven Prozess des Aneignens von Wissen und Können und für die soziale Komponente des Lernens. Da der Lernende beim POL auf die Unterstützung seines Umfeldes angewiesen ist, stellt sich die Frage, wie dieses Umfeld optimaler Weise gestaltet sein muss, um diese Unterstützung gewährleisten zu können. Daher beschäftigt sich der nächste Abschnitt mit den Funktionen sozialer Netze.

Das soziale Netz – kollegiale Hilfe – professionelle Unterstützung

Als soziales Netz bezeichnet man das Gefüge der zwischenmenschlichen Beziehungen, auf das eine Person zurückgreifen kann. Im optimalen Fall gibt und empfängt ein Individuum in seinem sozialen Netz emotionalen Halt und praktische Hilfe, Anregungen, Kritik und Sicherheit z. B. durch Bestätigung gemeinsamer Werte, Träume und Ängste. In einem gut funktionierenden sozialen Netz können folgende Funktionen realisiert bzw. entwickelt werden:

1. *Offenes Reden:* Selbst offen darüber reden, was man wirklich denkt, fühlt, will..., ohne an den Eindruck und den eventuellen Missbrauch der Worte zu denken. Andere zum offenen Reden ermutigen und Hindernisse dafür ausräumen.
   Gegenteil: small talk, Reden über Dritte, nach dem Munde reden...
2. *Aktives Zuhören:* Aufgreifen der offenen Äußerung. Mit eigenen Worten formulieren, was dem anderen am Herzen liegt, ohne es positiv beziehungsweise negativ zu bewerten. Einfühlungsvermögen und Verstehen des Gegenübers zeigen.
   Gegenteil: sofort die eigene Meinung dagegen halten, schnell Ratschläge geben.
3. *Emotionale Unterstützung:* Den anderen als Mensch wichtiger nehmen, als die besondere Situation, in der er sich gerade befindet, wichtiger auch als die Arbeitsaufgabe, die er mehr oder weniger gut bewältigt und wichtiger als die Stimmung, in der er sich gerade befindet.
   Gegenteil: Verharmlosen, bagatellisieren, trösten...
4. *Emotionale Herausforderung*: Den anderen, der sich in seinen Gefühlen verrannt hat, sachlich und nüchtern konfrontieren. Reden aus dem Erwachsenen-Ich: „Wie kannst du es aushalten, wie damit umgehen?"
   Gegenteil: unnötige Hilfe anbieten...
5. *Sachliche Unterstützung*: Den anderen in seiner fachlichen Arbeit anerkennen. Der andere kann auf Kooperation und Hilfestellung und auf glaubwürdige und variantenreiche Anerkennung seiner fachlichen Arbeit zählen.
   Gegenteil: „Das ist selbstverständlich", „Mich lobt auch keiner", „Soll er selbst sehen".
6. *Sachliche Herausforderung:* Den anderen mit notwendigen und zumutbaren Verbesserungen seiner Arbeit/Haltung konfrontieren.
   Gegenteil: kommentarlose, resignative Annahme einer Leistung, die nicht dem Vermögen der Person entspricht.
7. *Bestätigung gemeinsam erlebter Realität:* Dem anderen signalisieren, dass er mit seinen Überzeugungen, Werten, Träumen und Wünschen nicht allein steht.
   Gegenteil: schnell die eigenen, abweichenden Vorstellungen entgegenhalten.

Im Folgenden stellen wir ein webbasiertes Unterstützungssystem für Lehrer mit seinen Chancen, Grenzen und Synergiemöglichkeiten vor. Es ist darauf angelegt, für aktive Benutzer die Funktionen eines sozialen Netzes bis zu einem gewissen Grad übernehmen zu können.

Webbasierte Stützsysteme als Ergänzung zur face-to-face-Beratung

Im Internet finden sich viele Angebote für Lehrer. Die häufigsten reichen von Materialbörsen für verschiedene Fächer bis hin zu Diskussionsforen. Das hier beschriebene Lehrerforum bietet darüber hinaus weitreichende zusätzliche Möglichkeiten.

Beratung durch multiprofessionelle Lerngemeinschaften im Internet

In einem Internetforum können Fragen gestellt, Probleme beschrieben, Lösungsvorschläge oder Praxisberichte abgelegt und von anderen Nutzern kommentiert werden. Ob diese Online-Beratung als professionelle Lerngemeinschaft (PLG) im Sinne eines sozialen Netzes fungiert, hängt u. a. von der Lernbereitschaft aller Beiträger und Leser ab. Von einer multiprofessionellen Lerngemeinschaft sprechen wir, wenn die Anwender aus verschiedenen Berufs- oder Interessensgruppen kommen. Die Klärungswünsche und Berichte der Nutzer veranlassen prinzipiell immer wieder eine neue Gruppierung der Beiträge zu Schwerpunkten sowie eine differenziertere Aktualisierung und Vernetzung von Wissensbeständen und Lösungsstrategien. Damit bietet das Forum günstige Grundfunktionen für PLGs und solche Personen, die sich einer PLG anschließen wollen. Jeder Teilnehmer kann in drei Rollen agieren:

- *als Fragesteller* beschreibt ein User unter einem Pseudonym sein Anliegen und bittet die übrigen Forumsteilnehmer um kooperatives Problemlösen. Im weiteren Prozess hat er die Verpflichtung, die Lösungsvorschläge zu diskutieren, auf Chancen und Risiken abzuklopfen, nach eigener Entscheidung umzusetzen und deren Effekte zu bewerten und den übrigen Usern mitzuteilen. So können auch sie lernen.
- *als kooperative, aktive und mitverantwortliche Problemlöser/Berater* bemühen sich die User, das angesprochene Problem durch gezielte Nachfragen für den Klienten wie für sich selbst besser zu verstehen (Klärungsarbeit), es kooperativ einzuschätzen, um änderungsförderliche Betroffenheit (weder verharmlosen noch katastrophisieren) herzustellen, die Chancen und Risiken von Lösungsvorschlägen durch Tun und Unterlassen zu bewerten, die individuellen, sozialen und organisationalen Ressourcen und Risikofaktoren bewusst zu machen und nach der Entscheidung die Folgen zu reflektieren.
- *als Mitlerner lesen Gäste* und registrierte User abgeschlossene oder noch laufende Fälle und profitieren von der Problemdarstellung, der Entwicklung von Lösungsvorschlägen und den Effekten. Sie können die Fallberichte anderen Kollegen empfehlen, die entweder vor ähnlichen Problemen stehen oder über spezielle Erfahrungen verfügen, die der Problemlösung dienlich sein können. Manche Leser entdecken den eigenen Beratungsbedarf erst, wenn sie die Diskussionen um Probleme anderer verfolgen.

Internetforen bieten nicht nur inhaltsspezifische Lernchancen, sondern auch ein Training in allgemeinen Problemlöse- und Beratungskompetenzen:

Der Fragesteller kann z. B. lernen, sein Anliegen trotz emotionaler Betroffenheit verständlich und mit den relevanten Informationen darzustellen, sich mit den Kommentaren und Lösungsvorschlägen auseinander zu setzen sowie aus den Vorschlägen einen erfolgswahrscheinlichen und nebenwirkungsarmen auszuwählen und schließlich abschließende Evaluations- und Erfahrungsberichte an die Mitdenker zu geben.

Die Berater, Mitdenker und kooperativen Problemlöser lernen z. B. zunächst Klärungsfragen zu stellen, um sicher zu gehen, dass sie das Problem aus der Perspektive des Fragestellers verstanden haben, die bisherigen Lösungsversuche des Klienten zu recherchieren, Zusatzinformationen aus verschiedenen Quellen zu erfragen und Lösungsvorschläge mit Ge- und Misslingensreflexion zu erarbeiten.

Als Beispiel: www.lehrerforum.uni-lueneburg.de

Das Lehrerforum www.lehrerforum.uni-lueneburg.de ist in Zusammenarbeit zwischen der Universität Lüneburg, dem Verband Bildung und Erziehung in Nordrhein-Westfalen (VBE-NRW) und dem Landesprogramm OPUS NRW entwickelt worden. Es leistet Informations-, Entscheidungs- und teilweise auch Durchführungsberatung. Es ist ein Lernort, an dem sich Lehrer/-innen, Berufseinsteiger, Anwärter, Lehramtsstudierende und sogar pensionierte Kolleg/-innen über ihre Erfahrungen austauschen. In den ersten zehn Monaten haben sich folgende inhaltliche Schwerpunkte ergeben:

Tab. 8.1: Themenschwerpunkte nach Anzahl der Aufrufe und Kommentare

Themenschwerpunkte	**Anzahl der Aufrufe insgesamt**	**Anzahl der Kommentare insgesamt**
Umgang mit schwierigen Schülern	10 715	90
Gesundheitliche Schwierigkeiten	3 434	91
Schulorganisatorische Probleme	3 359	130
Zweifel an Berufswahl	2 217	60
Tipps für Unterricht und Beruf	2 161	56

Insgesamt sind mittlerweile 1 639 Beiträge und 41 000 Besuche zu verzeichnen (Stand 02/2006). Es gibt über 670 eingetragene Nutzer sowie 38 Beraterinnen, z. B. Seminarleiter, Mediziner, Juristen und Psychologen. Sie arbeiten freiwillig im Forum mit und beantworten insbesondere diejenigen Problemstellungen, die in ihren speziellen Bereich fallen. Neben der offenen Beratung unter Pseudonymen ist auch eine anonyme verdeckte E-Mail-Beratung möglich, die im ersten Jahr mehr als 500mal gewählt wurde. Dabei wenden sich Ratsuchende direkt an die Berater, ohne dass das Problem im Internet veröffentlicht wird. Auch hierbei ist den Beratern kein Rückschluss auf die Identität des Gesprächspartners möglich.

Die Zahlen zeigen den höchsten Nachfragebedarf beim Umgang mit schwierigen Schülern, zwei weitere Schwerpunkte liegen beim Umgang mit gesundheitlichen sowie schulorganisatorischen Problemen. Ein vierter substanzieller Bereich bezieht sich auf Zweifel an der beruflichen Eignung. Fragen nach Tipps für Unterricht und Beruf gehören ebenfalls zu den fünf häufigsten Themengebieten. Die Tatsache, dass neben Lehramtsstudierenden, Anwärterinnen und Berufseinsteigerinnen auch gestandene Lehrer sich ratsuchend und kommentierend am Forum beteiligen, zeigt, dass es bei Lehrern einen hohen Bedarf für das lebenslange, problemorientierte und kooperative Lernen gibt.

Die Beiträge werden außerdem in der Ausbildung von Lehrkräften, Beratungslehrern, Schulpsychologinnen und Rektoren genutzt. In diesen Fällen sollen die Teilnehmerinnen für sie interessante Probleme auswählen, individuell Lösungsvorschläge entwickeln, deren Vor- und Nachteile, Gelingens- und Misslingensbedingungen klären und dann ihre Lösungsvorschläge im Forum posten.

Synergien durch die Kombination von realen und virtuellen Lerngemeinschaften und Beratungen

Diese Form eines webbasierten Unterstützungssystems bietet verschiedene Chancen und Vorteile gegenüber der realen Lerngemeinschaft bzw. Beratung:

1. Durch die anonyme Anmeldung im Forum ist die Schwelle, wann ein Lehrer Fragen stellt oder sich beraten lässt, viel niedriger. Unter einem nicht zurückverfolgbaren Nicknamen ist es leichter, sich einzugestehen, dass man Hilfe in Anspruch nehmen sollte. Auch die einfache Zugänglichkeit zu jeder Zeit in der Schule, am eigenen Schreibtisch oder auch in einem Internetcafé hilft dabei, dass Ratsuchende sich mit ihrem Problem früher an eine professionelle Stelle wenden.

2. Der heilsame Zwang, trotz aller Betroffenheit Probleme verständlich beschreiben zu müssen, hilft Abstand und Überblick zu gewinnen. Außerdem können sowohl Ratsuchender als auch Beratender das Problem dadurch schneller und besser verstehen.

3. Die Vielzahl multiprofessioneller Berater und anderer Gesprächspartner sorgen für eine Beratung aus verschiedenen Blickwinkeln. Dem Ratsuchenden werden viele Informationen und Lösungsmöglichkeiten zugänglich gemacht, aus denen er das für ihn passende Angebot mitnehmen kann.

4. Durch die Kollektivierung von Wissen über Probleme des Lehrerberufs und über Vorschläge zur Lösung dieser Probleme in schriftlicher Form wird es möglich, eine Datenbank der häufigsten Probleme samt einiger „Musterlösungen“ zu schaffen. Das hilft einerseits dem Ratsuchenden, schneller an benötigte Informationen zu gelangen und kann andererseits in der Lehrerausbildung von großem Nutzen sein, in dem die Studenten gezielter auf die Anforderungen ihres Berufes vorbereitet werden können.

5. Das Lesen der Probleme anderer kann für eigene, bisher nicht wahrgenommene Probleme sensibilisieren. Das Lesen der dazugehörigen Lösungsvorschläge kann die eigene Problemlösekompetenz erhöhen.

6. Knappe Ressourcen (zum Beispiel aktuell in Deutschland die Beratung durch einen Schulpsychologen) werden für viele registrierte Benutzer und Gäste verfügbar gemacht.

7. Die langjährigen Erfahrungen pensionierter Fachleute können erhalten und anderen zugänglich gemacht werden.

8. Kooperation und Selbstwirksamkeitserfahrungen unter Kollegen wird gefördert.

9. Nicht zuletzt werden Ratsuchende und Beratende durch Wegfall von Wegen (inkl. Parkplatzproblemen) und Verringerung von Kosten für die Bereitstellung von Warte- und Beratungszimmern und von fixen Beratungssprechzeiten finanziell und zeitlich entlastet.

Virtuelle Unterstützungssysteme können in den meisten Fällen die reale professionelle Lerngemeinschaft oder die persönliche Beratung nur ergänzen – nicht aber ersetzen. Einige klare Grenzen dieser Systeme dürfen nicht verschwiegen werden:

1. Sie können keine Akuthilfe bieten. Dies bleibt weiterhin Aufgabe von Institutionen wie zum Beispiel Telefonseelsorge, Krisenhilfe oder Jugendamt. Auch wenn im Lehrerforum eine Antwort spätestens in 24 Stunden erfolgt, kann dies für die Ratsuchenden unter Umständen zu spät sein.

2. Die Form der Beratung ist schwerpunktmäßig eine informierende. Wenn bei komplexen Fällen Entscheidungs- und Durchführungsberatung nötig ist, sollte die Feinabstimmung vor Ort erfolgen.

3. Ein Bedürfnis des Ratsuchenden nach Empathie, emotionaler Resonanz und persönlicher Wertschätzung eines anwesenden Beraters kann für viele Fragesteller virtuell nicht so überzeugend erfüllt werden.

4. Bei Hinweisen auf psychopathologische Auffälligkeiten in Beiträgen sollte diese Form der Beratung abgebrochen und dem Ratsuchenden andere Institutionen empfohlen werden. Psychologische Beratung und Psychotherapie kann in webbasierten Systemen nicht geleistet werden.

Die kombinierte Nutzung von konventionellem und virtuellem Fachdialog kann sowohl für den Berater wie den Ratsuchenden Synergieeffekte erzeugen:

a) Wer als Berater im Forum mitarbeitet, lernt mehr Probleme und Lösungen sowie mehr Berichte über Erfolge und Misserfolge kennen und erhält dadurch einen Kompetenzzuwachs.

b) Der Ratsuchende kann durch die Benutzung des Internets schon vor einem persönlichen Beratungstermin intensiv und zielgerichtet nach Lösungsvorschlägen suchen und mit Vorschlägen und Ideen zu dem Gespräch kommen, was zu einer Erhöhung seiner Selbstwirksamkeitserfahrung beitragen kann. Bei dem Verfassen schriftlicher Beiträge wird er gezwungen, sein Problem detailliert darzustellen. Hierdurch verbessert er seine Introspektions- und Explikationsfähigkeiten sowohl das spezielle Problem betreffend, aber auch für folgende Probleme. In einem persönlichen Beratungsgespräch hilft dies Ratsuchendem und Beratendem bei der Problemanalyse, so dass schneller und effektiver mit der Lösungssuche begonnen werden kann.

Der Begriff blended counselling bezieht sich auf eine Kombination von Beratungsverfahren, um die Nachteile der einen Methode durch die Vorteile der jeweils anderer zu kompensieren.

Tab. 8.2: Vor- und Nachteile konventioneller und virtueller Beratung

	Vorteile	Nachteile / Grenzen
Konventionelle Beratung	• Optische und akustische Informationen über Stimme, Gestik, Mimik, Gefühle… • Abstimmung simultan statt eventuell nach Tagen • Bekanntheit und Vertrautheit mit dem Klienten und seinen speziellen Bedingungen vor Ort	• Meist nur ein Fachmann einer Disziplin • Anonymität kaum möglich • Personalintensiv • Zeitintensiv • Hohe Einstiegsschwelle
Virtuelle Beratung	• Viele Fachleute • Viele Lösungsvorschläge • Anonym bleiben als Klient • Leichter Zugang • Problemloser Ausstieg möglich	• wenig konkretes Wissen für die Person und ihre Bedingungen vor Ort • keinen Zugang zu weiteren Perspektiven des Problems (Kollegen, Schulleitung, …) • Medienkompetenz erforderlich, • Widerstände gegen anonyme Settings

Die unvollständige Aufzählung aus **Tabelle 8.2** zeigt, dass beide Beratungsstrategien ihre Vor- und Nachteile haben.

Angesichts langer Wartezeiten auf Spezialisten vor Ort und der Gefahr des regressiven Lernens (s. o.) scheint es nützlich, wenn Ratsuchende möglichst früh im Lehrerforum ihr Problem darstellen bzw. prüfen, ob ein vergleichbares Problem dort schon behandelt wurde. Sie übernehmen damit eine eindeutige Erstverantwortung für ihre Lage. Diese Selbstdefinition erschwert die Versuchung, in konventionellen Beratungsgesprächen die Lösung vom Berater zu erwarten. Klienten, die sich bereits im Forum informiert haben, kommen schon mit Lösungsvorschlägen in die face-to-face-Beratung. So kann die Informationsberatung möglicherweise verkürzt werden und die knappen Ressourcen effektiver auf die Entscheidungs- und Durchführungsberatung konzentriert werden. **Abbildung 8.13** veranschaulicht die Überschneidung zwischen Internetberatung und face-to-face-Beratung in einem blended counselling Ansatz.

Abb. 8.13: Synergien zwischen konventionellen und virtuellen Beratungen oder PLGs

Visionen für die Aus- und Fortbildung von Lehrern und (Internet-)Beratern

Abbildung 8.14 beschreibt potentielle Wechselwirkungen zwischen Aus- und Weiterbildung von Lehrern und Internetberatern. In einer großen Schnittmenge zwischen der universitären Lehrerausbildung, der Weiterbildung und Praxisberatung von Lehrern und der Aus- und Weiterbildung von Internetberatern siedeln wir das Lehrerforum an, das wesentliche Aufgaben in allen genannten Bereichen übernehmen kann. Für die Ausbildung liefert es praxisnahe Probleme, die einerseits als Fallstudien für angehende Lehrer zur Verbesserung von Problemlösekompetenzen und kooperativem Lernen benutzt werden können. Andererseits werden häufige Probleme frühzeitig erkannt und Problemlösungsansätze können in die Ausbildung integriert werden. Die praktizierenden Lehrer profitieren davon, dass sich jüngere angehende Lehrer mit ihren Problemen aus einer anderen Perspektive, ohne persönlich betroffen zu sein und mit mehr Zeit, beschäftigen. Gleichzeitig kann das Forum genutzt werden, um Berater aus- und weiterzubilden, indem die Beratung durch die vielfältigen Problembeschreibungen sehr praxisnah trainiert werden kann.

Abb. 8.14: Synergien zwischen der Aus- und Fortbildung von Lehrkräften und Beratern

8.9 Krisenintervention – eine neue Aufgabe für die Schulpsychologie?

Arthur Englbrecht und Roland Storath

Wie aus dem Thema ein Thema für die Schulpsychologie geworden ist

Sich um Menschen in schulischen Entscheidungskrisen zu kümmern ist für die Schulpsychologie nichts Neues. Neu ist allerdings die vor ca. zehn Jahren beginnende Auseinandersetzung mit Krisenmanagement in der Institution Schule. Wenn sich damals Schulpsychologen mit Tod, Amok oder Naturkatastrophen beschäftigten, ernteten sie bei Kollegen und Vorgesetzten des öfteren Kopfschütteln bis Unverständnis. Die Zuständigkeit für Krisen war klar der Polizei, der Feuerwehr, den Rettungsdiensten und Notärzten zugeordnet, aber nicht der Schulpsychologie!

Die indifferente bis distanzierte Haltung vieler Schulpsychologen zu Kriseneinsätzen änderte sich u. a. durch Berichte von Schulpsychologen bei internationalen Kongressen (ISPA-Colloquium in Eger – ISPA: International School Psychology Association). Vor allem der Bericht von Berni Stein regte viele Kollegen an, sich intensiver mit Krisenintervention zu beschäftigen. Berni Stein war damals von der Israelischen Regierung beauftragt, sich als Psychologe um die Auswirkungen von Terroranschlägen auf Schulen zu kümmern. Die Publikation seiner Erfahrungen (Stein, in Meißner, Sachs, 1996, S. 5-20) führte dazu, dass sich immer mehr Schulpsychologen für Krisenmanagement zu interessieren begannen. Eine Häufung aufsehenerregender Ereignisse in der zweiten Hälfte der 90er Jahre (z. B. Missbrauch in Flachslanden, Sexualmord an einer Schülerin in Wilhermsdorf, Mordkomplott von Schülern gegen die Schulleitung in Metten u. a.) führten zur Sensibilisierung für den Handlungsbedarf bei Krisen (Storath, 1998). Immer mehr Schulleiter und Lehrkräfte suchten nach Unterstützung und waren für das notfallpsychologische Angebot von Schulpsychologen dankbar. Hand in Hand mit der zunehmenden Einsatzerfahrung wurden konzeptuelle Ideen entwickelt und in Fortbildungen diskutiert (vgl. Englbrecht & Storath, 2005).

Weitere dramatische Ereignisse beschleunigten die Konzeptentwicklung: Der Amoklauf an der Wirtschaftsschule in Freising, die Vergewaltigung einer Schülerin auf der Toilette einer Münchner Grundschule, das Attentat auf das World-Trade-Center in New York, der Mord an einer Lehrerin in Meißen u. a. führten zur öffentlichen Auseinandersetzung und zur Bildung erster schulpsychologischer Krisenteams. Der Amoklauf am Gutenberg-Gymnasium in Erfurt war die Bewährungsprobe für schulpsychologische Krisenhilfe. Das kurz zuvor mit Hilfe von Bill Pfohl aus den USA in Dillingen gegründete sog. „*K*risen*I*nterventions- und *B*ewältigungsteam *B*ayerischer Schulpsychologinnen und Schulpsychologen" (KIBBS) bestand in Erfurt seine Feuerprobe (Englbrecht, Hirschmann, Meißner & Storath, 2002, Teil II: 9 Tage in Erfurt). So belastend die Vorfälle auch waren – sie bereiteten den Boden vor für den Ausbau schulpsychologischer Krisenteams und deren Vernetzung. Der wachsende Bedarf nach fachlichem Austausch führte zum Besuch interdisziplinärer Fachkongresse und intensivierte die Diskussion fachlicher Standards. Parallel dazu stattfindende Kriseneinsätze zeigten einerseits die Bedeutung des schulpsychologischen Engagements in der Notfallpsychologie und führten andererseits zu einem sich stetig vergrößernden Pool an Erfahrungen.

Zum Entwicklungsstand notfallpsychologischer Konzepte in der Schulpsychologie

Seit dem für schulische Krisenintervention wegweisenden ISPA-Colloquium in Eger hat sich das notfallpsychologische Engagement von Schulpsychologen in zahlreichen Publikationen, Konzeptentwürfen und Veranstaltungen niedergeschlagen (Englbrecht & Storath, 2002a, 2002b, 2005; Storath & Englbrecht, 2004). Die Verarbeitung der Einsatzerfahrungen und der Impulse aus anderen Kriseteams äußert sich in Konzeptüberarbeitungen zwischen den Polen, möglichst differenzierte Notfallpläne zu erstellen, um der vielseitigen Krisenrealität gerecht zu werden, und der Notwendigkeit, das Vorgehen zu vereinfachen, um im Krisenchaos handlungsfähig zu bleiben. Das Wechselspiel zwischen Komplexitätserweiterung und Komplexitätsreduktion führt zu einem dynamischen Konzeptualisierungsprozess dazu, die Begriffsdefinitionen, die Modellvorstellungen, Strategien und Methoden notfallpsychologischen Handelns regelmäßig auf Stimmigkeit mit der aktuellen Erfahrung zu überprüfen. Im Folgenden wird der Diskussionsstand am Beispiel des „Kriseninterventions- und -bewältigungsteams Bayerischer Schulpsychologen“ (KIBBS) dargestellt.

Begriffsklärungen

In der Schule taucht immer wieder die Frage auf, wer über das Recht verfügt, eine Krise zu attestieren und einen „emotionalen“ Nachteilsausgleich zu gewähren. Die Akzeptanz notfallpsychologischer Angebote stellt bei sog. „Großschadensereignissen“ meist kein Problem dar. Schwieriger wird es bei Szenarien, die nur einzelne Schüler betreffen (z. B. Tod des Großvaters), bei denen die Rücksichtsnahme evtl. mit schulischen Ritualen kollidiert (z. B. Leistungserhebungen) und bei denen die emotionale Beeinträchtigung vom Lehrer nur schwer nachvollzogen werden kann (z. B. Verlust eines Haustieres). Aus der Furcht, ausgenützt zu werden, bagatellisieren bzw. negieren Lehrkräfte immer wieder Betroffenheitsäußerungen. Begriffliche Klarheit und vorherige Absprachen zum Definitions- und Indikationsrecht bei Krisen dienen dem angemessenen Umgang mit Belastungen in der Schule.

Krise

Sonneck (2000, S. 61) unterscheidet Lebensänderungskrisen als gleichsam zum Leben dazu gehörend, einkalkulier- und vorbereitbar (wie Heirat, Geburt des ersten Kindes, Pensionierung etc.) von traumatischen Krisen als abrupt auftretend und kaum vorbereitbar (plötzlicher Partnerverlust, überraschende Entlassung, schlagartige Invalidität, massiver Unfall etc.). Caplan (nach Schnell, Wetzel, 1999, S. 371 ff) bezeichnet Krisen als dramatische, von Zuversicht und Bedrohungsgefühlen gleichermaßen begleitete Spitzen bei Konfliktverläufen. Die Ambivalenz zwischen Zuversicht und Bedrohung wirkt sich häufig als Handlungslähmung aus. Krisen entwickeln sich als Folge gravierender, kurzfristig eintretender Veränderungen im Lebenskontext. Sie erfordern eine Anpassung an neue Gegebenheiten. Bisher erfolgreiche Handlungen erweisen sich als unzulänglich, die Identität muss neu bestimmt werden. Stein (1996, S. 8) versteht unter Krise eine vorübergehende, der Stütze bedürfende massive Instabilität eines Individuums oder sozialen Systems. Diese einfache und zugleich offene Definition entspricht dem Arbeitsfeld Schule: Sie schließt sowohl individuelle als auch gruppenbezogene Reaktionen mit ein und orientiert sich an einer zeitbegrenzten Stützungsbedürftigkeit. Im folgenden Text wird Krise im Sinne Steins verwendet.

Stress

Selye (1981) definiert Stress als „unspezifische Reaktion des Körpers auf jede Art von Anforderung". Die Auswirkung des Stressreizes ist individuell, d. h. sie hängt ab von der Stressresistenz (Resilienz) des Einzelnen. Selye unterscheidet Eustress als individuell leistungsförderliches Erregungsausmaß von Distress als individuell zu hohes und leistungsminderndes Erregungsausmaß. Heinerth (2002) sieht in Stressreaktionen eine Vorbereitung des Organismus auf die Begegnung mit einer Bedrohung. Auf das Krisenerlebnis folgt meist eine Schockphase, in welcher der Organismus nach außen passiv erscheint, in der Schonung und Erhaltung lebenswichtiger Funktionen (Kreislauf, Atmung) Vorrang haben. Danach tritt eine Gegen-Schockphase auf, in der sich der Organismus aktiv aus der Bedrohung durch Flucht oder Kampf zu befreien versucht. Lähmung, Flucht und Kampf sind phylogenetisch entstandene, existenzsichernde Bewältigungsstrategien.

Panik

Individuelle oder in Gruppen auftretende Panikreaktionen stellen wegen des oft selbst- oder fremdgefährdenden Verhaltens eine nicht zu unterschätzende Gefahr dar. Unter Panik soll nach Schuh (1986) eine extrem intensive Stressreaktion verstanden werden, die auf eine existenzielle Bedrohung zurückgeht. Im Vordergrund steht die biologische Selbsterhaltung. Alle höheren kortikalen Fähigkeiten treten zurück. Paniksymptome sind der hohe psycho-physische Erregungszustand, die reduzierte Rationalität sowie die Dominanz egoistischer Motive über soziale Werte (vgl. Lasogga & Gasch, 2002). Gemeinsam erlebte Szenarien wie der körperliche Zusammenbruch eines Lehrers vor der Klasse, ein Schulbusunfall oder eine Quarantäne-Situation drohen wegen der gruppendynamischen Effekte besonders massiv zu verstören. Dies gilt auch dann, wenn der Vorfall eigentlich „nur" eine Person betrifft, „lediglich" in Schulnähe passiert oder durch Augenzeugen in die schulische Lebenswelt hinein getragen worden ist.

Trauma

Levine (1998) sowie Heller und Heller (2003) umschreiben ein Trauma als Ereignis, das die Verarbeitungsmechanismen des Organismus überwältigt und damit massive Gefühle der Hilflosigkeit auslöst. Gschwend (2002, S. 7) beschreibt, dass Traumata eine „radikale Verletzung der seelischen und körperlichen Integrität" bedeuten. Es sind Eingriffe in das Leben Betroffener mit oft nachhaltigen Änderungen bzgl. der gesamten Lebenssituation, dem Erleben der Zugehörigkeit zu anderen Menschen, der Beziehung und dem Vertrauen zu sich selbst, dem Gefühl der Handlungsfähigkeit, der Kontrolle, dem Verhältnis zum Körper, und dem Gefühl von Unverletzlichkeit, Sicherheit und Geborgenheit in der Welt (nach Gschwend, 2002, S. 7). Typische Symptome für traumatische Zustände sind Schock, Hilflosigkeit, tiefgehende Labilität, massive Angst, drohender Kollaps, Kontrollverlust, Lähmung, Bedrohungsgefühle, Desorganisation, Chaos, Stress, umfassende Selbstzweifel etc. (vgl. Dilling et al., 2000, International Classification of Deseases ICD 10, F43.0-2., F60.0, F62.0). Traumata werden durch Distress-Ereignisse verursacht, die sich außerhalb üblicher menschlicher Erfahrung bewegen und damit auf die meisten Menschen stark belastend wirken. In der Psychotraumatologie werden zwei Trauma-Typen unterschieden (vgl. Bengel, 1997; Butollo, 2000):

- Trauma-Typ I: Hierzu zählen psycho-physische Verletzungen durch singuläre Ereignisse. Sie treten plötzlich und für die Betroffenen unvorhersehbar ein, wie der Blitz aus heiterem Himmel. Beispiele sind Tod, Suizid, plötzlich auftretende Erkrankung, Amoklauf, Bombenattentat, Katastrophe, Unfall etc.
- Trauma-Typ II: Hierzu zählen psycho-physische Verletzungen durch langandauernde Grenzverletzungen wie z. B. Mobbing, wiederholter Missbrauch, chronische Erkrankungen etc. Wenn die Summe der Belastungen groß genug ist, reichen minimale, von anderen oft nicht nachvollziehbare Anlässe aus, um posttraumatische Verbitterungsstörungen oder Burnout-Symptome ausbrechen zu lassen.

Der durch eine dramatische Situation ausgelöste Stress kann, muss aber nicht zwingend zur Krise führen. Auch Krisen können, müssen aber nicht notwendig zu einem Trauma führen. Sicher ist, dass Traumata Extremstress bedeuten. Abhängig von biographischen Erfahrungen, der Belastbarkeit, den Bewältigungsmustern, der Engmaschigkeit des sozialen Netzes reagieren Menschen bei gleichen Ereignissen höchst unterschiedlich. Insofern sind die Begriffe Stress, Krise und Trauma subjektiv und objektiv zugleich:

- Sie sind objektiv, weil der Anlass und seine Auswirkungen über eine Reihe von Zeitpunkten für andere nachvollziehbar beobachtet und beschrieben werden können (z. B. in der ICD 10, Dilling et al., 2000).
- Sie sind subjektiv, weil der Anlass individuell wahrgenommen und verarbeitet wird. Das Krisenerleben entzieht sich dem direkten Zugang und damit der Fremdbewertung. Belastungsempfindungen bedürfen der vertrauenden Akzeptanz.

Das FNV-Modell zum Krisenmanagement – von der Fürsorge über die Nachsorge zur Vorsorge

Unter „Krisenmanagement“ sind alle direkten und indirekten Maßnahmen zu verstehen, die das bewusste Kümmern um Menschen in extremer Belastung betreffen. Die Aktivitäten lassen sich mit dem sog. FNV-Modell (*F*ürsorge, *N*achsorge, *V*orsorge) beschreiben:

- Fürsorgephase (Intervention): Nach dem Krisenereignis geht es kurzfristig um die notfallpsychologische Unterstützung Betroffener und die psychohygienische Versorgung des Krisenteams. Es gilt, einem Kollaps betroffener Individuen und Institutionen vorzubeugen.
- Nachsorgephase (Evaluation): Mittelfristig steht das Kümmern um die Effekte der Intervention im Zentrum bezüglich des sich abzeichnenden mitttel- und längerfristigen Betreuungsbedarfs (u. a. auch traumatherapeutischer Behandlung). Auch die Evaluation der Intervention sowie auch Manöverkritik ist hier von Bedeutung.
- Vorsorgephase (Prävention): Langfristig geht es u. a. um den Aufbau von Krisenteams und um Ausbildungs- bzw. Trainingsmaßnahmen. Im Zentrum steht die Aufgabe, das Notfall-Management angesichts jederzeit möglicher Folgekrisen zu optimieren.

Grundlegende Prinzipien des Krisenmanagements

Menschen in Krisen sind nur bedingt in der Lage, sich selbst zu helfen. Sie können oft nicht auf distanzierte oder non-direktive Beratung eingehen. Krisenintervention ist deshalb für begrenzte Zeit äußerst aktiv, geradlinig, direkt, die bedrohliche Situation kontrollierend, dabei aber trotzdem bedingungslos wertschätzend, offen, dem Individuum zugewandt. Mit der Hilflosigkeit und Beeinflussbarkeit Betroffener gilt es höchst verantwortlich umzugehen. Der Ruf nach Hilfe kann leicht als Freibrief zur Entmündigung missbraucht werden. Anzustreben ist, dass typische Sichtweisen der Betroffenen (vgl. Sonneck, 2000, S. 100) wie „Ich kann nichts tun, fühle mich gelähmt!“ umgedeutet werden zu „Ich bin für diese Extremsituation völlig o.k., darf Hilfe holen, mir Zeit lassen!“ Interventionen sollen als Angebot verstanden werden und die Menschen vor Ort baldmöglichst in die Lage versetzen, die Situation Schritt für Schritt wieder selbst zu meistern. Werden Betroffene durch Entscheidungen anderer entmündigt, werden sie vom Erleben ihrer eigenen Bewältigungsressourcen abgeschnitten (vgl. Gschwend, 2002). Notfallpsychologische Interventionen sollen dazu beitragen, die Lähmung zu überwinden, den Überblick wiederzugewinnen und Unterstützungssysteme wieder nutzen zu lernen.

Obwohl Krisenverläufe individuell unterschiedlich sind, haben Studien typische Bewältigungsmuster ergeben. Die „Trauerschleife“ geht u. a. auf Arbeiten von Kübler-Ross (1980) und Schley (1988) zurück. Oft verlaufen die Bewältigungsphasen nicht so linear wie in der Übersicht wiedergegeben. Es kommt immer wieder zu Stagnationen, zum Rückschritt auf bereits durchlaufene Phasen oder zum quälenden Hin- und Herpendeln. Notfallpsychologie erleichtert den Ausstieg aus der Stagnation. Sie hilft, die Verlusterfahrungen in eine neu zu konstellierende Identität zu integrieren. Anhand der Krisenspirale kann Eltern, Lehrern oder Laienhelfern verdeutlicht werden, auf welche Verhaltensmuster sie bei Betroffenen stoßen können. Da Betroffene unterschiedlich schnell die Phasen durchlaufen, gilt das Motto, sich darauf einzustellen, dass in einer Betroffenengruppe Leugnung (im Sinne einer dissoziativen Abspaltung des „Unbegreifbaren"), Aggression und Resignation ebenso angetroffen werden können wie Neuorientierung. Die Wahrnehmung der unterschiedlichen Bedürfnisse in einer Betroffenengruppe überfordert in der Regel eine einzelne Person. Im KIBBS-Team wird u. a. deswegen die Tandem-Moderation bevorzugt. Sie gestattet, sich gegenseitig in schwierigen Verläufen beizustehen und ggf. in zwei Teilgruppen weiter zu arbeiten.

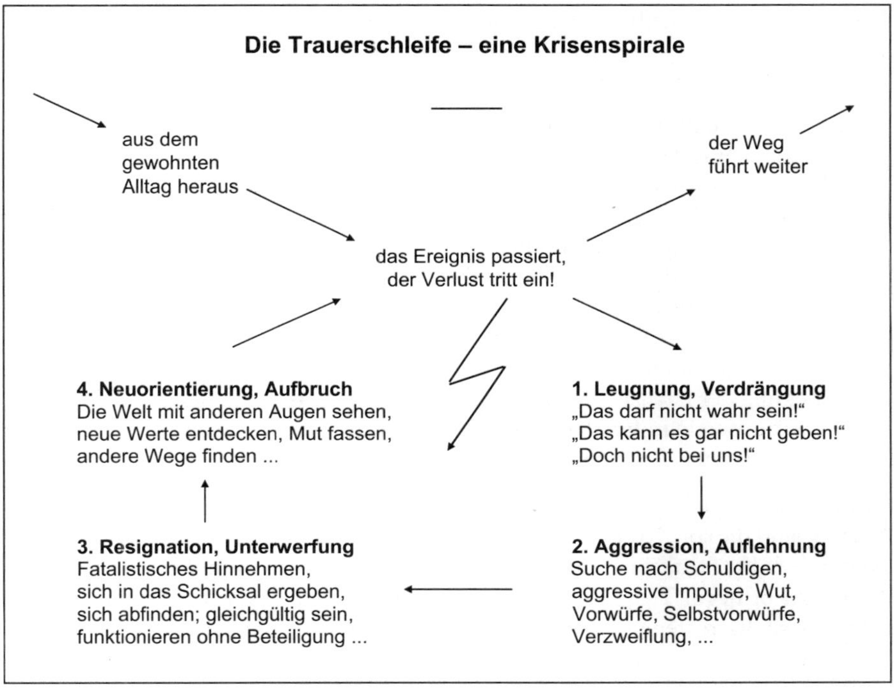

Abb. 8.15: Die Trauerschleife – eine Krisenspirale

Letztlich geht es beim Krisenmanagement darum, Bedingungen zu schaffen, um Betroffenen Schutz und Zuwendung zu geben. Wesentlich ist kurz nach einem Krisenereignis da zu sein, ohne selbst immer groß aktiv werden zu müssen. Heinerth (2002) hat Regeln zur ersten psychologischen Hilfe aufgestellt:

- Sage, dass Du da bist, dass etwas geschieht! Schirme Betroffene vor Zuschauern ab!
- Suche behutsam Kontakt! Sprich mit ruhiger Stimme!
- Höre aufmerksam zu! Halte mit aus – bleibe präsent!

Fürsorge (Krisenintervention)

„Hilf zuerst dir, dann helfe anderen!" – Der Appell mag angesichts des Leids Betroffener zynisch klingen, wird aber nachvollziehbar, wenn man erlebt hat, wie überhastete Reaktionen die Labilität in einer Krise vergrößert haben. Insofern dient die Fürsorge-Phase erst der Stabilisierung der Krisenhelfer. Danach folgt die notfallpsychologische Fürsorge für Betroffene. Als erster Schritt gilt, sich möglichst nicht alleine, sondern je nach Ereignis mit einem oder mehreren anderen Helfern der Krise zu stellen. An manchen Schulen existieren bereits Beratungsteams (Schulpsychologen und -sozialpädagogen, Beratungs-, Betreuungs- und Religionslehrer etc.). Diese können als Bündnispartner bei der Planung und Versorgung mithelfen. Je mehr Krisenteammitglieder über gemeinsame notfallpsychologische Erfahrungen verfügen, umso effektiver wird die Intervention ausfallen. Vor der Hilfe für Betroffene sollte trotz des enormen Erwartungs- und Zeitdrucks eine Sitzung des Krisenteams stattfinden. Die Struktur lässt sich der folgenden Übersicht entnehmen:

- Arbeitsrahmen/Information: Wer leitet das Team(gespräch)? Was ist das Sitzungsziel? Wie lange dauert die Sitzung? Wer hat welche Information zum Krisenereignis (Briefing)?
- Betroffenheit im Team/Arbeitsfähigkeit: Wie sehr sind die Teammitglieder betroffen? Besteht bzgl. Familie, Beruf, Vorgesetzte hinreichend Freiraum für den Einsatz? Ist das Team arbeitsfähig?
- Kreise der Betroffenheit, der Unterstützungssysteme: Wer ist vom Krisenereignis wie stark betroffen? Wer braucht welche Notfallhilfe? Wer aus dem Team bietet was an? Gibt es Bündnispartner, weitere Unterstützungsressourcen?
- Festlegung der nächsten Schritte: Wer macht was bis wann mit wem? Wie bleiben wir untereinander erreichbar? Wann treffen wir uns wieder? Wo? Gibt es einen adäquaten Arbeitsraum?

Ein ebenso einfaches wie wirkungsvolles methodisches Instrument für die erste Sitzung sind die sog. Kreise der Betroffenheit bzw. der Unterstützungssysteme. Die Methode hilft, Struktur in das auch im Krisenteam sich ab und an ausbreitende Chaos zu bringen. Trotz des Engagements der Helfer passiert es immer wieder, dass massiv Betroffene übersehen werden. Um dem zu entgehen, widmet sich das Krisenteam erst einmal der Komplexität des Ereignisses (Komplexitätserweiterung). Nach einer Vergewisserung der Arbeitsfähigkeit werden die bekannten Informationen ausgetauscht mit dem Ziel, sich das Szenario möglichst vergegenwärtigen zu können. Anschließend werden im Brainstorming potentiell hilfsbedürftige Personen identifiziert. Auf Kärtchen aufgeschrieben, werden diese den Kreisen so zugeordnet, dass im Zentrum die am stärksten Betroffenen und damit am meisten Hilfsbedürftigen liegen. In die äußeren Kreiszonen werden diejenigen gelegt, die weniger dringlich Hilfe benötigen. Die Betroffenheit und damit Hilfsbedürftigkeit von Menschen in einer Krise hängt ab von der physischen Nähe zum Geschehen, der psychischen und sozialen Nähe und persönlichen Risikofaktoren (selbst erlebtes Trauma) etc. Im Brainstorming kommt es in der Regel rasch zu einer großen Zahl potentiell Bedürftiger. Um im Krisenteam dadurch nicht selbst handlungsunfähig zu werden, wird als nächster Schritt die Komplexität der Situation wieder zurückgeführt (Komplexitätsreduktion). Die Sortierung der Kärtchen danach, wer schon durch andere Dienste versorgt ist, wer aus dem Team heraus betreut werden kann und wer an andere notfallpsychologische Helfer delegiert werden muss, bringt Ordnung in die Handlungsabfolge. Die verringerte Zahl der Kärtchen entlastet.

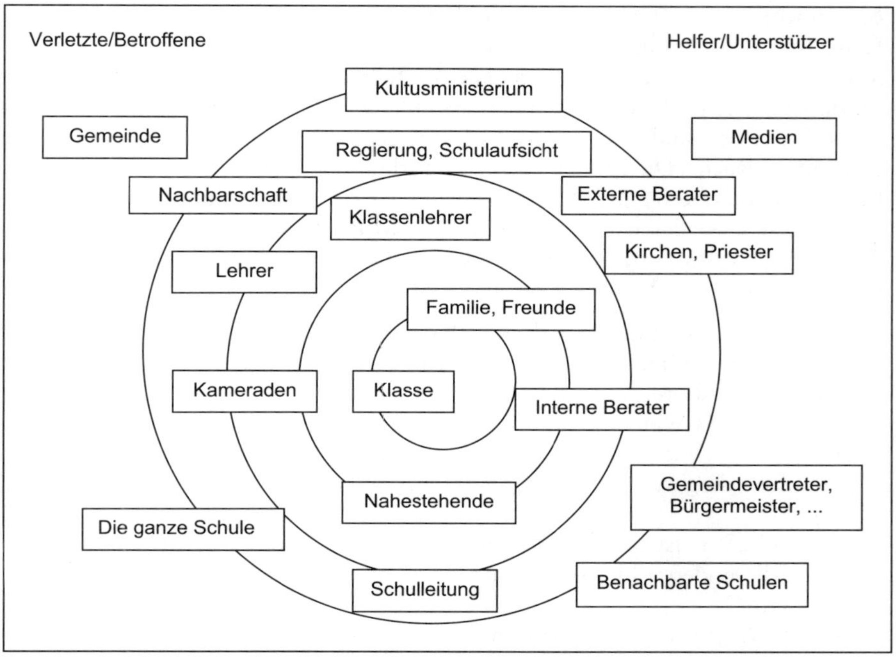

Abb. 8.16: Kreise der Betroffenheit/Kreise der Unterstützung

Die Arbeit mit den Kreisen der Unterstützungssysteme erfolgt analog: Es gilt, neben den eigenen Ressourcen im Krisenteam noch andere Mitstreiter zu finden. Notfallhilfe muss nicht immer durch professionelle Krisenberater erfolgen: Seelsorger, Lehrer, Freunde, Mitschüler oder Angehörige sind oftmals sehr effektive Helfer! Auch Medien können bei gezielter Pressearbeit Unterstützerrolle einnehmen. Sie tragen dazu bei, quälenden Gerüchten vorzubeugen und eine realistische Sicht des Szenarios zu vermitteln.

Notfallpsychologische Hilfestellung kann sich anfangs darauf beschränken, präsent zu sein, Gesprächsangebote zu machen und Betroffene vor der Presse oder der Öffentlichkeit abzuschirmen. Menschen sind nach Krisenerfahrungen oft erst einmal in der Schockphase, brauchen Zeit und Ruhe, um sich nach der Extrembelastung etwas zu erholen. Somit stellt sich als diagnostische Frage, wer der Betroffenen

- im Moment keine weiteren Angebote braucht (weil z. B. die familiäre Unterstützung hinreichend ist),
- mit notfallpsychologischen Hilfen hinreichend versorgt ist, und
- wer vermutlich einer traumatherapeutischen Betreuung bedarf.

Bei kollektiv durchstandenen Krisen (z. B. einem Schulbusunfall) hat sich das Angebot von Gesprächsgruppen unter Tandemleitung bewährt (vgl. Englbrecht & Storath, 2005). Zwei in der Gesprächsführung mit Traumatisierten erfahrene Helfer strukturieren und moderieren jeweils die ca. ein- bis eineinhalbstündigen Sitzungen. Als Grundregeln gelten, dass die Teilnahme an den Sitzungen freiwillig ist, dass man gehen kann, wenn man möchte, dass man sprechen kann, aber nicht muss. Untersagt sind körperliche und verbale Angriffe, Beschuldigungen sowie Aufrufe zur Rache. Die Tandem-Besetzung erlaubt, dass ein Moderator mit massiv belasteten und überreagierenden Personen kurzfristig die Gruppe verlassen kann, bis sich diese wieder beruhigt haben. Das Gruppen-Krisengespräch verläuft in Anlehnung an das Vorgehen „Group-Crisis-Intervention“ (GCI) nach der National Organization of Victims Assistance (NOVA, USA):

- *Einleitung*: „Es tut uns leid, dass euch das widerfahren ist! Unser Vorgehen hat sich als Unterstützung bewährt. Ihr könnt reden, müsst aber nicht. Ihr dürft schweigen, zuhören oder auch gehen!“
- *Was war?* „Wo warst du, als sich das Ereignis abspielte?“, „Wie hast du davon erfahren?“, „Mit wem warst du zusammen?“, „Was hast du gerade getan?“, „Was hast du gesehen, gehört, gerochen, geschmeckt, gefühlt?“, „Wie hast du reagiert?“
- *Was ist?* „Was ist seit dem Ereignis bis heute passiert?“, „Was hast du, was haben die anderen bis heute getan?“, „Was ist für dich (besonders) hilfreich gewesen?“
- *Was wird?* „Welche Termine stehen bereits fest (Trauerfeier)?“, „Was wirst du vermutlich tun?“, „Wer oder was könnte dir besonders helfen, die nächste Zeit zu überstehen?“, „Wie und mit wem könntest du die nächsten Tage (Wochen) gestalten?“
- *Abschluss*: Dank für das Vertrauen; Hinweise auf Berater, Therapeuten, weitere Beratungseinrichtungen, Hotline – „Wir bleiben noch kurz hier für den Fall, dass jemand mit uns sprechen möchte!“

Das Gruppengespräch nach NOVA ist *kein* Debriefing im Sinne von Mitchell und Everly (1998, S. 24). Die Autoren beschreiben Debriefing als Methode zur Stressbearbeitung für Einsatzkräfte. Debriefing fokussiert das Erleben der Krise. Das Verfahren wurde nach seiner Vorstellung vor ca. 20 Jahren populär und – obwohl die Autoren explizit auf die Gefahren hingewiesen haben – übereilt und verkürzt auch bei Krisenbetroffenen angewandt. Neuere Studien zeigen, dass Debriefing durchaus für manche Personen hilfreich sein kann, dass es aber offenbar bei anderen auch die natürliche Erholung behindert oder sogar kontraindiziert ist (Paulus, 2004, S. 66). Das Vorgehen nach NOVA greift zwar aus neurophysiologischen Gründen noch einmal auf Reaktionen und Eindrücke während der Krise zurück, fokussiert allerdings dann möglichst rasch auf Aktivität und Handeln. Im Zentrum steht nicht der Blick zurück, sondern das vorwärtsgerichtete Anknüpfen an Bewältigungsstrategien (vgl. Reddemann, 2002). Um dem unterschiedlichen Verarbeitungsverlauf in einer Gruppe gerecht zu werden, wird das Gespräch manchmal auch an mehreren Tagen hintereinander angeboten. Die Struktur entspricht dem Erst-Gruppengespräch: Begonnen wird damit, was seit dem letzten Gespräch war, was jetzt ist und was sein wird. Trotz allem kann nicht ausgeschlossen werden, dass bei massiver Traumatisierung auch das NOVA-Vorgehen deplaziert ist. Umso wichtiger ist die diagnostische Phase im Vorfeld. Es gilt, sensibel für Traumatisierungssignale der Teilnehmer zu bleiben – eine Aufgabe, für die (wie bereits betont) eine Tandem-Gesprächsleitung mit Aufgabenteilung notwendig ist.

In Gruppengesprächen klagen Betroffene oft, dass sie nicht schlafen können, sich zu nichts aufraffen können, keinen Appetit mehr haben, nicht mehr lachen können noch Freude an irgendetwas empfinden. In diesen Fällen hat sich das Angebot von Umdeutungen (Reframing) bewährt, z. B. das schreckliche Empfinden des Gelähmtseins als phylogenetisch bewährte Strategie des Organismus zur Existenzsicherung zu interpretieren: Wenn keine passenden Handlungsmuster zur Verfügung stehen, ist es besser, nicht zu handeln, als vorschnell etwas Falsches zu tun! Traumatisierte Menschen fragen sich immer wieder, ob sie noch normal sind. Krisenbetroffene sollten nicht pathologisiert werden: Krisen setzen die sicherheitsspendende Normalität des Alltags außer Kraft. Verrückte Normen erfordern angemessen verrückte Verhaltensweisen. Daraus folgt: Nicht der Mensch in einer Krise ist verrückt, sondern die verrückte Situation führt zu verrückten Verhaltensweisen!

Das vom Community Stress Prevention Centre in Kiryat Shmonah in Israel entwickelte „Integrative Modell BASIC-PH“ (1999) stellt eine sehr gute Basis für die Betreuung Betroffener sowohl in der Fürsorgephase als auch in der sog. Psycho-Edukation bei Lehrern und Eltern dar:

*B*elief:	Überzeugung, Glaube an sich, an eine höhere Macht, Werte, Sinn, Überzeugung, Hoffnung, Mystik *„Man kann alles ertragen, wenn man Überzeugungen hat“*
*A*ffect:	Affekte, Empfindungen, Gefühle anderen (mit)teilen und ausdrücken (anrufen, schreiben, malen) *„Gefühle bilden den Boden für unsere Erfahrungen in der Welt“*
*S*ocial:	Unterstützer nutzen, Eltern- und Familienkontakt, Peergruppenzusammenhalt, Teil eines Ganzen sein *„Der Mensch ist zuerst und vor allem ein soziales Lebewesen“*
*I*magination:	Illusion, Leugnung, Intuition, Phantasie, Humor, Ablenkung, kreative Kräfte nutzen (Musik, Literatur, Kunst) *„Illusionen sind die Flammen des Lebens“*
*C*ognition:	kognitiv erklären, lernen, planen, Prioritäten setzen, Alternativen suchen, Copings, Supervision, Team *„Ich hab' alles im Kopf“*

*PH*ysical: essen, trinken, schlafen, arbeiten, Sport, Sex, kämpfen, entspannen, Aktivität verhindert Nachdenken
„Aktivität ist der Schlüssel zur Bewältigung".

Nach schulischen Krisen fragen sich viele Lehrer, wie sie mit den Schülern sprechen können. Als Leitgedanke gilt: Bewusst Handeln jenseits von Überreaktion und Lähmung! Totschweigen droht langfristige Auswirkungen bei massiv Betroffenen zu provozieren. Die folgenden Handlungsschritte haben sich als hilfreich erwiesen. Sie orientieren sich an den von Stein (1996) entwickelten „Fragen für den Tag danach":

- Eindrücke, Reaktionen, Gefühle schildern: Wo warst Du, als es geschah? Was hast du gerade getan? Beschreibe, was Du gesehen, gehört hast! Welche Gefühle hattest Du? Was fühlst Du nun? Was bereitet dir Sorge? Wie ging es anderen Schülern, Deiner Familie? Wie geht es ihnen jetzt?
- Reduktion von Spannungen: Malen, Schreiben, dramatisch gestalten; Gefühle mit anderen teilen; Angst (ohne Scham!) als normale Reaktion in einer anormalen Situation ansehen; Trauerrituale anbieten, z. B. Briefe (an die Trauerfamilie, das Opfer) schreiben, einen Leidensbaum (Altar etc.) errichten, Steine beschriften und ablegen;
- Besseres Verständnis der Realität, in der wir leben: Was weißt Du über das Ereignis? Trennen von Tatsachen und Gerüchten; Zeitungsberichte ausschneiden, eine Dokumentation erstellen;
- Bewältigungsstrategien ansprechen: Wer oder was hat Dir bisher geholfen? Wer oder was hat Dir am meisten geholfen? Was und wer könnte Dir jetzt und in der nächsten Zeit helfen, noch besser damit umzugehen? Wie könnte das geschehen? Wen möchtest Du jetzt am liebsten in Deiner Nähe haben?

Nachsorge (Krisenevaluation)

Aus Platzgründen werden die Phasen der Nach- und Vorsorge verkürzt wiedergegeben. Wenn das Krisenchaos nachgelassen hat, rückt die Evaluation der Maßnahmen in das Zentrum der Aktivität. Eine teaminterne Manöverkritik soll sowohl dazu beitragen, als Helfer das Erlebte für sich abrunden zu können, als auch, für kommende Kriseneinsätze Verbesserungsideen abzuleiten. Die Evaluation beginnt nicht erst am Ende der Krisenintervention, sondern bereits damit, dass während des Einsatzes täglich vor dem Start ein Briefing (Information zum aktuellen Stand), nach Abschluss des Tageseinsatzes ein Debriefing und bei Bedarf noch eine Supervisionssitzung stattfindet. Zweck dieser Aktivitäten ist es, den Einsatztag Revue passieren zu lassen, zu bewerten und das Erlebte aufzuarbeiten. Daran schließt sich die Planung weiterer Schritte für den nächsten Tag an.

Die unmittelbare Nachsorge besteht im Sich Kümmern um die Effekte der Fürsorge bei Betroffenen und Helfern. Es gilt, sich zu vergewissern, ob weitere notfallpsychologische Maßnahmen erforderlich sind, ob Delegationen an Traumatherapeuten oder andere Partner des Krisennetzwerks vorgenommen werden müssen. Um im Rahmen der neu bewerteten Bedarfslage rasch Delegationen durchführen zu können, sind aktualisierte Listen mit regionalen Unterstützungsdiensten, Traumatherapeuten, Ärzten etc. sehr hilfreich. Die bereits beschriebenen „Kreise der Betroffenheit" sind auch bei der unmittelbaren Nachsorge unentbehrlich: Auf Kärtchen ist ja anfangs vermerkt worden, welche Hilfe Betroffene brauchen, welche Unterstützung für sie angeboten werden kann und welche Helfer in welchem Zeitraum für sie zur Verfügung stehen. In regelmäßigen Abständen wird durch das schulische Krisenteam überprüft, ob die Hilfsmaßnahmen ausreichend sind. Rückmeldungen von Eltern und Lehrern zu Belastungssymptomen bei Schülern sind diagnostisch sehr hilfreich. Typische Belastungssignale wären z. B. eine hohe Stimme, hastiges Sprechen, angespanntes Sitzen, schnelles Atmen, Schweißausbrüche, Herzrasen, trockener Mund, gerötete Hautfarbe, zusammengebissene Zähne, Zähneknirschen, Tunnelblick, Ablenkbarkeit, Dominanz von Nebensächlichkeiten, Übergehen fester Abläufe und Routinen wie z. B. Essens- und Schlafenszeiten etc. (vgl. Lasogga & Gasch, 2002, S. 230). Die Aktualisierung der Kreise der Betroffenheit führt dazu, dass Kärtchen neu hinzukommen, andere neu beschriftet werden, näher zum Zentrum oder weiter weg angeordnet werden, dass sie auf die Seite gehängt, umgedreht bzw. bei hinreichender Stabilisierung wieder abgehängt werden können. Dank dieser Methode hat das Krisenteam jederzeit einen Überblick über die laufenden Betreuungsmaßnahmen. Anhand der differenzierten Aufzeichnungen ist auch jederzeit eine Legitimation des Vorgehens Vorgesetzten oder Vertretern der Öffentlichkeit gegenüber möglich.

Vorsorge (Krisenprävention)

Krisen lassen sich zwar nicht verhindern, aber die Wahrscheinlichkeit ihres Auftretens ist durch Vorsorge ebenso reduzierbar wie das Ausmaß des Schadens im Ernstfall. Die Phase der Vorsorge umfasst die Zeitspanne zwischen der Nachsorge und einem hoffentlich nicht zu rasch eintretenden erneuten Krisengeschehen. Die mittelbare Vorsorge dient der Umsetzung der Konsequenzen aus der Manöverkritik des Krisenteams, die unmittelbare Vorsorge der Stabilisierung potentiell Betroffener. Als Herausforderung der mittelbaren Vorsorge stellt sich die Frage, wie angesichts der vielen dringlichen Aufgaben im Schulbereich Lehrer und Schulaufsicht in der krisenfreien Zeit davon überzeugt werden können, Energie zu investieren in Notfallpläne, in die Erstellung und Ausrüstung von Krisenteams und die Aus- und Fortbildung potentieller Mitglieder. Offensichtlich ist es eine Bewältigungsstrategie, in krisenfreien Zeiten nicht an Krisen und deren Bewältigung zu denken, sondern sich anderen Aufgaben zuzuwenden. Zentrale Vorsorgemaßnahme ist die Psycho-Edukation von Eltern, Lehrern und Vorgesetzten. Es gilt das paradoxe Motto: Sich gemeinsam in der Schule auf das Unvorstellbare soweit als möglich vorbereiten! Wie bei der Nachsorgephase lässt sich auch hier immer wieder erleben, dass unter dem Eindruck eines Krisenszenarios Zusagen zur Prävention getroffen werden, die zu einem späteren Zeitpunkt in Vergessenheit geraten!

Als wichtigste unmittelbare Maßnahme gilt nach wie vor die Stärkung aller in der Schule zusammen wirkenden Personen durch gegenseitige Wertschätzung, durch Ritualisierung von Bewältigungsstrategien bei Frustrationen und Niederlagen, durch klare Stellungnahme gegen Mobbing und andere Formen der Ausgrenzung. Unumstritten ist, dass die Reduzierung des Aggressionspotentials in der Schule dazu beiträgt, die Wahrscheinlichkeit des Auftretens von Gewalteskalationen zu reduzieren. Wie wir aus vergangenen Amokläufen wissen, gilt es, sich verstärkt um Schüler zu kümmern, die sehr schlechte Leistungen zeigen, demotiviert und frustriert sind, denen evtl. ein Schulausschluss droht oder die von der Schule entlassen werden. Es muss von Seiten der Schulleitung sichergestellt werden, dass diesen Schülern rechtzeitig ein Gespräch möglichst von einer Lehrkraft ihres Vertrauens angeboten wird. In diesen Gesprächen geht es nicht darum, Schüler wegen ihres Schulversagens zu trösten oder ihnen Vorwürfe zu machen. Vielmehr sollte in einer gemeinsamen Analyse über die aktuelle Situation gesprochen und Perspektiven für die weitere Schulkarriere entwickelt werden.

Vier Legitimationssäulen schulpsychologischer Tätigkeit bei Krisenszenarien in der Schule

Warum gerade Schulpsychologen neben all den bereits bestehenden außerschulischen Kriseninterventionsteams wesentlich zur Krisenhilfe in der Schule beitragen können, wird anhand der folgenden vier Legitimationssäulen noch einmal zusammengefasst:

Schulpsychologen verfügen über Beratungskompetenz und über Feldkompetenz in Schulen

Schulpsychologische Tätigkeit definiert sich durch Beratung und Begleitung von einzelnen oder von Gruppen in der Schule. Schulpsychologen sind es gewohnt, sich mit ratsuchenden Menschen zusammen zu setzen und auf der Basis psychologischen Bedingungs- und Handlungswissens als auch der Insider-Kenntnis zum System Schule zu intervenieren. Viele Kollegen verfügen neben langjähriger Berufserfahrung über eine zertifizierte Therapie- und/oder Supervisionsausbildung. Zusätzlich erworbene Kompetenzen zum Krisenmanagement ermöglichen es, unmittelbar Betroffenen und deren Angehörigen Beratungs-, Coaching- und Supervisionsangebote so zu unterbreiten, dass diese sowohl der Krisensituation als auch den schulsystemisch eigenen Abläufen möglichst gerecht werden.

Schulpsychologen verstehen sich als Notfallpsychologen; sie sind meist keine Traumatherapeuten

Notfallpsychologie und Traumatherapie sind Begriffe, über deren Schnittmenge sich trefflich streiten ließe. Das schulpsychologische Verständnis wird in Analogie zur Ersten Hilfe deutlich: Ein Laienhelfer kann Leben retten, ohne sich für die Erste Hilfe rechtfertigen zu müssen noch ohne damit eine spätere ärztliche Versorgung in Frage zu stellen. Schulpsychologen arbeiten akzentuiert notfallpsychologisch: Sie streben an, in der Schule einen Kollaps von Personen oder der Institution zu verhindern. Dies ersetzt nicht die bei einem Teil der Betroffenen später deutlich werdende traumatherapeutische Bedürftigkeit durch speziell dafür ausgebildete Therapeuten, sondern erfordert, dass mit diesen regional vernetzt und kooperativ eng zusammen gearbeitet wird.

Schulpsychologen begründen ihr Vorgehen mit neuropsychologischen Befunden

Fiedler (2001) leitet aus Untersuchungen zur Verarbeitung von Extremstress folgende Hypothesen ab: Der zeitbegrenzte Erinnerungsverlust bei Traumata geht auf komplexe hormonell-neurale Wechselwirkungen im Zwischenhirn zurück. Diese blockieren die sensorisch-kognitive Integration traumatischer Reize auf Großhirnebene und damit explizit deklarative Gedächtnisprozesse (traumabedingte Dissoziation). Allerdings bleiben sensorisch mit dem Trauma assoziierte Bilder, Gerüche, Geräusche, Gefühle im implizit prozeduralen Gedächtnis gespeichert. Sie können bei späterer Konfrontation mit ähnlichen Reizen zu Handlungsautomatismen bis spontanen Wiedererlebensprozessen hoher Intensität führen. Schulpsychologen streben an, das Unbegreifbare in Begriffe zu fassen und damit über Sprache (den Körper, die Bewegung, musikalisch-rhythmische oder bildhafte Gestaltung) begreifbar werden zu lassen. Sie fragen u. a. nach Sinneseindrücken und Re-Aktionen, um Reize bewusst zu machen, Erinnerungslücken zu schließen, Betroffenen zu helfen, aus der Lähmung wieder in die Aktivität zu kommen. Ziel ist, die sensorisch-kognitive Integration der Trauma-Erfahrung zu unterstützen.

Schulpsychologen fokussieren auf Copings und verfolgen einen prinzipiell salutogenetischen Ansatz

Resilienz bezeichnet die Fähigkeit, eine Krise trotz gelegentlicher Tiefs selbständig oder mit Hilfe anderer zu bewältigen. Untersuchungen zeigen, dass sich bei Menschen in Notlagen immer wieder gleiche Bewältigungsmuster abzeichnen (vgl. Reddemann, 2002). Schulpsychologen versuchen, bei Betroffenen möglichst bald an früher erfolgreichen Copings anzudocken, d. h. Kraftquellen wieder zu erschließen. Sie verschreiben nicht den „richtigen“ Umgang, sondern bieten Bewältigungen an. Damit drücken sie ihre Wertschätzung Betroffenen gegenüber aus: Traumatisierte Menschen reagieren auf unangemessen extreme Situationen üblich, d. h. mit dafür angemessen extremen Verhaltensweisen. Durch Beobachtung und Begleitung gilt es, therapiebedürftige Menschen von denen zu unterscheiden, die aufgrund eigener Copings den Weg zum Alltag selbst wiederfinden können.

Was Schulpsychologen bei Kriseneinsätzen in Schulen bisher erfahren und gelernt haben

Die Erfahrungen aus den zwischenzeitlich zahlreichen Kriseneinsätzen verdichten sich in den stichpunktartig aufgelisteten Akzenten. Sie sollen anderen helfen, mit den unvermeidbar auftretenden Hürden und Klippen des notfallpsychologischen Handelns konstruktiv umgehen zu können:

- Krisen beeinflussen oft die ganze Schule, manchmal die Gemeinde; alle Betroffenen (auch die Sekretärin, das Hauspersonal etc.) brauchen möglichst rasch klare Informationen; mit plötzlichen, unerwarteten Ereignissen muss gerechnet werden;
- Vor einer notfallpsychologischen Tätigkeit ist die Klärung der Auftragssituation wesentlich: Wer will eigentlich was von wem?
- Krisen spülen vergangene Krisenerfahrungen hoch, im Vordergrund der Begleitung steht die Stabilisierung und Ressourcenorientierung; Betroffene sollten aus einem Angebot an Bewältigungsmöglichkeiten auswählen dürfen;
- Menschen in Krisen dürfen nicht pathologisiert werden; sie reagieren auf die außergewöhnliche Situation angemessen außergewöhnlich;
- Regelmäßige Rückkoppelungen bezüglich aktueller Ereignisse sind notwendig; diagnostische Hilfsmittel (Screenings) helfen, den Bedarf besser zu erkennen; notfallpsychologische und therapeutische Kompetenzen sind qualitativ unterschiedlich, aber beide gleichwertig und gleichermaßen notwendig;
- Krisenhelfer sollten auf das schlimmste Szenario vorbereitet sein; sie treffen auf Menschen in einer Grenzsituation, in der sich diese auch grenzwertig verhalten. Die Einbindung in ein Team ist für den eigenen Schutz, die Psychohygiene und die professionelle Arbeit zwingend notwendig;
- Helfer müssen sich vor der Krise auf die Krise vorbereiten; regelmäßiger Austausch und Trainings sind unabdingbare Voraussetzungen; Helfer sollten ruhig, klar, kompetent und vertrauenswürdig auftreten; ist das wegen zu großer Betroffenheit nicht möglich, sollten sie nicht mit Betroffenen arbeiten;
- Krisenhelfer sind der eigenen Fürsorge verpflichtet (Möglichkeiten und Grenzen beachten, Regenerationszeiten einplanen); der Teamleiter ist dafür mitverantwortlich; dazu gehört, sich im Vorfeld mit der eigenen Krisenbiografie (Erfahrungen mit Tod, persönlichen Krisen) auseinander zu setzen;
- Das Krisenteam fungiert während und nach einem Einsatz als Unterstützungssystem; bei Krisen sollten eher mehr Teamkollegen als benötigt alarmiert werden; Briefing, Debriefing und Supervision sind arbeitshygienisch erforderlich; örtliche Helfer sollten mit einbezogen werden;
- Medien können als Bündnispartner wesentlich zur Deeskalation beitragen, indem sie knapp und klar informieren; der voyeuristischen Presse gilt es klare Grenzen zu setzen;
- Jahrestage sind wichtige Marksteine für die Krisenbewältigung; Schulen befassen sich mit dem Thema Krise meist erst wieder dann, wenn erneut Krisen eingetreten sind; dabei ist Prävention emotional und pekuniär deutlich billiger als Intervention.

Was sich für die Zukunft abzeichnet

Meinungsbildung in und um Schule

Mittlerweile ist es der Öffentlichkeit bewusst, dass auch Schulen von Krisen nicht verschont bleiben. Die Initiativen der Schulpsychologie, Schulen auf den Umgang mit Krisen vorzubereiten, stoßen mehr und mehr auf positive Resonanz. Notfallpsychologische Stabilisierung in Krisensituationen, das haben Betroffene erfahren, spart neben psychischem Leiden auch Geld. In Bayern gibt es mittlerweile einen Vertrag zwischen dem Gemeindeunfallversicherungsverband und dem Kultusministerium, auf dessen Basis die notfallpsychologischen und traumatherapeutischen Interventionen entsprechend ausgebildeter Schulpsychologen abgerechnet werden können. Sensibilisierung durch Psycho-Edukation und Fortbildung, permanente „notfallpädagogische" Standpunktbestimmung ist weiterhin dringend notwendig. KIBBS-Mitglieder haben neben der Betreuung Betroffener in Akutsituationen explizit den Auftrag, im Bereich der Prävention tätig zu sein.

Vernetzung und Teambildung auf lokaler, regionaler und überregionaler Ebene

Ein weiterer wichtiger Schritt ist die Vernetzung und Teambildung auf unterschiedlichen Ebenen. Krisenanforderungen werden von Schulen unterschiedlich erlebt, bewertet und beantwortet. Jede Schule sollte auf Krisen vorbereitet sein. Dazu bedarf es eines schulinternen Teams, das sich für das Krisenmanagement verantwortlich fühlt. Erfahrungen zeigen, dass Krisen um so eher bewältigt werden, je mehr ein Team an der Schule darauf eingestellt ist, mit externen Krisenhelfern zusammen zu arbeiten. Dem schulhausinternen Krisenteam gehören in der Regel die Schulleitung, Sicherheitsbeauftragte, Vertrauenslehrkräfte, Vertreter des Personalrats, Beratungs- und Religionslehrkräfte sowie speziell geschulte Lehrkräfte an (z. B. Mitglieder der Wasserwacht, der freiwilligen Feuerwehr). Auf regionaler Ebene können interdisziplinäre Krisenteams (Polizei, Sanitäter, Notfallseelsorger, Jugendhilfe, Erziehungsberatung, Sicherheitsbeauftragter, Kinder- und Jugendpsychiater, Notarzt, Traumatherapeut, Schulpsychologe etc.) gebildet werden, die in regelmäßigen Abständen zusammenkommen, mögliche Krisensituationen durchsprechen, Einsätze reflektieren, Materialien austauschen und sich fortbilden. Auf Landesebene können spezialisierte Teams von Schulpsychologen und Notfallpsychologen tätig werden, die auch in Großschadenslagen zur Betreuung von Schulen eingesetzt werden, wie das im April 2002 in Erfurt und Januar 2006 nach dem Einsturz der Eishalle in Bad Reichenhall der Fall war. Wesentlich erscheint, dass die Ebenen miteinander vernetzt sind, so dass im Einzelfall sehr schnell entschieden werden kann, ob Mitglieder der nächsthöheren Ebene in die Krisenbewältigung mit einbezogen werden müssen.

Interdisziplinäre und internationale Kooperation und Vernetzung

Die Initiativen der Fachgruppe Notfallpsychologie (NOPS) des BDP zeigen das Interesse des Berufsverbandes, neben anderen Berufsgruppen wie z. B. Notärzte, Psychiater, Notfallseelsorger, Polizei, Bundeswehr, Katastrophenschutz, Feuerwehr etc. in der Krisenintervention verstärkt tätig zu werden. Dass privat organisierte Krisendienste (z. B. INNOT) mit Rettungsdiensten konkurrieren, zeigt, dass hier neben Macht und Einfluss viel Geld zu verdienen ist. Negativen Auswirkungen der Konkurrenz wirken internationale Kongresse (KIT-Tage in Innsbruck) und interdisziplinäre regionale Gruppen (Netzwerk Traumahilfe Nürnberg, Gewaltprävention und Krisenintervention in Berlin, regional organisierte Gruppen von notfallpsychologisch arbeitenden Psychologen – NOPS) entgegen.

Bereits im Jahre 1999 wurde im Rahmen des jährlichen Colloquiums der International School Psychology Association (ISPA) das International Crisis Response Network (ICRN) gegründet, dem Schulpsychologen aus verschiedenen Ländern angehören. Ziel ist die weltweite Vernetzung und der intensive Austausch zu Konzepten der Krisenintervention unter Berücksichtigung der kulturellen Gegebenheiten in den verschiedenen Ländern.

Seit 2003 werden unter dem Dach der ISPA und in Kooperation mit dem „Forum Eltern-Lehrer-Schüler" (FELS) aus Bayern in einem Comenius-Projekt europäische Schulpsychologen in die Grundlagen kriseninterventorischen Handelns in Schulen eingeführt. Ziel dieser Initiative ist es, gemeinsame Grundlagen und Handlungskonzepte auf europäischer Ebene zu entwickeln. Die einwöchigen Kurse sind stark praxisorientiert und vermitteln bewährte israelische und amerikanische Konzepte (z. B. BASIC-PH, NOVA-Modell). In den bisherigen Kursen, die in Trient (2003), Nyborg (2004), Innsbruck (2004), Franzensbad (2005) und Athen (2005) stattfanden, wurden 126 Teilnehmer/innen aus zwölf europäischen Ländern geschult. Die Resonanz ist sehr positiv. Weitere Kurse sind geplant. Als Weiterführung dieser Initiative könnte letztendlich ein europäisches Zertifikat in Notfallpsychologie für Schulpsychologen angestrebt werden.

Fachliche Weiterentwicklungen

Seit 2003 bemüht sich eine Gruppe internationaler Schulpsychologen, Grundlagen für ein integratives Modell der Krisenintervention zu entwickeln. Es soll dazu beitragen, dass Schulpsychologen, die als Mitglieder internationaler Krisenteams tätig sind, auf einer gemeinsamen Grundlage zusammen arbeiten können. Wesentliche Bausteine in diesem Konzept sind das Modell der National Organisation of Victims Assistance (NOVA), die Fokussierung auf die Ressourcen der Zielgruppen (multi-modal approach nach Mooli Lahad) sowie die Berücksichtigung kultureller Gegebenheiten. Das Konzept orientiert sich an der Chronologie: Vorbereitung auf Krisen – Akutphase – kurz nach dem kritischen Ereignis – Tage und Wochen danach – Monate und Jahre danach. Es ordnet diesen Zeiträumen bewährte Maßnahmen zu (vgl. Jimerson u. a., 2003 und 2006).

In Zusammenarbeit zwischen dem Communitiy Stress Prevention Centre in Kiryat Shmonah, Israel, und ICAS, einer international agierenden Beratungsgruppe für Krisenmanagement, wurde das 1985 von Mitchel entwickelte Debriefing-Modell verändert und erweitert. Unter der Bezeichnung „Critical Incident Processing and Recovery (CIPR)" werden in einem Gruppensetting in mehreren Schritten Krisenbetroffene in der Verarbeitung traumatischer Erlebnisse unterstützt (ICAS Switzerland – www.icas-info.com; Community Stress Prevention Centre – www.icspc.com). Handlungsleitend ist die Aktivierung von Ressourcen bei Betroffenen, die gegenseitige Unterstützung und des Lernens voneinander (z. B. durch das Sammeln und Reflektieren der Bewältigungsstrategien der einzelnen Gruppenmitglieder). Mittels des Einsatzes von CIPR soll den Teilnehmern eine möglichst rasche Rückkehr zu täglichen Routinen ermöglicht werden. Gleichzeitig soll den individuellen Bedürfnissen der Betroffenen Rechnung getragen werden. Es finden mindestens zwei Sitzungen in bzgl. des Betroffenheitsgrades homogenisierten Gruppen statt. Die Gruppen umfassen zwischen sechs und zwölf Personen und werden von zwei Moderatoren geleitet. Bei Bedarf werden Teilnehmer im Anschluss an die Gruppensitzungen zusätzlich individuell betreut. Nach den bisherigen Erfahrungen sollte CIPR frühestens 36 bis 48 Stunden nach einem Krisenereignis durchgeführt werden.

Unter dem Kürzel „P-R-E-P-A-R-E" wurde von der us-amerikanischen National Association of School Psychologists (NASP) ein Curriculum zum Training in Krisenprävention und Krisenintervention vorgelegt. Es ist das bis dato einzige Training, das Personen, die sich im schulischen Kontext um die psychische Gesundheit von Schülern (und Lehrkräften) kümmern (z. B. Sonderpädagogen, Sozialpädagogen, Psychologen), Hilfen anbietet, wie sie am besten ihre Rollen und Verantwortlichkeiten innerhalb eines schulischen Krisenteams ausfüllen können. Es geht von der Annahme aus, dass

- die Fertigkeiten der o. a. Personen am besten genutzt werden, wenn sie in ein multidisziplinäres Team eingebettet sind,
- Krisenmanagement in der Schule relativ spezifisch ist und deshalb ein eigenes Modell zur Krisenprävention und Krisenintervention sinnvoll erscheint,
- Krisenhelfer mit schulischem Hintergrund aufgrund ihrer Kenntnisse und Erfahrungen schulischer Strukturen und Prozesse bei entsprechendem Training am besten geeignet sind sind, mit Krisen in der Schule umzugehen (vgl. www.nasponline.org).

Im Januar 2006 wurde der Projektantrag für ein internationales Projekt gestellt, das vom Rockefeller Institut in New York finanziert wird. Ca. 25 Schulpsychologen aus aller Welt sollen unter dem Rahmenthema „School Crisis Response and Prevention. An International Approach" Konzepte zur Krisenintervention in Schulen reflektieren und gemeinsam Vorgehensweisen entwickeln, wie in unterschiedlichen Ländern in Schulen mit Krisen umgegangen werden kann. Dies schließt die Bildung von Krisenteams, auf kulturelle Gegebenheiten abgestimmte Vorgehensweisen bei Krisen sowie die Rollenklärung von Schulpsychologen und anderen Helfern mit ein. Im Frühjahr 2007 sollen die Teilnehmer in einer Konferenz zusammenkommen. Geplant ist u. a. ein Curriculum ähnlich dem „Prepare"-Ansatz, um damit Helfer für die Arbeit mit krisenbetroffenen Gruppen in der Schule zu trainieren.

Ausblick

Nicht jeder Schulpsychologe verfügt über notfallpsychologische Kompetenzen, nicht jeder ist hinreichend belastbar, um sich mit dieser Thematik auseinander zu setzen. Insofern ist die Verordnung notfallpsychologischer Tätigkeit für Schulpsychologen zu hinterfragen: Krisenhilfe als befohlene Arbeit mit Betroffenen ist kontraproduktiv. Sie setzt eine im Krisenfall jeweils neu vorzunehmende repressionsfreie Klärung persönlicher Grenzen und Möglichkeiten voraus! Sie ermöglicht erst danach eine gezielte Zuordnung zwischen den (meist zu vielen) Aufgaben und den (meist zu wenigen) Helfern! Ziel des Krisenmanagements in Schulen ist es, auf das Unvorstellbare so gut wie möglich vorzubereiten. Die Ausrichtung auf Großereignisse ist angesichts des Öffentlichkeitsinteresses verständlich. Allerdings sind viele „kleine“ Krisen im Schulbereich aus subjektiver Sicht der Betroffenen genauso handlungsauffordernd: Dazu gehören z. B. chronische Erkrankungen, Suizid, Mobbing, Burnout, Scheidung, Arbeitslosigkeit etc. In diesem Sinne gibt es notfallpsychologisch in und für Schulen viel zu tun – packen wir es an!

Internet-Adressen

www.kibbs.de (Website des Kriseninterventions- und – bewältigungsteams Bayerischer Schulpsychologen)
www.notfallseelsorge.de
www.krisenintervention-muenchen.de
www.kit.roteskreuz-innsbruck.at
www.ispaweb.org (Website der International School Psychology Association)
www.nasponline.org (Website der National Psychology Association in den USA)
www.try-nova.org (Website der National Organization of Victims Assistance)
www.icspc.org (Website des Communitiy Stress Prevention Centre in Israel)
www.icas-info.com (Website von ICAS Switzerland)

9 Berufssituation und Berufspraxis der Schulpsychologie

Katharina Melbeck-Thiemann

Die Ausführungen zu diesem Thema orientieren sich an Fragen, die häufig in Informationsveranstaltungen zur Berufsfelderkundung von Studierenden der Psychologie gestellt werden, um sich eine genauere Vorstellung von der Berufssituation und dem Berufsalltag von Schulpsychologen[1] zu machen.

Die Antworten basieren auf meinen Berufserfahrungen als Hamburger Schulpsychologin, die aber in unterschiedlichen Anteilen auch auf die Situation von Schulpsychologen in anderen Bundesländern übertragbar sind.

Welche Voraussetzungen muss man erfüllen, um Schulpsychologe zu werden?

Schulpsychologen sind in der Regel Diplom-Psychologen. Im Studium sollte der Schwerpunkt „Schulpsychologie" oder „Pädagogische Psychologie" gewählt werden.

In früheren Zeiten galt neben dem Diplom in Psychologie ein Lehramts- oder Pädagogikstudium als obligatorische Einstellungsvoraussetzung, inzwischen werden in vielen Bundesländern auch Diplom-Psychologen ohne pädagogische Zusatzqualifikation eingestellt.

Dennoch halte ich es aus meiner Berufserfahrung für außerordentlich wichtig, zumindest Teile eines Pädagogikstudiums zu absolvieren und vor allem schulpraktische Erfahrungen zu sammeln, die als Grundlage der Feldkompetenz von Schulpsychologen eine wichtige Rolle für das Verstehen von Problemlagen im Schulkontext spielen.

Daneben sollten Schulpsychologen auch über psychotherapeutische Kompetenzen verfügen, auch wenn psychotherapeutische Interventionen in den meisten Bundesländern nicht zum Regelangebot von Schulpsychologen gehören. Die Kenntnis von und Erfahrung mit psychotherapeutischen Konzepten, Methoden und Entwicklungsprozessen sind aber für die schulpsychologische Beratung von großem Nutzen. Denn bei vielen Problemlagen ist eine psychotherapeutische Behandlung indiziert, und mit diesem Hintergrundwissen können Entscheidungen

1 Die männlichen und weiblichen Substantivformen schließen jeweils Personen des anderen Geschlechts mit ein.

über Auswahl und Empfehlung von spezifischen psychotherapeutischen Interventionen fundierter getroffen werden.

Was gehört zu den Hauptaufgaben von Schulpsychologen?

Schulpsychologie bezieht sich in der Regel auf drei Kernbereiche: Schule als System, in der Schule bestehende Gruppen und Einzelpersonen (Schülern, Eltern Lehrkräfte).

Schulpsychologen verfügen aufgrund ihrer Ausbildung in klinisch orientierter Psychodiagnostik wie auch Prozessdiagnostik und Problemanalyse über die Kompetenz, wissenschaftlich fundierte Hypothesen zu formulieren und hypothesengeleitet Interventionen zu planen, die sie den Ratsuchenden als Impuls zur Problemlösung anbieten können.

Mit ihrer Fachkompetenz zur Analyse und Gestaltung von Kommunikations- und Interaktionsprozessen sind sie Experten für die Klärung und Neugestaltung von Beziehungen zwischen einzelnen Personen und in Gruppen durch Beratung, Coaching und Fortbildung.

Die Bearbeitung dieser Aufgaben geschieht auf der Grundlage eines Beraterverständnisses, das schulpsychologische Beratung als eine wissenschaftlich fundierte und professionell gestaltete Tätigkeit sieht, die Ratsuchenden hilft, ihre Wahrnehmungs-, Denk-, Gefühls- und Handlungsmuster zu reflektieren und zu verändern. Grundlage ist die diagnostische Klärung von Bedingungsfaktoren, die das Problem bewirken, aufrechterhalten oder verstärken, bzw. solchen, die das Problem lösen helfen. Dabei beziehen Schulpsychologen ihre genauen Kenntnisse des „Systems Schule“ ein.

Die Annahme von schulpsychologischer Beratung ist freiwillig. Sie zielt darauf ab, Ratsuchende zu befähigen, auftauchende Probleme in eigener Verantwortung zu bewältigen, wobei sie darin unterstützt und begleitet werden, ihren Lösungsweg selbst zu finden.

Schulpsychologen handeln allparteilich und neutral, d. h. sie sind weder einseitig der Schule verpflichtet, noch vertreten sie einseitig die Interessen von Eltern und Schülern. Schulpsychologen unterliegen der Schweigepflicht.

Folgende Fragestellungen werden häufig an Schulpsychologen/ innen herangetragen:

- Beratung und Unterstützung von Schülern, deren Eltern und Lehrkräften z. B. bei allgemeinem Leistungsversagen, Teilleistungsstörungen (LRS, Dyskalkulie), Aufmerksamkeits- und Konzentrationsstörungen, Störungen des Arbeits- und Sozialverhaltens, bei sozialen Auffälligkeiten wie aggressivem oder gehemmtem Verhalten, schulbezogenen Ängsten sowie bei der Indikationsstellung für psychiatrische Überprüfungen oder psychotherapeutische Interventionen;
- Moderation von Konflikten zwischen Einzelnen und Gruppen, z. B. zwischen Schülern und Lehrern, Eltern und Lehrern, Schülern untereinander sowie Lehrern untereinander;
- Beratung und Unterstützung in Schulentwicklungsprozessen, z. B. bei der Entwicklung von schulischen Regelungen und präventiven Maßnahmen bei devi-

antem Verhalten (wie Absentismus, Gewalthandlungen, Drogenkonsum) oder bei der Gestaltung der internen Organisationsstruktur der Schule (Zusammensetzung von Klassen, Förderkonzepte);

- Vermittlung von schulpsychologischen Erkenntnissen zu bestimmten Themen (z. B. Umgang mit Aufmerksamkeits- und Unterrichtsstörungen, Verbesserung der Lernbedingungen, Stärkung von sozial schwachen oder ausgegrenzten SchülerInnen) in der Lehrerfortbildung, auf Elternabenden und in Elterngremien, auf pädagogischen Konferenzen.

Unter welchen Rahmenbedingungen arbeiten Schulpsychologen? (z. B. ministerielle Vorgaben, schul- und dienstrechtlichen Regelungen, personelle Ausstattung, Arbeitszeiten)

Schulpsychologen sind überwiegend Mitarbeiter in Dienststellen der jeweiligen Behörde bzw. des Ministeriums, das in dem betreffenden Bundesland für Bildung und Schule zuständig ist. In den meisten Bundesländern ist die Tätigkeit von Schulpsychologen und besonders deren obligatorische Konsultation, z. B. bei Entscheidungen über spezielle Fördermaßnahmen, bei Schullaufbahnentscheidungen oder bei disziplinarischen Maßnahmen, in Erlassen bzw. Schulgesetzen geregelt.

Im Hamburgischen Schulgesetz ist beispielsweise geregelt, dass zur Vorbereitung einer Entscheidung Schüler und schulpflichtig werdende Kinder zu einer im Einzelfall notwendigen schulpsychologischen Untersuchung verpflichtet sind.

Bei Schwierigkeiten im Lern- und Leistungs- sowie im sozialen Bereich und zu deren Vorbeugung wird schulpsychologische und sozialpädagogische Beratung im Schulgesetz empfohlen.

Außerdem wird dort das Einholen einer schulpsychologischen Stellungnahme vor der Verhängung einer Ordnungsmaßnahme für die Primarstufe (Umsetzung in eine Parallelklasse oder in eine andere Schule) als obligatorisch vorgeschrieben, für die Sekundarstufe empfohlen.

In Hamburg ist schulpsychologische Tätigkeit angesiedelt in den Regionalen Beratungs- und Unterstützungsstellen (REBUS) der Behörde für Bildung und Sport.

Außerdem sind im Landesinstitut für Lehrerbildung und Schulentwicklung (LI) im Suchtpräventionszentrum, in der Beratungsstelle für Gewaltprävention, der Beratungsstelle für besondere Begabungen sowie in der Aus- und Fortbildung von Beratungslehrkräften und Schulleiter ebenfalls Schulpsychologen tätig.

In den Hamburger Regionalen Beratungs- und Unterstützungsstellen arbeiten Schulpsychologen in multiprofessionellen Teams zusammen mit Lehrkräften, Sonderpädagogen und Sozialpädagogen. Die Leitung einer Dienststelle, die die Dienstaufsicht über alle Mitarbeiter hat, kann von Angehörigen aller Berufsgruppen ausgeübt werden. Die Gesamtleitung aller Dienststellen ist auf der Ebene der Schulaufsicht angesiedelt und liegt zurzeit in der Hand einer Schulpsychologin, die in Personalunion auch die ministerielle Funktion der Referentin für Schulpsychologie in der Hamburger Bildungsbehörde inne hat – und somit auch für Entscheidungen in fachlichen Grundsatzfragen der Schulpsychologie zuständig ist.

In jeder der 16 REBUS-Dienststellen sollen alle vorgesehenen Professionen mindestens doppelt vertreten sein. Für die Berufsgruppe der Schulpsychologen ist dieser Standard zurzeit in fast allen REBUS erreicht: je nach Größe der Stelle und des Zuständigkeitsbereichs arbeiten zwei bis vier Schulpsychologen (mit unterschiedlichen Stellenanteilen) in einer Dienststelle. Dadurch ist neben dem multiprofessionellen Austausch im Gesamtteam auch der fachliche Austausch unter den Schulpsychologen gegeben. Zweimal jährlich treffen sich (wie die anderen Berufsgruppen auch) schulpsychologische Vertreter aller 16 Dienststellen zu einer Fachkonferenz.

In Hamburg arbeiten Schulpsychologen als Angestellte oder Beamte im Verwaltungsdienst, d. h. für sie gelten die Arbeitszeitbedingungen des öffentlichen Dienstes (40-Stunden-Woche, 28-30 Urlaubstage im Jahr). Überstunden, die während der Schulzeit anfallen, können in der unterrichtfreien Zeit ausgeglichen werden. Gleichzeitig wird Urlaub nur in der unterrichtsfreien Zeit gewährt. Andere Bundesländer machen diese Einschränkung nicht.

Wie verteilen sich die Aufgaben von Schulpsychologen über ein Jahr?

Die personenorientierte Arbeit der Schulpsychologen verteilt sich über das Jahr entsprechend dem Rhythmus des Schuljahres. Das bedeutet, dass Schulpsychologen in den Schulwochen sehr viel mehr zu tun haben als in der unterrichtsfreien Zeit. Dieses trifft besonders in den sog. „Stoßzeiten" zu, wenn z. B. in den Schulen Entscheidungen zur Schullaufbahn anstehen oder in Klassenkonferenzen und an Elternsprechtagen das problematische Sozialverhalten von einzelnen Schülern thematisiert wird. Dieses ist häufig Anlass für Eltern und auch Lehrkräfte, schulpsychologische Beratung in Anspruch zu nehmen.

Systemorientiertes Arbeiten wie z. B. Fortbildung, Teamsupervision, Beratungsrunden oder Kollegiale Fallberatung verteilt sich über das gesamte Schuljahr.
Ein weiterer relativ hoher Zeitanteil wird für Verwaltungstätigkeit aufgewendet, wie z. B. für das Führen von Akten und Statistiken. Dazu kommen Konferenzen und Teamsitzungen, in denen die Anfragen verteilt und die Durchführung der Beratungen im kollegialen Austausch besprochen werden. Eigene Fortbildung und Supervision werden zeitlich individuell gestaltet.

Wie sieht ein normaler Arbeitstag eines Schulpsychologen aus?

Der Arbeitsalltag von Schulpsychologen ist geprägt durch Kontakte zu Menschen, die aufgrund einer Problemlage ein eigenes Beratungsanliegen haben oder die als Kooperationspartner im Netz der Unterstützungssysteme mit dem Schulpsychologen gemeinsam an der Problemanalyse und Entwicklung von Lösungswegen arbeiten.

Ein „normaler" Arbeitstag kann mit der Durchführung einer Unterrichtsbeobachtung in einer Schule beginnen, um einen eigenen Eindruck vom Arbeits- und

Sozialverhalten einer Schülerin oder eines Schülers zu gewinnen, für den sich Eltern und/ oder Lehrkräfte eine Beratung wünschen. In einem anschließenden Gespräch mit der unterrichtenden Lehrkraft werden die Beobachtungen rückgemeldet und eine gemeinsame Einschätzung der Situation vorgenommen sowie Hypothesen zu Ursachen und Erklärungszusammenhängen aufgestellt. Testdiagnostische Untersuchungen werden in der Regel auch für den Vormittag verabredet, um für die Überprüfung der kognitiven Leistungsfähigkeit eines Schülers optimale Voraussetzungen zu gewähren. In den Grundschulen finden direkt nach Unterrichtsschluss häufig Gesprächstermine mit Lehrkräften, Klassenteams oder auch gemeinsame Gespräche mit Eltern und Lehrern statt. Nachmittags oder in den frühen Abendstunden sind es eher Gespräche mit Lehrkräften aus der Sekundarstufe, mit Schülern und mit berufstätigen Eltern. Auch Gespräche am „Runden Tisch" mit Vertretern aus Kindertagesstätten, Therapeuten, Mitarbeiter des Allgemeinen Sozialen Dienstes und des Jugendamtes finden meistens nachmittags statt. Auf Klassenelternabenden geht es vorrangig um schulpsychologische Unterstützung bei der Erarbeitung von Lösungswegen zu aktuellen Problem- bzw. Konfliktfällen – während in klassenübergreifenden Elternveranstaltungen Schulpsychologen einen Beitrag zu allgemein interessierenden Themen leisten, wie z. B. Verbesserung des Klassenklimas, Hilfen für aufmerksamkeitsgestörte Kinder, Feststellung der Schulfähigkeit.

Zum Berufsalltag gehören außerdem regelmäßige Mitarbeiterkonferenzen und Fallbesprechungen sowie fallübergreifende Treffen mit Beratungslehrkräften und Vernetzungstreffen mit anderen Hilfeeinrichtungen in der Region.

Die Dokumentation der Arbeit und das Abfassen von Berichten für Dritte gehört ebenfalls zu den obligatorischen Tätigkeiten. Auch wenn die zunehmende Arbeitsverdichtung, die aufgrund des hohen Handlungsdrucks in der Bearbeitung von schwierigen Fällen zunehmend weniger Zeit für Vor- und Nachbereitung von Gesprächsterminen lässt, ist die sorgfältige Auswertung von erhobenem Informationsmaterial sowie ggf. das Heranziehen von Fachliteratur für eine fundierte Diagnostik und Interventionsplanung unerlässlich.

Für Schulpsychologen, die sich in diese Aufgabe eingearbeitet haben, gehört auch die regelmäßige Mitarbeit in der Aus- und Fortbildung von Beratungslehrkräften und Schulleitungen zum Berufsalltag. Hier werden verschiedene Themen durch die Bereitstellung schulpsychologischen Fachwissens abgedeckt, z. B. Gesprächsführung, Beratungsmethoden, schulklassenbezogene Beratung, Diagnostik, Einzelhilfe, Sucht- und Gewaltprävention.

Dieses Arbeitsfeld bietet ein sehr anregendes Ineinandergreifen von Erfahrungswerten aus der täglichen Beratungspraxis der Schulpsychologen und deren Reflexion und Weitergabe im Rahmen eines Curriculums, das den zukünftigen Beratungslehrern Beratungskompetenz in verschiedenen schulischen Problemfeldern vermittelt.

Mit welchen Schülern beschäftigt sich ein Schulpsychologe?

Die Problemlagen als Anlass einer schulpsychologischen Beratung sind sehr unterschiedlich und reichen von der Sorge einer Mutter, dass ihr Sohn in der 4. Klasse keine Empfehlung für den Besuch des Gymnasiums erhält, über massive Schulängste, die zur totalen Schulverweigerung führen, bis zu dem Anliegen einer Lehrerin, Unterstützung für den Umgang mit einem Kind zu bekommen, das sich an keine Regeln hält, andere Kinder unmotiviert massiv verletzt, laut schimpfend oder singend das Unterrichten unmöglich macht und bei plötzlich auftretenden Wutanfällen Mobiliar zerschlägt.

Schülerbezogene Anfragen kommen aus allen Schulformen und beziehen sich auf alle Altersgruppen der Schüler.

- Sehr häufig sind Anfragen in den ersten beiden Schuljahren, in der 4. Klasse vor dem Übergang in eine weiterführende Schule und in der 7. bzw. 8. Klasse der Haupt- und Gesamtschulen.
- Aus Gymnasien und Realschulklassen kommen häufig Anfragen, ob ein/e Schüler/in den Anforderungen dieser Schulformen weiter gewachsen ist, und zu der damit verbundenen Entscheidung eines möglichen Schulformwechsels.
- Beratung bei regelverletzendem Verhalten und schulpsychologische Stellungnahmen zu disziplinarischen Maßnahmen beziehen sich schwerpunktmäßig auf die Altersgruppe der 13-15-jährigen (Sekundarstufe I).
- Die Beratungsinhalte in der Grundschule sind vielfältig: Anfragen beziehen sich hier sowohl auf den Leistungsbereich (z. B. Feststellen von Teilleistungsstörungen oder einer allgemeinen Förderbedürftigkeit) als auch auf den Verhaltensbereich (Schwierigkeiten mit der Einhaltung von Regeln, mangelnde Konzentrationsfähigkeit, Probleme beim Aufbau sozialer Beziehungen).

Bei den verschiedenen Problemlagen sind unterschiedlich lange und unterschiedlich intensive Beratungs- und Unterstützungsprozesse zu leisten. Dabei ist oft die Kooperation mit anderen Professionen wie Kinder- und Jugendpsychiatern, Sozialpädagogen, Sonderpädagogen oder Förderlehrern unerlässlich.

Eine Fallschilderung soll eine typische Problemlage aufzeigen und gleichzeitig das schulpsychologische Vorgehen exemplarisch skizzieren:

Ein Junge in einer Grundschulklasse wird von seiner Klassenlehrerin als aggressives Kind geschildert, das die Mitarbeit im Unterricht verweigert. Er prügelt sich auf dem Schulhof und beteiligt sich im Unterricht so gut wie gar nicht bzw. stört die anderen beim Lernen. Er wird von Mitschülern gemieden und droht zum Außenseiter zu werden. Gespräche der Lehrerin und der Beratungslehrerin mit dem Jungen blieben erfolglos, ebenso angedrohte Strafen und Briefe an die Eltern. Diese wehrten die Beschwerden der Lehrerin als übertrieben ab und nahmen ihren Sohn in Schutz, indem sie darauf hinwiesen, dass auch andere häufig gegen Regeln verstoßen, dass aber nur er immer beschuldigt werde. Ihr Sohn fühle sich dadurch ungerecht behandelt und verfalle dann in Trotz, wofür sie das falsche Verhalten der Lehrkräfte verantwortlich macht.

Diese Situation ist typisch für anhaltende Schulprobleme von Kindern: Die Schuld an dem Fehlverhalten wird unter den Erwachsenen hin und her geschoben und das Kind erhält von Lehrern und Eltern unterschiedliche Signale für sein Verhalten. Aber Lehrer und Eltern haben bei allen Differenzen in der Einschätzung der Ursachen für das Fehlverhalten des Kindes ein gemeinsames Interesse: das

Wohl und das schulische Weiterkommen des Kindes. Dieses kann ein Ansatzpunkt der schulpsychologischen Intervention sein, die – symbolisch gesprochen – darauf abzielt, den Strang sichtbar zu machen, an dem alle gemeinsam ziehen können, damit sich der Schüler optimal entwickelt. In vertraulichen Einzelgesprächen oder gemeinsam mit allen Beteiligten werden Ängste, Erwartungen und Enttäuschungen ausgelotet.

Im zweiten Schritt entwickelt die Schulpsychologin durch Beobachtung der Situation im Unterricht eine diagnostische Einschätzung dazu, wodurch das Verhalten des Jungen ausgelöst, aufrecht erhalten oder verstärkt wird, z. B. ob ihn jemand provoziert, wie die Lehrerin auf seine Regelverstöße reagiert und wodurch er wieder zur Ruhe kommt.

Danach folgt als dritter Schritt ein Treffen aller Beteiligten zur Beratung am runden Tisch, bei dem die Schulpsychologin als Moderatorin oder auch Mediatorin dafür sorgt, dass alle Parteien sich gleichberechtigt äußern können. Gleichzeitig bringt sie auch ihre Einschätzung der Situation des Schülers und seiner Möglichkeiten mit ein. Ziel des Gespräches ist die Formulierung von Vereinbarungen zwischen dem Schüler, den Lehrkräften und den Eltern, um eine Verhaltensänderung herbeizuführen.

In diesem Fall wurde per Vertrag festgelegt, dass der Junge täglich eine bestimmte Zeit ruhig und konzentriert mitarbeitet, wofür er jeweils nach Ablauf einer Woche von der Lehrerin belohnt wird, z. B. mit einer Spielstunde für die ganze Klasse. Dieses kann gleichzeitig dazu dienen, den Jungen aktiv in das gemeinsame Spiel einzubeziehen. Zu Hause erfolgt ebenfalls eine Belohnung, z. B. das Kochen seines Lieblingsessens. Mutter und Lehrerin vereinbaren, einmal pro Woche zu telefonieren. Die Mutter berichtet vom Wunsch ihres Sohnes, einen Jungen aus seiner Klasse zu sich nach Hause einzuladen, befürchtet aber, dass er von dem Mitschüler eine Absage bekommt. Die Lehrerin sagt zu, den Kontakt zwischen den beiden in der Klasse zu unterstützen. Es werden weitere Treffen zur Bilanzierung des erfolgten Veränderungsprozesses und ggf. zur Modifizierung des Vorgehens vereinbart.

Schon in diesem Gespräch am runden Tisch erlebte die Mutter die Lehrerin als ebenfalls um ihren Sohn besorgt, wodurch sie ihre Abwehrhaltung gegenüber der Schule ein Stück aufgeben konnte. Und die Lehrerin erlebte die Mutter nicht mehr kritisierend und abwertend ihr gegenüber, sondern erstmals um Kooperation bemüht.

Oftmals gelingt es auf diesem Wege, einen Schüler mit vereinten Kräften beim Aufbau eines positiven Verhaltens zu unterstützen. Wenn dieser nicht zum Erfolg führt bzw. schon die Vereinbarungen zwischen den Beteiligten nicht gelingen, ist dieses häufig ein Hinweis darauf, dass die Kooperationsbereitschaft und/oder die Kompetenz für die Umsetzung des zielführenden Verhaltens nicht oder nur begrenzt vorhanden ist. Hier wäre weiter diagnostisch abzuklären, wie tragfähig die Beziehungen zwischen den Beteiligten sind, ob Defizite in der kommunikativen Kompetenz oder in der Fähigkeit, das eigene Verhalten zu steuern, festzustellen sind bzw. welche (Teil-) Kompetenzen vorab entwickelt oder gestärkt werden müssen, um ein für eine solche Vereinbarung notwendiges Verhalten zu ermöglichen.

In manchen Fällen stellt sich dann z. B. heraus, dass ein Kind aufgrund einer psychischen oder kognitiven Beeinträchtigung sein Verhalten nicht steuern kann oder dass die Beziehungen der Familienmitglieder untereinander so tiefgreifend gestört sind, dass daraus eine gravierende psychische Verunsicherung der Beteiligten, besonders der Kinder, folgt. In solchen Fällen muss, bevor schulische Maßnahmen greifen können, mit kinder- oder familientherapeutischen Interventionen an diesem Grundproblem gearbeitet werden. In der Regel wird hierzu an Kinder- und Jugendpsychiater, approbierte Psychotherapeuten, Familientherapeuten oder Erziehungsberatungsstellen verwiesen.

Wie können Schulpsychologen ihre Neutralität bewahren und sich dagegen schützen, von Eltern, Lehrern oder Schülern als Vertreter ihrer jeweiligen Interessen gesehen und benutzt zu werden?

Der wichtigste Schutz gegen die Instrumentalisierung als Vertreter einer Partei ist die eigene innere Überzeugung davon, dass das Wahren der Neutralität (Äquidistanz) der Sache und allen Beteiligten gleichermaßen dient. Die Umsetzung der neutralen Haltung in Handlungen erfolgt vor allem durch Transparenz und ständige Rückkopplung von Vereinbarungen an alle Beteiligten. Dazu gehört auch ein sorgfältiges Umgehen mit vertraulich mitgeteilten Inhalten im Sinne der Schweigepflicht, von der man sich durch den Betroffenen ggf. punktuell entbinden lassen kann, um der Lösung dienende Informationen weitergeben zu können.

Besonders in Konfliktfällen ist es sehr hilfreich, die Parteien an einen Tisch zu bringen und in der Rolle des Moderators und auch Mediators die eigene Neutralität allen deutlich zu machen, indem z. B. bei der Erarbeitung von Lösungsansätzen immer wieder das Einverständnis beider Konfliktparteien nachgefragt wird.

In manchen Situationen fällt es schwer, eine neutrale Haltung zu behalten, weil z. B. durch die Aktualisierung des eigenen persönlichen Erfahrungshintergrundes eine intuitive Parteinahme erfolgt oder die Wahrung der Neutralität persönlichen Grundüberzeugungen widerspricht. In solchen Fällen ist dringend der Austausch mit Fachkollegen bzw. das Aufsuchen einer Supervision zu empfehlen, um für sich eine Klärung und Abwägung der Positionen vornehmen zu können. Dieses kann dann sowohl zur Konsequenz haben, die Fallverantwortung an einen Kollegen abzugeben, als auch, eine begründete und bewusste Entscheidung zur Parteinahme bzw. Unterstützung einer Seite zu treffen und diese den Beteiligten transparent zu vermitteln.

Was ist besonders schwierig im Beruf des Schulpsychologen und was führt zu Unzufriedenheit?

Als Schulpsychologe kann man Veränderungsprozesse immer nur anregen, die Umsetzung liegt bei den Beteiligten selbst, die dafür häufig auch noch von anderen Stellen Unterstützung benötigen. Unzufriedenheit entsteht besonders dann, wenn man als Schulpsychologe trotz intensiver Bemühungen hinnehmen muss,

- dass pädagogisch-psychologisch sinnvolle Maßnahmen an verhärteten Strukturen und Positionen scheitern;
- dass die positive Entwicklung von Kindern und Jugendlichen durch politische oder verwaltungstechnische Vorgaben gefährdet wird (z. B. durch erhöhte Klassenfrequenzen in sozialen Brennpunkten oder durch den Abbau von Fördermaßnahmen für Kinder aus bildungsfernen Elternhäusern);
- dass die Verantwortung für das Kindeswohl zwischen streitenden Parteien hin und her geschoben wird;
- dass Rat, Empfehlungen und Hinweise häufig zunächst als Verstörung abgelehnt werden und dadurch Arbeitsbeziehungen auch abgebrochen werden;
- dass für psychisch kranke Kinder und Jugendliche häufig kein ihrem kognitiven Potential und ihren sozialen Bedürfnissen entsprechendes Unterrichtsangebot besteht, wenn sie in Regelschulen nicht mehr zu beschulen sind.

Was macht den Beruf des Schulpsychologen besonders interessant, was in dem Beruf macht besondere Freude?

Das Interessante und Befriedigende am Beruf des Schulpsychologen hängt sicher mit der enormen Vielfalt der Aufgaben zusammen und mit dem Erleben, immer wieder positive Entwicklungsprozesse anstoßen zu können, auch wenn es zunächst kleine Schritte sind und der Erfolg nicht von vornherein garantiert ist. Besondere Freude macht

- die gelungene professionelle Gestaltung von Situationen, in denen Menschen, die vorher gegeneinander gearbeitet haben, dazu angeregt werden, miteinander zu kommunizieren, ihre Einstellungen und Grundsätze auszutauschen und zu kooperieren;
- das Entdecken von Handlungsalternativen, wo alle Wege verschlossen schienen;
- das Miterleben von positiven Entwicklungsverläufen nach der Erarbeitung von Veränderungsansätzen;
- die Verbindung von Schulberatung und Lehrerfortbildung;
- das Erleben der Wichtigkeit und der Wirksamkeit der Psychologie.

Ausblick

Auch wenn einzelne Aktivitäten des Alltagsgeschäfts von Schulpsychologen durchaus anstrengend sind und einen langen Atem sowie viel Vertrauen in die letztendlich konstruktive Wirkung der schulpsychologischen Interventionen erfordern, die häufig erst nach einer gewissen Karenzzeit wahrnehmbar ist, fällt die Bilanz positiv aus. Denn die schulpsychologische Arbeit erscheint im Großen und Ganzen effizient und trifft bei den Mitgliedern des Systems Schule auf eine hohe Akzeptanz.

Die Organisationsformen der schulpsychologischen Beratungsstellen sind von Bundesland zu Bundesland sehr unterschiedlich.

In Hamburg gibt es seit Jahren Regionale Beratungs- und Unterstützungsstellen (REBUS), in denen Schulpsychologen in multiprofessionellen Teams mit Sozialpädagogen, Sonderpädagogen und Lehrkräften zusammenarbeiten. Die ursprünglich durch das Konzept intendierte „Entkonturierung" der Berufsprofile hat sich in der Praxis nicht durchgesetzt. Stattdessen hat sich eine die spezifischen Kompetenzen der einzelnen Berufsgruppen anerkennende, fruchtbare Kooperation entwickelt – im Dienste einer Optimierung der Beratungsangebote für die Ratsuchenden.

10 Leitlinien und Idealskizze der Schulpsychologie

Bernd Jötten

Die Schulpsychologischen Dienste in der Bundesrepublik Deutschland befinden sich in einer paradoxen Situation: Einerseits wird nicht nur aufgrund der ernüchternden Ergebnisse der PISA-Studien größeren Anstrengungen für eine bessere Bildung und Ausbildung das Wort geredet, in deren Zusammenhang die Qualifikationen von Lehrkräften und die Förderung von Schülerinnen und Schülern eine wichtige Rolle spielen. Andererseits wird derzeit die öffentliche Schulpsychologie teilweise abgebaut, die – trotz der in Deutschland schon eingeschränkten Möglichkeiten bedingt durch die Quantitäts-Qualitäts-Falle – bisher in nicht unerheblichem Maß erfolgreich dazu beigetragen hat, problematische Schulschicksale zu verhindern und die Professionalität von Lehrerinnen und Lehrern im Umgang untereinander und mit den ihnen anvertrauten Schülern zu verbessern. Diese bedrohliche aktuelle Entwicklung wird von Fachleuten, Verbänden und von Eltern mit größter Sorge betrachtet. Umso dringlicher ist es, die notwendigen Arbeitsbedingungen für eine zeitgemäße und erfolgversprechende Schulpsychologie zu formulieren.

Grundpositionen schulpsychologischer Arbeit

Die Schulpsychologie berät und unterstützt Menschen im Schulwesen, eigene Kompetenzen und Ressourcen zu sichern, zu erwerben oder zu entwickeln, mit denen sie den an sie gestellten Anforderungen oder Herausforderungen gerecht werden können (Verhaltensmanagement).

Seit dem sog. Paradigmenwechsel (Heyse, 1989) wird den Wirkfaktoren der Institution Schule auf den Einzelnen in der schulpsychologischen Arbeit noch größere Aufmerksamkeit geschenkt. Von daher wirkt die Schulpsychologie im Sinne eines Verhältnismanagements auch intensiv mit bei der Gestaltung entwicklungsförderlicher Lehr-, Lern- und Arbeitsbedingungen in Bezug auf psychische, soziale, organisatorische und pädagogische Aspekte für Schüler und Schülerinnen, aber auch für Lehr- und Führungskräfte, z. B. durch Schulentwicklung, Organisationsentwicklung und Personalentwicklung.

Verhaltensmanagement und Verhältnismanagement können ihre Wirksamkeit nur dann entfalten, wenn sie eng aufeinander bezogen und verknüpft werden.

Auch die sog. Einzelfallhilfe bei Lern- und/oder Verhaltensproblemen von Schülerinnen und Schülern als Verhaltensmanagement ist nur hilfreich, wenn sie in eine „verhältnisorientierte“ Beratung von Lehrkräften und Eltern mit dem Ziel der

Veränderung der Lebens- und Lernumstände bzw. der schulischen Interaktionen mündet.

Verhaltens- und Verhältnismanagement liegt in der Regel nicht alleine im Einflussbereich der Schulpsychologie. Ohne die Einsicht und das Handeln derer, die die Lern- und Arbeitsbedingungen für Schüler und Lehrkräfte ändern können, wird schulpsychologische Arbeit wirkungslos.

Ausbildung der Schulpsychologie

Die fachliche Qualifikation als Diplompsychologe oder -psychologin mit Ausbildung in pädagogischer und klinischer Psychologie sowie in Organisations- und Betriebspsychologie ist für die schulpsychologische Arbeit unabdingbar (Jötten & Fleischer, 1991; Heyse, 1998). Diese wird ergänzt durch Kenntnisse des Schulsystems und die regionale Feldkompetenz sowie auch um die Approbation als psychologischer Psychotherapeut bzw. psychologische Psychotherapeutin.

Die Qualität der Ausbildung und der beruflichen Tätigkeit wird jedoch nur dann nachhaltig aufrechterhalten werden können, wenn kontinuierlich Fortbildung und regelmäßige Supervision zum selbstverständlichen Standard gehören und vom Dienstherrn gefordert, gefördert und unterstützt werden.

Leitbild für die öffentliche Schulpsychologie

Das folgende Leitbild wurde von dem Kollegium der Schulpsychologinnen und Schulpsychologen im ehemaligen niedersächsischen Regierungsbezirk Hannover im Jahre 2004 verfasst und verabschiedet. Es steht hier exemplarisch für vergleichbare Ansätze in anderen Bundesländern.

Dieses Leitbild der Schulpsychologie wurde im Rahmen eines Paradigmenwechsels der Schulverfassung zur eigenverantwortlichen Schule entwickelt. Die staatliche Schulpsychologie begrüßt und unterstützt diese Entwicklung. Sie versteht sich selbst als lernende Organisation im Spannungsverhältnis von Autonomie und Verantwortung.

Grundsatz 1: Die Arbeit der Schulpsychologinnen und Schulpsychologen zielt darauf ab, den Schülerinnen und Schülern eine optimale Entwicklung ihrer Persönlichkeit zu ermöglichen.

Bei der Erfüllung des Bildungs- und Erziehungsauftrages unterstützt die Schulpsychologie alle, die in und für Schule tätig sind. Das sind vor allem Lehrkräfte, Schulleitungen und Schulbehörden sowie Eltern, Schülerinnen und Schüler. Dabei bringt die Schulpsychologie Erkenntnisse aus der Wissenschaft und Erfahrungen aus der praktischen Arbeit zur weiteren Entwicklung und Verbesserung des Schulwesens ein.

Grundsatz 2: Die Schulpsychologinnen und Schulpsychologen richten ihr Handeln an den Erkenntnissen der psychologischen Forschung aus und verpflichten sich dabei zur Einhaltung berufsethischer Standards.

Vor dem Hintergrund dieser Verpflichtungen ist die Schulpsychologie bei der jeweiligen Problembearbeitung im Rahmen der gesetzlichen Vorgaben fachlich unabhängig.

Grundsatz 3: Die Schulpsychologinnen und Schulpsychologen orientieren ihr Leistungsangebot systematisch und regelmäßig an folgenden Maßgaben:

- Ermittlung der Erwartungen aller Kunden
- Personelle und inhaltliche Vorgaben der Landesregierung
- Auswertung eigener Praxis-Erfahrungen
- Berücksichtigung gesellschaftlicher, politischer und wissenschaftlicher Entwicklungen.

Sie informieren über Erkenntnisse aus der Schulpsychologie.

Grundsatz 4: Die Schulpsychologinnen und Schulpsychologen unterstützen und fördern durch psychologische Diagnostik, Prävention und Intervention konstruktive, kommunikative und kooperative Prozesse auf allen Ebenen des Systems Schule.

Sie bearbeiten Anfragen kompetent, zeit- und kundennah. Um aktuell und kundennah zu sein, organisieren die Schulpsychologinnen und Schulpsychologen ihre Arbeit so dezentral und so niedrigschwellig wie möglich.

Grundsatz 5: Die Schulpsychologinnen und Schulpsychologen tauschen sich zur fachgerechten Aufgabenerfüllung über ihre Erfahrungen aus der täglichen Arbeit aus und nutzen dabei verschiedene Gesprächs- und Informationsplattformen. Ihre Ziele dabei sind, Kundenanforderungen angemessen zu bedienen, voneinander zu lernen und Erkenntnisse zu gewinnen, wie die Arbeitsschwerpunkte und die Organisationsformen optimiert und gegebenenfalls neu ausgerichtet werden können.

Ihre Zusammenkünfte sind effektiv und von gegenseitiger Wertschätzung geprägt.

Grundsatz 6: Die Schulpsychologinnen und Schulpsychologen definieren und gestalten zentrale Arbeitsabläufe einvernehmlich, richten sie an vereinbarten fachlichen Standards aus und dokumentieren dieses.

Grundsatz 7: Die Schulpsychologinnen und Schulpsychologen erheben systematisch Daten über die Wirksamkeit der von ihnen erbrachten Leistungen und über die Zufriedenheit ihrer Kunden, um Anhaltspunkte für mögliche Verbesserungen der eigenen Arbeit zu finden.

Grundsatz 8: Die Schulpsychologinnen und Schulpsychologen sichern ihre fachliche Kompetenz durch Fortbildung sowie Supervision und Intervision.
Die Schulpsychologinnen und Schulpsychologen unterstützen sich gegenseitig durch fachlichen und persönlichen Austausch.

Grundsatz 9: Die Schulpsychologinnen und die Schulpsychologen suchen, entwickeln und pflegen im Hinblick auf ihre Aufgabenstellung externe Partnerschaften. Sie kooperieren insbesondere mit Personen und Einrichtungen der psychosozialen, pädagogischen und medizinischen Versorgung, sowie mit wissenschaftlichen Institutionen.

Dieses Leitbild bestimmt die Bemühungen um eine kontinuierliche Qualitätsentwicklung der Schulpsychologie und ist die Grundlage für die folgenden Formulierungen zu den für Deutschland aktuell sicherlich noch zukunftsweisenden, fachlich aber unstrittig notwendigen grundlegenden Arbeitsbedingungen. Die Bundesländer werden aufgrund der Bildungshoheit ihre eigenen Wege finden müssen. Einschränkend muss festgestellt werden, dass diese und die folgenden Überlegungen nicht für das Land Bayern gelten, das einen Sonderweg der Ausbildung und der schulpsychologischen Versorgung eingeschlagen hat.

Organisationsform

Trotz der breiten fachlichen Grundbildung der Schulpsychologinnen und Schulpsychologen sind Spezialisierungen und Schwerpunktbildungen notwendig, um den vielfältigen Anforderungen auf angemessenem Niveau gerecht werden zu können. Daher sollten sog. „Einmanndienststellen“ künftig der Vergangenheit angehören.

In den Standorten können auch weitere unterstützende Berufsgruppen wie z. B. Sonderpädagogen, Sozialpädagogen und Beratungslehrkräfte ihren Dienstort haben und mit der Schulpsychologie zusammenarbeiten.

Zumindest für Flächenstaaten gilt: Je zentralisierter der Dienst, desto weiter und zeitaufwändiger die Wege. Für ratsuchende Lehrkräfte, Eltern und ihre Kinder kann dies zum ernsthaften Zugangshindernis werden. Daher sind Außenstandorte mit günstiger Verkehrsanbindung sinnvoll, um den Klienten „entgegen“ zu kommen. Zu große räumliche Entfernung zu den Schulen und die psychische Distanz zu Lehrkräften und Schulleitungen stehen einer vertrauensvollen Zusammenarbeit und einer über längere Zeiträume hinweg notwendigen Kooperationsbeziehung im Wege.

Personaldichte und Ausstattung

In Deutschland versorgt derzeit ein Schulpsychologen durchschnittlich ca. 16 000 Schüler und Schülerinnen (Schwankungsbreite 1 000 bis 100 000; Angaben der Sektion Schulpsychologie des BDP und der ISPA). Damit liegt Deutschland bezüglich der schulpsychologischen Versorgung am unteren Ende der Skala vergleichbarer Länder (OECD-Durchschnitt: ein Schulpsychologe für 2 500 Schüler und Schülerinnen).

Bereits 1973 haben KMK, UNESCO, der deutsche Bildungsrat u. a. eine Relation von mindestens 1: 5 000 – z. T. auch 1: 2 500 – für notwendig erachtet. Inzwischen ist der Bedarf eher gestiegen. Die mehrmonatigen Wartezeiten bei den Schulpsychologischen Diensten legen davon Zeugnis ab.

Im Folgenden wird ein Ideal der schulpsychologischen Versorgung skizziert. Ins Auge gefasst ist eine Region mit zwei kleineren Städten und zwei Gemeinden mit insgesamt 20 Grundschulen, acht Haupt- und Realschulen, vier Gymnasien, einer Berufsbildenden Schule und vier Förderschulen. Diese Schulen werden von circa 15 000 Schülern und Schülerinnen besucht.

Bei der Zuständigkeit des Bundeslandes für die Schule ist die schulpsychologische Dienststelle in der Region eine Einrichtung (Außenstelle oder Standort) einer dem Kultusministerium nachgeordneten Landesbehörde wie z. B. einer Landesschulbehörde oder der Schulabteilung einer Bezirksregierung bzw. einer staatlichen Einrichtung für Fortbildung, Beratung und Unterstützung im Schulwesen. Kommunale Zuständigkeiten sind entsprechend zu organisieren.

Die Leitung der Regionen wird von der Zentrale oder der Abteilung der jeweiligen Behörde aus geleistet und mit einer leitenden Direktorenstelle (A 16) besetzt.

Die für eine Region zuständige Außenstelle ist mit fünf Schulpsychologen- und innen (A 13–14) besetzt, eine Stelle davon ist eine Leitungsstelle (A 15). Für jede Stadt oder Gemeinde ist ein Schulpsychologe oder eine Schulpsychologin zuständig. Der Leiter oder die Leiterin versorgt deutlich weniger Schulen, um die Leitungsaufgabe versehen zu können.

Pro 500 Schüler und Schülerinnen ist eine Beratungslehrkraft mit einer Verlagerung von drei bis fünf Stunden als Mitarbeiter im System der Schulpsychologie mit dem Dienstort Schule tätig.

Jeder Schulpsychologe und jede Schulpsychologin verfügt über einen angemessenen Arbeitsraum mit entsprechender Ausstattung. Der Standort hat Untersuchungs- und Konferenzräume für Fortbildungen und Supervisionen von Lehrkräften und Schulleitungen etc.

Jedem Schulpsychologen bzw. -psychologin steht eine psychologisch-technische Assistenzkraft zur Verfügung.

Außerdem besitzt der Standort für jeden Schulpsychologen eine Hand- und auch eine Zentralbibliothek sowie eine Testothek.

Die technische Ausstattung umfasst pro Schulpsychologen einen PC und einen Laptop. Der Standort verfügt mindestens über zwei Beamer, mehrere Recorder und Videokameras sowie über Moderationsmaterial.

Das Kollegium der Schulpsychologie hat die Verpflichtung *alle* Aufgaben der Schulpsychologie zu erfüllen.

Um diesem Anspruch gerecht zu werden, legen die Schulpsychologinnen und Schulpsychologen im kollegialen Konsens und mit Zustimmung der Leitungsebene die mittelfristigen regionalen persönlichen Schwerpunkte fest. Die Aufgabenschwerpunkte verteilen sich unterschiedlich auf die einzelnen Personen. In der Summe muss i. d. R. jedoch circa ein Drittel der Arbeitskapazität in der Region für die personorientierte Arbeit (Verhaltensmanagement) und das Fallmanagement vorgehalten werden.

Die mittelfristigen Schwerpunkte des einzelnen Schulpsychologen und der einzelnen Schulpsychologin bestimmen sich somit nach dem Bedarf des Landes und der Region, nach den regionalen Bedürfnissen – hier vor allem der Mitglieder des Schulwesens und der Eltern – sowie nach den tatsächlichen Ressourcen und Kompetenzen der Schulpsychologen und Schulpsychologinnen in dem eigenverantwortlich arbeitenden und sich verantwortenden System der Schulpsychologie (vgl. Leitbild).

Die öffentliche Schulpsychologie in Trägerschaft des Landes oder der Kommunen kooperiert vor allem mit allen Einrichtungen der psychosozialen und medizinischen Versorgung, mit privat praktizierenden Schulpsychologen und -innen sowie mit niedergelassenen psychologischen Psychotherapeuten und -innen.

Für das Land Niedersachsen als Beispiel bedeuten diese fachlichen Anforderungen mindestens eine Vervierfachung des derzeitigen Personals in der Schulpsychologie. Angesichts der enormen Folgekosten, die durch gescheiterte Schul- und Bildungslaufbahnen sowie durch die eingeschränkte individuelle Förderung des Potentials aller Schülerinnen und Schüler einem Land mittel- und langfristig zwangsläufig entstehen, wäre diese präventive Investition ein Zeichen fachlicher Klugheit und politischer Verantwortung.

11 Qualitätsmanagement in der Schulpsychologie

Klaus Temme und Stephan Jeck

Einführung eines QM-Systems

Zu Beginn der 90er Jahre waren zunächst die produzierenden Betriebe mehr oder minder gezwungen, sich verstärkt dem Thema Qualitätsmanagement (QM) zu widmen. Wer erfolgreich am Markt teilnehmen wollte, war gezwungen, ein QM-System aufzubauen und im Rahmen der Normenreihe DIN EN ISO 9000 ff. zertifizieren zu lassen. Dieser Trend erfasste zunehmend auch alle anderen Bereiche. Bereits 1996 erschien das erste Heft (von inzwischen mehr als 30) der bahnbrechenden Reihe „Materialien zur Qualitätssicherung in der Kinder- und Jugendhilfe", herausgegeben vom Bundesministerium für Familien, Senioren, Frauen und Jugend. Ob Weiterbildungseinrichtungen, Dienstleister der verschiedensten Art, Behörden, Schulen – inzwischen gibt es kaum eine Einrichtung, die sich nicht intensiv mit der Frage auseinander setzen muss, wie sie trotz oder wegen stagnierender oder zurückgehender Ressourcen die Qualität ihrer Arbeit auf einem neuen, professionellen Niveau gewährleisten kann.

Die Schulpsychologie ist an verschiedenen Stellen mit neuen Qualitätserfordernissen konfrontiert: als Teil von Behörden, die unter Qualitätsgesichtspunkten Reorganisationen vornehmen, als Kooperationspartner von Einrichtungen, die ein Qualitätsmanagement einführen (Kinder- und Jugendhilfe, Weiterbildungseinrichtungen usw.) und auch als Berater von Schulen oder Behördenteilen bei dieser Aufgabe.

Wichtiger als diese eher externen Anlässe ist aber das Motiv, stolz auf die Qualität der eigenen Arbeit sein zu können und entsprechend hohe Zufriedenheit bei den Klienten in den verschiedenen Arbeitsbereichen zu erzielen. Es ist befriedigender, Teil einer Organisation zu sein, die funktioniert, in der effektiv und effizient gearbeitet wird, in der man sicher sein kann, dass fachliche und organisatorische Standards von allen auf hohem Niveau eingehalten werden.

Besondere Erschwernisse

Aufgrund der föderalen Struktur unseres Bildungssystems ist die dienstrechtliche Organisation der Schulpsychologie vielfältig (Hanckel, 2001). Ob sie nun neben der Schulaufsicht Behördenteil einer Bezirksregierung ist, in größere Schulsysteme integriert oder landeseigenen Instituten zugeordnet ist – sie ist als Organisation nirgendwo allein ressourcenverantwortliche Einheit, immer Teil einer größeren

Einheit (Behörde, Institut, Kommune, Schule). So ist auch schwer festzulegen, welche Verantwortlichkeiten beim Aufbau und bei der Pflege eines QM-Systems welchen Organisationseinheiten zugeordnet werden können. So wird es vorkommen, dass der schulpsychologische Dienst etwa in einem Bezirk durchaus willens ist, einen Qualitätsentwicklungsprozess einzuleiten und auch relevante Schritte geht, die umgebende ressourcenverantwortliche Institution aber ganz andere oder gar keine Vorstellungen über den einzuschlagenden Weg hat.

Zweifellos ist Schulpsychologie eine Dienstleistung, für eben diese ist der Schlüsselbegriff im Qualitätsdenken die „Kundenorientierung". Schon die Bedeutung der einzelnen Kundengruppen wird von staatlichen Stellen, der Schulpsychologie sowie den Kunden selber recht unterschiedlich eingeschätzt, entsprechend eingeschränkt kann die Schulpsychologie Zusagen machen über die Qualität (Erreichbarkeit, Wartezeiten usw.) ihrer Leistungen. Gerade die strukturellen Gegebenheiten wie Zugang, personelle und materielle Ausstattung kann sie nur marginal beeinflussen.

Wenn die Kultur der umgebenden Organisation noch eher hierarchisch/zentralistisch geprägt ist, wird es in einer solchen Umgebung schwierig sein, ein Bewusstsein von Kundenorientierung zu entwickeln.

Ein weiteres schwerwiegendes Problem für die Entwicklung eines anspruchsvollen Qualitätsbewusstseins in der Schulpsychologie ist die von Senge (1996, S. 404) so beschriebene Quantitäts-/Qualitätsfalle. „In einem Dienstleistungsunternehmen ist es einfach nicht möglich, die Kapazität getrennt von der Qualität zu betrachten." Vom früher proklamierten Ausbau der Schulpsychologie ist schon lange nichts mehr zu bemerken, statt dessen werden überall im Lande die vorhandenen Stellen eher abgebaut. Damit einher geht aber nicht eine systematische, wohldurchdachte und transparente Reduzierung des Aufgabenspektrums. So stehen die Schulpsychologen vor Ort vor dem Problem, mit immer weniger Personal sowohl die bisherigen als auch oft noch neue Anforderungen erfüllen zu müssen. Die Konsequenz ist eine Verschlechterung des Angebots: schlechte Erreichbarkeit („Die sind ja nie da!!"), längere Wartezeiten, Anfragen, die nicht erfüllt werden können. So entsteht eine Spirale nach unten, denn die Enttäuschung der Klienten über die Verschlechterung des Angebots führt dazu, sich, womöglich, an andere Anbieter zu wenden. Damit einher geht eine andere bedrohliche Entwicklung: Die schleichende und von den Schulpsychologen kaum verhinderbare Verschlechterung des Angebots führt zu einer „Trance der Mittelmäßigkeit" (Senge, ebenda, S. 403). Man richtet sich auf einem mittelmäßigen Qualitätsniveau ein. Da es auch keine Verfahren für Vergleiche mit anderen Anbietern (Beratungs- oder Weiterbildungseinrichtungen) gibt, wird das mittelmäßige Qualitätsniveau der Arbeit nicht einmal bewusst. Dieser Falle ist nur schwer zu entrinnen, da der Ausgangspunkt bei dem von der Schulpsychologie nicht zu beeinflussenden Stellenabbau liegt.

Erschwernisse bedeuten allerdings nicht, dass der Weg unmöglich ist, sondern fordern eher dazu auf, sehr sorgsam auf die Voraussetzungen zu achten, damit der Einsatz für die Qualitätsentwicklung möglichst ressourcenschonend ist.

Daher sollen im Folgenden einige solcher Bedingungen zusammengetragen werden:

Als erstes wäre zu nennen das Erfordernis einer – mindestens wohlwollenden – Unterstützung durch die Leitung. In der Schulpsychologie sind die verschiedenen Leitungsfunktionen (Dienst-, Fachaufsicht) meist auf verschiedene Hierarchieebenen verteilt, entscheidend für die Qualitätsentwicklung ist die Hierarchieebene, die nicht mehr mit einem Schulpsychologen besetzt ist. Spätestens von dieser Stelle aus und möglichst noch weiter aus der Spitze der Hierarchie (Ministerium) sollte unmissverständlich ein Interesse an der Qualitätsentwicklung in der Schulpsychologie erklärt werden. Explizite Zielvereinbarungen erhöhen die Verbindlichkeit des Prozesses: Bis wann sollen welche Elemente bearbeitet bzw. verwirklicht werden? Sichert die Leitung zu, ihren Teil der Verantwortung zu tragen? Welche Ressourcen (z. B. Arbeitszeit) werden verbindlich für den Aufbau und die Pflege des QM-Systems bereitgestellt? Hier sollte auch festgelegt werden, wieviel Autonomie der Schulpsychologie zugestanden wird, die Ziele und Standards ihrer Arbeit festzulegen. Schließlich sind damit auch immer Ressourcen verbunden, deren Zuteilung politisch entschieden und verantwortet wird.

Es gibt in einem solchen Prozess der Entwicklung eines QM-Systems immer Durststrecken, es tauchen immer wieder Widerstände, Zweifel an der Notwendigkeit oder überhaupt an der Umsetzbarkeit der Veränderungen auf. Hilfreich ist auch, wenn alle Beteiligten, besonders aber die Leitung, einen langen Atem haben.

Erschwerend kommt hinzu, dass die Schulpsychologie in eine politische Bürokratie eingebunden ist; ein Regierungswechsel verändert nicht nur Prioritäten, es muss auch immer damit gerechnet werden, dass den Prozess in der Leitungsebene tragende Personen ausgetauscht werden.

Eine weitere wichtige Voraussetzung ist eine möglichst hohe Zustimmung der Kolleginnen und Kollegen zum Prozess und eine entsprechende Bereitschaft, sich darin auch zu engagieren. Selbstverständlich sollte die Zustimmung auf der Basis von möglichst viel Wissen über das erfolgen, worum es im QM-Prozess eigentlich geht. Dabei helfen zustimmende Lippenbekenntnisse wie „Wir machen jetzt EFQM!" eher wenig. Es sollte schon allen Beteiligten klar sein, dass QM auch immer

- die Definition und das Einhalten von Standards bedeutet,
- „Fehler" in der Arbeit identifizieren und vorbeugend handeln,
- kontinuierlich und systematisch an der Verbesserung des Leistungsangebots arbeiten,
- und ein System etablieren, mit dem die Einhaltung der verabredeten Standards überprüft werden kann.

Die Orientierung an einem QM-System

Sicherlich hat jeder Mensch, der eine Arbeit tut, auch Vorstellungen darüber, wie die Arbeit gut getan werden kann und ein Interesse, danach zu handeln. Die Vorstellungen der Beschäftigten werden sich in manchen Bereichen decken, es gibt aber wohl auch unterschiedliche Akzentuierungen oder „weiße Flecken“, die übersehen werden. Darum ist ein gemeinsames Qualitätsbewusstsein notwendig. Grundlage dafür ist die Einigung, nach welchem QM-Modell vorgegangen werden soll. Die Orientierung an einem Modell ist unverzichtbar, weil nur dann sichergestellt werden kann, dass wirklich alle qualitätsrelevanten Bereiche und Prozesse erfasst werden.

Zur Auswahl stehen:

- Das EFQM-Modell. Es ist zu Beginn der 90er Jahre von der *European Foundation of Quality Management* beschrieben worden. Es besteht aus neun Kriterien (fünf Befähiger-Kriterien, vier Ergebnis-Kriterien, die jeweils mehrere Teilkriterien untergliedert sind (s. a. Kap. 8.4). Es eignet sich vor allem für die Selbstbewertung, darüber hinaus setzt es den Rahmen für die Auswahl von Organisationen, die sich um den alljährlich verliehenen Europäischen Qualitätspreis bewerben. Für Schulen liegt eine Fassung vor, die die Teilkriterien noch weiter konkretisiert (Kotter, 2004).
- Die Normenfamilie DIN EN ISO 9000:2000 ff.:
  Herausgeber ist die *International Organisation of Standardisation*, die Dachorganisation aller nationalen Normungsinstitute (in Deutschland: Deutsches Institut für Normung). Die Erstauflage erschien 1989, inzwischen hat es zwei Revisionen gegeben, die letzte im Jahr 2000. Sie ist seitdem unterteilt in
  DIN EN ISO 9000: QM-Systeme, Grundlagen und Begriffe
  9001: QM-System, Forderungen
  9004: QM-Systeme, Leitfaden zur Leistungsverbesserung.
  Die Fassung 9004 „enthält eine Anleitung für die Anwendung des QM-Systems und beschreibt, welche Prozesse QM-Systeme umfassen sollen. Sie soll Organisationen dabei helfen, ihr eigenes QM-System einzuführen und zu verbessern.“
  Sie beruht auf den gleichen Grundsätzen wie die 9001, die Grundlage ist für „die Beurteilung der Fähigkeit der Organisation zur Erfüllung der Kundenforderungen und der behördlichen Forderungen“ (ebenda Pkt. 0.1). Die Beurteilung wird vorgenommen von dafür zugelassenen Zertifizierungsstellen.
- CAF steht für *Common Assessment Framework*. Es wurde erstellt von der Deutschen Hochschule in Speyer. Es ist eine Kurzfassung des EFQM-Modells, spezifiziert für die Anwendung in öffentlichen Einrichtungen und Behörden.
- LQW ist das Kürzel für *Lernorientierte Qualitätstestierung für Weiterbildungsorganisationen*, entwickelt im Rahmen des Programms „Lebenslanges Lernen“ von der Bund-Länder-Kommission für Bildungsplanung und Forschungsförderung. Maßgeblich beteiligt war das Institut Art Set in Hannover. Das Modell wurde in vielen Weiterbildungseinrichtungen übernommen, sicher auch, weil es als Zertifizierungsverfahren anerkannt und preiswerter als eine Zertifizierung nach ISO 9001 ist.
- BSC steht für *Balanced Scorecard* (deutsch etwa: Ausgewogenes Kennzahlensystem), entwickelt von Kaplan und Norten (1992). Hier wird die Organisation aus vier Perspektiven betrachtet (Kunden-, Geschäftsprozess-, Mitarbeiter-,

Finanzperspektive). Für alle Bereiche werden Ziele aufgestellt und Kennzahlen festgelegt, mit denen die Zielerreichung überprüft werden kann.
- Die Unterscheidung zwischen Struktur-, Prozess- und Ergebnisqualität (Lenz, 1998). Für jeden dieser Bereiche werden Leistungskriterien und Merkmale benannt, die insgesamt die Qualität der Arbeit in Beratungsstellen oder auch Weiterbildungseinrichtungen erfassen sollen.

Es gibt zwischen allen diesen QM-Systemen einen hohen Deckungsgrad in den Forderungen an eine qualitätsorientierte Einrichtung. Die Unterschiede liegen in der jeweiligen Gliederung und in ihrer Anwendbarkeit bezogen auf den Zweck, der im Vordergrund steht.

Als öffentliche Einrichtung ist es für die Schulpsychologie eher unwahrscheinlich, dass sie unter Zertifizierungsdruck gerät. Insofern dürften Modelle, die auf externe Begutachtung angelegt sind (DIN EN ISO 9001, LQW) keine große Rolle spielen. Andererseits läuft ein QM-System, das nicht irgendeine Art eines professionellen externen Blicks einbezieht, Gefahr, nicht wirklich ernsthaft und verbindlich betrieben zu werden. Das Modell der EFQM hat in den letzten Jahren eine große Verbreitung gefunden, was wohl eher dem oft missionarischen Eifer der Referenten zu verdanken ist als dem tatsächlichen Nutzen für Einrichtungen, die am Beginn der Qualitätsentwicklung stehen. Das Modell ist sehr umfassend und elaboriert, es strebt „Business Excellenz“ an. In anderen Branchen hatten Unternehmen zunächst ein QM-System auf der Grundlage der ISO 9000-Familie aufgebaut, hatten bereits die erste oder zweite Zertifizierung hinter sich, bevor sie sich dem EFQM-Modell zugewandt haben, um Qualitätslücken auch im letzen Winkel des Unternehmens auf dem Weg zur Spitzenleistung aufzuspüren.

Wie geht es einer Fußballmannschaft, die bisher in der 1. Kreisklasse ganz gut zurecht gekommen ist, wenn sie sich auf einmal mit den Standards der Champions konfrontiert? Am Anfang mag das schmeicheln, auf Dauer wird es aber eher frustrierende Erfahrungen geben.

Im Rahmen dieses Artikels können nicht alle aufgeführten Systeme in Tiefe vorgestellt und bewertet werden. Festzuhalten bleibt, dass die Orientierung an einem Modell unverzichtbar ist und dass bei der Auswahl die folgenden Kriterien beachtet werden sollten (Temme, 2002):

- das QM-System sollte *ökonomisch* sein, d. h. der Aufwand, es aufzubauen und zu pflegen, muss in einem guten Verhältnis zu dem Gewinn stehen, den die schulpsychologische Einheit davon hat;
- es muss *verständlich* und *transparent* sein, wer immer in der Einrichtung arbeitet, muss seine Logik und den Aufbau nachvollziehen können;
- es muss *valide* sein, d. h. die Beobachtungskategorien müssen die qualitätsrelevanten Teile der Arbeit der Schulpsychologie wirklich erfassen;
- es muss *akzeptiert* sein, d. h. alle Beteiligten und Betroffenen sollen es zunehmend als gute Möglichkeit ansehen können, eine neue Qualitätsverantwortung in der Einrichtung zu etablieren;

- es muss *anschlussfähig* an andere, umgebende Organisationen sein und sofern es nicht das gleiche ist, muss die Verwandtschaft schnell vermittelt werden können;
- es muss ermöglichen, dass das System der internen Beobachtung (interne Evaluation) eingestellt ist auf eine eventuell geforderte *Überprüfung durch Externe.*

Welches System auch immer genutzt wird – es macht keinen Sinn, nur einzelne Elemente zu bearbeiten. Wie ein Haus erst ein solches ist, wenn Fundament, Dach, Wände, Fenster, Türen usw. vorhanden sind, stützen sich bei einem QM-System alle Elemente gegenseitig und entfalten erst ihre Wirkung, je mehr davon eingearbeitet sind.

Wesentliche Elemente eines QM-Systems und ihre Anwendbarkeit auf die Schulpsychologie

Es war bereits darauf hingewiesen worden, dass die einzelnen Anforderungen, die in den verschiedenen Systemen beschrieben sind, im Wesentlichen identisch sind. Im Folgenden sollen die „tragenden Säulen" benannt und eine mögliche Spezifizierung für die Schulpsychologie beschrieben werden.

Mission, Vision, Wertvorstellungen, Leitbild

Von Antoine de Saint-Exupéry ist der in Leitungsseminaren vielzitierte Satz überliefert: „Willst du ein Schiff bauen, so rufe nicht die Menschen zusammen, um Pläne zu machen, Arbeit zu verteilen, Werkzeuge zu holen und Holz zu schlagen, sondern lehre sie die Sehnsucht nach dem großen endlosen Meer."

Sieht man einmal davon ab, dass die Seefahrt recht gefährlich werden kann, wenn die Menschen zwar eine große Sehnsucht, aber wenig Ahnung vom Schiffsbau haben, so wird in diesem Bild deutlich, dass eine gemeinsame Vision die motivierende Grundlage für gemeinsames zielgerichtetes Handeln ist.

Im EFQM-Modell wird gefordert, nicht nur die gemeinsame Vision zu klären, sondern sich auch über die „Mission" („Was ist der tiefere Grund für die Existenz der Organisation?") und die gemeinsamen Werte im Klaren zu sein (Senge, 1996, S. 349 ff.). Der Auftrag der Schulpsychologie ist in den meisten Bundesländern in Erlassen geregelt, im QM-Kontext gilt es, auch die Erwartungen der Klienten (Schüler, Eltern, Schulen usw.) mit einzubeziehen und priorisierende Aussagen zu machen.

Ein Leitbild ist die üblichste Form, Vision, Mission um gemeinsame Werte zu klären und verbindlich festzuhalten.

Als Beispiel sei auf das Leitbild hingewiesen, das die Schulpsychologen und Schulpsychologinnen der Bezirksregierung Hannover erstellt haben (vgl. Kapitel 10: Leitlinien und Idealskizze der Schulpsychologie).

Die Erstellung eines Leitbildes dürfte der schulpsychologischen Zunft nicht fremd sein, wir wollen trotzdem an dieser Stelle einige Empfehlungen geben:

- zunächst sollte überlegt werden, zu welchen Themen im Leitbild Aussagen gemacht werden sollen,
- im nächsten Schritt sollten Aussagen formuliert werden, die einen angestrebten Zustand beschreiben,
- um schließlich im dritten Schritt zu überlegen, ob vom jetzigen Zustand aus gesehen genügend Phantasie, Wissen und Kompetenz vorhanden ist, in absehbarer Zeit die festgelegten Grundsätze zu verwirklichen.

Sollte Letzteres nicht möglich sein, sollte man besser auf eine Festlegung zunächst verzichten, denn im Wolkenkuckucksheim geschriebene Leitbilder verhindern die Identifikation und sind eher schädlich als nützlich. Bei der Formulierung der Leitbild-Grundsätze sollte bedacht werden, dass sie sich eignen müssen für eine Zielkaskadierung (vgl. QS 21), d. h., die auf allgemeiner Leitzielebene formulierten Grundsätze müssen prinzipiell in (messbare) Handlungsziele herunter zu brechen sein.

Eine notwendige Bedingung ist es, nach der feierlichen Verabschiedung des Leitbildes dieses auch lebendig zu halten, sich in der Reflexion der Arbeit und den Überlegungen und Entscheidungen für die weitere Entwicklung immer wieder darauf zu beziehen.

Prozessqualität

Die Beschreibung und Standardisierung der Arbeitsprozesse ist ein zentrales Element in allen QM-Systemen. Damit soll gewährleistet werden, dass die Arbeit bei allen Mitarbeitern auf einem definierten hohen Niveau und möglichst fehlerfrei verläuft. Dazu muss man sich zunächst darüber im Klaren werden, welche Arbeitsprozesse relevant sind und wie sie miteinander verbunden sind. Man unterscheidet gemeinhin zwischen *Schlüsselprozessen*, die diejenige Arbeit beschreiben, die im direkten Kontakt zu den Kunden geschieht und den *unterstützenden Prozessen*, in denen dafür gesorgt wird, das alle benötigten Ressourcen (Mitarbeiter, Gebäude, Ausstattung) zur rechten Zeit in guter Beschaffenheit zur Verfügung stehen. Damit die Prozesse „unter beherrschten Bedingungen“ ablaufen, sollten sie in einheitlicher Form beschrieben sein. Es sollten Kennzahlen festgelegt werden, die eine Evaluation ermöglichen, ob die Prozesse zielführend durchgeführt werden.

Für die Schulpsychologie wäre es zunächst hilfreich, wenn alle an der Qualität der schulpsychologischen Leistungen beteiligten Personen ein gemeinsames Prozessbewusstsein entwickeln. Dies beinhaltet zunächst eine Aufstellung aller relevanten Prozesse.

Auf der Ebene der Schlüsselprozesse sind dies z. B.:

- Ablauf einer schulpsychologischen Beratung (Anmeldung, Terminkoordination, Verlauf)

- Weiterbildungen mit festem Curriculum (z. B. Beratungslehrer, KIK, Ausschreibungen, Auswahl der Teilnehmer, Pflege des Curriculums)
- Organisationsberatung (Akquisition, Vertrag, Ablauf usw.)
- Erstellung von Gutachten (Festlegungen zu Rollenklarheit, diagnostische Standards, Form des Gutachtens usw.).

Auf der Ebene der unterstützenden Prozesse wären zu erfassen:

- Regelungen für die interne Kommunikation (Meinungsbildungs- und Entscheidungsprozesse in Team-/Dienstbesprechungen, Supervision, Lektüre und Auswertung von Fachzeitschriften, bildungspolitischen Entwicklungen)
- Regelungen für die Einführung neuer Mitarbeiter, für den Erhalt bzw. die Entwicklung der Qualifikation, für die Zufriedenheit mit der Arbeitssituation
- Beschaffung und Pflege von Ausstattung und Material (für Diagnostik, Büro usw.)
- Festlegung eines kontinuierlichen Verbesserungsprozesses (Verfahren, Fehler zu erkennen, zu korrigieren, Maßnahmen zu ergreifen, dass sie nicht wieder vorkommen, Evaluationen, Zielbeschreibungen und -aktualisierungen).

Diese Aufstellungen sind keinesfalls vollständig, sie sollen nur die Ebenen angeben, die zu bearbeiten wären. Ziel ist, unter Einbeziehung von Klientenerwartungen, die Prozessabläufe so festzulegen, dass eine möglichst hohe Kundenzufriedenheit erreicht wird.

Beratungsprozesse lassen sich zwar nicht so einfach standardisieren wie die Herstellung von Schrauben, aber es kann andererseits nicht „anything goes“ gelten. Eine sicherlich kundenfreundliche Richtschnur für die Ebene der Standardisierung könnte etwa die Maßgabe sein, dass jedweder Prozess, der von A begonnen wurde, von B weitergeführt werden kann. Eine solche Vorgabe führt zu entsprechenden Anforderungen wie ein Mindestmaß an einheitlichem Vorgehen, einheitlicher Dokumentation usw.

Zwar wissen wir, dass Beratungsprozesse in hohem Maß personengebunden sind, dass tragfähige Beziehungen aufgebaut werden müssen und das Vorgehen oft recht unterschiedlich ist. Andererseits ist es aber eine Diskussion wert, ob sich dahinter nicht einige Mythen verbergen und ob es nicht eher die Ängste der Berater als die der Klienten sind, die eine verlässliche Vertretungsregelung bisher oft behindern. Um die entsprechende Verbindlichkeit herzustellen, ist wohl nicht darauf zu verzichten, den Ablauf der Arbeitsprozesse zu verschriftlichen. Dazu gibt es verschiedene Formen: man kann sie in „Prosa“ beschreiben, Flussdiagramme machen oder auch entsprechende Software benutzen. Auf jeden Fall sollte festgehalten werden, welche Verantwortlichkeiten in den einzelnen Prozessschritten bestehen, was – um Schnittstellenverluste zu vermeiden – dokumentiert werden muss und in welcher Weise die Qualität der Durchführung evaluiert wird.

Um sicherzustellen, dass die Arbeit auch wirklich so durchgeführt wird, wie sie beschrieben wurde, oder Verbesserungen, die sich in der Arbeit ergeben haben, in die Beschreibung einzuarbeiten, sollte ein „Prozesscontrolling“ eingeführt werden.

Dazu dienen sogenannte interne Audits, in denen eine dazu bestimmte Person oder ein entsprechendes Gremium systematisch in regelmäßigen Abständen eine solche Überprüfung vornimmt. Das muss nicht im hierarchischen Kontext geschehen und der „Auditor“ auch nicht der Dienstvorgesetzte sein, sondern er sollte aus den Reihen der Mitarbeiter/innen stammen und von diesen in dieser Aufgabe bestätigt sein.

Mitarbeiterqualifikation und -zufriedenheit

Es mag trivial klingen, aber gerade im Dienstleistungsbereich ist die Qualität der Arbeit in besonderem Maße abhängig von der Motivation der Mitarbeiter und die wiederum von der Zufriedenheit mit der Arbeitssituation und dem sicheren Gefühl, genügend qualifiziert zu sein für die Bewältigung der Aufgaben. Es gibt viele Quellen, die die Zufriedenheit beeinflussen: Lage und Ausstattung der Beratungsstelle, Kooperation und Umgang im Kollegium, Führungsstil der Leitung, ideelle und materielle Wertschätzung der Arbeit. Die Leitung sollte sich in angemessenen Abständen ein Bild über die Zufriedenheit der Mitarbeiter machen: Instrumente dazu sind z. B. Fragebögen oder Jahresgespräche. Es wäre allerdings unangemessen, der Leitung allein die Verantwortung für die Zufriedenheit anzulasten, schließlich sind auch deren Einflussmöglichkeiten beschränkt. Eher geht es darum, miteinander die Motivationskiller aufzuspüren und in gemeinsamer Verantwortung entweder Lösungen zu finden oder, wo es keine gibt, das Unabänderliche gemeinsam zu tragen. Guter (Qualitäts-) Standard ist jedoch, regelmäßig, systematisch und datengestützt die Zufriedenheit zu erfassen und zu bearbeiten.

Schulpsychologinnen und Schulpsychologen kommen mit guten Eingangsqualifikationen in den Beruf. Sie sind fast überall diplomierte Psychologen, viele haben noch ein Lehramtsstudium absolviert. Um möglichst schnell den differenzierten Anforderungen auf hohem Niveau gerecht zu werden, sollte ein anspruchsvolles Verfahren zur Einführung neuer Mitarbeiter beschrieben sein (s. Prozessbeschreibungen). Ob dazu ein Referendariat mit allen sachunangemessenen Begleiterscheinungen nötig ist, sei dahingestellt.

Danach gilt es aber, im Verlaufe der Berufstätigkeit die Qualifikation gemäss den sich verändernden Anforderungen weiter zu entwickeln. Qualitätsmanagement erfordert auch hier ein systematisches Vorgehen. So können in den bereits empfohlenen Mitarbeitergesprächen die Fortbildungswünsche erfasst, aber auch in Bezug auf sich abzeichnende Entwicklungen empfohlen werden. Fortbildungserfordernisse können sich auch aus Rückmeldungen von Klienten, Kursteilnehmern usw. ergeben. Anspruchvolles Qualitätsmanagement erfordert nicht nur die Qualifizierungserfordernisse zu erfassen und Fortbildungsmaßnahmen durchzuführen, sondern auch den Erfolg der Maßnahmen zu überprüfen. Wer sich dieser Anforderung stellen will, muss sein Evaluationssystem entsprechend einrichten.

Externe Partner

Schulpsychologen sind für Lehrkräfte und Schulen auch Ansprechpartner für die Empfehlungen von Einrichtungen, die bei verschiedenen Problemen angemessene Hilfestellung geben können. Das können andere Beratungseinrichtungen, Ärzte, Psychotherapeuten, Beratungslehrer, Weiterbildner usw. sein. Um hier kompetente Vermittlung zu gewährleisten, bedarf es einer guten Zusammenarbeit mit diesen Einrichtungen. Schulpsychologie ist Teil des regionalen Netzes der psychosozialen Versorgung und insofern mitverantwortlich für einen guten Zustand dieses Netzes. Die Personalsituation wird der Mitarbeit in allen relevanten Gremien Grenzen setzen, gefordert wäre jedoch eine Übersicht über die vorhandenen Institutionen/ Einrichtungen und eine begründete Auswahl für die Mitarbeit.

Dokumentation

Verschriftlichung schafft Verbindlichkeit. Allerdings führt zu viel Verschriftlichung auch dazu, dass es keiner mehr liest.

Im Qualitätsmanagement unterscheidet man zwischen Qualitätsdokumenten und Qualitätsaufzeichnungen. Qualitätsdokumente werden auch Vorgabedokumente genannt, weil sie vorgeben, was und wie zu arbeiten ist. In der Schulpsychologie gehören dazu zunächst behördliche Vorgaben: Gesetze, Verordnungen, Erlasse, die für die schulpsychologische Arbeit relevant sind. Darüber hinaus wird es interne, kollegiale Vereinbarungen geben: Leitbild, Prozessbeschreibungen, verbindliche Curricula (z. B. Beratungslehrer-Weiterbildung), Evaluationsgrundsätze usw. Es empfiehlt sich, all dieses in einem Handbuch zusammenzufassen, das jeder Kollege und jede Kollegin erhält. So können sich neue Mitarbeiter schnell über alle relevanten Festlegungen einen Überblick verschaffen, die anderen immer wieder nachschlagen und interessierte externe Partner Einblick nehmen in den Stand und die Tiefe des QM-Systems.

Das Handbuch sollte nicht fest gebunden sein, damit Ergänzungen und Aktualisierungen problemlos eingearbeitet werden können.

Qualitätsaufzeichnungen dokumentieren Ergebnisse von (Teil-) Prozessen oder belegen ausgeführte Tätigkeiten. In der Arbeit der Schulpsychologie zählen dazu Verlaufs- oder Ergebnisprotokolle von Beratungen, Evaluationsergebnisse und Statistiken, kurz alles, was Informationen ergeben kann über die Quantität und die Qualität der Arbeit.

Die Form der Qualitätsaufzeichnungen sollte soweit standardisiert sein, dass es eindeutig definierten Anforderungen genügt wie z. B. Aufbewahrungs- oder Vernichtungserfordernissen.

Einführung eines QM-Systems

Es gibt grundsätzlich zwei Wege zur Einführung eines QM-Systems:

- Auf der Grundlage eines Modells (z. B. EFQM) wird eine Stärken- und Schwächenanalyse vorgenommen. Dabei werden Verbesserungsbereiche identifiziert

und Verbesserungsmaßnahmen formuliert. Diese werden nach Dringlichkeit und/oder voraussichtlicher Bearbeitungszeit in eine Rangfolge gebracht und in der Folge möglichst mit Methoden aus dem Projektmanagement abgearbeitet.
- Die Erfordernisse eines QM-Systems werden in die bisherigen Festlegungen und Arbeitsabläufe eingebaut bzw. hinzugefügt.

Beide Wege haben Vor- und Nachteile.

Beim ersten Weg werden zunächst alle Beteiligten mit den Elementen des QM-Modells vertraut gemacht, die anschließend gemeinsame oder aufgeteilte Suche nach Stärken und Schwächen schafft Identifikation und damit auch Motivation für den Veränderungsprozess. Zu diesem Zeitpunkt spürt man auch einen Ruck, ein gemeinsames Bewusstsein: „Jetzt packen wir es an – jetzt entwickeln wir unsere Organisation hin zu einem besseren Zustand!" In der Regel werden bis zu 100 Verbesserungsmaßnahmen formuliert.

Vielleicht gelingt es noch, die ersten Verbesserungsvorschläge beherzt anzupacken. In der Regel bricht der Prozess spätestens nach der zehnten Maßnahme ab, entweder weil die handelnden Personen wechseln oder das politische Umfeld oder weil im Tagesgeschäft nicht genügend Zeit und Motivation zur Verfügung steht. Gegen diesen Weg spricht auch die allgemeine Erfahrung aus Organisationsentwicklungsprozessen: der Widerstand gegen Veränderung steigt mit dem Bewusstsein über die stattfindende Veränderung. Das Management von Veränderungsprozessen muss daher das Kunststück fertig bringen, Veränderung (vornehmlich der Strukturen) zu ermöglichen und zu unterstützen, gleichzeitig aber darauf achten, dass nur kaum wahrnehmbare Unterschiede produziert werden.

Ein eigentlich kaum auflösbares Dilemma, das auch dazu führt, dass „das Scheitern von Innovationen wahrscheinlicher ist als ihr Erfolg" (Zech & Ehses, 2000, S. 16).

Diese Erkenntnis spricht eher für den zweiten Weg. Er erfordert allerdings eine Leitung, die sowohl erfüllt ist von einer Vision qualitätsorientierter Arbeit, als auch alle Elemente eines QM-Systems und ihre gegenseitige Vernetzung in Tiefe verstanden hat. Weiteres Erfordernis ist eine hohe Kommunikationsfähigkeit. Es kommt darauf an, Impulse aufzugreifen, die von den Mitarbeitern kommen, sie in den richtigen strukturverändernden Kontext zu stellen, Unterstützung zu geben und Wertschätzung zu zeigen sowie Ergebnisse zu sichern – und das alles eher mit einem dienenden als einem anordnenden Grundverständnis.

Wenn es der Organisation vergönnt ist, eine gute Kontinuität in einem solchen Leitungsverhalten zu haben, dann bestehen bescheidene Aussichten auf eine qualitätsorientierte Weiterentwicklung.

12 Schulpsychologie International

Lothar Dunkel

Ein Blick über die Grenzen des eigenen Landes in und auf die Schulpsychologie in anderen Teilen der Welt kann zu einem besseren Verständnis der eigenen Situation beitragen und Anregungen vermitteln.

Entwicklung der Schulpsychologie

Vor 1945 gab es weltweit nur erste Ansätze und einzelne Maßnahmen im Bereich Schulpsychologie. In den USA waren bis zum Beginn des 2. Weltkrieges 500 Schulpsychologen tätig, diese arbeiteten aber fast ausschließlich in den Staaten New York und Pennsylvania. In einzelnen Ländern begann eine flächendeckende Versorgung mit Schulpsychologie erst nach Beendigung des Krieges. Gestützt wurde diese Entwicklung durch eine UNESCO Konferenz 1948 (United Nations Educational, Scientific, and Cultural Organization, 1948), in der 43 Nationen u. a. die Bedarfe an Schulpsychologie erörterten. Gefordert wurde dabei die Erstellung einer Ausbildung für Schulpsychologen. In einer Folgekonferenz 1956 wurden diese Ansätze bestätigt. Dänemark, Frankreich, Schweden und Großbritannien waren die europäischen Länder, die hier eine führende Rolle einnahmen und später auch die Nationen waren, in denen sich Schulpsychologie am weitesten entwickeln konnte. In den USA waren es Gesetze und in deren Folge zur Verfügung gestellte Gelder, welche die Entwicklung der Schulpsychologie voran brachten. Zum einen waren dies Programme zur Entwicklung von Ausbildungsprogrammen in den Universitäten und zum anderen Gesetze zur Verbesserung der Situation behinderter Kinder an den Schulen. Entwicklung der Anzahl der Schulpsychologen in den USA: 1940 = 500, 1970 = 5 000, 2005 = 32 000.

Versorgung mit Schulpsychologen

Eine Umfrage 1990 in 54 Ländern registrierte 87 000 Schulpsychologen. Das Bruttonationaleinkommen bestimmt ganz wesentlich die Anzahl von Schulpsychologen in einem Land. Das Vorhandensein von Schulpsychologen war in Ländern mit hohem Bruttonationaleinkommen selbstverständlich. Durchschnittlich gab es in diesen Ländern 2 000 Schulpsychologen (Deutschland ca. 1 000). In Ländern mit niedrigem Bruttonationaleinkommen gab es durchschnittlich 300 Schulpsychologen. Entsprechend betrug das Verhältnis von Schulpsychologen zu Schülern durchschnittlich 1: 3 500 und 1: 26 000 (Deutschland = 1: 15 000). Der durchschnittliche Verdienst in Ländern mit hohem Bruttonationaleinkommen betrug US$ 17 000 jährlich, in Ländern mit niedrigem Bruttonationaleinkommen US$ 3 000 jährlich. In den Ländern der ehemaligen Sowjetunion ist die Versorgung sehr gut. International ist der Beruf „Schulpsychologe" weiblich, 2/3 aller Schulpsychologen sind Frauen.

Ausbildung

Die Ausbildung von Schulpsychologen hat sich in den verschiedenen Ländern ähnlich entwickelt. Die Curricula umfassen im Wesentlichen fünf Bereiche: *Kernbereiche der Psychologie* – Lernen, Wahrnehmung, Statistik, biologische Grundlagen, Entwicklungspsychologie, Pädagogische Psychologie, Experimentelle Psychologie, Persönlichkeitspsychologie und Sozialpsychologie. *Diagnostik und Interventionstechniken* beschäftigen sich hauptsächlich mit intellektuellen, akademischen, emotionalen und sozialen Eigenschaften und mit der Anwendung verhaltenstheoretischer, affektiver, pädagogischer und systemischer Modelle. *Persönlichkeitsentwicklung* nimmt gewöhnlich Beziehungsgestaltung, Konsultation und Führungskräftetraining in den Blick. *Rechtliche und Ethische Fragen* werden integriert in andere Bereiche oder als eigenständige Thematisierungen behandelt. In der *Forschung und Statistik* zeigen sich Schulpsychologen eher als Anwender und Nutzer denn als Zulieferer. Promotionsstudiengänge für Schulpsychologen gibt es in Brasilien, Großbritannien, Neuseeland und England.

Inhalte

Schulpsychologische Angebote unterscheiden sich von Land zu Land und orientieren sich zum einen an der Ausbildung des einzelnen Schulpsychologen und zum anderen an den Nachfragen und Wünschen der Gesellschaft. Schulpsychologische Diagnostik findet sich in allen Ländern. Schülerzentrierte Beratung und Beratung des Systems Schule hingegen werden nicht immer angeboten. Schulpsychologische Beratung ist in Ländern gut ausgebaut, in denen Psychologie einen hohen Stellenwert hat, z. B. in Australien, Kanada, Israel, Neuseeland, USA und Westeuropa. In Ländern, in denen Psychologie insgesamt eine geringere kulturelle Akzeptanz besitzt, ist schulpsychologische Beratung wenig etabliert, z. B. in arabischen Ländern, in Indien oder China.

Schulpsychologie wird im Schulsystem dann eingerichtet, wenn ein Land eine allgemeine schulische Erziehung für Jungen und Mädchen vom ersten bis zum zwölften Schuljahr und die Berücksichtigung behinderter und benachteiligter Kinder in der Schule eingerichtet hat.

EFPPA – European Federation of Professional Psychologists Association

Ein europäischer Vergleich des Ausbaus der Schulpsychologie im Jahre 1997 brachte für Deutschland ein ernüchterndes Ergebnis:

- Die von der UNESCO geforderte Relation von einem Schulpsychologen pro 1 000 Schüler wird nur von wenigen Ländern erreicht.
- Eine Relation von 1: 2 000 oder besser erreichten Belgien, Dänemark, Frankreich, Israel, Slowenien und Schweden.
- Deutschland bildet mit einem Verhältnis von 1:15 000 zusammen mit Malta das Schlusslicht. Dies ist der bundesdeutsche Durchschnitt der Versorgung mit Schulpsychologen. Zwischen den einzelnen Bundesländern gibt es große Unterschiede. Während in Großstädten wie Berlin, Hamburg, München, Köln oder Münster die Versorgung bei ca. 1:6 000 liegt, beträgt diese in Flächenländern 1:10 000 bis 1:15 000, in Baden-Württemberg z. B. 1:38 000.

Zu ähnlichen Ergebnissen kommt Seifried (2003):

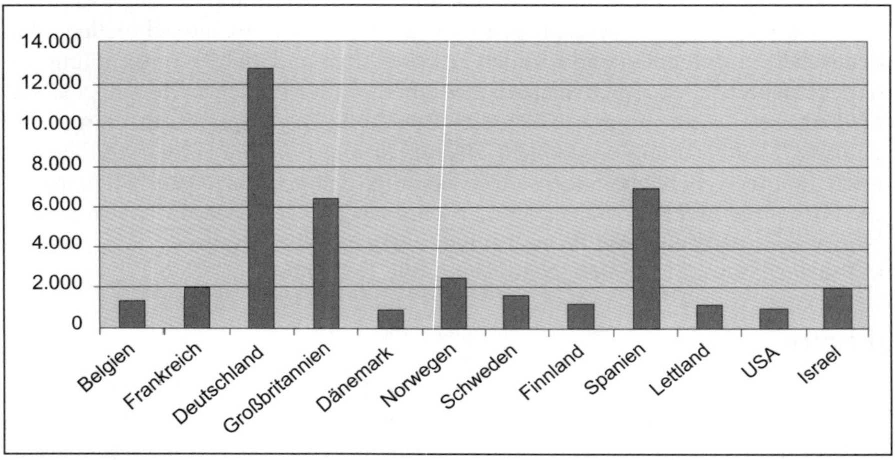

Abb. 12.1: Schüler pro Schulpsychologe im internationalen Vergleich

ISPA – International School Psychology Association

Die ISPA wurde 1982 offiziell gegründet und ist ein internationaler Dachverband für Schulpsychologen. Die ISPA versteht ihren Auftrag im Bekanntmachen und Weiterentwickeln von Schulpsychologie gerade auch dort, wo Schulpsychologie wenig verbreitet ist. Sie wurde vornehmlich von amerikanischen Schulpsychologen ins Leben gerufen. Die jährlichen „Colloquien“ sind international besetzte Workshop-Konferenzen und finden in unterschiedlichen Ländern statt. Die ISPA hat dazu beigetragen, dass in Osteuropa und Südamerika große Fortschritte in der Schulpsychologie stattfinden konnten. Dies soll in den nächsten Jahren auch in Asien, Indien und Afrika geschehen. Jahre und Orte der bisherigen „Colloquien“: 1975 – München/Deutschland, 1977 – Helsingor/Dänemark, 1979 – York/England, 1980 – Jerusalem/Israel, 1982 – Stockholm/Schweden, 1983 – Indianapolis/USA, 1984 – Orléans/Frankreich, 1985 – Southampton/England, 1986 – Nyborg/Dänemark, 1987 – Interlaken/Schweiz, 1988 – Bamberg/Deutschland, 1989 – Ljubiana/Slowenien, 1990 – Newport/USA, 1991 – Braga/Portugal, 1992

– Istanbul/Türkei, 1993 – Banska-Bystrica/Slowakei, 1994 – Campinas/Brasilien, 1995 – Dundee/Schottland, 1996 – Eger/Ungarn, 1997 – Melbourne/Australien, 1998 – Jurmala/Lettland, 1999 – Kreuzlingen/Schweiz, 2000 – Durham/USA, 2001 – Dinan/Frankreich, 2002 – Nyborg/Dänemark, 2004 – Exeter/England, 2005 – Athen/Griechenland, 2006 – Hangzhou/China, 2007 – Tampere/Finnland, 2008 – Utrecht/Niederlande.

Die Sektion Schulpsychologie im Berufsverband Deutscher Psychologinnen und Psychologen e.V. ist Mitglied in der ISPA. Es besteht auch die Möglichkeit einer Einzelmitgliedschaft.

Deutsch-Russische Schulpsychologen Begegnung

Neben den internationalen Verbindungen durch die European Federation of Professional Psychologists Association und die International School Psychology Association pflegen Schulpsychologen in den Grenzgebieten Deutschlands vielfältige berufliche Kontakte mit Kollegen in den angrenzenden Ländern. Diese Kontakte führten schon mehrfach zu einer Internationalisierung der alle zwei Jahre stattfindenden Bundeskonferenz für Schulpsychologie der Sektion im BDP.

Ein ungewöhnlicher und interessanter Kontakt zu russischen Schulpsychologen erfolgte 2005 und wird weiter fortgesetzt. Angeregt wurde diese deutsch-russische Begegnung von Frau Putina, der Frau des russischen Staatspräsidenten mit dem Ziel, durch Kontakte der russischen Schulpsychologen mit ihren deutschen Kollegen Impulse zur Weiterentwicklung des russischen Schulsystems durch die Schulpsychologie zu entwickeln.

Grenzgänge

Wer als Schulpsychologe je die Möglichkeit hatte, sich mit Kollegen aus anderen Ländern auszutauschen wird u. a. zwei generelle Erfahrungen gemacht haben: Zum einen die Faszination, die eigene Berufsrolle in einem anderen Kontext und unter teilweise ganz anderen Bedingungen zu erleben und daraus Anregungen für die eigene berufliche Situation zu gewinnen. Zum anderen die Einsicht, vielleicht sogar Enttäuschung, dass es nur sehr schwer möglich ist, aus dem „Fremden" direkte Änderungen für die eigene Arbeit umzusetzen. Eine speziell deutsche Erfahrung im Kontakt mit Schulpsychologie in anderen Ländern ist die, dass schulpsychologische Beratung in den meisten Ländern eine viel größere gesellschaftliche Bedeutung hat als in Deutschland. Dies ist eine schmerzliche Erfahrung, wenn man zurückkehrt und die große Diskrepanz zwischen Beratungsbedarf und personellen Ressourcen sieht.

Was ist der Wert internationaler Erfahrungen und Austausche? Vielleicht könnte man es so beschreiben, dass die „fremden" Bilder und real erlebten Andersartigkeiten von Schulpsychologie jederzeit abrufbar sind und damit ein ständiger Motor sein können, die eigene Realität zu relativieren, Veränderungen für möglich zu halten und Gelegenheiten zu suchen und wahrzunehmen, die eigene Wirklichkeit aktiv zu gestalten.

Adressen und Links

Aktuelle Informationen zu Bildung, Unterricht und Bildungsforschung

Deutscher Bildungsserver
www.bildungsserver.de
Der deutsche Bildungsserver bietet aus allen Bildungsbereichen themen- und adressatenbezogene Informationen über aktuelle Projekte, Materialien und Institutionen.

learn: line NRW
www.learn-line.nrw.de/
Die Seiten des NRW Landesinstituts bieten zahlreiche Informationen zu schulischen Themen und Projekten.

Deutsches Jugend Institut
www.dji.de
Die Seiten des Deutschen Jugendinstituts bieten einen Überblick über die aktuellen Forschungsprojekte des DJI und die Materialien, die (z.T. kostenlos) bestellt werden können.

Max Planck Institute
www.mpg.de/
Die Seiten der Max-Planck-Institute bieten die Möglichkeit Forschungsberichte und Veröffentlichungen (u.a. zu PISA, TIMMS usw.) und Filme aus Forschungsprojekten anzusehen und downzuloaden.

Spezielle Informationsquellen für die Schulpsychologie

www.schulpsychologie.de/
Seite der Schulpsychologie mit vielen downloads für Schüler/innen, LehrerInnen und Eltern sowie mit e-mail-Beratungsmöglichkeit.

www.kibbs.de
Website des Kriseninterventions- und -bewältigungsteams Bayerischer Schulpsychologen

Beratung im Internet

www.lehrerforum.uni-lueneburg.de; www.erzieherinnenforum.uni-lueneburg.de
In diesen Foren stellen Lehrkräfte bzw. Erzieherinnen anonym Fragen oder Probleme dar und erhalten von Berufskollegen sowie von Spezialisten anderer Fachdisziplinen Kommentare.

www.kids-hotline.de
Die kids-hotline bietet Mädchen und Jungen kostenlose und anonyme Beratung im Internet.

Weitere Adressen und Links siehe vor allem: Kap. 6.1, 6.7, 6.12, 6.13, 7.3, 7.8 und 7.9

Literaturverzeichnis

Achtenhagen, F. (1990). How can we generate stable, consistent, and generalizable results in the field of research on teaching? - Theoretical considerations and practical tests. *Learning and instruction*, 645–662.

Adey, Ph., Hewitt, G., Hewitt, J. & Landau, N. (2004). *The professional development of teachers: Practice and theory.* Dordrecht: Kluwer.

Aebli, H. (1979). *Grundformen des Lehrens.* Stuttgart: Klett.

Anderson, L. (1984). Attention, tasks and time. In: L. Anderson (Hrsg.), *Time and school learning. Theory, research and practice.* (S. 46–68). London: Croom Helm.

Andresen, H. (1985). *Schriftspracherwerb und die Entstehung von Sprachbewußtheit.* Opladen: Westdeutscher Verlag.

Arbeitskreis Förderpläne des Schulamtes für den Kreis Unna und des Schulamtes für die Stadt Hamm. (2004). Förderdiagnostisches Inventar für Schülerinnen und Schüler mit besonderen Lernbedürfnissen. In: vds-NRW (Hrsg.), *Förderplanung in der sonderpädagogischen Arbeit.* Verband Sonderpädagogik, Landesverband NRW.

Arenhövel, F. (1998). Bericht über Lernwerkstätten. Förderung von lese- und rechtschreibschwachen sowie rechenschwachen Kindern in den Lernwerkstätten der Margaretenschule Münster. In: Berufsverband Deutscher Psychologen, Sektion Schulpsychologie (Hrsg.), *Kooperation zwischen Schule und Jugendhilfe – Die Rolle der Schulpsychologie.* Bonn: Deutscher Psychologen Verlag.

Arlt, C., Baumert, J. et al. (2004). *Das Lernen lernen. Voraussetzungen für lebenslanges Lernen.* Paris: OECD.

Arndt, P. (2005). *Neurodidaktik – Alter Wein in neuen Schläuchen ?* Vortrag gehalten vor Schulleiterinnen und Schulleitern am 23.11.2005 in Loccum.

Arnold, K.-H. (2005). Mehr Fairness im Bildungswesen. Fragen zu Standards und Vergleichsarbeiten. *Jahresheft des Friedrich Verlags: Standards*, 25–27.

Augst, G. & Dehn, M. (1998). *Rechtschreibung und Rechtschreibunterricht.* Stuttgart: Klett.

Aurin, K. (1997). Zur Geschichte der Schulpsycholologie in der Bundesrepublik Deutschland – Entwicklung und Neuorientierung. In: *75 Jahre Schulpsychologie in Deutschland.* Bonn: Deutscher Psychologen Verlag.

Ayllon, T., Layman, D. & Kandel, H. (1975). A behavior-educational alternative to drug control of hyperactive children. *Journal of Applied Behavior Analysis, 8* (2), 137–146.

Bach, P. (1998). Therapeutische Einzelfallhilfe. Ein Kooperationsmodell zwischen Jugendhilfe und Schulpsychologie. In: Berufsverband Deutscher Psychologen Sektion Schulpsychologie (Hrsg), *Kooperation zwischen Schule und Jugendhilfe – Die Rolle der Schulpsychologie.* Bonn: Deutscher Psychologen Verlag.

Baghban, M. (1987). Von eins bis drei – die »Lall-Phase« frühen Schreibens. In: H. Balhorn & H. Brügelmann (Hrsg.), *Welten der Schrift in der Erfahrung der Kinder.* (S. 122–131). Konstanz: Faude.

Bakker, D. J. (1979). Hemispheric differences and reading strategies: two dyslexias? *Bulletin of the Orton Society, 29*, 84–100.

Balhorn, H. & Büchner, I. (2005). *Denkwege in die Rechtschreibung.* Hamburg: Verlag für Pädagogische Medien.

Balke, S. (2003). *Die Spielregeln im Klassenzimmer. Das Handbuch zum Trainingsraumprogramm* (2. Aufl.). Bielefeld: Karoi.

Balz, H.-J. (2004). *Evaluation des Trainingsraumprogramms an Nordrhein-westfälischen Schulen (Sek. I).* Bochum: Ev. Fachhochschule RWL Bochum.

Bandura, A. (1979). *Sozial-kognitive Lerntheorie.* Stuttgart: Klett-Cotta.

Bandura, A. (1997). *Self-Efficacy. The Exercise of Control.* New York: W. H. Freeman & Co.

Barber, M., Milich, R. & Welsh, R. (1996). Effects of reinforcement schedule and task difficulty on the performance of attention deficit hyperactivity disordered and control boys. *Journal of Clinical Child Psychology, 25* (1), 66–76.

Barkley, R. (1998). *Attention deficit hyperaktivity disorder. A handbook for diagnosis and treatment.* New York: Guilford.

Barron, R. W. (1980). Visual and phonological spelling strategies in reading and spelling. In: U. Frith (Hrsg.). *Cognitive processes in spelling.* (S. 195–213). London: Academic Press.

Bärsch, W. (1997). Von der Schülerkontrolle zur Schülerhilfe. In: *75 Jahre Schulpsychologie in Deutschland.* Bonn: Deutscher Psychologen Verlag.

Baumert, J. & Schümer, G. (2001). Familiäre Lebensverhältnisse, Bildungsbeteiligung und Kompetenzerwerb. In: Deutsches PISA-Konsortium (Hrsg.), *PISA 2000. Basiskompetenzen von Schülerinnen und Schülern im internationalen Vergleich* (S. 323–410). Opladen: Leske & Budrich.

Baumert, J. et al. (2001). *PISA 2000. Basiskompetenzen von Schülerinnen und Schülern im internationalen Vergleich.* Opladen: Leske & Budrich.

Baumert, J., Kunter, M., Brunner, M., Krauss, S., Blum, W. & Neubrand, M. (2004). Schule und Unterricht. Mathematikunterricht aus Sicht der PISA-Schülerinnen und -Schüler und ihrer Lehrkräfte. In:Deutsches PISA-Konsortium (Hrsg.), *PISA 2003 – Der Bildungsstand der Jugendlichen in Deutschland – Ergebnisse des zweiten internationalen Vergleichs.* Münster: Waxmann.

Baumert, J., Lehmann, R. H., Lehrke, M. Schmitz, B., Clausen, M., Hosenfeld, I., Köller, O. & Neubrand, J. (1997). TIMMS – Mathematisch-naturwissenschaftlicher Unterricht im internationalen Vergleich. Deskriptive Befunde. Opladen: Leske & Budrich.

Baumgaertel, A., Wolraich, M. & Dietrich, M. (1995). Comparison of diagnostic criteria for attention deficit disorders in a German elementary school sample. *Journal of the American Academic of Child and Adolescent Psychiatry, 34* (5), 629–638.

Beck, M. (2003). Förderung von Kindern mit Migrationshintergrund im Elementar- und Primarbereich. In: Beauftragte der Bundesregierung für Migration, Flüchtlinge und Integration (Hrsg.), *Förderung von Migrantenkindern im Elementar- und Primarbereich* (S. 9–11). Berlin.

Beck, R. J., King, A., Marshall & S. K. (2002). Effect of Videocase Construction on Preservice Teacher`s Observations of Teaching. *The Journal of experimental education, 70* (4), 345–361.

Becker, A. & Thomas, L. (2001). Mitwirkung bei der Erarbeitung von Schulprogrammen. In: H.-G. Häring & W. Kowalczyk (Hrsg.), *Schulpsychologie konkret*. Neuwied: Luchterhand.

Becker, N. (2005). *Die neurowissenschaftliche Herausforderung der Pädagogik*. Bad Heilbrunn: Klinkhardt.

Begemann, E. (1970). *Die Erziehung der soziokulturell benachteiligten Schüler*. Hannover.

Begemann, E. (1996). (Miß-)Deutungen der Sprache von Lernbehinderten. In:H. Eberwein (Hrsg.), *Handbuch Lernen und Lern-Behinderungen* (S. 95–156). Weinheim: Beltz.

Behörde für Schule, Jugend und Berufsbildung (Hrsg.) (2001). *Rebus – Regionale Beratungs- und Unterstützungsstellen in Hamburg*.

Behrens, U., Heine, M., Windolph, E., & Wolter, M. (2002). „Fit in Deutsch" – zur Sprachförderung vor der Einschulung. *Niedersächsisches Schulverwaltungsblatt, 12*, 491–493.

Behring, K., Kretschmann, R. & Dobrindt, Y. (1999). *Prozessdiagnose mathematischer Kompetenzen*. Horneburg: Pearson.

Behring, K., Kretschmann, R. & Dobrindt, Y. (1999). *Prozessdiagnose mathematischer Kompetenzen in den Schuljahren 1 und 2*. Horneburg: Persen.

Belschner, W. (1977). Wie wird man ein „Legastheniker"? In: E. Schwartz. (Hrsg.), *„Legasthenie" oder Lesestörung?* Frankfurt/M.: Arbeitskreis Grundschule.

Bender, D. & Lösel, F. (1998). Protektive Faktoren der psychisch gesunden Entwicklung junger Menschen: Ein Beitrag zur Kontroverse um saluto- und pathogenetische Ansätze. In: J. Margraf, J. Siegrist & S. Neumer (Hrsg.), *Gesundheits- oder Krankheitstheorie? Saluto- vs. pathogenetische Ansätze im Gesundheitswesen* (S. 117–145). Berlin: Springer.

Bengel, J. (Hrsg.) (1997). *Psychologie in Notfallmedizin und Rettungsdienst*. Berlin: Springer-Verlag.

Berufsverband Deutscher Psychologen (BDP) (2003). *Berufspolitisches Programm über Psychologie in Schulen*.

Besemer, C. (2001). *Mediation, Vermittlung in Konflikten*. Freiburg: Stiftung Gewaltfreies Leben.

Bessoth, R. (1989). *Verbesserung des Unterrichtsklimas*. Neuwied: Luchterhand.

Bettinger, T. & Ledl, V. (2003). *Förderdiagnose 2.0.1 – Kurzüberprüfung*. Wien.

Betz, D. & Breuniger, H. (1998). *Teufelskreis Lernstörungen* (5. Aufl.). Weinheim: PVU.

Beyer, M., Rhein, S. & Wartenberg, G. (1997). *Melanchthon*. Leipzig: Evangelische Verlagsanstalt.

Biegert, H. (2001). Impulsiv und unaufmerksam – Hyperkinetische Kinder in der Schule. In: U. Knölker (Hrsg.), *Aufmerksamkeits-Defizit/Hyperaktivitäts-Störungen (ADHS)* (S. 40–57). Bremen: UNI-MED.

Bindel, R. (2003). *Förderung der Sprachentwicklung durch das dialogische Bilderbuchlesen*. www.RolfBindel.de

Birkel, P. (1976). Glossar wichtiger testtheoretischer Begriffe. In: *Test-Informationen. Hinweise zur Auswahl von Tests*. (S. 27–48). Weinheim: Beltz.

Bissex, G. L. (1980). *GNYS AT WRK: A child learns to read and to write*. Cambridge: Harvard University Press.

Bitz, Gust, Vogt, Steinbrink & Hille (2005). Auswirkungen des Audilex-Trainingsprogrammes auf die Lese-/Rechtschreibleistung von Grundschülern der 2. Klasse. *Nervenheilkunde, 3*.

Bitzer-Schroeder, L. (2002). Das Krisenbüro. *Jahresheft des Friedrich Verlags: Disziplin*, 123–125.

Blömeke, S., Kaiser, G. & Lehmann, R. (2005). *Teacher Education and Development Study – Learning to Teach Mathematics (TEDS-M)*. Antrag auf Gewährung einer Sachbeihilfe an die Deutsche Forschungsgemeinschaft (DFG) v. 10.07.2005.

Blumenstock, L. (1986). *Michael schreibt. Spontanes Schreiben im Vor- und Grundschulalter.* Heinsberg: Agentur Dieck.

BM für Familie, Senioren, Frauen und Jugend, Berlin (Hrsg.). *QS - Materialien zur Qualitätssicherung in der Kinder- und Jugendhilfe. Insbesondere QS 21: Zielfindung und Zielklärung – ein Leitfaden.*

Boehnke, K. (2004). „Du Streber!“ *Psychologie heute, 31* (2), 34–37.

Bohl, T. & Schleske, M. (2005). Übungsbausteine zu diagnostischen Grundlagen. *SchulVerwaltung spezial, 3*, 13–15.

Boldt, U. (2001). *Ich bin froh, dass ich ein Junge bin. Materialien zur Jungenarbeit in der Schule*. Hohengehren: Schneider.

Boos, F., Heitger, B. & Hummer, C. (2005). Systemische Beratung im Vergleich. *OrganisationsEntwicklung, 1*, 4–15.

Bos, G. (2004). *IGLU – einige Länder der Bundesrepublik Deutschland im nationalen und internationalen Vergleich*. Münster: Waxmann.

Bos, W., Lankes, E.-M., Prenzel, M., Schwippert, K., Valtin, R. & Walther, G. (Hrsg.) (2003). *Erste Ergebnisse aus IGLU. Schülerleistungen am Ende der vierten Jahrgangsstufe im internationalen Vergleich*. Münster: Waxmann.

Bos, W., Lankes, E.-M., Prenzel, M., Schwippert, K., Valtin, R. & Walther, G. (Hrsg.) (2005). *IGLU. Vertiefende Analysen zu Leseverständnis, Rahmenbedingungen und Zusatzstudien*. Münster: Waxmann.

Bostelmann, A. (2006). *Das Portfolio-Konzept in der Grundschule. Individualisiertes Lernen organisieren. Klasse 1–4*. Mülheim: Verlag an der Ruhr.

Brandau, H. & Schüers, W. (1995). *Spiel- und Übungsbuch zur Supervision*. Salzburg: Müller.

Brandstädter, J. & Gräser, H. (Hrsg.) (1985). *Entwicklungsberatung unter dem Aspekt der Lebensspanne*. Göttingen: Hogrefe.

Braun, F. (2004). *Präventionsansätze in der Bildungsförderung sozial benachteiligter Jugendlicher im Übergang von der Schule in den Beruf – Ansätze der Schulsozialarbeit und der Jugendsozialarbeit.* Expertise für den 8. Kinder- und Jugendbericht Nordrhein-Westfalen.

Braun, G., Hünicke, W., Regniet, M. & Sprink, E. (1997). *Streitschlichtung durch Schülerinnen und Schüler.* Bad Kreuznach.

Breuer, H. & Weuffen, M. (1997). *Lernschwierigkeiten am Schulanfang*. Weinheim: Beltz.

Breuer, H. & Weuffen, M. (2000). *Lernschwierigkeiten am Schulanfang. Schuleingangsdiagnostik zur Früherkennung und Frühförderung*. Weinheim: Beltz.

Brickenkamp, R. (2002). *Handbuch psychologischer und pädagogischer Tests*. (Bd. 1–2). Göttingen: Hogrefe.

Brinkmann, E. (1991). SAUERAMFA oder SAUAAMFER? Selbstorganisation der Rechtschreibung am Beispiel »-er«. *Unterstufe, 38* (9), 261–263.

Brinkmann, E. (1994). Lisa lernt schreiben. In: H. Brügelmann & S. Richter (Hrsg.), *Wie wir recht schreiben lernen*. (S. 35–43). Lengwil: Libelle.

Broca, P. (1861). Perte de la parole, ramolissement chronique et destruction partielle du lobe antérieur gauche du cerveau. *Bulettin Sociale Anthropologique Paris, 2*, 235–237.

Brophy, J. E. (2000). *Teaching* (Educational Practices Series, Vol. 1). Brussels: International Academy of Education & International Bureau of Education. www.ibe.unesco.org.

Brück, H. (1978). *Die Angst des Lehrers vor seinem Schüler.* Reinbek: Rowohlt.

Bruder, S., Perels, F. & Schmitz, B. (2004). Selbstregulation und elterliche Hausaufgabenunterstützung. Die Evaluation eines Elterntrainings für Kinder der Sekundarstufe I. *Zeitschrift für Entwicklungspsychologie und Pädagogische Psychologie, 36* (3), 139–146.

Brügelmann, H. (1983). *Kinder auf dem Weg zur Schrift.* Konstanz: Faude.

Brügelmann, H. (1988). *Lese- und Schreibaufgaben für Schulanfänger. Projekt „Kinder auf dem Weg zur Schrift"* Bericht No. 33d. FB 12 der Universität Bremen.

Brügelmann, H. (1989). *Kinder auf dem Weg zur Schrift.* Konstanz: Faude.

Brügelmann, H. (1994). Von der Teilchen- zur Wellentheorie. In: H. Brügelmann & S. Richter (Hrsg.), *Wie wir recht schreiben lernen.* (S. 102–109). Lengwil: Libelle.

Brügelmann, H. (2005). *Schule verstehen und gestalten.* Konstanz: Libelle.

Bründel, H. & Simon, E. (2003). *Die Trainingsraum-Methode.* Weinheim: Beltz.

Bründel, H. (2004). Eigenverantwortung: Schüler stark machen! Über den Sinn der Werteerziehung an unseren Schulen. *RABS, Religionsunterricht an Berufsbildenden Schulen, 04/2004*, 4–5.

Bründel, H. & Simon, E. (2003). *Die Trainingsraummethode. Umgang mit Unterrichtsstörungen: klare Regeln, klare Konsequenzen.* Weinheim: Beltz.

Bründel, H. & Simon, E. (2004): Auf dem Weg zur Eigenverantwortung und zum stressfreieren Unterrichten. *Schulverwaltung. Zeitschrift für SchulLeitung, SchulAufsicht und SchulKultur, Ausgabe Bayern, 27* (2), 73–74.

Bründel, H. & Simon, E. (2004a). Unterrichtsstörungen. *Pädagogik, 56* (6), 40–44.

Bründel, H. & Simon, E. (2004b). Auf dem Weg zur Eigenverantwortung und zum stressfreien Unterrichten. *SchulVerwaltung NRW, Zeitschrift für SchulLeitung, SchulAufsicht und SchulKultur, 15* (2), 49–50.

Bründel, H. & Simon, E. (2004c). Ein Programm – zwei Ziele. Stärkung der sozialen Kompetenz und Reduzierung von Unterrichtsstörungen. *Schulmagazin 5–10. Impulse für kreativen Unterricht.* 9–12.

Bründel, H. & Simon, E. (2005a). Jeder hat das Recht auf einen störungsfreien Unterricht. *Praxis Schule 5–10, 4*, 60–63.

Bründel, H. & Simon, E. (2005b). Zufriedenheit in der Schule durch Trainingsraum-Methode. *reportpsychologie, 30*, 416–425.

Bruner, Jerome S. (1987). *Wie das Kind sprechen lernt.* Stuttgart.

Brunner, I., Häcker, T. & Winter, F. (2006). *Das Handbuch Portfolioarbeit.* Velber: Kallmeyer.

Buer, F. (2002). Führen – eine professionelle Dienstleistung. Oder: Wozu Führungskräfte Supervision benötigen. *supervision, 3,* 43 ff.

Bundesministerium für Bildung und Forschung (BMBF) (Hrsg.) (2004). *Berufsbildungsbericht 2004.* Berlin.

Bundesverband der Unfallkassen (Hrsg.) (2005). *Ein empirischer Beitrag zum gewaltverursachten Verletzungsgeschehen an Schulen in Deutschland 1993–2003.* München: www.unfallkassen.de

Burkard, Ch. (2001). *Selbstorganisierte Lehrerfortbildung: Erfahrungen von Schulen und Studienseminaren mit der Maßnahme „Projektmittel für Lehrerfortbildung.* Bönen: Kettler.

Burkard, C., Eikenbusch, G. & Ekholm, M. (2003). *Starke Schüler – gute Schulen.* Berlin: Cornelsen Scriptor.

Bürki, D. (1998). Vom Symbol – zum Rollenspiel. In: B. Zollinger (Hrsg.), *Kinder im Vorschulalter.* (S. 11–48). Bern: Haupt.

Butollo, W. (2000). *Die Angst ist eine Kraft.* Weinheim, Basel: Beltz-Verlag.

Calkins, L. (1986): The Art of Teaching Writing. Portsmouth: Heinemann

Chroust, P. (2003). Selbstverwirklichung oder System. *Journal für Lehrerinnen- und Lehrerbildung, 3*, 41–47.

Clausen, M. (2002). *Unterrichtsqualität: Eine Frage der Perspektive?* Münster: Waxmann.

Clements, S. D. (1966). *Minimale brain dysfunction in children.* Washington: US Government Printing Office.

Cohen, D. K. & Hill, H. C. (2000). Instructional Policy and Classroom Performance – The Mathematics Reform in California. *Teachers College Record, 102* (2), 294–343.

Coltheart, M. (Hrsg.) (1987). *The cognitive neuropsychology of language.* Hove: Erlbaum.

Conen, M.-L. (1996). Wie können wir Ihnen helfen, uns wieder loszuwerden? *Zeitschrift für systemische Therapie, 3*, 178–185.

Cornelißen, W. (2004). Einige Anmerkungen zur Debatte um die Benachteiligung von Jungen in der Schule. *Zeitschrift für Frauenforschung und Geschlechterstudien, 1*, 128–136.

Creutzburg, C., Henning-Eberlein, C. (2005). *Externe Evaluation in Hessen: Ein Konzept stellt sich der Diskussion.* Präsentation auf der Fachtagung „Qualitätsentwicklung durch externe Evaluation - Konzepte, Strategien und Erfahrungen" vom 30.06.–01.07.2005 in Wiesbaden.

Croft, A. C. (1982). Do spelling tests measure the ability to spell? *Educational and Psychological Measurement, 42*, 715–723.

Cummins, J. (1982). Die Schwellenniveau- und die Interdependenzhypothese. In: J. Swift (Hrsg.), *Bilinguale und multikulturelle Erziehung.* (S. 34–43). Würzburg.

Czerwanski, A., Solzbacher, C. & Vollstädt, W. (Hrsg.) (2002). *Förderung von Lernkompetenz in der Schule.* Gütersloh: Bertelsmann.

Czerwenka, K., Nölle, K. et al. (1990). *Schülerurteile über die Schule.* Frankfurt/M.: Peter Lang.

Dann, H-D. (1994). Pädagogisches Verstehen: Subjektive Theorien und erfolgreiches Handeln von Lehrkräften. In: K. Reusser, K & M. Reusser-Weyeneth, *Verstehen.* Bern: Huber.

Datenbank des Netzwerks Prävention von Schulmüdigkeit und Schulverweigerung am Deutschen Jugendinstitut e.V. http://www.dji.de/schulmuedigkeit

Dehn, M. (1988). *Zeit für die Schrift.* Bochum: Kamp.

Department of Education and Science (2000). *Learning-support guidelines.* Dublin: Government publications sales office.

DESI-Konsortium (2006). *Unterricht und Kompetenzerwerb in Deutsch und Englisch. Zentrale Befunde der Studie Deutsch-Englisch-Schülerleistungen-International (DESI).* Frankfurt/M.: Deutsches Institut für Internationale Pädagogische Forschung.

Deutsches Institut für Fernstudien (DIFF) (1985). *Pädagogisch-psychologische Grundlagen für das Lernen in Gruppen.* (Studienbrief). Tübingen.

Deutsches Institut für Normung e.V. *Normenfamilie DIN EN ISO 9000: 2000 ff* Berlin: Beuth.

Deutsches PISA-Konsortium (Hrsg.) (2001). *PISA 2000. Basiskompetenzen von Schülerinnen und Schülern im internationalen Vergleich*. Opladen: Leske & Budrich.

Deutschland – Entwicklung und Neuorientierung. In: *75 Jahre Schulpsychologie in Deutschland*. Bonn: Deutscher Psychologen-Verlag.

Diefenbach, H. & Klein, M. (2002). „Bringing Boys Back In". Soziale Ungleichheit zwischen den Geschlechtern im Bildungssystem zuungunsten von Jungen am Beispiel der Sekundarschulabschlüsse. *Zeitschrift für Pädagogik*, *48* (6), 938–958.

Dieken, C. van, Rohrmann, T. & Sommerfeld, V. (2004). *Richtig streiten lernen. Neue Wege in der Konfliktbewältigung unter Kindern*. Freiburg: Lambertus.

Dilling, H., Mombour, W. & Schmidt, M. H. (2000). *WHO Internationale Klassifikation psychischer Störungen. ICD–10 Kapitel V (F) Klinisch-diagnostische Leitlinien*. Bern: Hans Huber.

DIN 33430 (2002). *Anforderungen an Verfahren und deren Einsatz bei berufsbezogenen Eignungsbeurteilungen*. Berlin: Beuth.

Dirim, I. & Roth, H. J. (2005). Erfassung der sprachlichen Performanzen bilingualer Kinder in Deutschland – Verfahren zur Sprachstandsfeststellung vor und bei Schulbeginn. In: A. Schöler & A. Welling, *Förderschwerpunkt Sprache*. Göttingen: Hogrefe.

Dirim, I. (2001). Erfassung der „besonderen sprachlichen Fähigkeiten" bilingualer Kinder. In: Deutsches Jugendinstitut (Hrsg.), *Treffpunkt deutsche Sprache – Sprachförderung von mehrsprachigen Kindern in Kindertageseinrichtungen*. (S. 83–89). München: DJI.

Domsch, H. (2003). *Evaluation des Marburger Verhaltenstrainings*. (unveröff. Diplomarbeit). Marburg: Fachbereich Psychologie der Universität Marburg.

Döpfner, M. & Lehmkuhl, G. (1995). Elterntraining bei hyperkinetischen Störungen. In: H.-C. Steinhausen (Hrsg.), *Hyperkinetische Störungen im Kindes- und Jugendalter*. (S. 178–208). Stuttgart: Kohlhammer.

Döpfner, M., Schürmann, S. & Frölich, J. (2002). *Therapieprogramm für Kinder mit hyperkinetischem und oppositionellem Problemverhalten (THOP)*. Weinheim: Beltz.

Dörner, D. (1989). *Die Logik des Mißlingens*. Reinbek: Rowohlt.

Dornes, M. (1995). *Der kompetente Säugling*. Frankfurt/M.: Fischer.

Downing, J. (1979). *Reading and Reasoning*. Edinburgh: Chambers.

Drägestein, B. & Grote, C. (2004). *Halbe Hemden, ganze Kerle. Jungenarbeit als Gewaltprävention*. (Überarbeitete Neuaufl.). Hannover: Landesstelle Jugendschutz Niedersachsen.

Drave, W., Rumpler, F. & Wachtel, P. (Hrsg.) (2000). *Empfehlungen zur sonderpädagogischen Förderung. Allgemeine Grundlagen und Förderschwerpunkte (KMK)*. Würzburg: edition bentheim 2000.

Dröge, C. (1996). *Evaluation des Marburger Verhaltenstrainings für überaktive Kinder anhand einer systematischen Verhaltensbeobachtung*. (unveröff. Diplomarbeit). Marburg: Fachbereich Psychologie der Universität Marburg.

Dunkel, L. (2006). Magic Circle. http://www.schulpsychologie.de/lehrer/muenstertagung/muenster/magic_circle.htm (26.02.2006)

DuPaul, G. & Eckert, T. (1997). The effects of school-based intervention for attention deficit hyperacitivty disorder: A meta-analysis. *School Psychology Review*, *26* (1), 5–27.

DuPaul, G. & Stoner, G. (2003). *ADHD in Schools*. New York: Guilford Press.

Durach, B., Gründer, Th. & Napast, N. (2002). *Das mach ich wieder gut. Mediation. Täter-Opfer-Ausgleich. Regellernen. Soziale Kompetenz und Gewaltprävention an Grundschulen.* Lichtenau: AOL.

Dutka, W. & Markgraf, C. (1987). Wahrnehmung und Rückkopplung des Lehrerverhaltens durch Schüler. *Psychologie in Erziehung und Unterricht, 34*, 298–305.

Dutschmann, A. (1977). *Ein verhaltenstherapeutisch orientiertes Konzentrationstrainingsprogramm.* Tübingen: dgvt.

Eberwein, H. & Knauer, S. (Hrsg.) (1998). *Handbuch Lernprozesse verstehen.* Weinheim: Beltz.

Eder, A. (1990). *Risikofaktor Einsamkeit.* Wien: Springer.

Eder, F. (1996). *Schul- und Klassenklima. Ausprägung, Determinanten und Wirkungen des Klimas an höheren Schulen.* Innsbruck-Wien: Studien Verlag.

Edgar, J. & Walcroft, E. (2002). *Hilfe, ich hab einen Einstein in meiner Klasse! Wie organisiere ich Begabtenförderung?* Mülheim: Verlag an der Ruhr.

Eggert, D. (2001). Von den Stärken ausgehen ... Individuelle Entwicklungs- und Förderpläne in der sonderpädagogischen Diagnostik. *Niedersächsisches Schulverwaltungsblatt, 12*, 513–519.

Eggert, D. (1997). *Von den Stärken ausgehen ... Individuelle Entwicklungspläne in der Lernförderungsdiagnostik.* Dortmund.

Ehinger, W. & Hennig, C. (1994). *Praxis der Lehrersupervision: Leitfaden für Lehrergruppen mit und ohne Supervisor.* Weinheim: Beltz.

Ehlers, B., Ehlers, T. & Markus, H. (1978). *Die Marburger Verhaltensliste (MVL).* Göttingen: Hogrefe.

Ehmann, C. & Rademacker, H. (2003): *Schulversäumnisse und sozialer Ausschluss.* Bielefeld: Bertelsmann.

Ehses, C. & Zech, R. (2000). Organisationale Entwicklungsbedarfe in der Weiterbildung. In: R. Zech & C. Ehses (Hrsg.), *Organisation und Innovation.* Hannover.

Eichler, W. & Thomé, G. (1995). Bericht aus dem DFG-Forschungsprojekt „Innere Regelbildung im Orthographieerwerb im Schulalter". In: H. Brügelmann & H. Balhorn (Hrsg.), *Bedeutungen erfinden – im Kopf, mit Schrift und miteinander: zur individuellen und sozialen Konstruktion von Wirklichkeiten.* Konstanz: Faude.

Eisenberg & Roelle (1998). Kinder- und Jugendhilfe: Eingliederungshilfe für seelisch behinderte Kinder und Jugendliche nach § 35a KJHG. In: Berufsverband Deutscher Psychologen Sektion Schulpsychologie (Hrsg), *Kooperation zwischen Schule und Jugendhilfe – Die Rolle der Schulpsychologie.* Bonn: Deutscher Psychologenverlag.

EN ISO 10075–1 (2000). *Ergonomische Grundlagen bezüglich psychischer Arbeitsbelastung.* Berlin: Beuth.

Ender, B. & Strittmatter, A. (2001). *Personalentwicklung als Schulleitungsaufgabe.* Innsbruck: Studienverlag.

Englbrecht, A. (2001). Bericht zu Rina Levy „Crisis Intervention by the Jerusalem School Psychology Service". *LBSP. Forum-Bd. 12. Schulpsychologie in Israel.* .

Englbrecht, A. & Storath, R. (2002a). Krisenmanagement in der Schule. Schritte zur Krisenbewältigung. In: *Handbuch: Sicher durch den Schulalltag.* Stuttgart: Raabe.

Englbrecht, A. & Storath, R. (2002b). Wenn das Unvorstellbare passiert! Wie Schule mit Krisen umgehen kann. *unterrichten & erziehen, 21 (2).*

Englbrecht, A. & Storath, R. (2005). In: *Krisen helfen.* Berlin: Cornelsen-Skriptor.

Englbrecht, A., Hirschmann, Meißner & Storath, R. (2002). Krisenmanagement in Schule. Landesverb. Bay. Schulpsychologen. *LBSP. Forum-Bd. 14.*

Engström, Y. (1999). *Lernen durch Expansion.* Marburg.

Ettrich, C. (1998). *Konzentrationstraining-Programm für Kinder.* Göttingen: Vandenhoeck & Ruprecht.
European Federation of Professional Psychologists Association (1997). *EFFPA news, Juni.*
Ewers-Reddemann, G., Höhmann, K. & Röntgen, G. (2005). Individuelle Förderung – unterstützt durch Förderpläne. *Lernende Schule, 29,* 33–35.
Ewert, O. M. (2001). Schulpsychologie: Ein Anwendungsfach auf dem Weg zu seiner Identität. *Zeitschrift für Pädagogische Psychologie, 15* (1), 1–4.
Faller, K. (1998). *Mediation in der pädagogischen Arbeit, Ein Handbuch für Kindergarten, Schule und Jugendarbeit.* Mühlheim a.d. Ruhr: Verlag an der Ruhr.
Faller, K. & Kneip, W. (2002). *Soziale Kompetenz für Schüler – Das Buddy-Projekt.* Düsseldorf: Vodafone-Stiftung Deutschland.
Faulstich-Wieland, H. & Horstkemper, M. (1995). *„Trennt uns bitte, bitte nicht!" Koedukation aus Mädchen- und Jungensicht.* Opladen: Leske & Budrich.
Faulstich-Wieland, H., Weber, M., Willems, K & Budde, J. (2004). *Doing Gender im heutigen Schulalltag. Empirische Studien zur sozialen Konstruktion von Geschlecht in schulischen Interaktionen.* Weinheim: Juventa.
Feger, B. & Prado, T. (1998). *Hochbegabung - Die normalste Sache der Welt.* Darmstadt: Primus.
Fegert, J. (1994). *Was ist seelische Behinderung? Anspruchsgrundlage und kooperative Umsetzung von Hilfen nach § 35a KJHG.* Münster: Votum.
Fehm, L. & Wittchen, H.-U. (2004). *Wenn Schüchternheit krank macht. Ein Selbsthilfeprogramm zur Bewältigung Sozialer Phobie.* Göttingen: Hogrefe.
Fend, H. & Schröer, S. (1989). Depressive Verstimmungen in der Adoleszenz – Verbreitungsgrad und Determinanten in einer Normalpopulation. *Zeitschrift für Sozialisationsforschung und Erziehungssoziologie, 9* (4), 264–284.
Fend, H. (1980). *Theorie der Schule.* München: Urban & Schwarzenberg.
Fend, H. (1997). *Der Umgang mit Schule in der Adoleszenz.* Bern: Huber.
Fend, H. (1998). *Qualität im Bildungswesen. Schulforschung zu Systembedingungen, Schulprofilen und Lehrerleistung.* Weinheim: Juventa.
Ferreiro, E. & Teberosky, A. (1982). *Literacy before schooling.* Portsmouth: Heinemann.
Fiedler, P. (2001). *Dissoziative Störungen und Konversion.* Weinheim: Beltz-Verlag. PVU.
Fingerhut, W. & Langfeldt, H.-P. (1974). Leistungsbeurteilung durch Notengebung. In: K. Heller (Hrsg.), *Leistungsbeurteilung in der Schule.* (S. 253–270). Heidelberg: Quelle & Meyer.
Fischer, S. (2005). Schulmüdigkeit und Schulverweigerung. Eine annotierte Bibliographie für die Praxis. *Dokumentation, 8.*
Flavell, J. H. (1984). Annahmen zum Begriff der Metakognition sowie zur Entwicklung von Metakognition. In: F. E. Weinert & R. H. Kluwe (Hrsg.), *Metakognition, Motivation und Lernen.* Stuttgart: Kohlhammer.
Fleischer, T. (1997). *Der personzentrierte Ansatz und das Lernen in der Schule.* Hohengehren: Schneider.
Fleischer, T. (2004). Personzentrierte Kultur verbessert Schulklima und Leistungsfähigkeit von Schülern und Lehrern. In: *Gesprächspsychotherapie und personzentrierte Beratung, 1,* 9–14.
Fliegel, S., Groeger, W. M., Künzel, R., Schulte, D. & Sorgatz, H. (1998). *Verhaltenstherapeutische Standardmethoden* (4. Aufl.). Weinheim: Psychologie Verlags Union.

Ford, E. E. (1997). *Discipline for Home and School. Book I*. Scottsdale: Brandt Publishing.
Ford, E. E. (1999). *Discipline for Home and School. Book II*. Scottsdale: Brandt Publishing.
Foster, V., Kimmel, M., & Skelton, C. (2001). "What about the boys?" An overview over the debates. In: W. Martino & B. Meyenn (Hrsg.). *What about the boys? Issues of masculinity in schools*, 1–23.
Freimuth, J. (2005). Zur Kritik an der Organisationsentwicklung: Eine systematische und historische Einordnung. *OrganisationsEntwicklung*, 2, 4–13.
Freitag, M. (1998). *Was ist eine gesunde Schule? Einflüsse des Schulklimas auf Schüler- und Lehrergesundheit*. Weinheim: Juventa.
Freyberg, T. & Wolff, A. (2005). Eskalierende Macht-Ohnmacht-Spiralen. *Frankfurter Rundschau, 118* (24. Mai 2005)
Frith, U. (1985.). Beneath the surface of developmental dyslexias. In: K. Patterson, J. Marshall & M. Coltheart (Hrsg.), *Surface dyslexia: neuropsychological and cognitive studies of phonological reading*. London: Erlbaum.
Frith, U. & Frith, C. (1980). Relationship between reading and spelling. In: J. F. Kavanagh & R. L. Venezky (Hrsg.), *Language by ear and by eye: the relationships between speech and reading*. Cambridge, Mass.: MIT-Press.
Fritz, A. & Ricken, G. (1998). Wie lassen sich Probleme im Rechnen diagnostizieren? – Ein kritischer Vergleich unterschiedlicher Ansätze. *Heilpädagogische Forschung, 24* (3), 104–113.
Fritz, J. (1975). *Interaktionspädagogik*. München: Juventa.
Fritz, J. (1977). *Methoden des sozialen Lernens*. München: Juventa.
Fröhlich-Gildhoff, K. (2006). *Gewalt begegnen*. Stuttgart: Kohlhammer.
Fuchs, C. (2002). Selbstwirksam lernen. Kennzeichen und Bedingungen. (Dissertation in press.)
Gaber, H. K. & Eberwein, H. (1986). *Ein Kind lernt schreiben. Die Bedeutung von Lesen- und Schreibenlernen im Alltag von Kindern*. Stuttgart: Metzler.
Gamsjäger, E. & Sauer, J. (1996). Burnout bei Lehrern: Eine empirische Untersuchung bei
Ganser, B. (1999). *Rechenstörungen. Diagnose – Förderung – Materialien*. Donauwörth: Auer.
Geller, W. (1952). Über Lokalisationsfragen bei Rechenstörungen. Fortschritte der Neurologie. *Psychiatrie und ihrer Grenzgebiete, 20*, 173–194.
Gerspach, M. (1998). *Wohin mit den Störern? Zur Sozialpädagogik der Verhaltensauffälligkeiten*. Stuttgart: Kohlhammer.
Gerster, H.-D. (1982). *Schülerfehler bei schriftlichen Rechenverfahren – Diagnose und Therapie*. Freiburg: Herder.
Gschwend, G. (2002). *Notfallpsychologie und Trauma-Akuttherapie*. (S. 7). Bern: Hans Huber Verlag.
Gesetzblatt I, Nr.56: Anordnung vom 31.11.1973 über die Pädagogischen Kreiskabinette, S.547
Glasl, F. (2002). *Konfliktmanagement, Ein Handbuch für Führungskräfte, Beraterinnen und Berater*. Bern: Haupt.
Glück, G. (1971). *Rechenleistung und Rechenfehler. Untersuchungen am 2. Grundschuljahr*. Dissertation Tübingen: Bamberger Fotodruck.
Gogolin, I. (1994). *Der monolinguale Habitus der multilingualen Schule*. Münster.
Goleman, D. (1997). *Emotionale Intelligenz*. München: dtv.

Gölitz, D., Roick, T. & Hasselhorn, M. (2005). *Deutscher Mathematiktest für vierte Klassen*. Göttingen: Hogrefe.
Gomolla, M. & Radtke, F.-O. (2002). *Institutionelle Diskriminierung: die Herstellung ethnischer Differenz in der Schule*. Opladen: Leske & Budrich.
Gonon, P., Hügli, E., Landwehr, N., Ricka, R. & Steiner, P. (1999). *Qualitätssysteme auf dem Prüfstand. Die neue Qualitätsdiskussion in Schule und Bildung*. Aarau: Bildung Sauerländer.
Green, N. & Green, K. (2005). *Kooperatives Lernen im Klassenraum und im Kollegium*. Velber: Kallmeyer.
Green, N. (2002). Arbeiten und Lernen im Team – auch für Lehrerinnen und Lehrer. *Praxis Schule 5–10, 6* .
Green, N. (2004). *Kooperatives Lernen*. Seelze: Kallmeyer.
Grell, J. & Grell, M. (1979). *Unterrichtsrezepte*. München: Urban & Schwarzenberg.
Grewe, N. (1990). Beratungslehrertätigkeit – Zwischenbilanz und Perspektiven. In: N. Grewe (Hrsg.), *Beratungslehrer – eine neue Rolle im System*. Neuwied: Luchterhand.
Grewe, N. (2003). *Aktive Gestaltung des Klassenklimas*. Münster: LIT.
Grewe, N. (2004). *Beratung im Kontext der Schullaufbahnempfehlung nach Klasse 4*. (unveröff. Seminarpapier)
Grewe, N. & Wichterich, H. (Hrsg.) (1999). *Beratungslehrer in der Praxis*. Neuwied.
Grewe, N., Hlawaty, R., Klaeger, U., Köhler, M., König, B., Lux, A., Paulo, M., Reimann, P. & Voigt, E. (1994). *Kommunikation – Interaktion – Kooperation in Schule und Unterricht. Materialien für Teilnehmer/innen und Kursleiter/innen*. Hildesheim: Universität Hildesheim.
Grimm, H. (2003). *Wie viele Vorschulkinder brauchen tatsächlich eine Sprachförderung? – Bedarfsanalyse am Beispiel der Stadt Bielefeld*. www.uni-bielefeld.de/psychologi/ae/AE03/publikationen/pressemitteilung163/
Grissemann, H. & Weber, A. (1982). *Spezielle Rechenstöungen, Ursachen und Therapie: psychologische und kinderpsychiatrische Grundlagen der pädagogisch-therapeutischen Interventionen bei Kindern mit Dyskalkulie*. Bern: Huber.
Grissemann, H. & Weber, A. (1990). *Grundlagen und Praxis der Dyskalkulietherapie. Diagnostik und Intervention bei speziellen Rechenstörungen als Modell sonderpädagogisch-psychiatrischer Kooperation*. Stuttgart: Huber.
Grissemann, H. (1998). *Diagnostik nach der Diagnose*. Bern: Huber.
Grouws, D. A. & Cebulla, K. J. (2000). *Improving student achievement in mathematics* (Educational Practices Series, Vol. 4). Brussels: International Academy of Education & International Bureau of Education (http://www.ibe.unesco.org).
Gruehn, S. (2000). *Unterricht und schulisches Lernen*. Münster: Waxmann.
Grunder, H.-U. & Bohl, T. (Hrsg.) (2001). *Neue Formen der Leistungsbeurteilung in den Sekundarstufen I und II*. Hohengehren: Schneider.
Grundke, P. (1975). *Interaktionserziehung in der Schule*. München.
Grüner, Th. & Hilt, F. (2004). *Bei Stopp ist Schluss. Werte und Regeln vermitteln*. Lichtenau: AOL.
Gudjons, H. (1995). *Spielbuch Interaktionserziehung*. (6. Aufl.). Bad Heilbrunn: Klinkhardt.
Gudjons, H. (2002). In: Gruppen Lernen – warum nicht? *Pädagogik, 1*.
Gudjons, H. (2005). Ich bin doch kein Psychologe. *Pädagogik, 57* (6).
Günther, K. B. (1986). Ein Stufenmodell der Entwicklung kindlicher Lese- und Schreibstrategien. In: H. Brügelmann (Hrsg.), *ABC und Schriftsprache*. (S. 32–54). Konstanz: Faude.

Haag, L. & Mischo, Ch. (2003). Besser unterrichten durch die Auseinandersetzung mit fremden subjektiven Theorien? *Zeitschrift für Entwicklungspsychologie und Pädagogische* Psychologie, 35 (1), 37–48.

Hackfort, D. & Schwenkmezger, P. (1985). *Angst und Angstkontrolle im Sport*. Köln: bps.

Hagedorn, O. (1995). *Unterrichtsideen Konfliktlotsen*. Stuttgart.

Hahlbohm, H. (2004). *„Hauptschüler trainieren Grundschüler" Entwicklung und Durchführung eines Rechtschreibtrainings mit Schülerinnen und Schülern der GHS Bücken*. Unveröffentlichte Schriftliche Hausarbeit gem. § 6 der Prüfungsordnung für Beratungslehrer in Niedersachsen.

Hanckel, C. (1997). Fast Vierzig – Der Schupsychologische Dienst der Stadt Köln. Einige Überlegungen eines landesbediensteten Schulpsychologen. In: *75 Jahre Schulpsychologie in Deutschland*. Bonn: Deutscher Psychologen Verlag.

Hanckel, C. (2002). Organisationsformen der Schulpsychologie in Deutschland. In: H.-G. Häring & W. Kowalczyk (Hrsg.), *Schulpsychologie konkret*. Neuwied: Luchterhand.

Handbuch Schultests. (1990). *Anwendungshinweise und Testbeschreibungen*. Weinheim: Beltz.

Hargens, J. (2001). Erfolgreich führen und leiten – das will ich auch können ... Dortmund: Borgmann publishing.

Häring, H.-G. & Kowalczcyk, W. (Hrsg.) (2001). *Schulpsychologie konkret*. Neuwied: Luchterhand.

Harste, J. et al. (1984). *Language stories and literacy lessons*. Portsmouth: Heinmann.

Hasselhorn, M., Marx, H. & Schneider, W. (Hrsg.) (2005). *Diagnostik von Mathematikleistungen*. Göttingen: Hogrefe.

Hasselhorn, M. & Gold, A. (2006). *Pädagogische Psychologie*. Stuttgart: Kohlhammer.

Häuser, D., Kasielke, E. & Scheidereiter, U. (1994). *KISTE – Kindersprachtest für das Vorschulalter*. Weinheim: Beltz.

Heckhausen, H. & Heckhausen, J. (2005). *Motivation und Handeln*. Berlin: Springer.

Heckhausen, H., Gollwitzer, P. M. & Weinert, F. E. (Hrsg.) (1987). *Jenseits des Rubikon: Der Wille in den Humanwissenschaften*. (S. 376–401). Berlin: Springer.

Heidtmann, H. (2004). Veränderte Lesekultur. Aktuelle Forschungsergebnisse zum Lese- und Medienverhalten Jugendlicher heute. *JuLit*, *4*, 41–51.

Heiliger, A. (2002). *Mädchenarbeit im Gendermainstream*. München: Frauenoffensive.

Heine, M. (2003). Sprachstandsfeststellung und Förderprogramme in Niedersachsen. In: Beauftragte der Bundesregierung für Migration, Flüchtlinge und Integration (Hrsg.), *Förderung von Migrantenkindern im Elementar- und Primarbereich*. (S. 44–53). Berlin.

Heinerth, K. (2002). *Von der Akuten zur Posttraumatischen Belastungsreaktion*. In: Psych. Arbeiten/ Berichte der Ludwig-Maximilians-Universität.

Heinrich-Böll-Stiftung (Hrsg.) (2004). *Selbständig lernen. Bildung stärkt Zivilgesellschaft*. Weinheim: Beltz.

Heller, D. P., Heller, L. S. (2003). *Crash Kurs zur Selbsthilfe nach Verkehrsunfällen. Vermeidung und Auflösung von traumatischen Erlebnissen*. Essen: Synthesis.

Heller, K. (1992). *Hochbegabung im Kindes- und Jugendalter*. Göttingen: Hogrefe.

Heller, K. (2004). *Schullaufbahnentscheidung und Bildungserfolg. Mythen und Fakten*. Vorgetragen bei der internen Anhörung „Bildungsqualität" der FDP Landtagsfraktion in Hannover am 03.11.2004.

Heller, K. A. & Feldhusen, J. F. (1986). *Identifying and nurturing the gifted.* Toronto: Huber.

Heller, K. A. & Hany, E. A. (1986). Identification, development and achievement analysis of talented and gifted children in West-Germany. In: K. A. Heller & J. F. Feldhusen (Hrsg.), *Identifying and nurtering the gifted.* (S. 67–82). Toronto: Huber.

Heller, K. A. (1991). *Begabungsdiagnostik in der Schul- und Erziehungsberatung.* Bern: Huber.

Heller, K. A. (1995). Begabungsdefinition, Begabungserkennung und Begabungsförderung im Schulalter. In: H. Wagner (Hrsg.), *Begabung und Leistung in der Schule.* (S. 40 ff.). Bad Honnef: Bock.

Helmke, A. (2006). Unterrichtsforschung. In K.-H. Arnold, U. Sandfuchs & J. Wiechmann (Hrsg.), *Handbuch Unterricht* (S. 56–65). Bad Heilbrunn: Klinkhardt.

Helmke, A. & Helmke, T. (2004). Videobasierte Unterrichtsreflexion. *Seminar, 4*, 48–66.

Helmke, A. & Schrader, F.-W. (1990). Zur Kompatibilität kognitiver, affektiver und motivationaler Zielkriterien des Schulunterrichts – Clusteranalytische Studien. In: M. Knopf & W. Schneider (Hrsg.), *Entwicklung. Allgemeine Verläufe - Individuelle Unterschiede – Pädagogische Konsequenzen* (S. 180–200). Göttingen: Hogrefe.

Helmke, A. & Weinert, F. E. (1997). Bedingungsfaktoren schulischer Leistungen. In: F. E. Weinert (Hrsg.), *Psychologie des Unterrichts und der Schule. Enzyklopädie der Psychologie. Bd. 3.* (S. 71–176). Göttingen: Hogrefe.

Helmke, A. (1988). Leistungssteigerung und Ausgleich von Leistungsunterschieden in Schulklassen: unvereinbare Ziele? *Zeitschrift für Entwicklungspsychologie und Pädagogische Psychologie, 10*, 45–76.

Helmke, A. (2003). Unterrichtsevaluation: Verfahren und Instrumente. *Schulmanagement, 34* (1), 8–11.

Helmke, A. (2003). *Unterrichtsqualität erfassen, bewerten, verbessern.* Seelze: Kallmeyer.

Helmke, A. (2004). *Unterrichtsqualität: Erfassen, Bewerten, Verbessern* (3. Aufl.). Seelze: Kallmeyer.

Helmke, A. (in Druck). *Unterrichtsforschung.* In: K.-H. Arnold, U. Sandfuchs & J. Wiechmann (Hrsg.), *Handbuch Unterricht.* Bad Heilbrunn: Klinkhardt.

Helmke, A., Goebel, K., Hosenfeld, I., Schrader, F.-W., Vo, T. A. T. & Wagner, W. (2003). Zur Rolle des Unterrichts im Projekt DESI. *Empirische Pädagogik, 17* (3), 396–411.

Henderson, E. H. (1985). *Teaching Spelling.* Boston: Houghton Mifflin.

Herz, B., Puhr, K. & Ricking, H. (Hrsg.) (2004). *Problem Schulabsentismus.* Bad Heilbrunn: Klinkhardt.

Heubrock, R., Hayer, T., Rusch, S. & Scheithauer, H. (2005). Prävention von schwerer zielgerichteter Gewalt an Schulen. *Polizei & Wissenschaft, 1*, 43–57.

Heyse, H. (1989). Paradigmenwechsel in der Schulpsychologie. *Report Psychologie, 14* (1), 34–37.

Heyse, H. (1991). Entwicklungslinien einer Schulpsychologie in den 90-er Jahren. In: T. Fleischer, M. Greuer-Werner, H. Heyse (Hrsg.), *Schule im Spannungfeld von Beratung.* Bonn: Deutscher Psychologen Verlag.

Heyse, H. (1998). Schulpsychologie. In: D. H. Rost (Hrsg.), *Handwörterbuch pädagogische Psychologie.* Weinheim: PVU.

Heyse, H. (2000). Qualitätsentwicklung, Qualitätssicherung und Evaluation in der Schulpsychologie. *Report Psychologie, 25*, 15–17.

Heyse, H. (2001). Selbstverständnis der Schulpsychologie. In: H.-G. Häring & W. Kowalczyk (Hrsg.), *Schulpsychologie konkret*. Neuwied: Luchterhand.

Heyse, H. (2004). Lehrergesundheit – eine Herausforderung für Schulen und Schuladministration. In: A. Hillert & E. Schmitz (Hrsg.), *Psychosomatische Erkrankungen von Lehrerinnen und Lehrern*. (S. 223–239). Stuttgart: Schattauer.

Heyse, H. (2005). Das Projekt Lehrergesundheit Rheinland-Pfalz. In: *Lehrergesundheit. Schriftenreihe Bundesanstalt für Arbeitsschutz und Arbeitsmedizin*. Bd. 141.

Heyse, H. & Kersting, M. (2003). Anforderungen zum Prozess der Eignungsbeurteilung. In: L. Hornke & U. Winterfeld (Hrsg.), *Eignungsuntersuchungen auf dem Prüfstand: DIN 33430 zur Qualitätssicherung*. Spektrum.

Heyse, Krampen, Schui & Vedder (2004). Berufliche Belastungen und Belastungsreaktionen früh- versus alterspensionierter Lehrkräfte in der Retrospektive. *Report Psychologie, 6*, 372- 379.

Hillert, A. (2004). *Das Anti-Burnout-Buch für Lehrer*. München: Kösel.

Hillert, A. & Schmitz, E. (Hrsg.) (2004). *Psychosomatische Erkrankungen bei Lehrerinnen und Lehrern*. Stuttgart: Schattauer.

Hinsch, R. & Pfingsten, U. (2002). *Gruppentraining sozialer Kompetenzen*. (4. Aufl.). Weinheim: Beltz.

Hirschmann, N. (2004). *Klemm-Studie zeigt: Vorbeugen ist billiger als nach-bessern*. LBSP-Veröffentlichung.

Hobusch, G., Lutz, N. & Wiest, U. (2002). *Sprachstandsüberprüfung und Förderdiagnostik für Ausländer- und Aussiedlerkinder*. Bergedorf: Persen.

Hofmann-Lun, I. & Kraheck, N. (2004). Förderung schulmüder Jugendlicher. Neue Wege der Kooperation von Jugendsozialarbeit und Schulen in den Schulmüden-Projekten in Nordrhein-Westfalen. *Wissenschaft für Praxis, 1*.

Hofmann-Lun, I., Michel, A. & Schreiber, E. (2004). *Praxisprojekte im Handlungsfeld von Schulmüdigkeit und Schulverweigerung*. München.

Höft, S. (2001). Erfolgsüberprüfung personalpsychologischer Arbeit. In: H. Schuler (Hrsg.), *Lehrbuch der Personalpsychologie* (S. 617–651). Göttingen: Hogrefe.

Höger, D. (1993). Organismus, Aktualisierungstendenz, Beziehung – die zentralen Grundbegriffe der klientenzentrierten Gesprächspsychotherapie. In: J. Eckert, D. Höger & H. W. Linster (Hrsg.), *Die Entwicklung der Person und Ihre Störung*. Köln.

Holler-Zittlau, I., Dux, W. & Berger, R. (2003). *Marburger Sprachscreening für 4–6-jährige Kinder*. Bergedorf: Persen.

Holtappels, H. G. (2003). *Schulqualität durch Schulentwicklung und Evaluation*. Neuwied: Luchterhand.

Holtappels, H. G. & Schnetzer, T. (2003). *Analyse beispielhafter Schulkonzepte von Schulen in Ganztagsform*. Dortmund: Schulentwicklungsforschung.

Holzkamp, K. (1995). *Lernen. Subjektwissenschaftliche Grundlegung*. Frankfurt/M.: Campus.

Honegger, B. D. (2006). *Selbstkompetenz*. http://beat.doebe.li/bibliothek/w00955.html (26.02.2006)

Horstkemper, M. (1991). *Schule, Geschlecht und Selbstvertrauen*. Weinheim: Juventa.

Hoyer, J. & Margraf, J. (Hrsg.) (2003). *Angstdiagnostik. Grundlagen und Testverfahren*. Berlin: Springer.

Huser, J. (2004). *Lichtblick für helle Köpfe. Ein Wegweiser zur Erkennung und Förderung von hohen Fähigkeiten bei Kindern und Jugendlichen auf allen Schulstufen*. Zürich: Lehrmittelverlag des Kantons Zürich.

Ihle, W., Esser, G., Schmidt, M. H. & Blanz, B. (2000). Prävalenz, Komorbidität und Geschlechtsunterschiede psychischer Störungen vom Grundschul- bis ins frühe Erwachsenenalter. *Zeitschrift für Klinische Psychologie und Psychotherapie, 29*, 263–275.

Ingenkamp, K. (1985). *Lehrbuch der Pädagogischen Diagnostik*. Weinheim: Beltz.

IPTS, Landesinstitut Schleswig-Holstein für Praxis und Theorie der Schule, Rat für Kriminalitätsverhütung in Schleswig-Holstein im Innenministerium Schleswig-Holstein, Weißer Ring e.V. Kiel/Kronshagen (Hrsg.) (2002). *PIT (1) Prävention im Team*. Kronshagen.

IPTS, Landesinstitut Schleswig-Holstein für Praxis und Theorie der Schule, Rat für Kriminalitätsverhütung in Schleswig-Holstein im Innenministerium Schleswig-Holstein, Weißer Ring e.V. Kiel/Kronshagen (Hrsg.) (2001). *PIT (2) Prävention im Team*. Kronshagen.

ISPA, International School Psychology Association, www.ispaweb.org

Jacob, B. & Lefgren, L. (2004). The Impact of Teacher Training on student achievement. *Journal of Human Resources, 39* (1), 50–79.

Jacobs, C. & Petermann, F. (2003). Dyskalkulie – Forschungsstand und Perspektiven. *Kindheit und Entwicklung, 12*, 197–211.

Jacobs, C. & Petermann, F. (2005). *Rechenfertigkeiten- und Zahlenverarbeitungs-Diagnostikum für die 2. bis 6. Klasse*. Göttingen: Hogrefe.

Jaggar, A. & Smith-Burke, M. (Hrsg.) (1985). *Observing the language learner*. Newark: International Reading Association.

Jansen, H., Mannhaupt, G., Marx, H. & Skowronek, H. (1999). *Bielefelder Screening zur Früherkennung von Lese- und Rechtschreibschwierigkeiten (BISC)*. Göttingen: Hogrefe.

Jansen, H., Mannhaupt, G., Marx, H. & Skowronek, H. (2005). *Bielefelder Screening zur Früherkennung von Lese-Rechtschreibschwierigkeiten*. Göttingen: Hogrefe.

Jantz, Ol & Brandes, S. (2006). Geschlechtsspezifische Arbeit an Grundschulen. Basiswissen und Modelle zur Förderung sozialer Kompetenzen bei Jungen und Mädchen (Hg. vom Institut für berufliche Bildung und Weiterbildung, Göttingen). Wiesbaden: Verlag für Sozialwissenschaften.

Jeck, S. (2001). Schulpsychologische Bewährungskontrollen. In: H.-G. Häring & W. Kowalczyk (Hrsg.), *Schulpsychologie konkret*. Neuwied: Luchterhand.

Jeck, S. (2002). Teamentwicklung und Kooperation in der Schulleitung. *Schulverwaltung Spezial*, *1*, 37–41.

Jeck, S. (2003). Mehrdimensionale Beratung und Intervention bei Angstproblemen in der Schule. *Praxis der Kinderpsychologie und Kinderpsychiatrie, 52*, 387–408.

Jefferys-Duden, K. (1999). *Das Streitschlichter-Programm. Mediatorenausbildung für Schülerinnen und Schüler der Klassen 3 bis 6*. Weinheim: Beltz.

Jerusalem, M. & Mittag, W. (1997). Schulische Gesundheitsförderung: Differentielle Wirkungen eines Interventionsprogramms. *Unterrichtswissenschaft*, *25* (2), 133–149.

Jerusalem, M. (1983). *Selbstbezogene Kognitionen in schulischen Bezugsgruppen. Eine Längsschnittstudie*. Berlin: Freie Universität.

Jimerson, S. R., Brock, S. E. & Woehr, S. (2003). An integrated Model of School Crisis Intervention (unveröffentl. Manuskript).

Jimerson, S. R., Oakland, Th. D. & Farrel, P. (eds.). (2006). School Psychology International. New York: SAGE-publications.

Johnson, D. J. & Myklebust, H. R. (1976). *Lernschwächen. Ihre Formen und ihre Behandlung*. Stuttgart: Hippokrates.

Jones, V. & Jones, L. (2004). *Comprehensive Classroom Management*. (7. Aufl.). Boston, N.Y.: Pearson Education Inc.

Joswig, H. (2000). *Begabungen erkennnen – Begabte fördern*. Beiträge anlässlich der wissenschaftlichen Arbeitstagung des ABB e.V. in Rostock.

Jötten, B. (1981). *Fördern im Klassenunterricht*. Münster: Aschendorff.

Jötten, B. (2001). Schulpsychologische Hilfen bei sonderpädagogischem Förderbedarf. In: H.-G. Häring & W. Kowalczyk (Hrsg), *Schulpsychologie konkret* (S. 121–127). Neuwied: Luchterhand.

Jötten, B. & Blanck, A. (2005). Verträge? Ja, Verträge! Kind- Eltern- Lehrer-Gespräche. *Schulverwaltung, 12* (8).

Jötten, B. & Fleischer, Th. (1991). Schulpsychologie: Eine Psychologie des Schulbetriebs. In: Th. Fleischer et al. (Hrsg.), *Schule im Spannungsfeld von Beratung*. Bonn: DPV.

Jürgens, B. (1998). Abwandlung des GSK für Zielgruppen im nichttherapeutischen Bereich. In: R. Hinsch & U. Pfingsten (Hrsg.), *Gruppentraining sozialer Kompetenzen (GSK)* (S. 152–163). Weinheim: Beltz.

Jürgens, B. (1999). Lehrerfortbildung und die Bewältigung von dauerhaften Belastungen im Lehrerberuf. In: C. Enders, C. Hanckel & S. Möley (Hrsg.), *Lebensraum – Lebenstraum – Lebenstrauma Schule*. Bonn: Deutscher Psychologen Verlag.

Jürgens, B. (2000). *Schwierige Schüler? Disziplinkonflikte in der Schule*. Hohengehren: Schneider.

Kaiser, A. (2003). *Projekt geschlechtergerechte Grundschule*. Opladen: Leske & Budrich.

Kaiser, A. (Hrsg.) (2001). *Praxisbuch Mädchen- und Jungenstunden*. Hohengehren: Schneider.

Kanning, U. P. (2003). *Diagnostik sozialer Kompetenzen*. Göttingen: Hogrefe.

Kaplan, R. S. & Norton, D. P. (1992). Balanced Scorecard – Measures that drive performance, *Harvard Business Review, 1*.

Karma, K. (1999). *Auditory Structuring in Explaining DYSLEXIA*. In: *Language, Vision and Music*. Amsterdam: John Benjamins Pbl. Comp.

Karpen, K. & Ingwertsen, C. (2004). Ziele der Einführung von Bildungsstandards. *Schulmanagement, 3*, 8–10.

Kase, G. (1997). *Samfund und Miteinandern. Bausteine für soziales Lernen in der Schule*. Verband Schleswig-Holsteiner Schulpsychologen.

Kasper, H. (2001). *Streber, Petzer, Sündenböcke, Wege aus dem täglichen Elend des Schülermobbings*. AOL.

Kasper, H. (2004). *Schülermobbing- tun wir was dagegen*. AOL.

Keller, G. (1997). Die deutsche Schulpsychologie wird 75 Jahre alt. In: *75 Jahre Schulpsychologie in Deutschland*. Bonn: Deutscher Psychologen Verlag.

Kinzing, H.-G. (2002). Wie effektiv ist Microteaching? Ein Überblick über 35 Jahre Forschung. *Zeitschrift für Pädagogik, 48* (2), 194–214.

Kiper, H. (2003). *Begabungsgerechtes, gegliedertes Schulwesen – eine Lösung für die Schulprobleme im ländlichen Raum?* Vortrag vom 17.11.2003.

Kirsch-Voll, U. (1996). Gemeinsam statt einsam! Supervision? Schau´mer mal. *Bayerische Schule, 4*, 252–255.

Kirsten, C. (2004). Migranten im deutschen Schulsystem: Zu den Ursachen ethnischer Unterschiede. *Recht der Jugend und des Bildungswesens (RdJB), Zeitschrift für Schule, Berufsbildung und Jugenderziehung, 1*, 11–22.

Klafki, W. (1974). Sinn und Unsinn des Leistungsprinzips in der Erziehung. In: *Sinn und Unsinn des Leistungsprinzips. Ein Symposion*. (S. 73–110). München: dtv.

Kleber, E. W. (1992). *Diagnostik in pädagogischen Handlungsfeldern.* München: Juventa.

Klees, R., Merburger, H. & Schumacher, M. (2000). *Mädchenarbeit. Praxishandbuch für die Jugendarbeit, Teil 1.* (4. überarb. Aufl.). Weinheim: Juventa. (Originalarbeit erschienen 1989)

Klein, G. (2001). Sozialer Hintergrund und Schullaufbahn von Lernbehinderten/Förderschülern 1969 und 1997. *Zeitschrift für Heilpädagogik, 2*, 51–61.

Kliebisch, U. E. (1998). *Wenn Appelle nicht mehr helfen.... Tipps zur Veränderung von Schülerverhalten*. Dortmund: Verband Bildung und Erziehung.

Klieme, E., Leutner, D. (2005). Überlegungen zu einem DFG-Schwerpunktprogramm „Kompetenzdiagnostik im Bildungsbereich: Theoretische und methodische Fundierung der Erfassung von Voraussetzungen und Ergebnissen von Bildungsprozessen". In: http://www.dipf.de/download/Kompetenzdiagnostik_15Juli2005.pdf

Klieme, E. & Rakoczy, K. (2003). Unterrichtsqualität aus Schülerperspektive: Kulturspezifische Profile, regionale Unterschiede und Zusammenhänge mit Effekten von Unterricht. In: Deutsches PISA - Konsortium (Hrsg.), *PISA 2000 - Ein differenzierter Blick auf die Länder der Bundesrepublik Deutschland* (S. 333–360). Opladen: Leske & Budrich.

Klippert, H. (1997). *Methodentraining.* Weinheim: Beltz.

Klippert, H. (2001). *Teamentwicklung im Klassenraum* (5. Aufl.). Weinheim: Beltz.

KMK (2000). Gemeinsame Erklärung des Präsidenten der KMK und der Vorsitzenden der Bildungs- und Lehrergewerkschaften sowie ihrer Spitzenorganisationen. Beschluss der Kultusministerkonferenz vom 5.10.2000: Aufgaben von Lehrerinnen und Lehrern heute – Fachleute für das Lernen.

Knapp, A. (1985). Über die Auswirkungen des Organisationsklimas von Lehrerkollegien an großen und kleinen Schulen auf die Wahrnehmung des Lehrerverhaltens im Unterricht auf die Schüler. *Psychologie in Erziehung und Unterricht, 32*, 201–214.

Knapp, W. (1998). Sprachschwierigkeiten bei Kindern aus Sprachminderheiten. *Logos interdisziplinär, 2*, 116–123.

Knigge-Illner, H. & Kruse, O. (1994). *Studieren mit Lust und Methode.* Weinheim: Deutscher Studien Verlag.

Koch, K. (2003). *„Fit in Deutsch" Sprachfördermaßnahmen vor der Einschulung. Abschlussbericht der Pilotphase.* Hannover: Niedersächsisches Kultusministerium.

Kochan, B. (1981). Rechtschreiben. In: H. Bartnitzky & R. Christiani (Hrsg.), *Handbuch der Grundschulpraxis und Grundschuldidaktik.* (S. 155–166). Stuttgart: Kohlhammer.

Koch-Priewe, B. (2002). *Schulprogramme zur Mädchen- und Jungenförderung. Die geschlechterbewusste Schule.* Weinheim: Beltz.

Köller, O. (2005). Neue Besen kehren gut: Das Institut zur Qualitätsentwicklung im Bildungswesen soll die nationalen Bildungsstandards in Deutschland überprüfen. *Psychologie in Erziehung und Unterricht, 52*, 281–286.

König, G. (1995). Coaching – Ein neues Arbeitsfeld für Psychologen? In: F.-W. Wilker (Hrsg.), *Supervision und Coaching – Aus der Praxis für die Praxis.* Bonn: Deutscher Psychologen Verlag.

Kornmann, R. & Kornmann, A. (2003). Erneuter Anstieg der Überrepräsentation ausländischer Kinder in Schulen für Lernbehinderte. *Zeitschrift für Heilpädagogik, 7*, 286–289.

Kornmann, R., Meister, H. & Schlee, J. (Hrsg.). (1983). *Förderungsdiagnostik.* Heidelberg.

Kotter, K. H.(Hrsg.) (2004). *Unsere Schule auf dem Weg in die Zukunft – Schulentwicklungnach dem EFQM-Model* (2. Aufl.). Wolnzach.

Kowalczyk, W. & Ottich, K. (2002). Besser lernen. In: W. Kowalczyk (Hrsg.), *Konkrete Handlungsanleitungen für erfolgreiche Beratungsarbeit mit Schülern, Eltern und Lehrern. Wie Sie im Schulbereich beraten, fördern und Probleme lösen.* (Loseblattsammlung, Buch und CD-ROM). Kissing: WEKA.

Kowalczyk, W. & Ottich, K. (2003). Pauken, Büffeln, Lernen – Ein Elternabend zum Thema „Lern- und Arbeitstechniken". In: W. Kowalczyk (Hrsg.), *Konkrete Handlungsanleitungen für erfolgreiche Beratungsarbeit mit Schülern, Eltern und Lehrern. Wie Sie im Schulbereich beraten, fördern und Probleme lösen.* (Loseblattsammlung, 21. AL, Kap. 9/2.2.2). Kissing: WEKA.

Kowalczyk, W. (2002). Das wär's doch: Wissen abfüllen mit dem „Nürnberger Trichter" – Schlüsselqualifikation: Lern- und Arbeitstechniken. *SchulVerwaltung spezial, Sonderausgabe 1*, 10–13.

Kowalczyk, W. (2002). Von den Finnen lernen – Die Diskussion um PISA. Internationale Arbeitstagung in Helsinki (25.–29. Mai 2002). In: W. Kowalczyk (Hrsg.), *Konkrete Handlungsanleitungen für erfolgreiche Beratungsarbeit mit Schülern, Eltern und Lehrern. Wie Sie im Schulbereich beraten, fördern und Probleme lösen.* (Loseblattsammlung, 19. AL, Kap. 3/2.4). Kissing: WEKA.

Kowalczyk, W. (2004). Der Nürnberger Trichter, PISA und die Rolle des Schülers beim Lernen. In: W. Kowalczyk (Hrsg.), *Konkrete Handlungsanleitungen für erfolgreiche Beratungsarbeit mit Schülern, Eltern und Lehrern.* Kissing: WEKA.

Kracht, A. (2001). Mehrsprachigkeit und Sprachentwicklung. *Logos interdisziplinär, 9* (4), 252–263.

Krajewski, K., Küspert, P., Schneider, W. & Visé, M. (2005). *Deutscher Mathematiktest für erste Klassen.* Göttingen: Hogrefe.

Krajewski, S., Liehm, S. & Schneider, W. (2004). *Deutscher Mathematiktest für zweite Klassen.* Göttingen: Hogrefe.

Krause, G. (2000). Transfereffekte nach Trainings sozialer Kompetenzen. In: G. Krampen & H. Zayer (Hrsg.), *Psychologiedidaktik und Evaluation II* (S. 313–332). Bonn: Deutscher Psychologen Verlag.

Kretschmann, R. (Hrsg.) (2000). *Stressmanagement für Lehrerinnen und Lehrer. Trainingsbuch mit Kopiervorlagen.* Weinheim: Beltz.

Kretschmann R. (2004). Präventive Selbsthilfe von Lehrern: Stressmanagement; Zeitmanagement, berufsbezogenen Supervision. In: A. Hillert & E. Schmitz (Hrsg.) (2004). *Psychosomatische Erkrankungen bei Lehrerinnen und Lehrern.* Stuttgart: Schattauer.

Kretschmann, R. & Arnold, K.-H. (1999). Leitfaden für Förder- und Entwicklungspläne. *Zeitschrift für Heilpädagogik, 9*, 410–420.

Kretschmann, R., Dobrindt, Y. & Behring, K. (1998). *Prozessdiagnose der Schriftsprachenkompetenz in den Schuljahren 1 und 2.* Horneburg: Persen.

Krohne, J., Meier, U. & Tillmann, K.-J. (2004). Sitzenbleiben, Geschlecht und Migration – Klassenwiederholungen im Spiegel der PISA-Daten. *Zeitschrift für Pädagogik, 50 (3)*, 373–391.

Krohne, W. (1996). *Angst und Angstbewältigung.* Stuttgart: Kohlhammer.

Krowatschek, D. & Krowatschek, G. (2001). *Das ADS-Trainingsbuch. Methoden und Strategien für den Einsatz in der Schule.* Lichtenau: AOL.

Krowatschek, D., Albrecht, S. & Krowatschek, G. (2004a). *Das Marburger Konzentrationstraining (MKT) für Schulkinder.* Dortmund: Verlag Modernes Lernen.

Krowatschek, D., Albrecht, S. & Krowatschek, G. (2004b): *Das Marburger Konzentrationstraining (MKT) für Kindergarten- und Vorschulkinder.* Dortmund: Verlag Modernes Lernen.

Krowatschek, D., Domsch, H., Hengst, U., Krowatschek, G. & Wingert, G. (2003). *ADS und ADHS, Diagnose und Training.* Dortmund: Verlag Modernes Lernen.

Krowatschek, G. (1996). *Evaluation des Marburger Konzentrationstrainings und des Marburger Verhaltenstrainings für überaktive Kinder unter besonderer Berücksichtigung der Elternarbeit.* unveröff. Diplomarbeit, Fachbereich Psychologie der Universität Marburg.

Kübler-Ross, E. (1980). *Interviews mit Sterbenden.* Stuttgart: Kreuz Verlag

Kühl, S. (2005). Organisationsberatung: Konturen eines dritten Weges jenseits von betriebswirtschaftlicher Beratung und systemischer Prozessberatung. *OrganisationsEntwicklung, 3*, 64–73.

Kuhn, T. S. (1993). *Die Struktur wissenschaftlicher Revolutionen.* Frankfurt/M.: Suhrkamp.

Kujala, T., Karma, K. et al. (2001). Plastic neural changes and reading improvement caused by audiovisual training in reading-impaired children. *Proceedings of the National Academy of Sciences:* http://www.pnas.org/cgi/content/abstract/98/18/10509?maxtoshow=&HITS=10&hits

Kunter, M. (2004). *Multiple Ziele im Mathematikunterricht* (Unveröffentlichte Dissertation). Berlin: Freie Universität.

Küspert, P. (1998). *Phonologische Bewusstheit und Schriftspracherwerb.* Frankfurt/M.: Lang.

Küspert, P. (2001). *Wie Kinder leicht lesen und schreiben lernen.* Ratingen: Osterbrink.

Küspert, P., Roth, E., Schneider, W., Laier & Becker Multimedia GbR (2001). *Das Computer-Lernspiel für Vorschulkinder und Erstklässler. Lausch- und Lernspiele: Sprachspiele für Kinder im Vorschulalter zur Vorbereitung auf das Lesen und Schreibenlernen.* Göttingen: Hogrefe.

Lämmermann, H. (1929). Von der Tätigkeit des Schulpsychologen. *JenaerBeiträge zur Jugend- und Erziehungspsychologie, 8.*

Landesinstitut für Schule /Qualitätsagentur Nordrhein-Westfalen: www.learn-line.nrw.de; www.chancen-nrw.de.

Lange, B., Kuffner, H. & Schwarzer, R. (1983). *Schulangst und Schulverdrossenheit.* Opladen: Westdeutscher Verlag.

Langfeldt, H.-P. & Tent, L. (1999). *Pädagogisch-psychologische Diagnostik.* Bd. 1–2. Göttingen: Hogrefe.

Langfeldt, H.-P. (1974). Die klassische Testtheorie als Grundlage standardisierter Schulleistungstests. In: K. Heller (Hrsg.), *Leistungsbeurteilung in der Schule.* (S. 94–136). Heidelberg: Quelle & Meyer.

Lasogga, F., Gasch, B. (2002). *Notfallpsychologie.* Edewecht, Wien: Stumpf & Kossendey.

Lauth, G. & Fellner, C. (2004). Therapieverlauf und Langzeiteffekt eines multimodalen Trainingsprogramms bei Aufmerksamkeitsdefizit-/Hyperaktivitätsstörungen: Einzelfallstudien. *Kindheit und Entwicklung, 13* (3), 167–179.

Lauth, G. & Schlottke, P. (2002). *Training mit aufmerksamkeitsgestörten Kindern.* Weinheim: Beltz.

Lauth, G. (2004). Förderung von Aufmerksamkeit und Konzentration. In: G. Lauth (Hrsg.), *Interventionen bei Lernstörungen: Förderung, Training und Therapie in der Praxis.* (S. 239–248). Göttingen: Hogrefe.

Lazarus, R. S. (1999). *Stress and Emotion: A new synthesis*. New York: Springer Publishing Company

Lehmeier, H. (2005). Jeder coacht jeden und sich selbst – wider die Auflösung eines Fachbegriffs ins Beliebige. In: *SchulVerwaltung – Zeitschrift für Schulleitung, Schulaufsicht und Schulkultur, 1*, 27–30.

Leinhardt, G. (2002). Instuctional explanations: A commonplace for teaching and location for contrast. In: V. Richardson (Hrsg.), *Handbook of research on teaching* (4. Aufl.) (S. 333–357). Washington: American Educational Research Association.

Leitner, K. (1999). Kriterien und Befunde zu gesundheitsgerechter Arbeit – Was schädigt, was fördert die Gesundheit? In: R. Oesterreicher & W. Volpert (Hrsg). *Psychologie gesundheitsgerechter Arbeitsbedingungen*. Bern: Huber.

Lempp, R. (1994). *Die seelische Behinderung bei Kindern und Jugendlichen als Aufgabe der Jugendhilfe*. Stuttgart: Boorberg.

Lenz, A. (1998). Qualität in der psychosozialen Beratung Dimensionen der Qualität und Methoden der Evaluation. *Verhaltenstherapie und psychosoziale Praxis, 30* (2/3), 155–178.

Lernserver. Prof. Schönweiss und Team im Internet. „Lernserver.de"

Levine, P. (1998). *Trauma – Heilung. Das Erwachen des Tigers*. Essen: Synthesis.

Linder, M. (1951). Über die Legasthenie (spezielle Leseschwäche). *Zeitschrift für Kinderpsychiatrie, 18*.

Lipowsky, F. (2004). Was macht Fortbildungen für Lehrkräfte erfolgreich? *die deutsche Schule, 96* (4), 462–479.

List, G. (1983). *Sprachpsychologie*. Stuttgart: Kohlhammer.

List, G. (2001). Das Gehirn hat Platz für viele Sprachen. In: Deutsches Jugendinstitut (Hrsg.), *Treffpunkt deutsche Sprache*. (S. 11–17). München: DJI.

Lobeck, A. (1992). *Rechenschwäche. Geschichtlicher Rückblick, Theorie und Therapie*. Luzern: SZH/SPC.

Löffler, I. & Meyer-Schepers, U. *Dortmunder Schriftkompetenz-Ermittlung DoSE (demnächst: Gutschrift-Diagnose)*. Dortmund: Institut für Schriftkompetenz.

Lohmann, G. (2003). *Mit Schülern klarkommen. Professioneller Umgang mit Unterrichtsstörungen und Disziplinkonflikten*. Berlin: Cornelsen.

Lorenz, J. H.& Radatz, H. (1993). *Handbuch des Förderns im Mathematikunterricht*. Hannover: Schroedel.

Lorenz, J.-H. (1996). Ursachen für gestörte mathematische Lernprozesse. In: G. Eberle & R. Kornmann (Hrsg.), *Lernschwierigkeiten und Vermittlungsprobleme im Mathematikunterricht an Grund- und Sonderschulen* (S. 19–35). Weinheim: Deutscher Studien Verlag.

Lösel, F. (2004). Multimodale Gewaltprävention bei Kindern und Jugendlichen: Familie, Kindergarten, Schule. In: W. Melzer & H.-D. Schwind (Hrsg.). *Gewaltprävention in der Schule*. Mainz: Weisser Ring.

Lütje-Klose, B. (1997). *Wege integrativer Sprach- und Kommunikationsförderung in der Schule*. St. Ingbert: Röhrig

Lütje-Klose, B. (2004a). Mehrsprachigkeit als Herausforderung im Anfangsunterricht. In: Heterogenität. Unterschiede nutzen – Gemeinsamkeiten stärken. *Jahresheft des Friedrich Verlags, 22*.

Lütje-Klose, B. (2004b). *Zwischenbericht zum Forschungsprojekt „Prävention von Sprach- und Lernstörungen bei Kindern nichtdeutscher Herkunftssprache"*. Hannover: Niedersächsisches Kultusministerium.

Lüttge, D. (1995). Zur Bedeutung sozialer Beziehungen in der Schule. In: N. Grewe & H. Wichterich (Hrsg.), *Beratung an der Schule*. Kissing: WEKA.

Lutz, N., Hobusch, G. & Wiest, U. (2002). *Sprachstandsüberprüfung und Förderdiagnostik für Ausländer- und Aussiedlerkinder.* Bergedorf: Persen.

managerSeminare 2002, Heft 61

Manke, W. (1999). Besondere Begabungsförderung – Ein Randthema wird auffällig. *Widersprüche, 71*, 33–49.

Mannhaupt, G. (2006). Gut vorbereitet auf den Schriftspracherwerb? *Jahresheft des Friedrich Verlags, 34–35.*

Margraf, J. (Hrsg.). (2000). *Lehrbuch der Verhaltenstherapie. Bd. 2: Störungen, Glossar* (2. vollst. überarb. erw. Aufl.). Berlin: Springer.

Margraf, J. & Schneider, S. (2003). Angst und Angststörungen. In: J. Hoyer & J. Margraf (Hrsg.), *Angstdiagnostik. Grundlagen und Testverfahren.* Berlin: Springer.

Markl, H. (1998). *Wissenschaft gegen Zukunftsangst.* München: Carl Hauser.

Marlovits, A. & Schratz, M. (2003). Zwischen Unbelehrbarkeit und Wandlungsbereitschaft. *Journal für Lehrerinnen- und Lehrerbildung, 3*, 61–70.

Martens, B. & Hiralall, A. (1997). Scripted sequences of teacher interaction. *Behavior Modification, 21* (3), 308–323.

Martschinke, S., Kammermeyer, G., King, M. & Forster, M. (2005). *Anlaute hören, Reime finden, Silben klatschen. Erhebungsverfahren zur phonologischen Bewusstheit für Vorschulkinder und Schulanfänger.* Donauwörth: Auer.

Mason, J. M. & McCormick, C. (1979). *Testing the development of reading and linguistic awareness. Technical Report No. 126.* Center for Study of Reading. University Urbana-Champaign.

Materialien zur Bildungsplanung und Forschungsförderung, *BLK Reihe, Heft 118.*

May, P. (1999). HSP – Was ist das? *Lernchancen, 11*, 38–44.

May, P. (2001). *Die Hamburger Schreibprobe HSP 1–9.* http://www.peter-may.de/Komponenten/hsp.htm

May, P. (2002). *HSP 1–9. Diagnose orthographischer Kompetenz. Neustandardisierung 2001.* Hamburg: vpm.

McGoey, K., Eckert, T. & DuPaul, G. (2002). Early intervention for preschool-age children with ADHD. *Journal of Emotional and Behavioral Disorders, 10* (1), 14–28.

Meichenbaum, D. & Goodman, J. (1971). Training impulsive children to talk to themselves: A means of developing self-control. *Journal of Abnormal Psychology, 77* (2), 115–126.

Meichenbaum, D. (1991). *Intervention bei Stress: Anwendung und Wirkung des Stressimpfungstraining.* Bern: Huber.

Meidinger & Enders (1996a). *Ausgebrannt und aufgebaut - Burnout-Seminare für Lehrer . Ein Arbeits- und Nachdenkbuch.* Unveröffentlichtes Manuskript.

Meidinger & Enders (1996b). *Supervision für LehrerInnen.* Münster: Arbeitsgruppe anläßlich der 12. Bundeskonferenz für Schulpsychologie vom 07.10.–11.10.1996

Meidinger & Enders (2000). *Supervision und Schulentwicklung.* Augsburg: Workshop auf dem Kongress „Schulinnovation 2000 – Schulen auf dem Weg“ vom 11.04.–12.04.2000

Meidinger, H. (1991). Schulhausinterne Supervision. *Psychologie in Erziehung und Unterricht, 38*, 292–297.

Meidinger, H. (1992). Supervision für Lehrer. *Pädagogische Welt, 46* (6), 259–264.

Meidinger, H. (1998). Supervision in der Schule. In: W. Honal (1998), *Handwörterbuch der Schulberatung.* Landsberg/Lech: Moderne Industrie.

Meidinger, H. (2000). *Stärke durch Offenheit: Ein Trainingsprogramm zur Verbesserung der Kommunikations- und Konfliktfähigkeit von Lehrern.* Berlin: Cornelsen Scriptor.

Meidinger, H. (2001). Supervision und Coaching für Lehrkräfte und Schulleitungen. In: H.-G. Häring & W. Kowalczyk (2001). *Schulpsychologie konkret.* Neuwied: Luchterhand.

Meidinger, H. (2004). Coaching für Schulleiter als Personalentwicklungsmaßnahme. *SchulVerwaltung spezial, 3*, 6–10.

Meidinger, H. & Riedesser, Ch. (2003). Das Programm des eigenverantwortlichen Denkens in der Schule. *Schulverwaltung BY, 7/8*, 265–273.

Meidinger, H., Schmidt, G. (Hrsg.) (2002). *Schulpsychologie – ein professionelles Unterstützungssystem für Schule.* SchulVerwaltung spezial (Nr. 1). Kronach: Carl Link Verlag.

Meischner, W. (1982). *Wilhelm Wundt.* Pahl-Rugenstein.

Menzel, W. (1985). *Rechtschreibunterricht. Praxis und Theorie. Aus Fehlern lernen.* Seelze: Friedrich.

Merz-Atalik, K. (2001). *Interkulturelle Pädagogik in Integrationsklassen.* Opladen: Leske & Budrich.

Merziger, P. & Schnack, J. (2005). Mit Kompetenzrastern selbständiges Lernen fördern. *Pädagogik, 3*, 20–24.

Metze, W. (2003). *Lesetest Stolperwörter.* http://www.wilfriedmetze.de/lesetest/

Meyer, H. (1999). *Hildesheimer Projekte zur Gewaltprävention, Sechs Thesen zur Gewaltprävention.* Präventionsrat der Stadt Hildesheim.

Meyer, H. (2004). *Was ist guter Unterricht?* Berlin: Cornelsen.

Michel, A. (Hrsg.) (2005). Den Schulausstieg verhindern. Gute Beispiele einer frühen Prävention. *Dokumentation, 3.*

Miller, R. (1997). *Beziehungsdidaktik.* Weinheim: Beltz.

Miller, W. R. & Rollnick, S. (1999). *Motivierende Gesprächsführung. Ein Konzept zur Beratung von Menschen mit Suchtproblemen.* Freiburg im Breisgau: Lambertus.

Milz, I. (1994). *Rechenschwächen erkennen und behandeln. Teilleistungsstörungen im mathematischen Denken.* Dortmund: Borgmann.

Mitchell, J. T., Everly, G. S. (1998). *Stressbearbeitung nach belastenden Ereignissen.* (S. 24). Wien: Stumpf & Kossendey.

Mitschka, R. (2002). Soziales Lernen in der Praxis. *Pädagogik, 1.*

Mittag, E. (1991). *33 Jahre kommunaler Schulpsychologischer Dienst Köln.* hektographiertes Manuskript; 5. Fortbildungsveranstaltung: Düsseldorf 11.09.–19.09.1991

Möley, S. (1997): *Schulpsychologie in der ehemaligen DDR.* Bonn: Deutscher Psychologen Verlag.

Mönks, F. J. & Ypenburg, H. (1993). *Unser Kind ist hochbegabt.* München: Reinhardt.

Mönks, F. J. (2000). Begabte Schüler erkennen und fördern. In: H. Joswig. (Hrsg.), *Begabungen erkennnen – Begabte fördern.* (S.19–33). Rostock: Beiträge anlässlich der wissenschaftrlichen Arbeitstagung des ABB e.V.

Morgan, W. P. (1896). A case of congenital word blindness. *British Medical Journal, 7*, 1378 ff.

Morschitzky, H. (2006). *Soziale Phobie – Die Angst vor dem Nächsten.* http://www.panikattacken.at/sozialphobie/sozial.htm sowie http://www.panikattacken.at/angstdaten/angst-daten.htm (Stand 19.04.2006)

Moser, U. & Tresch, S. (Hrsg.) (2003). *Best Practice in der Schule. Von erfolgreichen Lehrerinnen und Lehrern lernen.* Buchs: Lehrmittelverlag des Kantons Zürich.

Mrozynski, P. (1998). *Kinder- und Jugendhilfegesetz (SGB VIII), Gesetzestext und Erläuterungen*. München: Beck.
Müller, A. (1999). *Nachhaltiges Lernen*. Beatenberg: pepp.medien.
Müller, A. (2001). *Lernen steckt an*. Bern: h.e.p.
Müller, A. (2002). *Wenn nicht ich, ...?* Bern: h.e.p.
Müller, A. (2004a). *Erfolg! Was sonst?* Bern: h.e.p.
Müller, A. (2004). Erziehungsziel: Selbstbeobachtung und Selbstbewertung. Mit Kompetenzrastern Lernen und Leistung transparent machen. *Pädagogik, 9*, 25–29.
Müller, A. (2005). *„Jeder Schritt ein Fort-Schritt"*. www.learningfactory.ch
Müller, A. *Sich den Erfolg organisieren*. http://www.learningfactory.ch/downloads/
Müller, M. (1997). Analyse und Modifikation des Unterrichtsklimas von Berufsschulklassen. *Empirische Pädagogik, 11* (1), 3–30.
Münch, W. (1986). Die Arbeit mit Lehrern in Supervisionsgruppen. In: H. Pühl & W. Schmidbauer (Hrsg.), *Supervision und Psychoanalyse*. (S.127–156). München: Kösel.
Münder, J. U. (1993). *Frankfurter Lehr- und Praxiskommentar zum Kinder- und Jugendhilfegesetz*. Münster: Votum.
Mutzeck, W. (Hrsg.) (2000). *Förderplanung. Grundlagen – Methoden – Alternativen*. Weinheim: Beltz.
Mutzeck, W., Popp, K. Franzke, M. & Oehme, A. (Hrsg.) (2004). *Umgang mit Schulverweigerung*. Weinheim: Beltz.
Naegele, I. & Hamann, D. (Hrsg.) (1993). *Darf ich mitspielen? Kinder verständigen sich in vielen Sprachen – Anregungen zur interkulturellen Kommunikationsförderung*. Weinheim: Beltz.
Nelson, K. E. (1980). Analysis of spelling errors in normal and dyslex children. In: U. Frith (Hrsg.), *Cognitive processes in spelling*. (S. 475–493). London: Academic Press.
Neuberger, O. (2002). *Führen und führen lassen*. Stuttgart.
Newkirk, T. & Atwell, N. (Hrsg.) (1988). *Understanding writing: Ways of observing, learning, and teaching*. Portsmouth: Heinemann.
Nickisch, A. et al. (2001). *Auditive Verarbeitungs- und Wahrnehmungsstörungen bei Schulkindern - Diagnose und Therapie*. Dortmund: Modernes Lernen.
Niedersächsischer Kultusminister (2004). Die Arbeit in der Grundschule. *Schulverwaltungsblatt für Niedersachsen, 3*, 85–93.
Niedersächsisches Kultusministerium (2003). *„Fit in deutsch"*. Hannover: Niedersächsisches Kultusministerium. (auch auf türkisch, russisch, arabisch, italienisch, spanisch, bosnisch/serbisch/kroatisch, kurdisch erhältlich)
Niedersächsisches Kultusministerium (2004). *Didaktisch-methodische Empfehlungen für die Sprachförderung vor der Einschulung*. Hannover: Niedersächsisches Kultusministerium.
Nilles, J.-P. (1998). *Das Gespräch mit den Eltern. Eine Handreichung für Lehrer und Lehrerinnen ausgearbeitet im Auftrag des SCRIPT / MENFP unter Mitarbeit von Monika Nilles-Zand* http://www.script.lu/documentation/pdf/publi/gespraech_eltern/gespraech_eltern.pdf (29.01.06)
Nimitz-Köster, R. (2003). Lesen ohne Worte. *Der Spiegel, 28*, http://www.spiegel.de/spiegel/0,1518,256129,00.html
Nyssen, E., Kampshoff, M., Bittner, E. & Strunz, E. (1996). *Mädchenförderung in der Schule. Ergebnisse und Erfahrungen aus einem Modellversuch*. Weinheim: Juventa.

Oakland Th. D. & Jimerson S. R. (2006). School Psychology Internationally, In: S. R. Jimerson, Th. D. Oakland & P. Farrel, *Handbook of International School Psychology*. New York: SAGE-publications.

OECD-Studie (2005). *Anwerbung, beruflichen Entwicklung und Verbleib von qualifizierten Lehrerinnen und Lehrern* (s. country note: Germany unter www.oecd.org/edu/teacherpolicy).

Oehme, A. & Franzke, M. (2002). Schulverweigerung – Wege aus der Begriffskonfusion. *Behindertenpädagogik, 1*, 67–80.

Oelkers, J. (1998). Schulen in erweiterter Verantwortung. In: H. Avenarius, J. Baumert, H. Döbert & H.-P. Füssel (Hrsg.), *Schule in erweiterter Verantwortung. Positionen aus erziehungswissenschaftlicher, bildungspolitischer und verfassungsrechtlicher Sicht*. Neuwied: Luchterhand.

Oelsner, W. & Lehmkuhl, G. (2002). *Schulangst. Ein Ratgeber für Eltern und Lehrer.* Düsseldorf: Walter.

Olweus, D. (1996). *Gewalt in der Schule*. (2. Aufl.) Bern: Huber.

Olweus, D. (1996). *Gewalt in der Schule, Was Eltern und Lehrer wissen sollten*. Bern: Huber.

Osswald, E. (1990). *Gemeinsam statt einsam. Arbeitsplatzbezogene Lehrer/innenfortbildung. Schriftenreihe „Schweizer Schule"*. Kriens: Brunner.

Ostermeier, C. (2003). *Kooperative Qualitätsentwicklung in Schulnetzwerken am Beispiel des BLK-Versuchsprogramms „Steigerung der Effizienz des mathematisch-naturwissenschaftlichen Unterrichts"*. (Unveröffentlichte Dissertation). Kiel: Universität Kiel.

Palzkill, B. (1995). Supervision und Schule. *Organisationsberatung – Supervision – Clinical Management (OSC), 2*, 107- 122.

Patterson, C. (1982). Self-control and self-regulation in childhood. In: T. Field et al. (Hrsg.), *Review of Human Development*. (S. 290–303). New York: Wiley.

Paulus, J. (2004). Gurus, Gaukler, Geisterstunden. In: Ztschft: *Bild der Wissenschaft*, Heft 9, S. 64-66.

Pekrun, Rolff, H.-G., Rost, J. & Schiefele, U. (Hrsg.) (2003). PISA 2003. Der Bildungsstand der Jugendlichen in Deutschland – Ergebnisse des zweiten internationalen Vergleichs (S. 314–349). Münster: Waxmann.

Penner, Z. (2003). *Neue Wege der sprachlichen Frühförderung von Migrantenkindern*. Berg: kon-lab.

Perleth, Ch., Sierwald, W. & Heller, K. A. (1993). Selected results of the Munich longitudinal study of giftedness: The multidimensional/typological giftedness modell. *Roeper Review, 15*, 149–155.

Perrenoud, P. & Thurler, M. G. (2005). Arbeitsorganisation als zentrale Dimension der Schulentwicklung. *Journal für Schulentwicklung, 9* (2), 10–18.

Petermann, F. & Petermann, U. (2003). *Training mit Jugendlichen: Förderung von Arbeits- und Sozialverhalten*. Göttingen: Hogrefe.

Petermann, F. (1999). Training sozialer Kompetenz bei Kindern und Jugendlichen. In: J. Margraf & K. Rudolf (Hrsg.), *Selbstwertstörung und soziale Phobie* (S. 99–128). Hohengehren: Schneider.

Petillon, H. (1991). Soziale Erfahrungen in der Schulanfangszeit. In: K. Schneewind et al., *Schule und Persönlichkeitsentwicklung* (S. 183–200). Stuttgart: Enke.

Petillon, H. (1993). *Soziales Lernen in der Grundschule*. Frankfurt/M.: Diesterweg.

Peurifoy, R. Z. (1995). *Angst, Panik und Phobien*. Bern: Huber.

Pfiffner, L. & Barkley, R. (1998). Treatment of ADHD in School Setting. In: R. Barkley (Hrsg.), *Attention deficit hyperaktivity disorder. A handbook for diagnosis and treatment.* (S. 458–490). New York: Guilford.

Piaget, J. (1969). *Das Erwachen der Intelligenz beim Kinde*: Stuttgart: Klett.

Pines, A. M., Aronson, E. & Kafry, D. (1993). *Ausgebrannt.* Stuttgart: Klett.

PISA-Konsortium Deutschland (Hrsg.) (2004). *PISA 2003 – Der Bildungsstand der Jugendlichen in Deutschland – Ergebnisse des zweiten internationalen Vergleichs.* Münster: Waxmann.

Plessen, U. & Kaatz, S. (1985). *Supervision in Beratung und Therapie.* Salzburg: Otto Müller.

Pochert, A. et al. (2001). *Bärenstark. Berliner Sprachstandserhebung und Materialien zur Förderung für Kinder in der Schuleingangsphase.* Berlin: Senatsverwaltung.

Poskiparta, E., Niemi, P. & Lepola, J. (1994). *Diagnostic Tests: I. Reading and Writing.* Turku, Finland: The Center of Learning Research, University of Turku, Finland.

Preiß, G. (1996). Beiträge einer Neurodidaktik zum Mathematikunterricht an Sonderschulen. In: G. Eberle & R. Kornmann (Hrsg.), *Lernschwierigkeiten und Vermittlungsprobleme im Mathematikunterricht an Grund- und Sonderschulen* (S. 39–63). Weinheim: Deutscher Studien Verlag.

Prelle, S. (2002). *Leistungsangst in der Schule. Ursachen und Interventionsmöglichkeiten durch Schulsozialarbeit.* Diplomarbeit Universität Hildesheim. http://web1.bib.uni-hildesheim.de/edocs/2003/366812211/doc/366812211.pdf (Stand, 19.04.2006)

Prengel, A. & Schröder, U. *Lernpässe für die Selbstevaluation der Kinder. Sieben diagnostisch-pädagogische Verfahren für den Schulanfang.* www.lisum.brandenburg.de

Prengel, A. (2006). Jedes Kind ist auf seiner Stufe kompetent. Prinzipien pädagogischer Lernprozessanalysen. *Jahresheft des Friedrich Verlags, 26.*

Pressemitteilung PM 30/2004 der Bund-Länder-Kommission für Bildungsplanung und Forschungsförderung.

Prochaska, J. O. & DiClemente, C. (1992). Stages of change in the modification of problem behaviour. In: M. Hersen, R. M. Eisler & P. Miller (Hrsg.), *Progress on behavior modification* (S. 184–214). Sycamore: Sycamore Press.

Programm Polizeiliche Kriminalprävention (Hrsg.) (2002). *Medienpaket „Abseits“.* Stuttgart.

Projektgruppe Belastung (1998). *Belastung in der Schule? Eine Untersuchung an Hauptschulen, Realschulen und Gymnasien Baden-Württembergs.* Weinheim: Deutscher Studien Verlag.

Pühl, H. (1988). *Angst in Gruppen und Institutionen.* Frankfurt/M.: Fischer.

Puhr, K. (2003). *Lernangebote für schulverweigernde Kinder und Jugendliche. Pädagogische Probleme unter dem Anspruch von Schulpflicht und Bildungsrecht.*

Quitmann, H. (2000). Begabtenförderung in Hamburg. *Hamburg macht Schule. Behörde für Schule, Jugend und Berufsbildung, 2,* 27–29.

Quitmann, H. (1996). *Humanistische Psychologie. Philosophie – Psychologie – Organisationsentwicklung.* Göttingen: Hogrefe.

Rabenstein, R. (2004). „Apfelstrudel“ und die Lust auf Möglichkeiten! Kreativität und Supervision. In: A. Heilinger, W. Knopf & I. Walter (Hrsg.), *Brush up your tools! Aus der Werkstatt von Supervision und Coaching.* Innsbruck: Studienverlag rororo.

Radatz, H. (1980). *Fehleranalysen im Mathematikunterricht.* Braunschweig: Vieweg.

Radatz, H. (1985). Möglichkeiten und Grenzen der Fehleranalyse im Mathematikunterricht. *Journal für Mathematikdidaktik,* 6 (2), 117 ff.

Ranschburg, P. (1916). *Die Leseschwäche (Legasthenie) und Rechenschwäche (Arithmasthenie) der Schulkinder im Lichte des Experiments.* Berlin: Springer.

Rauen, C. (1999). *Coaching.* (2. Aufl. 2001). Göttingen: Hogrefe.

Rauen, C. (2001). Coaching als Personalentwicklungsinstrument. *Wirtschaftspsychologie – Arbeit / Betrieb / Organisation, 1*, 16–25.

Rauw, R., Jantz, O., Reinert, I., & Ottemeier-Glücks, F. G. (Hrsg.)(2001). *Perspektiven geschlechtsbezogener Pädagogik. Impulse und Reflexionen zwischen Gender, Politik und Bildungsarbeit.* Opladen: Leske & Budrich.

Realschule Enger (2001). *Lernkompetenz I. Bausteine für eigenständiges Lernen, 5./6. Schuljahr.* Berlin: Cornelsen Scriptor.

Redaktion Praxis Schule 5–10 (1999). Themenschwerpunkt Jungen und Mädchen in der Schule. *Zeitschrift für die Sekundarstufe I des Schulwesens, 6.*

Reddemann, L. (2002). *Imagination als heilsame Kraft. Zur Behandlung von Traumafolgen mit ressourcenorientierten Verfahren.* Stuttgart: Pfeiffer bei Klett-Cotta.

Redlich, A. (1994). *Berufsbezogene Supervisiion in Gruppen.* Hamburg: Fachbereich Psychologie der Universität Hamburg.

Reeb, H.-J. (1981). *Bildungsauftrag der Schule.* Frankfurt/M.: Fischer.

Reich, H. & Roth, H. J. (2004). *HAVAS 5 – Hamburger Verfahren zur Analyse des Sprachstandes bei 5-jährigen.* Hamburg: Behörde für Bildung und Sport.

Reich, H. H. (2001). Verfahren zur Beschreibung der Sprachentwicklung zweisprachiger Kinder. In: Deutsches Jugendinstitut (Hrsg.), *Treffpunkt deutsche Sprache – Sprachförderung von mehrsprachigen Kindern in Kindertageseinrichtungen.* (S. 77–82). München: DJI.

Reich, H. H., Roth, H-J. et al. (2002). *Spracherwerb zweisprachig aufwachsender Kinder und Jugendlicher – ein Überblick über den Stand der nationalen und internationalen Forschung.* Hamburg: Behörde für Bildung und Sport.

Reichel, R. & Rabenstein, R. (2001). *Kreativ Beraten.* Münster: Ökotopia.

Reichert, J. & Migulla, G. (2005). Audilex im Test – Ergebnisse einer Praxiserprobung. *Sonderpädagogik, 2.*

Reißig, B. (2001). *Schulverweigerung – ein Phänomen macht Karriere.* Ergebnisse einer bundesweiten Erhebung bei Schulverweigerern. Werkstattbericht. Arbeitspapiere aus dem Forschungsschwerpunkt Übergänge in Arbeit. München: Verlag Deutsches Jugendinstitut.

Renzulli, J. (1978). What makes giftedness? Reexamining a definition. *Phi Delta Kappan, 60*, 180-184.

Renzulli, J. (1986). The three-ring conception of giftedness: a develpmental model for creative productivity. In: R. J. Sternberg & J. E. Davidson (Hrsg.), *Conceptions of giftedness.* New York: Cambridge University Press.

Reuter-Liehr, C. (2002). Konsequent strategiegeleitetes Lernen beim lese-rechtschreibschwachen Kind. In: G. Schulte-Körne (Hrsg.), *Legasthenie: Zum aktuellen Stand der Ursachenforschung, der diagnostischen Methoden und der Förderkonzepte.* (S. 359–384). Stuttgart: Kohlhammer.

Rheinberg, F. (2000). Motivation. Stuttgart: Kohlhammer

Rheinberg. F. (2001). Bezugsnormorientierung. In: D. H. Rost (Hrsg.), *Handwörterbuch Pädagogische Psychologie* (2. überarb. u. erw. Aufl.). Weinheim: Beltz.

Richter, B. (2004). *Das Rechtschreiblotsen-Projekt. Förderung mit dem Computerprogramm Uniwort.* http://paedboutique.de/tips.htm

Richter, B. (2004). *Synopse deutschsprachiger Lesetests.* http://www.audilex.de

Richter, S. & Brügelmann, H. (Hrsg.) (1994). *Mädchen lernen anders - anders lernen Jungen.* Bottighofen: Libelle.

Richter, S. (1992). *Die Rechtschreibentwicklung im Anfangsunterricht und Möglichkeiten der Vorhersage ihrer Störungen.* Hamburg: Kovac.
Richter, S. (1998). *Interessenbezogenes Rechtschreiblernen.* Braunschweig: Westermann.
Richter, U. (Hrsg.) (2005). Den Übergang bewältigen. Gute Beispiele der Förderung an der Ersten Schwelle von der Schule zur Berufsausbildung. *Dokumentation, 4.*
Ricking, H. (2003). *Schulabsentismus als Forschungsgegenstand.* Oldenburg: BIS.
Ricking, H. & Neukäter, H. (1997). Schulabsentismus als Forschungsgegenstand. *Heilpädagogische Forschung, 23* (2), 50–70.
Riegel, E. (2004). *Schule kann gelingen! Wie unsere Kinder wirklich fürs Leben lernen.* Frankfurt/M.: Fischer.
Robertz, F. J. (2004). School Shootings - Amokläufe durch Jugendliche an Schulen. *Deutsche Polizei, 7*, 12–15.
Röhner, C. (2006). LeseRförderung – SchreibeRförderung. Brauchen Jungen spezielle Lese- und Schreibanregungen? Die Grundschulzeitschrift, Heft 194, 5/2006, 30–35.
Rohrmann, T. (2000). Kinder lassen ihr Geschlecht nicht vor der Schultür. *Grundschule, 5*, 32–35.
Rohrmann, T. (2001). *Echte Kerle. Jungen und ihre Helden.* Reinbek: Rowohlt.
Rohrmann, T. (2003). *Grenzen und Brücken. Arbeitsmaterialien zu Prävention und Geschlecht.* Landesstelle Jugendschutz Niedersachsen und der Bundesarbeitsgemeinschaft Kinder- und Jugendschutz (Hrsg.). Hannover: LJS Niedersachsen.
Rohrmann, T. (2005). *Geschlechtertrennung in der Kindheit: Empirische Forschung und pädagogische Praxis im Dialog. Abschlussbericht des Projekts „Identität und Geschlecht in der Kindheit“.* Braunschweig: Braunschweiger Zentrum für Gender Studies, Eigendruck.
Rohrmann, T. (2006). Was ist mit den Jungen los? Perspektiven für Jungen als Herausforderung für Schule. In: I. Hertzstell, S. Blaschke, I. Loisch & C. Hanckel (Hrsg.), *Vom Nürnberger Trichter zum Laptop? Schule zwischen kognitivem und sozial-emotionalem Lernen. Kongressbericht der 16. Bundeskonferenz 2004 in Nürnberg.* (S. 102–117). Bonn: Deutscher Psychologen Verlag.
Roick, T., Gölitz, D. & Hasselhorn, M. (2005). *Deutscher Mathematiktest für dritte Klassen.* Göttingen: Hogrefe.
Roisch, H. (2003). Die horizontale und vertikale Geschlechterverteilung in der Schule. In: M. Stürzer, H. Roisch, A. Hunze & W. Cornelißen, *Geschlechterverhältnisse in der Schule.* (S. 21–52). Opladen: Leske & Budrich.
Rost, D. H., Schermer, F. J. (1997). *Differenzielles Leistungsangst Inventar (DAI).* Göttingen: Hogrefe.
Rost, D. H., Schermer, F. J. (2001). Leistungsängstlichkeit. In: D. H.Rost (Hrsg), *Handwörterbuch der Pädagogischen Psychologie* (S. 405–412). Weinheim: PVU.
Roth, G. (2000). Warum ist Einsicht schwer zu vermitteln und schwer zu befolgen. *PÄDForum, Okt. 2000*, 410–415.
Roth, W., Brunig, M. & Edler, J. (1995). Coaching – Reflexionen und empirische Daten zu einem neuen Personalentwicklungsinstrument. In: F.-W. Wilker (Hrsg.), *Supervision und Coaching – Aus der Praxis für die Praxis.* Bonn: Deutscher Psychologen Verlag.
Rüedi, J. (2002). *Disziplin in der Schule. Plädoyer für ein antinomisches Verständnis von Disziplin und Klassenführung.* Bern: Haupt.
Sachse, R. (1999). *Lehrbuch der Gesprächspsychotherapie.* Göttingen: Hogrefe.
Saldern, M. v. (1991). Die Lernumwelt aus der Sicht von Lehrern und Schülern. *Psychologie in Erziehung und Unterricht*, 190–198.

Saldern, M. v. (2004). *Anmerkungen zum Thesenpapier von Prof. K. Heller.* Vorgetragen bei der internen Anhörung „Bildungsqualität" der FDP Landtagsfraktion in Hannover am 03.11.2004.

Sander, A. (2000). Zu Theorie und Praxis individueller Förderpläne für Kinder mit sonderpädagogischem Förderbedarf. In: W. Mutzeck (Hrsg.), *Förderplanung. Grundlagen – Methoden –Alternativen.* (S. 14–30). Weinheim: Beltz.

Saß, H., Wittchen, H.-U. & Zaudig, M. (1996): *Diagnostisches und Statistisches Manual Psychischer Störungen. DSM – IV.* Göttingen: Hogrefe.

Schaarschmidt, U. (Hrsg.) (2004). *Halbtagsjobber?* Weinheim: Beltz.

Schaarschmidt, U. & Fischer, A. W. (2001). *Bewältigungsmuster im Beruf.* Göttingen: Vandenhoek & Rupprecht.

Schachl, H. (1996). *Was haben wir im Kopf? Die Grundlagen für gehirngerechtes Lernen.* Linz: Veritas-Verlag.

Schauer, E. (2003). Können Lehrveranstaltungen die Lern- und Weiterbildungsmotivation von künftigen LehrerInnen beeinflussen? *Journal für Lehrerinnen- und Lehrerbildung, 3*, 31–40.

Scheerer-Neumann, G. (1979). *Intervention bei Lese-Rechtschreibschwäche.* Bochum: Kamp.

Scheerer-Neumann, G. (1986). Wortspezifisch: ja - Wortbild: nein. In: H. Brügelmann (Hrsg.), *ABC und Schriftsprache: Rätsel für Kinder, Lehrer und Forscher.* Konstanz: Faude.

Schefold, W. (2005). Krise, Krisenbewältigung und soziale Ordnung – Überlegungen zu einer Fallstudie. *Verhaltenstherapie & Psychosoziale Praxis, 2*, 249–256.

Schenk-Danziger, L. (1968). *Handbuch der Legasthenie im Kindesalter.* Weinheim: Beltz.

Scherer-Neumann, G. (1989). Rechtschreibschwäche im Kontext der Entwicklung. In: I. Naegele & R. Valtin (Hrsg.), *LRS in den Klassen 1 – 10* (S. 25–35). Weinheim: Beltz.

Schick, A. (1997). *Das Konzept der Belästigung in der Lärmforschung.* Lengerich: Pabst.

Schick, A. & Ott, I. (2002). Gewaltprävention an Schulen – Ansätze und Ergebnisse. *Praxis Kinderpsychologie und Kinderpsychiatrie, 51*, 766–791.

Schick, A. & Cierpka, M. (2003). „Faustlos" – Aufbau und Evaluation eines Curriculums zur Förderung sozialer und emotionaler Kompetenzen. In: Dörr, M. & Göppel, R. (Hrsg.). *Bildung der Gefühle. Innovation? Illusion? Intrusion?* Gießen: Psychosozial-Verlag, *S. 146-162.*

Schlee, J. (1976). *Legasthenieforschung am Ende?* München: Urban & Schwarzenberg.

Schleicher, A. (2002). Nach PISA: Hat das mehrgliedrige Schulwesen ausgedient? In: *Universitas. Orientierung in der Wissenschaft.* Nr. 674/August 2002.

Schley, W. (1988). *Organisationsentwicklung an Schulen.* In: Ztschft: Report Psychologie. Jg. 13. Heft 1, S. 11-20.

Schley, W. & Pool, S. (2003). Die Situationslogik des Coachings im Spannungsfeld zwischen Komplexitätsreduktion und Kontextfokussierung. *Journal für Schulentwicklung, 7 (1)*, 7–16.

Schlösser, E. (2001). *Wir verstehen uns gut. Spielerisch Deutsch lernen. Methoden und Bausteine zur Sprachförderung für deutsche und zugewanderte Kinder als Integrationsbeitrag in Kindergarten und Grundschule.* Münster: Ökotopia.

Schmahl, S. (2004). Die Beschulung von Kindern und Jugendlichen mit Migrationshintergrund: Eine Bestandsaufnahme des geltenden Rechts. *Recht der Jugend und des Bildungswesens (RdJB), Zeitschrift für Schule, Berufsbildung und Jugenderziehung, 1*, 23–38.

Schmidt-Denter, U. (2005). *Soziale Beziehungen im Lebenslauf*. Weinheim: Beltz.

Schmitz, E., Voreck, R., Hermann, K. & Rutzinger, E. (2006). Positives und negatives Lehrerverhalten aus Schülersicht. *Berichte aus dem Lehrstuhl für Psychologie der TU München Nr. 82.*

Schmitz, G. M. & v. Salisch, M. (2002). *Emotionale Selbstwirksamkeit*. http://web.fu-berlin.de/gesund/skalen/Emotionale_Selbstwirksamkeit/hauptteil_emotionale_selbstwirksamkeit.htm

Schmitz, G. S. & Schwarzer, R. (2002). Individuelle und kollektive Selbstwirksamkeitserwartungen von Lehrern. *Zeitschrift für Pädagogik, 44, Beiheft: Selbstwirksamkeit und Motivationsprozesse in Bildungsinstitutionen,* 192–214.

Schnack, D. & Neutzling, R. (2000). *Kleine Helden in Not. Jungen auf der Suche nach Männlichkeit.* Reinbek: Rowohlt.

Schneider, S. (1999). Phobien. In: H.-C. Steinhausen M. v. Aster (Hrsg.). *Verhaltenstherapie und Verhaltensmedizin bei Kindern und Jugendlichen* (S. 216–240). Weinheim: PVU.

Schneider, W., Brügelmann, H. & Kochan, B. (1990). Lesen- und Schreibenlernen in neuer Sicht: Vier Perspektiven auf den Stand der Forschung. In: H. Brügelmann & H. Balhorn (Hrsg.), *Das Gehirn, sein Alfabet und andere Geschichten.* (S. 220–235). Konstanz: Faude.

Schnell, M., Wetzel, H. (1999). *Krisenintervention und -therapie.* In: Asanger, R., Wenninger, G., Handwörterbuch Psychologie. Weinheim, Basel: Beltz-Verlag, S. 371-376.

Schöll, G. (1997). *Förderung von Aufmerksamkeit in der Grundschule. Ein metakognitiv orientierter Trainingsansatz.* Münster: Waxmann.

Schönwälder, H.-G. (2001). *Die Arbeitslast der Lehrerinnen und Lehrer. Ausmaß, Art und Zumutbarkeit – empirische Befunde und ihre Bedeutung für die Qualität von Schule.* Neue deutsche Schule.

Schrader, F.-W. & Helmke, A. (2005). Überprüfte Vermutungen. Training der Diagnosefähigkeit von Lehrkräften durch die Nutzung von Vergleichsarbeiten. *Jahresheft des Friedrich Verlags,* 120–121.

Schrader, F.-W. (1997). Lern- und Leistungsdiagnostik im Unterricht. In: *Enzyklopädie der Psychologie. Serie I: Pädagogische Psychologie, Bd. 3: Psychologie des Unterrichts und der Schule.* (S. 659–700). Göttingen: Hogrefe.

Schrader, F.-W., Helmke, A. & Dotzler, H. (1997). Zielkonflikte in der Grundschule. Ergebnisse aus dem SCHOLASTIK-Projekt. In: F. E. Weinert & A. Helmke (Hrsg.), *Entwicklung im Grundschulalter* (S. 299–316). Weinheim: Psychologie Verlags Union.

Schratz, M. (2003). *Qualität sichern: Programme entwickeln.* Seelze: Kallmeyer.

Schreiber, E. (Hrsg.) (2005). Nicht beschulbar? Gute Beispiele für den Wiedereinstieg in systematisches Lernen. *Dokumentation, 5.*

Schreiber-Kittl, M. (2001). *Alles Versager*? Materialien aus dem Forschungsschwerpunkt Übergänge in Arbeit 1/2001. München: Verlag Deutsches Jugendinstitut.

Schreiber-Kittl, M. & Schröpfer, H. (2002). *Abgeschrieben? Ergebnisse einer empirischen Untersuchung über Schulverweigerer.* München: Verlag Deutsches Jugendinstitut.

Schrempf, R. (2003). Rubrics. Qualitätsraster zur Qualitätsentwicklung und Qualitätssicherung im Unterricht. *Schulmanagement, 2*, 22–23.

Schreyögg, A. (1992). *Supervision - Ein integratives Modell. Lehrbuch zu Theorie und Praxis*. Paderborn: Jungfermann.

Schreyögg, A. (1995a). Coaching – Wer braucht das? In: F.-W. Wilker (Hrsg.), *Supervision und Coaching – Aus der Praxis für die Praxis*. Bonn: Deutscher Psychologen Verlag.

Schreyögg, A. (1995b). *Coaching: Eine Einführung für Praxis und Ausbildung*. (4. Aufl. 1999). Frankfurt/M.: Campus.

Schreyögg, A. (2000a). Coaching als innovative Maßnahme der Personalentwicklung (Editorial). *Organisationsberatung – Supervision – Clinical Management, 7*, 3–8.

Schreyögg, A. (2000b). Coaching für die Schulentwicklung. *Organisationsberatung – Supervision – Clinical Management, 7* (3), 213–224.

Schreyögg, A. (Hrsg.) (2000c). *Supervision und Coaching für die Schulentwicklung*. Bonn: Deutscher Psychologen Verlag.

Schröder, E. (2005). *Berufliche Selbstständigkeit als Ziel?! Entwicklung und Evaluation eines „Life-Skills"-basierten Trainingsprogramms für Jugendliche*. Dissertation, Friedrich-Schiller-Universität Jena. http://www.db-thueringen.de/servlets/DocumentServlet?name=FSU_Jena_Schroeder_Elke (01.01.2006)

Schrodi, F. (1999). *„Rechenschwäche" in den subjektiven Theorien von Grundschullehrerinnen und Grundschullehrern*. Regensburg: Roderer.

Schründer-Lenzen, A. (2004). *Schriftspracherwerb und Unterricht*. Opladen: Leske & Budrich.

Schubert, B. & Senatsverwaltung für Bildung, Jugend und Sport Berlin (Hrsg.) (2003). *Verstehen und Handeln IV*. Berlin: Senatsverwaltung für Bildung, Jugend und Sport Berlin.

Schubert, B. & Senatsverwaltung für Bildung, Jugend und Sport Berlin (Hrsg.) (2005). *Gewaltsignale an Berliner Schulen*. Berlin: Senatsverwaltung für Bildung, Jugend und Sport Berlin.

Schuh, H. (1986). Kollektives Verhalten in der Katastrophe – Beurteilungshilfen und Führungsmaßnahmen. In: Faust, V. (Hrsg.). *Angst – Furcht – Panik*. Stuttgart: Hippokrates-Verlag, S. 225-234.

Schulte, D. (1974). *Diagnostik in der Verhaltenstherapie*. München: Urban & Schwarzenberg.

Schulte-Körne, G. (2003). *Lerntherapeutisch begründete Therapieverfahren bei der Lese- Rechtschreibstörung*. Stuttgart: Kohlhammer.

Schulz v. Thun , F., Götz, W. (1976). *Mathematik verständlich erklären*. München: Urban & Schwarzenberg.

Schulz von Thun, F., Ruppel, J. & Stratmann, R. (2002). *Miteinander reden: Kommunikationspsychologie für Führungskräfte*. Reinbek: rororo.

Schüßler, I. (2001). Nachhaltiges Lernen. In: *Grundlagen der Weiterbildung – Praxishilfen*, Loseblattsammlung, (S. 1–27). http://www.diebonn.de/portrait/aktuelles/DIE_Forum_2005_Schuessler_NachhaltigesLernen.pdf

Schütz, R. & Schure, A. (2000). Schulmanagement und Mitarbeitermotivation für eine gute Schule. In: D. Smolka (Hrsg.), *Motivation und Mitarbeiterführung in der Schule – Empfehlungen für die Schulpraxis*. Neuwied: Luchterhand.

Schwarzer, R. (1995). Entwicklungskrisen durch Selbstregulation meistern. In: W. Edelstein (Hrsg.), *Entwicklungskrisen kompetent meistern*. Heidelberg: Asanger.

Schwarzer, R. (2000). *Stress, Angst und Handlungsregulation*. (4. überarb. Aufl.). Stuttgart: Kohlhammer.

Schweer, M. (1997). Bedingungen interpersonalen Vertrauens zum Lehrer: Implizite Vertrauenstheorie, Situationswahrnehmung und Vertrauensaufbau bei Schülern. *Psychologie in Erziehung und Unterricht*, 143–151.
Schwippert, K. (2001). *Optimalklassen. Mehrebenenanalytische Untersuchungen: eine Analyse hierarchisch strukturierter Daten am Beispiel des Leseverständnisses.* Münster: Waxmann.
Scobel, W. A. (1989). *Was ist Supervision.* Göttingen: Verlag für medizinische Psychologie im Verlag Vandenhoeck & Ruprecht.
Sedlak, F. (Hrsg.) (1999). *Schulpsychologie-Bildungsberatung – Von den Anfängen bis ins dritte Jahrtausend.* BMUK.
Sehringer, W. & Scheltwort, P. (2004). *Unterrichten: Reflexion und Training. Ein Modell zur Evaluation und Innovation des Lehrens (Praxis Training).* Donauwörth: Auer.
Seifried, K. (1997). Schulpsychologie – Psychologische Hilfen für die Schule. In: B. Sörensen (Hrsg.), *Bevor Kinder zu Fällen werden.* Seelze: Kallmeyer.
Seifried, K. (2001). Kooperation zwischen Schulpsychologie und Jugendhilfe. In: H.-G. Häring & W. Kowalczyk (Hrsg.), *Schulpsychologie konkret.* Neuwied: Luchterhand.
Seifried, K. (2003). Schulpsychologie im internationalen Vergleich, Vortrag Sektion Schulpsychologie, BDP
Seifried, K. (2005). Schulpsychologie. In: J. Werner et al., *SchulLINK.* Berlin: Luchterhand.
Selye, H. (1981). Geschichte und Grundzüge des Stresskonzepts. In: Nitsch, J. (Hrsg.). *Stress, Theorien, Untersuchungen, Maßnahmen.* Bern: Huber-Verlag, S. 163-187.
Senatsverwaltung für Bildung, Jugend und Sport Berlin (2005). *Notfallpläne für die Berliner Schulen, Hinsehen und Handeln.* Berlin. www.senbjs.berlin.de/gewaltpraevention
Senatsverwaltung für Bildung, Jugend und Sport, Berlin (2003). *Sozialraumordnung in der Berliner Jugendhilfe.*
Senatsverwaltung für Bildung, Jugend und Sport, Berlin (2004). *Schulgesetz für das Land Berlin.*
Senatsverwaltung für Gesundheit, Soziales und Verbraucherschutz Berlin & Senatsverwaltung für Bildung, Jugend und Sport (Hrsg.) (2003). *Kooperation von Kinder- und Jugendpsychiatrie, Jugendhilfe und Schule.*
Senatsverwaltung für Gesundheit, Soziales und Verbraucherschutz Berlin (1994). *Gesetz über den öffentlichen Gesundheitsdienst (GDG).*
Senge, P. M. (1997). *Die fünfte Disziplin* (4. Aufl.). Stuttgart.
Seyderhelm, R. & Nagel, K.-J. (2002). *Niedersächsisches Schulgesetz (NSchG) Kommentar mit Ausführungsbestimmungen.* Wiesbaden: Kommunal- und Schulverlag.
Sieland, B. (2000). Auch Lehrer müssen sich wohl fühlen. *Praxis Schule 5–10, 2*, 35–40.
Sieland, B. (2002). *Verhaltensprävention – ein unverzichtbarer Schritt.* Wie können Pädagogen ihre Gesundheit und Leistungsfähigkeit fördern? In: PÄDAGOGIK 7-8/02, S. 22-28.
Sieland, B. (2006a). Gute und gesunde Lehrer will jeder! – Wie Sie die Leistungsvoraussetzungen Ihrer Kollegen verbessern können. In: H. Buchen, L. Horster & H.-G. Rolff (Hrsg.), *Schulleitung und Schulentwicklung. (Februar 2006; Führung und Personalmanagement C 6.3)* (S. 1–19). Berlin: Raabe.
Sieland, B. (2006b). Professionelle Lerngemeinschaften im engeren Sinne. Drei Impulse zur Schärfung des Begriffes als Kommentar zum Beitrag von Anton Strittmatter.

Sieland, B. (2006c). Veränderungspotenziale und Veränderungshindernisse am Beispiel der Gesundheitsförderung im Schulkollegium In: DAK, BUK, GUVV-NRW, Universität Lüneburg (Hrsg.), *Lehrergesundheit – Baustein einer guten gesunden Schule. Impulse für eine gesundheitsförderliche Organisationsentwicklung.* (S. 75–111). http://kirke.ub.uni-lueneburg.de/volltexte/2006/343/

Sielert, U. (2002). *Jungenarbeit. Praxishandbuch für die Jugendarbeit. (Teil 2)* (3. völlig überarb. Aufl.). Weinheim : Juventa. (Originalarbeit erschienen 1989)

Simon, D. P. (1976). Spelling - A task analysis. *Instructional Science, 5*, 277–302.

Simsa, C. (2001). *Mediation in Schulen – schulrechtliche und pädagogische Aspekte.* Neuwied: Kriftel.

Sinclair de Zwart, H. (1982). *Young childrens' ideas about the written number system.* Paper at the NATO Conference on the Acquisition of Symbolic Skills. Keele: University of Keele.

Singer, K. (1998). *Die Würde des Schülers ist antastbar. Vom Alltag in unseren Schulen - und wie wir ihn verändern können.* Reinbek: rororo.

Sloboda, J. A. (1980). Visual imagery and individual differences in spelling. In: U. Frith (Hrsg.), *Cognitive processes in spelling.* (S. 231–247). London: Academic Press.

Smessaert, P. (1998). *Ambulante Psychotherapie im Schnittpunkt von Krankenhilfe, Eingliederungshilfe und Hilfe zur Erziehung.* Berlin: Unveröffentlichter Vortrag.

Smolka, D. (2002). Schulpsychologie – Dynamik einer zukunftsweisenden Schulentwicklung. *Schulverwaltung Spezial, 1*, 6–9.

Smolka, D. (Hrsg.) (2000). *Motivation und Mitarbeiterführung in der Schule – Empfehlungen für die Schulpraxis.* Neuwied: Luchterhand.

Sonneck, G. (2000). *Krisenintervention und Suizidverhütung.* Wien: Facultas, UTB, S. 61.

Spitta, G. (1986). Kinder entdecken die Schriftsprache. In: R. Valtin & I. Naegele (Hrsg.), *„Schreiben ist wichtig!"* (S. 67–83). Frankfurt/M.: Arbeitskreis Grundschule.

Staatsinstitut für Schulpädagogik und Bildungsforschung Bayern (2002). *Sprachkenntnisse von Schulanfängern erfassen.* München: Klett.

Stanford, G. (2002). *Gruppenentwicklung im Klassenraum und anderswo.* Aachen: Hahn.

Statistisches Bundesamt (2006a). *Statistisches Jahrbuch 2005 für die Bundesrepublik Deutschland: Bildung und Wissenschaft.* http://www.destatis.de/download/jahrbuch/6_bildung_wissenschaft.pdf [31.10.2006].

Statistisches Bundesamt (2006b). Allgemeinbildende Schulen, Lehrkräfte nach Schularten, Beschäftigungsumfang und Geschlecht im Schuljahr 2005/06. [Online] URL: http://www.destatis.de/basis/d/biwiku/schultab20.php [31.10.2006].

Stein, B. (1996). *Reaktionen auf Katastrophen in Kommunen in Israel.* In: Meißner, B., Sachs, M., Schulpsychologie und Schulentwicklung (S. 5-20). Hrsg. Landesverband Bayerischer Schulpsychologen LBSP. Reihe Forum Schulpsychologie.

Steinhausen, H.-C., v. Aster, M. (Hrsg.) (1999). *Verhaltenstherapie und Verhaltensmedizin bei Kindern und Jugendlichen.* Weinheim: PVU.

Steinhausen, H.-Ch. (Hrsg.) (2006). *Schule und psychische Störungen.* Stuttgart: Kohlhammer.

Stern, D. N. (1990). *Die Lebenserfahrung des Säuglings.* Stuttgart: Klett-Cotta.

Stern, E. (2003). *Lernen – der wichtigste Hebel der geistigen Entwicklung.* Vortrag am Hanse-Wissenschaftskolleg vom 13. Januar 2003, Sendung im NordwestRadio am 9. Februar 2003 um 19 Uhr.

Stern, E. (2005). Raus aus den Schubladen. *DIE ZEIT, Nr.51*, (15.12.2005)

Stevens, R. J. & Slavin, R. E., (1995). The cooperative elementary school: Effects on students achievement, attitudes, and social relations. *American Educational Research Journal, 32*, 321–351.

Stodolsky, S. S. (1988). *The subject matters: Classroom activity in math and social studies*. Chicago: University of Chicago Press.

Storath, R. & Dillig, P. (1998). Der Psychologe – Ein „Hofnarr" im System? *Report Psychologie, 23* (3) 240–253.

Storath, R. (1998). Wenn nichts mehr so ist, wie es war: Sexual-Stratftat an Carla. Eine Krisenintervention. In: *LBSP. Forum-Bd. 7*. Bad Windsheim: Ullmann.

Storath, R. (2002a). Missbrauch – bewusstes Handeln zwischen Überreaktion und Lähmung. In: Englbrecht, Hirschmann, Meißner, Storath, *Krisenmanagement. LBSP. Forum-Bd 14*. Bad Windsheim: Ullmann.

Storath, R. (2002b). Schulpsychologischer Umgang mit Missbrauchsverdacht. In: Englbrecht, Hirschmann, Meißner, Storath, *Krisenmanagement. LBSP. Forum-Bd 14*. Bad Windsheim: Ullmann.

Storath, R. (2006). Wenn das Unvorstellbare passiert ist: Krisenintervention in der Schule. Zur Entstehung und zur Tätigkeit des Kriseninterventions- und Krisenbewältigungsteams Bayerischer Schulpsychologen (KIBBS). *Amtl. Schulanzeiger, Jan.*, 2–3.

Storath, R. & Englbrecht, A. (2004). Krisensituationen, Gewalt und Tod in der Schule. *Schulverwaltung spezial*,4–7.

Strittmatter, A. (2006). Kollegien als professionelle Lerngemeinschaften. *Journal für Lehrerinnenbildung*.

Sturzenhecker, B. & Winter, R. (Hrsg.) (2002). *Praxis der Jungenarbeit*. Weinheim: Juventa.

Stürzer, M. (2003a). Geschlechtsspezifische Schulleistungen. In: M. Stürzer, H. Roisch, A. Hunze & W. Corneließen. *Geschlechterverhältnisse in der Schule*. (S. 83–122). Opladen: Leske & Budrich.

Stürzer, M. (2003b). Zur Debatte um Koedukation, Monoedukation und reflexive Koedukation. In: M. Stürzer, H. Roisch, A. Hunze & W. Corneließen, *Geschlechterverhältnisse in der Schule*. (S. 171–186). Opladen: Leske & Budrich.

Suchodoletz, W. v. (Hrsg.) (2006). *Therapie der Lese-Rechtschreibstörung (LRS)*. Stuttgart: Kohlhammer.

Süß-Burghart, H. (2001). Gibt es bei Kindern mit Dyskalkulie typische Fähigkeitsstärken und -schwächen? Hinweise auf präventive Möglichkeiten. *Frühförderung interdisziplinär, 20*, 62–70.

Taglieber,W. (2005). *Berliner Anti- Mobbing- Fibel. Was tun wenn. Eine Handreichung für eilige Lehrkräfte*. Berlin: Berliner Landesinstitut für Schule und Medien.

Tausch, R. & Tausch, A.-M. (1991). *Erziehungspsychologie*. Göttingen: Hogrefe.

Temme, K. (2002). *Qualitätsmanagement in der Schule*. Hannover: Schroedel.

Temple, C. A. et al. (1982). *The beginnings of writing*. London: Allyn & Bacon.

Terhart, E. (2003). Wirkungen von Lehrerfortbildung: Perspektiven einer an Standards orientierten Evaluation. *Journal für Lehrerinnen- und Lehrerbildung, 3*, 8–19.

Terhart, E. et al. (1993). *Berufsbiographien von Lehrern und Lehrerinnen*. Lüneburg: DFG-Bericht (ohne Verlag).

Thiel, O. (2001). *Rechenschwäche und Basisfunktionen – wissenschaftliche Analyse empirischer Untersuchungen zwischen Lernschwierigkeiten im Mathematikunterricht und basalen Fähigkeiten des Menschen*. Volxheim: Resi.

Thiesen, P. (2001). *Wahrnehmen - Beobachten - Experimentieren: spielerische Sinnesförderung in Kindergarten und Grundschule*. Weinheim: Beltz.

Thimm, K. (1998). *Schulverdrossenheit und Schulverweigerung: Phänomene – Hintergründe und Ursachen – Alternativen in der Kooperation von Schule und Jugendhilfe. Ministerium für Bildung, Jugend und Sport des Landes Brandenburg.* Berlin: Wissenschaft und Technik Verlag

Thimm, K. (2000). *Schulverweigerung. Zur Begründung eines neuen Verhältnisses von Sozialpädagogik und Schule.* Münster: Votum Verlag

Thorndike, E. L. (1920). Intelligence and its use. *Harper's Magazin,140*, 227–235.

Tillmann, K. J. (2004). System jagt Fiktion – Die homogene Lerngruppe. In: G. Becker et al. (Hrsg.), Heterogenität. Unterschiede nutzen – Gemeinsamkeiten stärken. *Jahresheft des Friedrich Verlags, 22*, 6–9.

Tillmann, K.-J. (1999). *Schülergewalt als Schulproblem, Verursachende Bedingungen, Erscheinungsformen und pädagogische Handlungsperspektiven.* Weinheim: Juventa.

Tillmann, K.-J., Holler-Nowitzki, B., Holtappels, H. G., Meier, U. & Popp, U. (1999). *Schülergewalt als Schulproblem.* Weinheim: Juventa.

Treiber, B. (1980). *Qualifizierung und Chancenausgleich in Schulklassen, Teil 2: Empirische Studien.*

Uhle, R. & Haubner, W. (2005). Schulische Notfallsituationen. Psychologisches Krisenmanagement im System Schule. *Verhaltenstherapie & Psychosoziale Praxis, 2*, 275–292.

Ulich, K. (1996). *Beruf Lehrer/in.* Weinheim: Beltz.

Ulich, M. & Mayer, T. (2004). *SISMIK – Sprachverhalten und Interesse an Sprache bei Migrantenkindern in Kindertageseinrichtungen.* Freiburg: Herder.

Ullrich, R. & Ullrich de Muynck, R. (1999). Selbstwertstörung und soziale Phobie. In: Ullrich, R. & Ullrich de Muynck, R. (Hrsg.), *Soziale Kompetenz – soziale Phobie.* Hohengehren: Schneider, S. 99-128.

Unnewehr, S., Schneider, S. & Margraf, J. (Hrsg.) (1995). *Kinder DIPS Disgnostisches Interview bei psychischen Störungen im Kindes- und Jugendalter.* Berlin: Springer.

Valtin, R. (1990). Das Stufenmodell beim Schreibenlernen. In: *Bunte Fibel – Fibelhandbuch.* Hannover: Schroedel.

Wagner, I. (1984). *Aufmerksamkeitsförderung im Unterricht.* Frankfurt/M.: Peter Lang.

Wagner, I. (2002). Aufmerksamkeitsförderung - ihre Bewältigung und Therapie. In: K. Czerwenka (Hrsg.), *Das aufmerksamkeitsgestörte und hyperaktive Kind.* (S. 16–36). Weinheim: Beltz.

Wagner, M., Dunkake, I. & Weiß, B. (Hrsg.) (2004). Schulverweigerung. Empirische Analyse zum abweichenden Verhalten von Schülern. *Kölner Zeitschrift für Soziologie und Sozialpsychologie, 56.*

Wahl, D. (1991). *Handeln unter Druck.* Weinheim: Deutscher Studien Verlag.

Weber A., Weltle, D. & Lederer, P. (2004). Macht Schule krank? Sozial- und arbeitsmedizinische Aspekte der Frühinvalidität von Lehrkräften. *Lehrergesundheit. Schriftenreihe Bundesanstalt für Arbeitsschutz und Arbeitsmedizin, Bd. 141.*

Wehrmann, M. (2003). *Qualitative Diagnostik von Rechenschwierigkeiten im Grundlagenbereich Arithmetik.* Berlin: Köster.

Weidenmann B. (1984). Psychische Belastung von Lehrern – ein kritischer Überblick über neuere empirische Arbeiten. In: K. Ingenkamp (Hrsg.), *Sozial-emotionales Verhalten in Lehr-Lern-Situationen.* (S.140–153). Landau: EWH.

Weidner, M. (2003). *Kooperatives Lernen im Unterricht.* Seelze: Kallmeyer.

Weidner, J. et al. (2002). *Gewalt im Griff. Bd. 1: Neue Formen des Anti-Aggressivitäts-Trainings.* Weinheim: Beltz.

Weigl, E. (1976): Schriftsprache als besondere Form des Sprachverhaltens. In: A. Hofer (Hrsg.), *Lesenlernen: Theorie und Unterricht.* (S. 82–98). Düsseldorf: Schwann.

Weinert, F. E. (1998). Neue Unterrichtskonzepte zwischen gesellschaftlichen Notwendigkeiten, pädagogischen Visionen und psychologischen Möglichkeiten. In: Bayrisches Staatsministerium für Unterricht, Kultur, Wissenschaft und Kunst (Hrsg.), *Wissen und Werte für die Welt von morgen – Dokumentation zum Bildungskongress am 29./30. April 1998* (S. 101–125). München: Bayerisches Staatsministerium für Unterricht, Kultur, Wissenschaft und Kunst.

Weinert, F. E. & Helmke, A. (1987). Schulleistungen – Leistungen der Schule oder des Kindes. In: U. Steffens & T. Bargel (Hrsg.), *Untersuchungen zur Qualität des Unterrichts. Beiträge aus dem Arbeitskreis „Qualität von Schule", Heft 3* (S. 17–31). Wiesbaden.

Weinert, F. E. & Schrader, F. W. (1986). Diagnose des Lehrers als Diagnostiker. In: H. Petillon, J. Wagner & B. Wolf (Hrsg.), *Schülergerechte Diagnose.* (S. 11–29). Weinheim: Beltz.

Weiß, R. H. (1997). Mathe nur für coole Typen? Rechenschwäche in der Grundschule – wen sie trifft und wie man helfen kann. *Schulintern. Informationen für Lehrerinnen und Lehrer in Baden-Württemberg, 4*, 5–7.

Wellenreuther, M. (2005). *Lehren und Lernen – aber wie? Empirisch-experimentelle Forschungen zum Lehren und Lernen im Unterricht* (2. korrigierte und überarbeitete Aufl., Grundlagen der Schulpädagogik, Vol. 50). Hohengehren: Schneider.

Wells, C. C. & Raban, E. B. (1978). *Children learning to read.* University of Bristol: Final Report of the Social Science Research Council.

Weltgesundheitsorganisation (WHO) (1993). *Internationale Klassifikation psychischer Störungen: ICD–10, Kapitel V (F); klinisch- diagnostische Leitlinien.* Bern: Huber.

Welz, E., Dussa, U. & Senatsverwaltung für Bildung, Jugend und Sport Berlin (Hrsg.) (1998). *Mädchen sind besser - Jungen auch. Konfliktbewältigung für Mädchen und Jungen - ein Beitrag zur Förderung sozialer Kompetenzen in der Grundschule.* Zwei Bände. Berlin: Paetec, Ges. für Bildung und Technik.

Wendt, W. (2005). *Deutsch Plus – Bericht zum Probelauf 2004.* Berlin: Senatsverwaltung für Bildung, Jugend und Sport.

Wiesner, R., Mörsberger, Th., Oberloskamp, H. & Struck, J. (2000). *SGB VIII, Kinder- und Jugendhilfegesetz, Kommentar.* München: Beck.

Wilker, F.-W. (Hrsg.) (1995). *Supervision und Coaching – Aus der Praxis für die Praxis.* Bonn: Deutscher Psychologen Verlag.

Willke, F.-W. (1999). *Systemtheorie. Interventionstheorie*, Bd. 2. Stuttgart.

Wilms, H. & Wilms, E. (2000). *Erwachsen werden. Life-Skills-Programm für Schülerinnen und Schüler der Sekundarstufe I.* Wiesbaden: Lion's Clubs International.

Winter, F. (2004). *Leistungsbewertung. Eine neue Lernkultur braucht einen anderen Umgang mit den Schülerleistungen.* Hohengehren: Schneider.

Wocken, H. (2000). Evaluationsstudie LAUF. *Zeitschrift für Heilpädagogik, 12*, 492–503.

Wolf, W., Göbel-Lehnert, U. & Chroust, P. (1999). Fortbildung der Lehrerinnen und Lehrer. Eine Bilanz ihrer Formen und Wirkungen anhand empirischer Untersuchungen. *Die Deutsche Schule, 91* (4), 451–467.

Wottawa, H. & Thierau, H. (1998). *Lehrbuch der Evaluation.* Bern: Huber.

Wustmann, C. (2004). *Resilienz. Widerstandfähigkeit von Kindern in Tageseinrichtungen fördern. Beiträge zur Bildungsqualität.* Weinheim: Beltz.

Zeller, B. (2005). *Förderung der sozialen Kompetenz von Kindergartenkindern. Entwicklung und Evaluation eines integrativen Trainings zur Prävention von emotionalen Auffälligkeiten, Verhaltensauffälligkeiten und Beziehungsschwierigkeiten.* Tübingen: Dissertation EKU Tübingen.

Zentall, S. (1993). Research on the educational implications of attention deficit hyperactivity disorder. *Exceptional Children, 60* (2), 143–153.

Zielinski, W. (1995). *Lernschwierigkeiten: Ursachen – Diagnostik – Intervention.* (2. überarbeitete und erweiterte Aufl.). Stuttgart: Kohlhammer.

Zielinski, W. (1996). Lernschwierigkeiten. In: F. Weinert. (Hrsg.), *Psychologie des Lernens und der Instruktion.* (S. 369–402). Göttingen: Hogrefe.

Zimbardo, P. G. (1995). *Psychologie* (6. Aufl.). Berlin: Springer.

Zimmerman, B. J. (1995). Self-efficacy and educational development. In: A. Bandura (Hrsg.), *Self-efficacy in Changing Societies.* Cambridge: Cambridge University Press.

Stichwortverzeichnis